为了人与书的相遇

J.F.C. Fuller

西方世界军事史

III

从美国南北战争
到第二次世界大战结束

[英] J. F. C. 富勒 著　钮先钟 译

VOL III:

From the American Civil War to the
End of the Second World War

广西师范大学出版社
·桂林·

目录

大事记（一）

工业革命与美洲帝国主义的兴起

当法国革命和拿破仑战争将欧洲封建主义的残余势力都铲除殆尽的时候，世界上所从未见过的最伟大革命，已经撒播了一粒新制度的种子——这是一种以煤、蒸汽和机器为基础的生活方式。美国和法国的革命唤醒了民族主义，滑铁卢会战以后的一个世纪中，巨大的潜力被释放出来了，它注定了要改变世界的面貌，提高战争的地位，战争开始由个别的战斗演变成了洲际间的两栖大战。早在 1825 年，就是距拿破仑最后失败只有十年的光景，斯丹达尔（Stendhal）已经有下述的感慨："从 1785 年到 1824 年，世界上的变化是多么巨大啊！在过去两千年间的有记载的世界历史上，从来不曾看见过在风俗、观念和信仰等方面发生过如此明显的革命！"

在斯丹达尔所说的 1785 年之前，这个一直还是由蒸汽所推动的工业革命，已经有了一个世纪的孕育期。它起源于 1698 年沙弗里（Thomas Savery）所发明的蒸汽抽水机，以及 1705 年纽柯门（Thomas Newcomen）所发明的自动蒸汽机。但是一直到了 1769 年——拿破仑和威灵顿两个人出生的那一年——格拉斯哥的工具制造者瓦特（James Watt），才开始集前人发明之大全，并于 1782 年发明了双冲程的引擎。同时在1769年，屈尼奥（Cugnot）在法国也建造了第一辆用蒸汽力推进的车子;1785年，卡特莱特（Edmund Cartwright）又发明了以蒸汽为动力的纺织机。这样我们才达到了斯丹达尔所说的1785年了。

从1785年起，蒸汽动力的发展，以及一种炼铁新法的发明，使英国赶前了一步，在拿破仑战争的时代中，在工业制造方面获得了近似垄断的权力。1818年6月2日，柯克兰尼勋爵（Lord Cochrane）在英国的下议院中，曾经指出："若非适合时机地采用了机器，则英格兰就会有全面衰亡之虞。"

火药的发明，引起了一连串的其他新发明，终于改变了战争的技术。同样地，使用蒸汽为动力来源之后，也使军事方面产生了新的革命。军队的运动和补给可以使用汽船和铁路了。此外，对兵器的制造也带来了许多的改进，并且使它们有大量生产的可能。

在19世纪的前半期中，军事方面有两个最重要的发明，即为雷管（percussion cap）和圆锥形的子弹。因为1800年发现了雷酸汞（fulminate of mercury），所以雷管才有制成的可能。七年之后，弗尔希士（Rev. A. Forsyth）申请了雷汞装药的专利权，接着在1816年，萧氏（Thomas Shaw）在美国的费城也发明了黄铜制的雷管帽。第二个发明是在1823年才有的。当时英国第三十四团的诺尔顿上尉（Capt. Norton）设计了一种圆锥形的子弹，装上一个中空的弹底，使它在发射时可以自动膨胀，并封住枪膛。这项技术虽然被英国政府拒绝采用，但辗转传入了法国，1849年，法国的米尼埃先生（M. Minié）设计了一种米尼埃式子弹，却反而为英国陆军所采用了。1851年，英国陆军采用了米尼埃式的来复枪。这两个发明使步兵战术发生了革命性的变化。前者使步枪在任何天气中都能使用，而且大大地减少了不发火的机会。后者则使有来复线的步枪，变成了这个世纪中威力最强大的兵器。

雷管的发明，又使弹壳可以在发射之后就不必再用，这样才使后膛的枪炮有了实现的机会。这种弹壳又使炮兵射击学方面产生了新的革命，因为它可以阻止气体不向膛后发泄。首先发明的是1847年的撞针式弹壳，接着又有镶边式的弹壳，最后在1861年才有中央发火的弹壳。当对燧发式和雷管式前膛枪之间的利弊争论在各国都还没有结论的时候，1841年，普鲁士当局却突然采取了一个果断的步骤，对某些团发给“追希”（Dreyse）式的后膛枪，以作为试验。这种步枪通常被人称作是“撞针枪”（Needle Gun），它是一种用枪栓的兵器，所发射的是纸包的弹壳。因为气体仍然从膛后泄出，所以其有效射程要比米尼埃式步枪较短，但是它在一分钟之内可以发射七颗枪弹，而后者最多却只能发射两颗。它的最大优点却还不是装弹的迅速，因为它是后膛装弹的，所以便于在卧倒的姿势中使用。

炮兵的发展则比较迟缓，尽管后膛和来复式的火炮早就为人所知道，但是一直到了1845年，这两个因素才结合成为一体，于是才造成了一种真正有效的后膛来复线式的火炮。因为成本太高，所以没有一个国家愿意立即采用，直到克里木战争爆发之后，才有人把某些铁链的前膛滑管式的68磅炮和8英寸炮改装成为有来复线的火炮。它们的射程和命中率都提高了，使对塞凡堡（Sebastopol）的轰击变成一件“十分可怕的事情”。在这次战争之后，所有的强国都开始试验有来复线的后膛火炮。

另一个在19世纪初叶开始发展的新兵器就是火箭，实际上在所有的使用火药推进的弹体上，它要算是最古老的一个。好几个世纪以来，它被当做是对付骑兵的兵器，在亚洲有极广泛的使用。1799年，提普苏丹（Tipu Sultan）在塞林伽巴丹（Seringapatam）的围攻战中，即曾使用火箭，这使一位著名的发明家康格里费爵士（Colonel Sir William Congreve）产生了改良它的想法。据他自己说：他所制造的飞弹，其重量从二两起（即为一种自动推进的枪弹）一直增到360磅为止。1806年，他的火箭对布洛涅的攻击曾经有过成功的试用，于是他预言：“事实上，火箭这一种兵器注定了会使整个的战术体系都要为之而发生变化。”这个预言在第二次世界大战中终于实现了。

当这些变化正在进行之际，蒸汽推进方式也有新的发展，其所应用的形式为轮船和火车，这又为一种全新形态的战船奠定了基础，并且也使陆军可以尽量地扩充其数量。虽然远在罗马时代即有一种脚踏的轮船，这可以说是最早的水上机器推进工具。1775 年，美国弗吉尼亚州人鲁门赛（James Rumsey）曾经建造了一艘最早的蒸汽船，其推进的原理为利用喷水机：用一具蒸汽抽水机在船头吸水，然后再从船尾上排射出去。可是他和其他发明家所设计的汽船模型，如与富尔顿（Robert Fulton）所设计的作一个比较，就不免黯然失色了。后者为一个年轻的美国人，是具有特殊能力的发明天才。在 1797 年，他把一个建造潜水艇的计划献给法国的督政府，这艘叫做“虹鱼号”（Nautilus）的潜艇，1801 年在布列斯特港口试航，曾在水下潜航达一小时之久。[1]1803 年，富尔顿又在塞纳河上试验一艘蒸汽船，拿破仑也很赏识它的价值。[2]1804 年 7 月 21 日，拿破仑对于用蒸汽推动船只的计划，曾经这样加以论断：“这个事实可能会使世界的面貌为之一变。一个伟大的真理，千真万确的事实，已经摆在我的眼前。”

富尔顿于 1807 年返回美国，在那里建造了一艘改良型的轮船，叫做“克里蒙”号（Clemont），它在 32 个小时不到的时间内，从纽约走到了阿尔巴尼（Albany），共 150 英里。在此以前，他又曾发明了一种鱼雷，1804 年 9 月，英国的凯斯勋爵（Lord Keith）曾

[1] 这却不是第一艘潜艇。1776 年，布希尼尔（David Bushnell）发明了一艘乌龟形的潜艇，在美国独立战争中，钻到了英国战舰“鹰”号（Eagle）的下面，想把一颗鱼雷钉在它的船底下面，可是因为调整失灵而失败了。

[2] 第一艘实际可用的蒸汽船为“夏洛特敦达斯”号（Charlotte Dundas），1802 年在福斯湾（Forth）试航成功。第一艘横渡大西洋的轮船为美国在 1819 年所建造的“沙凡纳”（Savannah）号。

在布伦的港外用来攻击法国的舰队。1813 年，他又建造了第一艘蒸汽动力的军舰，叫做“狄莫罗哥斯”号（Demologos）——以后又改名为“富尔顿”号——这是一种双连式船壳的建造，激水轮则夹在船壳的中间，并且用 58 英寸厚的木带来保护着。这一艘巨型的怪船很明显地表示出来有两件事是必要的：（1）一种比激水轮较不易损害的推进方法；（2）一种不那么笨重的保护方法。

螺旋桨式的推进机解决了第一个问题。1836 年，瑞典陆军中的艾里克森上尉（Capt. John Ericsson）获得该项专利权。第二个问题的解决就是用铁甲来代替木板，这是康格里费在 1805 年所最先建议的。但是一直等到克里木战争发生时，法皇路易·拿破仑（Louis Napoleon）才命令建造一队浮动的装甲炮台，足以抵抗枪炮的子弹。一共造了 5 艘，具有 4 英寸厚铁甲的保障，上面装有 56 磅炮和辅助性的蒸汽引擎。它们获得了完全的成功。这不仅证明了装甲船是绝对必要的，而且装甲的使用又使威力较大的火炮也变成必要了。于是海军逐渐又都采用有来复线的火炮。

克里木战争结束后不久，法英两国都开始建造他们的第一艘装甲蒸汽军舰，即为“光荣”号（La Gloire）和“战士”号（Warrior）。后者长达 380 英尺，排水量为 8830 吨，其引擎能发出 6000 马力，时速为 14.5 英里。它的兵器有 28 门的 7 英寸炮，装甲的厚度为 4.5 英寸。

当我们从海上再说到陆上时，我们发现在 1801 年，提费希克（Richard Trevithick）在英国已经设计了第一辆实际可用的火车头，而第一条真正的铁路却是斯帝芬森（George Stephenson）所建造的，时间是在 1825 年，地点是在斯托克顿（Stockton）到达林顿（Darlington）之间。虽然火车是英国人的发明，可是第一个明了铁路在战争中的超级重要性的国家，却是产生克劳塞维茨的那个国家，这似乎并非偶然。1833 年，哈尔柯特（F. W. Harkort）曾指出，若能在科隆和明登之间建筑一条铁路线，再在美因茨和威塞尔

（Wesel）之间建筑另外一条，那么对于莱茵地区的防御即大有裨益。波尼兹（C. E. Pönitz）认为，普鲁士为了对抗法奥俄三国，有普遍建筑铁路之必要。同时，具有绝顶天才的经济学家李斯特（Friedrich List），也指出普鲁士的弱点，即它是夹在几个强大的假想敌国之间，而处于所谓"中央位置"之上，但若能建筑铁路，其国力即可大增，由一个二等军事强国升为一等的巨强。他说："它可以在欧洲的心脏地区形成一个坚强的堡垒。动员的速度，部队可以迅速地由国家的中心达到它的周界上，以及铁路运输所构成的其他一切明显的'内线'利益，都足以使德国要比其他欧洲国家更居于优势的地位。"

当一条轨道都尚未铺设之前，这位杰出的天才在1833年，就曾为德国设计了一个完整的铁路网，其大致的规模与今天所实际建筑的并无太多的出入。13年之后，也就是李斯特逝世的那一年，普军一个军共1. 2万人，携带着火炮和马匹，由铁路运往克拉考（Cracow），这是有史以来的第一次使用铁路的大规模部队运动。在这次试验之后，普鲁士的参谋本部即开始对铁路的军事价值作了一个综合性的研究。虽然在1848年到1850年的革命动乱时代中，普鲁士对铁路运输的问题又获得了一些进一步的经验，同样地，奥俄两国也是一样，但是却一直等到1859年法意战争发生时，对于部队的铁路运输问题，才可以说是已经完全获得了解决。我们可以说，由于有了斯蒂芬森的天才，才使克劳塞维茨的"全国皆兵"理论获得了生命，假使没有铁路，则19世纪下半期的巨型陆军即不可能获得其补给。

当约米尼（Baron Henri Jomini）检讨在1863年以前的变化情况时，他的意见认为，战争又会变成"大量兵力之间的惨烈而极无理性的血战，所使用的兵器具有意想不到的威力。我们又可能再看见4世纪中那样的人民战争；我们又可能再被迫过着像匈奴人、汪达尔人和鞑靼人肆虐的那些时代中一样的生活"。他又进一步指出，除非各国政府能联合起来，禁止作毁灭性的发明，否则步兵就必须恢复其在中世纪中所使用的护甲，不然在尚未与敌人接触之前，整个的步兵营就都会同归于尽了。我们可能又会再看到遍身甲胄的战士，连马匹也需要同样保护。

可是从工业革命中所变出来的把戏，却要比约米尼所预料的还更进步。古代的人力劳动基础很快就被推翻了，劳动者被赶出了他们的家庭和村庄，被编入了工厂。这些工厂变成了国家财富的源泉和社会革命的温床。

普遍的贫困造成了大量的移民运动，在 1831 年到 1852 年，有 300 万以上的人从不列颠和爱尔兰迁往美国，还有许多不能去的人就转而信仰社会主义，这是工业革命所产生的一种新思想。

对于这个权力的时代，其精神上的铸造者为三位“卡尔”（Charles）——即克劳塞维茨、马克思和达尔文。克劳塞维茨在他的《战争论》（1823 年出版）中，主张回到斯巴达主义的旧路，即要把一个国家变成一个军事机器。马克思在他的《共产党宣言》（1848 年发表）中，以阶级斗争的观念来当做其社会理论的基础。达尔文在其《物种起源》（1859 年出版）一书中，提倡物竞天择、适者生存的思想。这三个人都是“群众斗争”的先知者——第一个是在战争方面，第二个是在社会生活方面，第三个是在生物学方面。

当这个“机器时代”（Machine Age）刚刚开始的时候，一致的呼声是要求一个和平的时代，可是各国之间的尖锐差异却造成了矛盾，足以加速民族主义的增长。等到欧洲以外的国家也开始工业化之后，这个问题就变成了更世界性的。从有限战争走向总体战争和极权主义的路线，也就变成了这个时代中的潜伏思想。

第一个无限性的工业化战争即为美国的内战。这是蒸汽时代中的第一次大战。而北军方面的目的也就是要求对方无条件投降，换言之，即总体性的胜利。它的性质是好像一次“十字军东征”一样，正因为如此，再加上它是工业革命后一切军事发展的总试验，所以在战争的历史上，它开辟了全新的一章。

当法国革命和拿破仑战争正在进行之际，在北美洲有一个新帝国也逐渐形成了；因为美国革命也正和法国革命是一样的，皆以“扩张”为其自然的产品。印第安人的领土迅速地被兼并了，许多新的州纷纷建立。1803 年，美国人花 1125 万美元从法国人手中买得了路易斯安那（Louisiana）的大量土地，使美国的面积增加了一倍；1819 年，又从西班牙方面买到了佛罗里达，使面积再度增加。

获得了路易斯安那之后，美国遂开始与西班牙在美洲的属地接壤了，于是美国人就开始与西班牙人不断地发生冲突。1821 年，墨西哥脱离西班牙独立；1822 年，哥伦比亚、智利、秘鲁和阿根廷也都纷纷独立。美国的门罗总统（Monroe）害怕某些欧洲国家对这些新成立的共和国有夺占的野心，所以他在 1823 年 12 月 2 日对国会提出年度咨文时，就宣布了三个原则，这也是大家所称的“门罗主义”（Monroe Doctrine）。简言之，这些原则是要把美洲保留为美洲人的美洲，从此断绝了欧洲人向西半球建立殖民地的念头。所以这也是一个总体性的政策。

这样又创立了一种新式的扩张方法——用保留的方式来确保扩张的机会。虽然欧洲人感到缺少土地的恐慌，可是新开垦的世界都不准他们垂涎，这一大片土地都在冷藏之中，留待美国人去作经济性的开发。

1836 年，美国人与墨西哥人因为对于得克萨斯（Texas）的争执，而终于引起了得克萨斯战争，1846 年又发生了美墨战争。这场战争的结果是美国不仅确实地兼并了得克萨斯，而且还获得了新墨西哥、亚利桑那、加利福尼亚、内华达、犹他和科罗拉多之一部分，这些地区以后都变成了美国的新州，其面积与所购买的路易斯安那地区差不多同样大小。同时，美国又与英国签订了一个条约，获得了俄勒冈地区，即华盛顿、俄勒冈和爱达荷三个州。1853 年，又与墨西哥完成了加兹登（Gadsden）的购买事件，于是除了阿拉斯加以外，美国的本土已经与今天的面积一样大了。[1]

所以不过在一个人一生的时代中（1783—1853），一个巨大但大部分却还是空洞的帝国诞生了。当它已经完成扩张之后，所面临的问题不是如何地确保它，而是如何阻止内在的冲突发展，以免使其分裂。许多年来，由于经济生活之不同，美国南北两部分在政治意见上有很大的差异。南方是务农为本的，重视其蓄奴的利益。北方是趋向重商主义的，所重视的是航运和财政上的利益。前者为农民和借债的人，后者为资本家和放债的人。代表前者的为杰斐逊所领导的共和党（即后来的民主党），代表后者的为汉密尔顿（Alexander Hamilton）所领导的联邦党（即后来的共和党）。当国界愈向外推进时，两党之间的裂痕也就日益增宽了。

这两派分歧的利益之所以无法协调的主因，是由于这个国家的宪法缺乏政治上的控制能力。在当时制宪时，其设计的目的本是为了控制一个松懈的分散组织，所以对这个迅速成长中的帝国完全不能产生凝聚的效力。

美国的组织本来是一个“邦联”（Confederation），它的组织条文是各州在1777年所同意批准的。这个邦联解散之后，才有后来的宪法。这个原有的“邦联”不过只是一个“坚固的友好同盟”而已，每一个邦（实际上是一个国家）都可以各走它自己的路线，国会并无征税的权力，也不能管制外国与各州之间的贸易，更不能强迫各州服从命令。1787年，在费城召开了一个制宪会议，由华盛顿任主席，开始考虑制定联邦宪法的问题。其中主持的人就是汉密尔顿。他建议把立法院分为两部分——一个参议院，一个众议院。前者握有宣战的唯一权力，后者则有权发行货币、管制贸易、征收租税、偿还国债和准备国防等。这个建议在1788年7月被会议采纳了。

---

[1]　1867年，美国才从俄国方面购得了阿拉斯加。

这个巨大的改变与法国革命的爆发恰好在时间上是不谋而合的，于是欧洲国家为了家务事整整地忙了 20 年，好让美国人可以自由地去考虑他们的内政问题。在这个动荡和战争的期间，南北两部分的各州都同时爆发了经济革命，使它们受到了很大的影响。在南方，惠特尼（Eli Whitney）所发明的轧棉机，使棉业贸易发生了革命性的变化。结果是使南方的棉花种植者获得了政治的优势，于是他们与北方在经济和政治两方面都增加了分裂的趋向。在南部各州，贸易关系是非常简化的，在北部各州则日趋复杂。由于 20 年来欧洲一直在战争之中，所以新英格兰等商业化的各州都获得了繁荣的机会；又因为 1810 年到 1812 年和 1812 年到 1815 年两次与英国的战争，在长期封锁之下也迫使它们必须工业化。

对于北方而言，为了保护其幼小的工业以来对抗欧洲的竞争者，就有采取保护关税政策之必要；但对于南方，因为它们亟须出卖其日益增多的棉花，所以这是一个很大的不利。这种差异迅速地发展成分立的要求。当 1828 年 1 月，所谓“可恶关税法”（Tariff of Abominations）公布时，危机遂一发不可收拾，当时在查尔斯敦（Charleston）的船只都下半旗以表愤慨。

同年，佐治亚州对于所有反对新税则的各州，发出了一个冗长的宣言。到了 1829 年，密西西比州（Mississippi）主张抵抗，弗吉尼亚州也决定不接受新的税则。1832 年，国会对一大批进口货品取消了课税，但这却只是使风暴更为凶猛而已，南卡罗来纳州（South Caroolina）立即召开了一个全州大会，宣布废止 1828 年的关税法案和 1832 年的补充法案。最后在次年 3 月，终于获得了妥协，于是争取州权的斗争算是结束了其第一阶段。

当这场斗争由经济问题发展成为政治问题之后，没有多久，这场争执又转入了道德方面，这就是奴隶制度的是非问题。1781 年到 1804 年，北方各州已经先后取消了奴隶制度。到了 1819 年，当时的 22 个州之中有 11 个州已经解放奴隶，而另有 11 个州继续蓄奴。

这同一年中，在众议院中因为要投票决定使密苏里（Missouri）升格为一州时，于是困难就发生了。不管密苏里是放奴的还是蓄奴的，都足以使南北间的平衡受到破坏。最后终于又找到了一个折中方案：密苏里被承认为一个蓄奴的州，但另外又承认缅因（Maine）为放奴的州，以维持原有的平衡。这只是临时应付而已，并不能解决问题。小亚当斯总统（John Quincy Adams）早已认清了这一点，他曾在日记中这样记着："我认为现有的问题只不过是一部大悲剧中的第一页而已。"

因为变成了一个道德性的问题，于是这个争执获得了宗教性的意义。结果所谓州权的问题又包上了一层政治神秘主义的外衣，因此这问题就可以永远地争论下去，永无解决的希望。

1829 年，有一个叫做华克（David Walker）的黑人出版了一本小册子，题目叫做《华克的呼吁》（*Walker's Appeal*），书中称赞黑人，说他们要比白人英勇，鼓励他们造反。结果在弗吉尼亚州发生了黑奴的叛变，论者遂认为是受这本小册与《解放者》（*Liberator*）报纸的鼓励。后者为波士顿的报纸，主编为格里森（W. L. Garrison），他的附从者被人称为放奴派（Abolitionists）。南方各州遂要求制止他们的活动，尽管反蓄奴的集会解散，黑人的学校也被捣毁，可是这种反蓄奴的宣传品仍然继续不断地流入南方各州。就这样纠纷一天比一天加深，除了中间因为得克萨斯州的问题和美墨战争曾经中断了一个短时间之外。上文已经说过，在那场战争之后，美国又获得了大批的新土地。这些土地的获得，加上 1848 年加州黄金的发现，遂更使南北两方的裂痕愈形加深。

黄金的发现使这些新近获得的地区发生了强烈的社会骚动。劳动者离开了他们的田地，商人离开了他们的店铺，海员离开了他们的船舶，军人离开了他们的营房，都一齐去做淘金梦。任何的威胁和惩罚都无法使人们留在他的合法职位之上。因为美国国会尚未在加利福尼亚州建立一个政府，所以人们自己建立了一个。1849 年 9

月，在蒙特雷（Monterey）召开了一个大会，起草了一个自由州的宪法，并正式要求加入联邦。这个要求却遭到了南方各州的强烈反对，因为多了这一州又会使放奴和蓄奴双方在国会中权力平衡受到破坏。虽然如此，经过了一连串的辩论之后，在 1850 年终于还是获得了妥协。不过问题还是没有解决，因为在这些新地区中，蓄奴问题还是要解决的，而这些地区最后又一定要升格为州的。结果是在经济和人口两方面，南方是已经固定了，而北方却仍在继续扩张之中。因为开发了西部之后，就好像是打开了一道水闸，使后者可以尽量向未开发地区发展。

此时，在法理的辩论以外的变化也推动了对立两方面，使他们越走越远。每年当中，都有成千累万的移民流入美国。他们对于政治不关心，其目的是为了发财。铁路每天都在延长，一英里又一英里地，1840 年到 1850 年，已经铺好了 6000 英里以上。1844 年，又采用了摩斯（Morse）的电报。可是南方却并未跟着膨胀，反而却开始萎缩了，因为它们的公民中有许多都移民到北方和西部去了。

北方所反对的并不是奴隶制度的实际存在，而是这种制度有向新地区蔓延的趋势。所以只要后述问题保留着不解决，则双方的争端也就会永远存在。到了布坎南总统（James Buchanan）的任期中（1857—1861），由于经济不景气，这个争端达到了最高点。1858 年，一个相当不知名的人物，亚伯拉罕 · 林肯（Abraham Lincoln，1809—1865）在这个舞台上出现了。当他与道格拉斯（S. A. Douglas）竞争伊利诺伊（Illinois）州的参议员时，他对于这个正烧得火热的问题发表了不少合于常识的言论，使全国人士都为之首肯。他大声疾呼地说：

> 一个房屋若是自动地分裂，那么也就无法再站住。我相信这个政府不能够忍受这种一半奴役和一半自由的情况。我并不

希望这个房屋倒塌，但是我却希望它不再分裂。它不是这样，就应该是那样。

接着在1858年5月，明尼苏达（Minnesota）自由州加入了联邦；1859年，又有了俄勒冈自由州，于是放奴与蓄奴两方面的平衡终于完全打破了。妥协在这时已经走到了终点。10月16日的夜间，一个叫做布朗（John Brown）的狂热放奴派，率领了20多个从者，强占了在弗吉尼亚州中的哈普尔渡口（Harper's Ferry）兵工厂以支援一个奴隶的叛变，于是冲突无可避免。这个事件把双方的争执变成了白热化，虽然布朗迅速地被绞死，可是他的目的却达到了。不管是统一还是反统一，反奴役运动准备死战到底。

1860年11月6日正在举行总统大选之时，这个事件也在发展之中，当时有四个总统候选人：贝尔（Bell）、布雷肯里奇（Breckinrdige）、道格拉斯和林肯。林肯的当选实际上完全是靠北部18个自由州的选票，在南方一票也不曾获得。这是一个最后的判决，无异向南方正式宣告，扩展奴役制度的梦想已经结束，北方在政治平衡局势中已经占了上风。

此后，在12月20日，南卡罗来纳州通过了独立宣言，而佐治亚、亚拉巴马、密西西比、佛罗里达、路易斯安那和得克萨斯等州也纷纷仿效。它们开始召集民兵，并占领联邦政府在南方各州中的要塞、兵工厂和海关，一共没收了1000门火炮和11.5万件兵器。1861年1月5日，代表南部各州的参议员私行集会，拟定了一个分裂计划，并号召在亚拉巴马州的蒙哥马利（Montgomery）召开一个国会，组织"南方同盟"。

2月4日，南部各州代表在蒙哥马利集会，成立了一个临时政府，即所谓的"美利坚联众国"（Confederate States of America），并选举戴维斯（Jefferson Davis，1808—1889）为总统。一个月之后，51岁的林肯总统向南部诸州提出了最诚恳的呼吁，其文章的结尾说：

我那些不满意的同胞们哪！内战的巨大危机是抓在你们的手中，而不在我的手中。假如你们自己不做侵略者，则冲突即不可能发生。

第一章

七日会战

对立的双方所面临的战略性考虑又是怎样呢？就其本身来说，那是非常简单的：为了重建统一的局面，北方必须征服南方；但是为了维持他们的“南方同盟”，南方却只要抵抗北方的侵入即可。所以北方的态度是攻势的，而南方的态度却是守势的。南方要想征服北方，那根本是不可能的，所以南方的态度是准备采取持久战，并引诱欧洲国家介入干涉，以便北方把实力消耗殆尽之后，不得不放弃这场决斗，而承认南方分立。因为欧洲国家会采取何种态度还是一个不可知的因素，所以如何作持久战以消耗北方的实力，这个考虑更为重要。于是又引出了一个同等重要的问题，就是南方本身的资源究竟能支持多久。因为南方必须依赖北方和欧洲的工业，所以也并不太乐观。

1861 年 4 月 19 日，林肯宣布封锁南部的各港口，同时召集 7.5 万名志愿军入伍。尽管事实上联邦军的总司令史考特中将（Lt-Gen. Winfield Scott）认为“需要有 30 万人的大军，由一位能干的将领统率着，也许在两三年之内可以完成这个任务”。林肯却不像史考特那样认清了经济压力与陆上攻击之间的关系，以及如何利用前者

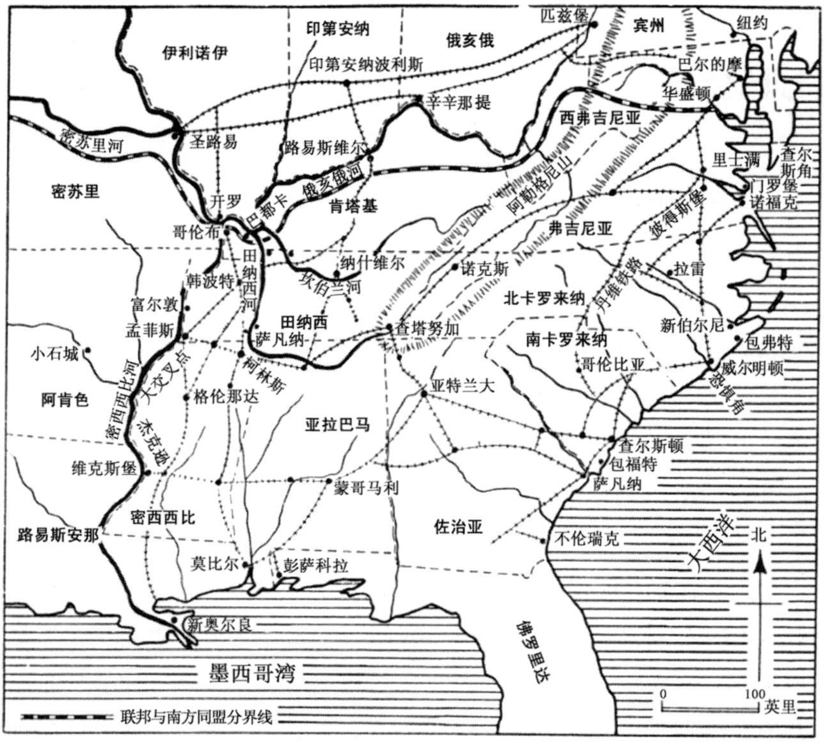

图一　南方同盟，1861—1865 年

来当作后者的行动基础，所以他完全未能明了史考特计划的价值。这个计划的内容可以简述如次：(1) 使用海陆军的联合远征作战，以攻占新奥尔良 (New Orleans)，并封锁所有一切的南方港口；(2) 组成两个巨大的军团。一个向南方进抵密西西比河上，把南方同盟中的东西两部分及各州间的联系完全切断。另一个军团则威胁里士满，并把南军的主力控制在弗吉尼亚州之内。

从查尔斯角 (Cape Charles) 到密西西比河口为止，中间的港口和商埠只有九个是有铁路与内陆相联系的——那就是新伯尔尼 (Newbern)、包弗特 (Beaufort)、威尔明顿 (Wilmington)、查尔斯顿、萨凡纳 (Savannah)、不伦瑞克、彭萨科拉 (Pensacola)、莫比尔（Mobile）和新奥尔良。

到了1862年4月底，除了莫比尔、查尔斯顿和威尔明顿以外，其余六个港口都已经被封锁了。这主要应感谢史考特的远见，因为他坚守着门罗堡（Fort Monroe），以后每次对南方海岸上的出击，兵力的集中都要依赖这个要塞的掩护。尽管史考特的态度未免玩世不恭，可是事实上的真相却是如此：假使所剩下来的三个港口在1862年也被占领了，那么战争的缩短就是毫无疑问的。举例来说，当战争开始时，在南方各兵工厂中所存有的步枪总数还不到20万支，而兵工厂中的设备极差，没有比脚踏车床更高级的机器。每年专门为了调换补充之用便需要10万支，在1862年到1863年，一共从外国输入40万支以上。从1862年7月起，兰布上校（Col. William Lamb）就一直是费歇尔堡（Fort Fisher）的指挥官，一直到该堡陷落时为止，据他说至少有100艘船只经常出入威尔明顿港。“到拿索（Nassau）去的船只，是和邮寄一样的规律化。”

受政策和环境所限制，南方各州只能采取守势，因此戴维斯必定认识到这个同盟的战略性疆界与政治性疆界是不相符合的。后者从波多马克河（Potomac）到俄亥俄河（Ohio），然后到密西西比河上的哥伦布（Columbus），再向西沿着密苏里河走去。前者从波多马克起，沿着阿勒格尼（Alleghany）山脉到查塔努加（Chattanooga），然后沿着田纳西河（Tennessee）差不多走到萨凡纳，在富尔敦（Fulton）越过密西西比河，再达到在阿肯色河（Arkansas）上的小石城（Little Rock）。假使他认清了这一点，并且也认清了肯塔基（Kentucky）、田纳西和密苏里三个州不过只是前进基地而已，换言之，即仅为主战略防线中的战术前哨，那么他的战略就一定会采取下述的具体形式。他应该能够看出主战略防线的枢纽应为查塔努加—亚特兰大（Atlanta）地区，因为这个同盟中的两条主要横行铁路线通过这两个城镇，并使这整个战略地区与孟菲斯（Memphis）、维克斯堡（Vicksburg）、新奥尔良、莫比尔、彭萨科拉、查尔斯顿、威尔明顿和里士满等补给港口连在一起。假使查塔努加—亚特兰大地区丧失了，那么从补给的观点上来看，实际上这个同盟的面积就会缩小到只剩下南北卡罗来纳和弗吉尼亚三州之地了。[1]

假使戴维斯明了这个战略，那么他也就一定能够认清阿勒格尼山脉恰好把这个主战场（即夹在密西西比河与大西洋之间的地区）分为两个部分：一为政治性的，另一为战略性的。在政治性的地区中，两个主要的城市和他们政府的安全实为最重要的因素。而在战略性的地区中，足以决定一切者即为几条重要的河川交通线——例如密西西比、田纳西、坎伯兰（Cumberland）和俄亥俄等河。于是他就应该认清赢得胜利的最可靠方法，即消耗北军的实力。换言之，即使战争无限地延长，其正确的大战术即以查塔努加为其主力的基地，而在田纳西州的境内进行防御攻势的战役，另用一支掩护性的兵力在弗吉尼亚州作战。这样一场战役，若能努力以行之，则不仅可以保护密西西比、亚拉巴马和佐治亚等主要的补给来源地区，而且也使进入阿肯色和路易斯安那的重要渡口都能畅通无阻，并向肯塔基伸出援助之手。

也许有人会说，若是采取了这样的大战术，则北军也许就会占领弗吉尼亚州，并从那里向南推进，深入到南北卡罗来纳的境内。即令北军能够进入弗吉尼亚，要想深入还是不可能的，不仅因为在田纳西境内作战的南军会把北军的主力向西面吸引，而且东部的地理条件也太困难，1775 年到 1783 年的独立战争即足以证明它是如何地难以克服。1781 年，格林将军（Gen. Nathaniel Greene）在北卡罗来纳州的行动是很值得参考的。他避免激烈的战斗，而专靠迅速的迂回运动来打击英军的交通线。假使北军深入到北卡罗来纳州的境内，他们所依赖的就只有一条丹维（Danville）铁路，南军的攻击可以使这条铁路线经常被切断，所以为了保护交通线会使北军

[1] 依照 1850 年的统计，得克萨斯一州所有的牛马数字，要比其他南方各州的总数多了四倍。

的整个野战兵力都为之瘫痪。而且为了保护这条中央补给线，北军被迫必须以极宽广的正面前进，而他们所经过的地区对于他们又都是具有敌意的，所以其进度一定会十分迟缓。

在北军方面，一直到了战争的末期林肯才开始采纳史考特的计划，同时林肯又找不到一位将领能够明了把战争带入田纳西东部的战略利益，所以他们的战略也是含糊混乱的。一直等到 1863 年 9 月，罗斯克兰斯（Rosecrans）在齐克莫加河（Chickamauga）被击败了之后，林肯的正确观念才被军人所接受。主要的原因是自从战争开始以来，一连打了两年多的时间，但是北军的注意力却始终只是集中在那个政治性地区之中，包括敌方的首都在内。

这个分裂使两方面的美国人民把他们的命运交给林肯和戴维斯两个人去操纵。林肯是农村的产物，而戴维斯却是学者出身。前者曾经呼吸到自然界的自由空气，最善于用寓言来表达其内心的感情；后者所呼吸的是经院中的陈腐空气，学问愈深则灵魂也就愈僵化。林肯是十分具有人情味的；而戴维斯却十分的矫揉造作，刚愎自用，缺乏幽默感。戴维斯既不善辩论，又不肯听信人家的意见；既不愿接受他人的帮助，也深恶他人的反对。因为他只想依赖欧洲人的干涉，以结束这场战争，所以除了以棉花为王牌以外，也更无其他的外交政策。在战争的初期中，南方同盟政府的驻欧代表马森（James Mason），即早已确认欧洲的棉花在 1862 年 2 月以前就都会用尽了，所以他们的“干涉”已成定局了。可是在 1861 年结束之前，欧洲人即已学会了没有棉花也同样可以生活。戴维斯始终不相信他的看法是会错的，可是他把其政府和人民的命运都孤注一掷地押在棉花这一门上面，结果终于失败了。反过来说，林肯却把他的信心寄托在他的所谓人类公共权利的观念上面。尽管有许多的差异，他所看到的却是一种人类；尽管气候和位置是不同的，他所看到的却是一个民族。照他的看法，国家要比任何州的年龄还要大，必须先有联邦然后才能有各州。他认为无论如何演变，这个民族却决不能永远地分裂下去。他的最大困难就是首先如何维持北方的团结，然后再用强迫的手段使南方也重归于团结。反之，戴维斯的基本政治思想却足以使其国家自动地毁灭，因为他是主张每一个州都有其控制自己命运的权限，这样的政策当然是无法维持国家的团结。从内心上来说，林肯是一个帝国主义者，而戴维斯却是一个殖民主义者。

因为南方面积广大，道路缺乏，主要是以农业为生活，所以它的军人自然而然地会采取游击战法，这正是他们的祖先在独立战争中所使用的老办法。要想击败这样一个人民性的作战，就必须采取有条理的方法，只有纪律和坚定的态度，才能胜过个人的英勇和主动。可是不幸得很，北军方面却偏想把欧洲战争的传统典型完全加以照抄。他们只会模仿，而不知道创造。因为在开战之初，他们只有军团司令部和少数的正规部队，于是迅速地加以扩充使其外表上颇为堂皇，而内容却很贫乏。简言之，南军就全体而言，是处于劣势的，但是以个别的军人而言，却比较能适应多变的环境，具有主动精神。至于北军的军人则只想根据操典以克服当前的困难。

除纪律的缺乏为一大弱点之外，南军的士兵就当时而论，应该算是最优秀的个别战士。南军方面的丹尼尔·希尔将军（Gen. D. H. Hill）曾经有过下述的描写：

> 他们总是具有极高度的自信力，只服从他们所愿意服从的东西，对于操练和纪律都是感到不耐烦。在担负搜索和以散兵线作战时，他们可以算是盖世无双的。对于正规的战法，与一切以操练和纪律为基础的行动，他们都不懂得，也不注意。所以在战场上他们是很像古代的游侠之士，而不像一部机器。他们在前进时，好像是一群乌合之众，毫无秩序可言。

在过去20年中，火器方面发生了新的变化，这大大地刺激了这种个人主义的发展。在拿破仑战争时代，燧发式的火枪所具有的有效射程在100码以内，比起发射葡萄弹和榴霰弹的火炮在射程上相差得太远，火炮遂成为优势的兵器。但是到了1861年，这种火枪就开始被使用雷管的前镗来复枪所代替了，这种兵器的有效射程可以达500码，比任何一种火炮的射程都要远。全部的火力战术都因此发生了广泛的变化。火炮变得比步兵落后，变成了支援性的兵器，步兵的火力战斗从400码的射程就开始，而不是过去的50码到100码。这种长程火力战斗的结果使刺刀的突击很少有使用的机会，个别的精确射击变得比排枪齐放的效力为大。而且为了发挥其充分效力，又要求应有主动精神和疏开的队形。所以雷管式的来复枪对于南军的战术和士兵特性是非常适合的。

在这次战争中，南军的士兵是以轻装的姿态行军，每个人所背负的重量不过三四十磅——一杆来复枪，一个子弹盒，一床旧毛毯，一支牙刷好像一朵玫瑰花插在他的纽扣洞中。反之，北军所背负重量则大约有60磅重。对于南军所用的战术，泰勒上校（Col. Taylor）曾经有过下述的分析，似颇能尽其全貌：

> 当我把南军士兵在战斗中的独立行动与机械化士兵的机械行动作了一个对比之后，我获得一个奇异的印象。首先是一个人向前进，接着隔了两三个人的间隔，又另有第二个人前进了。于是当火力炽热时，可能会中断一下。接着又是三三两两地前进了。于是彼此鼓励着，终于形成了一个个的小群。最后军官挥动了他们的军刀，指挥他的部下“冲锋”，于是在一声喊杀之下，全线都迅速向前冲进，既不整齐也无秩序，但是其力量却是不可抗的，他们扫荡当前的一切东西，真是当者披靡。

反之，南军的一位士兵叫做华特生（Watson）的，对于北军的情形，也曾有下述的描写：

> 最使他们吃亏的，就是他们严格地遵守纪律和操典上的队形，人员都密集在一起，在开阔的场地上保持着整齐的战线，使他们对于对方的火力构成了良好的目标。他们的对手（南军）在战斗时所采取的为疏开的队形，并且跪在地面上，所以只构成一个比较不显著的目标。他们因为知道他们的兵器远比我们优良，所以尽量地与我们保持着较远的距离，以便用远射来打击我们；反之，我们却尽量地想要与他们接近，以求缩短我方的射程。这对于我方也是一个相当的利益。我们在向他们前进时，我们继续被包裹在浓烟之中，而他们的往后撤退却使他们处于清明的空气之中，所以他们易于为我们所发现。我们的人员在装子弹时，都是蹲伏下来的，接着就前进，然后再蹲下来，利用烟幕的掩护，对敌人作精确的瞄准。而敌人却只是对着一团黑烟胡乱地放枪，所以他们所发射的大部分子弹都是从我们的头顶上飞过去了。

简言之，北军的士兵是半正规性的，而南军的士兵则是半游击性的。一方面随时都以纪律为重，另一方面则到处都只想发挥其主动精神。在战斗时，南军是十分的勇敢善战，可是一脱离了战斗，他们简直就不成其为军人了。[1] 举例来说，有一位南军的士兵，叫做斯蒂尔斯（Robert Stiles）曾经告诉我们说：当他在前往葛底斯堡（Gettysburg）的时候，他曾经骑马进入一家民房，要求饮水，然后坐下来聊天闲谈，并且写了一封信，这样浪费了一两个小时之后，才又去赶上他的部队。在南军方面，落伍是一个合法的权利，这个毛病曾经累次使他们功败垂成。

以上所简述的，即为这场南北战争的一般背景。这场战争的开

[1] 泰勒将军说：当战况愈紧急，则他们愈可靠。可是当没有战斗发生时，他们却愿意坐在家里照顾他们自己的妻子和料理私事。

始是在 1861 年 4 月 12 日上午 4 时 30 分。南军在查尔斯顿炮击桑特堡（Fort Sumter）要塞，要塞在 4 月 14 日正午时向南军投降了。

当这些火炮开始射击时，李上校（Col. R. E. Lee，1807—1870）还在南方同盟陆军中任职。4 月 20 日，他辞去了他的官职，三天之后，就接受了防卫弗吉尼亚州的重责。这时该州已经宣布独立，但却尚未加入南方同盟。对于南方而言，这是一件具有极大重要性的事件，因为李氏的身份，无论从军人或公民的立场上来看，都是很具有号召力的。他是亨利 · 李将军（Gen. Henry Lee）的儿子，1807 年 1 月 19 日出生于弗吉尼亚州的斯特拉特福（Stratford）。1831 年，他与华盛顿妻子玛莎 · 卡斯提斯（Martha Custis）的曾孙女玛丽 · 卡斯提斯（Mary Randolph Custis）结婚，从此以后他就变成了美国历史上第一家族的代表。

他的第一个行动就是派遣杰克逊上校（Col. T. J. Jackson）去占领哈普尔渡口，这个杰克逊不久即获得了“石墙”（Stonewall）的美名。以后在 5 月 10 日，他被任命为南军的总司令，一直做到了 6 月 8 日为止，此后才由戴维斯亲任统帅。于是李氏在名义上就算是他的参谋总长。他的第一任务即确保弗吉尼亚州的北部。他派了约翰斯顿将军（Gen. J. E. Johnston）率领 1.1 万人去据守哈普尔渡口，另派博勒加德将军（Gen. P. G. T. Beauregard）率领 2.2 万人去据守马那沙斯会合点（Manassas Junction）。这样他就完成了他的任务。这对于华盛顿的人民和舆论而言，实在是一个太大的刺激。他们都是力主攻击的，其口号是 :“向里士满前进！”于是逼得林肯和史考特将军不能不动手。7 月 18 日，麦克多威尔将军（Gen. Irvin McDowell）在把 3.6 万余名经过初步训练的部队集中在森特维尔（Centerville）之后，接着进到了马那沙斯会合点附近的牛奔河（Bull Run）。7 月 21 日，他被击败了，他的人员产生了恐惧现象，一哄而散地逃回了华盛顿。

虽然这一战并未能产生战略性的结果，可是它对于这场战争的大战略却具有极大影响。它使南方的政客们对他们军人的英勇行为产生了一种过分夸大的印象，因而对敌军的战斗能力不免予以过低的估计。另一方面,它使林肯和他的政府都大吃一惊,从那个时候起，一直到 1864 年，所有北军在阿勒格尼山脉以东的作战，都无一不带有保卫华盛顿的色彩。

在这一战之后，林肯就把正在俄亥俄州方面指挥西面军团的麦克里兰少将(Maj-Gen. G. B. McClellan)召回了华盛顿。7 月 27 日，麦克里兰开始接管了首都之内和其附近的 5 万部队，并在不久后代替了史考特出任总司令。

麦克里兰出生于 1826 年 12 月 3 日，曾经在墨西哥服役，并曾被选择为克里木战争的观战团团员。1857 年，他从陆军退役，改任伊利诺伊中央铁路公司的总工程师。他精力充沛，才气纵横，具有卓越的组织能力，风度也很动人。他不久即获得了溃军的拥护，他把他们改组为波多马克军团，到了 10 月 27 日，已经使其兵力总数增到了 15 万人左右。8 月 4 日，他向政府提出一个著名的判断，要求把兵力扩充到 27.3 万人。不久之后，他知道这种巨大的兵力一时是无法召集的，所以改变了他的观点，开始考虑向马那沙斯或其他南军所在的地点前进。但是在 12 月，他突然患病，于是他心中所考虑的作战不能不推迟到第二年春天时再说。

虽然麦克里兰很能够赢得军人的拥护，可是他却完全不能赢得政客们的支持，主要是因为他的态度骄傲，所以他们始终不敢信任他。可是这并非完全是他的错,因为如罗皮斯(J. C. Ropes)所说的："在任何一次大战中，都很难找到像林肯和斯坦顿（Stanton，他的军政部长）这样完全不适宜指挥军人的政府首长。"

在政客的后面所站立者就是群众，而他们却早已忘记了牛奔河的失败，又在高声地要求前进了。假使麦克里兰具有较多的智慧，他就一定会攻下诺福克（Nortolk），或是在波多马克河上任意攻下南军的一两座要塞，这样就可以使他们的心理大为改观了。可是麦克里兰却不知道使用这种手段，所以政客们对他的恶感日益加深。

当麦克里兰正在生病的时候，林肯（他是很想使麦克里兰去职的）就采取了一个不合常例的行动，直接与他的部下富兰克林（Franklin）和麦克多威尔商洽。林肯向麦克多威尔说："假使还不马上有所行动，则大局就会一发不可收拾。假使麦克里兰将军不想使用军队，那么他可以将其出让，这样他就可以看到这些兵如何地发挥作用。"麦克里兰于1826年1月回到任所时，林肯又不与他商量，为了想要结束他所认为的是"不必要延迟"的情况，林肯直接地下了一道命令："美国的陆海军都应全面运动，以攻击叛军。"毫无疑问，这是战争中最奇怪的命令之一。

当然，这只是白说了，一切的行动都还是没有执行。到了2月3日，麦克里兰因为看到道路的条件是不宜行军的，所以他建议放弃从陆路进攻里士满的计划，而代之以一个水上运动计划，暂时以拉帕汉诺克河（Rappahannock）上的乌班那（Urbana）为目标，若是发现了这个点不适宜，则可以转向莫布杰克湾（Mob Jack Bay）或门罗堡登陆。

这位总统和他的军政部长立即大起恐慌，这样的行动会使华盛顿的前面丧失了陆军的掩护，而此时南军却仍然据守着马那沙斯。最后麦克里兰勉强获得了他们的同意，可是在3月8日，林肯又另外发出了一个手令说："必须在华盛顿城内和其附近留下一支兵力，这支所留下的兵力其大小的程度，照总司令和军长们的意见看来，是该足以确保该城的安全，否则波多马克军团的作战基地即不准许有任何的变动。"

对于这一点并未有人提出反对；但是很明显是为了想迫使麦克里兰放弃他的计划，林肯又禁止他把他的军队向乌班那运输。

现在又发生了两件事件，使麦克里兰在内心认为乌班那计划已经没有意义。第一件事是3月9日，在汉普顿（Hampton）碇泊所所发生的一个值得纪念的海上战斗。南军的“弗吉尼亚”号军舰与北军的“莫尼托尔”号（Monitor）军舰在那里交手，这是有史以来的第一次铁甲船战斗。虽然双方都不曾受到重伤，可是“莫尼托尔”号却证明它可以拼得过它的对手，这样就可以保护装载陆军的运输船一直前往门罗堡了。第二件事是在同一天之内，约翰斯顿撤出了马那沙斯和波多马克河上的要塞，而退向拉皮当河（Rapidan）上。四天之后，麦克里兰召集了他的四位军长，举行一次战争会议。这四位军长的名单如下：第一军麦克多威尔，第二军萨姆纳（Sumner），第三军海特齐尔曼（Heintzelman），第四军凯依斯（Keyes）。在这个会议中决定了两点：（1）陆军的登陆最好是老安乐点（Old Point Comfort）或门罗堡；（2）为了保护华盛顿，只留下 4 万兵即可够用。这些决定为林肯所接受了，于是军队立即开始上船，第一批船团于 3 月 17 日启行。虽然如此，林肯和斯坦顿却并不指定哪些部队应留在华盛顿。而当麦克里兰建议任命其最干练的军官——富兰克林将军——为首都防卫司令时，林肯却另外任命了华德沃尔特（Wadsworth）充任该职，他是一位毫无经验的志愿军军官。麦克里兰表示反对，斯坦顿却回答他说：“选择华德沃尔特是自有其政治上的必要原因，这是为了安抚纽约农业方面的势力。所以这个问题不必再讨论，这是不可能再改变的。”[1]

一直到 4 月 1 日，似乎都无进一步的行动，当他快要开船往门罗堡之前，麦克里兰就写了一封信给斯坦顿说：“由华德沃尔特将军所率领的用以防卫华盛顿的兵力总共为 1.8 万余人，包括正在建筑中的炮台在内。”换言之，要比 3 月 13 日所议决并经总统同意的数量少了一半以上。不过，照斯温顿（Swinton）所指明的，除了这些守兵以外，在首都的附近还留有下述的部队：在华伦顿

[1] 同时，麦克里兰离开了华盛顿之后，林肯即利用这个机会，下令解除其总司令的职务，使其指挥权仅限于波多马克一个军团。麦克里兰还是从报纸上才得知这个消息。

（Warrenton）有 7780 人，在马那沙斯有 10 859 人，在仙那度谷地（Shenandoah Valley）有 35 467 人，在波多马克河下游有 1350 人，一总加起来还有官兵 73 456 人。

虽然麦克里兰明知他是已经违反了林肯在 3 月 8 日所发的命令，但华盛顿却是并无危险的；因当麦克里兰刚刚出发不久，约翰斯顿即奉命把他的部队由拉皮当移到里士满，在那里他又接管在半岛上和诺福克的南军指挥权，这两支兵力又分别由马格鲁德尔（Magruder）和哈格尔（Huger）来率领。当北军登陆时，李氏在 3 月 13 日已经出任戴维斯的参谋总长，实际负责一切作战的指导。他建议把约翰斯顿的兵力调往南方，以增援马格鲁德尔。戴维斯表示同意，于是马格鲁德尔和他的 1.3 万人沿着华维克河（Warwick）占领了堑壕阵地。

以上所述即为南军方面的形势，当麦克里兰的第二、第三、第四三个军都已经登陆之后，他就命令最后一个军向前推进，于是立即与马格鲁德尔的兵力发生了接触。他的次一个意图，就是要等到麦克多威尔的第一军从亚历山大城（Alexandria）到达之后，即指导他向格劳斯特（Gloucester）前进，以求迂回南军在约克敦（Yorktown）的坚强防御阵地。可是到了 4 月 6 日，军政部长斯坦顿却通知他说，因为华盛顿已经成为无防御状况，所以总统决定把第一军保留在它的附近。麦克里兰认为这是“有史以来的一件最没有名誉的事情。当一位将领实际上在与敌方交战时，却突然地被夺去了 3.5 万人的部队”。

若能占领格劳斯特，即可以使舰队驶入约克河，于是约克敦也就会受到迂回。因为现在这个计划已经不可能实现，所以麦克里兰只好准备去直接围攻约克敦。5 月 3 日，约翰斯顿率领其部队撤回到威廉斯堡（Williamsburg），两天之后即在那里发生了一场血战。5 月 10 日，南军炸毁了“弗吉尼亚”号军舰，撤出了诺福克。这个重要的事件使北军的舰队可以开入詹姆斯河，这样就可以进到距里士满只有 7 英里远的地点。5 月 16 日，麦克里兰在巴门基河（Pamunkey）上的怀特豪斯（White House）设立了他的司令部——在南方同盟首都东面约 20 英里。

虽然以后的事实证明北军在怀特豪斯设立司令部一事结果是很不幸的，可是在这北面 60 英里远的地方，就是麦克多威尔的第一军，它现在已经移到了腓特烈堡（Fredericksburg），等待希尔德（Shield）师的到达，即向南开往里士满。所以怀特豪斯还是很安全的，并不必害怕侧面的攻击，而麦克里兰驻在这里，可以便于指挥他的四个军联合起来向敌方首都进攻。

此时，南军的情况已经变得很恶劣。约翰斯顿于 5 月 9 日写信给李氏说：“到处都是落伍的人，而里士满毫无疑问地充满了‘不假离队’的人员。这些人员当他们接近敌军的时候，倒也是精神焕发的，可是在其他的时候，为了避免拘束起见，却成群结队地离开了他们团队。要想使全军兵力集中起来，以从事会战，至少要早几天发出通知才行。”南方首都的情况已经非常危急，已经在准备把一切军事性文件都疏运其他的地方，甚至戴维斯在写给约翰斯顿的信中也表示不胜忧惧。

这封信是 5 月 10 日写的，即为诺福克失陷之日。可是在 10 天以前，约翰斯顿曾写信给李氏说：

> 我们现在所从事的这一场战争，是我们永远不能够获胜的。
>
> 很明白，麦克里兰还是遵守他在去年夏季中所采取的战法，其成功的基础是依赖炮兵和工兵。在这两方面我们却都无法与他竞争。
>
> 所以我们应该改变我们的路线，采取攻势，集中我们在东部的一切兵力，越过波多马克河进攻；而博勒加德则应率领我们在西部的一切兵力，侵入俄亥俄。
>
> 我们的部队总是希望采取攻势的，全国的人民也是一样。

假使我们采取守势，而听任麦克里兰去选择他的战争方法，则我方将绝无成功之可言。

当麦克里兰出发往门罗堡之后，林肯不但不将其在首都内外的兵力集中在一个单纯的指挥体系之下，反而又把战场区分为三个区，每个区由一位将领担负独立的指挥——即为麦克多威尔、弗里蒙特（Frémont）和班克斯（Banks）。第一个人负责华盛顿的防御，而其余两人则部署在仙那度河谷中。同样在南军方面，戴维斯所最感到焦急的也是里士满的防御，他和李将军都认清了对于首都的主要威胁，即麦克多威尔的南下。所以他们的明显行动，是如何利用林肯的恐惧心理。到了 4 月 28 日，这个机会来到了，在仙那度谷地中，面对着班克斯的杰克逊建议由他来向敌人进攻。李氏表示同意，因为他认为这样一个打击，足以使林肯命令麦克多威尔向北移动。换言之，即远离麦克里兰和里士满了。果然，当杰克逊向谷地前进不久，林肯和斯坦顿大起恐慌，于是在 5 月 24 日，麦克多威尔奉令放弃其现有的向里士满进攻的行动，而立即率领 2 万人向仙那度谷地增援。同时，他们也把这个计划的改变通知麦克里兰。

当麦克多威尔接到这个命令时，他正位于腓特烈堡的南方，相距约 8 英里。他正在等候直捣里士满的机会，而波特将军（Gen. Fitz-John Porter）正率领着 1.2 万精兵把南军逐出了汉诺福会合点（Hanover Junction），肃清了正面。5 月 27 日，曾经发生了一次激烈的遭遇战，而波多马克军团的右翼与麦克多威尔的前卫，相距已在 15 英里之内。

麦克多威尔的兵力第二次被扣留住了，这使麦克里兰的原定分进合击计划完全破产。这个计划的确是很不错的，所以在这个环节中扣留麦克多威尔的兵力，比上一次更不合理。林肯完全不曾看清，保护华盛顿的最可靠方法，就是立即向里士满前进，并避免陷入杰克逊在河谷中所布下的陷阱。诚如罗皮斯所说的：“若能把 15 万人的兵力都集中在里士满的附近，则南军即将被迫迅速撤退，这似乎是可以断言的。实际上，北方军事当局的确准备这样做的。结果未能如此，是完全由于林肯总统的刚愎自用。他不听负责指挥作战将领的忠告，故意破坏这次联合行动，遂使击败南军和占领其首都的大好机会轻易地放过。这种时机的有利真可以说是前所未有的。”

麦克多威尔的被召回，遂使波多马克军团分裂为二。[1] 5 月 20 日到 24 日，第四军在前，第三军在后，已经相继渡过了齐卡何米尼河（Chickahominy），而第二、第五和第六三个军则占领该河北岸上的阵地。[2] 后述的三个军，分别由萨姆勒、波特和富兰克林充任军长。

虽然决定这样的兵力部署是为了要想与麦克多威尔取得接触，可是当麦克多威尔撤退了之后，麦克里兰却还是没有改变他的计划。他的军队继续为一条具有危险性的河川所分隔着，这条河川虽然并不太大，但因为边缘上有泥泞沼地，所以成为一条困难的军事性障碍物。麦克里兰停止了他的前进运动，开始在齐卡何米尼河上进行架桥的工作。在里士满城内的约翰斯顿，发现了麦克里兰的处境颇为不利，遂命令朗斯特里特将军（Gen. Longstreet）去担负解决凯依斯和海特齐尔曼两军的任务。结果即为所谓“弗尔奥克斯”（Fairoaks）或“塞文派恩斯”（Seven Pines）之战，从 5 月 31 日起，一直打到了 6 月 1 日。这场混战中，双方死伤都很重大，大约在 1 日下午 7 时，约翰斯顿负了重伤。他的职务暂时由史密斯将军（Gen. G. W. Smith）接替，第二天，奉总统的命令，他又把这个军团交给李将军指挥。

虽然这次会战不具有决定性，但若在 6 月 2 日麦克里兰能发动一个猛烈的反攻，则毫无疑问即可以具有决定性了。假使他能够如

[1] 选择怀特豪斯为基地，也就是为了要与麦克多威尔合作的缘故。

[2] 第五和第六两个军为“暂编”军（Provisional），是在 5 月 15 日编成的。

此，那么他很可能击溃毫无组织的敌军。可是他却不谋此图，仍然回过头来进行他的架桥工程。因为天气阴雨，使他的军团在之后三个星期的时间内都还没有忙完。诚然，他在兵力部署方面已经作了一些改变，因为除了波特的第五军之外，他把所有其他的部队都从该河的北岸撤到了南岸，并开始构筑坚强的野战工事，从哥尔丁农庄（Golding’s Farm）起到怀特奥克斯沼地（White Oak Swamp）为止，以及在比弗丹溪（Beaver Dam Creek）以东的紧接地区中，而从南面的进路也都有了坚强的防御。在这个时间当中，为了应付其紧急求援，麦克卡尔（McCall）的师共 9500 人，奉命前往并加入在波特军之内，另外从巴尔的摩（Baltimore）和门罗堡，也抽调来了 1.1 万人。到了 6 月 20 日，麦克里兰的军团一共有官兵 105 445 人。

一旦桥梁完成之后，若非杰克逊仍留在河谷中，可以在任何时候打击在他与怀特豪斯的交通线上，那么麦克里兰也许就会马上采取攻势了——自从麦克多威尔撤走之后，这一方面已经大部分丧失了掩护。麦克里兰的确认清了这个可能性，而 6 月 11 日敌军骑兵对于其交通线的突袭即为一个明证。我们可以看出他采取了预防措施，他曾经经由水路把大量补给品从怀特豪斯转移到了詹姆斯河上的哈里逊登陆地（Harrison’s Landing），此外，他也曾经侦察铁路与怀特奥克斯沼地之间的地区以及通到詹姆斯河的道路。

此时，李氏的处境极为困难，不仅是因为弗尔奥克斯的战败使其军队士气大受打击，而同时他自己的名誉也还不够高。1861 年八九月份，他在弗吉尼亚西部曾经累遭挫败。从那个时候起，一直到 1862 年 3 月 13 日，他被召往里士满为止，他对于佐治亚、南卡罗来纳和佛罗里达等州的沿海防御，几乎完全不曾出面参加。所以实际上，他的部队对于他是毫无认识的，而依照他的军事秘书——朗格将军（Gen. Long）——的说法，军人对他是缺乏信心的。

李氏认为里士满是势在必守，不惜付出一切的成本，于是他所采取的第一个行动是很聪明的——即从南面构筑一条防线，从詹姆斯河上的“查芬岩”（Chaffin's Bluff）起一直到齐卡何米尼河上的比“新桥”（New Bridge）略高的一点上为止。同时，他也着手改组他的军团，一共分为六个师：朗斯特里特、哈格尔、丹尼尔·希尔、马格鲁德尔、惠丁（Whiting）和安布罗斯·希尔（A. P. Hill）。

当这个工作完毕之后，6 月 5 日，他就出发侦察北军的阵地，在那天黄昏时，他写了一封信给总统戴维斯提出下述的建议：假使杰克逊能获得增援，他即可以越过马里兰进入宾州。于是接着他又说：“我正在准备建立一条防线，以便只要我的一部分兵力足以守住其正面，对于其余的兵力，我就决心用来作一个牵制性的行动以引诱麦克里兰出击。”似乎在这里，我们才第一次触及所谓“七日会战”（The Seven Days Battle）的起源，因为三天以后，在作了另一次搜索之后，李氏曾经写了一封信给杰克逊，其内容如下所述：

> 假使没有什么事情一定需要你把注意力集中在谷地之内，以至于使你不能抽出几天的时间离开一下，那么你就可以设法欺骗敌人，使他们感觉到你还是留在那里没有动。若是有这样的机会，请你立即让我知道何时可以与在里士满周围的军队会合，以做决定性的打击。请你自己去做安排，不过假使有机会能够给予敌人一个成功的打击，则绝不要让它错过。

6 月 11 日，李氏又写信给他说：“我已经派遣劳顿准将（Brig. Gen. Lawton）率领了六个团，惠丁准将率领了八个团，来帮助你击碎当前的敌军。”此外，李氏又补充说：“守住隘路，利用铁路或其他的方法，迅速进到艾希兰（Ashland），冲到齐卡何米尼和巴门基之间，乘本军团在正面攻击麦克里兰时，即切断敌人的交通线。”

泰勒将军对于这次增援也有下述的叙述：

> 为了欺骗敌人，李将军派惠丁、胡德(Hood)和劳顿三位将领，率领了相当的兵力向各地进发。这个行动是公开的，于是很快也就为华盛顿方面所知道，并立即产生了预计的效果，使华盛顿方面产生这样一个印象，认为杰克逊是想从谷地侵入马里兰。17 日，这些部队乘火车达到了斯陶恩顿（Staunton），并未下车即转回到高登斯维尔（Gordonsviue），在那里他们与杰克逊会合在一起。

同时，为了发现麦克里兰右翼方面的正确位置，李氏又派斯图亚特将军（Gen. J. E. B. Stuart）率领 1200 名骑兵去进行搜索，直到约克河铁路线为止。到了 6 月 13 日，斯图亚特已经发现了麦克里兰的工事并未延伸到比弗丹溪，而且无情况足以表示麦克里兰有改变其基地的意图。但是斯图亚特所获得的情报中，其最有价值和最重要的还是下述的事实：敌人忽视了夹在比弗丹溪源头和巴门基河的一个支流之间的分水岭，并未加以设防。李氏根据这个情报，决定沿着这条山岭以打击麦克里兰的交通线。

不过因为派遣的搜索兵力太强大，而率领他们的将领斯图亚特的个性又未免太冲动，遂使这个情报的价值被抵消了一大部分。在完成了其任务之后，他本应立即回去，可是他却偏要耀武扬威地环绕麦克里兰全军走了一周，并攻击他的补给纵列和后勤部队，使麦克里兰注意到他的危险。

当他示威性的军事行动完毕之后，斯图亚特于 6 月 15 日回到里士满，当李氏获得了他的报告之后，他就写信给杰克逊约定与他会晤，以后他又由朗格上校（Col. Long）陪伴着，去侦察北军在齐卡何米尼河以北的阵地。当李氏决心把杰克逊的兵力用在麦克里兰的右方时，他回来时也就把这个决定向朗斯特里特提及。此时，杰克逊已收到了李氏 6 月 15 日的信件，遂率领他的 1.85 万人，沿着弗吉尼亚中央铁路南下，于 6 月 22 日（星期天）在李氏之先到达了腓特烈厅（Frederick's Hall）。他留在那里参加宗教集会，一直到星期一上午1时，他才骑马到52英里以外的李氏司令部中去，于下午3时到达。亚历山大将军说："假使他的火车一直向里士满开去，则他可能在星期天清晨即已到达目的地。他的军队在行军时若遇到星期天，也会留在营地休息一天。这位将军还有这样一个习惯，假使因战斗或行军占用了一个星期天，那么他只要一有机会，就再用一天其他的时间去补足它。"

在下文中我们就可以看出来，这种宝贵时间的损失实为使李氏计划不能获得成功的主要原因。

当李氏到达之后，他就召开一个会议，出席者有杰克逊、朗斯特里特和两位希尔，李氏说明他的计划。其大致的设想为：由哈格尔和马格鲁德尔据守里士满以东和齐卡何米尼河以南的防线；杰克逊则绕过该河以北的麦克里兰阵地迂回他的右翼，落在他的背面上，切断他的交通线，以迫使他撤退；于是乘敌人撤退之际，朗斯特里特和两位希尔即进到比弗丹溪上，攻击敌人的正面。

很显明，这个计划的成功关键就要看朗斯特里特和两位希尔的前进与杰克逊的攻击在时间上能否有精密的配合。此外同样明显地，假使麦克里兰在这个战斗之前或后，撤回到齐卡何米尼河的南岸，拆毁河上的桥梁，然后进向里士满，那么李氏的主力就会完全受到反迂回了。但是李氏却知道麦克里兰是一个何等谨慎的人，深信他绝不会把握住这样的一个机会。无论如何，这都必须使他的基地移到詹姆斯河上，所以他只会向半岛方面退往门罗堡。

根据弗里曼（Freeman）的《李氏传》，李氏的全部兵力约为6.7万人，而杰克逊则为1.8万人，所以各种兵种加起来计算，应为8.55万人。他的战斗序列如下：

防御兵力：马格鲁德尔师，1.2万人；哈格尔师，9000人。

攻击兵力：杰克逊师，1.85万人，由斯图亚特的骑兵师1800人，担任掩护。

追击兵力：朗斯特里特师在右，9000 人；安布罗斯 · 希尔师在中，1.4 万人，丹尼尔 · 希尔师在左，9000 人。

詹姆斯河防御兵力：何尔姆斯（Holmes）师，6500 人；怀斯（Wise Command）师，1500 人。

预备炮兵：由彭德尔顿（Gen. Pendleton）指挥，共 23 个连，3000 人。

齐卡何米尼河以南的骑兵：1200 人。

再回过来说麦克里兰方面。不计算尚留在门罗堡的 1 万人，他实际指挥的人数为官兵共 11.7 万人，其中有效人力为 10.55 万人。所以他总共比对方超过了 2 万人。

6 月 23 日，麦克里兰的秘密情报人员发现了一个谣言，说敌人正在计划联合进攻。次日，他从一个逃兵的口中，获知杰克逊企图从高登斯维尔向腓特烈厅前进，以便在 6 月 28 日打击在背面上。虽然如此，他仍命令他的前哨线于 6 月 25 日向前推进，接着就发生了一次激烈的遭遇战，这就是所谓果园或橡树的小战。这种前进即为 6 月 26 日向里士满全面行动的准备。但是当他在那天黄昏回到司令部时，他发现又接获了杰克逊前进的谣言。他接获的一个报告说，博勒加德已经与李氏会合。他对此深信不疑，即用电报告诉斯坦顿说，他所面对的南军有 20 万人之多。

虽然李氏和麦克里兰都是彼此相信对方的数量，是比他们自己的要多了一倍，可是前者却决定攻击，而后者却决定退却，这个事实足以测量两人在将道上的差异。诚然，麦克里兰的交通线现在只受着波特的 3 万人的保护，这是北军留在齐卡何米尼河以北的唯一部队，所以兵力比较微弱。虽然如此，要想对他们作一个决定性的攻击，李氏还是不能专靠杰克逊的兵力，这一点麦克里兰也应该有清楚的认识。所以为了击破北军的右翼，李氏势必要抽调其自己右翼的兵力，而使其甘冒在齐卡何米尼河南岸为北军击败的危险。

诚如我们在上文中已经叙述的，李氏的确曾经抽调其右翼的兵

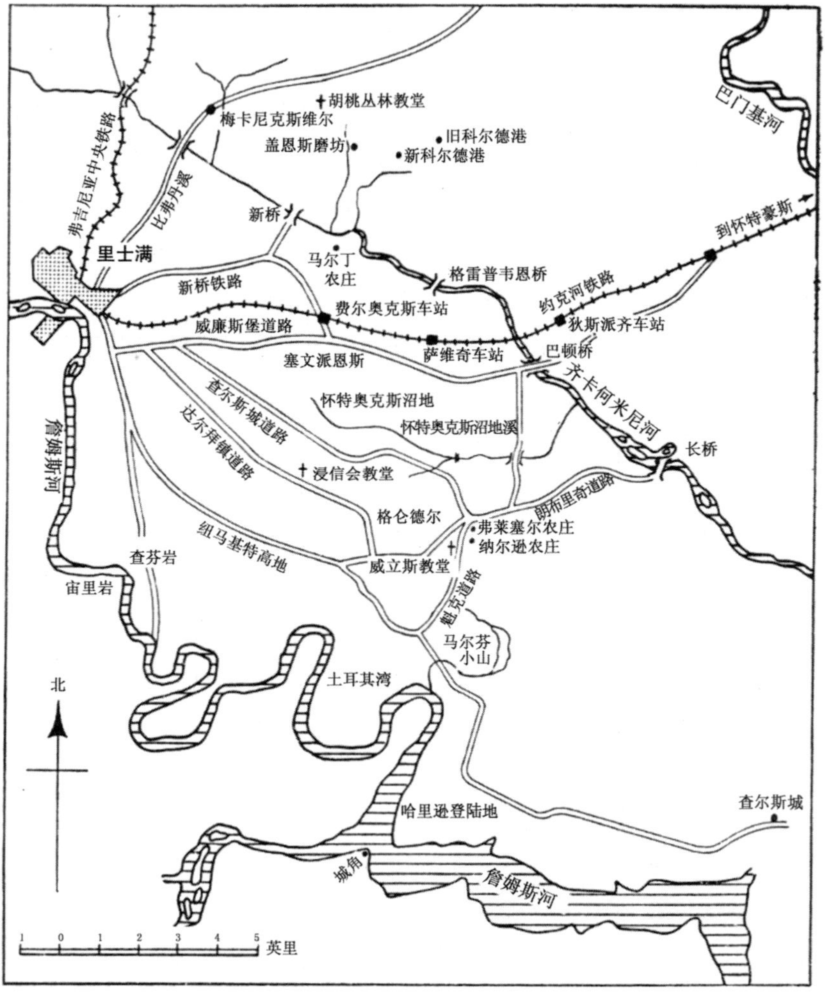

图二　七日会战，1862 年 6 月 25 日至 7 月 1 日

力，让马格鲁德尔和哈格尔两个人一共只指挥 2.1 万人，以对抗超过他们三倍以上的敌军。因为他深知麦克里兰的性格，所以敢于冒险，至于此后他能否成功，就完全倚赖在杰克逊一人的身上。假使杰克逊能在波特获得增援之前即实行打击，则诚如亚历山大将军所

云："对于李氏的赌博，就可以算是一大成功，这也是任何南军将领所从来不曾获有的最大机会。"可是杰克逊却未能完成任务，这对于李氏和整个南方而言，都是一个极大的不幸。不仅如上文所说的，杰克逊的人员把整个的星期天都用在祈祷上面而不用在行军上面，而且他们在星期一这一天的行军成绩，也实在太差，所以到星期二的上午，他们所能到达的位置，还是未能比比弗丹车站更远，距离杰克逊预定在该夜宿营的艾希兰还大约有 18 英里，距离"斯塔克教堂"(Stark Church)附近的弗吉尼亚中央铁路大约为 25 英里。依照第 75 号命令，杰克逊应在 6 月 26 日（星期四）凌晨 3 时到达那里。事实上,他在上午 9 时才越过该铁路,以后又再前进了 8 英里,即下午 5 时左右宿营于"亨德里角"(Hundley's Corner)。他此时距波特的后方已在 2 英里之内，可以听到远距离的强烈射击声。

此时李氏正在等候之中。已经过了正午了，到了大约下午 2 时，他接获了一个报告，北军已经撤出了某些炮兵阵地。李氏、朗斯特里特和丹尼尔·希尔向前去观察，证实了这个报告的正确。突然，他们听到北方有强烈的枪炮声传来，他们认为杰克逊终于到达了。事实上，那并不是杰克逊，而是安布罗斯·希尔的师，希尔已经决定了不再等候，在未奉到命令即主动前进了。于是北军经过梅卡尼克斯维尔（Mechanicsviue），退到比弗丹溪后面的既设坚强阵地中。安布罗斯·希尔对他们实行猛攻，但终被击败，死伤极为惨重。

这个过早的攻击使面对着朗斯特里特和丹尼尔·希尔的北军也向后撤退，于是他们这两个师现在也就奉令前进，希尔命令李普雷（Ripley）旅向北军全线上最坚强的一个据点实行直接性的硬攻。照亚历山大将军的说法："这种毫无希望的冲锋，是从来未见过的，他们前仆后继，一直到尸积如山为止。照北军方面的记载，说他们的厚度好像是苍蝇堆在糖碗上面一样。"就是这样，李氏在"七日会战"中的第一战遂以惨败结束了。那天夜间，他派了一个传骑把下述的紧急命令送达给哈格尔："在今天夜里守住你的堑壕，必要时不惜使用刺刀肉搏。”因为当时他的计划已经泄漏，他害怕麦克里兰会把波特的部队撤到齐卡何米尼河以南去，然后集合其全军的力量，突破马格鲁德尔和哈格尔的防线向里士满前进，以切断南军与其首都之间的联系。

麦克里兰应该这样做，其理由是非常显明的。可是诚如斯温顿所说：“这种作战太果敢了，不适合北军统帅的谨慎性。”麦克里兰刚刚从他的秘密情报人员手中获得了一消息，说李氏现在已经有 18 万人的兵力，所以他决定撤到詹姆斯河上，在那里建立一个新基地，以便重整攻势。为了掩护这个撤退，他或者是应该把波特的兵力撤到齐卡何米尼河的南岸来，否则即应给予增援。可是他却两样都不做，到了 6 月 27 日拂晓时，当他知道杰克逊已经与李氏会合的消息，他就命令波特沿着船夫沼泽（Boatswain's Swamp）的既设阵地撤到盖恩斯磨坊（Gaimes's Mill）附近。这次撤退的执行颇为成功。

当波特正在巩固其新阵地时，李氏骑马来到了胡桃丛林教堂（Walnut Grove Church），它地处梅卡尼克斯维尔的东面，在那里他与安布罗斯 · 希尔和杰克逊会晤。后者对于他在亨德里角的耽搁，并未表示歉意。李氏预测会战应在波怀特溪（Powhite Creek）发生，这个溪流在船夫沼泽的正西面流过。他的计划是准备由安布罗斯·希尔向波怀特溪实行突击，而由朗斯特里特在其右侧担负支援。杰克逊和丹尼尔 · 希尔则应进到波特的后方。简言之，安布罗斯 · 希尔和朗斯特里特的任务，是要把北军向丹尼尔 · 希尔和杰克逊军的内线赶去。和平常的惯例一样，李氏的指示总是口头的。

下午 2 时，会战的序幕展开了，首先由安布罗斯 · 希尔发动了一次猛烈的突击，他以为杰克逊的全军也一定会在同时采取行动。当他被敌人击退时，李氏遂命令朗斯特里特在他的右面也跟上来。一次冲锋接着一次冲锋，但每次都还是被击败。虽然李氏不断地派传骑去催促杰克逊赶紧前进，哪知道朗格又走错了路，他必须倒过来行军才能到达正确的路线，这样一来使李氏的作战延误了好几个

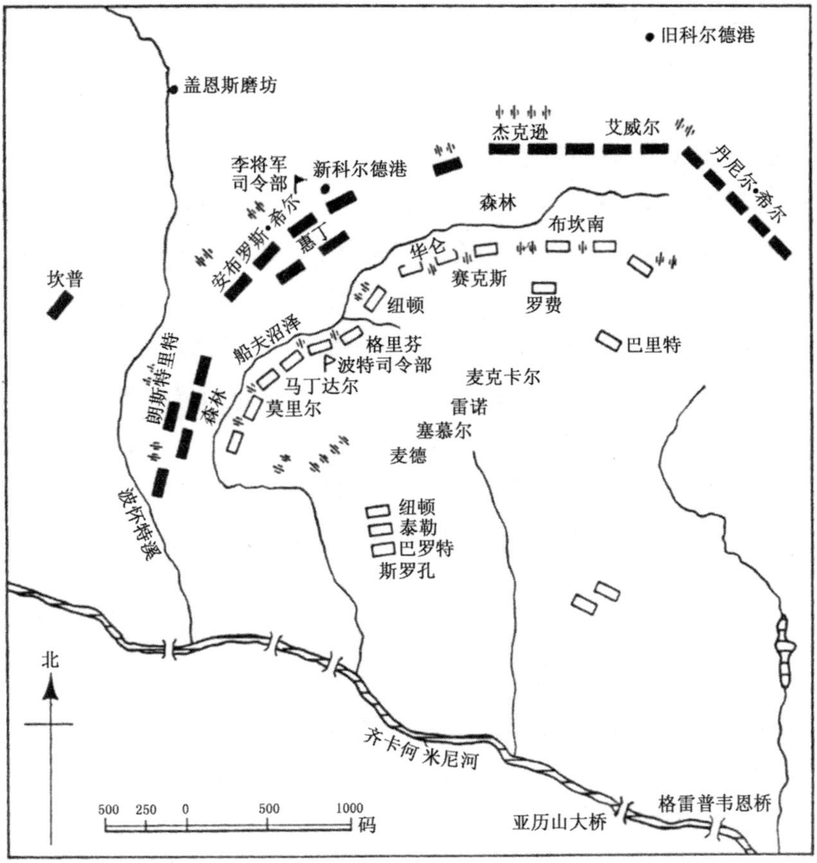

图三　盖恩斯磨坊会战，1862 年 6 月 26 日

小时，使其攻击计划受到很大的影响。

实际上，他所做的还不仅此而已，他简直使这个计划完全被破坏了。下午 4 时，波特不仅英勇地守住了自己的阵地，而且又获得 9000 余人（富兰克林军中的斯罗孔［Slocum］师）的增援。最后，快到黄昏的时候，杰克逊才加入了战线，于是李氏命令沿着所有的正面发动一次全面的突击。波特的阵地中央被突破了，一共有 22 门火炮和 2800 名人员（包括伤兵 1200 人）被南军所俘获。这样，

李氏总算是赢得了盖恩斯磨坊之战。但其成本却很高，一共死伤了8000余人，而他的对手现在又获得了萨姆纳军所调来两个旅的增援，保持着良好的秩序向后撤退。亚历山大对于这次战斗的批评如下："简言之，这个战斗似乎完全是由师长们去各自为战的，结果几乎就输在他们的手中。仅仅到了最后一分钟，总指挥官才发挥了他的能力。假使那天上午，杰克逊能够像他平时的惯例一样作迅速的推进，而且当安布罗斯·希尔进攻时，即同时把他的全力投在麦克里兰的右翼上面，则结果可能就会获得一场比较轻松的胜利。"

当天夜间，当波特以良好秩序向齐卡何米尼河以南撤退时，北军的军长也接获了通报，得知麦克里兰的意图是退往詹姆斯河上的哈里逊登陆点。此时，齐卡何米尼河上的桥梁已被焚毁。

李氏对于其骑兵的误用，要比这些桥梁的被焚毁还更足以延误他的前进。他没有派斯图亚特去迂回麦克里兰的右翼，而命令他和艾威尔（Ewell）师合作去对约克河铁路进行一次毫无价值的远征行动，因为从那里起，杰克逊早已切断了北军。所以毛莱斯爵士（Sir Frederick Maurice）说："他自己把他的眼睛取消了。"一直等到6月30日，他才命令斯图亚特重新渡过齐卡何米尼河，结果还是太迟了，斯图亚特没有赶得上"七日会战"中的最后一战。因为没有骑兵，所以李氏遂无法确定麦克里兰到底是退往门罗堡还是在詹姆斯河上。

当此之时，麦克里兰的军队正部署在齐卡何米尼河与怀特奥克斯沼泽之间，忙于在怀特奥克斯沼泽溪流上架设两座桥梁。当第一座桥架完之后，第四军在凯依斯指挥之下渡过了溪流，在其南面4英里远的地方占领阵地，以封锁查尔斯城（Charles City）、新市（New Market）和魁克（Quaker）道路等。接着第二个渡过的就是预备炮兵，6月29日清晨，又有一群共2500头的牲口和军团的辎重行列——军车3600辆和救护车700辆——也都先后渡过了。到了下午，全军都已安全地渡过了怀特奥克斯沼地。

同一天，麦克里兰也把经过情形写了一封信报告斯坦顿，其措辞的特殊可以说是前所未有。其结尾说：“假使我现在救出了这个军团，我可以坦白地告诉你，我既不必感谢你，更不必感谢在华盛顿的任何其他人物。你们已经竭尽了全力来牺牲这个军团了。”

一直等到6月29日日出，李氏才知道麦克里兰正在向詹姆斯河撤退。他的精神马上又提起了，诚如他自己所说的：“趁着对方退却和调换基地时加以攻击，这对于任何军人都是一个最难得的机会！”接着他就发号施令，他有一切的理由可以确信这一次足以歼灭敌军。

但还是和往常一样，仍然是口头式的命令。艾威尔应留在巴顿桥（Botton's Bridge）并接受杰克逊的命令，斯图亚特负责监视齐卡何米尼河下游的各渡口，杰克逊负责修复格雷普韦恩桥（Grapevine Bridge），并以全速扰击敌军的背面。同时，马格鲁德尔取道威廉斯堡道路，哈格尔应取道查尔斯城道路，以攻击敌人的右翼。朗斯特里特和安布罗斯·希尔应重新渡过齐卡何米尼河，从马格鲁德尔和哈格尔的后面绕过到达达尔拜镇（Darby Town）大路，以阻塞北军先头部队向詹姆斯河上的撤退。这个部署的重点又是在杰克逊的身上，因为丹尼尔·希尔和艾威尔现在都听他指挥，其总兵力已达2.5万人，在各纵队之中是最强的一支。

当他把命令下达了之后，李氏即骑马往马格鲁德尔部队中，然后又往哈格尔部队中，并且以后就留在那里。自此以后，他对于这一次的追击完全失去了控制，因为他的部下彼此之间完全不合作，而且也都不与他联络，其结果是混战了一场。

一开始马格鲁德尔就弄错了，他以为哈格尔已经奉令取道威廉斯堡道路前进以便支援他。同时他感觉到敌人的实力很强大，于是就向李氏要求增援。李氏的反应是把哈格尔师的后部两个旅派过去。但他却又授权哈格尔，如发现马格鲁德尔不需要他们时，可以将他们召回。在那种情形之下，哈格尔即应推进其全师的兵力，因为哈格尔决定马格鲁德尔是不需要这两个旅的，所以就把他们召回。这次行动使他延误了许多时间，在那一天之内，他前进一共还不到6英里远。

此时马格鲁德尔正在等候其右面的哈格尔和左面的杰克逊。哈格尔固然是没有出现，他却经由他的一位旅长钟斯将军（Gen. P. R. Jones）与杰克逊取得了接触。从这一方面，他得知杰克逊现在不能帮助他，因为杰克逊"正有其他重要的工作"。于是马格鲁德尔独力攻击其所面对着的北军后卫，把它逐退到"萨维奇车站"（Savage Station），位置在杰克逊前进的道路上面。

直到那天黄昏时候，李氏才听到了这个消息，他写信向马格鲁德尔解释说："我从泰勒少校方面得知你有这样一个印象，以为杰克逊将军是奉有命令不支援你的。实际上完全不然，他曾经获有指示应该援助你，并迅速加强追击。"

为什么杰克逊不遵从这条命令呢？他还有什么其他的重要工作要完成吗？关于这一点曾经有几种不同的解释，但最可能的理由却是6月29日又是一个星期六，如亚历山大将军所说的："杰克逊对于这一点是严格遵守的。他的大部分部队全天都留在营中做祷告。一直到星期天午夜已过，他们才大约在上午2时30分时开始前进。"

这些对于命令的误解，再加上杰克逊的这种宗教信仰，其整个的结果就是使麦克里兰的大军在6月28日和29日两天之内能够安全地退过沼地。至于朗斯特里特和安布罗斯 · 希尔，却已经沿着达尔拜镇道路前进了13英里，到达了艾特礼农庄（Atlee's Farm）——在浸信会教堂以南——于是留在那里，感到进退失据了。何尔姆斯所率领的6000人，也已经在他们的右面沿着新市道路南下。

那天夜间，李氏对于第二天的作战，下达了下述的命令：

（1）何尔姆斯继续沿着新市道路前进，并在这条路与朗布里奇道路（Long Bridge Road）的交叉点附近的纽马基特高地上（New Market Heights）占领一个坚强的防御阵地；

（2）马格鲁德尔从萨维奇车站向后转，利用最短的便道，进入达尔拜镇道路，沿着它前进，作为总预备队；

（3）朗斯特里特和安布罗斯·希尔继续沿着达尔拜镇道路前进，直抵朗布里奇道路上，当发现敌人时，即准备攻击；

（4）哈格尔沿着查尔斯城道路进发，当他一与敌军建立接触之后，即开始使用他的炮兵；

（5）杰克逊率领惠丁和丹尼尔·希尔进到怀特奥克斯沼地桥上，在那里渡溪流，从后面攻击敌军；

（6）斯图亚特暂时放弃其原有的任务，向主力靠拢，依照环境的变化以实行协助。

胡格尔炮兵的发射声即作为全面前进的讯号。

次日清晨，李氏骑马往萨维奇车站，在那里他与杰克逊会晤，后者在上午3时30分时已经与马格鲁德尔会合在一起。依照斯蒂尔斯（Robert Stiles）的记载，这次会晤的情形如下所述："这两位将军互相很温和地寒暄了一阵。他们面对面地站着，于是杰克逊开始以一种冲动急躁的语气讲话了，一方面用他右脚的靴跟在地面上画出一个图解。他很快地画成了一个三角形的两边，然后从第二条直线的顶点上，再画第三边向第一边上延续过去，这条线他画得很慢，一面看着李氏的脸，一面很起劲地说话。最后第三边与第一边相交了，于是完成了这个三角形。他提起他的脚来使劲地践踏着，口中强调说：'我们可以抓着他。'于是他上马走了。"

李氏接着又与马格鲁德尔谈话，把命令解释给他听，然后再骑马赶上了朗斯特里特，这个纵队的先前部队已经接近与朗布里奇道路的交叉点。大约在正午时，据报敌军正在威立斯教堂（Willis Church）道路上；朗斯特里特的师立即构成战斗队形，不久即开始与海特齐尔曼的北军哨兵发生了接触。以后在下午2时30分的时候，听到了在哈格尔师的方向上有炮声传来，于是大家都认为这就是全面会战开始的讯号。虽然炮声在3时时又停止了，但朗斯特里特的领先旅在此时却已经与北军的步兵发生了战斗。

同时，李氏从正在沿新市道路前进的何尔姆斯方面获得了一个报告，说曾经看见敌军纵队正在翻越马尔芬小山（Malvern Hill）向南撤退。假使这个报告是真的，其意义就是说麦克里兰已经快要逃出他所布下的陷阱了。为了证实这个情报的准确性，李氏沿着朗布里奇道路疾驰赶往新市道路的交叉点上。当他达到了该地之后，即发现这条消息是完全正确的。

当李氏离开了之后，朗斯特里特即指示马格鲁德尔去支援何尔姆斯，但是当李氏回来之后，他又收回了这个指示，命令他回来增援朗斯特里特，因为哈格尔和杰克逊的攻击都还没有发动。现在李氏似乎已经明白了，假使朗斯特里特和安布罗斯·希尔再等下去，那么敌军即可能会全部逃走，所以在下午5时，他命令他们通过在格仑德尔（Glendale）和弗莱塞尔农庄（Frayser's Farm）附近的森林和林间空地前进。这一战就是以这个农庄来定名的。它也被称为是纳尔逊农庄（Nelson's Farm）之战，这是附近另外一个农庄的名称。

现在所进行的攻击是有一点杂乱无章之感。朗斯特里特师中领先的一旅，很迅速地就冲过了这些森林和林间空地，结果与后续的支援部队脱节了。虽然据守北军防线中央部分的麦克卡尔师被逐退了，可是在它的两侧，属于海特齐尔曼军的胡克尔（Hooker）和基尔尼（Kearney）两个师，却仍能屹立不动。这两个师，加上由于哈格尔和杰克逊两个人的静止不动，所放出来的塞奇维克（Sedgwick）师和其他的部队终于阻止了朗斯特里特和安布罗斯·希尔到达魁克道路。北军的辎重纵列正在沿着该路向马尔芬小山退却。这次的攻击除了俘获14门火炮和几百名俘虏以外，可以说是毫无成就之可言。

这个时候，哈格尔依照他所奉到的命令，已经沿着查尔斯城道路前进。可是他在行动时却十分谨慎，因为他害怕除非等到杰克逊的攻击发动了，否则他的左翼就有受到迂回的危险。当他发现道路已经为“伐木”所阻塞时，他就开始进行扫除障碍物的工作，不久以后就发现敌方斯罗孔和塞奇维克两个师的支队正在阻挡着他的前进。这就是炮声的由来，那并不是攻击的讯号，而只是为了扫清道路而已。他不知道从森林中通过以绕过这条道路，而只是沿着这条大路走。于是敌人在他的前面，一路地砍倒树木，其速度要比他所能清除的还要快。总的说来，直到夜幕低垂时为止，他所走过的距离还不过 2 英里远，但是因为某种不明的原因，他既未通知李氏而李氏也没有给予他任何训示。

在这同一时间之内，杰克逊加上艾威尔师的支援也在缓缓推进之中，他们一路花了太多的时间来捡拾北军所丢弃的枪械和装备，所以直到上午 10 时为止，他还只走了 7 英里远，刚刚到达了怀特奥克斯沼泽溪流。在那里他发现桥梁已经被破坏，并且有一个北军的炮兵连——属于富兰克林军的——正在它的南岸发射。

现在就要说到这次战役中一件最奇怪的事情了。杰克逊在 6 月 22 日和 29 日的停止不进，还可以勉强用他的宗教信仰来解释。可是 6 月 30 日却是星期一，这个解释却似乎无法适用，除非是说因为他以前曾经用去了一个星期天所以要在今天补还。不过无论如何解释，杰克逊又停止不动却是事实。

虽然桥梁已经破坏了，但是这个溪流的平均宽度不过为 10 英尺到 15 英尺。在桥的上游有四个徒涉场，在它的下游还有一个。孟福德上校（Col. Mumford）没有经过任何困难，就率领弗吉尼亚骑兵第二团渡过溪流去了。汉普顿将军（Gen. Hampton）也渡过了。当他回到了杰克逊的身边，他就要求为步兵建造一座桥梁。这个要求被准许了，于是在“几分钟”之内就建好了一座新桥。关于以后的情形，汉普顿就这样记载说：

> 当我回到沼泽这一面之后，我发现杰克逊将军正坐在路边

> 上的一棵伐倒了的松树上面，我就坐在他的旁边，报告他说桥已经造好了和敌人正处于暴露的位置中。他把帽子拉下来盖着眼睛，而眼睛却是闭着的，在听完了我所说的一切之后，过了几分钟一言不发地站起身来。第二天上午，我们发现富兰克林和其余的北军部队已经集中在马尔芬小山之上。我相信，假使当时正在怀特奥克斯的面对着我们的富兰克林军被击败，则整个北军即可能被毁灭。

此时与杰克逊在一起的达布尼（Dabney），认为杰克逊的这种莫名其妙的态度是过分疲劳之所致。达布尼说：“在过度疲劳之后，他马上想倒下来睡觉，晚餐的食品还含在他的嘴里，他（杰克逊）说：‘现在，诸位，让我们马上都睡觉，到拂晓时再起来，看明天我们能做些什么吧！’可是话虽如此，他却又能在这样忙碌疲倦的一天当中，找到时间来写信给他的太太，信中充满了感情，闲话家常，絮絮不休。”

在这一天的黄昏和夜间，原来坚守弗莱塞尔农庄的北军部队保持着良好的秩序向马尔芬小山退却。这一次巧妙的撤退，却绝对不能归功于麦克里兰个人的领导有方；因为在 6 月 29 日，当他对各位军长下达了他的命令之后，就让他们自己去各自为战，而自己则先退往马尔芬小山，以便布置那里的防务。所以罗皮斯的批评是很恰当的，他说：“假使他的军团在那一天被击败了，则麦克里兰本人实应负其全责。北军各位军长，虽然彼此之间能有效地合作，但是在那一天之内的行动，却缺乏一个领导。譬如说，事实上到了晚间，富兰克林（据他自己说）就是自己负责指挥其兵力向詹姆斯河上移动的。”

这样就结束了所谓的弗莱塞尔农庄之战，照弗里曼的意见，这是“南军在战史上所丧失的伟大机会之一”。亚历山大曾经批评说：“我常常这样想，若是李氏自己回顾其战争中的经过，那么他一定会感觉到整整的四年当中，他没有比在 1862 年 6 月 30 日这一天更不幸的。毫无疑问，这是他一生中最好的机会，因为这时的南方同盟正在全盛期中，在以前或以后，它从来不曾供给这样多的人力。而在这个时期中若能获得一次胜利，其精神上和物质上的效果也会比任何其他的时期都更大。”

7 月 1 日的清晨，马格鲁德尔的师到达了弗莱塞尔农庄，并立即接替了朗斯特里特和安布罗斯 · 希尔的疲乏部队。不久他也与杰克逊取得了接触，后者也终于渡过了怀特奥克斯沼泽溪流。李氏于是命令继续追击。

杰克逊奉令沿威立斯教堂路前进，马格鲁德尔则应沿着魁克道路前进，而哈格尔师中的马洪（Mahone）和蓝荪（Ransome）两个旅则应紧随杰克逊的后面。[1] 阿米斯提德（Armistead）和赖特（Wright）的两个旅则沿着一个向南的小路前进，从查尔斯城道路越过朗布里奇道路到达马尔芬小山。朗斯特里特和安布罗斯 · 希尔两个师则充任预备队，而何尔姆斯则暂停在新市道路上。李氏还是和往常一样，把其命令的执行完全交给师长们去自主。

此时，麦克里兰已经把他的全军集中在马尔芬小山之上，这个阵地具有极有利的天然形势，曾经由波特对它作过仔细的侦察。它是一个高原，从南到北约有 1. 5 英里长，大约有 0. 75 英里的宽度。南面侧翼上有土耳其岛溪流（Turkey Island Creek）和詹姆斯河上北军炮艇火力的掩护，在东北面和东面又另有一条叫做“西流”（Western Run）的溪流。据李氏说，它周围都是由“地形破碎、森林厚密”的地区所包围着。中间几乎到处都为一片沼泽所穿过，只有少数地方可以通过，而且也都很困难。

依照麦克里兰的自传，他的大致部署如下所述：

[1] 魁克道路和威立斯教堂道路实在是同一条道路，但很显明，李氏却以为它们是两条路。

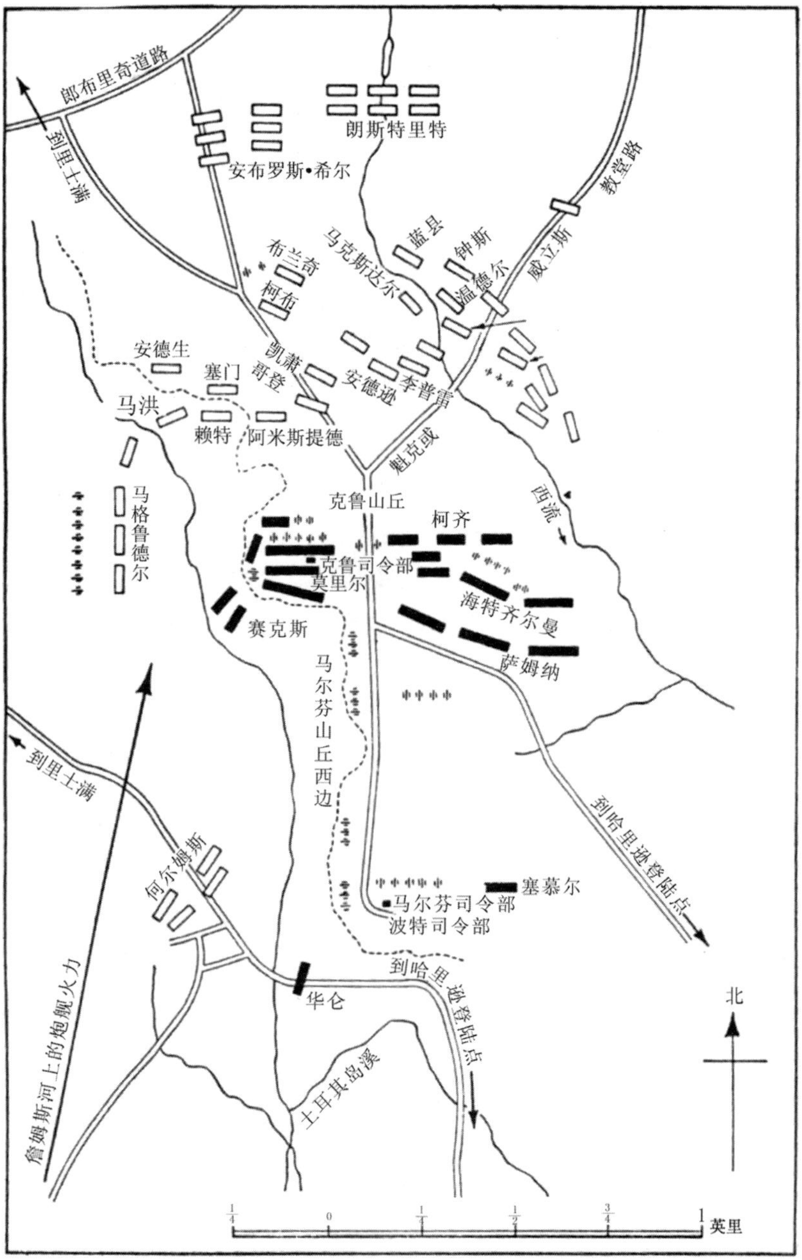

图四　马尔芬山会战，1862 年 7 月 1 日

> 波特军防守着战线的左端，赛克斯（Sykes）师在左，莫里尔（Morell）师在右。柯齐（Couch）师在波特军之右，其次则为基尔尼和胡克尔、塞奇维克和里查德森（Richardson）、史密斯和斯罗孔，然后才是凯依斯军的其余部分，他们形成一个向后弯的曲线，差不多到达河边。宾州预备军则保留为预备队，位于波特和柯齐的后方。波特军中的一个旅被派在左面的低地上，以保护这个侧翼，防止任何从里士满道路方向上的军队。

当他发布了命令之后，李氏即骑马出发去查看敌人的阵地。他发现北军的炮兵集中起来，从西到东北形成一个长的新月形，而以步兵为其支援。在作了一番颇为粗略的观察之后，他回营就采纳了朗斯特里特的建议，准备在炮击的掩护下进攻，其讯号预定为阿米斯提德旅的喊杀声。并预定当发现南军炮火一开始生效时，就立即行动。这个命令是下午 1 时 30 分发出的。

亚历山大说："经过了一些延迟之后，南军的炮兵才开始发射出微弱的火力，但立即为敌方集中火力所压制。这种战斗力太差的炮兵使突击的希望大为冲淡，所以在下午 3 时以前，李氏决定放弃其突击的意图。他只通知了朗斯特里特，而并未告诉其他的将领，好像是无此需要。"

李氏现在决定采取一次迂回运动。他与朗斯特里特一同骑马向东走，想寻找一个适当的位置，经过了一番匆匆的观察，他决定攻占那个地区中的高地。当他正在做此项决定时，他又接获了一个报告，说北军已在撤退，现在马格鲁德尔已经到达了右方，而阿米斯提德也已经逐退了敌军。所以他又打消了迂回麦克里兰的念头，而派狄金森上尉（Capt. Dickinson）——马格鲁德尔的副官——把下述的命令传达给马格鲁德尔：

> 李将军希望你能迅速前进。他说据报敌人已经正在撤退了。

把你的全部兵力向前推进，学着阿米斯提德的成功榜样。

丹尼尔 · 希尔曾经这样说 ：“我从来不曾看见过像这样英勇伟大的场面。当日落之后，在马格鲁德尔的命令之下，九个旅向前进攻。所不幸的，他们没有一起发动进攻，遂为敌人各个击破。当每一个旅从森林中钻出来之后，马上就有 50 门到 100 门的火炮对着他们射击，在行列中立即被撕开了巨大的裂口，但是英雄们还是集合起来，继续前进，于是又为在炮位附近的敌军预备队所击倒，很少有几班人能够到达那里。多数的人都要越过一个宽达 0.5 英里的开阔地区，前面为敌军的野炮火力的轰击，后面又受到炮舰上重炮的夹击。这不是战争，而只能说是屠杀。”

接着，丹尼尔 · 希尔听到他的右方发出了一阵喊声，继之以步枪的射击，于是他认为这是攻击的讯号——他并不知道这个攻击已经取消了——于是他也命令所属部队前进。他们马上就遭到了榴霰弹的回敬。马格鲁德尔向朗斯特里特要求援助，希尔则也向杰克逊要求援助。于是有更多的兵力不断地投入这个屠场，一直到夜幕低垂时，这场流血的悲剧才自动闭幕。

李氏已经失败了，他走过这些残军的营帐，找到了马格鲁德尔。

他问 ：“马格鲁德尔将军，你为什么要攻击呢？”

马格鲁德尔毫不迟疑地回答说 ：“服从你那个一再重申的命令！”

李氏无言可答，因为实在无话可说了。

那天夜间，斯图亚特的骑兵才从齐卡何米尼河上回来。

尽管波特、亨特和萨姆纳都力劝应向南军反攻，可是麦克里兰在 7 月 2 日还是决定继续向哈里逊登陆点撤退。在大雨如注之中，他终于把他的基地从巴门基河上移到了詹姆斯河上。此时，李氏派斯图亚特和他的骑兵继续追击，并命令杰克逊（除丹尼尔 · 希尔的兵力）、朗斯特里特和安布罗斯 · 希尔继续向南运动，其余的部队则都留在马尔芬山地上，只有何尔姆斯则奉令返回宙里岩（Drewry's Bluff）。

7月2日，该部队只前进了2英里。第二天，李氏获得了斯图亚特的一个报告，说他已经到达了哈里逊登陆点，并发现有一个叫做艾费林顿高地（Evelington Heights）的巨大高原可以控制该点，而且尚未被敌军占领。在把这个报告送出了之后，这个一向以有勇无谋著称的斯图亚特就开始做一件蠢事，这可以算是这次战役中许多愚行中的最后杰作。为了不让麦克里兰注意到这个艾费林顿高地是一个漏洞起见，他本应该避免这个高地，斯图亚特的行动却完全相反，他居然把他唯一的一门榴弹炮（弹药已经快用完了）由少数骑兵掩护着送上了该高地，向下面的敌军营地射击，其结果是使麦克里兰立即用强大的兵力把这个高地加以占领。

7月3日，朗斯特里特迷失了他的道路，杰克逊则只走了3英里。第二天，李氏策马前进，发现他的部队已经在严阵以待，准备要发动一个攻击来夺回艾费林顿高地，但是经过了一番迅速的侦察之后，他发现敌军的防御现在已经是太坚固，不可能再攻下了。7月7日，他发表了一个文告向他的部队表示谢意，两天之后，他就率领他们返回里士满。

从6月25日算起，在这七天的会战中，双方所付出的代价都是极高。李氏全军一共死伤了19 739人。麦克里兰方面则为9796人，但还应加上失踪的人数6053人。

这样就结束了这次战争中的一次最有趣味和最有启发性的战役。

即令是麦克多威尔的兵力中途被抽走了，麦克里兰占领里士满应该是毫无疑问的。同样，假使在这七日中，杰克逊能够有较好的表现，使他最近所得的令誉能够名副其实，那么李氏也就会击溃这个波多马克军团。这个假定似乎是正确的。为什么这两位主将都未能达到其理想中的目的，这是一个与他们两人的将才有关系的问题，因为南北两军的人员在战斗中都表现出同样的英勇。麦克里兰虽然是一个能干的参谋军官，但却是一个懦弱的指挥官。反之，李氏虽然是一个大胆果断的指挥官，但却是一个能力很差的参谋军官。若引证下述两位南军将领的意见，则更可以看出李氏的弱点。丹尼尔 · 希尔说：

> 在这整个战役中，我们攻击的时间和地点都正是敌人所希望的。这个原因是我们对于地理完全缺乏知识，而对于这一连串的战场都缺乏侦察之故。

泰勒将军也说：

> 从科尔德港（Cold Harbor）以至马尔芬山，几乎可以说除了一连串的重大错误以外，就没有什么其他的事情了。南军指挥官对于当地地形的认识，似乎不比他们对于中非洲的认识更多。

虽然李氏在他的报告中，也曾提到这一点，而在整个战役中所使用的地图，都好像是一个 10 岁的小孩子所画的。可是他却似乎从未认清克服这种困难就是他的责任。他应该有一个组织良好的情报部门和地图供给。

虽然如此，尽管这两位主将都具有缺陷，而他们的业余性部队也是很拙劣，可是在这次战役中的最大错误却并非由他们所造成。造成这个空前大错的人是哈里克将军（Gen. H. W. Halleck），他在华盛顿代替了斯坦顿，负起了指导战争的责任。麦克里兰在哈里逊登陆点向他要求再继续向里士满进攻——很巧合的，这次作战正与 1865 年时格兰特将军结束战争的作战是完全一样的——哈里克却拒绝批准。所以在 8 月 3 日，违反了其指挥官的意志，这个尚未被击败而且士气还极为高昂的波多马克军团，由于一个胸襟狭隘的“军事腐儒”的短视，被迫放弃了这次战役。

这场“七日会战”的重要性在于它的失败方面。假使不是南军方面累犯错误，则麦克里兰可能全军覆没，若果如此，则美国联邦政府也会暂时随之而崩溃了。假使不是北军方面累犯错误，则李氏的全军覆没更是已成定局，于是里士满政府也就会随之而灭亡了。诚如两位美国史学家所指明的：“战后改造时期的恐怖也许就不会发生，奴役制度的取消也可能不必使用暴力，南方社会也不至于被破坏，而南方对于各种温和改革手段也可以有一些发言权。”所以美国内战中的第一次重要会战其所具有的政治重要性不是缩短了战争，而是使它再延长了将近三年之久，并且也足以决定战争的后果。

大事记（二）

美国内战的进展

自从麦克里兰未能攻占里士满，在以下的 12 个月之中，在东部地区中一共打了五次主要的会战，但都是不具有决定性的。第一个为马那沙斯或牛奔河的第二次会战（1862 年 8 月 29 日至 30 日），在这一战中，由波普将军（Gen. John Pope）所率领的北军为李氏所击败。在一个月以内，李氏又为麦克里兰所击退，是谓夏普斯堡（Sharpsburg）或安提坦（Antietam）会战（1862 年 9 月 17 日）。接着就是腓特烈堡会战（1862 年 9 月 17 日），在这一战中伯恩赛德将军（Gen. A. E. Burnside）的攻击又为李将军所击退。再次即为钱瑟勒斯维尔（Chancellorsville）会战（1863 年 5 月 1 日到 4 日），在这一战中，李氏使胡克尔受到了反迂回，而破坏了他的计划。最后为葛底斯堡会战（1863 年 7 月 1 日至 3 日），李氏又为麦德将军（Gen. G. G. Meade）所击败。

所有这些会战都是以一种错误的战略为基础的。双方都是沉溺在一种不正确的观念中，以为赢得战争的最迅速方法即为占领敌方的首都，双方都不曾认清这场战争的战略重心并不在波托马克河上或是詹姆斯河上，而是在查塔努加—亚特兰大地区。诚如我们在前一章中所指出的，假使这个地区被北军占领了，则南军在后勤方面就会被切成两块，而它的东北地区也同时有受到两面攻击的危险。反之，若是这个地区仍然握在南军的手中，那么即令里士满已经失陷，而战争却还是可以无限期延长下去。所有这五次会战所达到的目的，只不过是互相消耗而已，但因为北军的元气较充足，比较易于补充其损失，所以算起来还是他们占了优势。

当东面的战争正在继续进行之际，在西面，由于环境的逼迫而并非由于事先的计算，这个战略重心的重要性，也就逐渐在一位过去并不知名的军人心灵中产生了印象。这位军人就是格兰特将军（Ulysses S. Grant，1822—1885）。

格兰特出生于1822年4月27日，他在美墨战争中颇有卓越的表现，但在1854年，因为被人指控为酗酒，遂从陆军中退休。当内战爆发时，他被指派为伊利诺伊步兵第二十一团的团长，1861年9月4日，他已经升任了准将，设立其司令部在开罗（Cairo）。这是一个非常重要的战略要点，因为河流的交通线从那里通往维克斯堡、新奥尔良、路易斯维尔（Louisville）、匹兹堡（Pittsburg）、纳什维尔（Nashville）和查塔努加等地。为了封锁这些河川，南军已经在密西西比河上建筑了坚固的工事，在田纳西河上建筑亨利堡（Fort Henry），在坎伯兰河上建筑多尼尔森堡（Fort Donelson），在它的东面他们又已经把约翰斯顿将军的兵力推进到了肯塔基州的南部。

格兰特认清了巴都卡（Paducah）在俄亥俄河上的重要性，遂于9月5日将其占领。两个月之后，哈里克将军和布尔将军（Gen. D. C. Buell）分别担负密苏里和俄亥俄两个地区的指挥官。

为了切断密苏里境内南军与肯塔基境内南军之间的联系，格兰特获得了向亨利堡和多尼尔森堡进攻的许可。他于1862年2月6日攻占了前者，并迫使约翰斯顿放弃了包林格林（Bowling Green），接着又在2月16日占领了后者。这个成功具有极大的战略重要性，因为它迫使南军退向他们的太平门，打开向南趋向维克斯堡的门户，赢得了肯塔基，并使田纳西暴露在侵入的威胁之下，使南军丧失了17.5万人的兵源。

此时，约翰斯顿退向柯林斯（Corinth），到了2月24日，布尔占领了纳什维尔，并建议对孟菲斯、查尔斯顿铁路进行一次打击。哈里克对此表示同意，但他因为嫉妒格兰特，所以另派史密斯将军指挥这次远征。不久以后，哈里克又奉命指挥所有在西面的北军，这个任命使布尔也隶属在他的指挥体系之下，于是哈里克决定指挥其联合兵力向柯林斯进击。

此时，史密斯正在萨凡纳，现在格兰特又交好运了，哈里克又派他去接替史密斯的职务，但却只能暂取守势以等待布尔的到达，后者尚留在哥伦比亚（Columbia）。格兰特在到达之后，即集中史密斯军团的全部于匹兹堡和希罗（Shiloh）附近的克仑普登陆点（Crump's Landings）以等待布尔的到来，后者告诉他在4月5日以前可以赶到萨凡纳。

现在，在柯林斯的约翰斯顿，已经获得博勒加德和布雷格（Gen. Braxton Bragg）两个师的增援，因为他手中的兵力已经有了4.5万之多，所以决定在布尔赶到之前先给予格兰特一次打击。结果即为希罗的血战，时间为4月6日到7日，约翰斯顿最初虽获得胜利，但终于被击溃了。4月11日，哈里克从格兰特和布尔的手中，接管了野战军指挥权，并于5月30日占领了柯林斯。6月10日，布尔出发往查塔努加，第二天哈里克被召回了华盛顿，任命为联邦陆军总司令。

7月30日，当时指挥田纳西西部地区的格兰特要求哈里克准许他向在冬青泉（Holly Springs）和大交叉点（Grand Junction）的范多恩（Van Dorn）进攻，但是一直到9月18日才获得了哈里克的同意。在这次行动中，格兰特在艾欧卡（Iuka）和柯林斯赢得了两次卓越的战斗，迫使南军向南撤退。

5 月 1 日，法拉古特将军（Adm. D. G. Farragut）已经打开了密西西比河口，巴特勒将军（Gen. B. F. Butler）也已经占领了新奥尔良。3 月 6 日，在孟菲斯获得了海军胜利之后，戴维斯将军（Adm. Davis）也为北军获得了密西西比河上游的控制权。这些行动使维克斯堡变成了密西西比河东西两面的南方各州间的主要交通要道。格兰特深知它的重要性，遂一再要求向它进攻，最后在 11 月 6 日获得了批准。

此时，格兰特所面临的情况如下所述：布雷格已经在 6 月 27 日代替了博勒加德的职务，在田纳西东部面对着布尔。布尔的危险是他的右翼正在暴露之中，因为即令他攻占了查塔努加，一个从西面的迂回运动——即从亚拉巴马的北部——还是很容易把他逐出该城。格兰特认清了自己所计划的战役，其成功关键就寄托在布尔的前进上。而布尔前进时的安全，又寄托在他自己的军队向维克斯堡的攻击上。因为他认清了他与布尔必须合作，所以格兰特要求哈里特把正确的情况告诉他。可是他所获得的唯一答复却是："请你随意在任何处与敌人作战。"

在南军方面，当布雷格接替博勒加德的时候，发现他的主力是在屠皮罗（Tupelo）。到了那时，布尔的前卫也已经到了狄齐尔德（Decherd）。在那里，7 月 13 日，弗里斯特将军（Gen. N. B. Forrest）就袭击他在莫弗里斯波罗（Murfreesboro）的交通线，并迫使他停止。布雷格于是决心侵入田纳西中部和肯塔基南部，以求收复田纳西东部。他的计划是增强在坎伯兰峡的史密斯（Kirby Smith）将军，并指挥他向路易斯维尔进攻——这是布尔的作战基地——而他自己则从查塔努加前进。

南军又作了一次突袭，这次是在加拉丁（Gallatin），切断了纳什维尔与包林格林之间的铁路线，又迫使布尔暂停前进。于是史密斯马上从坎伯兰峡前进，击退了包围着他的弱势敌军，9 月 2 日在列克星顿（Lexington）设立他的司令部，从那里他就又威胁到路易斯维尔和辛辛那提（Cincinati）。此时，布雷格进至斯巴达，而布尔则把兵力集中在莫弗里斯波罗。于是双方开始向北竞走：布尔退回包林格林，而布雷格则进到了格拉斯哥。他本应追随着布尔，而使史密斯从后方加以夹击，可是他却不谋此图。布雷格把所有一切战略丢在一边，决定与史密斯会合在一起，其目的不是为了想打一次会战，而是想要宣布把法兰克福（Frankfort）建立为南方一州的首府。不久，布雷格的左翼在哈尔地（Hardee）指挥之下，进到了皮利维尔（Perryville），于10月8日向布尔进攻。虽然这一战又是不分胜负，可是在夜间布雷格却撤退了，布尔作一度流产的追击之后，即将部队移到包林格林和格拉斯哥。10月30日，他的职务由罗斯克兰斯（Gen. W. S. Rosecrans）接替，他的俄亥俄军团也改名为坎伯兰军团。

12月26日，罗斯克兰斯离开了纳什维尔，于1862年的除夕日，在莫弗里斯波罗与布雷格交战。虽然这一战仍然不具有决定性，但因为布雷格的损失奇重，所以他撤回到查塔努加，在那里宿营过冬。

在这不久之前，格兰特的一个部将麦克里尔南德将军（Gen. J. A. Mcrlernand），因为他是一个政治性的将军，所以一直都在迫使华盛顿当局任命他指挥拟在孟菲斯集中的兵力，从那里他就企图进到密西西比河上，以攻击正由彭贝顿将军（Gen. Pemberton）所据守的维克斯堡。当格兰特听到了这个建议之后，因为对麦克里尔南德是否适宜担任独立指挥官，他感到并无把握，遂决定加速推进自己所正在准备中的作战。11月13日，他曾经报告哈里克说他的骑兵已经进入了冬青泉，但在他的交通线尚未建立妥善之前，他还不拟再向南深入。现在他却决定应尽量地提早行动，一方面派遣薛曼将军（Gen. W. T. Sherman）由水路从孟菲斯进到维克斯堡，而他却从大交叉点前进。他的计划是要引诱现在杰克逊（Jackson）的彭贝顿向格伦那达（Grenada）前进，于是就可以减弱在弗克斯堡的南军兵力，而使薛曼的攻击可以较为便利。

12 月 12 日，当格兰特已经到了大交叉点南面 60 英里远的地方，薛曼也率领了 3.2 万人出发，于圣诞节那一天在密立根湾（Milliken's Bend）登陆。12 月 29 日，他打了一个所谓齐克沙岩（Chicksaw Bluff）之战，结果被敌人击退了。1863 年 1 月 2 日，麦克里尔南德到达了密立根湾，因为他比较资深，遂开始接管了这次远征的指挥权。

当格兰特愈向南走，则他的补给即愈感困难。他是一位深知补给重要性的将军，所以在冬青泉建立了一个基地。此时南方总统戴维斯却已经大感震惊，就指派了约翰斯顿将军负责指挥在蓝岭山（Blue Ridge）到密西西比河之间的全部南军。当他到达了查塔努加之后，约翰斯顿即命令布雷格派一支骑兵打击格兰特的交通线。12 月 20 日，这个命令被执行了。范多恩一下冲入冬青泉，奇袭了格兰特的补给基地，把它全部毁灭掉了。

这次突袭使格兰特的计划完全被破坏，而且也更使薛曼的深入攻击中途流产。格兰特因为害怕麦克里尔南德的无能会误事，所以要求哈里克准许他撤回到孟菲斯，并亲自指挥河上的远征。这个要求被批准了，1 月 10 日格兰特回到孟菲斯，1 月 30 日到达了亚祖河（Yazoo）口上的杨格点（Young's Point）。在那里他从麦克里尔南德的手中接管了指挥权。

第二章

维克斯堡的围攻和查塔努加会战

维克斯堡处于密西西比河的左岸上，格兰特为了攻占它，就必须在这个左岸上建立一个作战基地，无论在该要塞的南面或北面均可。虽然他明知南面的进路比较优越，可是必须等到冬天雨季结束雨水泛滥已经降退之后，他才能作此种企图。但是他却已经不能再等候，因为北方的政治条件已经很恶劣，他现在必须有所表现。诚如他自己所说的，他现在被迫必须进行一连串的试验，以消磨时间，并分散敌军、我军以及一般民众的注意力。他进一步又说："我自己对于这些试验，并不十分有信心，以为它们是必成的。虽然如此，我却总是准备因利乘便，以追求胜利。"

格兰特所企图的行动中，比较重要的为打开亚祖隘路，取道斯提尔支流（Steel's Bayou）和狄尔溪（Deer Creek）前进，从密西西比掘一条运河到莱克普罗维登斯（Lake Providence）和在密立根湾以南打开劳德维支流（Roundaway Bayou）。

对这些行动在此都不拟细述。它们都是非常困难的，要花不少的气力，并且都失败了，没有一个能达到攻占维克斯堡的目的。不过毫无疑问，它们却使格兰特的军队获得了许多优良的训练。

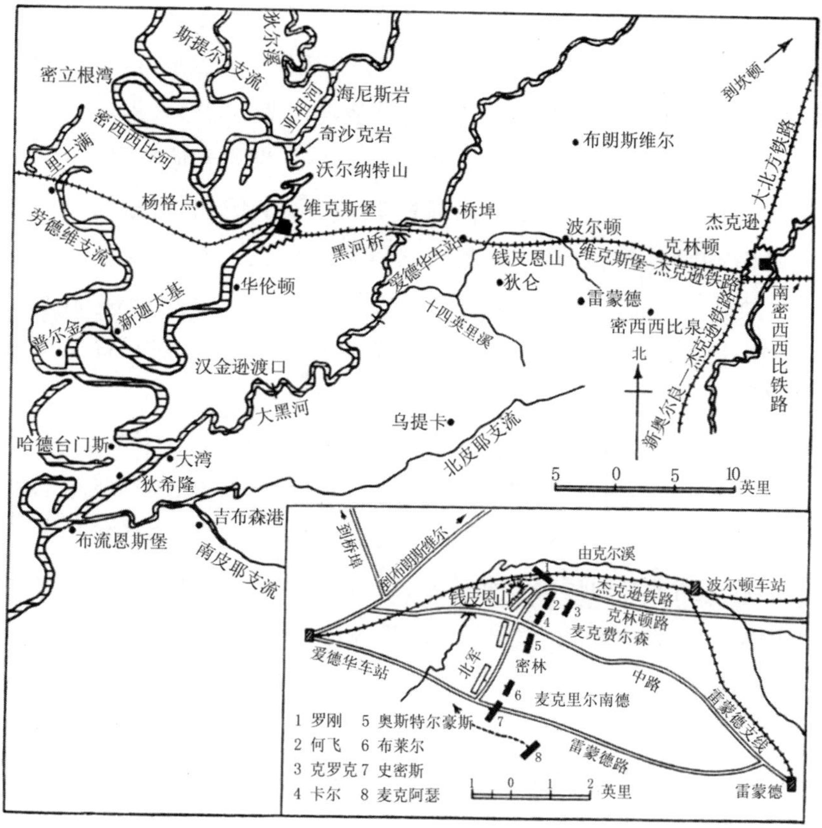

图五　维克斯堡会战，1863 年

当格兰特在杨格点接管了指挥权的次日，威尔逊将军（Gen. J. H. Wilson）即向格兰特的参谋长劳林斯将军（Gen. Rawlins）提出了下述建议：“取消一切挖掘运河的计划，乘着黑夜的掩蔽，把炮艇和运输船驶过这些炮台；部队用徒步行军从陆上前进到下游的江岸上，然后利用舰队把他们渡过河川的东岸。这个登陆点应有一条干路可以到达它背面的高地。完成了登陆之后，即可以击败敌军，从背面攻入维克斯堡。”

劳林斯把这个计划解释给格兰特听，虽然薛曼认为它是不切实际的，可是格兰特对于它却不置可否。因为他现在绝对不能冒险，尽管这个计划是一个唯一合理的计划，而且他个人也早有此种意图，准备雨水泛滥一退即开始实行，可是他现在却不能够表示同意。尤其是这个计划不仅代表威尔逊的意见，而且也代表他自己的意见，所以他更不能置可否，否则让维克斯堡的对方主将彭贝顿明白了他的意图，那么毫无疑问，彭贝顿就一定会事先提防了。所以这一切的“支流”之战，可以说是一个巨大的欺敌计划，同时也欺骗了政客们和自己的部队。于是以后当他真正采取行动时，就可以发挥奇袭的作用。

在西边对于格兰特的行动迟缓，已经引起很大的不满。又有谣言说，他的兵因为患沼泽热，已经死了好几千了。大家对于他的批评都很坏，认为他是疲软无能。但是格兰特有一个朋友不断地支持他，这个朋友是他还没有见过面的，那就是林肯。当旁人力劝林肯召回格兰特的时候，林肯很痛快地拒绝说：“这个人是我不可缺少的，因为他能打仗。”

到了3月底，政治上的需要迫使向维克斯堡的进攻不可以再延了。当密西西比河在路易斯安那岸上的水已经开始退落时，格兰特决定把他的部队移到这个要塞的南面。4月4日，他写信给哈里克说：

> 从密立根湾和这一点（杨格点）附近的河川上，有许多的支流可以使小型轮船和拖船绕过里士满以达新迦太基（New Carthage）。目前正在用挖泥机在这里开掘一条运河，以进入这些支流。我已经有许多的空船，准备装载部队和炮兵，并且已写信向艾仑上校（Col. Allen）要求更多的船只。有了这些船只，就很容易把补给运到新迦太基和以南的任何点上。
>
> 我所希望的是把一部分舰队通过维克斯堡的炮台，而陆军则采取这条新航线通过。一到了那里之后，我就会向华伦顿或大湾（Grand Gulf）转进，比较可能为后者。从这两点都有良好

> 道路通到维克斯堡，而从大湾更有一条好路通到杰克逊和黑河桥（Black River Bridge），而不用越过黑河。我要把我的兵力集中在一起，并使补给线不被切断，而除了公平的战斗，也绝不会被敌人击败。

当他的部下知道了这个计划，薛曼、麦克费森（McPherson）和罗刚（Logan）都表示反对。薛曼认为攻取维克斯堡的路线只有从北面走，换言之即应回到孟菲斯。但是格兰特却看出来由于政治上的原因是绝不能向后转的，虽然他所指挥的部队，官兵合计大约有 9.7 万人，可是在维克斯堡的附近却只有 5.1 万人。他们分组为三个军，每个军都大约有 1.7 万人：第十三军，军长为麦克里尔南德；第十五军，军长为薛曼；第十七军，军长为麦克费森。对方的彭贝顿将军所有的兵力也大致相等，其分布如下：1.3 万人在维克斯堡，4000 人大约在海尼斯岩（Haines's Bluff），9000 人在维克斯堡与吉布森港（Port Gibson）之间，5000 人在杰克逊，1 万人在密西西比，1.1 万人在哈德逊港（Port Hudson）。

4 月 6 日，新迦太基为麦克里尔南德所占领，后续到达者为麦克费森，最后才是薛曼。为了迷惑敌军，薛曼所属的斯提尔（Steele）师被派向上游再进 150 英里，通过狄尔溪地区到处进行蹂躏。此外，格里尔森（Grierson）上校也率领了 1800 名骑兵，向密西西比州作深入达 600 英里的突袭，其目的也完全相同。

这两方面的佯攻使彭贝顿完全受骗了，他向里士满方面报告说：敌人是在不断的运动之中，格兰特的主要行动是向狄尔溪方面，至于说他的部队已经沿着密西西比西岸向南移动的谣言似乎并不可信。

4 月 16 日的夜间，大卫波特（Adm. D. D. Porter）用了七艘铁甲军舰保护一队用江轮拖运的船只，经过了维克斯堡。4 月 20 日，格兰特终于发布全面向南运动的命令。麦克里尔南德军为右翼，麦克费森为中央，薛曼为左翼。两天之后，第二批船团载运着补给品，也顺利地经过了这些炮台。

4 月 24 日，格兰特侦察大湾，四天之后，麦克里尔南德军应集中在普尔金农场（Perkin's Plantation），从那里在 4 月 29 日再运输到哈德台门斯（Hard Times），在那里登陆，然后又上船随时准备转进到大湾。于是波特向炮台开火，但是因为他的炮击殊少效力，格兰特决定命令他的部队再登陆，而使运输船在黑夜的掩护下通过炮台。4 月 30 日清晨，麦克里尔南德军和麦克费森军中的一个师，在狄希隆（De Shroon）再上船，然后在该河东岸的布流恩斯堡（Bruinsburg）登陆。此时，薛曼军和布莱尔（Blair）师，加上八艘炮艇，对于海尼斯岩作激烈的佯攻，以来吸引彭贝顿的注意力。

当这个登陆已经生效时，格兰特曾经这样写出了他的感想（见《格兰特回忆录》）：

> 我感觉到如释重负，这是过去所未有的。诚然，维克斯堡仍然没有攻下，其防御者也并不曾因为我方过去的任何行动而丧失了士气。我现在已经进入了敌境之中，在我和我的补给基地之间，夹着一条大河和一个维克斯堡要塞。但是我已经站在干地上，与敌人同在江岸的一边。自从 12 月起，一直到此时为止，一切的战役和劳苦都只是为了达到这一个目的。

四个月来，格兰特使用了许多的诡计和佯攻，与沼泽、支流和森林相搏斗，其所花的气力在这场战争中是空前所未有的，其目的只是为了掩蔽这次登陆。彭贝顿完全受骗了。他的兵力分布在大湾与海尼斯岩之间；他的左翼只有轻微的保护，第一批的侵入军即已将其迂回。到了 5 月 1 日上午 2 时，麦克里尔南德军中的领先师已经前进到了布流恩斯堡以东 8 英里的地方。在那里开始与敌军接触，敌军的目的是想在皮耶支流（Bayou Pierre）阻止格兰特的前进，以等待维克斯堡方面的援军到达。但这是一个空洞的希望，因为吉布森港的战斗在拂晓时即已开始，于是南军的右翼受到了迂回，接着南军向北退却，而麦克费森则跟踪追击。5月3日，麦克费森逐退了在大黑河上的敌军，结果在大湾的敌军因为背面受到威胁而不能不撤退。这样北军确保了一个桥头阵地，于是格兰特把他的作战基地，由布流恩斯堡推进到了大湾。

现在格兰特所面临的困难，是可以说在战史中所仅见的。他是在敌军的深处作战，敌军的主力位置恰好在他的补给基地（孟菲斯）和作战基地（大湾）之间。虽然舰队能够控制密西西比河，但他的补给线还是不稳固的，因为每一次运输船团都必须经过维克斯堡炮台。维克斯堡不仅是一个特别坚强的要塞，而且与杰克逊之间又有铁路线的联系，后者在前者东面约45英里，为一重要的铁路交点，所以能够迅速地获得增援。下述的危险是永远存在的：假使南军把一支兵力集中在杰克逊，那么格兰特马上就会两面受到攻击了。

虽然彭贝顿在数量上远处于劣势，但依照所有的战争法则来说，他的处境却都不能算是毫无希望的。他的敌人是在一个充满了敌意的地区中作战，并且必须分派大量的兵力以保护他的补给线。而且，这个地区的地形是破碎多山，森林遍地，特别适宜于防御性的战争。一方面把格兰特牵制在维克斯堡，另一面把兵力集中在杰克逊，这对彭贝顿而言，并非一个困难的任务。

反之，格兰特的处境却极为困难和危险。他的全盘战略都是以补给为枢纽的。首先他主张派1.5万人的兵力去与班克斯将军合作，以攻占哈德逊港，然后再把他的补给基地从孟菲斯移到新奥尔良。但是以后他获得了消息说，班克斯要等到5月10日以后才能开始行动，因为时间因素的重要性，格兰特就说："所以我决定不等候班克斯，而立即独立行动，以切断基地的牵制，在维克斯堡的后方来毁灭叛军，然后围攻或占领该城。"换言之，他准备从后方攻击敌军，而他自己却没有后方可以让敌军来加以攻击。这样的决定简直使彭贝顿感到大惑不解，因为他根本不了解格兰特的这种大胆战略，所以他不敢相信格兰特在交通线尚未巩固之前，会不顾一切地前进。他在拟定其作战计划时，还是把格兰特当做一个普通的将军看待，殊不知格兰特却是一位非凡的将才。

只要他的军队还能够不饿肚皮，那么格兰特的判断从战略上来说，算是健全合理的，而且政治情况的要求也使他不能损失一分钟的时间。钱瑟勒斯维尔之战刚刚结束，李氏的果敢行动已经使华盛顿当局在心理上产生了恐惧。假使格兰特再不立即采取行动，那么一切机会就都会丧尽，他个人会被召回，他这个军团也会被解散。当哈里克听到了格兰特开始行动的消息之后，他立即命令格兰特回来，必须与班克斯合作。[1] 对于格兰特而言，可以说是万幸。因为在开罗以南并无电报线，所以等这个命令到达的时候，他的行动早已开始，无法遵办。据巴都（Badeau）的批评说："假使这位总司令的命令能够提前送达他的部下，那么维克斯堡的战役就可能永远不会发生了。"

在这个时候，格兰特的处境大致如下所述：照他自己所估计的，他所面对的敌军，在数量上要比他自己的多一倍。他知道由于胡克尔在钱瑟勒斯维尔的失败，华盛顿当局对敌人已经产生了恐惧心理，假使知道了他不仅投入密西西比的荒野，而且还自动切断了交通线，以与两面的敌军相周旋，那才真会大吃一惊了。这两支敌军，一个是以坚强要塞为基地，另一个则以重要的铁路交点为基地。此外，他的军队也缺乏适当的运输工具，在农场中的一切车辆都被征用，以供弹药运输之用，有些用牛，有些用骡马，杂乱无章，很不像样。

4 月 29 日，格兰特已经命令薛曼停止其对海尼斯岩的佯攻，用全速赶到哈德台门斯。5 月 3 日，他指导薛曼用 120 辆车辆组成一

[1] 格兰特说：哈里克是一个书读得太多的军人，凡是违反了战争艺术原则的事情都无法和他商量。

个补给纵列，用摆渡的方式渡河到达了大湾，在那里从运输船上接运 10 万份的口粮。这个数量可以使薛曼军获得五天的配额，而麦克里尔南德和麦克费森则都只有两天的配额，因为后者本已携带了三天的分量。这也就是格兰特所想要携带的全部粮食。

薛曼表示反对。照他看靠这一条单独的道路，是无法补给全军的。他忠告格兰特应等候军队获得一部分大车的补给之后，再开始迅速采取行动。格兰特却回答他说："我并不准备所有的粮食都由大湾供给。我也知道除非另建道路，否则根本无此可能性。我所需要的粮食仅限于硬面包、咖啡和食盐，其他的东西则以就地搜罗为原则。"

一旦当他在吉布森港到达了干地之上，格兰特的计划又是怎样呢？最明显的路线是直向维克斯堡前进，若是一个普通的将才，毫无疑问是会如此，可是格兰特并不是一个普通的将才。他知道格瑞格（Gregg）所率领的南军，正在维克斯堡的东面和东北面集中——关于其兵力的确数，他却不知道。假使他现在向维克斯堡前进，这支兵力必然也会向那里赶去，于是他在数量上就会处于劣势了。所以他决定在他们两军会合之前，暂不推进到夹在两者之间的位置上，而先向杰克逊行动，以吸引在维克斯堡以东的南军向这个重要的铁路交点集中，于是赶在彭贝顿尚未能离开其要塞赴援之前而先将敌军击溃，并毁灭在杰克逊附近的铁路线。这个行动使他再回转身来进攻维克斯堡时可以无后顾之忧，而同时也切断了维克斯堡与其补给基地之间的联系。简言之，这只是一个观念，还不能算是计划。格兰特的目的是想要切断维克斯堡的交通线以孤立这个要塞，并且同时消灭可能威胁自己后方的敌军。

决定成功的因素，与其说是观念上的果敢，毋宁说是执行上的迅速。从格兰特的命令上，可以看出他在心情上是如何的紧张。他在 5 月 3 日写信给薛曼说："我不必再提醒你，你在行动上的迅速是如何的重要。" 5 月 5 日，他又命令霍尔巴特（Hurlbut）："立即派劳曼（Lauman）师到密立根湾来，让他们尽量地赶快行动。”他又通知在大湾的军需人员加快装车的速度，并派参谋人员以他个人的名义在那里实行监督。他说：若迟了一天，等于帮敌人增加了2000人的兵力。在5月6日，他又在继续催快。

格兰特的过人精力使他的人员都为之奋发，好像磁电的感应一样。麦克费森进到汉金逊渡口（Hankinson's Ferry），以保护左翼；每天都派出搜索部队，侦察道路和田野，而征发粮食的支队则像蝗虫一样到处搜括。

格兰特的计划，是想用其左面的大黑河来当作战略性侧翼，即以此为一个防盾；在它的掩护下，薛曼和麦克里尔南德的两个军，在爱德华车站（Edward's Station）与波尔顿（Bolton）之间，进到维克斯堡—杰克逊铁路线上。而麦克费森军则取道乌提卡(Utica)到雷蒙德（Raymond），然后再进到杰克逊。

5月7日前进运动开始，到了5月12日，薛曼和麦克里尔南德到达了十四英里溪（Fourteen Miles Creek）。麦克费森则在雷蒙德以西2英里远的地方遭遇到了格瑞格的旅，把他逐退了之后，即在该镇的郊外宿营。格兰特现在才算是到达了他所希望的位置：其左翼在大黑河上，而其右翼也确实击败了格瑞格的兵力。

彭贝顿不是没有料想到格兰特可以向南行动，不过他却似乎相信不过只是另外一次佯攻而已。当他听到格兰特已经登陆的消息，5月1日，他用电报向约翰斯顿要求增援。约翰斯顿命令他集中其一切的部队来迎击格兰特，可是南方总统戴维斯却相信这不过只是一个突袭的行动而已，遂指示彭贝顿坚守维克斯堡和哈德逊港。这两个命令既然是互相冲突，又因为彭贝顿自己有这样一个印象，觉得格兰特为了补给的缘故，在几天之内可能就会退去，所以他决定遵从第二个命令。因此，他决定守住大黑河之线，以便有机会打击格兰特的交通线（事实上根本不存在），而同时使他自己的交通线维克斯堡—杰克逊铁路畅通无阻。

5 月 3 日，彭贝顿把他的大部分兵力集中在维克斯堡与大黑河之间。5 月 11 日，他又命令格瑞格，假使受到了攻击即应向杰克逊退却，但若格兰特向爱德华车站移动时，就应打击他的侧翼和背面。如我们在上文中已经说过的，到了 5 月 12 日，格瑞格受到了麦克费森的压迫，遂采取了第一条路线。次日，彭贝顿命令包文（Bowen）、罗林（Loring）和斯帝芬森（Stevenson）三个师，在 5 月 14 日向爱德华车站进攻。5 月 13 日的夜间，约翰斯顿从屠拉何马（Tullahoma）到达了杰克逊，但是当他发现铁路线已经被薛曼占领，他就用电报报告里士满当局："我已经太迟了。"他命令彭贝顿攻击格兰特的背面。他这样写道："我已经到达，并获知薛曼少将正夹在我们的中间。为了增援你，交通线的恢复实极为重要。若是可能的话，请立即攻击他的背面。我这边的部队可以合作，时间是极为重要。"彭贝顿仍然相信只要能够攻击格兰特的交通线，格兰特一定会退却，所以他把约翰斯顿的命令摆在一边，而告诉他说：在 5 月 17 日的清晨，他将派 1.7 万人向狄仑（Dillon）前进。他说："这个目的是为了要切断敌军的交通线，并迫使他来攻击我。"

5 月 12 日，麦克费森军奉命进到克林顿（Clinton）以拆毁铁路，而薛曼和麦克里尔南德则向雷蒙德集中。这些运动即为占领杰克逊的准备。诚如格兰特所说："我最终的目的，是希望围攻维克斯堡，我必须先断绝其一切的外援。于是我才决定迅速向杰克逊运动。"在 5 月 13 日的夜间和 14 日的上午都是大雨倾盆，虽然如此，格兰特仍然是以最快速度前进。

5 月 14 日，麦克费森从克林顿进到了杰克逊，而薛曼也从密西西比泉（Mississippi Springs）进到了杰克逊。麦克里尔南德为了保护他们的后方，也派了一个旅进驻克林顿，并占领了雷蒙德。对杰克逊的攻击，最先因为下雨而延迟，因为作战人员都不敢打开他们的弹药盒，以防弹药为雨水所损毁。直到上午 11 时才开始战斗，到了下午 4 时，该镇被攻占。

被逐出了杰克逊之后，约翰斯顿撤回到了坎顿路（Canton Road）上，并于 5 月 15 日通知彭贝顿说：“现在唯一能使我们联合在一起的方法，即为你直接向克林顿前进，请通知我，我大约率领 6000 人进至该点与你会合。”

南军的情况颇为滑稽：约翰斯顿正在向北运动，以求与彭贝顿会合，而彭贝顿则从爱德华车站向东和东南方前进，企图切断他假想中的格兰特交通线。5 月 14 日的夜间，彭贝顿在维克斯堡的附近约有 9000 人，这是完全感受不到敌军威胁的，另外约有 1.4 万人正在向爱德华车站移动中。约翰斯顿现驻在卡尔豪恩（Calhoun）附近，率领着 1.2 万人，另有 1 万人的援兵正在赶来会合的途中。我们可以看出来南军一共是 4.5 万人，分裂成为三个部分，而他们所面临的北军，在数量上虽与他们相等，但却集中在一起，随时准备向他们之中的任何一部分来作压倒性的打击。5 月 15 日的夜间，彭贝顿已经到达了雷蒙德的附近，在那里接到了约翰斯顿的第二个命令，要彭贝顿与他会合。彭贝顿才决定放弃其攻击格兰特（假想）交通线的意图而改转向北面。

对于约翰斯顿和彭贝顿而言，都可以说是不幸之至。约翰斯顿在 5 月 13 日的命令是由三个传骑来分别送达，其中恰巧有一个是北军的降卒。这个人携带着他那一份抄本，跑去见麦克费森将军，后者在 5 月 14 日黄昏时又把它转呈给格兰特。格兰特假定彭贝顿会服从这个命令，开始从爱德华车站转过身来与约翰斯顿会合。所以他立即颁发 5 月 15 日的命令：麦克费森应立即返回波尔顿；薛曼军（缺布莱尔师）应留在杰克逊，并拆毁铁路。到了黄昏时候，格兰特在波尔顿与雷蒙德之间，一共差不多集中了 3.3 万人的兵力。在那天夜间，他把司令部设在克林顿。

5 月 16 日的清晨，彭贝顿报告约翰斯顿说，他认为已经不可能进到克林顿，所以他准备返回爱德华车站，并改取布朗斯维尔道路（Brownsville Road）前进。此时格兰特从两个铁路工人的身上得知彭贝顿率领着大约 2.5 万人已于前一夜向东前进，他立即通知薛曼军的斯提尔师备战，这个师预定在一个小时之内到达路上。右面的麦克费森军奉命取道克林顿道路，进到钱皮恩山（Champion's Hill）；左面的麦克里尔南德军，奉命取道中间（Middle）路线和雷蒙德道路，进到爱德华车站。到了上午 7 时 30 分，小规模战斗开始展开，格兰特骑马向前加入了麦克费森军，并命令麦克里尔南德军向前进攻。

彭贝顿的阵地很坚强。不仅他的正面控制着三条道路，这就是格兰特的三个预先师所采取的路线，而且他的左面也有钱皮恩山和贝克尔溪（Baker's Creek）的保护，此外还到处都是狭谷、森林和丛林。格兰特说："即令无人防守，部队也都不易通过。"这些困难不久就显示出来。对于它的研究是很有意义的，因为它可以解释为什么一年之后，南军在弗吉尼亚的荒野中所丧失的好机会。

虽然在雷蒙德道路上的史密斯（A. J. Smith）师是第一个与敌军遭遇的，可是它的前进却慢得可怜，而在中间路线上的奥斯特尔豪斯（Osterhaus）师也没高明多少。这些师所面对着的敌军，兵力虽弱但处境却很良好。假使麦克里尔南德能下令冲锋，也许在几分钟之内，即可以肃清他的正面。但因为地面上的森林厚密，使他无法确知敌军的兵力有多大，所以他以十分的小心慢慢地摸索前进。在整天的时间当中，他都未能发挥其数量上的优势。此时，在右面的何飞（Hovey）师已与敌开始作接近的战斗，为了保护其右翼，罗刚的师向前推进，并从北面攻击钱皮恩山。因为正面上仍感压迫，所以何飞又受到了克罗克（Crocker）的增援。

现在的情况如下所述：尽管有了克罗克的增援，何飞对于钱皮恩山的进攻还是殊少进展。而在何飞的左面，因为麦克里尔南德没有能够发动突击，所以敌军的行动自由并未受到限制。虽然罗刚自己和格兰特在当时都并未认清，可是罗刚却正在钱皮恩山上敌军的后面找路前进，实际上与敌军的背面是平行的，并控制了彭贝顿的唯一退路。同时麦克阿瑟（McArthur）师中的一个旅——这是几天前在大湾渡河的——也已经赶到了麦克里尔南德的左翼。尽管格兰特还并不知道，事实上当何飞再度求援时，彭贝顿的敌军却已经被包围了。格兰特害怕何飞的正面会溃裂，他就命令麦克费森从罗刚的师中抽出一部分兵力来支援何飞。突击开始变得很顺利，主要的原因是敌军的退路已经开通了。格兰特于是立即命令奥斯特尔豪斯和卡尔（Carr）两个师开始追击，并要他们一直挺进到大黑河边，若可能更应渡过该河。那天夜间，麦克费森的部队在战场西面 6 英里处宿营，而上述的两个师则在爱德华车站宿营。在这场会战中的损失是：格兰特军团 2438 人，彭贝顿军团 4082 人。

在钱皮恩山战败之后，彭贝顿放弃了其向北运动以与约翰斯顿会合的意图。诚然，他已经不可能再从布朗斯维尔道路上行动，但是他却可以利用黑暗的掩蔽，渡过大黑河撤退，焚毁河上的桥梁，然后放弃维克斯堡，再向北转东进至克林顿，这样也还是可以救出他的全军。可是他却不如此，彭贝顿退到了大黑河上，并报告约翰斯顿说他在维克斯堡还有 60 天的粮食，不过假使格兰特前进，他却可能要被迫放弃海尼斯岩。约翰斯顿回答他说："若是还不太迟，请立即撤出维克斯堡和它的一切附属地区，并向东北转进。"彭贝顿于 5 月 18 日正午接到了这个命令。他立即召开了一次战争会议，大家议决说："因为维克斯堡为联邦中的最重要据点，所以不应放弃。"

5 月 17 日的清晨，格兰特继续追击，大约在正午时，他突破了南军的战线。诚如彭贝顿自己所说，他的部队大部分已经毫无斗志，匆匆地撤回了维克斯堡。有许多溃兵都早已自动向那里退却，大黑河上的桥梁被焚毁，而海尼斯岩也被放弃。

5 月 18 日，薛曼利用格兰特军团中唯一的浮桥纵列在桥埠（Bridgeport）渡过了大黑河，那天夜间，他和格兰特一同到达了沃尔纳特山（Walnut Hills）。这次战役的真正目标已经达到了——即到达了干燥的高地，可以不受敌军的干扰在那里建立一个补给基地。薛曼此时才对格兰特表示敬佩地说："直到此时，我从来都不相信你这一次远征是会成功的。直到现在，我始终不曾认清它的最后目标。但这的确是一件战役，的确是一件成功的杰作，即令不攻下该镇也无伤大雅。"这的确是一次惊人的成功，在格兰特一生的事业中，这也许要算是一次最伟大的成功，而从战略的观点上来看，也可以说是很少有与它相等的战例。

格兰特把海尼斯岩交给海军，并重建他的补给线。于是他命令定于5月19日下午2时向要塞发动突击，以图一鼓作气地攻下该镇。他的理由是："敌人在累败之余已经丧胆，所以是可以一鼓作气攻下的。"但是这次突击却失败了。尽管在过去两天之中，南军像绵羊一样地乱跑，可是当他们现在回到这个久经准备的要塞之内，士气也就逐渐恢复了。对于这第一次突击的尝试，是有予以原谅的理由，可是当格兰特再发动第二次突击，那却是不可以原谅的。关于第二次突击，格兰特的指示如下："定于22日上午10时，全线同时发动攻击，所有的炮兵都应作激烈的轰击。各军长的时间都应与我对准，以便能在同一分钟之内发动攻击。"一切的准备都已就绪，假使格兰特能集中攻击一点，而不命令沿着全线突击，这一次可能会成功的。

> 突然，好像是变魔术一样，所有枪炮都停止发射了。这么多野炮（约180门）和步枪突然停止射击，使战场上显示出了一种可怕的沉寂。但是这种沉寂却只限于一个极短的时间。突然，北军分成了许多个攻击纵队，在高呼喊杀声中上着刺刀，一枪都不放地对着南军全线上每个突出的前进阵地冲杀过去。当他冲到了有效射程之内时，9938人的南军部队，沿着3.5英里半长的突击线都冷静地从战场中站起身来，对着前进中的敌人施放排枪。同时，预备部队也进到战场的后面，从前面部队的头

上放枪，所有的野炮和榴炮都不断地射出葡萄弹和榴霰弹。

以上为南方同盟的李将军（Gen. S. D. Lee）对突击所作的描写，这足以说明这次失败的原因。主要是攻击正面太宽，无法用集中的火力来支援它。很不幸的，却是麦克里尔南德相信他的部队已经在敌军堑壕中获得了一个立足点，于是他不断地向格兰特求援。格兰特又命令再发动第三次突击，结果还是失败了。

由于这个要塞无法攻下，格兰特只好采取围困的办法。这个维克斯堡的堑壕阵地差不多有 4 英里长，2 英里宽，其外围的防线延展到 7 英里以上。格兰特的包围线长度增加了一倍。此外他还要提防他的后方遭受到攻击，因为约翰斯顿正在坎顿的附近集中一支强大的兵力。5 月 29 日，格兰特报告哈里克说：除非班克斯能够立即前来协助，否则他就需要大量的增援。哈里克立即满足了他的要求，一个月之后，格兰特的部队在数量上增到了 71 141 人，火炮 248 门。

这次的围城战在执行时是极有条理的。从海尼斯岩到华伦顿挖掘了一条内对垒线（contravallation），从亚祖河到大黑河之间又挖掘了一条外对垒线（circumvallation）。后者由薛曼率领 3 万人负责据守。

7 月 3 日上午 10 时，在南军的工事上出现了一面白旗，有一位副官越过了北军的战线，携带着彭贝顿的亲笔信要求休战。格兰特的答复为“要求无条件投降”。当彭贝顿表示拒绝之后，格兰特即改变他的决定，允许敌人作有条件的投降。这也是有几个理由的。第一点，假使坚持无条件投降，则俘虏的收容和运送对于军队将是一个极大的负担。第二点，若能在 7 月 4 日受降，在精神上和政治上是具有相当意义的。

7 月 4 日（星期六）上午 10 时，维克斯堡的守军共约 3.1 万人，在他们的征服者前面缴械投降，在交出了军旗之后，他们回到城里，与北军的士兵又像弟兄们一样地亲热了。

7 月 1 日，约翰斯顿和 2.7 万人，正宿营在布朗斯维尔与大黑河之间的地区中。7 月 4 日，当彭贝顿投降之后，薛曼就率领 4 万人立即去向他进攻。两天之后，薛曼渡过了大黑河，约翰斯顿退到了杰克逊，希望由于水源的缺乏，会迫使他的对手向该城实行突击，但是薛曼并不如此，于是他在 7 月 16 日撤出了该城。薛曼决定不加以追击，否则他就要越过 90 英里的无水地区。7 月 25 日，他退回了维克斯堡。

这次战役的损失是特别值得一提的，因为很不公正，在这一次战役中格兰特获得了“屠夫”的绰号。自从 4 月 30 日起，他一共赢得了五次会战，攻下了维克斯堡，并占领了杰克逊，他所付出的成本为战死 1243 人、负伤 7095 人、失踪 535 人，一共损失了 8873 人。他一共杀伤了南军约 1 万人，俘获了 3.7 万人，其中有军官 2153 人，并包括了 15 名将军。此外还有 172 门火炮也落入了他的手中。

双方在损失上相差得如此悬殊，主要原因还是格兰特的战略高明。他的计划是以奇袭为基础的，为了达到奇袭的目的，他甘冒必要的危险。从他渡过了密西西比河之后，在头 18 天之内，他在吉布森港击败了他的敌人，在大湾建立了一个暂时性的基地，经过了 200 英里远的行军，在六天之内又一共赢得了四次会战——雷蒙德、杰克逊、钱皮恩山和大黑河。在这所有的时间当中，他的人员一共只有五天的口粮，其余的就全靠就地取食。诚如格林对他的批评中所说：“我们必须回到拿破仑的战争中，才能找到这样同等卓越的战例，在这样短促的时间中，只受到这样轻微的损失，而获得这样伟大的成就。”

7 月 9 日上午 7 时，哈德逊港无条件向班克斯将军投降。一星期之后，一艘叫做“帝国”号（Imperial）的轮船从圣路易直接驶出，载满了商品，静悄悄地在新奥尔良的码头上靠岸了。南北双方的人民开始做生意，彼此毫无敌意。南方已经分裂成为两块了，造成“南方同盟”的危机不是盖茨堡而是维克斯堡。

两天之后，即 7 月 11 日，格兰特向哈里克建议，从庞恰特雷恩湖（Lake Pontchartrain）上派出一支远征军，以攻占莫比尔为目的。从那里就可以向布雷格的后方采取行动，以诱使布雷格从查塔努加城中抽调部队，于是就可以使北军在进攻该城时感到便利。此外他又建议进兵到佐治亚州以打击该地区，因为它正是李氏的主要补给来源地。虽然他在 8、9 两个月中，不断地提出他的建议，而哈里克却因为过分小心，始终不让格兰特采取行动。

一旦莫比尔作战被禁止，格兰特的精锐军团就开始解散了：第九军被派往肯塔基州，4000 人拨给在路易斯安那的班克斯，5000 人拨给在密苏里的夏费德（Schofield），另外还有一个旅拨给纳齐兹（Natchez）。其余的兵力则用来担负徒劳无功的反游击战。8 月 7 日，格兰特又奉命再把第十三军也拨交给班克斯。为了安排这次行动，他亲自往新奥尔良，在那里他遇到了一个严重的意外事件——他的马为火车所惊，使他坠马负伤。9 月 13 日，他接到了哈里克的急电，要他立即把所有的兵力都送往孟菲斯，然后再开往柯林斯和塔斯坎比亚（Tuscumbia），以与罗斯克兰斯合作。

当格兰特尚在对维克斯堡作战时，他就希望当时仍留在莫弗里斯波罗的罗斯克兰斯向布雷格进攻，以阻止布雷格增援约翰斯顿。但是在 6 月 3 日，率领着俄亥俄军团的伯恩赛德本来是预定经由列克星顿和肯塔基前进，以与罗斯克兰斯合作，现在却奉命把大批的兵力送给格兰特方面，以供增援之用，所以一直到了 6 月 23 日，罗斯克兰斯才再度向布雷格进攻。7 月 1 日，布雷格撤出了屠拉何马，并渡过了田纳西河。8 月 16 日，伯恩赛德才进到了诺克斯维尔（Knox-ville），可以掩护罗斯克兰斯的左翼，于是后者才决定在布雷格的右方实行佯攻，而在查塔努加的北面渡过田纳西河。布雷格完全受到了欺骗，9 月 9 日，罗斯克兰斯占领了查塔努加城。

直到此时，罗斯克兰斯的战略都是没有什么错误的，可是现在他却相信布雷格已在全面撤退之中，所以他命令全军都挺进追击。

可是当他的军队并无会战的准备时，却突然地遭遇到了一支集中的敌军。为了脱身，9 月 19 日到 20 日，他被迫进行了齐克莫加会战。在这一战中他被打得惨败,若非号称“齐克莫加的岩石”的托马斯(G. H. Thomas) 将军作了英勇的防御，那么他就会全军覆没了。他退回到查塔努加，并放弃控制该城的卢考特山 (Lookout Mountain)。这次会战是在这次战争中流血最多的一次 : 北军人数约为 5.5 万人到 6 万人，南军人数约为 6 万到 7 万人。前者损失了 16 336 人，后者损失了 20 950 人——死伤和失踪的都在内。在查塔努加，罗斯克兰斯开始被围了。

这一次的惨败遂显出了查塔努加的战略重要性，现在罗斯克兰斯就被困在那里。在这个时候，田纳西、坎伯兰和俄亥俄三个军区分别由格兰特、罗斯克兰斯和伯恩赛德来指挥，而在华盛顿的哈里克对于他们之间又无法建立合作关系。现在他们就决定合并成为密西西比军区。

9 月 29 日，哈里克用电报通知格兰特，把一切可能的增援都送给罗斯克兰斯。10 月 3 日，他又通知格兰特说 :“军政部长希望格兰特将军只要一康复之后，即来到开罗，并用电报报到。”格兰特此时还只能跛着走，他却从哥伦布回电说 :“你在本月 3 日发来的电报，我已在 9 日上午 11 时 30 分收到。我已于同日率领我的司令部人员到达此地，正拟向开罗进发。”到了开罗，他又奉命转往路易斯维尔，当他走到印第安纳波利斯 (Indianapolis) 的时候，中途遇到了军政部长斯坦顿，后者在他的会客室中急速地踱着方步。斯坦顿立即命令他指挥在阿勒格尼山到密西西比河之间的一切部队。在一年以前，格兰特即已经提出过这样的建议。

格兰特立即执行他的指挥权，把坎伯兰地区交给托马斯将军负责，并于 10 月 19 日乘火车往查塔努加。这个旅途中的最后 40 英里是要骑马的，据何华德将军 (Gen. Howard) 告诉我们说 :“有时必须把将军请下马背来。士兵们背负着他通过最险阻的地方。可是格兰特却不顾一切的痛苦，一路迅速地赶往查塔努加，于10月23日的黄昏时到达了托马斯将军的司令部。”

在托马斯尚未接管指挥权之前，这个坎伯兰军团的情况已经糟不可言。罗斯克兰斯与哈里克发生了争吵，他现在所处的境况已经不可救药。他的背面靠着田纳西河，他的左翼倚托在西提柯溪（Citico Creek），其正面则对着传教士岭（Missionary Ridge），这座山耸立在平原之上，高约三四百英尺。这条山岭与其右方的卢考特山之间隔着一条罗斯维尔岬谷（Rossville Gap），查塔努加河即从这里流过。卢考特山高2400英尺，控制着查塔努加城以及从那里经过卢考特谷通到狄卡图（Decatur）和特兰顿（Trenton）的铁路线。南军的堑壕线从传教士岭巅的北端开始，沿着山脊越过查塔努加谷地，而以卢考特山为终点，后者可以控制铁路线。罗斯克兰斯放弃了这条山岭，因为他认为他的兵力已经不足以据守它。史密斯将军也认为放弃该山是有理由的，因为假使罗斯克兰斯要据守它，那么其在正面上的兵力大约就会减少8000人。实际上这种说法是不合理的，若不据守卢考特山，就得撤出查塔努加城，假使留在该城中而又让这座山落入敌人的手中，那么所冒的危险是不仅城镇会守不住，而全军也都有覆没的可能性。李费莫尔（Livermore）上校也同意上述的见解。他认为罗斯克兰斯之所以放弃该山的原因，是由于他把布雷格的实力估计得过高。10月1日，布雷格在一条长达7英里的战线上共有41 972人，而罗斯克兰斯则共有38 928人。从西提柯河溪流越过卢考特山再到卢考特溪流（Lookout Creek），这一条防线的长度可能为6英里，所以每英里可以分摊6500人。李费莫尔又说：五个月之前，南军以2.2万人的有效兵力，防守着维克斯堡7英里长的防线，时间达六个星期之久，而所面对的北军兵力要比布雷格的还更为强大。以此度彼，则罗斯克兰斯实应据守从西提柯到卢考特溪之线。

9月30日，惠勒（Wheeler）的骑兵破坏了铁路线，夺去了40

辆车的补给品，这对于罗斯克兰斯军团的运输是一个严重的打击。可是尽管他丧失了铁路交通线，他却并不曾企图利用水运来代替。在查塔努加有两艘轮船，每天可以把 200 英吨的补给从桥埠送到威廉岛（William's Island）的附近，从那里再换用马车，只要四五个小时可以到达该城。他却不知道这个办法，而改从河岸以北的山路上行走，距离六七十英里之多。结果是人马的粮料都不能按时供应。巴恩顿（Boynton）告诉我们："数以千计的骡马都因为缺乏食物而倒毙了。军人们喝着稀粥充饥，高级军官都在吃腐坏的食物。"骡马死亡数字接近 1 万匹，所以连炮车都无法拖动了。

很难找到这一个典型的例证：在战败的打击之下，这名指挥官在精神上已经完全瘫痪了；他的瘫痪，又使全军都发生了瘫痪现象。10 月 16 日，军政部次长达那（C. A. Dana）写信报告军政部说："在 14 天之内，这个军团一定会退出该地，没有任何办法可以阻止它。罗斯克兰斯将军好像已经丧失了知觉，他已经不知所措，把许多宝贵的时间都浪费了。我从来没有看见过像这样绝望的情形。"以上所述就是 10 月 23 日黄昏格兰特赶到查塔努加城时的实际情形。

格兰特的第一个紧要任务为建立一条可用的补给线。他马上认清了这个问题的关键，即在于对卢考特谷的控制。假使布雷格掌握了这条谷地，那么他一定会用重兵来据守，并控制越过拉孔山（Raccoon）的路线，于是格兰特的问题就完全丧失了解决的可能性。

胡克尔正在桥埠，10 月 1 日他已奉到罗斯克兰斯的命令要在河上架桥。除非在布朗渡口（Brown's Ferry）附近的田纳西河左岸上占得了一个立足点，并且把敌军逐出了控制该站的丘陵地，否则会使这支兵力的推进毫无用处。10 月 19 日，史密斯将军已经到布朗渡口侦察过地形，他所获得的结论是：这是一个最适宜的渡河点。当格兰特于 23 日到达之后，他立即批准了史密斯的计划，第二天上午在亲自考察了过渡的情形之后，遂命令史密斯在 10 月 27 日实行强渡。

那一天上午 3 时，史密斯指挥着 1500 人分率 52 艘小船，离开了查塔努加，首先沿着田纳西河的右岸走。等到看见一个闪光的讯号之后，就立即迅速地划过了该河，在登陆之后，冲散了微弱的南军哨兵，占领了左岸上的丘陵地，并构筑工事。这个工事是非常的坚固，到了下午 3 时 30 分钟，史密斯用电报告诉托马斯将军的参谋长："这个位置现在已经是不可攻克了。"一共花了战死 4 人和负伤 17 人的成本，终于使查塔努加城获救了。

当天夜间，胡克尔的前卫进入了卢考特谷，10 月 28 日下午 3 时，主力的先头也达到了华海特齐（Wauhatchie）。下午 11 时，托马斯将军用电报报告哈里克："现在大车路已经通到了桥埠。此外我们还有两艘轮船，一在桥埠，一在这里，明天即可以开动。这一行动使我们获得了两条车路和一条河川，以供运输供给之用。我相信在几天之内，即可以获得良好的补给了。"在格兰特到达查塔努加五天之内，到桥埠之路已经畅通了，在一星期之内，部队都已经获得了全份的口粮、衣服和弹药，于是欢声雷动，这是几个星期以来所未有的现象。现在无论是官还是兵都感到前途已经有希望了。

10 月 28 日到 29 日的夜晚，朗斯特里特在华海特齐向胡克尔进攻，但很轻易地被逐退了。北军的骡马在听到枪炮声时，因为惊恐的原因纷纷向敌军冲去，使敌人以为是骑兵向他们冲锋了，于是开始四散溃逃。到了 29 日凌晨 4 时，战斗结束了，从此这条补给线再未受过扰乱。

当补给线已经畅通之后，格兰特的第二项工作即为从柯林斯把薛曼军调来。10 月 27 日，一个蓬头垢面、衣服褴褛的人，走到了薛曼在艾欧卡的住宅中。这个人是皮克下士（Corporal Pike），他在敌火之下渡过了田纳西河，带来了一个命令，要薛曼用最快的速度赶往桥埠。11 月 13 日，薛曼到达了该地。此时，在诺克斯维尔的伯恩赛德的处境岌岌可危，这使华盛顿当局大感恐慌，电报向格兰特雪片似的飞来，要求他立即采取行动，以减轻敌军对伯恩赛德的压力。

朗斯特里特正在与布雷格闹意见，也许是为了调解两人间的恶感，也许是相信朗斯特里特可以进到 100 英里外的诺克斯维尔把伯恩赛德击毁，然后再赶在格兰特开始攻击之前撤回到查塔努加；于是南方总统戴维斯命令布雷格把朗斯特里特派往诺克斯维尔。朗斯特里特在 11 月 4 日出发，当格兰特听到这个消息之后，于 11 月 7 日命令托马斯攻击布雷格，以迫使朗斯特里特回转头来。托马斯说他无法遵从这个命令，因为他连一门炮也无法移动，格兰特就命令他把一切能够搜括到手的骡马都拿来应急。

托马斯对这个命令感到很困惑，11 月 7 日，他与史密斯将军一同骑马去考察从南齐克莫加河口到传教士岭之间的通路。在这个搜索的途中，史密斯向托马斯指明，这里的地形非常利于对布雷格的右翼作一个迂回性的作战。假使能够成功，这一行动就足以威胁布雷格的背面，并切断他与在东田纳西的朗斯特里特之间的联系。他们回来之后，就把这个结论报告格兰特，后者立即收回其原有的命令。

当格兰特研究了这个新建议之后，就命令史密斯去勘察这个地区，并准备材料在查塔努加或布朗渡口再架设第二座桥梁，此外也准备在南齐克莫加河上架桥。11 月 14 日，格兰特通知布恩赛德：在几天之内，薛曼即将渡过南齐克莫加河，并向布雷格发动一个全面攻击。两天之后，格兰特率领着托马斯、史密斯、薛曼一同到一个位置上去瞭望河口的地形。薛曼把地形详细看了一番，把他的长筒望远镜关上，然后说："我可以做到。"

格兰特的意图是准备用薛曼和胡克尔的兵力来实行两面包围，并以托马斯的军团为枢轴。薛曼预定攻击布雷格的右翼，迂回它并威胁或攻占在布雷格后方的铁路线。这次行动将迫使布雷格减弱其中央的兵力，否则将丧失在齐克莫加车站的基地。胡克尔预定从卢考特谷进到查塔努加，再进到罗斯维尔并从南面来威胁传教士岭。

托马斯守住中央地区，与薛曼配合前进，并且向左斜进以形成一个连续的战斗正面。

格兰特的主要困难为：从卢考特山和传教士岭上，布雷格对于在查塔努加城内和周围的一切行动都能一目了然。为了欺骗布雷格，使其确信格兰特的意图是攻击其左翼，薛曼奉命在桥埠渡河使其先头师沿着特兰顿道路行走，并派一些部队进向卢考特山上（这次行动生效了，有一旅的兵力于 11 月 18 日在该山上扎营）。薛曼其余的兵力即应沿着布朗渡口道路向南齐克莫加河上运动，其意图好像是进到诺克斯维尔，然后躲在河口对面的小山中，这是卢考特山上所看不见的。其中一个旅应进到北齐克莫加河上，在那里有 116 个浮筏已经准备好，好把部队渡过左岸。薛曼说：“一切的准备都是具有远见的，这都使我感到很敬佩。”

这些运动已经使布雷格受到一部分欺骗，若非下雨，道路的情况极坏使薛曼的运动受到了延误，否则当可以完全成功。11 月 20 日下午 9 时 45 分，指挥雷拉格左翼的哈尔地命令他的部下，封锁通过卢考特山的一切路径，并且向他的一位下属指挥官说：“指示你的前卫旅作顽强的防御，以便援兵可以有充分时间赶到。应加强经常性戒备。布雷格将军深信敌军是想向我方左翼进攻。”对于格兰特可以说是很不幸，薛曼的部队在 11 月 22 日的夜间尚未能完成渡河的准备，而在 21 日的下午，他的部队从特兰顿向华海特齐前进时又已经被敌人发现。结果在次日的下午，布雷格开始把部队向右翼方面调动。

11 月 22 日的夜间，有一个南军的逃兵来到北军方面，报告说布雷格已在撤退之中。他说已有两个师派往迎击薛曼，他们预料薛曼会进攻斯蒂芬峡谷（Steven's Gap），所以布雷格的大部分兵力都集中在其司令部与卢考特山之间。假定这个情报是可靠的，则这次行动就正好配合了格兰特的计划，吸引着布雷格的兵力远离薛曼所选定的攻击点。在这个时候，格兰特是否明了这一点，固然无法知道，不过他却已经接获诺克斯维尔已经受到攻击的消息，又因为华盛顿当局每天都在催促他去援助伯恩赛德，所以他很明显地认为布雷格这个举动是一种诡计，以来掩蔽其派遣更多兵力往诺克斯维尔的企图。此外他在11月20日，又接到了布雷格所发来的一个具有神秘性的通信，上面说："因为在查塔努加城中还留有一些非战斗员，所以我认为有通知你的必要，请你还是慎重考虑早日撤离。"格兰特认为这封信也是为了想欺骗他，加上这个逃兵带来的情报，以及他对于诺克斯维尔的焦急不安，和薛曼在11月23日至24日的夜间以前还不能渡过田纳西河，而泛滥的江流又随时威胁到桥梁安全，所以格兰特就命令托马斯在23日的上午作一个威力搜索，以确实测定布雷格的位置。这个搜索顺利进行了，托马斯向前移动，使他的战线与布雷格的相平行，距离传教士岭的西侧已在1英里以内。这次运动使格兰特在11月18日的命令中所分配给托马斯的任务实际上有了很大的改变。它也唤醒了布雷格注意到其右翼已经有受威胁的危险。11月23日的夜间，布雷格命令华克（Walker）的师，从卢考特山的附近移到了传教士岭，另外有一个旅则派往占领南齐克莫加河口附近的位置。

到了23日的夜间，薛曼所部除了奥斯特尔豪斯的师尚留在布朗渡口以西外，其余的都可以准备行动了。奥斯特尔豪斯奉命，若在24日上午8时尚未能渡河，则应向胡克尔报到，暂时由他指挥。在午夜时，薛曼的登陆兵力在史密斯将军指挥之下，从北齐克莫加河口顺流而下。次日凌晨2时，在南齐克莫加河口的附近完成了登陆的任务，于是薛曼的步兵也就立即开始进行摆渡的工作。到了拂晓时，已经渡过了两个师。在田纳西河上架成了一座长达1350英尺的长桥，在南齐克莫加河上也架好了一座桥。又有一旅骑兵立即渡过，奉命进到查尔斯顿的附近，并拆毁铁路。

下午1时，薛曼所部开始分为三个纵队前进，以左翼领先，并由南齐克莫加河来当做掩护，而右翼则递次地缩回，以保护这个侧

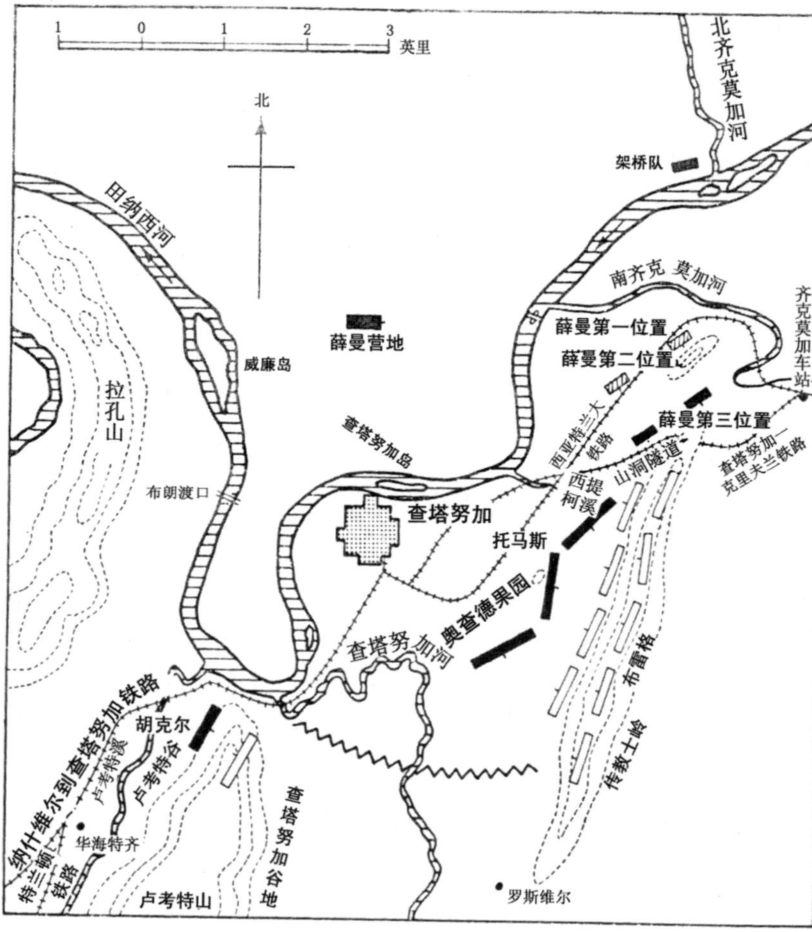

图六　查塔努加会战，1863 年 11 月 23 日至 25 日

翼。下午 3 时 30 分，纵队的先头已经到达了传教士岭北面的一个独立小山上。薛曼此时却不立即向山洞隧道中挺进，而命令他的部队停止前进，宿营过夜。史密斯将军指出这是一个极大的错误。

薛曼的困难又在哪里呢？虽然有几个史学家为他辩护，但却并未有过详细的分析。

这一天是11月24日，所以到了下午4时30分，天就要黑了。在这全天之中都是细雨霏霏的，云层极为低下。甚至于在4时以前，天就已经够黑了，所以在卢考特山上的胡克尔早已停止了他的前进。虽然我们知道薛曼的全部骑兵是在下午3时30分通过那两座桥梁，可是关于炮兵开始渡河的时间我们却不清楚。但是却似乎不可能早于下午2时，或许还会更迟，因为在11月23日到24日的夜晚，托马斯因为没有运输炮兵的骡马而必须借用薛曼的以拖运他的40门火炮前进，好去参加掩护架桥点南端的工作。

简言之，薛曼当时的处境可以综述如次：（1）距离山洞还有1.5英里远；（2）能见度极为恶劣；（3）黑夜即将来临；（4）他的炮兵只有一部分到达。假使他决定再向山洞前进，据他所知道的情形，那里敌方是有坚强的设防，而他只有在傍晚时始能到达。到了那里，他的右翼距离托马斯的左翼就在1英里到2英里以外，而且还在它的前面。假使在侧翼上受到了攻击，他的兵力就会被敌人席卷起来投入南齐克莫加河之中。无论如何，在黑暗之中他也难于选择一个战术上合乎理想的位置来建立营地。这并不是说他不应该冒险前进，而是说在这种环境中，我们在责备薛曼之前，对于当时的情形实应再加以检讨。薛曼的错误似乎不是他的停止不进，而是他没有明白地告诉格兰特，说他的位置不在传教士岭的北端。那天夜间格兰特写信给托马斯说：“薛曼将军只经过了轻微的战斗，即已进到了传教士岭的山洞上。”

当薛曼正在前进时，托马斯挺立不动。布朗渡口的浮桥在奥斯特尔豪斯师尚未渡河之前，已经被水冲毁了。11月24日下午12时20分，托马斯在格兰特指示之下，命令胡克尔攻占卢考特山的高峰。

24日的清晨，胡克尔即开始前进，在雾中摸索前进，一直爬到山顶绝壁的底部。在黑夜里，他派了小队的狙击手上山，驱逐敌军离开山顶。刚刚在日出之前，一部分士兵爬上了溪山的绝顶，他们带了一面国旗，装在旗套之内，等候日出。当阳光刚出现之际，他们就展开了国旗，于是在下面等候的几千人都看到了星条旗的飘扬。

当天黄昏时，格兰特向华盛顿方面报告他的进展，次日他接到了林肯和哈里克的回电。前者嘱咐他“记着伯恩赛德”，后者说：“我害怕伯恩赛德正在受着严重的压迫，若再延迟则一切都完了。”这些回电似乎是很难令人感到兴奋的，这也可以表示出来格兰特所受到的压力是多重。

午夜过后不久，格兰特命令薛曼在天一亮就立即前进。对于托马斯，他的命令如下所述：“你的攻击必须同时发动，而且应该合作。你的部队或是攻入正前方的敌方阵地和山岭，或是依照敌人的位置变化而向左移动。”此外，他又说：“假使胡克尔在山上的现有位置只要少数人即可守住，那么他应集中其余的兵力进入谷地，采取第一条可用的道路攻上卢考特山的顶点。”很明显，上述的“卢考特山”为“传教士岭”之笔误。托马斯也认清了这一点，他在 11 月 25 日上午 10 时，命令胡克尔从罗斯维尔道路向传教士岭进攻——即向其极南端进攻。不久以后，格兰特——此时他正在奥查德圆丘（Orchard Knob）与托马斯在一起——又决定托马斯暂时不与薛曼一同前进，而等候胡克尔已经到达了传教士岭之后再动。

托马斯在 11 月 23 日的威力搜索，其所造成的结果之一，即为布雷格把一个师的兵力从卢考特山调到传教士岭。虽然这个调动使胡克尔的前进大感便利，可是它却注定了使薛曼的前进更为延迟。在 11 月 23 日的上午，克里朋（Cleburne）师和布克勒（Buckner）师中的一个旅，都部署在齐克莫加车站，在前往加入朗斯特里特一起的途中。在托马斯发动攻击之后，布雷格立即命令克里朋师部署在传教士岭的紧后方。当 11 月 24 日的清晨，薛曼仍在渡过田纳西河时，布雷格命令克里朋派一个旅到东田纳西和南齐克莫加河上的乔治亚铁路桥上，以保护他的退路。其次在下午 2 时，他又命令克里朋，把他所剩下来的三个旅，移动到山洞附近的传教士岭的北端，并不顾一切困难以保护其后方的桥梁。实际上，当薛曼到达其在 11

月 24 日到 25 日的夜晚所占领的位置时，克里朋在他与山洞之间的地区中，只有一个旅在战壕中挡着他的进路。到了 25 日上午，齐塔姆（Cheatham）师和斯帝芬森师中的一个旅才从卢考特山赶到，但是斯帝芬森师的后续部队在那天的下午才到达。

11 月 25 日上午，天气清朗，格兰特从奥查德圆丘上，对于战场的左面可以获得一个完全的鸟瞰。薛曼在拂晓时，即依照命令前进，经过了两小时的搏斗，格兰特从他的观察中，可以看见布雷格的兵力一个纵队接着一个纵队地趋前抵抗薛曼的进攻。接着他命令托马斯派拜尔德（Baird）师去增援薛曼。布雷格也立即向同一方向上集中他的兵力。格兰特说："这正是我所希望的。但是现在下午的时间已经过去很久了，我希望在此以前，即可以看见胡克尔在罗斯维尔附近越过山脊，以迫使布雷格也在那个方向上集中其兵力。"

此时，薛曼不能了解为什么托马斯迟迟不进的理由。在下午 12 时 45 分的时候，他问："托马斯在哪里？"对于这个问题，托马斯回答说："我在这里，我的右翼正从卢考特山向传教士岭靠拢。"格兰特还控制着托马斯不放，会战的环境迫使他修改他的原定计划。薛曼的攻击已经被阻止，现在迂回布雷格右翼的希望已经很少了；但是当胡克尔去迂回布雷格的左翼，布雷格将被迫抽调其中央的兵力，以增援他的左翼。格兰特是想等候这个行动开始后，才挥动托马斯的兵力以攻击敌方已经减弱了的中央部分。

胡克尔在 11 月 25 日清晨即已前进，但是南军在退却时，已经焚毁了在查塔努加溪上的桥梁。这使他在渡河时延误了几个钟点，使他直到下午 3 时以后才到达罗斯维尔峡谷。当他到达之后，他就立即向传教士岭上挺进，但是他却没有把他的成功报告托马斯。

格兰特认为薛曼的处境已经很危急，所以在下午 3 时 30 分命令托马斯前进，攻下在山麓部分的敌方防御阵地。[1] 根据格兰特在

[1]　托马斯的行动总是迟缓的，差不多迟了一个钟点，才由格兰特命令前进。

24 日午夜以后所下达的命令，即可以知道这个命令的意义，只是攻占山岭的第一个步骤而已。尽管有些史学家对于这个命令曾经有一些异议，尤其以史密斯将军为然，但是战争的官方记录对于它的意义却是毫无疑问的。拜尔德将军在他的报告中说，托马斯的一位参谋军官来到师部，传达一个口头命令，要他攻下山麓的阵地，并且向他说："这是向山上发动全面突击的一个准备，毫无疑问，少将指挥官的意图是要我参加这个行动，所以我要依照他的希望一直向山顶推进。"

达那说："我方部队向山顶上冲锋，实为军事史上的最伟大的奇迹之一。"实际上绝对不是奇迹，它是一种合乎常识的行为。传教士岭有两道堑壕防线来加以保护，防线上都有兵员据守，每个人的间隔平均为一步远，山顶上的炮火为投射性的，所以并不完全有效。当第一线（即格兰特命令所指的防线）被攻下之后，守兵纷纷败退，有许多穿过第二线逃走。南军方面辛德曼（Hindman）师的一位旅长马尼高尔特将军（Gen. Manigault）说：

> 一切的秩序都丧失了，每个人都只想逃命，纷纷都拣最短的路线向山顶上跑。
>
> 部队从下往上跑，最后终于到达了工事，都已经喘不出气来，疲倦不堪，大部分的人已经斗志涣散，更直向后方飞跑，让山岭夹在他们与敌人之间。

很明显的，格兰特的意图是想要攻下这个山岭，但是他却不曾料想到南军前线上的守兵士气会崩溃得这样快，所以他才命令只先攻下第一道防线再说。这些攻击部队发现了敌人已经在溃散了，就本能地跟在后面，于是他们在一跃之下就攻下这个山岭，而不必再分为两个阶段了。当敌人在逃走时，要想制止攻击部队不前进，那是非常困难的，凡是有这种经验的军人必能了解这种情形。这种继续前进，并非奇迹所造成，而是战斗本能之所致。虽然如此，它却并不有损于托马斯在突击时的英勇，而只是解释了其理由而已。

因为这次冲锋的成功，更证明了胡克尔的前进实为这次会战中的决定性行动。布雷格正面既已崩溃，当然再也不能应付这个侧翼的攻击了。虽然格兰特未能照原定的计划从左翼方面来赢得会战，可是他却从右翼方面赢得了。结果还是一样。当他在 11 月 23 日命令托马斯执行威力搜索，委实是一个错误，但是这还是无损于他的将道，反之却更证明他的计划和兵力分配是具有弹性的——换言之，它们是可以适应环境的变化的。

北军立即开始追击，但到了 11 月 28 日却自动放弃了这个企图，因为格兰特的首要任务是解救伯恩赛德的危难。29 日，当他确定了布雷格在全面退却之中，格兰特即命令薛曼向诺克斯维尔前进。薛曼于 12 月 6 日到达该地，发现朗斯特里特已经于 4 日解围而去，退向何尔斯顿河谷（Holston Valley）。11 月 30 日，格兰特把他的司令部迁往纳什维尔，只留下了托马斯据守这个突出的港口——现在是已牢固地掌握在北军的手中。

在这次会战中，格兰特在他所有的大约 6 万人总兵力之中，一共损失了 5815 人。布雷格当朗斯特里特离去之后，所剩下的兵力不过 3.3 万人，一共损失了枪支 6175 件，火炮 40 门，并被俘虏 5471 人。他的死伤数字共约为 3000 人。

格兰特在维克斯堡和查塔努加的胜利，注定了南军败亡的最后命运。前者切断了密西西比河以东各州与以西各州之间的联系；而后者则封锁了从北面进入田纳西州的主要通路，并打开了进入亚特兰大的道路——在弗吉尼亚州的李氏军团的后门。

1864 年 3 月 3 日，林肯算是终于找到了他所想要寻找的一位将军，他把格兰特召回华盛顿，升任他为总司令。格兰特于 3 月 9 日回到华盛顿，并立即开始拟订一个结束战争的计划。这个计划的内容是：一方面用不断的攻击把李氏羁留在弗吉尼亚的境内，另一方面，薛曼则以查塔努加为基地，以攻占亚特兰大，然后对李氏的后方作战。简言之，就是开辟两条战线，夹攻南方同盟的剩余地区，一直到把它夹碎为止。

在东面，这次决斗性的战役自 1864 年 5 月 4 日开始。在弗吉尼亚州的荒野中——即拉皮当以南的森林地区中——经过了六个星期的苦战之后，格兰特终于把李氏赶回到里士满的要塞之内。当他发现这个地区的防御太坚强无法从正面攻入时，于是在 6 月中旬，他绕过了这个地区，在威尔柯克斯登陆点（Wilcox's Landing）渡过了詹姆斯河。从那里他打击彼得斯堡的上方，这也是李氏主要补给线所通过的地方。但是不幸，由于其部下的不听命，格兰特未能占领这个“里士满之锁钥”。从此之后一直到 1865 年 3 月底，波多马克军团主要的任务就只是从事围攻战。

四天之后，格兰特命令薛曼从查塔努加向南打击约翰斯顿将军所部。从历史上来说，他的战役是特别有趣的，因为薛曼是一种新型的将才。他打破了 19 世纪的战争规律，他的残忍无情可以与加尔文相比，不过他是用剑，而后者则是用舌。经过了激烈的战斗，薛曼于 9 月 1 日占领了亚特兰大，这是“南方的门户”。为了不让他后方留有敌人起见，他命令所有的人口都强迫迁出。薛曼向哈里克（自从格兰特升任总司令之后，他已经改任参谋总长）解释说：“假使人民对于我的野蛮和残忍表示抱怨的话，我就要告诉他们战争就是战争，而不是为了想要获得人民的好感。假使他们想要和平，他们和他们的亲属就应该停止这场战争。”

对于 19 世纪而言，这是一个新观念，其意义是战争中的决定性因素，求和的能力，已经由政府的手中转入人民的手中了，而和平的制造成为革命的一种产品。这也就是把民主的原则发展到它的最后阶段，由此也就起到了心理攻击的原则，这也就是今天所谓的“冷战”观念的起源。尼柯尔斯少校（Maj. G. W. Nichols）为薛曼的一位副官，他说：“薛曼是一个典型的民主主义者。他的思想完全不受欧洲传统的影响。他是我们制度中的标准产品。”

以后，当薛曼发动其著名的佐治亚长征时，他就把这个新战争观念当作是他的指导原则，对于南方人民的战争，是与对于武装部队的战争一样的彻底。

自从三十年战争之后，在西方就不曾再看见过这样的暴行，虽然在拿破仑战争中，还是偶然可以找到相似的例证。诚如薛曼所指出的，南方的游击队也曾不断地实施野蛮的暴行，但是这种暴行却只是个别的行为，而并非一种政策。所以戴维斯把薛曼称为“美洲大陆上的阿提拉”，似乎是不无理由的。

恐怖是薛曼政策中的基本因素，他自己曾经公开地这样表示，以下为任意引证的两段话：

> 除非我们使佐治亚恢复其人口，否则占领它是毫无用处的。可是彻底毁灭其道路、房屋和人民，却足以破坏其军事资源。我可以作这次远征，使佐治亚为之惊叫。
>
> 我们不仅是在与一个具有敌意的军队作战，而且还在与一个具有敌意的人民作战，必须使所有的人民，无论老少贫富，都感到战争的痛苦。事实上，这整个军团都怀着报复的怒火，想毁灭南卡罗来纳州而后快，我对于它的命运感到战栗。

薛曼相信他的军队是“替天行道”的工具。希齐柯克（Hitch Cock）为薛曼的另一副官，也曾发表过许多的议论：“现在是战争，但却不会总是战争。上帝会给予我们和平，但除了完全服从政府之外，即无其他的和平可言。所以战争中的恐怖是无可避免的。”他又说：“薛曼的想法是绝对正确的，结束这场不幸而可怕的冲突，其唯一可能的方法就是使它的恐怖变得无法忍受。”

12 月 21 日，萨凡纳被攻陷了，在薛曼的军队大肆蹂躏之后，继之成千成万的黑人也来趁火打劫。第二天，他就把这个城献给林肯作为圣诞礼品，接着南北卡罗来纳也被夷为废墟。在佐治亚州，薛曼估计全部的损失为1亿美元，其中只有2000万美元是为了作战的利益而破坏的，其余的都是毫无目标的破坏。

当这些事情正在南方发生时，格兰特在北方却正在对彼得斯堡铁路进行不断的进攻。最后在1865年1月15日，费歇尔堡终于陷落了，它保护着威尔明顿港口的出口，于是李氏的补给困难愈来愈严重，他就向南方同盟政府提出警告，说里士满可能要被迫放弃。不久，当格兰特知道薛曼必须等到4月10日才能向罗诺克河（Roanoke）上前进，于是他决定不等候他而立即发动打击。

3月30日，为了要迂回彼得斯堡的右翼，格兰特命令薛里丹将军（Gen. P. H. Sheridan）率领他的骑兵军去攻占在“五叉”（Five Forks）的道路交点。他们完成了任务，于4月1日击退了南军的皮克特（Gen. Pickett）将军。这一战使从彼得斯堡起到林齐堡（Lynchburg）为止的南方铁路，完全落入格兰特的手中，并且也决定了彼得斯堡的命运。次日，格兰特攻击彼得斯堡南方的工事，把李氏的军队切成了两段。薛里丹把李氏中央以西的一切兵力都赶过了阿波马托克斯河（Appomattox），而格兰特则把其以东的兵力都赶入了彼得斯堡。当北军于4月3日进入该镇时，李氏放弃了里士满，并沿着丹维尔（Danville）铁路撤退。

当北弗吉尼亚军团正在溃败之际，格兰特命令第二和第六两个军，进到阿波马托克斯河以北骚扰敌军的后方。薛里丹、第五军和奥尔德（Ord）军，都奔向阿波马托克斯车站，因为据所获的情报，说李氏意图想在那里再补给他的军队。4月8日黄昏，薛里丹到达了阿波马托克斯车站，从那里他迫使李氏的前卫向法院（Court House）退却。9日上午，李氏前进向他进攻，于是薛里丹的骑兵向左右分开，而显露出在他们后方的第五军和奥尔德军。于是白旗升起来了，不久，在麦克林（McLean）屋内的一间四壁皆空的小会客室中，只有一张桌子和两三把椅子，李氏向格兰特投降了——

他手中还有步兵 7872 人，骑兵 2100 人，火炮 63 门，却已经没有一点粮食了。这样就结束了“农业时代对机器和蒸汽时代的反叛”，这也是“汉密尔顿极端派对富兰克林中庸派的胜利”。

经过了四年的疯狂战争，联邦终于获得了承认，一个伟大的帝国诞生了。两面以大西洋和太平洋两大洋为堑壕，它实际上是完全无法攻击的。它东面联系着欧洲，而西面联系着亚洲，在世界权力平衡的局势中，它是可以说是举足轻重的。

虽然这次战争给南方带来了毁灭和混乱，尤其是在战后的重建期中，因为厉行报复的政策，所以更使这种恶劣的局势加重了，但是对于北方而言，它却带来了胜利和空前的繁荣。诚如摩里森（Morison）和康马格尔（Commager）在《美利坚合众国的成长》一书中所说的："假使说美国人民是能够表现出更大的活力，可是与他们的活力俱来的，却是从来不曾有过的飞扬跋扈。对于这个曾经拯救美国联邦的时代而言，他们是觉得天下无难事；也许除了精神的世界，其余没有哪一个世界是不可以征服的。人们到这个大陆上来了之后，就会尽量地挥霍无度，好像财富是取之不尽的。”

这个新帝国的资源似乎是无限的，无论是铁、煤、油和人力都极为丰富。新的发明从绘图版上不断地流出，工厂中的货品堆放着，田野中遍地生成着小麦，无数的移民流入了这个国家。在 1865 年，美国铁路还只有 3.5 万英里，而到了 1900 年，就增到了 20 万英里，超过了欧洲的总里程。

交战双方在战争上所花的成本总数估计为 200 亿美元，诚如马克思所指明的："在战后所留下来的为巨大的国债，结果租税的压力日益增加，造成了一种最卑劣的财政性的专制，大量的土地都落入了投机的公司手中，以供他们用铁路和矿产等当做挖取的工具——换言之，以极高的速度来实行资本的集中。”

从战争结束之时起，不过两代人的时间，美国已经变成了全世界上最伟大的资本主义者和最伟大的工业强国。诚如贝尼（S. V.

Benêt）所说的，它是一个“伟大的金属巨怪”。

这种平时生产的权力和动力的反面，即为战时毁灭的权力和动力，因为这个原因，我们又可以回复到上文中已经说过的一点：在近代史中，这还是第一次，战争的目的不仅是为了毁灭敌人的军事力量，而且还要毁灭其根本——即敌人的全部政治性、社会性和经济性的秩序。诚如罗德斯（Rhodes）所说的，在所有的品性方面，李氏很像华盛顿，在心智方面也极为相似。他是属于18世纪的，这代表历史上的农业时代。薛曼、比较次一等的格兰特和薛里丹，以及其他的北方将领，在精神上和道德上都是属于工业革命时代的。他们思想的指导原则即为机器的原则，换言之，就是讲求效率。因为效率是由一种单纯的法则来决定的，只问目的而不择手段，没有任何道德性和精神性的观念，或是传统的行为可以挡着他们的进路。在近代的极权主义的将领中，薛曼也许可以列为第一名。他使战争全面化，不仅以敌军为对象，而更以敌方人民为对象，把恐怖当作其战略的工具。这使美国内战中产生仇恨者，他应比任何人负有较多的责任。

在战术方面，因为来复枪使防御变成了最强的战争形式，所以攻势变得愈为困难和成本日高了。李曼（Col. Lyman）上校曾经说过：“把一个人放在一个坑洞之内，且在后面的小山放列一个良好的炮兵连，那么即令他不是一个非常良好的军人，也还可以发挥以一敌三的效力。”威尔克森（Frank Wilkeson）曾经说过：“在我离开北安那（North Anna）之前，我发现我们的步兵对向工事冲锋这件事已经感到厌倦。一般的士兵都确认一个躲在工事后面的人，是可以抵得住在工事外面的三个人。”因此，军队的人数也就逐渐增多了。

还有一些其他的变化，都是战后许多年之后还不曾被人发现的，其中有：骑兵的冲锋已经变得无用了；有来复线的火炮价值日增，而刺刀的地位则全被推翻。有一个目击者说：“我不相信他们中间有一个人是被刺刀刺死的。”高登将军（Gen. J. B. Gordon）说：“在冲锋的正面，刺刀的闪光是很可怕的，可是它们却很少有为鲜血染红的机会。刺刀的时代是已经过去了。”军医哈特（G. Hart）说：他很少看到刺刀伤，除了偶然的情形以外。

对于格兰特、李氏和这场战争中的其他各位将领，要批评他们的战术性能力是太容易了，不过却应该记着他们是无所师承的。无论从哪一方面来看，来复枪都是一种新兵器。当我们批评他们的时候，请不要忘记了即令在1914年——美国内战后的50年——职业军人当中十个就有七个还相信刺刀的价值。

格兰特和李氏，薛曼和约翰斯顿，以及其他将领所打的战争，都是与第一次世界大战的情形颇为相似的。没有别的战争，甚至1904年到1905年的日俄战争，可以供给如此类似的例证。这是一场来复枪弹和堑壕的战争，甚至已经有了铁丝网。对南军方面说，这是一种魔鬼的工具，只有美国人才能发明出来。这场战争充满了近代性的工具，手掷和有翼的榴弹、火箭，以及其他的东西都出场了。用弹夹的步枪、李奎（Requa）的机关枪也开始使用，双方又都曾使用气球，虽然南军方面对此并不重视。爆炸性的弹丸也有人提及，还有火焰喷射器，而在1864年6月，彭德里顿将军更要求里士满政府的兵工当局设法供给有“窒息作用”的毒气弹。所谓近代化装备还不仅此，装甲的船只、火车、地雷、鱼雷都曾经使用，此外还有灯号、旗语和野战电话。亨特里（H. L. Huntly）在莫比尔还建造了一艘潜水艇。它是20英尺长5英尺深3英尺宽，在内部有七八个人，用螺旋桨来推进。1864年2月17日，它在查尔斯顿海外，炸沉了北军一艘军舰，并与之一起沉没。

假使欧洲诸国对美国内战的教训曾经加以研究，那么在1914年到1918年，也许就不会铸成那样巨大的战术错误了。

大事记（三）

普鲁士的扩张

当半独立的美国联邦正在融合成为一个联邦性的大帝国时，中欧方面也正在酝酿着另一个新的局面。自从神圣罗马帝国被瓦解之后，在中欧就造成了一个真空，1815 年的维也纳会议曾经希望把 38 个独立邦组成一个“日耳曼联邦”（Germanic Confederation）。它的目的是保障日耳曼的内外和平，其机构为一个国会（Diet），永久会址设在法兰克福（Frankfort-on Main），每一个邦（State）都有代表。实际上，这个国会却毫无能力，因为它只是一个参议院，而无众议院——是一个议会，而不是一个国会。

比“日耳曼联邦”更为重要的，还是普鲁士关税同盟（Zollverein）的建立。这个观念的创始者为李斯特（Friederich List），他认清了除非各邦之间的关税壁垒能够打破，否则英国货就会继续泛滥在日耳曼的境内，而且这种作茧自缚的限制只是阻止日耳曼自己无法工业化而已。为了结束此种不合理的状况，所有一切在普鲁士境内的关税，包括 67 项大约有 3000 余种的细则，都在 1818 年被取消了，次年 10 月，普鲁士与独立小邦施瓦茨堡—松德尔豪森（Schwarzburg-Sonderhausen）签订了第一个关税协定。不久就产生了两个关税同盟，一南一北，它们在1829年同意对于一切互相交换的货品都免课税，期限到1841年为止。在那一年，关税同盟又再度延长，三年之后，除了奥地利地区之外，整个日耳曼都包括在内了。毫无疑问，商业上的统一引发了政治上的团结，而终于又引发了军事性的集体安全。

虽然所谓“欧洲和平”（Pax Europa）之说颇为流行，可是在滑铁卢之战以后的40年当中，欧洲却正进入了一个梦魇的时代，反动和革命彼此互相追逐。当路易十八在巴黎复辟之后，反动的风气就开始盛行了。在法国，三色旗和离婚的制度都被取消了；在西班牙，教会又恢复了其审判异教徒的权力；在奥地利，皇帝是既不想前进，也不想后退，而他的首相梅特涅亲王却认为日耳曼的统一是一个“不名誉的目标”；在英格兰，自由和保守两党，对工业革命好像已经置之脑后，要求保护农业的利益和封闭在帝国之内的贸易。而在同一时间之内，俄皇亚历山大却是一个宗教性的狂人，他诱劝奥国皇帝和普国国王，以“三位一体”的理论为根据，来与他签订一个叫做“神圣同盟”的条约，其目的却是利于俄国作进一步的扩张。以后，除了英国的摄政王以外，欧洲所有的君主也都加入了这个公约，只有苏丹和教皇不曾被邀请。

诚如梅特涅所说的，这是一个“空洞的废话”，虽然在此后20年，欧洲并未发生过巨大的战争，可是民族主义对于反动主义的搏斗也变成了西方历史中最惨烈的斗争。西班牙美洲的殖民地背叛了西班牙，巴西背叛了葡萄牙；西班牙和葡萄牙两国之内也掀起了革命的怒潮，而法国又以神圣同盟的名义侵入了西班牙。希腊背叛了土耳其，而在俄国当亚历山大死亡之后，也继之以“十二月革命”。1827年，英法俄三国干涉希腊的战事，10月20日在那伐里诺（Navarino）歼灭了土耳其的舰队。俄国人侵入了波斯，于1828年向土耳其宣战，并侵入保加利亚。最后在1830年到了结算之期。巴黎为革命所震动，查理十世被推翻，路易·菲力普（Louis Philippe）执政；比利时脱离荷兰独立；波兰反抗俄国；汉诺福和赫斯–卡塞尔（Hesse-Cassel）也发生了叛乱，并蔓延到奥地利、匈牙利、瑞士和意大利。1831年，波兰人在奥斯托仑卡（Ostrolenka）被击败，他们的宪法被废除；反抗奥国的教皇国（Papal States）也被击碎。1832年，法军包围安特卫普。1833年，纳皮尔爵士（Sir Charles Napier）以过人的果敢，在圣文生角的海外击毁了米格尔（Don Miguel）的舰队。1834年，西班牙境内展开了所谓“正统论”的战争（Carlist war），前后七年，半岛上到处都浸透了鲜血。最后，到了1837年，维多利亚女王（Queen Victoria）在英国登基了，以后又有长达十年的平静岁月。

下一次的革命怒潮是在1848年爆发的。它的目的不再是改变政府的形式，而是国家的组织。由于工业化的加深，下层阶级的生活条件日益恶劣。1847年，在马克思和恩格斯的领导之下，在伦敦成立了共产主义同盟。从此“马赛曲”变成了布尔乔亚阶级的代表作。从劳动者的口中，所唱出来的却是更激烈的“国际歌”。

1848年2月22日，路易·菲力普和他的王后从法国王宫的后门中溜出来，化名为史密斯夫妇，逃到了英格兰。

很少有一个革命在发动的时候，会像这样不流血的。工作的权利被当做是改革的第一个基本原则，为了保护这个权利，工人们武装了起来。6月，卡芬雅克将军（Gen. Cavaignac）被任命为陆军部长，他领导着巴黎的治安部队，以对抗普嘉尔（Pujol）所领导的（工业化）东区人民。他用火炮镇压了反抗者。诚如费飞（C. A. Fyffe）所说的：“这场战争不是为了一种政治原则，或是一种政府形式，而是为了保存或推翻私有财产制度。”虽然如此，法国却产生了极大的震惊。威灵顿公爵说：“法国需要一个拿破仑，我还没有看见他……他在哪里？”

在英国也有很多紧张的情形发生，但是宪章主义者（Chartists）的示威却自动消灭了。1849年，“谷物法”（Corn Laws）被废止，不列颠走上了自由贸易的路线。此时在维也纳也发生了革命，结果整个帝国中都发生了全面的叛乱。皮德蒙（Piedmont）的阿尔伯特（Charles Albert）获得了整个意大利的拥护（只有教皇除外），在加富尔（Cavour）敦促之下，决定不惜牺牲发动对奥的战争。皮德蒙在圣卢西亚（Santa Lucia）和库斯托查（Custozza）战败之后，最后于 1849 年 3 月 23 日又在诺瓦拉（Novara）一败涂地，被迫逊位给他的儿子维克多 · 伊曼纽尔（Victor Emmanuel，1849—1878）；此时匈牙利又燃起了革命的火炬；捷克人在波希米亚也起事了；塞尔维亚人和克罗埃西亚人也都武装叛变。这些叛变使维也纳本身也发生了革命，结果斐迪南一世被迫逊位，由他的侄子约瑟夫（Francis Joseph，1848—1916）继位，那时还是一个 18 岁的大孩子。虽然如此，匈牙利却拒绝承认他，因为奥国政府不能够平乱，所以根据正要满期的神圣同盟的要求请俄国人协助。1849 年 8 月 9 日，匈牙利人在提米斯伐尔（Temesvár）被击溃，叛变遂受到了无情的镇压。

虽然在日耳曼，工人们也学习法国工人的榜样，要求分享较多的利润，可是革命的兴起却采取了民族的形式，而非社会的形式。1847 年 2 月，腓特烈 · 威廉四世（1840—1861）被迫召开一个联合性的普鲁士会议，它立即代替了 1815 年的旧国会，并授权在法兰克福召开一个日耳曼的国民会议，以把各邦组成一个新日耳曼国家。正在辩论之中，石勒苏益格（Schleswig）和荷尔斯泰因（Holstein）突然背叛了丹麦，于是普鲁士派兵去加以援助。俄国支援丹麦，腓特烈 · 威廉感到害怕，遂要求国民会议同意休战。尽管有这样一次挫折，国民会议却又表示拥戴腓特烈 · 威廉为日耳曼皇帝。当时奥国正在紊乱之中，若是他敢于接受，也许不会受到反对。但是他并不同情国民会议的民主政策，所以表示除非先获得各邦君主和自由城的批准，否则他不拟接受。这对于日耳曼民族志士而言，是一个致命的打击。

为了弥补这个错误，腓特烈 · 威廉遂与汉诺福和萨克森的国王签订了一个条约，同意草拟一个新宪法。其内容为虽然有一位皇帝，但是只是名义上的元首，另设一个君主会议（College of Princes）为其佐辅。这个建议被采纳，这个新的国家遂号称为“联邦”(Union)。可是对于腓特烈 · 威廉是很不幸的，有利的时机已经过去了。奥国现在已经恢复了元气，在它的引诱之下，萨克森和汉诺福退出了“联邦”，于是日耳曼分成了两个对立的集团——一方面拥护普鲁士，另一方面拥护奥地利。赫斯–卡塞尔的扰乱使双方达到了战争的边缘。但是因为腓特烈 · 威廉并无战争的准备，所以 1850 年 11 月 29 日，在奥尔米茨（Olmütz）他对奥国几乎一切都让步了，联邦被解散，普鲁士被迫承认旧法兰克福国会。自从耶拿的失败之后，普鲁士还从来不曾受过这样的屈辱。

此时在法国，“六月起义”（June Days）之后，卡芬雅克辞去了陆军部长的职务，他不能建立一个稳定的政府，所以在 1848 年 12 月 10 日的总统选举中，为路易·拿破仑（Louis Napoleon）所击败。隔了不到一年的时间，终于有一位拿破仑出现了，他威灵顿所期待而终于出现的人。

他是路易 · 波拿巴（Louis Bonaparte）的第三子，他的母亲博阿尔内（Hortense Beauharnais），为约瑟芬的女儿，所以他是拿破仑的侄子和外孙。他是一个聪明的投机政客，随时都在设法利用其伟大叔父的荣誉。1850 年 5 月，国会盲目地把 900 万选民减到 600 万之数时，这是一个非常丧失人心的行动，于是路易 · 拿破仑认为是机会来了。虽然一两年前，他是拥护普权的，现在他却站在国会那边，以加速其崩溃。当有一个朋友向他说：“你会与它同归于尽的。”他却回答着说：“不然，当国会挂在悬岩上时，我就会割断绳索。”

当他设法破坏了国会的信用之后，他又讨好于教会，对于布尔乔亚开出繁荣的支票，对于劳动者则以财富为引诱，对于军人则分发雪茄和香肠。于是大家都一致拥护他。等到一切准备就绪之后，他在1851年12月2日推翻了现政府，一年之后，由公民总投票选他为法国人的皇帝，上尊号为拿破仑三世。

当他正在帝制自为之际，在伦敦却开着“大博览会”。费飞先生说：“这似乎是在人类历史上开辟了一个新纪元，好像战争从此就会消灭了。可是实际上，欧洲所要踏上的一个新时代，却是一个战争的时代。在以后四分之一的世纪中，几乎没有一个大国不加入这种武装的战争之中。”

这些战争中的第一个即为克里木战争，虽然在爆发时的借口为路易·拿破仑要求恢复法国对于巴勒斯坦圣地的保护权，可是其原因却是俄罗斯的扩张政策和尼古拉一世（NicholasI，1825—1855）渴望获得达达尼尔海峡的控制权。当土耳其感觉到确实已经获得西方国家的支援，它在1853年10月立即向俄国宣战。1854年年初，法英两国加入战争，以后又加上了一个撒丁王国（Sardinia）。

这场战争结束了滑铁卢战后40年来的和平时代，而其结果更对欧洲的和平作了一个致命的打击。从1856年到1878年，欧洲一共经过了五次大战，它们所有的根源都是种在这场克里木战争之中。

在克里木战争之后，俄国人处于战败势孤的地位，而英国人则忙于剿平印度的叛乱。当时意大利的革命党人阿西尼（Felice Orsini）正在伦敦企图暗杀路易·拿破仑。这件事件不仅使英法两国间产生了严重的摩擦，而且也使这位皇帝大感惊惧，认为除非他用武力来使意大利获得自由，否则他的生命始终是在危险之中。结果即为1859年的法奥战争，当法军在索费里诺（Solferino）胜利之后，于11月10日签订了《维拉弗兰卡（Villafranca）条约》，结束了这场战争。依照这个条约，法国获得了萨伏依（Savoy）和尼斯，而除了威尼斯和罗马之外，所有的意大利领土都在伊曼纽尔之下统一为一个国家。

在这两场战争中，下述的各种军事发展是值得一提的。在克里木战争中，氯仿（三氯甲烷，chloroform）第一次被使用；新闻界开始发生决定性的影响，第一次有了随军的新闻记者。慈善家科文（James Cowen），主张装甲牵引机装上镰刀，以从敌方步兵中铲开一条通道。德国人包尔（Bauer），曾经为俄国人建造一艘潜艇。邓多纳德勋爵（Lord Dundonald）又重提1812年的设计，用燃烧硫磺的方法，以熏毙海军要塞中的守兵。虽然他的计划并未被试用，他却预测毒气终将变成一种被承认的兵器。在1859年，铁路在战争中首次受到广泛的使用。来复线的火炮也大量地使用，因为看到在索费里诺一战中伤兵的痛苦，第一次《日内瓦公约》于1864年通过。

自从在奥尔米茨屈辱之后，普鲁士已经开始恢复了他的元气；自从1861年1月2日威廉一世（1861—1888）即位之后，普鲁士的国力日益增强。

威廉出生于1797年，在1814年曾经参加过阿尔希会战（Arcis-sur-Aube）。在本能上和教育上他都是一名军人。当他即位之后，所发表第一次的训词中就说："在将来，普鲁士的陆军也就要变成了普鲁士的武装民族。"这句话改变了欧洲的命运，也改变了世界的命运。他立即开始改组普鲁士的陆军，其目的为建立一个有效的常备军共37.1万人，一个支援性的预备军共12.6万人，再加上国民兵（Landwehr）16.3万人。他任命罗恩（Count von Roon）为军政部长，毛奇（Count von Moltke）为参谋总长，1862年他又任命俾斯麦（Otto von Bismarck）为他的首相（President-Minister）。

俾斯麦的政策是简单而直接——把奥地利逐出日耳曼之外——因为俄国在克里木战争之后，尚未恢复其元气，而法国虽然强大，但却正在墨西哥作不急之务的侵略，所以他的路线是十分清楚的，并且决定一有机会即开始按部就班地实施。机会在1863年终于来到了。当查理九世即位为丹麦国王时，萨克森和汉诺福的部队开入了荷尔斯泰因。以重建和平为借口，俾斯麦引诱奥国与普鲁士合作。1864 年遂有了石勒苏益格—荷尔斯泰因战争，10 月签订了《维也纳条约》，使这两个公国受到了奥普两国的联合控制。

俾斯麦的计划是正确的，石勒苏益格—荷尔斯泰因会变成“狗咬的骨头”，终于会引起对奥的战争。为了孤立奥国，俾斯麦允许路易·拿破仑在比利时或莱茵省区中的一部分可以有自由处分的权力，而其交换条件则为路易·拿破仑应劝诱奥国把威尼斯出卖给意大利。他知道奥国是一定会表示拒绝的。同时为了触怒奥国，他又重新提出日耳曼联邦的问题。由于奥国不肯放弃威尼斯，所以 1866 年 4 月 8 日，意普两国之间签订了攻守同盟条约。路易·拿破仑看到风云日厉，也想趁火打劫，认为这正是取消 1815 年旧条约的好机会。他表示愿与普鲁士合作，出兵 30 万人，其条件为莱茵诸省归还法国。可是俾斯麦却舍不得放弃它们，因为现在意大利已经入了普鲁士的圈套，所以他命令驻在荷尔斯泰因的部队制造冲突。6 月 12 日，奥国与普国断绝了外交关系。

这次所进行的战争，不是一场普通意义的侵略战争，也不是一场征服性的战争，而是一场外交性的战争。普鲁士的目的不是想屈辱奥国，更不想削弱它，而只是想使奥国认清日耳曼民族主义已经是一个正在成长中的活力，它要求统一，不准奥国加以反对而已。俾斯麦绝对不想把奥国变成一个死敌，因为他知道将来有一天为了欧洲的霸权，德法之间势必要作一次决斗，到了那时候，他希望奥国能保守中立。

当他听到奥军正集中在摩拉维亚准备向波希米亚前进时，毛奇决定用两个军团侵入波希米亚：第一军团由腓特烈·查理亲王率领，第二军团由普国太子率领。前者向莫亨格内兹（Müchengrätz）前进，后者向陶提劳-纳卡德（Trautenau-Nachod）前进，然后再分别从两地继续向前，以在吉特辛（Gitschin）会师为目的。当腓特烈·查理亲王接近莫亨格内兹时，由克拉门-格拉斯（Clam-Gallas）

所率领的奥军退到了吉特辛。而当普国太子在纳卡德和斯卡里兹（Skalitz）击败了兰明（Ramming）之后，奥军的总司令贝尼德克元帅（Field-Marshal Benedek）就命令向沙多瓦（Sadowa）全面退却。6 月 30 日，两个普鲁士军团已经隔得够近了，只要一获得通知，极短时间之内就可以会合在一起。于是 7 月 3 日，发生了肯尼格内兹（Königgrätz）会战，亦称沙多瓦会战。第一军团于上午与奥军交战，到了下午第二军团就打击在奥军的右翼上，把它击溃。虽然这是一个决定性的胜利——奥军损失了约近 4. 5 万人（死伤被俘都在内），可是贝尼德克却带了残部 15 万人逃走了，因为两个普鲁士军团都已混乱不堪，所以无法实行追击。7 月 18 日，毛奇下令向华格南——在维也纳东北 10 英里远的地方——前进，21 日奥军要求休战，普军立即表示同意。

当奥军在肯尼格内兹被击败时，奥皇约瑟夫用电报要求路易·拿破仑出面干涉。但是因为路易 · 拿破仑正有事于墨西哥，所以他不能发动战争，此外普军的迅速胜利也完全出乎他的意料之外。普奥双方议和，依照布拉格、柏林和维也纳等条约，虽然奥国的领土完整仍被尊重，可是意大利却获得了威尼斯，普鲁士也获得了汉诺福、石勒苏益格、荷尔斯泰因、赫斯、拿索和法兰克福自由城。萨克森仍保持现状，在美因河以北的诸邦组成北日耳曼联邦，以普鲁士为盟主，而以南诸邦则另组成南日耳曼联邦。

为了安抚自由主义者的感情，威廉在他凯旋柏林之后，建立了一个联邦国会（Federal Parliament），并成立了一个民族自由党（National Liberals），其主要的目标即为使南北两个联邦合而为一。尽管现在两个集团都已同意组成一个关税同盟，可是若非法国皇帝在外面施加压力，使整个日耳曼都感到非联合不足以图存的话，则这个工作也许要很久的时间才能成功。路易 · 拿破仑的一切作为都无一不在俾斯麦计划之中。甚至在《布格拉条约》尚未签订之前，他就曾经要求莱茵河的左岸以作为普鲁士获胜的补偿，现在他又重申前议。因为害怕法国，所以南部联邦自动投入了北部联邦的怀抱中，于是它们之间缔结了一个秘密的攻守同盟，而以普鲁士国王为盟主。现在所需要的就只是一场对付共同敌人的共同战争，以使分裂的日耳曼合而为一。俾斯麦现在对于战争已开始作不断的准备。

第三章

色当会战

普法战争的主因为：一方面普鲁士有统一全日耳曼的决心，另一方面法兰西也有阻止这种统一的决心，此外再加上高卢与条顿之间的积年仇恨。日耳曼以法兰西为邻，可以说是很少有几个国家曾经有过这样恶劣的邻人。1675 年到 1813 年，法国人侵入日耳曼的次数不下 14 次之多——平均是每十年一次。许多世纪以来，法兰西都是以“大国”（La Grande Nation）自居，在欧洲它始终是一个支配性的强权，因为它经常怀有一种隐忧，害怕它的荣誉会有黯淡之一日，所以这个民族养成了一种多感易怒的脾气。自从 1789 年以来，欧洲的政治基础发生了动摇，权力由国王手中移入了国会和政党领袖的手中。舆论和人民，及政界和工业界的利益都可以左右世局了。

星星之火可以燎原，这场战争的近因实际上只是一个偶然的意外事件。虽然如此，却还是值得详细叙述的，因为这是一个典型的例证，足以说明在民主的时代中，战争是如何触发的。

1868 年 9 月，西班牙舰队叛变，结果使女王伊莎贝拉二世被放逐，而由普里姆元帅（Marshal Prim）出任摄政。因为西班牙的人民都不欢迎共和政体，所以普里姆把这个王冕献给许多外国的王子，可是结果却都遭到了拒绝。最后在 1870 年 2 月，他与俾斯麦作了一个秘密的谈判，后者提出了一个可能的候选人，霍亨索伦—锡格马林根（Hohenzollern-Sigmaringen）的利奥波德亲王（Prince Leopold），他是普鲁士王室的远亲。普里姆与这个亲王发生了接触，后者同意接受，但以能先获得法皇和普王的同意为条件。普里姆就写信给威廉一世。他接到这封信之后，大为惊异，因为他对于这个秘密谈判事先毫无所闻。他立即通知普里姆，提出强烈的反对。可是俾斯麦与普里姆之间仍继续谈判，突然在 1870 年 7 月 3 日，这个秘密为西班牙报纸《回声报》（*Epoca*）泄漏了。路易 · 拿破仑所感到的惊异，甚至于比威廉还要厉害，他立即向普鲁士和西班牙提出强硬的抗议。巴黎的报纸更发表了激烈的社论，高谈查理五世帝国的复活。巴黎的歇斯底里现象已经达到了最高潮，所以在 7 月 5 日有一位法国的政客法扬（Edouard Vaillant）在他的日记中这样写道："照我看这就是战争，或者是已经十分地接近了。"次日，法国皇帝召开国务会议，讨论动员的问题。由于法国外长格拉蒙公爵（Duke of Gramont）的建议，决定派法国驻柏林大使贝内德蒂伯爵（Count Benedetti）到埃姆斯（Ems）去谒见正在那里避暑的普王，要求他劝诱利奥波德放弃这个候补权。

7 月 9 日，威廉接见了贝内德蒂，告诉他说并无意鼓励利奥波德承继王位，而这个问题只与马德里有关。但这个答复未能使路易 · 拿破仑感到满意，所以格拉蒙用电报通知贝内德蒂说："我们要求国王禁止该亲王坚持他的候补权。"当贝内德蒂向威廉提出此项要求时，威廉大感怒恼，虽然如此，他还是允许贝内德蒂直接打电报给利奥波德。当时利奥波德本人正在瑞士，这个电报由他的父亲接着了，他立即回电话，以他儿子的名义撤回这个候补权的申请。他是这个王族的家长，他具有这个权力。当威廉听到了这个消息，大感欣慰，以为这件事件结束了。但是法国皇帝的想法却与他不同，他命令格拉蒙训令贝内德蒂再去谒见普王，要求他保证禁止利奥波德以后再提出这个承继权的要求。

7 月 13 日上午 9 时，贝内德蒂在埃姆斯的公园中谒见了威廉，后者很有礼貌地与他打招呼。国王说他看到日耳曼的报纸上，已经载出了利奥波德放弃候补的消息，他很感到欣慰。于是贝内德蒂即向他提出路易 · 拿破仑的新要求。威廉答复他说："我的表兄弟都是有荣誉感的人，当他撤回了一件要求之后，就绝不会再提出来的。"说完，他就结束了这次谈话。

当俾斯麦听到了这些经过，就通过其驻在埃姆斯的代表，要求国王停止这种不正常的个人会晤，而改采取经过使节和外交部的正常外交程序。普王表示同意了，但是由于格拉蒙的催促，贝内德蒂又要求再谒见普王。威廉遂拒绝接见，并把经过情形写了一个报告送与俾斯麦，让他去决定应否通知大使馆和新闻界。

俾斯麦在 7 月 13 日的黄昏时接到了国王的文件，因为国王既已允许，所以他就利用这个机会加以公布，他把它缩成一个节要，其内容如下：

> 因为法国大使在埃姆斯曾要求国王致电巴黎表示保证这个候补权今后决不再度提出，陛下已经拒绝再接见该大使，并派武官通知该大使不再与他接触。

所以说俾斯麦伪造"埃姆斯电报"之说是完全不正确的。他只不过是把国王的原件缩成电报的形式而已；不过无论如何，他不曾把原件公布，这却是事实。他已经知道法国有挑战的趋势，诚如他以后所说的："我们要让敌人先动手，这是十分必要的。假使我把这个草稿交给新闻界，再用电报通知各大使馆，在巴黎马上就会被人知道了。这对于高卢野牛所产生的效力，就会像一面红旗一样的灵验。"

这个电报在巴黎公布了之后，法皇立即召开国务会议，当正在考虑时，贝内德蒂的报告也送到了。其内容要比俾斯麦的电报远为温和。格拉蒙为了避免战争，建议召开一个欧洲会议，以禁止各王族接受外国的王位。虽然皇帝批准了这个建议，可是皇后却不表同意，于是被搁置了起来，而且也更无其他的办法提出。接着，巴黎的群众开始鼓噪了，原来被禁止的《马赛曲》又高唱了起来，并且高喊着“战争万岁，打到柏林！”的口号。尽管提耶尔（Thiers）和甘必大（Gambetta）都提出了警告，可是法国国会却已经丧失了一切的理智，在群情愤激之下，法国很快地陷入了战争。7月19日，法国正式宣战。

法国一向希望奥意两国能做它的同盟国，在1869年，即曾向两国提出要求，但仅获得空泛的答复。一直等到风雨欲来之际，路易·拿破仑才派了一个私人代表到维也纳去谈判同盟条约，7月20日，当战争已经宣布之后，所获得的回答却是“中立”！丹麦也表示中立，英国一向就是反对战争的，这一次也更无支持法国的意图，尤其是在7月25日，俾斯麦有一封“读者投书”在英国《泰晤士报》上发表，其中揭发了法皇在1866年所拟定的兼并比利时的秘密计划。

所以法国处于孤立的地位。更坏的，是自从1815年以后，法国人在精神上就是靠拿破仑的神话来维持的，他们迷信地认为，法国是无敌于天下的。这种幻想使大家看不清楚实际上的腐化情形。他们已经只剩下了一个躯壳，而没有灵魂。军人们对自己的英勇传统感到非常自负，可是在政府、行政、指挥、指导、准备、科学、技术各方面都已经落后，而且无人加以注意。特罗胥将军（Gen. Trochu）的说法也大致相同：“自从1815年以来，每一次的革命都只是激发了野心，挑拨了竞争，人们对于是非黑白已经丧失了判断，而自私自利的心理代替了爱国心和公益心。”

法国的皇帝和大臣，居然会生活在这个“愚人的天国”中，对于现实的形势无所了解，这实在是一件怪事，因为当时法国驻柏林的武官斯多夫中校（Lt-Col. Stoffel）是一个很难得的人才，他对普鲁士的现状观察得颇为精细，而且还不惜用法国的情形来作为比较。他的报告是极有意义的，所以值得加以引证如次：

> 1868 年 5 月 26 日
>
> 在做礼拜的时候，牧师们首先祝福的对象即为国王和陆军，其余的还在其次。反之，若与法国作一个比较，则陆军已经变成了乌合之众，其精神和纪律是在日益退化之中。
>
> 1869 年 8 月 12 日
>
> 我认为下述的要点是必须加以说明的：
>
> （1）战争是无法避免的，只要有一个偶然事件即可触发。
>
> （2）普鲁士并无攻击法国的意图；它并不会主动求战，而且还会尽量地避战。
>
> （3）但是普鲁士却是具有远见的，当它看到战争既然无可幸免，所以它就已经开始作一切准备，以免当不幸事件发生时会受到奇袭。
>
> （4）由于轻浮和不慎，尤其是对于世局缺乏认识之故，法国似乎不像普鲁士那样具有远见。
>
> 反观法国的情形又是怎样？一个国会自以能代表人民为号召，可是所代表的全是轻浮不实的坏风气，他们用美丽的修辞来掩饰他们的无能。他们自命只有他们才关心国家的福利，为了获得表面上的人望，为了一名兵额、一个法郎都要与政府发生争论。他们只想削弱法国，他们要把法国出卖给强敌。舆论界也只是祖尚虚浮，他们的言论对于最重要的问题，只是咬文嚼字而并无真正的了解，他们所重视的是党派的利益，而不是国家的利益。法国人嘲笑一切的东西，所有一切的美德都不再为人所尊敬，例如道德、家庭、爱国心、荣誉和宗教，都完全变成了讽刺的对象。这难道不是真正衰颓的征象吗？

以上所云就是当时法国的情况，这不是外国人的看法，而是出于法国人的手笔。他们的陆军在阿尔及利亚、克里木、中国、意大利和墨西哥，也都反映出这种征象。他们看不起他们的军官，盲目地相信法国军人的精神是可以无敌于天下的。在 1859 年的索费里诺之战中，他们就已经认为将领们无足轻重，而这种精神又受到民主化舆论界的鼓励。

在普鲁士的情形是完全不同。陆军是贵族化的，而不是民主化的，自从威廉一世即位以来，他就决心使他的愿望兑现，使陆军与国家合而为一。自从在奥尔米茨签订了辱国条约之后，普鲁士参谋本部即采取克劳塞维茨的《战争论》，以当作是它的军事圣经。因为自从 1866 年以来，一切战争的理论和实践，都受到《战争论》一书的广泛影响，所以我们应将其中重要的教条，撮要地列举如下：

1. 战争和政治的关系：

战争是国家政策采用其他手段的延续而已。

战争不仅是一种政治行为，而且还是一种真正的政治工具，为政治活动的一种延长。

战争只是政治活动中的一部分，所以它本身并不是一个独立的东西。

战争不就是政治思想的另外一种写法和语言吗？

假使战争是属于政策的，那么自然应具有它的性格。

假使政策是广大而有力的，则战争也将是一样。

2. 战争的本质：

战争只不过是一个大规模的决斗行为而已。

不要让我们听到“将军可以不流血而征服”这类言论。

战争是一种发展到其最大限度的暴力行为。

我们的目标是指向敌人权力的毁灭。

所有一切战斗的真正目标即为毁灭敌方的军事力量。

战争愈激烈，则仇恨和敌意的发泄也就愈大。

3. 关于战争中的攻击：

只有一种战争的形式——向敌人的攻击。

战斗为战争中的单一活动。

4. 关于数量优势的要求：

最好的战略是总要居于强者的地位。

一场战争必须要用国家权力的全部力量来打。

在文明化的欧洲，一场人民的战争是19世纪的现象。

5. 战争又要求有精神上和智力上的优势：

勇敢为最高的美德。

主要的素质为指挥官的才能、军队的军事德行、它的民族意识。

在战争中再没有比服从更重要的东西。

6. 关于战术方面有：

在现有时代的战争中，火力的毁灭原则已经达到最高的效力。

战争中的防御形式，就其本身而言是较强于攻击，但是它却只有消极目的。

攻击是积极的意图，防御则为消极的意图。

只有伟大而普遍的会战才能产生伟大的结果。

7. 关于组织方面有：

战争是分为准备与行动两部分。

在战争中一切的东西都是简单的，但是最简单的东西也是最困难的。

战争不属于艺术和科学的领域，而是属于社会科学的领域。

虽然毛奇是服膺克劳塞维茨的观念，但毛奇却并不盲目地跟着他走，而只是拿他的理论来适应他自己那个时代的条件。这些条件和拿破仑时代是大有不同的，而《战争论》却是以拿破仑战争为基础的。铁路已经使后勤方面发生了革命，随之而来的是军队的编制增大了，更需要有高度训练的参谋本部。此外，肯尼格内兹的混乱使毛奇所受到的惊惧，其程度并不亚于侧翼攻击的伟大成功使他感到惊喜。早在 1861 年，他就认为步兵从正面是无法攻击的，并且用一道水沟来比拟一个开阔的平原，认为这是不可能冲过的。在 1866 年以后，他又认清了一个在静止状态中射击的人，要比那个一面前进一面射击的人占了上风，所以对于拿破仑的会战前集中的原则又可以用会战中集中的原则来加以补充。此外，拿破仑的透入大战术，应该由决定性的侧翼攻击来取而代之。

1869 年，他颁发了一套“对部队高级指挥官的训示”，其中有下述的两段：

> 一个非常庞大的部队集中，其本身就是一种祸害。集中在一点上的军队难于加以补给，无法实行舍营；它不能行军，它不能作战，它不能长时间存在；它仅仅能够战斗。
>
> 在作战时，应尽可能地分开，只有在决定性会战时，才作适合时机的集中。这也就是大部队将领的任务。仅从正面的攻击上，是殊少有成功的希望，而失败的机会却可能非常的大。所以我们必须向敌方阵地的侧翼上迂回。

有一个严重的问题，却是毛奇从来不曾寻求解决的，即使普鲁士步兵获得一种最有效的来复线式的步枪装备问题。他们所使用的追希式针发枪，虽然已经改良，但却是从 1841 年就使用的。在 1866 年的战争中，奥军所用的前镗式罗仑兹（Lorenz）来复枪，在射程上就已经比它超过很远。不过因为它可以在蹲伏的位置上作迅速的装弹，所以仍然是一种优势的兵器。假使当时奥军对他们的来复线野炮能作更好的使用，这种优势将大打折扣了。奥军在 1863 年即已采用这种野战炮，用霰弹射击时有效射程可达 500 码，换言之与针发枪的有效射程可以相等。毛奇对这一点很欣赏，因为他知道法国步兵所用的是沙瑟坡（Chassepot）式的后镗来复枪可以瞄准到 1200 米，为针发枪的一倍，所以他希望用普鲁士的铁质后镗野炮来抵消这种劣势，后者是比法国的青铜前镗炮要优越些。法国人为什么还保留这种旧火炮，其原因为他们袖口里正藏着一种秘密的新武器。那就是李费依（Reffeye）的机关枪（mitrailleuse），它有 25 支枪管，可以瞄准到 1200 米，每分钟能发射 125 发。法军正计划用它来代替霰弹，但是为了保密，直到战争爆发的前几天才发给军队，据李费依自己说，在使用时是“完全像呆子一样”。

双方的主要强弱并不在他们的兵器方面，而是在他们的参谋本部方面。在法国方面，我们过去已经看出来了，因为缺乏一个有效的参谋本部，实为拿破仑一世最后失败的主因。可是在 1815 年以后的法国，还是很少有人认清了这一点。所以当战争在 1870 年爆发时，我们发现在第二帝国中的参谋本部的军官都是一些刀笔之吏。不是少不更事之徒与军队完全没有发生过接触，就是长胡子的老人一天到晚忙于例行公事。巴赞元帅（Marshal Bazaine）因为不信任其参谋本部人员，甚至禁止他们进入战场，而改学 60 年前的拿破仑，使用私人幕僚。尽管在 1868 年 2 月 25 日，斯多夫即已有了下述的报告，但是事实上却毫无改进。他说：

> 一旦战争爆发，在普鲁士的各种优势因素中，其最重要的却莫过他们的参谋本部军官团。我们根本无法与之比较。在下一次战争中，普鲁士的参谋组织将为其致胜的最重要因素。

自从沙恩霍斯特和马森巴赫的时代起，普鲁士才第一次有有组织的情报机构和有体系的参谋业务，可是普鲁士的参谋本部却发展得极为迅速，到了 1866 年，它的权威就已经变成至高无上了。在 1870 年的战争中，我们发现在责任上，参谋总长毛奇实在比总司令即国王本人还更为重要。因为最高级指挥体系中的个人性逐渐减少，所以主动权逐渐由总司令的手中移到了其部下军团司令或军长的手中。为了协调各个部队指挥官的行动，思想上的统一变得十分重要。简言之，战争的艺术变得机械化和教条化。

威尔迪将军（Gen. von Verdy du Vernois）的叙述即可以说明这种参谋指挥体系的机械性。每一天上午要举行一次参谋会议，由参谋总长任主席，讨论当前的情况并作决定，然后呈送给国王，经批准后，即分别送达各有关的指挥官。

这种像钟表机器一样的指挥体系有一个重要的缺点：它几乎没有考虑到意料以外的事情。这只好听任当时在场的下级指挥官去作局部性的决定，有时不免会使整个的计划受到影响。

普鲁士参谋本部的战争计划是1867年首次拟定的，自此之后又曾不断地加以修正。它的性质具有高度攻势性，其观念极为简单。一般方向为巴黎，目标为击溃在任何地方所遭遇的敌人。一共准备使用三个军团：

第一军团，司令为斯坦米兹将军（Gen. von Steinmetz），下辖第七、第八两个军和一个骑兵师，共6万人。

第二军团，司令为腓特烈·查理亲王，下辖第三、第四和第十等三个军以及近卫师和两个骑兵师，共13.1万人。

第三军团，司令为普鲁士太子，下辖第五、第十一两个普鲁士军以及第一和第二两个巴伐利亚军、符腾堡师、巴登师和一个骑兵师，共13万人。

预备队，由普王亲自率领，下辖第九军和第十二萨克森军，共6万人，驻在美因茨。

此外，第一、第二、第四这三个军以及一个正规师和四个国民兵师，都被留在国内，以看守丹麦海岸和奥国边界。

毛奇的估计是很正确的，他认为面对着他的38.1万人，法国所能动用的野战军人数不会超过25万人。而且受铁路交通的限制，他们被迫把兵力集中在梅斯和斯特拉斯堡的附近，换言之，他们必须为佛日山地所隔开。所以他决定把他的三个军团集结在中部莱茵河上要塞的后面，第一军团在维特里赫（Wittlich）附近，第三军团在兰道（Landau）和拉斯塔特（Rastatt）的附近，而第二军团则在洪堡（Homburg）与诺伊基辛（Neuenkircken）之间，以当作第一和第三两个军团之间的联系。假使法国人企图在他们动员完成之前首先发动攻击——照他看这是很可能的——那么他认为由于法军的两个集团是为佛日山地所分隔着的，所以他对于自己的中央和侧翼都可以迅速增援，其速度应比法军在洛林或阿尔萨斯会合时的速度要快得多了。对于他的意图，毛奇曾经有下述说明：

> 不过最主要的，这些战争计划的基础还是要决定对无论在何处所发现的敌军都立即加以攻击，并且把我军尽量地集中在一起，以便随时在战场上都可以有一个优势的兵力。至于这些计划应用何种特殊工具来完成，那却应俟之于临时的决定，只有向边界的前进是事先有详细计划的。

面对着他的计划即为法国皇帝的计划，那可以说是一个似是而非的拿破仑计划，尽管在纸上看来，它似乎头头是道，可是它的投机性却太大，事实上无异于自杀。法国的军政部长勒伯夫元帅（Marshal Leboeuf）已经计算——也许只是猜想——在动员后的第九天，在洛林境内可以集中 15 万人，在阿尔萨斯境内可以集中 10 万人，而这个总数可以迅速地使其增到 30 万人。因为法皇知道普军的人数差不多要比他的超过了 10 万人，所以他决定不等到动员完成之先即发动一次奇袭。固定在他心中的观念，是若能向东发动一次突击，则足以强迫南日耳曼诸邦背叛普鲁士，并使奥国甚至意大利都会支援他。所以他决定在梅斯集中 15 万人，在斯特拉斯堡集中 10 万人，在沙隆集中 5 万人，使前两者前进然后联合起来越过莱茵河，以迫使南日耳曼诸邦守中立，然后与奥国联合一致，取道耶拿直逼柏林。同时他的舰队则威胁易北河和波罗的海。

像这样伟大的计划，很明显，是必须有最精密的准备和时间上的配合，可是当法国宣战时，其一切的情形可以说是一团糟，而普鲁士的动员却进行得像钟表一样准确。法国人一切都没有安排好，营地无法设立，因为没有人知道帐幕在哪里；铁路运转时间表根本没有拟定，有些部队没有火炮，有些部队没有运输工具，有些部队没有救护设备；仓库中是空虚的，要塞中缺乏补给。8 月 10 日，巴里柯伯爵（Count Palikao）奉召往巴黎出任军政部长。[1] 他接到了前线上一位将领的来信，内容如下所述：

> 在补给库中没有营地用的水壶、碗碟和火炉等，军部和师部都没有救护的设备。截至 8 月 7 日，还找不到一副骡马的担架来载运伤兵。每一天有数以千计的伤兵落入敌人的手中，毫无后送的准备。假使说四天以来，我们的军人都靠老百姓的慈悲赏饭吃，所有的道路上都塞满了垂死的饿殍，那么行政部门实在应该负责的。8 月 6 日，奉命爆破一座桥梁，全军，连工兵和炮兵在内，却找不到一点炸药。

如此的混乱不堪，使侵入日耳曼南部的计划只好取消，于是舰队驶往易北河口，但并未载运部队。在名义上法军有七个军和一个近卫军，但是第六和第七两军始终未曾会合。其分布如下：第一军，军长麦克马洪（MacMahon），在斯特拉斯堡；第二军，军长弗罗沙尔（Frossard），在弗尔巴赫（Forbach）；第三军，军长巴赞，在圣艾弗德（St. Avold）；第四军，军长巴里柯，在里昂；第五军，军长戴费里（De Failly），在比特齐（Bitche）；第六军，军长康罗

[1] 原军政部长勒伯夫元帅已随皇帝上前方。

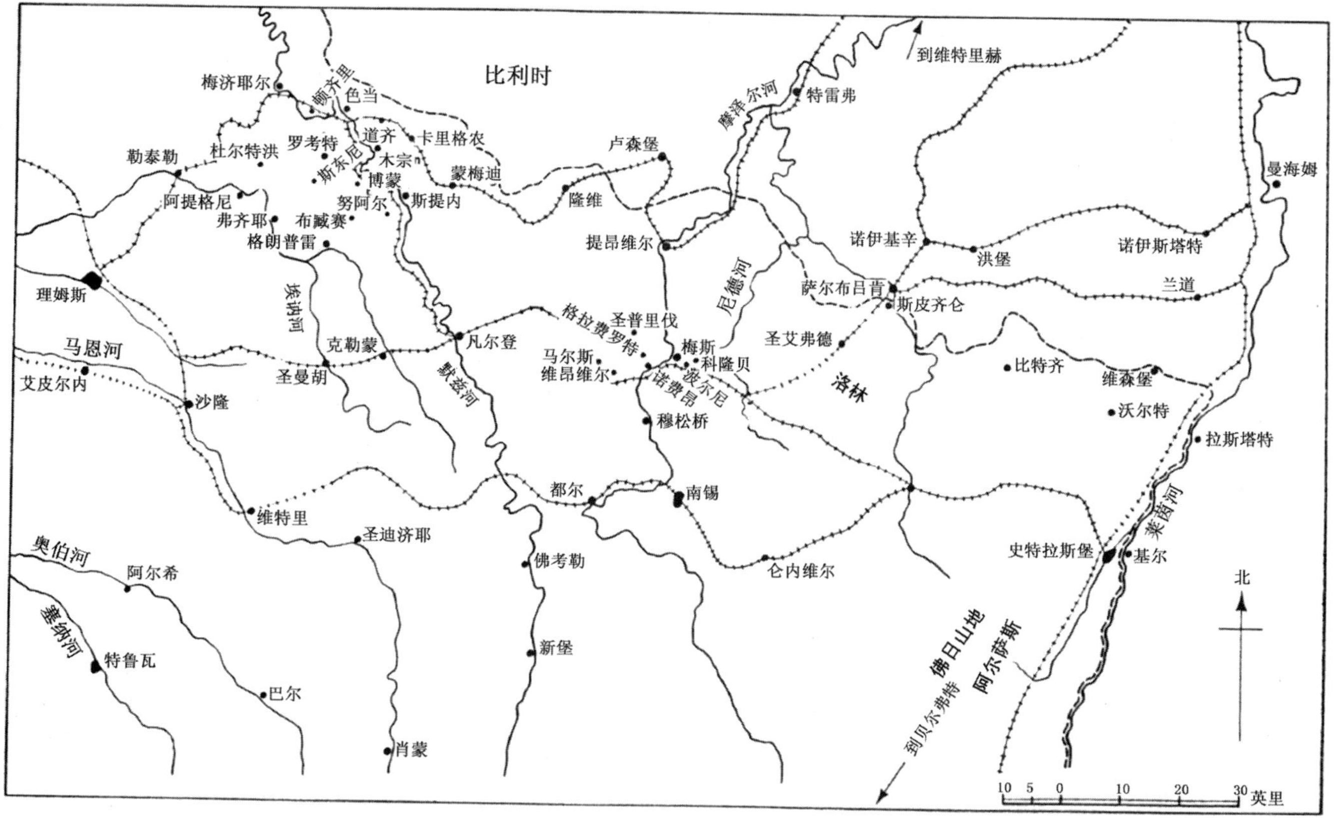

图七　普法战争，1870—1871 年

贝尔（Canrobert），在沙隆；第七军，军长费里克斯道埃（Félix Douay），在贝尔弗特（Belfort）和科尔马（Colmar）；近卫军，军长包巴基（Boubaki），在梅斯。因为各军的状况太分散，最后法皇才听信忠告，把它们编成两个军团。第一军和第七军中的一个师，共 3.5 万人，编成一个军团，由麦克马洪元帅指挥，部署在斯特拉斯堡附近。第二、第三、第四和第五等四个军，再加上近卫军，共 12.8 万人，被称为莱茵军团，部署在梅斯附近，由法皇亲自指挥。第六军，约 3.5 万人，由康罗贝尔元帅指挥，留在沙隆充任预备队。而第七军的其余部分则留在贝尔弗特以监视黑森林（Black Forest）的出口。当 7 月 28 日法皇亲自接管最高指挥权时，还没有一个军完成了它的战备。

法军的犹豫不决又立即使巴黎的群众开始干涉法军的战略。他们在大街上游行，高喊要求立即侵入日耳曼的口号，这种怒潮迫使法皇不敢不动手。8 月 1 日，他决定命令巴赞元帅向萨尔河进攻。除了他自己的第三军以外，第二和第五两军也归他指挥。他把第五军（戴费里）向前推进，当 8 月 2 日它与普鲁士第一军团中第八军的一个支队在萨尔布吕肯（Saarbrücken）遭遇时，后者就立即向后退却。于是毛奇就命令斯坦米兹把他的第一军团向第二军团集中，同时又命令第三军团越过国界，以阻止法军把部队从阿尔萨斯调入洛林。

8 月 3 日，麦克马洪用阿贝尔 · 道埃（Abel Douay）所属的一个师，去占领了维森堡（Wissemburg），他没有注意到普鲁士第三军团的接近，所以第二天正在宿营时受到了奇袭。道埃被杀，他的师退到沃尔特（Wörth）附近，与麦克马洪会合在一起，于是后者在那里可以集中大约 3.2 万名步兵和 4500 名骑兵。8 月 5 日，普鲁士第三军团，共为步兵 7.2 万人和骑兵 4500 人，向他迫进了。因为对敌军实力只获有模糊不清的情报，所以麦克马洪计划在 8 月 7 日进攻，而普国太子因他的军团还是分散的，决心等候各军集中之后再行攻击。事实上却未能如此，因为在 8 月 6 日清晨，双方的前哨发生了冲突，巴伐利亚第二军和普鲁士第五军也都被牵入，这样就触发了沃尔特会战。这是普法战争中的第一次大会战，虽然普军的攻击是很凌乱的，而法军也表现出其传统的勇敢精神，可是法军终于还是抵挡不住普军数量优势的压迫而被迫后退，匆匆地通过佛日山地，退往新堡（Neufchâteau），于 8 月 14 日到达那里。从那里，麦克马洪的兵团用铁路送往沙隆，于 8 月 19 日才到达。在这个并非预计之中的会战内，双方的死伤损失数字都在 1 万人到 1.1 万人之间，因为第三军团并无准备，所以并未追击。

在沃尔特会战之前，毛奇的意图为第一和第二两个军团应于 8 月 6 日集中在萨尔河的后方，然后在那里待命，以等待第三军团占据了佛日的通路时再行动。但是当性情急躁的斯坦米兹听到了萨尔布吕肯的战斗之后，就立即向该地推进，于是腓特烈 · 查理亲王第二军团的领先部队也随之前进了。此时，萨尔布吕肯正为法国第二军所占领，当该军军长弗罗沙尔知道了道埃在维森堡挫败的消息之后，他就认为他的位置太暴露，于是在 8 月 5 日撤退到在该地西南数英里处的斯皮齐仑（Spicheren）高地上。8 月 6 日的清晨，普方第二军团的前卫骑兵吸引着弗罗沙尔前哨的火力，不久之后，卡米基将军（Gen. von Kameke）的第十四师也赶到了。因为卡米基感觉到支援是有把握的，并且相信他所面对的敌人最多不过是一个后卫，所以他不等待上级的命令，即派了一个旅去攻击位于在弗罗沙尔阵地中央的罗瑟堡(Rotherberg)。于是又和在沃尔特的情形一样，在普军尚未准备妥善之前，会战即已展开。虽然如此，因为普军的后续部队纷纷赶到，所以卡米基能坚守罗瑟堡不放手。在法军方面，弗罗沙尔却相信自己在数量上居于劣势（其实不然），就命令退却。这一次又是没有追击，因为普军的骑兵还落后在很远的地方。在斯皮齐仑一战中，法军死伤共约 4000 人，而普军约为 5000 人。

这两次的挫败——斯皮齐仑和沃尔特——遂使设在梅斯的法军

大本营中发生了惊惧的现象，于是下令向沙隆退却。当这个消息传到巴黎之后，那个以皇后为摄政的法国政府就宣称说：假使军队一撤退，那么首都就要造反了。所以到了8月9日，计划又改变了，所有在梅斯以东的部队都下令停止撤退，而对于梅斯则拟不惜一切代价加以死守。这样就使法军分成了两段，巴赞停止不动，而麦克马洪则仍在继续撤退之中。

同一天，奥里维耶（Ollivier）的内阁辞职，以皇后为领袖的帝国党把政府的大权交给巴里柯将军，自从战争爆发后，他一直在里昂充任第四军的军长。第二天，即8月10日，他开始负起指导战争的责任，自此以后战略就变成了政治上的把戏。他的《忏悔录》（*Apology*）出版于1871年，内容颇有意义，因为它明白地表示出一个领导软弱的民主政体是完全不适宜于指导战争的。举例来说，他告诉我们每天上午8时都要举行内阁会议，进行永无休止的讨论。8月9日，大家同意在八天之内，征募50万新兵，可是到了10日，他们又害怕假使这些新兵获得了武装之后，就会比普鲁士人更为可怕了。到11日，又决议牺牲到最后一人为止。8月18日和23日，法夫尔（Jules Favre）还在高喊："我们需要武器！"自此以后，左派人士就一直在高呼"需要武器"，因为他们唯一的目的就是推翻这个政府。这是当时政治上的情形。

8月12日，法皇虽然本人仍留在军中，但却已把最高指挥权交给巴赞元帅去行使。这种改变是在一个最危急的时机中发生的，因为在8月13日，普军右翼方面的第一军团已经在梅斯之东，到达了尼德河（Nied）；第二军团在摩泽尔河上的穆松桥（Pont-à-Mousson），也建立了一个桥头阵地；而第三军团的前卫则正在接近南锡（Nancy）和仑内维尔（Lunéville）。所有三个军团从东面和南面都在向巴赞的兵力作向心的前进。虽然他当时对于情况并不完全了解，但当他知道梅斯的粮食缺乏时，遂决定放弃摩泽尔河之线，而退到凡尔登（Verdum）附近的默兹河上。

为了便于撤退，他命令在摩泽尔河上架桥，但是不幸天降大雨，河水泛滥，把桥梁冲毁了一部分，所以结果在 8 月 14 日，他的部队还有大部分留在梅斯以东。在科隆贝（Colombey）和波尔尼（Borny），法军受到普方第七军的攻击，但利用黑夜的掩蔽，还是撤过了摩泽尔河，采取一个横跨梅斯—凡尔登道路，面对着西南的阵地。其意义就是说，除非能击败普军，否则向凡尔登撤退的计划就必须撤销，因为现在唯一尚能畅通的退路，即为梅斯—布里埃（Briey）—蒙梅迪（Montmédy）道路，其所指引的终点将为勒泰勒（Rethel）或色当（Sedan）。事实上，巴赞早已处于被半包围的态势之中，虽然他在此时还并不知道，他若不挺身而斗，则无法继续撤退；而企图从梅斯—蒙梅迪撤退，则又必须在一个胜利的敌军面前作侧进，当然也是一种非常危险的行动。

当巴赞正在集中兵力时，普鲁士第二军团中的第五骑兵师在木松桥渡过了摩泽尔河，并于 8 月 15 日与法国骑兵在维昂维尔（Vionville）和李宗维尔（Rezonville）的附近发生了接触。到了夜间，第十军在穆松桥，第三军在诺费昂（Noveant）也渡过了摩泽尔河。次日上午 9 时，阿尔弗尔斯李本（von Alversleben）的第三军开始发动猛攻，这样就展开了维昂维尔的会战，亦称马尔斯（Mars-la-Tour）会战。这是一场苦战，其中有几次普军都受到了强烈的压迫。虽然结果是不分胜负，但对于毛奇而言，在战略上却是具有决定性的。因为它迫使巴赞完全放弃了撤向默兹河上的计划。反之，他命令他的军团，在圣普里伐（St. Privat）与格拉费罗特（Gravelotte）之间撤入一个坚强阵地，上述两地分别在梅斯的西北和西方。在这一战中，双方的损失各约为 1.6 万人。

8 月 17 日，巴赞的部队在撤退时，并未受到阻挠。毛奇正在忙于集中其第一、第二两军团的全部兵力，后者尚缺第四军，它已经奉命向都尔（Toul）前进，以便与第三军团发生联系。第二天就发生了伟大的格拉费罗特会战，亦称为圣普里伐会战，参战的普军为

20 万人，法军为 14 万人。正和 1792 年在瓦尔米（Valmy）会战中的情形一样，双方都面对着自己的基地，换言之，失败的那一方将无路可退。战斗非常激烈，可是到了下午将近黄昏的时候，普军攻入圣普里伐，迂回了法军的右翼，于是巴赞被迫撤入梅斯要塞中。他与巴黎和麦克马洪之间，都完全丧失了联系，后者于 16 日已经与法皇会合在一起。在这场战争中，格拉费罗特会战要算是流血最多的一次，普军死伤在 2 万人以上，法军约为 1.3 万人，但另有 5000 人被俘。

在普鲁士的原定战役计划中，并未预算到法军的主力会退入梅斯要塞之内，所以只拟用几个师的国民兵来包围该要塞。现在这个意料之外的撤退，迫使普军必须组成一个围攻的军团，于是第一军团的全部，加上第二军团的大部分，一共为 15 万人，交由腓特烈·查理亲王指挥，奉命把巴赞钉死在这个要塞之内。

现在兵力共为 8.5 万人的第三军团，仍由普鲁士太子指挥；而近卫军、第四军和萨克森第十二军，共 13.8 万人，另组成了一个默兹军团，由萨克森王储指挥。8 月 20 日，后者在布里埃与康麦西（Commercy）之间，采取宽广的正面向凡尔登前进，而前者的前卫则在伏瓦（Void）渡过了默兹河，向李格尼（Ligny-en-Barrois）和巴尔（Bar-le-Duc）挺进。两个军团都向巴黎进发，以迫使敌军在其首都以东的地区中接受会战。23 日，默兹军团在凡尔登的附近到达了马士河的右岸，虽然作了一次突击，但却未能攻下该要塞，于是遂命令其前卫骑兵向克勒蒙（Clermont）和圣曼胡（St. Ménehould）挺进。

此时，在沙隆的麦克马洪元帅奉命组成一个新的军团，定名为沙隆军团，他在 8 月 18 日到 20 日之间，完成了这个任务。这是一支杂乱的兵力，其中包括：第一军，军长杜克罗特（Ducrot），共 3.2 万人；第五军，军长戴费里，共 2.2 万人；第七军，军长费里克斯·道埃，共 2.2 万人；第十二军，军长勒布仑（Lebrun），共 4.1 万人，以及

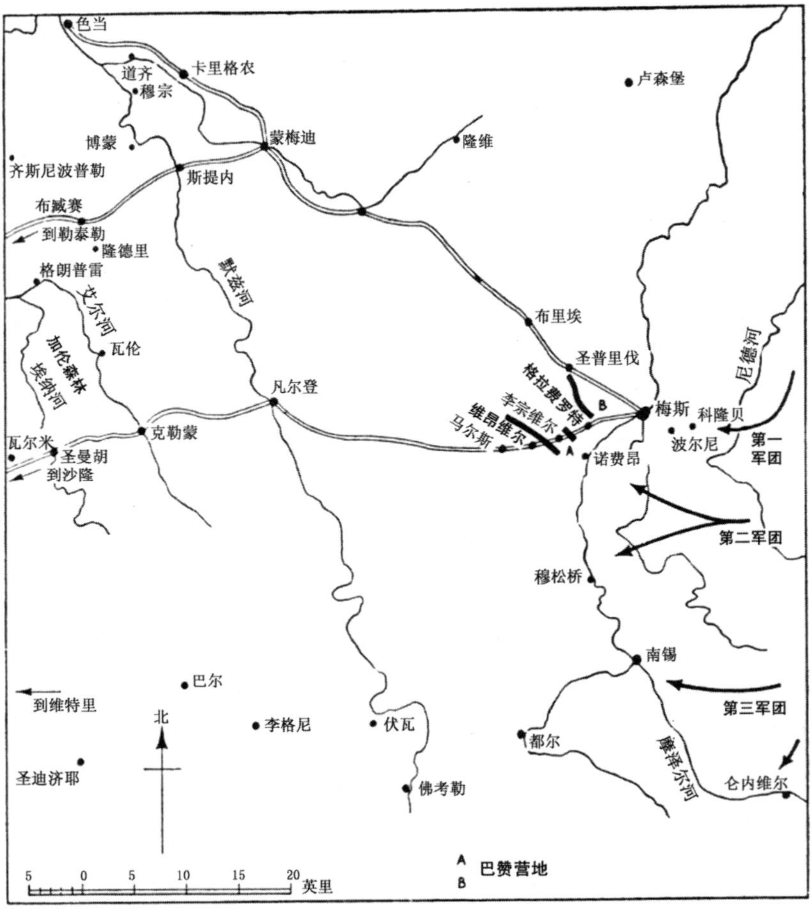

图八　维昂维尔和格拉费罗特会战，1870 年

两个骑兵师。此外还有几个新成立的步兵师，一个军的海军陆战队，从沃尔特逃出来的难民和一部分游击队，后者是正在叛变状态之中。这个军团一共有 166 个步兵营、100 个骑兵中队和 380 门火炮，总共为 13 万人。其中有许多部队都是毫无训练的，所以勒布仑将军曾经告诉我们，他对于每一个士兵发给五发子弹，好让军官和士官们教导他们如何瞄准放枪。

在沙隆的麦克马洪决定向巴黎撤退，关于这一点他也获得了特罗胥将军的支持，后者于 8 月 16 日刚刚接任新成立的第十三军的军长。8 月 10 日，特罗胥即曾致书皇帝的亲信，主张巴赞的军团应向巴黎撤退，虽然法皇同意了，可是巴里柯却取消了这个行动。8 月 17 日，即为法皇从梅斯回到沙隆的次日，曾经举行了一次会议，会议中决定既然皇帝已把统帅权交给巴赞，那么他本人就应该回巴黎去主持政务。他也表示同意，并指派特罗胥为巴黎总督。接着他命令特罗胥先返回巴黎，宣布他即将还都，而麦克马洪则继续向巴黎撤退。于是特罗胥启程了。

8 月 18 日的夜间，特罗胥达到了巴黎，皇后立刻接见他，当她知道其任务的重要性时，她就向他说："将军，只有皇帝的敌人才会同意他返回巴黎；他不要想生还都门，不，将军，皇帝绝不能进入巴黎，他必须留在沙隆，你应该保卫巴黎，并且不必需要皇帝而单独完成你的任务。"

经过了一番犹豫之后，特罗胥向皇后表示同意。他又去谒见巴里柯，后者对他却很不礼貌。巴里柯认为他的战略观念完全是荒谬的，也绝对不同意麦克马洪撤回巴黎。自此以后，特罗胥即感到前途上到处都是障碍物。

当特罗胥出发之后，麦克马洪即准备撤退，8 月 21 日退到了理姆斯，他的人员到处骚扰，老百姓叫苦连天。22 日，该军团仍留在理姆斯，在这个时候，参议院的议长劳尔（M. Rouher）率领着一个由巴里柯派来的代表团来到皇帝的大本营中，劝皇帝不要返回巴黎，并命令麦克马洪向梅斯进发。当麦克马洪听了这个消息之后，他就用电报回答巴黎政府说："我怎样能够向巴赞进军呢？我完全不知道他的情况，也完全不知道他的意图。"

这似乎是命中注定了的厄运，当这个电报发出不久，又收到了两个电报。一个是巴赞发来的，说他想要向北面退却；另一个由摄政会议发来，这是给皇帝的。内容说："全体通过的决议，情况空前紧急。若不支援巴赞，则对于巴黎将发生极恶劣的后果。面临着这个局势，首都能否防御实颇有疑问。”于是皇帝就回电说：“明天我们向蒙梅迪进发。”8月23日，全军移到了贝希尼维尔（Bethiniville），他的人员到处搜括粮食，24日到了勒泰勒，在那里停留到25日为止。8月26日，麦克马洪进到了杜尔特洪（Tourteron），第二天又进了齐斯尼–波普勒（Chesne-Populeux），在那里接获了情报，得知萨克森王储已经越过了佛日山地，前进到了南锡然后转向西北。麦克马洪遂命令在28日中作下述的运动：第十二军进到拉比卡斯（La Becase），第五军进到努阿尔（Nouart）或布臧赛（Buzancy），第七军进到斯东尼（Stonne），第一军进到罗考特（Raucourt）。

当麦克马洪这样向东绕着大圈子走，以求溜过敌军的右翼而与巴赞会合时，默兹军团和第三军团都奉命向西推进，于8月26日到达维特里（Vitry）–圣曼胡之线。普鲁士骑兵在他们的前头，到处搜索，当他们于8月24日进入沙隆时，发现它已经撤空了。从缴获的敌方文件中，发现麦克马洪似乎正拟援救梅斯，而且他在理姆斯手中还有15万人的兵力。这个消息使毛奇大感惊异，他简直不敢相信敌人会犯这样大的一个错误，让巴黎完全没有掩护，而越过敌方的正面行军，并让比利时的国界紧接着他的左翼。但到了次日，伦敦来的电报和巴黎的报纸（他们是完全不保密的），都证实这个情报是确实的。于是毛奇在26日，命令这个军团向北旋转。同一天，普军的总部从巴尔移到克勒蒙。8月27日，领先的一军，默兹军团中的萨克森第十二军，进到了斯提内（Stenay），但暂不进攻以等待第三军团的到达。两天之后，普军俘获了一名法军的参谋军官，他身上恰好携带着麦克马洪发给他两个军的命令。这样才真相大白，普军当局完全明了了法军的动向。现在，第三军团的四个军都靠拢了，第五骑兵师越过敌军的交通线，一直挺进到了阿提格尼（Attigny），而第六骑兵师则尾随在敌军的脚后跟上。普王的大本营现在已经移到了格朗普雷（Grandpré），并决定在次日向法军进攻，不让法军渡过默兹河。默兹军团以博蒙（Beaumont）为目标，而第三军团则趋向博蒙与齐斯尼之间。

当麦克马洪知道了巴赞并未能逃出梅斯，而敌方两个军团又已经趋向他的交通线，于是他就放弃了前进的念头，而命令全军退向梅济耶尔（Mézières）。8 月 28 日，巴黎又有另外一个急电来，促使他再向蒙梅迪继续行进。到了这个时候，这种反复无常的命令已经使他的人员完全丧失了士气。8 月 30 日，当他们与敌人发生接触时，戴费里的第五军在博蒙，正当人员进食、马匹饮水之际，突然遭到了普鲁士第四军的奇袭。这个奇袭使麦克马洪损失了 5000 余人和 42 门火炮。他感觉到他不可能再前进了，于是在晚上八九点钟，命令勒布仑把他的第十二军移至色当。他向勒布仑说："这是一个不幸的日子，虽然如此，情况却还并未绝望。在我们前面的敌军总数不过六七万人。假使他们向我们攻击，那是再好没有，我相信可以把他们逐入默兹河中。"对敌军兵力的错误估计使他受到了惨败。

那一天夜间，毛奇下达了下述的命令：

> 明天上午应尽量提早继续前进。假使敌人在默兹河的西岸上站立不动时，则无论是什么地方都应加以激烈的攻击，应该把他们向默兹河与比利时边界之间的狭窄空间中挤压，并且要愈压愈紧。
>
> 萨克森王储的军团负有阻止敌军左翼向东逃脱的特殊任务。因为这个目的，最好是尽可能地把两个军推进到默兹河的右岸上，对于面对着穆宗（Mouzon）的任何敌军，都加以侧翼上和背面上的攻击。
>
> 同样地，第三军团应对付敌军的正面和侧翼。在这边河岸的炮兵阵地亦应尽量加强，以扰乱敌军在右岸（从穆宗以下）

河谷平原上的运动和宿营。

假使敌军进入比利时的领土而未被立即解除武装，则应毫不留情地加以追击。

此时在阿尔及利亚，有一个人被命运注定了应由他为法兰西送终。

戴温普芬将军（Gen. de Wimpffen）本在奥兰（Oran）指挥法国的部队，他在8月22日下午8时35分收到巴里柯的一个电报，要他立即到巴黎去。他于8月24日坐小船启程，27日在马赛上岸，次日下午8时到达首都。他发现巴里柯正在忙碌不堪，一直等到过了午夜，到了次日凌晨1时，才被接见。巴里柯告诉他说：巴赞正在攻击腓特烈·查理亲王的前方，而麦克马洪则正打击在他的背面上！巴里柯又说特罗胥将军不负众望，要求戴温普芬接替他。戴温普芬拒绝接受，于是他被任命为第五军军长，代替了戴费里。他接到了一卷地图，位置都是不对的，在8月29日上午，当他正要上火车往前方时，有一个使者匆匆地赶来把巴里柯的一封信交给他，其内容如下所述：

当麦克马洪元帅一旦不能视事时，你可以接管他的实际指挥权。我现在送一封正式命令给你权衡此事，你可以依照局势之变化来使用它。

中午时，戴温普芬到达了理姆斯。在勒泰勒，因为铁路线已经不安全，所以他于下午7时乘马车往梅济耶尔，于8月30日上午8时达到了该地。从那里他又乘火车往巴齐耶（Bazeilles），该地却已经混乱不堪。晚上9时，他听说麦克马洪已经正在向色当撤退。31日凌晨1时，他到达了色当，发现它已经为运输车辆所封锁，他于上午9时向麦克马洪报到，后者对他的态度却极为冷淡。接着戴温普芬又与戴费里争吵了一阵，因为他根本不知道自己已经被免职。戴温普芬接管了他的第五军，但却并未提及那封重要的信件。

当普鲁士方面的两个军团依照上述的计划向前推进时，沙隆军团进入了色当城。法皇于前一夜已经到达那里，他没有与麦克马洪商量，很侥幸地取消了新成立的十三军由梅济耶尔向色当前进的命令。当麦克马洪的部队进入了色当之后，第十二军（勒布仑）奉令扼守巴齐耶和面对着拉蒙塞勒（La Moncelle）和戴格尼（Daigny）的山地，第一军杜克罗在它的左面，面对吉逢尼（Givonne），第七军（费里克斯·道埃）则占领依里（Illy），第五军则充当预备队。

色当的补给极为缺乏。所储存的口粮不足 20 万份，另有一列火车装运了 80 万份口粮，因为遭遇了敌炮的射击，在尚未下载之前，即奉命驶回梅济耶尔。事实上，似乎只有麦克马洪一个人，认为法军可以在色当立足的。弗尔德对于色当的情形，曾经有下述的描写：

> 这个城镇本身好像是放在一个托盘中，摆在我们的前面，我们甚至可以看清楚它的街道。几个巨大的建筑物和教堂特别显得怵目，而明显的要塞线环绕在它的四周。在该镇的后面，从平原上逐渐有一线小山升起，在斜坡上可以看见法军的巨大营地，从山顶上一直向左面的平原延展的是一片森林，再过去还有远山的背景。

8 月 31 日的上午，普鲁士第三军团中的巴伐利亚部队，鼓起攻击精神，利用浮筏和巴齐耶以南的铁路桥梁渡过了默兹河，但却为勒布仑的第十二军所逐回。这些桥梁中的第二个并未被炸断，很显然，麦克马洪的意图是想利用它以便向梅斯前进。到了下午 5 时，他最后才命令勒布仑去炸毁它，但因为火药潮湿了，没有等到色当城中的火药送到，该桥遂又被敌军重占了。在道齐（Douzy）和顿齐里（Donchéy）的桥梁也遭遇到同样的情形。对于前者虽有加以

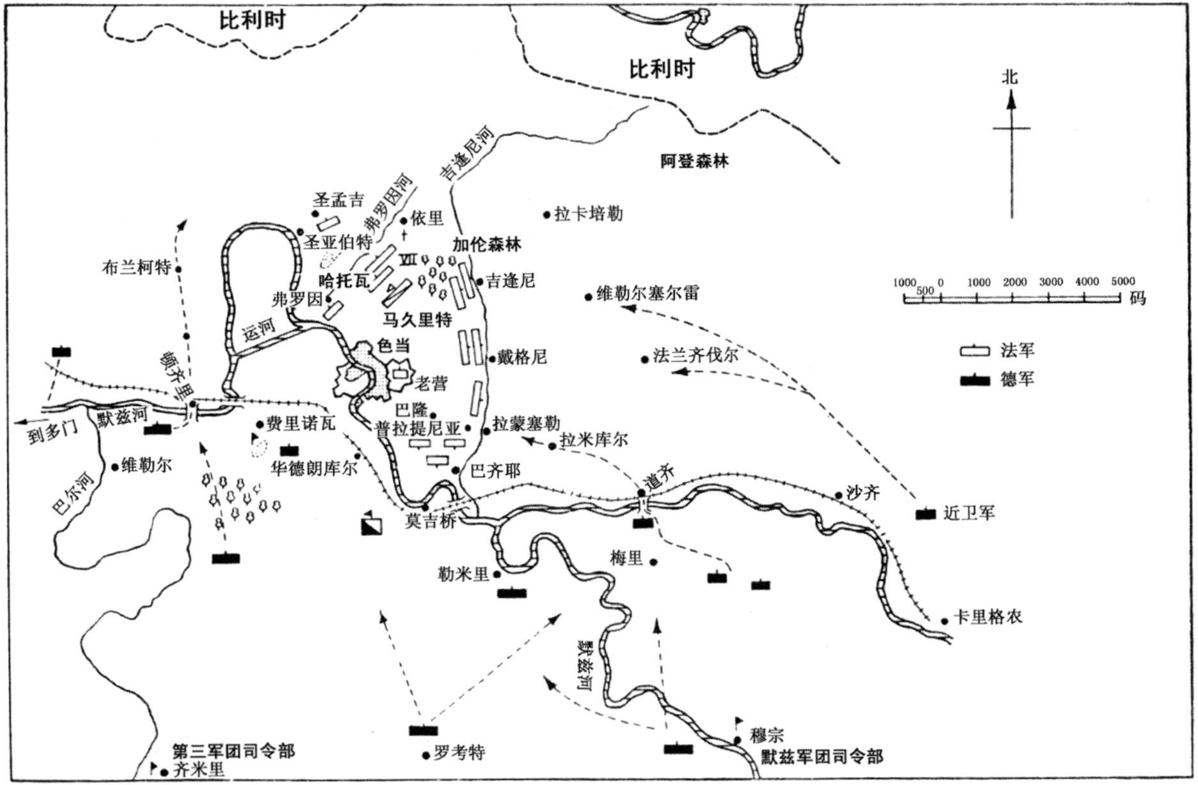

图九　色当会战，1870 年 9 月 1 日

炸毁的命令，但却无人去执行它。对于后者，从色当城中虽然派了一小队工兵去实行爆破，可是当他们正在察看的时候，装载他们的火车却向梅济耶尔疾驶而去，把工具和火药都带走了。到处都是一片混乱。当道埃将军正拟对他的阵地挖掘工事时，麦克马洪却立即阻止他说："什么，堑壕！我并不想把自己封锁在这里，像在梅斯的情形一样，我的意思是要运动。"道埃回答他说："他们会给你时间吗？"麦克马洪不做声骑马走了，他花了许多时间去作不急之务，例如视察和例行公事。

所以无怪其然的，各位将领都已经深感失望。傍晚 8 时，道埃将军问道提南（Gen. Doutrelaine）将军说："好吧，你看大局已经如何？"后者回答说："将军，我想我们已经完了。"道埃沉默了一会儿，然后回答说："这正是我的意见。我亲爱的道提南，现在已经没有什么可说的，只有乘我们尚未被压倒之前，作最后的努力吧！"

那一天夜间，法军中的一个士兵保罗·戴鲁雷德（Paul Déroulède）用铅笔写了一封短信给他的母亲："色当，1870 年 8 月 31 日。明天将会有一场会战，这是耶拿的前夕还是滑铁卢的前夕呢？只有上帝知道。我吻你和爱您。保罗。"

毛奇不相信麦克马洪会在这样不利的形势之下，而甘心接受会战，所以他认为他或许会乘着黑夜退回到梅济耶尔，或是前进到卡里格农（Carignan），不然就是退过比利时的国界。虽然如此，他并未颁发任何补充命令，而听任他的两位军团司令继续前进，以其 30 日的训令中所规定之线为目标。普国太子对第三军团，遂决定作下述的部署：

> 第十一军和第五军在拂晓时，取道顿齐里向弗里格尼（Vrigne-aux-Bois）前进。
>
> 符腾堡师在多门（Dom-la-Mesnil）渡过默兹河，然后进入

预备队的位置。

第二巴伐利亚军以一个师进到道齐之南，其余兵力则进到费里诺瓦（Frénois）到华德朗库尔（Wadlincurt）之间。

第一巴伐利亚军留在勒米里（Remilly），并与默兹军团的左翼合作。

萨克森王储对于默兹军团所下达的命令如下：

近卫军中的一个师进到维勒尔—塞尔雷（Villers-Cernay），其余兵力则进到法兰齐伐尔（Francheval）。

第十二军取道拉米库尔（Lamécourt）进到拉蒙塞勒。

第四军派一个师往勒米里，以与第一巴伐利亚军合作，其余则留在梅里（Mairy）充当预备军。

沙隆军团现在完全占领着默兹河、弗罗因（Floing）和吉逢尼河（Givonne）之间的三角形地区。右翼方面，第十二军占领着巴隆（Balan）、巴齐耶、拉蒙塞勒和普拉提尼里（Platinerie）。左翼方面，第七军从弗罗因一直延展到依里。中央部位为第一军，则连接于两翼之间，至于第五军则保留在老营（Vieux Camp）以当作预备队。对于法军而言可谓不幸之至，在 8 月 31 日的晚间，第十二军的前哨违反了命令，已经从默兹河上和巴齐耶撤回。这使巴伐利亚第一军的军长唐将军(Gen vonder Tann)能在 9 月 1 日凌晨 4 时，乘着浓雾的掩蔽，越过了铁路桥梁，并深入到巴齐耶。在那里遭到了法军的英勇反击，他的巴伐利亚部队被逐退了。此时，萨克森部队也进了拉蒙塞勒，才被法军前哨所阻，上午 8 时萨克森炮兵击毁了对方的炮兵，使他们销声匿迹。

当战斗进行之际，大约在上午 7 时，麦克马洪在视察第十二军前线时，突然被一块炮弹破片击中，负了重伤，他交出了指挥权，并指派杜克罗将军代理。大约在8时左右,杜克罗才知道了这个消息,因为他对于麦克马洪的计划一无所知，而且也未接到他的任何指示，所以他就立即采取行动。从一开始，他就不赞成在这样一个不利的位置上接受会战，当指派他代理总司令的命令到达时，他正在瞭望着敌军的强大纵队纷纷向西北行动，以迂回他的左翼。所以他回过头向他的幕僚说："诸位，我已经奉命代理总司令，我们已经不能再丧失一分钟的时间，我们应立即撤回到依里高原上。到了那里当我们的退路可以确保之后，然后才决定作进一步的行动。"当他的参谋长向他建议说,应该先向皇帝报告,杜克罗却向他怒吼着说:"不要再提皇帝了，就是他使我们陷于这种窘境之中。"

他立即命令他自己的第一军和勒布仑的第十二军，都摆脱战斗向依里退却，这又是向梅济耶尔撤退的准备。勒布仑首先是犹豫不决，到了上午9时，才开始撤出巴齐耶。到了上午10时，巴伐利亚部队就可以轻松地前进了。在11时以前，这个村落已经落入他们的手中。

现在就发生了一件历史上所稀有的怪事。从会战开始起，三个钟点之内，沙隆军团已经有了两个总司令，现在却又出现第三个。戴温普芬将军此时正指挥第五军，在老营充当预备队。上午7时15分，他已听到了麦克马洪元帅负伤的消息，又过了一个钟点才再听到杜克罗接管指挥权的消息，可是他还不曾使用巴里柯的函件。大约在上午8时30分，他去访问勒布仑将军。当他听说巴伐利亚部队已被击退，正认为这是法军的胜利时，然后又听到杜克罗已经下令撤退，不禁大怒。他从口袋中拉出巴里柯的授权状来，宣布他自己是总司令，然后向勒布仑说："停止执行杜克罗将军所给予你的命令，我绝不退往梅济耶尔。假使这个军团要退却的话，那就应该退回卡里格农，而不是梅济耶尔。"接着他又匆匆通知杜克罗说他已经继任了总司令。

杜克罗接到了这个通知之后，就立即赶往与戴温普芬会晤，在谈话之中发现他对于战场的情形简直一无所知，甚至连依里在哪里都不知道。戴温普芬取消了撤退的命令，然后再报告皇帝，因为后者已经很感到惊恐，所以他就向皇帝说："陛下，您不用害怕，在两个小时之内我们就可以把敌人赶入默兹河中去。"

萨克森王储正在吉逢尼河上作战，上午 7 时 30 分，普王威廉和他的幕僚已经进到了费里诺瓦西南的小山上，瞭望第三军团的前进。这个军团凌晨 3 时即已从宿营地前进。第十一军已经在顿齐里渡过了默兹河，在炮声中前进。道路良好，它的前卫一路未遇到抵抗，通过了圣亚伯特（St. Albert）隘路，并占领了圣孟吉（St. Menges）。上午 10 时，它的七个营开始面对着依里构成了一个正面，并且马上在哈托瓦（Hattoy）高地上布置了 62 门火炮作为支援。这一火力是如此的强大，于是法军的马久里特将军（Gen. Marguerite）命令格里费特将军（Galliffet）向攻击依里的步兵冲锋。他固然很英勇，但是却受到了重大的损失而被逐回了。

当戴温普芬将军得知这些进展之后，他就开始认清了他自己的危险，但是更坏的事情却还在后面。普国太子的第五军，是紧跟在第十一军后面前进的，也带来了 60 门火炮到达了哈托瓦森林，以支援第十一军已经在那里作战的 84 门火炮。这两个集团的火力交叉在默兹军团的火力之上，将法军炮兵完全击碎。半个钟点之后，第三军团的左翼与默兹军团的右翼在依里附近取得了接触，法军遂被包围。

普王、俾斯麦、毛奇、罗恩、王公、炮手和副官们现在都集中在费里诺瓦附近的小山上。英国的军事代表华克上校（Col. Walker）和美国名将薛里丹也都在一起。

布西（Moritz Busch）在其所著《普法战争中的俾斯麦》一书中，曾经有下述的描写：

> 大约在上午 11 时，要塞中有一个黑灰色的烟柱升起，外边

> 是黄色的。在要塞之后面，法军正在作猛烈的射击，峡江的森林上也不断有白烟冒起，那是炸药造成的，是属于法军或德军我们却不知道，有时还夹着机关枪的咯咯声。

当第三军团正在包围法军左翼之际，那个已经在上午8时进入维勒尔塞尔雷的普鲁士近卫军也绕过了法方第一军的左面，并把120门火炮的火力打击在吉逢尼河以西的敌军炮兵阵地之上。这种集中的火力又显出了压倒性的效力，它把法军步兵赶入了加伦森林（Wood Garenne）之中，在那里早已挤满了避难者。上午10时，萨克森军攻占了戴格尼，接着又有29个炮兵连疾驰赶上去。对于这个阶段的会战，霍恩洛厄亲王（Prince Hohenlohe）曾经有下述的记载："在如此短促的射程中，他们联合火力的效力的确是很可怕的。屠杀的惨烈景象十分惊人，当我们的炮弹落下时，敌军的惨叫声一直传到我们所站立的地方。我们对于敌军的优势是如此具有压倒性，所以几乎无损失之可言。炮兵在射击时好像是演习一样。"

布西又继续地写着："现在是下午1时，到这个时候，我们的火线扫过了在镇市那一面高地上敌方阵地的大部分。照我的表，下午两三点，国王走过我们所站立的地方，当他用望远镜向郊区瞭望了一会儿之后，就转身向周围的人员们说："他们正在那里集中兵力向左面推进——照我看，是在准备突围。"

他的猜想一点都不错。马久里特将军的骑兵师正在准备要攻击弗罗因。大约在下午2时，杜克罗已经认清了情况的绝望，就跑去找马久里特要他从敌阵中杀开一条血路，以便他的步兵可以随着逃出包围。他立即表示同意，但在侦察行动中却负了重伤。于是格里费特接替了指挥权，一连作了三次冲锋。虽然充分表现出来了其英勇精神，可是每次都还是失败了，只有格里费特由少量军官和骑兵伴随着，一直透入到敌军预备队的位置上。当他们回头时，距离普军某营已在手枪射程之内，这位营长十分敬佩他们的英勇，命令部队停止射击。法国骑兵高呼着“皇帝万岁”，日耳曼的军官们向他们敬礼，放他们疾驰而过。

虽然沙隆军团现在已经注定了毁灭的命运，可是戴温普芬将军却似乎对于真正的情况完全不了解。当敌军正在攻击依里“十字架”（Calvaire d’Illy）时，他对于道埃将军还送达了下述的命令：

> 我已经决定冲破敌军的战线到达卡里格农，然后再进到蒙梅迪。你应负责掩护退却，集中现在在加伦森林中的一切部队。

对于道埃的第七军所面临的情况，比贝斯科亲王（Prince Bibesco）曾有下述的记载：

> 敌军向色当逼近，我们这个不幸的军团所剩下来的残部就要被吞食了。从地平线的每一点上，都有炮弹射来，落在我们的前后左右。炮弹横飞，血肉四溅，喊声震地。我们英勇的骑兵的马匹，没有人骑着，三两成群地乱窜。

正午 12 时到下午 1 时，勒布仑的第十二军站住不动，巴伐利亚部队未能冲出巴齐耶之外。为了想突围以到达卡里格农，戴温普芬决定把第五军投入战场以便把敌军逐入默兹河中。为了掩护这个绝望的企图，他已经把他的命令送达道埃，同时又训示杜克罗集中他的军取道拉蒙塞勒进到巴齐耶。下午 1 时 30 分，他向皇帝送上了下述的签呈：

> 陛下，我决定从面对着勒布仑和杜克罗两位将军的敌线实行突围，而不愿意在色当城中做俘虏。我要求陛下加入到你的军人之中，这样他们可以获得为你打开退路的荣誉而更能奋勇拼命。

路易·拿破仑正在色当城中，当他接到了这个报告之后，就把它搁在一边。他已经决心接管最高指挥权，并立即向敌人投降。

当他正在考虑最后的行动时，杜克罗的军已经自动崩溃了，纷纷退入色当和它的四周。当杜克罗进入城内时，有一位军官高呼着说："白旗已经升起了！"

正当此时，杜克罗接获了戴温普芬的命令，其内容如下：

> 在色当城内，情况已经无法形容。街道上到处都挤满了车辆、火炮和人员。许多没有武器的军人纷纷躲进民房和教堂中去避难。在城门口有许多人被践踏而死。在人潮中，骑兵和炮兵也想冲开一条血路。其中还有头脑不清醒的人想趁火打劫，另外有些人高喊着说："我们已经被出卖了，卖国贼和懦夫们把我们出卖了！"

杜克罗去谒见皇帝，后者向他惊问道："为什么还要放枪？我已经升上了白旗。"于是他命令杜克罗草拟一个全面停火的命令。杜克罗照办了，但他拒绝签署，因为总司令还是戴温普芬，此外参谋长傅尔将军（Gen. Faure）也拒绝署名，于是皇帝写了另外一封信，交给勒布仑要他送给戴温普芬，但是后者却拒绝拆阅它。勒布仑指着白旗叫他看，戴温普芬却高喊着说："不，不，我不投降，把白旗扯下来，我一定要打到底。"

戴温普芬冲进了色当，不是为了想见皇帝，而是想集中一批人员去进行反攻，为了唤起这些人员的斗志，他高喊道："巴赞来了！巴赞来了！"虽然有少数人集合起来，但大部分人却不理他。最后他集中了1200余人和两门火炮，率领着他们向巴隆进发。这实在是一种疯狂的行为。这一队疯狂的勇士遇到了双方的弹雨，马上被击散了，都逃回到森林之中。于是戴温普芬就向勒布仑说："我现在辞去总司令的职务并请你接任。"

勒布仑自然不肯接受这个光荣的任务，下午 6 时，皇帝向杜克罗将军说希望他能继任总司令，但是杜克罗拒绝了。以后皇帝又请道埃将军继任，也遭到了拒绝。于是戴温普芬感情冲动地大喊着说："陛下，假使说我已经丧失了这场会战，我已经被击败了，那么其原因就是我的命令未能执行，因为你的将军们拒绝服从我的指挥。"杜克罗马上跳起来，怒斥他的错误，于是双方发生了一场舌战。最后，戴温普芬接受了这个无可避免的厄运，同意向敌人投降。在此之前，早有一位巴伐利亚的军官疾驰回费里诺瓦山地上——这是普王驻跸的地方——向普王报告法军已经有了投降的意图。大约在下午 6 时 30 分的时候，有一队骑兵的仪队在远处出现，携带着路易 · 拿破仑降书的法国将军莱勒（Reille）缓缓地骑马上山。他在距离普王十步以外下马，走向前来，脱下他的军帽，把拿破仑的"降表"呈送给普王。

普王与他的首相商量一番，就写了一封回信，仍由莱勒将军带回，在暮色苍茫之下，持着白旗返回色当城。城中有三处起火，还正在燃烧着，在巴齐耶方面也正发生了大火。但是色当的悲剧已经快要结束，夜幕开始低垂了。

第二天上午大约在 6 时时，有人在顿齐里俾斯麦的住所外面喊："有一位法国将军来了！"俾斯麦马上起床，赶紧骑马去色当城。过了默兹河，距离桥头约 800 步的地方有一座独立的房屋。法国皇帝就在那里向普鲁士投降，做了普王的俘虏，至于军队的投降则由戴温普芬去安排。

日耳曼方面，这两个军团一共死伤了军官 460 人，士兵 8500 人；法军损失为战死 3000 人，负伤 1.4 万人，被俘 2.1 万人，加上投降被俘的 8.3 万人和逃入比利时被解除武装的 3000 人，一总为 12.4 万人。此外法军还交出了野炮（机枪）419 门，要塞炮 139 门，车辆 1072 辆，战马 6000 匹。

德国官方的历史上说："色当的胜利是日耳曼领袖和人民共同

努力的成果，其成功之伟大是史无前例的。”这些话实在并不夸张。它又说：

> 当全军覆没之后，法兰西的拿破仑王朝遂三度地蒙尘了。好像闪电一样，这个胜利的消息传遍了日耳曼，而且也传遍了欧洲。有的人感到极度的兴奋，有的人感到难以置信的惊异。可是当时的德军却完全不曾注意这次胜利的政治性后果，而只想赶紧攻入敌人的首都。

在决定命运的那一天，巴黎的情况又是怎样呢？

上午10时30分，驻在梅济耶尔的第十三军第一师师长用电报告诉巴里柯说：“我刚刚接到的情报说，普王威廉和他的儿子昨夜睡在克勒蒙，现在已在全面撤退之中。”不久从布鲁塞尔有一个电报发来，时间是下午7时25分，上面说：“麦克马洪已于今晨击败普军，而巴赞也正在向色当追击。”9月2日中午12时30分，从伦敦方面也获得了证实。

戴温普芬给巴里柯的报告到了，它的开头说：“我的将军——我可以说：我来了，我看见了，我已经被击败了。”巴黎马上就发生了革命，9月4日，国会受到了高呼“社会主义万岁！”的群众的攻击。巴里柯内阁倒台了，特罗胥代替他做了政府的首脑。现在战争进入了最后一个阶段。

到了9月底，巴黎被包围。可是梅斯、贝尔弗特、斯特拉斯堡、都尔、凡尔登和梅济耶尔等据点也都坚守不屈，国防委员会也编成了两个新的军团。接着，所有的要塞又都逐一被攻陷，只有贝尔弗特为例外。12月17日，普军开始炮击巴黎。1871年1月29日，巴黎投降。差不多200余年以来，巴黎一直都是欧洲的政治中心。现在却为柏林取而代之，直到1918年为止。

在巴黎投降的前11天，另有一件同等重要的大事发生。1871

年 1 月 18 日，在凡尔赛宫的镜厅之中，普王威廉一世即位为德意志（日耳曼）皇帝。240 年前，华伦斯坦的梦想终于实现了。还有一件具有历史重要性的事实是：在战争期间，法国驻在罗马的部队撤走了，教皇的佣兵遂被意国部队缴械。意大利的民族统一也从此完成，三个半世纪以前，马基雅弗利（Machiavelli）即已劝说意大利的诸侯应该进行这项工作。

当巴黎投降之后，就继之以混乱，3 月 28 日，巴黎公社（Commune）成立了，在疯狂的斗争中，男女老幼一共死了 3 万人之多。最后 5 月 10 日，签订了《法兰克福条约》，并于 18 日为法国国会批准，其条件颇为温和，并不带有报复性的意味。

（1）赔款 2 亿英镑。

（2）法国给予德国以最惠国待遇。

（3）德国兼并阿尔萨斯和洛林东部。

虽然当时多数德国人都认为兼并阿尔萨斯是合理的，因为它本来是日耳曼的一省，可是洛林却不同，它完全是法国人的领土。所以当时普鲁士当局若能在战略利益以外，再考虑到政治上的反应，则就更聪明了。这不仅使一个骄傲的民族感到屈辱，而且也影响到将来的局势。从此以后，凡是德国的敌人都可以把法国当作是他们的假想同盟国，所以阿尔萨斯和洛林的兼并变成了欧洲和平中的隐忧。

这一场战争对于历史的影响又是怎样呢?

第一，法国这一次的屈辱是它永远无法湔洗的，法国的屈辱遂使德国变成了“欧洲的女王”。第二，德国的强盛，破坏了欧洲的权力平衡，并直接向“不列颠和平”挑战。这一次的战争虽不至于发展成为全面性的欧战，也还是挑战了英国人的力量。第三，英国人为了对付德国人，并重建欧洲的均势，被迫结束了几个世纪以来他们对于法国的争斗。第四，战后的德国开始变成一个强大的工业国家，为了争夺世界市场，无可避免地与英国发生冲突。自此以后，在欧洲就只剩下两个真正的军事性和商业性的巨强：英国控制着海洋，而德国控制着陆地。又是和拿破仑时代一样，在欧洲若有半打以上的巨强能够和平相处，则都可以有足够的空间；但是若只有两个巨强，那么虽然大家都并不想要战争，结果还是不能有足够的空间来容纳他们。这个不可解释的事实，自从罗马衰亡之后，就一直表现在欧洲的历史上。在一般的恐惧心理之下，欧洲的工业化又引发了军事化，到了19世纪的末期，所有的欧洲国家都已经走上了"全国皆兵"的途径，只不过是程度深浅有所不同而已。又因为从此以后，"军事"和"政治"这两个名词几乎变成了可以互换的，所以关于普法战争对于战争艺术的影响，也似乎有加以检讨之必要。

第一是炮兵的重要性日益增加，完全压倒了步兵。在整个战争中，都可以看到这种趋势。诚如在色当被俘的某法国军官所说的话，德军是靠着"五公里长的炮兵"取胜的。炮兵的唯我独尊，再加上其一切有关的技术要求，又使科学和工业受到了极大的刺激，而科学和工业又变成了战争的物质基础。正好像战争中的骑兵时代，已经为步兵时代所取而代之一样，现在炮兵时代又代替了步兵时代。战争愈趋于工业化，工业文明愈变成了军事的基础。

第二是铁路对于军事组织上的影响日益增加，因此，迅速发展了巨型的陆军。虽然"全国皆兵"的观念起源于吉尔贝特（Guibert），发扬光大于克劳塞维茨，可是一直等到铁路修筑完成之后，才有真正实现的可能性。火车头使全国人民都变成了军队，使军队民主化，并使和平变成了战争的预备阶段。

第三是参谋制度（即工商管理）的重要性日益增加。因为近代化的陆军是一个太复杂的工具，所以这种制度的优势是极为明显。可是一旦战争结束之后，这种制度的危险和缺点就很少为人所注意，或最多只不过是表面上的注意而已。

费里罗（Guglielmo Ferrero）在他的论文《和平问题》中，指明在1870年到1914年，过去原来握在同一只手中的战争时期所产生的权力和和平时期所产生的权力，现在却开始分开了：前者是完全属于参谋本部的范围，而后者则由文人和外交家来行使。可是他说：

> 当新型的制造战争的方法已经使旧有的制造和平的艺术规律不能再应用时，文人和外交家还能做些什么呢？军人们已经使战争的技术发展得尽善尽美，而外交家却已经丧失了其制造和平的艺术。既然不能制造和平，外交家只好用合纵连横的手段，来为战争做准备工夫。两个强国在1871年签订了休战协定之后，等到1914年这个协定被废止时，却已经变成了两个武装的集团彼此虎视眈眈，准备死拼了。

换言之，当战争的技术发展日益完善时，战争在政治上也就愈难加以限制，最终以致在世界上任何遥远的角落里，只要有一声枪响，即足以触发一场全球性的战争。这也可以预言，民族性的战争终于又会变成了同盟性的战争，在将来除非一个国家是某一个同盟中的一分子，否则它的资源就绝不足以单独地从事一场战争。

普鲁士式的参谋制度具有某些缺点，于是又引发了一个有关将道和指挥的问题。

毛奇的著名格言为："先计算，后冒险。"但是在这场战争中，所冒的危险却并不太大，假使所面对的是一个正常的良将，再辅之以一场正常有效力的参谋制度，那么所冒的危险就很可能会变得非常巨大了。事实上，普鲁士参谋制度曾经显示出许多的缺点，仅仅是由于法国人的极端腐化才被遮掩住了。举例来说，像斯坦米兹将军的不服从，俾斯麦说他是有"流血狂"的；像斯皮齐仑、沃尔特和科隆贝等会战中，兵力都是分批投入的。尤其是前两者，弗尔德曾经说过：“这两场会战都是极为特殊，都是违反了总司令的意志。”——这是一个很坦白的供词。

对毛奇似乎可以称之为一位火车上的将军，因为他的战争体系都是直接而硬性的。他是一位超级伟大的战争组织家，他所依赖的主要是逻辑而不是机会。要想使他的艺术能够成功，必须坚守着某些静态的教条；它的行动是用“训令”来规定，而不是用“命令”来指挥。对于他而言，一场大规模的战争也就是一场“意外事件”的战争，在这种战争中天才不如攻击精神重要。拿破仑对于战争是彻底地领导和控制，毛奇却只把他的军团送到起点上，然后就不再管它们，听任它们去各自为战。在 8 月 31 日和 9 月 1 日两天之内，毛奇除了曾经对第三军团的参谋长布鲁门沙尔（Blumenthal）将军略作指示以外，就不曾再下达其他的命令。他也从来不曾预料到法军会受到包围，使他们受到包围的主因是法军自己的愚蠢、普鲁士各军团司令具有的主动精神以及普鲁士炮兵在运用上的优良。以将才而论，毛奇是不值得加以模仿，而只应加以研究。他的计算是非常优异的，可是他的冒险若遇到了一位能干的对手，则可能会一败涂地；因为他可能会完全没有主张，而听任他的部下去各自为战。

最后，诚如提耶尔所说的，这场战争证明了这一点：在一场民族性的大决斗中，除非是由于意外的偶然原因或是物质上的手段不适当，否则当一个国家在科学和精神力量中占优势时，它一定能够获得胜利。求取胜利的意志和战斗的工具实为国力的两大支柱，不过一直到了第一次和第二次两次世界大战，这个原理才为人所认清。

大事记（四）

日本帝国主义的兴起和俄国在远东的扩张

当美国人和普鲁士人正在分别为他们的帝国奠定基础时，日本也从它的竹幕后面钻了出来，不久之后居然也就在紧步他们的后尘。

造成这种激烈变化的原因有二：一为生物性的，另一为工业性的。日本是一个人口过剩的国家，其所生产的粮食不够供养其人民，而在工业方面生产却过剩了，使其贸易关系丧失了平衡。这两个原因都要求其向海外扩张：一方面征服国外的土地，来容纳其过剩的人口；另一方面征服国外的市场，来消纳其日本货。因为工业国家之间竞争得极为激烈，所以要不了多少年的时间，一个非西方化的日本就被卷入了资本主义的旋涡。

自从 1638 年以来，除了在对马小岛上荷兰人还保有一个小型的贸易据点以外，所有在日本的基督教和国外贸易均为幕府所禁止，一切与西方的接触都被切断。到了 1853 年 7 月，美国的总统菲尔莫尔（Fillmore）派了培理准将（Commodore Perry）率领四艘军舰到日本去，以美国政府的名义要求与日本天皇签订一个友好条约。这个要求虽然被拒绝了，可是到了次年 3 月，培理又带了七艘军舰来到日本，幕府抵挡不住他的大炮，终于签订了一个条约，开放下田和函馆为与美国贸易的商埠。差不多两个世纪以上的闭关自守状况终于被打破了，竹幕被刺穿了之后，这个缺口就愈撕愈大，英国、俄国、荷兰、法国和普鲁士都纷纷向日本援例要求，也都获得了同样的特权。

若要了解下述的事情，也许应首先对于日本当时的政府制度略加以解释。从 17 世纪开始，日本的最高权力已经由天皇的手中移到了幕府大将军的手中。他变成了这个封建国家中的独裁者，这些封建式的诸侯号称为“大名”。每个大名都有他自己的武士（藩士），这些人都是职业军人，遵守一种武士性的规则，这就是所谓的“武士道”。他们都是生活在古老传统之中，激烈地反对一切与欧洲人的接触，但是商人阶级却欢迎外国人，因为可以增加他们的财富。结果日本人民分为两大派：一派要求与西洋人自由交往，一派则断然拒绝它。1858 年，驻日本的美国总领事未经过天皇的同意（他仍具有批准条约的权力），即强迫幕府与他签订了一个新的商约，于是这些大名和他们的随从者开始杀害欧洲人，结果只是获得了更多的耻辱。这种情况日益恶劣，直到 1867 年 2 月天皇逝世，由他 15 岁的儿子承继，这就是明治天皇（1867—1912）。这些藩侯抓着少主当国的机会，开始叛变，并强迫幕府大将军退位。结果即为 1868 年的革命，终于取消了幕府制，使天皇亲政。

假使我们考虑到这个国家的落后情形，即知日本的变法维新的确要算是奇迹。这主要是受了外国人侵略的刺激。假使白种人，在火炮支援之下，即可以强迫日本与他们缔结商约，并给予种种特殊权力，那么素以文明古国自居的日本为什么不能照样模仿呢？火药所带来的前途远景实为日本维新的主动力。

1869 年，237 位大名都把他们的藩地归还给天皇。1870 年，在横滨出版了日本的第一份报纸，也修通了横滨到东京之间的第一段铁路。1871 年彻底废除了封建制度，200 万名武士都被资遣。接着又有许多的改革，而其中最重要的即为在 1873 年建立了一支国家性的陆军。在过去军事这一行职业是武士阶级的专利特权，现在却变成了全国人民的义务。征兵制被建立了，陆海军都开始作近代的改革，陆军所采取的模范为德法两国，而海军则以英国为师，同时天皇也变成了军队的神圣元首。虽然在 1889 年，日本也开始采取一种表面化和有限化的代议制度，但是陆海军却在国会的控制之外。

当此之时，由于欧美资本家愿意慷慨地供给财源，而且又有无限制的廉价劳力来源，所以日本很快地由农业国家变成了工业国家。国家收入迅速地增加，其中一半都用在军事方面。人口在 1868 年为 3200 万，到了 1903 年就增到了 4500 万。英国的造船场为日本建造军舰和商船，并为它的兵工厂供给机器工具；德国把军用品出卖给它，澳洲供给羊毛，南美供给肥料，马来亚供给锡与橡胶，斯堪的纳维亚供给纸浆，印度与美国供给棉花和废铁。西方变成了远东的奶娘，日本在一代中所完成的成就，可以相当于欧洲人在 20 代中的成就。日本原有的封建社会，是和 14 世纪的欧洲差不多的，可是当它踏入 20 世纪的门槛时，就已经变成了一个完全装备的工业、陆军和海军的强国。虽然如此，日本在外表上固然已经西化了，可是在内心中却还是充满了武士道精神的回忆。

这种以军事权力为重点的惊人改变，必然会导致向外的膨胀。这样毫无疑问，又一定会引起中日两国的冲突，而同时也注定了要和欧洲国家发生摩擦。它们好像是兀鹰一样，都在争食大清帝国的残尸。

在这些欧洲国家当中，俄国是最可怕的，因它与中国是接壤的。此外，它大部分疆域也是一个东方性的，它在 1567 年即已与中国发生了接触，当时恐怖伊凡在北京开设了一个使馆。到了 1689 年，即彼得大帝的初年，俄国又与中国签订了一个条约，使莫斯科帝国发展到了中国满洲的边界。直到 1847 年，俄国的向东扩张又进入了一个新阶段。那一年，俄国的伟大行政家莫拉维也夫伯爵（Count Muraviev）被任命为东西伯利亚总督。1849，他在堪察加半岛的东岸上，建筑了彼得罗巴甫洛夫斯克（Petropavlovsk）要塞（在克里木战争中曾被轰击），次年又在黑龙江口上建筑了尼古拉耶夫斯克（Nicholaievsk）要塞。到了1851年，他又企图进一步获得黑龙江之线。在该河岸上建立海兰泡（Blagoveshchensk）和伯力（Kharbarovsk）两个镇市以后，1858年又利用《瑷珲条约》割让了中国黑龙江左岸上的大量土地，总面积为71.5万平方英里——有法国三个半大。

中国当时正在为太平天国的内乱所困扰，于是伊格纳季耶夫将军（Gen. Ignatiev）就利用这个机会来谋取侵略利益，这也是俄国的惯技。他利用中国政府的恐惧心理，又获得了17.38万平方英里的土地——即满洲的滨海省（Maritime Province），加上其600英里长的海岸线，不久之后又建筑了海参崴港。

其次，俄国人又想侵占库页岛，虽然其南部是早已属于日本的，可是当时的日本却太弱，不足以对抗俄国的压力。于是在1875年，双方获得了一个协议，把全岛都割让给俄国，其交换条件为俄国在名义上承认日本对于千岛群岛的主权。

当此之时，日本也开始踏上了向外扩张的第一步。因为有少数覆舟的日本水手，在台湾受到了生蕃的虐待，于是日本侵入了该岛。1875年，中国政府答应赔偿损失，并承认日本在琉球的利益，日本人才撤兵了事。接着就发生了第一次朝鲜事件，一个朝鲜的要塞曾向一艘日本军舰开炮。因为当时日本人也学会了白种人的把戏，知道如何把战争的威胁当做外交兵器，所以在1867年日本派了一支舰队到朝鲜去，迫使其政府签订了一个赔偿的条约，并对日本开放三个商埠。这是一个重要的收获，因为朝鲜为日本走上亚洲大陆的天然门户，而日本人一向害怕它会为俄国人所夺占。他们知道俄国人想在朝鲜海岸上获得一个港口，而腐化无能的朝鲜政府也绝无抵抗俄国侵略的能力。

第二次朝鲜事件发生于1884年，在汉城的日本公使馆受到了攻击。这个事件虽然还是和平解决了，但是因为俄国对朝鲜垂涎三尺，所以英国决心出面干涉，于 1885 年占领了朝鲜南岸上的巨文岛，即哈米顿港（Port Hamilton）达两年之久。但当英国将该地交还之后，1888 年俄国又与朝鲜签订了一个条约，将济物浦、汉城、釜山等港口开放，成为对俄的贸易商埠。

六年之后又发生了第三次朝鲜事件。自从 1884 年起，该国即已陷入混乱之中，到 1894 年遂酿成革命，朝鲜政府向中国政府求援。中国派了 2000 名士兵到汉城去，日本人也照样地派兵，结果就造成了第一次中日战争。日军累战累捷。9 月 15 日，清军在平壤为山县有朋将军所击溃，两天之后在鸭绿江口的会战中，伊东海军中将也击败了中国的舰队。11 月 21 日，日本大山元帅进攻旅顺港，它的丧失遂迫使中国求和，这就是 1895 年 4 月 17 日所签订的《马关条约》。

依照这个条约，中国把辽东半岛、台湾和澎湖都割让给日本，承认朝鲜的独立，赔偿白银 2 亿两（合 2500 万英镑）。但是当这个条约墨迹未干之际，俄德法三国即有干涉还辽之举，日本当时的国力不足以抵抗三个强国的联合压力，只好同意放弃辽东半岛，其交换条件为增加赔款 3000 万两白银。

接着在中日战争结束之后，俄国驻北京的公使即与李鸿章签订了一个条约。从 1891 年起，俄国即已开始建筑西伯利亚铁路，到 1895 年就已经到达中国的边界。因为它的终点为海参崴，若是能够假道满洲则可以节省 600 英里的路程，俄国人即以此理由向中国提出要求，当时李鸿章表示同意了。

其次，在 1897 年，俄国又获得了辽东半岛的租借权，并获得了允许可以修建一条铁路，从哈尔滨一直延展到旅顺和大连。差不多在此同时，德国人也获得了胶州湾的租借权，英国人也获得了威海卫的租借权，法国人也获得了广州湾的租借权。

不久中国又发生了祸乱，西方强国对中国利益的竞争，使中国人的利益蒙受了极大的损失。在忍无可忍的情况之下，1900 年，爆发了所谓的“拳匪之乱”（即义和团运动）。中国人开始杀洋人，并包围外国的使馆。到了 7 月中旬，经过了八个星期的围困，八国联军（包括日本在内）才侵入了北京，救出了各国的侨民。1901 年 9 月 7 日，中国恢复了和平，又被迫赔款 4.5 亿两白银。

这一个事件有两个附带的结果，却是十分重要的。其一为日本人有机会可以发现俄军缺乏效率和他们在远东要想维持巨大兵力的困难，因为这个困难是如此之大，所以俄国虽然强大，但实不足惧。其二为英国人对日本人的能力颇感欣赏，为了保障远东的和平，1902 年 1 月 3 日，英国人打破其一贯的孤立政策，而与日本缔结了一个英日防御同盟。

两个月以后，中俄两国之间也签订了一个条约，依照这个条约，俄军应分批撤出满洲。但是沙皇却实在没有撤兵的意图，1903 年他又设立一个“东亚大总督”（Vice-Royalty of East-Asia）以控制远东，并宣布其在中国的势力范围。当日本人知道朝鲜也被包括在这个势力范围之内时，遂向俄国提出交涉，表示愿意承认俄国在满洲的地位，但也要求俄国承认日本在朝鲜的地位，并且又建议所有各国在这两个地区中应享有同等的商业权利。正当谈判进行之际，一位俄国的观察员比左布拉左夫（Bezobrazov）却迫使朝鲜政府让步，获得了在鸭绿江和图们江上的伐木权，这个计划是与沙皇的宠信们有利益关系的。为了保护他们的私利，他们压迫俄国政府增强驻满洲的兵力。因为这个原因，日本政府遂命令其驻俄大使努力交涉到 1904 年 2 月 4 日。到了这一天尚无结果，次日日本即与俄国断绝邦交，并下了动员令。

第四章

旅顺港的围攻

1904年到1905年的日俄战争，实为西洋史中的一个伟大的转折点。它不仅是一个亚洲国家与一个半欧洲国家之间的角力战，而且更重要的，是一个对于西方人在亚洲的权势的大挑战。当1904年2月5日日本人的战号吹响了之后，也使东方和亚洲所有的民族都从古老的幻梦中惊醒了。

从一个欧洲人的观点上来看，似乎是再没有比中国的满洲和黄海更为遥远的战场，而对于高度组织的陆军而言，这里也是一个极不合理想的决斗场。满洲是一个原始而无道路的地区，虽然遍地多山，但在平原和谷地中却又有了高度化的耕种。主要作物为高粱，高12英尺到15英尺，曾把整个平原变成了一座丛林。夏天夜间极热，有时在室内都可以达到华氏112度，但冬天则极冷。七八月，甚至常常是9月，雨量极多，使地面变成了泥海。索罗维夫上尉（Capt. Soloviev）为参加这场战争的人，他说："泥泞的深度可以达到马的腹部，重载的车辆都会陷入泥中。只有中国人的大板车（一个平板架在两个大轮上面）可从这种泥潭中通过。"在雨季的前后，到处都是尘雾，足以遮蔽视线，11月到次年3月又是封冻期。

虽然如此，对于军事行动而言，最大的困难却不是气候，而是交通工具的缺乏。尤其是俄国人更受到这种影响，他们被迫必须在远离其主要基地的 5500 英里以外的地方去作战——这是从莫斯科到旅顺港的距离。主要的交通线为西伯利亚铁路，以及其从哈尔滨到大连的支线。在它的旁边又有从奉天（沈阳）到旅顺的官道，全长为 262 英里。

铁路的工程极为恶劣，既无永久性路基，又是单轨，而支道、车站和车辆都无力负担巨大的军事运输。更坏的是在贝加尔湖周围还留有一个长达 100 英里以上的缺口，而这个湖本身的宽度为 30 英里。11 月到次年 4 月，湖水结冰，货物可以从上面运过，在其他季节中就必须使用原始化的道路。为了说明这种运输是如何的迟缓，只要举一个例子就够了。通常把一个营的兵力从莫斯科运到旅顺港，要花一个月以上的时间。

决定主要陆上作战方向的，就是这两条交通线，此外即为海上的交通线。海洋的控制对于日本是极为重要的。朝鲜半岛一方面可以使日本有一条比较安全的补给线，通入满洲之内；另一方面一旦战败时，也可以使日军有一个比较便利的基地，可供撤退之用，所以这个地区对于日本人也是十分的重要。在朝鲜以外就要算是旅顺港，只要有俄国舰队躲在港内，即足以威胁日军的海上交通线。所以日军被迫向它进攻，因而非分散其陆军兵力不可。对于俄国人而言，这却是一个巨大的利益，因为他们的最大问题就是如何争取时间，以求在满洲集中足够的兵力好来迎击敌人。

可是旅顺却具有精神上的价值，足以代表日本占有优势的象征，这与俄罗斯舰队的被毁是一样的重要。1894 年，日本已占有旅顺，但因为力弱而最终不能据守。所以今天若能失而复得，则不仅显得这次战争是师出有名，而更重要的却是表示了日本要比俄国优越。换言之，也表示亚洲要比欧洲优越。不管战略上是否有此需要，可是旅顺的据有对于日本人而言，实为这一次战争中的精神枢纽。

决定这次战争中的战略者，其主要因素可以综合为两点：西伯利亚铁路中的缺口和俄国人在旅顺的海军基地。只要这个缺口还存在，则俄军在满洲的增援就绝无法求速。因为海参崴是一个封冻的港口，而旅顺却是一个不冻的港口，假使日军在次年的冬季来临之前，即先占领了旅顺，则不仅在海参崴的俄国军舰被切断了，而且即使俄国的波罗的海舰队东来，若无旅顺，也就没有一个不封冻的作战基地了。贝加尔湖湖畔的铁路缺口妨碍了俄军在陆上作战，而冰冻也妨碍了其在海上的作战。最后，一旦日本从俄国手中把旅顺夺去了，就可以集中其全部的陆军兵力，以从事一场巨大的决定性会战，若是俄军战败了，即可以希望设法诱劝他们放弃这场战争。由此可知日本的战争目标为妥协，而非总体性的胜利——这是超出了其能力限度之外的。

当日本人既已决定了其目标之后，第二个问题即为要想达到此项目标，什么才是最好的方法？

第一点，这是至为明显的，要想攻陷旅顺，必须从陆地方面来加以进攻。第二点，在攻击军的北面，必须有一支掩护的兵力。第三点，假使这两支兵力都是以日本为基地，则黄海的控制必须加以确保。这就引到了海军的问题。

当 2 月 10 日日俄开始宣战之际，在远东地区双方的舰队实力如下表所列：

舰　别	俄国	日本
一级战舰	7	6
二级战舰	—	1
一级巡洋舰	9	8
二级巡洋舰	—	12
三级巡洋舰	2	13
驱逐舰	25	19

鱼雷艇	17	85
炮艇及小船	12	16

在俄国军舰中，有四艘一级巡洋舰是驻扎在海参崴，一艘在济物浦，所以由斯塔克中将（Vice Adm. Stark）指挥的旅顺舰队在战斗力方面不如东乡中将所指挥的日本舰队。虽然如此，这个劣势却为下述的事实所抵消，俄国在波罗的海方面拥一支强大的舰队，若是它能东来与旅顺舰队会合在一起，那么在数量上就会占了决定性的优势，日本对于装甲军舰并无一艘预备船，而且也没有一个造船场够资格制造这种军舰。所以日军必须在波罗的海舰队从欧洲到来之前，即先击毁或俘获旅顺舰队。换言之，其意义即为速行陆上的攻击。

虽然在俄国训练军人的总数为 450 万人，而在日本却只不过 80 万人，可是下述的事实却足以抵消此种巨大劣势的大部分：当战争一旦爆发时，日本立即能将其常备陆军 28.3 万人中的大部分，以及火炮 870 门，都迅速地投入战场之中；可是在贝加尔湖以东的巨大地区之中，俄国野战部队总数却不足 8.3 万人和火炮 196 门，另有要塞部队 2.5 万人和铁路守备队约 3 万人而已。由于西伯利亚铁路的载运能力太低，所以对于这些部队的增援将极为迟缓。

双方的陆军都是征兵制的。日本的征兵制是三年期的；俄国则为五年期，过此之后，俄国军人立即退为预备役，直到 43 岁为止。自从日本采取了征兵制之后，其军事方面的进步颇足惊人。反之俄军却相当的腐化，尤以预备军人为然。他们不敢把预备兵编入常备部队，而使其成为独立单位。索罗维夫上尉曾经说过：这些人都是长胡子的、胆怯、愚笨、懒惰，只想睡得好吃得饱，根本就不想打仗。

自从普法战争以来，在军备方面又已经有了不断的进步。最重要的是普遍采取了小口径的弹夹式来复枪和无烟火药。这是 1899 年到 1902 年南非布耳战争（Boer War）中，第一次大规模使用。

在这场战争中，有形敌人的旧有恐怖为无形敌人的瘫痪性恐怖所代替了，人们感觉到到处都是敌人。现在攻击者笼罩在一种普遍的恐怖之中，而不仅是局部性的危险，防御者利用地面工事的掩护，再加上迅速发射的来复枪火力，可以分散极广，其程度为过去战斗中所未有的。所以任何正面的攻击都会被击退。在莫德尔河（Modder）之战中，南非军在7700码长的正面上，只用了3000人；在马格尔斯芬坦（Magersfontein）之战中，1.1万英尺长的正面上，只用了5000人；在柯仑索（Colenso）之战中，1.3万英尺长的正面上，只用了4500人。尽管人力是如此的单薄，可是这些正面还是不能突破的。于是步兵的正面攻击从此告以结束。

对于布耳战争的一般教训，德国的官方历史对此曾有扼要的说明："在南非的战争，不仅是枪弹与刺刀之间的决斗，而且也是照机械化的操典所训练出来的军人与完全独出心裁、自由作战的人民之间的决斗。在一个陆军中，若是所有的人员能够不为死板的制式所限制，而能顺乎自然和合于常识，那么才实为国家之福。"

除了用弹夹的步枪以外，1870年的粗糙机关枪又已经为许多改良型号所代替了——有格特林（Gatling）、加德纳（Gardener）、诺登费德（Nordenfeldt）、霍齐基斯（Hotchkiss）、柯尔特（Colt）和马克沁（Maxim）等型号。最后一种为马克沁（Hiram S. Maxim），1884年所设计，在第一次世界大战中，变成了战场上的女王。它所杀伤人员的总数，要比任何其他兵器都更多，可是当它出世时，却很少为军人所注意。

自从有了来复线的火炮之后，野战炮又大有进步了。在1877年到1878年的俄土战争中，俄国将军奥卡诺夫（Gen. Oukanov）曾说过："炮兵会变成人类的瘟疫。炮兵由辅助部队的地位升为主要兵种的日子是不会太久了。"1891年到1892年，德国的威里将军（Gen. Wille）和法国朗格鲁瓦上校（Col. Langlois）都提出了具体的建议，这是走向这个目标的一个决定性步骤。几年之后，又发明了速射的野炮，采取了无后坐的炮车，并且又加上了一面装甲的防盾，这是装甲再度进入战场的第一步。在这些改进尚未完成之前，用弹夹的来复枪仍然是支配性的兵器，以后速射的火炮又开始向它挑战了。不仅炮的射程较长，射速也可以与枪相等，同时使用间接瞄准的方式，也使它成为一个不可见的敌人。

虽然在军备方面，日俄两国并无太大的差异，可是在人员方面却有很大的差异。在日本，忠君、爱国、自我牺牲，无论在民间或军中，都被人认为是最高的美德；在俄国却根本上没有这一套。所以日本军人服从荣誉和责任的教条，他们号称为“肉弹”和“大和魂”的代表。反之，克鲁泡特金（Kuropatkin）对于俄军却有下述的批评：“在这个陆军中要想维持纪律，几乎是不可能的，这个国家的老百姓对于权威毫无尊敬之意，而实际上，权威却反而害怕他们的部下。”关于精神上的差异，克鲁泡特金的批评也非常的有意义。他说：

> 就物质方面而言，敌军并没有什么可以值得叫好的，但是我们对于它的精神方面，却估计得太低了。我们根本不曾注意到下述的事实：许多年来，日本人的教育就一直是以尚武爱国的精神为基础的。在小学中，孩子们所受的教育即为爱国家和做英雄。这个国家对于其军队，有极深的敬仰和信心，人民都以服兵役为荣。他们能够维持铁似的纪律，并深受武士道精神的影响。此外由于俄国夺去了日本人在中国已经到手的胜果，也使他们产生了强烈的反感，这一点我们也毫无认识。

俄军不仅在精神上处于真空状态之中，而且其效率之低也骇人听闻。譬如说：在旅顺港，俄国自己的军官被禁止查看要塞附近的地形，而日本参谋本部的人员化装为洗衣人和苦工，却可以在炮台附近到处乱跑而不受到阻止。私用和军用的电话线是没有分别的，所以一切最重要的军事通信都可以为任何人窃听。在鸭绿江会战之后，有个紧急需要的增援部队，因为所接受的军服不合规定，居然又送回到 200 英里以外的某处以便调换军服。

两军的战术和训练，其差异也和精神方面差不多一样大。日本是亦步亦趋地学习德国，而俄军的守旧程度却令人不敢置信。戴尼格里耶将军（Gen. de Négrier）在其所著《日俄战争的教训》一书中，曾经有下述的批评："对于刺刀的迷信被推进到了最大的限度，无论在任何环境中都必须上刺刀。军官用尽一切的手段来鼓励其部下，把信心寄托在刺刀上面。他们经常引用苏伐罗夫（Suvarov）所说的话：'子弹是一个疯狂的东西，只有刺刀是可靠的。'关于火力方面，他们的观念也很奇怪。直到 1904 年 8 月底，俄国人还是和在阿普拉克辛（Apraksine）的时代（1671—1728）中一样地施放排枪。"

特列季亚柯夫将军（Gen. Tretyakov）说："我们的人员都不习惯于各自为战，在一条长的散兵线中，当军官无法用口令指挥或是以身作则时，他们就完全缺乏主动精神。幸亏我们是防御者而不是攻击者。"（见所著《南山和旅顺战斗经验》）诺金（E. K. Nojine）还告诉了我们下述的一段故事：俄国的军官们大声地向士兵们问道："弟兄们，告诉我日本人为什么是呆子？"士兵们就会全体应声附和地回答说："因为在攻击时，他们的火线是展开得很宽广的。"

在战争的较高级指导方面，其对比也是同样的惊人。日本的指挥体系和参谋本部都是以德国为模范的，而俄军的多数将领照克鲁泡特金所说的，都是缺乏独立指挥的经验，而其参谋人员都是一些坐办公室的军人和官僚们。当宣战之后，沙皇的宠臣，远东大总督阿列克谢耶夫海军上将（Adm. Alexiev）尽管他毫无军事经验，却被指派为远东海陆军总司令。以后到了 3 月 27 日，克鲁泡特金才到达辽阳，专门指挥陆军。从这时起一直到旅顺失陷时为止，都始终维持着双重的指挥体系。旅顺失陷后，阿列克谢耶夫才被召回，于是克鲁泡特金才变成了沙皇的最高代表。这是一个致命的配合，因为这两人平素就互不相容，而阿列克谢耶夫既然不懂得军事，却又偏偏要遇事干涉，所以造成了许多的祸害。[1]

1903 年，克鲁泡特金正在圣彼得堡担任陆军部长的职务，他认为一旦战争发生，最合理的路线即为撤出辽东半岛。8 月 6 日他向沙皇提出一个备忘录，在上面说明应采取防御政策。他说："在战争的第一阶段中，若是日本人以其全部陆军兵力都侵入南满，则我们是无法守住该地区的。所以假使我们估计旅顺能够孤立死守相当长的时间，那么为了避免被各个击破起见，应将主力向哈尔滨撤退，等到从俄国本部开来的援兵到达之后，再转取攻势。"

这些建议与海军参谋本部的意见相冲突，他们说："依照现有两国舰队的对比关系，我们作战计划的基础是假定我们的舰队不可能会被击败的，所以日军在牛庄（营口）和朝鲜湾登陆都是不可能的。"

简言之，在战争尚未发生之前，就有了两个对立的计划：一个想在陆上寻求决定性的会战，另一个想在海上寻求决定性的会战。前者为克鲁泡特金的主张，后者则获得了阿列克谢耶夫的拥护，结果遂形成一连串的折中措施。

一旦克鲁泡特金接管了在满洲的陆军指挥权，即开始照他的计划进行，但现在已经决定把舰队集中在旅顺港之内，势必要修改他的原定计划。这对于他而言，正好像巴赞困在梅斯的军团对于麦克马洪的关系是一样的。本来他是想以哈尔滨附近为其兵力的集中点，这是比较更退后，现在却决定改以辽阳为集中点，即向南前进了 350 英里，然后再从那里把支队的兵力向旅顺推进。

这样的修改却并不能使阿列克谢耶夫满意。因为他认为旅顺舰队是不可能获得制海权的，所以必须坚守旅顺——这是俄国人手中

[1] 克鲁泡特金出生于 1845 年 3 月 17 日。在 1877 年至 1878 年的俄土战争中，为俄军参谋长。他是一个很优秀的参谋军官，但以将才而论，也缺乏果敢冒险的精神，虽然他曾经说过："在战争中最不怕死的人往往胜利。"

的唯一不冻港——以待增援部队的到达。他本来驻在旅顺，当他感到情况已经很严重，遂于5月5日北上，并命令克鲁泡特金放弃其防御计划。当后者还感到犹豫时，他又说服了沙皇把旅顺的存亡责任都加在克鲁泡特金的肩上。克鲁泡特金若有血性，此时即应辞职。

此时，日本方面也正在考虑他们的计划。他们认清了在这场决斗中，一切的关键系于海军优势上，但是他们也认清了，即令是最强大的舰队，专靠它本身也无法把俄军逐出满洲。可是若不将他们逐出满洲，或是在陆上使他们受到决定性的失败，则日本获得战争的胜利就会殊少希望。所以他们制订的计划如下所述：

> （1）立即引诱俄国舰队采取行动，假使它拒绝会战，那么就把它封锁在港内，然后在俄军增援尚未到达之前，先从陆上攻陷旅顺。
>
> （2）在舰队保护之下，用三个军团的兵力在朝鲜港的北岸登陆。接着第四军团也跟着登陆，并以攻击或围困旅顺为目的，前述的三个军团则向辽阳运动，以当作第四个军团的掩护兵力。等到旅顺被攻占了之后，第四军团也应赶紧北上，以增援前三者，其目的是乘俄军尚未能获得数量优势之前，四个军团集中起来，以求赢得一个“色当”式的胜利。

照后来的事实看来，他们这种战略计划的唯一错误就是把俄国海军基地的强度估计得太低了；他们以为还是能像1894年一样，一鼓作气地将它攻下。此外，他们又认为旅顺具有极大的战略重要性，所以它的失陷会和普里弗那（Plevna）的失陷一样，当后者失陷后，俄土战争也就随之而结束了。

日本人甚至不等待正式宣战，当外交关系一旦断绝，他们就立即将他们的计划付之实行。1904年2月6日，东乡和他的舰队即从佐世保出发，第二天就在海上寻找俄国的舰队，而另由一支鱼雷

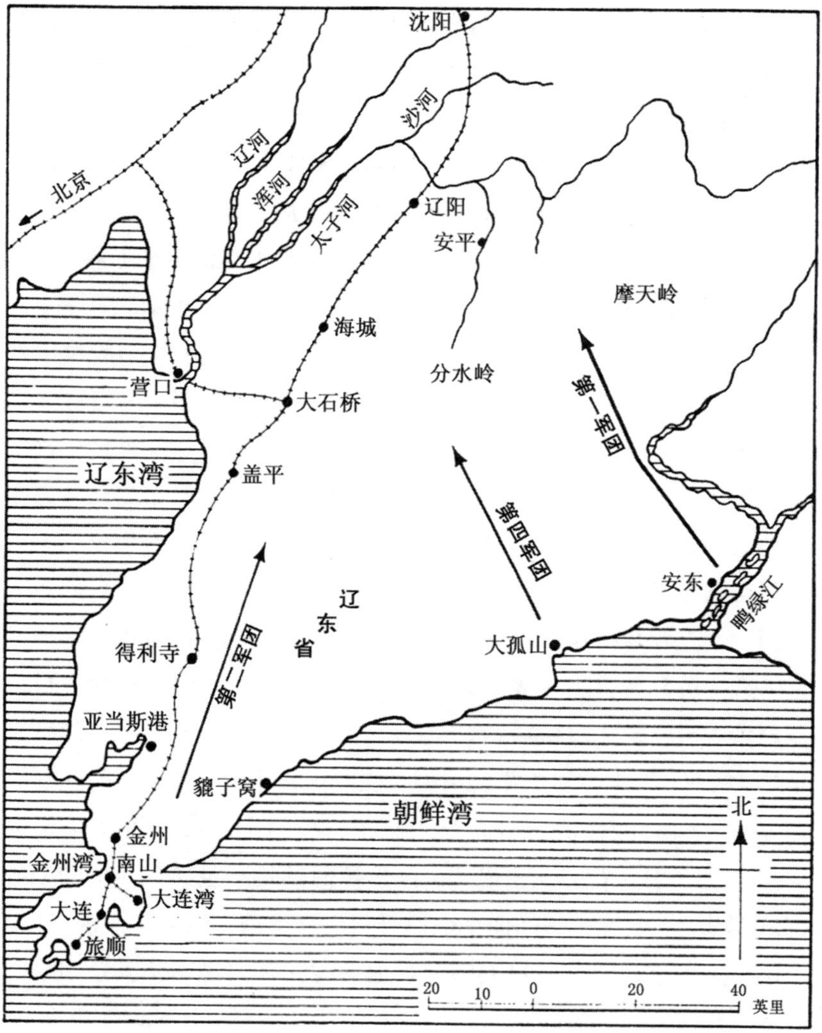

图十　日俄战争，1904—1905 年

艇所组成的支队，护送三艘运输舰运送部队往济物浦。2 月 8 日上午 6 时，东乡已经到达了旅顺口外东面 60 英里处的圆岛（Round Island），那天夜间他向敌舰发动了一次鱼雷攻击，击中了三艘并把其余的船只逐入了港内。第二天，俄国舰队又出海求战，于是双方交战达 40 分钟之久，虽然还是没有决定性的结果，可是这一战却判决了日本人是有资格做第一等的海军强国，同时宣判了俄国海军优势的丧失。从此以后，俄国海军即被迫采取守势。接着在 2 月 12 日，日本海军又作了一次攻击，从此到 5 月 3 日为止，日本海军又进行了一连串的封锁港口和布雷性的作战，其中有一次在 4 月 12 日，结果俄国的旗舰“彼得罗巴甫洛夫斯克”号中了水雷沉没，其舰队的心脏和头脑马卡罗夫将军（Adm. Makarov）也同时殉职。[1]

2 月 9 日，日军在济物浦登陆，在这里黑木将军的第一军团建立了一个作战基地。2 月 27 日，日军占领了平壤，14 天之后又占领了安州。5 月 1 日，黑木与查苏里希（Zasulich）之间，在鸭绿江上发生了战争中的第一次会战，后者终于被迫撤退。这是一次重要的胜利，这使得俄国人在世界各国的眼中大大减低了其威望。一个相当弱小的东方国家，在第一个回合中即击败了一个巨大的西方强国。这个消息好像一颗流星，在亚洲的天空发出了闪光。

这个胜利使日本在朝鲜站稳了脚跟，以下的一个步骤即为孤立旅顺港。5 月 5 日，日本的第二军团，在奥大将指挥之下，包括第一、第二、第三、第四等四个师，后来还加上第五师，开始在貔子窝登陆。这是一次冒险的作战，因为貔子窝在旅顺的东北面，相隔只有 40 英里。这一次的登陆却很成功，虽然费时约达三星期。当他的领先部队登陆之后，奥大将即命令他们赶紧横跨半岛，向亚当斯港（Port Adams）挺进，留下了第五师保护他的背面，自己率领其余四个师向金州前进，结果在南山与一个俄军的支队面对着。此时为 5 月 19 日，川村将军也率领第十师在大孤山登陆，在第一和第二两军团之间，构成了一个联系。[2]

说也很奇怪，日本第二军团的登陆会使俄军受到奇袭，而更坏

[1] 马克罗夫是在 3 月 8 日接替了斯塔克的职务。

[2] 这个支队以后获得了增援，扩组成为第四军团，由野津大将指挥，他是 7 月 16 日接任的。

的是指挥旅顺的俄军主将斯托塞尔将军（Gen. Stössel），对于这个突然降临的敌人也毫无迎击的准备。4 月 14 日，阿列克谢耶夫将军曾经来到这个要塞里，准备组织该港的防御，可是当日本第二军团的第一个支队登陆的那一天，他又匆匆北上了。一旦由自己独立指挥，斯托塞尔就显出了他的庸懦无能。他的顽劣性格使他损失了许多的人员和火炮。下面是他所发布的第 187 号命令，由此即可以想见其军事才能：

> 今天我在教堂的附近，遇见两位军官带着一位太太，她戴着军官的帽子，她认为这是不用说明的，实在太违反规定，因为照规定，退休的军官和预备军人都不准戴军官的帽子的。

他所重视的都是这些不急之务。虽然他在 2 月 28 日，宣布“绝不撤退”，并且说“无处可退”；尽管如此，可是这个要塞中人口约有 5.5 万人之多，他却允许大量的储备食品输出。而在火车站堆积如山的箱子中，等到一查看才知道完全是装着伏特加酒！

在他之外为要塞司令希米诺夫将军（Gen. Smirnov），他倒是一个称职的将领，但斯托塞尔对于他的行动却处处加以牵制。直到 6 月 18 日，克鲁泡特金用电报通知斯托塞尔把他的指挥权交给希米诺夫。然后斯托塞尔乘巡洋舰离开旅顺，他却把电报往口袋中一塞，而不去理会它。照后来的事实看来，这正与巴里柯著名信件有异曲同工之妙。

当斯托塞尔正在这样模模糊糊地自寻死路之际，奥大将已经准备进攻南山上的阵地，虽然俄军的防御很脆弱，但是其天然形势却很险固。他的位置是半岛的最狭窄部分，其宽度在海水高潮时，从北岸到彼岸一共只有 3500 码。从日军的前哨看过去，那实在似乎是不可能通过的。假使俄军若能使用其全部守军，则可能真会如此。因为事实上，旅顺的守军大约 1.6 万人到 1.8 万人，但在下述的会战中，却只用了 3500 人去对抗奥大将的 3.85 万人。

日军攻击命令是在 5 月 24 日下达的，依照诺金的记载，斯托塞尔的部下都不听他的指示，一方面写冗长的报告，另一方面则做与指示相反的工作。在会战的前夕可以说一切都乱糟糟的，谁都不知应该做些什么和为什么要做。第二天日军攻入金州，次日清晨 5 时，当南山的峰顶从雾幕中透出时，日军已开始炮击，一个小时之后，日军的舰队支队也驶入了金州湾参加炮击。到了 11 时，日军攻击失败了，但当他们再度进攻时，俄军的炮兵弹药却开始感到缺乏。下午 4 时，在日军右翼方面的第四师，从水深齐胸的海水中绕过了敌军的左翼，直趋敌军的后方。当下午 7 时 20 分时，日本军旗在南山上升起，俄军向后方溃逃，到处散播着恐怖的气氛。特列季亚柯夫将军说："这种混乱情况已经发展到了惊人的程度，到处都是枪声。我率领着几个军官赶往后方去恢复秩序。同时我又命令我们的军乐队奏乐，在军乐声中使这些溃兵逐渐恢复了信心。"

在攻取旅顺的第一次会战中，日军的损失是相当的惨重，死伤总数共为 4885 人。以作战人数的比例而言，俄军的损失也很可怕，共为 1416 人，即占总额 40% 以上。这表示俄军中个别士兵的战斗精神并不算太坏。虽然日军对他们的胜利已经付出了高价，可是因为大连港已经落入他们的手中，所以这种高价也显得微不足道了。他们发现干船坞还是完整无恙，假使没有它们，则他们的最后作战——旅顺之围——也许就会功败垂成了。

一旦大连被占领，日军第十一师即在那里登陆，它与第一师合组成为第三军团，由乃木将军指挥，他所奉到的训令为向南把俄军都逐入旅顺港中，而奥大将则率领第三、第四和第五三个师，向北前进以迎击斯塔克尔堡将军（Gen. Stackelberg），后者是南下救援这个要塞的。6 月 14 日和 15 日，奥大将与斯塔克尔堡在得利寺遭遇，并将其逐回。在 1894 年，乃木曾以一旅之众，只死了 18 个人，即攻占了旅顺。现在却暂取守势，以等待第九师和其他部队的到达，他们在7月7日已经开始在大连登陆。7月26日，他发动他的第一次攻击，经过了苦斗之后，攻下了西山，并于30日占领了凤凰山。当它被攻陷之后，俄军的防线也全面崩溃了，除了大小孤山之外，在旅顺港永久筑城线以外的最后防线中的俄军全都撤退。经过了一个月以上的时间，日军的攻势与旅顺守军的野战都告以结束。

旅顺已经完全被围，除非克鲁泡特金能够南下解围，或者是欧洲方面有援军到达，否则斯托塞尔就只能坐以待毙了。决定一个被围部队的命运者，其因素一共有三个——人员、粮食和要塞工事。

在5月14日，除海军的船员不算，在斯托塞尔指挥之下的还共有41 899人，火炮506门。他的对手，在获得了第七师增援之后，兵力已增到了63个步兵营，3个骑兵中队，17个工兵连和474门野战炮及攻城炮，总人数也不过八九万人，所以俄军在数量上并不太居于劣势。

他的补给情形则比较不满意。对于人员4.2万名、马4500匹的守军而言，所储备的物资估计为面粉180天的分量，雀麦粉37天，肉类18天（咸肉13天，马肉5天），腌渍品15天，糖190天，茶320天，秣草150天。但是经常还有闯过封锁线的船只，带来了补充品。

防御工事共分为三道主要防线：

（1）一个坚强的堑壕工事环绕着旧城，但却甚少战术性价值。

（2）沿着中国城墙，距离旧城的中心约为4000码处，是一连串的永久性混凝土炮台，中间由辅助性工事和堑壕所联系着。这一条线一直延伸到龙河以西，并把新城和港口都包括在内。

（3）在这两道主防线之外，即为一连串的设防小山和阵地，其中最重要的为要塞东面的大孤山和小孤山，西面的一七四米山、生子山、赤坂山、二〇三米山和法尔斯山。

这些工事中有许多尚未完成，并为高粱地所遮掩。

乃木的任务即为尽量迅速地消灭这些要塞的抵抗力，以便可以确保制海权，然后他就可以回师北上与大山元帅会合，后者已于 7 月 6 日受命为日本登陆军总司令。

日军的围攻线从路易湾（一七四米山以北）起到大河湾（即大河口）止：一旦大小孤山被攻占之后，第三军团的设防即可以很巩固，而不害怕任何方面的攻击，所以乃木决定首先攻占这两座设防小山。

前者的高度为海拔约 600 英尺，为了对这座小山开始实施攻击，乃木遂于 8 月 7 日（星期天）凌晨 4 时 30 分开始炮击，一直打到了下午 7 时 30 分，步兵才开始前进。但因为大雨和天黑，他们只能在低缓的山坡上站立脚跟。满战场上都是硝烟弹雨，天上的乌云好像怒狮一样的可怕。在头上的险山好像是高不可攀，直接天际——甚至连猴子也爬不上去。这是那一夜的景色。

第二天大雨一直下到下午 3 时 30 分为止，日军再度开始炮击。这次炮击很有效，许多守军都被逐出了其临时挖掘的堑壕，可是当日本步兵前进时，他们又回到阵地中去作殊死的抵抗。最后在傍晚 8 时，大孤山终被攻陷，而小孤山也在次日凌晨 4 时 30 分陷落。

当沙皇听到了这些山地失守之后，即命令费特吉夫特将军（Adm. Vitgeft）——他是自从马卡罗夫将军死后，即继任舰队司令——率领舰队冲出旅顺港，以与海参崴支队会合在一起。8 月 10 日上午 8 时 30 分，他开始作这个企图，在雾幕低垂之中，他率领着 6 艘战舰、5 艘巡洋舰和 8 艘驱逐舰冲出了港口。上午 11 时 30 分，为日本驱逐舰所发现，到了下午 2 时 10 分，双方展开战斗。俄国舰队摆脱了战斗，企图逃脱；但是到了下午 4 时 14 分，又为日军所捕捉，再度发生战斗。一个半小时以后，一颗 12 英寸的炮弹爆炸使费特吉夫特在他的旗舰“沙尔费支”号（Tsarevich）上被炸死了。他死亡之后，命令即发生了混乱，结果在他这支舰队中，有 5 艘战舰、1 艘巡洋舰和 3 艘驱逐舰逃回了旅顺港，其余的船只则乘着黑夜逃往中国和其他的港口，最后均被扣留，只有“诺维克”号（Novik）沉没了，为唯一的例外。这样就结束了战争中的第一次真正的海上

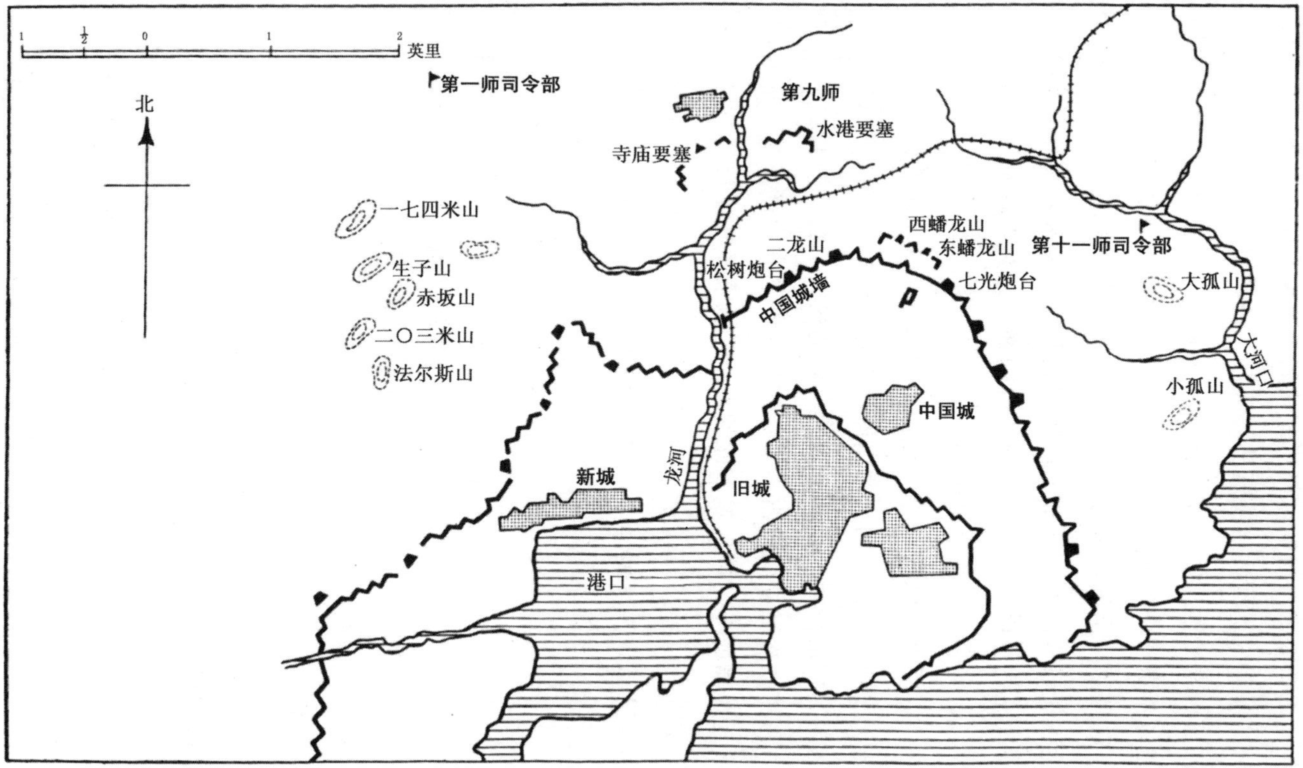

图十一　旅顺港围城战，1904—1905 年

战斗，也在波罗的海舰队尚未到达之前，使日本人对于海洋获得了绝对的控制权。因为这支舰队还尚未准备就绪，所以乃木相信他能够在它出发之前，即先攻陷旅顺，甚至使它永远不会出发，因此他决定向要塞发动突击。

这样的决定固然是不无理由，可是对于一个由弹夹式步枪、机关枪和速射火炮所据守的要塞想发动突击，却可以算是有史以来的第一次企图。面对着一个如此坚强的强敌，乃木将军认为他可以轻易成功，实在是未免过分乐观。

8 月 16 日，依照战争的惯例，乃木派了一个军使到旅顺进行劝降，在遭到了拒绝之后，乃木即命令在 19 日发动第一次的总攻击。所选定的攻击正面，是从七光炮台以达松树炮台，同时对于一七四米山另作一次独立的攻击。多数的战斗都是在夜间发生，而且常常都是近距离战斗，情形是如此的混乱，请看下述实际观战者和参战者的记载。

费里尔斯（Frederick Villiers），是一位随日本第三军团采访的新闻记者，他于 8 月 22 日这样记载：

> 这已经是凌晨 1 时，激烈的战斗仍未停息。俄军所有的九架探照灯有三架不断地在战场上这一个地区中扫射，炸弹和火箭不断地爆炸，火光烛天，使天边的月亮都显得黯然无光。深紫色的山配着碧蓝色的天、灰色的月光、探照灯的白光、炮口的红色火光、爆炸弹的黄色火焰，凡此等等形成一幅极为特殊的景色。我曾经看过多次的战争，却从来不曾看见过如此凄惨的场面。

第二天夜间，诺金从俄军方面对于战斗有下述的记载：

> 晚上 11 时，乃木发出了进攻的讯号，于是一个由活人所构

> 成的“山崩”向我们滚滚而来，从谷地和沟壑中都有日本人钻了出来。步枪、机关枪和火炮都纷纷发射，探照灯闪光上上下下，火箭像金蛇一样飞舞，天空中挂着几百个大火球，使天上的星月无光，也使英勇的日本步兵睁不开眼睛。他们前进，扑倒，跳起来又向前奔，然后再倒了下来。在探照灯的闪亮之下，炮弹的爆炸火光更显得血红。到处都是喊声、兵器的碰撞声和爆炸声。最后，逐渐归于沉寂，攻击还是被击退了。在我们的前面已经没有一个活人——到处都是死伤枕藉，这是我一生难忘的一夜。

日军于凌晨2时又作了第二次突击，又失败了；隔了一个钟点，再来了第三次。诺金的记载说：

> 在讯号发出之后，又有一阵新的人潮向前推进。这些人已经不像人，而像疯狂了的野兽。我们的火力都不发生效力。人潮向前不断地滚动，他们不断地从中国城墙的缺口中向前滚动。

虽然如此，还是被击退了；到了8月24日的拂晓时，日军的第一次总攻击终于告以结束。其战果为攻占了东西蟠龙山和一七四米山，至于其他的目标则还是完全保留在俄国人的手中。

这一场恶斗中，俄军死伤了3000人，而日军则在1.5万人以上。这是一个昂贵的教训，使乃木认清了对于这个要塞的北面是无法加以突击的，于是只好采取正常的围攻办法，那也许要延迟到几个月之久。换言之，这就是说大山元帅已经不能再等待乃木第三军团的增援，所以在8月25日——即乃木最后一次攻击失败的次日——大山即发动了他的三个军团进行了一次辽阳大会战。假使乃木的8万人也能够赶上参加，那么其结果可能会使日本人获得一次决定性的胜利。可是事实上，克鲁泡特金于9月6日还是向北溜走了，俄军死伤共为 16 500 人，而日军却损失了 23 615 人。

从这次会战起，到 9 月 19 日为止，在第三军团的正面上，可以说没有什么大事发生。日军向日本本土要求赶送重榴弹炮来，以便击碎永久性的要塞，同时也开始作有体系的坑道战。

当这个工作正在进行之中，乃木又选定了其下一个目标：东区中的水港要塞和寺庙要塞，西区中的生子山和二〇三米山。假使我们记得乃木在 1894 年曾经有过占领旅顺的经验，那么他在以前不曾注意到上述阵地中的最后一个，实在不能说不奇怪。因为他应该知道从这个山顶上，是可以看到港中的全貌，所以它实在是俄军全部防御体系的总枢纽。

到了 9 月 13 日，围攻的工事已经推进到了距离第一个目标只有 80 码以内的地方，于是在 19 日实行突击，并于次日将其攻克，而寺庙要塞也在同一天攻陷。同时日军也向生子山和二〇三米山发动突击，虽然前者已于 9 月 20 日被攻陷，可是对于后者的每一次攻击都被击退。因为日军每次都固执地用密集纵队前进，所以损失非常巨大。即令当这些攻击成功了，也往往是得不偿失；假使失败了，则徒然只提高了敌军的士气。假使不是由于月底第一门 28 厘米的榴弹炮送达之后，围攻作战的方式即已发生了改变的话，那么也许就只好等饥饿来逼迫这些要塞投降了。

诚如我们已经说过的，炮兵现在已经变成了主要的兵种，一共有 474 门加农炮和榴弹炮，再加上 6 英寸和 8 英寸的木质堑壕臼炮，现在都开始采取行动了。在这些兵器当中，威力最大的还是 28 厘米的榴弹炮——一共只有 18 门，支援它们的则有 16 门 5. 9 英寸炮和 28 门 4. 7 英寸炮。所有这些炮兵都与炮兵司令部之间有电话的联络，其补给基地则为大连。这种 11 英寸的榴弹炮有 1 万码的射程，炮弹重达 550 磅。日军向旅顺一共发射了炮弹 150 万颗，其中有 3.6 万颗为 11 英寸的被称为“火车弹”，因为它们在飞行中所发生的响声就像一列火车一样。第一门 11 英寸榴弹炮是在 10 月 1 日才开始轰击的，诺金对于它有下述的描写："在七光山的炮台上，有巨大的烟柱夹着沙石一同升起，好像是一棵大树突然升入天空，然后再垮倒了下来。于是，像钟鼓一样的有规律，沿着东北的正面在不同的方向上每隔几分钟都有这种幻想中的大树升起，接着我们就可以听到可怕的爆炸吼声。这一天在二龙山和七光山的炮台上中了 8 颗炮弹，使穹窖受到了巨大的损毁。"

这些可怕的兵器在围攻战中的效力，可以与 1453 年穆罕默德二世的大轰击相比拟。俄军的永久性要塞马上开始崩溃，而对于日本人也是同样重要，因为从生子山上已经可以望见港口中的一部分，所以有几艘俄军的军舰也被击中。

对于二〇三米山的坑道作业现在已开始，乃木的注意力还是仍然固定在东线上，现在所进行的工作，都是为了准备在 10 月 30 日作第二次的总攻击。10 月 16 日，日军攻下了二龙山的前线堑壕；26 日，又攻下了松树山的前线堑壕，同日又攻下了二龙山的斜堤防线。10 月 30 日上午 4 时 30 分，在二龙炮台之下有一颗地雷爆炸了；上午 9 时，日军对于在七光炮台到松树炮台之间的一切工事，同时发动突击。日军又是以密集队形进攻，所以还是在受到了重大的损失之后，终于被击退。霰弹、手榴弹和侧射的机关枪使日军死伤枕藉。31 日，日军又再度进攻，还是被击退了。

尽管俄军拼命抵抗，可是旅顺内部的情形却是迅速恶化。粮食缺乏，病兵日增，高级指挥人员之间发生了严重的妒忌和对立状况；当克鲁泡特金在沙河会战（10 月 12 日至 14 日）后撤退的消息传来之后，更使防御者感到失望。这就是 10 月 15 日的情况，在这一天，经过了无限的延误之后，波罗的海舰队在罗兹斯特芬斯基（Adm. Rozhestvenski）指挥之下，终于离开了李包（Libau）向东方进发。它包括 8 艘战斗舰，4 艘装甲巡洋舰，8 艘巡洋舰，9 艘驱逐舰和一些辅助性船只。虽然其中有许多船只都是已经逾龄的，但因为日本的战斗舰已经由 7 艘减为 5 艘——2 艘为水雷所击沉——所以假使这支舰队能与旅顺舰队会合在一起，那么东乡即可能会被击败。因此日军有不惜一切成本来击毁港内船只之必要。这也就是等于必须攻占二〇三米山一样，于是日军决定在 11 月 26 日发动第三次总攻击。在这一天，波罗的海舰队才刚刚离开达卡（Dakar）向印度洋进发。

自从第二次总攻击失败之后，到 11 月 26 日第三次总攻击开始发动为止，在这个中间的阶段内，主要都以地下战斗为主。巴尔特里特（Ashmead Bartlett）在《旅顺》一书中说：

> 整整一个月当中，在狭窄混凝土地下室的混浊空气中，到处都有地雷爆炸的威胁，还有手榴弹、刺刀和枪弹，日本工兵在世界人士所看不见的地方顽固地奋斗，想把同样顽强的对手逐出其地下工事。

第三次总攻击所选择的目标，还是和第二次完全一样，11 月 26 日，在东方正面上还是和上次一样的苦斗，结果也是同样的惨重损失。现在乃木将军决定不惜一切成本来攻占二〇三米山。为了准备发动总攻击，在 11 月 26 日和 27 日两日中，日军曾作连续的炮击。

二〇三米山的阵地在天然和人工两方面，都具有极高的强度。在它的上面有一个巨型的堡垒和两个核堡，完全被有刺铁丝网所包围着。在它与法尔斯山之间的空隙中，有几道障碍物的掩护。在赤坂山上也有一个强大的堡垒，并由构筑优良的堑壕线包围着，在它的右翼上还有另外两个较弱的堡垒。所有这三个山头均为特列季亚柯夫上校所指挥，他一共有兵力约 2200 人。

炮击一直延续到 11 月 27 日下午 5 时为止，到了此时这个阵地就好像是一座火山在爆裂一样。于是火力停止了，日军开始向二〇三米山和赤坂山发动突击。在黑暗掩蔽之下，他们冲到了铁丝网边，在那里纠缠着不放手，经过了第二天一整天。诺金说：“他们疯狂似的打下去，直到筋疲力尽，丧失了知觉时为止，整个的营从地面上被扫除了。”在黑夜中又继续炮击，到了11月29日上午8时30分，日军又作了另一次突击，但又为特列季亚柯夫上校所领导的逆袭所击退。在赤坂山上也发生了类似的决斗。

11月30日，战斗又继续发生，一直延续到12月4日为止，当时天气清明而冻冰。诺金告诉我们说："这不是人与人之间的战争，而是人类与钢铁、燃烧着的石油、炸药和尸臭等的战争。"最后到了12月5日，乃木已经完成了他的准备，遂又向这些顽抗的山头再作另一次突击，一个团攻击赤坂山，一个旅攻击二〇三米山。

突击在上午10时到11时开始，到了下午1时30分，才有日军一连攻入了二〇三米山顶上的堡垒，发现只有一个防御者还是活着的。快到下午5时的时候，战斗中止了，在山顶的碎瓦颓垣中，可以看见日本国旗在尘雾满天的空中飘扬着。

巴尔特里特说："这个山头对于和平会议而言，可以说是一个理想的地点。自从法军攻击波罗地诺大要塞之后，可能不曾再看见过这样多的死尸堆在这样一个狭小的空间之内。日本人的死尸是十分的难看，因为他们的皮肤变成了绿色，显出了一种极不自然的样子。没有一具死尸是完整的，在炮弹碎片、破碎枪刀的堆积中，到处夹着零碎的肢体和头颅。"

这种血肉的成本有多大呢？俄军战死了400人，而日军的死伤则为1万人到1.1万人。

虽然成本是如此昂贵，可是这个死亡投资的收获即为从二〇三米山的绝顶上可以看见俄国舰队停在港内的位置。12月6日，日军开始炮击这些船只，到了第二天就全击毁了。于是东乡的舰队可以返回本国去修整，以便再出海迎击波罗的海舰队，后者才刚刚快要到达马达加斯加岛。

这次围攻战此时已经接近尾声，因为专凭饥饿也足以了事。一切的捕鱼工作都已停止，40镑还买不到一头猪，一个鸡蛋会值6先令6便士，36磅大蒜要值64镑。12月8日，在旅顺的每天口粮配给标准规定如下：半磅饼干（在面包配粮之外者）、四分之一磅马肉和八分之一品脱伏特加酒。

粮食的缺乏和局势的恶化，遂使斯托塞尔将军在 12 月 12 日召开了一个战争会议，结果大家决议认为尽管舰队已经毁灭了，可是现在考虑投降还是太早。于是这次围攻战还是继续进行，现在这个阶段几乎完全是从事坑道和埋雷的工作。12 月 15 日，有一颗 11 英寸的炮弹打进了要塞之内，把孔塔坦柯将军（Gen. Kontratenko）击毙了，他是一个人格高尚、精力过人的军人，守军对于他具有充分的信心。他之战死使守军的希望也随之消失了。

攻击军的主力现在是指向七光、二龙和松树等炮台。12 月 18 日下午 2 时 30 分，在七光炮台之下有两颗地雷爆炸了，炮台上涌起了大量的尘雾，把它完全掩蔽了起来。于是在它的西北角上，出现一个 V 形的大缺口。从这个缺口中，有好几百黑衣的人形，向那里冲击。日本步兵不肯浪费一分钟的时间，不等到烟尘消灭，他们就已经冲到了缺口之中。虽然如此，战斗还是一直延续到 12 月 19 日清晨，直到这时守兵才投降。28 日，二龙炮台也被炸毁；31 日，松树炮台也遭遇到了相似的命运，因为在一间屋子内储存 1000 多颗手榴弹，它的爆炸使全部的守兵都殉难了。最后，到了 1 月 1 日，在七光炮台附近的中国城墙上的守兵也撤退了，他们退到万台，但不久即被逐出。

万台被攻占之后，旅顺要塞的命运也就注定了，当斯托塞尔听到这个消息，在没有与希米诺夫将军商量之前，即致书乃木要求投降。当他获得日军同意谈判的答复，1 月 2 日上午，他就悬起了白旗。代表们在午时见面，用英语谈话，到了晚上 9 时 45 分，俄军签订了投降条约。当这个消息发表了之后，大部分的俄军都丢下了武器，开始抢劫了。

1 月 4 日，所有尚未攻陷的要塞都全部交给日军，此时还有火炮 456 门，炮弹 8. 2 万颗，枪弹 225 万发和相当数量的粮食。于是 878 名俄国军官和 23 481 名士兵都走出了要塞，变成了日本人的战俘。

这一次围攻战中的损失总数如下：俄军死伤及失踪数字为 31 306 人，日军死伤及失踪数字为 57 178 人，还要再加上病兵 33 769 人。后者中间有 21 023 人都是脚气病的患者。

这个投降的结果使乃木的第三军团可以腾出手来增援大山元帅，于是他可以集中大约 30 万人的兵力来对抗克鲁泡特金的 31 万人。2 月 23 日，在奉天（沈阳）展开了这场战争中的最大一次会战。其正面的宽度为 40 英里，双方都掘有堑壕。一直打到 3 月 10 日，奉天城才为日军占领，于是克鲁泡特金向哈尔滨撤退。俄军死伤了 6 万人，被俘者为 2. 5 万人，而日军的损失则为 7.1 万人。

此时，这个该死的波罗的海舰队才缓缓地东来，带着一大堆补给船只。5 月 9 日进入了中国海，5 月 27 日在对马海峡受到东乡的攻击，结果全被歼灭。克鲁泡特金说："罗兹斯特芬斯基不但不能帮助我们的陆军，反而为它带来了无可弥补的损失。因为他的舰队在对马被击败了，所以才会当我们陆军已经集中了百万大兵，正要准备前进的时候，俄国反而来谈判和平了。"事实上是双方均已力竭，日本是在物质方面，而俄国则是在精神方面——在圣彼得堡早已发生暴动和罢工了。6 月 10 日，美国总统出面调停，于是双方开始谈判，终于在 8 月 29 日签订了《朴兹茅斯条约》。俄国同意撤出满洲，把辽东半岛——包括旅顺、大连和库页岛的南部让给日本，此外还同意承认日本在朝鲜具有支配地位。

若是与这场战争的时间长度、激烈程度、死伤的数字和财富的消费量作一个对比，则这种得失的分量真是太小了。因为欧洲国家对于这场战争结果，只作如此的衡量，所以实在是不幸之至，他们完全忽视了这场战争的革命性格。它不仅造成了一个战术上的革命，而且也使世界事务的发展改变了它的方向。

当战争开始时，俄国人的战术还是和 19 世纪初期完全一样；

虽然日本人的战术是以欧洲最近的模范为基础，但从根本上说来，其陈旧的程度也不过是五十步笑百步而已。下面所引述的一段文章即可以当作例证。

在辽阳会战之后，有一位日本军官曾经向法国武官发表过下述的谈话："当你注意到这里的一切情形与我们平时在国内的训练情形之间所具有的差异，那么毫无疑问就一定会大吃一惊。我们自己所感到的惊异程度也差不多。你一定知道，我们的操典是与欧洲陆军的完全相同。在开始的时候，我们一切的行动都是依照操典行动的，但是这个牺牲却极为巨大！我们接受了这个教训，感谢我们已经获得的经验，现在我们知道不仅不应太迅速地向前，而且还应尽量利用掩蔽。"

其原因是枪弹和炮弹的威力日益增大，换言之，战场上变成了弹丸的世界。无人地带日益加深，双方战斗员隔离日远，因此会战的决定性结果也就更难于获得了。进一步说，会战的时间日益延长，迫使攻击者和防御者都必须加深其对圆锹十字镐的依赖性，结果又使双方在精神和体力上极易于匮竭。若与 1870 年和 1878 年的战争做一个比较，这个差异是十分明显的。虽然交战的人员可以有数十万之多，可是战场上却好像是空无一人，而战场上空气中却似乎充满了子弹，每一发都足以打击战士的精神力量。所以，智慧性的纪律变得比自动性的纪律更为重要。自从 1905 年以后，军人不仅要服从，而且还要思考，知道如何生存和如何战斗，不是以钟点来计算，而是一连多少天。为了求得生存，所以圆锹十字镐与步枪成为两件相辅相成的兵器，正好像是利剑与防盾一样，同时铁丝网、机关枪和手榴弹的重要性更是日益提高。

虽然如此，在此次战争之后，机关枪不再为人所注意，正好像 1899 年至 1902 年的布耳战争后的情形。俄国人喊它是"魔鬼的喷水壶"。《肉弹三勇士》一书的作者佐久里曾经这样说："弹带把枪弹送入枪镗，好像电影机换片子一样。请听它的声音！从近处听来，只是迅速和连续的特特声，在深夜沉寂的远处听来，它的声音好像一架织布机一样。这是一种恐怖的声音！俄军把这种机关枪当作是他们最好的朋友。当一支军队攻击敌方阵地时，毫无疑问的是，这种机关枪使我们最感苦痛和受到最严重的损失。”克鲁泡特金所说也与此大致相同：“机关枪的价值现在变得如此的巨大，使我们感到不可一时无此君。照我的意见，每一个步兵班应有机关枪一挺，分派六个人去背负它和它的弹药。”

由于枪弹、堑壕和铁丝网使阵地正面逐渐变得无法加以攻击，所以炮兵的重要性遂日益增强。间接射击的方法完全取代了直接射击的方法。特列季亚柯夫将军对此曾有下述的评论：

> 这里的事实明白地使每个人认清了炮兵的真正价值。假使能使敌方的炮声归于沉寂，则可以不经过特殊困难的战斗就能占领敌方的阵地；因为一旦把敌方火力控制住了，就可以任意选择一个攻击点，把自己的全部炮兵火力都集中在这一点上，然后只要用相当少数的人员即可以把它攻占。

这里应该记着的是，在这场战争中，野战防御工事都只包括着一条单独的堑壕线，这是可以用大量的炮兵火力来加以压倒的；假使是纵深地区的防御形式，由于当时的野炮射程还不能够掩盖着它们，所以也就无法用同样的方法来对付了。只要这种情况继续存在，则英国的目击者何姆少校（Maj. J. M. Home）所说的话就是完全正确的：

> 我所获得的最大印象，就是炮兵现在变成了决定性兵种而所有其他的兵种都变成了它的辅助兵种了。炮兵的重要性已经无法再强调了，因为假使其他的各种情形都相等，则具有最好炮兵的那一方面，就几乎总是可以获得胜利。

> 因为我深信炮兵是具有如此巨大的重要性，所以应否裁减其他的兵种以大量增强炮兵，也是一个很值得考虑的大问题。必要时，步兵大约只要三个月的时间即可完成训练，而炮兵却是无法临时拼凑的。
>
> 炮兵发展的突飞猛进，开始使人感觉到步兵火力的有效射程已经不再能够超过600码，超过这个距离，敌方的炮兵火力就可以阻止步兵使用他们的步枪。

可是在战后却很少有人再注意到这些战术上的变化，野战中炮兵的需要和机关枪与铁丝网合用所具有的迟滞能力，都又为人所忽视了。日本人在其对于七光炮台所作的最后攻击中，曾经使用砒质的毒烟，可是以后却并无一个人注意它，或是梦想到它的含意。

比这些战术变化还更重要的，就是日本的胜利对于世界事务的影响。它使俄国国内的革命滋长得更为迅速，而终于一发不可收拾。它使德国的东面解除了后顾之忧，于是它可以集中全力到西面去，使欧洲的权力平衡终告破坏。它也使英国放弃了其孤立政策，这也正是“不列颠和平”的基础。为了重建平衡，它与德国日益疏远，而与法国日益亲善。此外，它也向白种人对于有色人种所具有的优势挑战，唤醒了亚洲和非洲的各民族，这对于所有的殖民帝国都是一个致命的打击。虽然在当时对这些后果很少为人所认识，可是帕夫洛维奇（Pavlovich）在他的《民族政策与殖民政策的问题以及第三国际》一书中，却曾经有过下述的评论：

> 1905年的俄国革命对亚洲人民的生活，是具有极大的影响，正和法国革命之于欧洲人民是一样的。它促成了土耳其的革命，使哈米德（Abdul Hamid）因之而倒台。它也使波斯人获得了强烈的刺激，使它同时对内求改革对外求独立，对于中国也是一样。

但是在每个地区，都由于欧洲人的干涉而使民族自由的梦想未能兑现。

在非洲这个影响也是同样的广泛。狄赛（Dicey）是一位曾在非洲住过40年的英国人，他在其《埃及的前途》一书中曾经有过下述的评论：

> 在过去，土人们都深信即令他们再勇敢，也还是注定了必然会被欧洲人所击败，可是现在却突然地觉醒了。因为俄国一向被人认为在欧洲具有最强大的军事力量，现在却居然被日本击败了。它的陆军败逃，海军毁灭，要塞被攻占。日本是一个比较弱小的国家，不管其他的情形怎样，日本人却既不是高加索人又不是基督徒。诚然，这些非洲土人对于日本的情形一无所知，可是所有的非洲人，却都直接或间接地知道了，在远东的俄罗斯侵入军，已经为一个素不知名的非欧洲民族所击败了。

这个世界性的革命，却在印度——不列颠帝国权力的枢纽——真正发展成形了。安德鲁斯（C. F. Andrews）在他的《印度的复兴》一书中，曾经说过：

> 甚至在极遥远的村落中，农民们都在纷纷谈论日本的胜利。有一个在西亚具有长期经验的土耳其领事告诉我说：在内地到处你都可以看见这样的现象。亚洲已经在动了，几个世纪的迷梦最后终于被打破了。这是世界史中另一新章的开始。亚洲的旧日光荣和伟大似乎又将恢复了。

普拉德汉（R. G. Pradhan）在《印度的独立奋斗》一书中，也有同样的看法：

> 日本的胜利对于印度人心的影响，是不可能再加以夸大的了。印度学生开始研究日本历史，想要发现其战胜欧洲最大强国的原因。他们所发现的答案为日本的爱国心、自我牺牲和民族团结。这才是军事能力以外的奇迹力量。1907、1908和1909年，印度学生都纷纷到日本去留学，他们回国之后，遂成为印度独立运动的中坚分子。

所有这些事实都是这一战的后果。这一战是在亚洲的极东面打的，450余年以前，在欧洲的极东面也曾有一个同等伟大的冲突。1905年的旅顺陷落，与1453年的君士坦丁堡陷落，都同样是历史上少数的真正重大事件。

大事记（五）

第一次世界大战的基础

美国的兴起，中欧第二帝国的出现，远东日本帝国的勃兴，英法德三个海外帝国的扩张，[1] 南非黄金的大量涌出，[2] 使世界进入了战国的状况。德法英俄之间的合纵连横，使世界性的冲突风云突起。

和历史中的惯例一样，这种冲突的近因通常都可以在上次战争（1870—1871）的结果中去寻找。从普法战争结束之后一直到俾斯麦解除首相职务时（1890）为止，他的政策都是如何稳定和确保德国已经赢得的和平。为了达到这个目的，他一方面设法孤立法国，另一方面则设法维持德国与俄国之间的友好关系。为了达到第一个目的，1879 年 10 月 2 日，他与奥国缔结了一个防御性的条约，这就是所谓"两国同盟"（Dual Alliance）。两年之后，法国人占领突尼斯（Tunisia），遂又使俾斯麦获得了一个要弄外交手段的机会。

[1] 从 1870 年到这个世纪的终了，英国获得了土地 475.4 万平方英里，法国为 358.358 万平方英里，德国为 102.622 万平方英里，比利时为 44.7 万平方英里，而美国则吞食了残余的旧西班牙帝国。

[2] 从 1850 年到 1853 年，世界的黄金年产量从 181. 96 万两增到 635.0108 万两，以后就一直稳定到了 1892 年，然后在 1908 年又迅速增到了 2152.93 万两。

这一次的兼并使意大利大感不满，于是它加入了两国同盟，而使其变成了“三国同盟”（Triple Alliance）。这样的情形一直保留到1888年6月15日为止，在这一天，霍亨索伦王室的威廉二世（1888—1918）做了德国的皇帝。他是维多利亚女王的外孙，由于他的父亲腓特烈二世逝世，所以他有了承继大统的机会。

他是一个性情冲动、头脑僵化的人，虽然也很勤勉、诚恳和具有爱国心。他是理想多于实际，好慕虚荣，一向以一个独裁者自命，当他即位不久之后，就曾经宣布说：“这个国家只能有一个主人，那就是我自己。”他很希望做一个超级的军阀，虽然他曾经使他的国家在26年之内还不曾投入战火之中，可是他的许多荒谬言论却已经足够使他在国际政治中变成了一只斑蝥。1890年，他罢免了俾斯麦；第二年法国人因为害怕这位德国的新主人，遂开始与俄国谈判，两国终于在1893年签订了一个防御性的同盟条约。两年之后，沙皇尼古拉二世（1894—1918）访问巴黎，受到了热烈的欢迎。

这样就成立了两个对立的同盟，虽然如此，只要大不列颠还能置身事外，则欧洲的和平所感受到的威胁还是不会太大，而且即令战祸发生，若无英国参加，则战祸也似乎很难蔓延到欧洲以外。不幸这种情况的发展尚未终了，因为从1895年起德国开始向海外发展。其第一炮就是德皇在其帝国建国25周年纪念会中所发表的演说，他说德意志帝国将不仅是欧陆性的而是要变为世界性的。若能不把这话明说，似乎是比较聪明，但是“恺撒”（Kaiser）的新世界政策（Weltpolitik）却是自从普法战争之后德国迅速工业化的后果。从1870年到1895年，它的人口已经从4100万增到5500万，其粮食的供给已经逐渐要依赖外国的贸易。为了支持其遍及世界的贸易商人，德国必须以世界强国自居。很不幸的，这就是说要与大不列颠之间发生商业上的冲突。

其次在1898年，为了保障德皇的扩张政策，德国国会通过了一个决议案，决定扩充德国海军，其所附带的说明中很明白地指出：

“这种大海军的目的，是要使最伟大的海权国家都不敢向它挑战，否则就必须使其自己的优势有受到破坏的危险。”这一炮正对着英国而发，当时它因为法绍达（Fashoda）事件与法国已经走到了战争的边缘上。接着在1899年南非战争爆发，英国才发现它处于孤立的地位，几乎所有的欧洲国家都对它表示敌意的态度。这次战争爆发之后，德国国会通过了一个新的海军扩建法案，决定其舰队的永久性编制为战斗舰38艘和装甲巡洋舰20艘，每艘船过25年就调换一次。1901年1月22日，维多利亚女王逝世，她的儿子爱德华七世（1901—1910）承继王位。这就是当时的情况。

在南非战争中，德国表示敌意的态度，加上其海军的扩张和德皇的“大吹法螺”政策，遂使英国也掀起了强烈的反德宣传，德国方面当然也有了回应。这种宣传却使两国之间真正的争执原因被掩蔽住了：似乎德国并无故意向英国挑战的意图，更不必说想要侵入英国——但这却是一般英国人的幻想——可是德国海外贸易的巨大扩张和其商业舰队的渐次扩大，却使英国商业受到了极大的威胁。从1894年到1904年，德国的贸易总值从36 500万镑增到了61 000万镑；商船的吨数也增加了234%。这种贸易的斗争到了1907年，即已经达到十分尖锐化的程度，当时美国驻意大利的大使亨利·怀特（Henry White）为美国国务院所指派，到伦敦去探询英国政府对于第二次海牙会议的意见。以下为他与英国外长巴福尔（Arthur Balfour）的谈话记录，见尼芬斯（Allan Nevins）所着的《亨利·怀特：美国外交三十年》一书中：

巴福尔（低声地说）：“我们可能要算是呆子，因为在德国建造了许多的船只和抢夺了我们的商业之后，而我们还找不到一条理由来向德国宣战。”

怀特：“在私生活中你是一个心灵非常高尚的人。你为什么会想到这种在政治上不合于道义的事情，向一个完全无害的国家挑战？德国不是和英国一样有理由可以发展它的海军吗？假使你想要与德国在贸易上竞争，那么你们就应该更努力地工作。”

巴福尔：“那就是说要降低我们的生活水准。或许对于我们而言，还是发动一场战争比较简单。”

怀特：“你居然会有这样的思想，真使我大吃一惊。”

巴福尔：“这是一个‘是非’的问题吗？也许只是一个如何保持我们优势的问题。”

我们对于这一段谈话所应注意之点，不是巴福尔个人的思想，而是由于工业革命之故，产生了一种经济性的生存斗争。于是为了自保的原因，人类又只好回到了丛林中的生活方式。原始性的斗争是发生于人与野兽之间，现在这种工业性的斗争却是发生于民族与民族之间——但其充满了兽性则完全是一样。1919 年 9 月 11 日，美国威尔逊总统在圣路易曾经发表了一个演说，把这个问题的核心揭露了出来，他说：

为什么，我的同胞们，在这里没有一个男人，或是一个女人，甚或是一个小孩子，会明了在近代世界中的战争原因，即为工业和商业上的对立呢？这次战争是一个商业性和工业性的战争，而不是一个政治性的战争。

差不多在同一时间之内，凯恩斯（J. M. Keynes）在他的《和平的经济后果》一书中也曾这样写道：

权力的政治是无可避免，关于这一次战争和其目的，似乎并没有什么新东西可以学习。还是和过去的每一个世纪中一样，英国已经毁灭了一个贸易上的敌人。

爱德华七世在1903年打破了英国在南非战争期间所建立的孤立状况。在那年的春天里，他去访问巴黎，到达时受到了群众的奚落，而离去时却受到了他们的欢呼。他个人的优雅风度，和他对于他的外甥，德国的“恺撒”，所表示的不同情态度，已经获得了法国人的好感。在他访法之后，英法两国之间即开始签订了一连串的协定，并于1904年4月，建立了一个“英法协约”（Entente）。一个友好条约逐渐发展成为一个秘密的军事同盟，于是使英国的历史完全改道了。劳合·乔治（Lloyd George）在他的《战争回忆录》中，曾经有下述的一段记录：当条约签字之后，罗斯伯里勋爵（Lord Rosebery）曾向他说：“好啊，我相信你也一定和其他的人一样，对于这个英法协约感到愉快。”乔治就说不错，并认为与法国之间的那种若即若离的关系是已经告一段落了。后者却回答说：“你完全错了，这就是说结果是一定要与德国发生战争！”四年之后，英国的海军参谋总长费歇尔爵士（Sir John Fisher）更表现出来他是具有先见之明。他说：

> 我可以预言，假使英国为了允许法国的要求，要将一支英国陆军在法国境内登陆，以与德国交战，其结果即将使英国受到有史以来所未有的巨大打击——这并不是战败，因为我们是决不会屈服的——但是对于我们的经济资源而言，却是一个致命的打击，并且会使英国的海军降格成为一个“辅助性的军种”。

依照这个英法协约，两个政府开始解决他们之间的重要殖民地争端。英国在埃及获得了自由处理的权利，而法国则对于摩洛哥也获得了同样的权利，其唯一的条件即为应尊重该国的主权完整。虽然如此，在10月法西两国却签定了一个条约，把摩洛哥瓜分了，并把这个密约的副本送给英国外交部。虽然这是与英法间的协议明白地发生了抵触，可是英国的外长兰斯多恩勋爵（Lord

Lansdowne）却无异议地接受了。这样就引起轩然大波。

1905年3月，德皇因为对于这个密约事前毫无所闻，还以为摩洛哥会变成第二个突尼斯，遂出发访问丹吉尔（Tangier）。于是法国对他大肆攻击，为了阻止战祸的爆发，美国总统老罗斯福（Theodore Roosevelt）出面调停，建议召开一个国际性的会议。1906年1月，会议在阿尔赫西拉斯（Algeciras）举行，各强国同意维持摩洛哥的独立。虽然这次会议使风波暂时平息了，可是却使欧洲分成了两个对立的阵营——德国和反德国两方面。为了加强后者，英国的外交部长格雷爵士（Sir Gray）又同意英法两国陆海军参谋本部之间进行秘密的会谈。早在1904年，费歇尔爵士即曾说服英国政府，把英国舰队的重心从直布罗陀移到北海方面。次年，当他为第一艘"无畏"（Dreadnought）战舰安放龙骨时，他就把德国的全部海军计划都打倒了，因为"无畏"战舰使所有现存的战舰都变得落伍过时了。

在阿尔赫西拉斯会议之后不久，英国政府又与俄国人之间获得了一个谅解，其中有一项即为同意瓜分波斯——这又是一个独立国——为三个区域，南北分别为英俄两国的势力范围区，而中间则为中立区。这个解决方案又使俄国在远东方面解除了后顾之忧，而可以集中其全力来参加欧洲政治中比较更危险的赌博。于是三国协约面对着三国同盟，换言之，一旦战争爆发，则德国必须在东西两面作战。

当摩洛哥危机正在使国际关系发生震动时，在英国又发生了一个海军恐慌症，这是柯芬特里兵工公司（The Coventry Ordnance Co.）的穆里勒尔先生（Mr. Mulliner）所鼓动起来的，结果使英国政府、反对党和人民都大感震惊，因为这是如此的不合理，所以费歇尔才决定把真实的情况向英王提出报告。1907年的年底，他向国王如此地报告说：

> 在本年（1907）的 3 月中，这是一个绝对的事实，德国既未建造一艘“无畏”舰，同时在 18 个月之内，也未准备建造一艘战舰或大型的巡洋舰。德国战斗舰中全体船只之半数，都只能与英国的装甲巡洋舰相等。现在这也是事实，英国有了 7 艘“无畏”战舰和 3 艘“无畏”战斗巡洋舰（照我的意见，后 3 艘为“无畏”级中的最佳者），一共是 10 艘已经建造完成或正在建造之中。而德国人在本年 3 月，却连一艘“无畏”舰都没有。我们有驱逐舰 123 艘，潜艇 40 艘，德国却只有驱逐舰 48 艘，潜艇 1 艘。德国的海军部长铁毕子上将（Tirpitz）在其最近的一个秘密报告中，曾经说过英国的海军实力，现在是要比德国的强过四倍。诚然的，我们将使英国的海军永远保持着这样的实力，但是我们却并不想向全世界公开发表。

以后在 1909 年 3 月 21 日，费歇尔又曾致书给艾歇尔勋将（Lord Esher）：“4 年来的持续计划就是要想在本国的海面上，累积出两个完整的舰队，每一个都比德国在战时所能动员的全部舰队还更为强大。这种情势不是几年内可以改变的，所以你可以在床上安静地睡着！德国人并未疯狂地造舰来与你作战！不，他们所日夜害怕的是一个第二次的‘哥本哈根轰击’，他们知道一个皮特或一个俾斯麦都会这样做的！”

虽然反对党的领袖巴福尔先生明知这些事实，可是 1910 年 1 月大选中，却故意对德国展开了激烈的攻击，以促成人民的恐德心理，从而为保守党争取选票。他宣布说英国处于危险之中，其海军实力是不充足的。他说：“我可以向你们保证，多数的国家都一致认为英德之间的斗争，是已经无可幸免。”自由党的丘吉尔先生（Mr. Winston Churchill）也反驳说：“保守党对于海军的态度简直是可耻。这种政策是想造成不合理的恐慌现象，并且毫无理由地造成两大民族之间的恶感。”

海军问题的关键是在这里：英国每届政府的政策，都是促使英国人民的眼光只注意到英德两国之间的海军扩张关系，而并不曾想到德国除了对英的战争以外，还另有其他有关海军的考虑。英国人完全忽视了假使德国与法俄两国之间发生了战争，其海军情况将应该如何，可是这种情况却正是 1900 年以来德国海军政策中的支配因素。铁毕子曾经说过："我们应能把俄国舰队封锁在波罗的海之内，而同时又能阻止法国舰队进入该海。"以下的数字为从 1909 年起到 1914 年止，各强国间的建造新舰的费用比较（单位为英镑），从这里即可一目了然。

年份	英国	法国	俄国	德国
1909	11 076 551	4 517 766	1 758 487	10 177 062
1910	14 755 289	4 977 682	1 424 013	11 392 856
1911	15 148 171	5 876 659	3 215 396	11 701 859
1912	16 132 558	7 114 876	6 897 580	11 491 187
1913	883 875	8 093 064	12 082 516	11 010 883
1914	17 676 080	11 772 862	13 098 613	10 316 264

1914 年，奥意两国建造新舰的费用分别为 4 051 966 英镑和 3 237 000 英镑。若是把它们加在德国的数字上面，即可以知道当战争爆发时，三国协约方面所花在造舰上的金钱要比三国同盟方面多了两倍半，而法俄两国的总和也比德国的差不多多了两倍半。所以若说德国的海军扩建足以威胁英国，实在是无稽之谈，可是自从 1909 以来，这却经常成为宣传的对象。真正的原因并非德国的海军威胁了英国，而是诚如巴福尔向怀特先生所说的话，德国的商业舰队逐渐抢去了英国的生意，而德国的工业生产也快要胜过了英国的。假使这种情况听其发展下去，则英国的经济即有崩溃的可能性。

1910 年 5 月 6 日，爱德华七世逝世，由他的儿子乔治五世继位。

但是在他尚未加冕之前，1911 年 6 月 22 日，在摩洛哥又发生了另一次激烈的意外事件。法国政府希望能完全控制摩洛哥，遂以保侨为借口而占领了非斯（Fés）。虽然德国政府仍然不知道 1904 年的密约，但却认为法国是违反了《阿尔赫西拉斯条约》，于是立即派了一艘炮艇“豹”号（Panther）到阿加迪尔（Agadir）去保护德国在摩洛哥的侨民和商业利益。劳合 · 乔治，此时还是英国的财政部长，遂在伦敦市长官邸（Mansion House）中，发表了一篇激烈的演说，几乎触发了战祸。但是到了 11 月，终于还是获得了和平解决，结果法国在摩洛哥获得了自由处理权，而德国则分得了法属刚果的一部分。这却不能使意大利感到满足，因为害怕法国人的下一个步骤即为占领的黎波里（Tarābulus），于是它就以保护商业和侨民的“正常”借口，向土耳其宣战，侵入的黎波里，并占领佐泽卡尼索群岛（Dodecanese）中的罗得岛等岛屿。

自从在远东方面为日本所挫败之后，俄国又回转身来向西发展，因为它现在是法国的同盟国，并为三国协约中之一员，所以向这一方面的发展就要比 1877 年的情形有利得多了。它的目的是在欧洲重建权力平衡，第一是清算土耳其，第二是在精神上削弱奥国，第三是进一步在物质上削弱德国。它所企图使用的工具即为巴尔干国家，尤其是塞尔维亚和保加利亚两国。前者已经于 1878 年获得了独立，但后者仍为土耳其的藩属，这些都使保加利亚人感到不满意。1908 年 10 月 5 日，斐迪南亲王公开宣布他的国家是一个独立的王国。接着，奥国又兼并了波斯尼亚（Bosnia）和黑塞哥维那（Herzegovina）两州。

这是俄国所不能放过的一个好机会。俄国政府立即向巴尔干诸国发动宣传，告诉他们如果再不停止内争，共御外侮，那么就有为奥匈帝国逐个吞并的危险，结果组成了一个“巴尔干同盟”（Balkan League）。当意土战争发生时，它就认为这是牺牲土耳其以求扩张的最好机会。

1912年8月8日，当意土战争快要结束之际，门的内哥罗（Montenegro）遂向土耳其宣战，保加利亚、塞尔维亚和希腊也都陆续加入。马其顿为塞尔维亚人所攻占，希腊人占领了萨罗尼加，保加利亚人在累次击败了土军之后，进到了君士坦丁堡以西不过几英里远的地方。12月3日，双方同意休战，但直到1913年5月30日，才在伦敦签订了和约。可是当和约签订之后，巴尔干诸国就因为分赃问题而引起了争吵。未经过宣战的手续，保加利亚人即向塞尔维亚人和希腊人进攻。罗马尼亚人也加入了战争，还有土耳其——现在由恩维尔（Enver Pasha）所统治着——也乘机收复了亚得里亚堡（Adrianople）。结果保加利亚人终被压倒，8月10日签订了《布加勒斯特（Bucharest）条约》，结束了第二次巴尔干战争。土耳其在欧洲的领土只剩下了亚得里亚堡和君士坦丁堡两个城，以及其周围的地区，包括盖利博卢（Gallipoli）半岛在内。

虽然这两次巴尔干战争，几乎已经把土耳其完全逐出了欧洲之外，可是对于俄国而言，第二次战争却是一个挫败，因为它瓦解了巴尔干同盟。虽然如此，它却使欧洲处于如此紧张的情势之中，于是另一个危机又将一触即发，而足以使俄国当局可以继续执行其对奥政策。豪斯上校（Col. E. M. House）是美国威尔逊总统的无任所大使，他早就认清了这一点。1914年春天，他去访问柏林，在他向美国总统的报告中，有下述一段话："整个的德国都好像是充了电一样，每个人的神经都是紧张的，只要有一个火花即可以引起全面的爆炸。只要英国一表示同意，法俄两国就会与德奥两国打起来。"

俄国所害怕的就是英国会不肯表示同意。俄国驻英大使本肯多夫（Benckendorff）写信给俄国外长萨扎诺夫（Sazanov）说："若不能离间英德间的关系，则英俄协约即无法维持。"俄国最害怕的是时间的延迟。奥国皇帝约瑟夫已经84岁，其皇储斐迪南大公（Archduke Francis Ferdinand）是反对大塞尔维亚运动的主持人。

俄国决心不惜一切成本，以使南斯拉夫人倾向俄国，而不倾向奥国。这就是 1914 年 6 月 28 日奥国皇储夫妇在萨拉热窝（Sarajevo）被刺时的情形，于是战国的时代终于实现了。

依照塞尔维亚驻德国代办波吉特希维区（Bogitshevich）的说明：

> 塞尔维亚早已获得了俄国的保证，说这一次它绝不背弃塞尔维亚。此外更重要的，俄国人也告诉塞尔维亚人说，对于德奥的战争是早已决定了，仅仅因为英法自愿被牵入战争，所以这个奥国皇储被刺的事件才能算是发动战争的有利借口。实际上，这场战争本身只不过是奥塞两国之间的局部冲突而已。假使英国外相格雷爵士只要向俄法两国表示，英国对于这个冲突不感兴趣，并保持尔后的完全自由行动权，则这场欧洲战争也许根本不会发生——它并不需告诉德国。但是这些话当然是有一个假定，那就是英国并未受到那样严重的束缚，以至于完全无法退出。

很不幸的，不仅是英国而且是整个世界都已经在作茧自缚之中。在秘密外交的掩蔽之下，1904 年的“协约”已经变成了一个无法解脱的秘密军事同盟了。

7 月 23 日，奥国的最后通牒送达了贝尔格莱德，时限是 48 小时，为了阻止俄国采取行动，英外相格雷力劝塞国政府全面屈服，但是萨扎诺夫的想法却完全不同。他宣布说这种最后通牒实为史无前例的侵略行为，认为唯一避免与德国发生战争的方法，即为使柏林当局认清其所面临的为协约国的联合力量。于是俄国遂下令部分动员。德国方面表示说，这个问题应由奥塞两国之间去单独寻求解决，任何其他强国的干涉都足以引起无法估量的后果。德国是夹在法英俄之间，它的形势是极不利于一个全面的战争，可是诚如德国白皮书中所指出的：“假使俄法两国继续帮助塞尔维亚，以危害奥国的生存，其结果即将为奥国的逐渐崩溃和所有斯拉夫民族都归顺在俄国的旗帜之下，于是条顿民族在中欧就会无法立足了。在俄国的大斯拉夫主义的压迫之下，一个精神上已经削弱了的奥国就会不再具有同盟的资格，于是德国也更难抵抗东西两面日益增加的压力。”所以德国毅然地决定支持它的同盟国。

7 月 25 日，塞尔维亚对于奥国的最后通牒，提出了答复，虽然措词恭顺，但因内容不完全，所以被奥国拒绝了。于是奥国下了总动员令，并于 28 日向塞尔维亚宣战。俄国也立即下了总动员令。29 日，德国的首相晤见英国驻柏林的大使哥申爵士（Sir Edward Goschen），告诉他说，假使英国保守中立，在一旦战胜法国之后，德国允许尊重法国的领土完整。英国人拒绝了他这个建议。

7 月 31 日，德国驻圣彼得堡的大使奉命把最后通牒送与俄国政府，要求它在 12 小时之内停止动员，否则德国即将动员。因为俄国拒不作答，8 月 1 日德俄两国遂进入战争状态。于是法国也下令总动员。

8 月 2 日，意大利宣布中立，[1] 英国外相格雷通知法国政府说：假使德国舰队在英吉利海峡中攻击法国，则英国的舰队即将出面干涉。此时，早在 8 月 2 日，德军的骑兵巡逻队已经越过了卢森堡的国界，下午 7 时 20 分，德国驻比大使把一件通牒交给比国政府，要求准许德国部队在比国境内有自由通过的权利。假使比国表示同意，则战后德国将维持比国的独立和领土完整。答复的期限为 12 小时，结果被拒绝。

8 月 3 日，比国国王向英国国王提出私人性的呼吁，要求保护他的国家。下午 6 时 45 分，德国向法国宣战，九个小时之后，又向比利时宣战。最后，到了 8 月 4 日下午 3 时，英国外交部才命令哥申爵士向德国政府要求保障比利时的中立，这是有条约保证的，

[1] 奥国直到 8 月 6 日才向俄国宣战。

应该加以尊重。于是德国首相贝特曼霍尔维格（Bethman-Hollweg）向他回答说："仅仅为了一束废纸，大不列颠即愿意与一个同种族的国家交战。" 8 月 4 日午夜，英国向德国宣战。

德国首相所说的话常为人所批评，可是对于1839年的条约而言，则可以说是大致正确的，即令不是一束"废纸"，也只不过是一张"灵符"而已。这个条约并未规定英国所应负的责任，也并未规定一旦任何国家若侵入比国领土时，英国即有派遣部队参加战争的义务。诚如后来（1915 年 3 月 8 日）英国《泰晤士报》所指出来的：即令德国不破坏比利时的中立，英国的"荣誉和利益"也还是会逼迫它与法俄两国联合一致，以对德作战。假使该报的编者若再加上一个补充说"以及国会所完全不知道的秘密外交和秘密义务"，那么他的说法也许就会更加正确了。

第五章

马恩河会战和坦能堡会战

以奥塞两国间的不幸事件为起点，这场战争迅速地发展成为世界性冲突的形式，其原因是所有的各大强国都被包括在内：日本和土耳其分别于 8 月 23 日和 10 月 29 日，加入协约及同盟两方面。1915 年 5 月 4 日，本来是三国同盟中的一分子，意大利也由中立的状态终于加入了协约方面。最后，1917 年 4 月 6 日美国向德国宣战之后，其他南美洲和世界其余部分的许多国家，也都随之而向德国宣战了。于是战争变成了真正全球性的，没有一个较强大的国家可以置身事外，足以充当仲裁者的职务。[1]

对于这样一场巨大规模的冲突，本书因为限于篇幅，所以对于一切周边性的战役，都无法细述，虽然其中有许多都是具有巨大的历史性后果的。此外，作者也故意保留下了相当的篇幅，在尚未叙述第一次决定性会战之前，先分析主要交战国家在战前时代中的军事理论，尤其是注意德法两国，因为他们是战术性步伐的决定者。

[1] 在意大利加入协约国之后，罗马尼亚和葡萄牙也加入了，而保加利亚却加入了同盟国方面。希腊本来还想保持中立，但当联军占领了萨罗尼加之后，它就被迫加入了协约方面。

若不先了解这些理论，则对于下述的事实即无法解释其理由：尽管在战争开始后的六个星期之内，德国人即已遭到了惨败，而战争却仍然拖到了 1918 年 11 月才停止。因为战争拖得太久，遂引起了许多的并发症，而终于使历史的途径发生了根本的改变。

在这场战争以前的 40 年当中，可以说是军事理论的滋长时期，因为在这个时期当中，工业文明有了极大的进步，对于现有的科学时代，它们虽不能说是摇篮，但至少可以算是保姆。在这个时代的许多军事理论家当中，最杰出的一个要算是布罗赫（I. S. Bloch），因为他钻到了战争问题的根本之内。他是一位波兰籍的银行家兼经济学家。1897 年，他出版了一部分析近代战争的巨著，其书名为《技术、经济、政治关系中的未来战争》（*The War of the Future in its Technical,Economic and Political Relations*）。1899 年在英国有节译本问世，是斯提德（W. T. Stead）所编辑的，书名改为《战争现在不可能吗？》（*Is War now Impossible？*）

布罗赫的理论认为形成战争的就是文明，因为在 19 世纪的末叶，人类文明已经快要通过它的农业时期而进入工业时期，所以战争的性质当然也会随之而改变。他说：

> 当你所要应付的是一套全新的考虑，那么老是再谈论过去又有什么用处呢？只要把 100 年以前的情形，拿来与现有的情形做一个对比，即可以完全明了。在铁路、电报、轮船等尚未发明之前，每一个国家多少都是一个调和的、自给自足的、闭关自守的单位。现在一切都改变了。由于生活上的需要，国与国之间的互相依赖性与日俱增。所以战争中的第一件事，就是要使对方受到经济上的封锁。军人的地位下降了，而经济学家的地位却上升了。

所以战争已经不再是一个有利的上诉法庭，而过去把战争当一种生意看待的观念也完全是荒谬不经的。自今日视之，它是一种疯狂的土匪行为——自己抢劫自己的家室。

他又说：“战争终极的表面象征，即为弹夹式来复枪的引用。由于自然的演化，军人们已经成为完美的屠杀机器，最后终会使他们自己归于绝灭。”

他对于近代战斗的描写可以说是极为正确，因为那正是17年后的真正景象。他对于这场战争本身的预测，也是同样的正确：

> 最初是屠杀的程度日益增加，达到了如此可怕的程度，终至于无法推进部队以使会战获得决定性的结束。他们最先还以为仍然是在旧有的条件下作战，尽量地尝试使会战能获得决定性的结果，最后才算是学会了一个教训，从此永远放弃这个企图。这场战争已经不再是一个肉搏性的斗争，在这种斗争中，双方人员是互相考验其物质上和精神上的实力；现在却变成了一种僵持的局面，双方都是不分上下，彼此对峙着，虽然可以互相威胁，但是谁都不能进行一个最后而具有决定性的攻击。这就是未来的战争——不是战斗，而是饥饿；不是人员的杀伤，而是国家的破产和全部社会组织的崩溃。在下场战争中，所有的人都会进入堑壕之中。这将是一场伟大的堑壕战争。对于一名军人而言，圆镐将和他们的步枪一样，变成了不可缺少的兵器。所有的战争必然地会具有围城战的性质，军人们可以随他们的高兴来进行战斗，可是最后决定之权却是操在“饥饿”的手中。

他所想象中的战争为三国同盟对两国同盟；在战场上的兵员总数将达1000万人；战场是如此的辽阔，将使指挥成为不可能；骑兵会丧失作用，刺刀的时代已经过去了，而炮兵将成为主要兵种。

虽然他的预言对于下一场的战争，是作了很正确的描写，可是布罗赫却并未能使他的理论获得一个合乎逻辑的结论。假使他的分析是对的，那么进一步说，唯一不可能的事情，就是战争是绝不会永远地保持着静止的状态。要使他的预言完全灵验，则必须能使他那个时代中的条件永远不变，可是自从进入了 20 世纪之后，就连串地爆出了许多的新发明，它们注定了要使战争的革命变得更为完全，要比公元前 3000 年人类学会了利用骡马的事实还更为重要。

在这个时代内的许多发明中，有两个对于战争的命运具有最重大的决定性影响，那就是内燃机和无线电报。[1]

从商业性的应用上来说，1876 年，奥托博士（Dr. N. A. Otto）才首先发明了气体性的引擎。9 年之后，戴姆勒（Gottlieb Daimler）对它加以改良，并把一具内燃机装在脚踏车上面，这要算是第一辆用石油推进的车辆。以后也就应用到四轮车辆上面，到了 1895 年就开始举行了第一次汽车竞赛。从巴黎到波尔多再回来，这个优胜者以平均每小时 15 英里的速度，走完了 774 英里的全程。最后才是一个最具有革命意义的大捷。1903 年 12 月 7 日，在美国北卡罗来纳州基蒂霍克（Kitty Hawk）的杀鬼山（Kill Devil Hill）上，莱特（Orville Wright）坐上了一架飞机，在天空中飞行了 12 秒之久。6 年之后，布莱里奥（Blériot）乘着一架单翼机，在 31 分钟之内飞过了英吉利海峡。经过了 3000 年的时间，代达罗斯（Daedalus）的神话终于变成了事实。在半个世纪之内，产生了一个新的"权力"，注定了它将改变战争的面貌。

第二个重要的发明——无线电报——其最初的理论形式，是在 1887 年由赫兹（Rudolf Hertz）所创始的。他证明在某种条件之下，一个电流的火花可以发生一种效应，使它变成电波从空间中传播过去。这个发明引起了马可尼（Guglielmo Marconi）的注意，他终于

[1] 其他的重要发明有：1876 年，贝尔（Bell）所发明的电话；1884 年，帕尔逊（Parson）所发明的蒸汽涡轮；1888 年，邓洛普（Dunlop）所发明的轮胎；1888 年，巴特尔（Batter）所发明的无限轨道的牵引机。此外在 20 世纪的初期，卢瑟福（Rutherford）和索迪（Soddy）也开始研究原子核的理论，这也是原子弹发明的起源。

发明了一种实用性的工具，可以检示出这些电波。这个工作很有成效，在 1897 年，他曾发明了一个无线电报，可传达 9 英里的距离，到了 1901 年，这个距离即增加到了 3000 英里以上。

这两个新发明，使战争进入了一个新的境界，这种巨大的变化是火药和蒸汽力的成就所不能望其项背的。前者不仅在道路运输方面造成了一次革命，结果也使陆上战争方面同样地发生了一次革命，而更重要的却是解决了飞行的问题，使战争升入了第三度空间之中。至于后者则更使战争升入了第四度空间，因为从各种意图和目标上来说，这种无线电式的能力传导不仅消灭了空间，而且也更消灭了时间。所以就开辟了两个战场——一为天空，一为以太。

这两大变化，再加上其他数十种较次等发明的结果，以及在冶金学、化学、电学、生物学等学科方面的大进步，遂产生了一种伟大的动力，若是把煤炭和蒸汽所产生的力量来与之做一个对比，那才真是小巫之于大巫。要想夺取权力的是心灵而不是物质，是思想而不是行为，尤其更是一种幻想。新的物质出现了，新的能源被开发了，新的人生观也成形了。从心智上、精神上和物质上来说，这个世界都正在蜕变之中——这个程序是注定了要把工业革命转变成为技术文明。

因为军队与非军事方面的进步脱了节，所以军人们并不能看清楚这一点。他们不能看清楚由于文明日趋技术化，军事权力最后也一定要跟着走上这一条路：因此下一场的战争，与其说是军队与将军们之间的冲突，毋宁说它是工厂与技术家之间的冲突。由于科学的不断进步，所以战争是不可能站着不动。即令是具有远见的布罗赫先生，也都不曾看清楚这一点。

很少有几个海陆军军人，是像他那样具有远见，而即令能够像他一样看得很清楚，却也还是没有认清科学加上工业的力量早就已经使他们手中握有如此强力的兵器，如果能加以适当的组合，则它们即足以阻止纯粹消耗性战争的发生。大多数军人都喜旧厌新，虽然如此，他们却对运动战的观念具有信心，就这一方面而论，多数军人的意见都是与布罗赫的想法相反。譬如说，1912 年，法国的一位著名军事学家巴迪尔少校（Maj. de Pardieu），曾经这样写着：“假使法德两国之间发生了战争，则我们认为不会有堑壕的会战。像普里弗那和奉天会战的情形，在法国陆军所参加的战争中是永远不会有的。” 1923 年，黑尔将军（Gen. Herr）在其所著《炮兵》（*L'Artillerie*）一书中所发表的见解，更足以代表法国军人对于战争的一般看法：“战争一定是短期的，而且充满了快速的运动，运动为其主要的部分，它是一个运动战。会战的主体为双方步兵之间的决斗。陆军应该是一个人力的陆军，而不是物资的陆军。炮兵仅为一种辅助兵种，重炮兵并不太重要，使一个军队拥有太笨重的炮兵，实在毫无意义。”

这一派异教徒的领袖为福煦将军（Gen. Foch）、格兰德梅松将军（Gen. Grandmaison）和朗格鲁瓦将军（Gen. Langlois），他们这个学派的激烈思想，只有教徒可以与他们相比拟。他们的主要原则就是认为对于枪弹的唯一答案即为精神——这简直是义和团式的巫术。[1] 福煦曾经引证戴梅斯特里(Joseph de Maistre)的妙论说：“只有当一个人认为他的会战失败了，然后才是真失败了，因为从物质上来说，会战是不可能失败的。” 福煦又加以补充地说：“所以只有精神上的失败。反而言之，一场会战也可以在精神上求胜利，所以我们可以把这格言再引申如下：只有当一个人不承认自己是被击败了，那么这场会战才会胜利。” [2]

与这种狂言相配合的，福煦又相信“任何火器的进步，其最终

---

[1] 杜皮克上校（Col. du Pick）的《战斗研究》一书，对于这种思想的形成是大有功劳的。他过分夸张了精神因素在战争中的价值。对于短兵相接的古典战斗，他的理论是绝对正确的，对于使用火枪和刺刀的时代，还可以勉强应用，到了来复枪的时代，就要误尽苍生了。可是自从 1871 年以后，他的书在法国陆军中却变成了圣经。

[2] 见福煦所著的《战争原理》。

的结果都只会增强攻势方面的力量”。所以在会战中，只有唯一的原则可以遵循——那就是“攻击”！他似乎完全忽视了拿破仑的遗教：要想使攻击有利，则一定需要炮兵。

可是德国的参谋总长施里芬伯爵（Count von Schlieffen，1891—1905年任职），对此却有一部分的认识，为了要使攻击能胜过防御起见，他增加了德国陆军中的重炮数量。但是却并未能认清专靠重炮本身还是不够的，因为只有以火炮为中心建立一种新型的战斗组织，然后才可以获得真正的优势。自从日俄战争之后，这也是各国陆军所面临的一个最重要的战术性问题，而且也并不是一个模糊不清的问题。

以上所述为第一次世界大战的战术性背景，这是属于看不见的一面，至于可以显见的背景则有如下述：

自从普法战争之后，法德两国的参谋本部都周期性地修改他们的训练教范，而在1905年以后，其内容中所表示出来的战术思想，几乎完全是以攻势主义为基础的，上刺刀的突击仍然是公认的攻击目标。各国的教范之间当然也具有若干的差异，其主要原因是受了民族性和传统观念的影响。从心智方面来说，德国人是稳重而有条理，法国人是迅速而谨慎。法国遵照拿破仑的遗训，认为在攻击中为了不使敌人发现，当已经获得有关敌方的情报之后，即应采取迂回的路线，以便在会战中达到所选定之点作决定性的打击。德国人则不然，他们主张当发现了敌人的位置之后，即应直接向其前进，一方面作正面的攻击，而同时另一面再包围他的侧翼。他们的体系是斯巴达式的，组成一个向前推进的“人墙”，而缺乏总预备队。法国人的体系却是罗马式的，一个较重的后方支援着一个较轻的正面。德国人固然认清了正面是攻不进的，但却还一定要攻，以求把它固定住。法国人相信对于一个侧翼的攻击，总是可以先下手为强，而对于正面的攻击则并不能如此。简言之，由于德国人是讲组织的，所以他们相信计划，而以暴力来支持它。至于法国人却是注重发展个性的，所以相信应巧妙地配合形势。德国人认为法国人的方法是会造成混乱，所以他们将其信仰寄托在将领和他的计划上面。法国人认为德国人的方法会造成巨大的死伤，并且会磨钝了攻击者的刀锋，所以他们将其信仰寄托在个别士兵的主动精神上面。

至于说到步兵战方面，德国人主张用一个密集的火线开始攻击，把它向前推进，直到敌人火力发生效力的地点上，然后用枪弹来窒息敌人的阵地；接着向前爬行到距离敌方约 800 码到 400 码之间的地方，以来获得火力的优势；最后再继续前进，直到 100 码远的时候，才上刺刀冲锋。假使这个最后的前进证明是不可能的，则最后的前进运动应在黑夜中进行，然后再在拂晓时发动突击。法国人的理论基础即为杜皮克的思想；在控制着的火力之下，前进到距离敌方 400 码远的地方为止，据他们的意见，认为到了此时瞄准射击已不可能，所以损失可以减低，于是就开始上刺刀冲锋，以来攻占敌军的阵地。

双方的参谋本部都曾经研究日俄战争中的炮兵战术。法国人认为一切说明日本炮兵优势的报告，都不免具有夸大的意味。德国人则学会了，炮兵的决斗和步兵的攻击，在会战中实在是一件事而不是两件事。对于一切不是直接支援步兵攻击的火炮，双方都承认间接瞄准的利益；但是就其全体而论，德国人却不喜欢作有庇护的射击，他们认为他们的炮兵比起法国是占了数量上的优势，若是能从无掩蔽的阵地上所有的火炮同时向敌军发射，则较容易迅速地击碎敌人。主要的差异还是他们对于榴弹炮的意见。自从普里弗那之战以后，德国人已经采用了轻榴弹炮，而在奉天会战之后，又采用了重榴弹炮。法国人却不喜欢榴弹炮，认为他们的七五野炮已经完全够用了。他们说榴弹炮太笨重了，对于运动战是一种不适用的兵器。虽然德国人宣称这种重型的炮弹，对于部队的士气具有重大的影响，可是法国人却回答他们说：德国部队需要噪音来刺激他们，而法国部队则不然——因为他们太聪明了。

以上所说的即为1905年到1914年的思想全貌。对比地说来，在德法两国的陆军中，当然还是德军对于日俄战争的教训学习得较多。但是双方却都错过了其主要的教训——在防御中是枪和炮弹占了上风，所以其自然的后果即为野战筑城工事。双方也都没有认清，除非在下一场战争中，一击之下即可以获得胜利，否则由于火力的缘故，一场百万大军之间的战争（不是千百人之间的战争）是必然会变成一场堑壕性的战争，而在一场堑壕性的战争中，其必然的结果又正是炮兵和弹药的大量增加。

当战争开始爆发时,各交战国家的兵力如下表所列（单位:万人）:

	法国	英国	俄国	比国	塞国	德国	奥国
步兵师	62	6	114	6	11	87	49
骑兵师	10	2	36	1	1	11	11

虽然兵器的设计是各有不同，但一般说来，它们的标准是大致相同的。几乎所有的运输车辆都还是用马拖的，卡车还只是刚刚开始使用，当宣战之时，英国的陆军部一共只有80辆卡车。不过，较高级指挥官和参谋人员却已经自由地使用摩托化车辆。飞机的使用只限于极小的范围之内：德国陆军只有飞机384架和飞艇（即可以驾驶的气球）30艘；法国人有飞机123架，飞艇10艘；英国人有飞机63架。这些飞行工具主要的都是用在侦察方面。若与过去的陆军做个比较，也许最重要的差异就是1914年的陆军，具有一个组织良好的师属有线通讯连，而且也备有无线电收发报机。

法德两国的战役计划除了都是以攻势思想为基础以外，其余则毫无相同之处。至于说到法军方面，尤其是有值得详细分析之必要，因为这是一个典型的例证，足以说明在拟定一个计划时，应该避免哪些事情。

1911年6月29日，梅希米将军（Gen. Messimy）在卡约

（Caillaux）政府之中担任了陆军部长的职务；在4个月之内，他是第四个担任这个职务的人。3天之后，他第一次晤见米歇尔将军（Gen. Michel）和格兰德梅松上校。前者为最高战争会议的副议长，也是在战时的预定总司令。后者为参谋本部的作战局局长（3^{e} Bureau）。这两个人极不相投，在米歇尔的背后也正酝酿着一个政治财政性的阴谋，而这种阴谋也正是法国民主政治的祸根。

米歇尔将军的观点是，认为一旦德法两国间发生战争，德国人就很可能会做到下述的两件事：（1）在动员其现役部队时，同时也动员其预备部队；（2）其主力的前进线将采取通过比利时的方向。所以他主张法国也必须同样地动员其预备部队，而战争计划的重点则应以阻挠这种前进为原则。他所建议的兵力分布如下：在里尔（Lille）与阿费斯尼（Avesnes）之间49万人，在希尔森（Hirson）与勒泰勒之间28万人，在蒙迪梅与贝尔弗特之间30万人，在巴黎附近则控制预备队22万人。等到德军的计划一经判明之后，这个兵力即可以用来增援上述的任何一方面。

因为好几种原因，这个计划是与法国参谋本部的思想格格不入的。其中比较最重要的一个即为当预备部队与现役部队混合在一起时，将会延迟攻势作战的进度；但是所不能忽视的，是自从1813年以来，预备制度的创始者德国人，就一向是采取这种混合的办法。梅希米知道这一点，而且也知道在最高战争会议中有三位议员——加耶尼将军（Gen. Galliéni）、杜贝尔将军（Gen. Dubail）和杜兰德将军（Gen. Durand）——是反对米歇尔的。为了想要排除米歇尔，7月19日，梅希米召开了一次会议，由于大多数议员都投票否决了这个动员预备役的提议，所以他就向米歇尔说因为他的同僚都已经丧失了信仰，他应该要求米歇尔辞职。在这个最高战争会议中，只有米歇尔一个人认清了将来的情况和知道如何应付，可是却被开除了。现在梅希米就要寻找一个继任的人选。他首先想到加耶尼将军，但因为他曾经投票反对米歇尔，所以他就被摆在一边；接着又征求鲍将军（Gen. Pau）的同意，却被拒绝了。于是他才转而要求霞飞将军（Gen. Joffre）出任该职，后者遂接受了这个任命。霞飞从来不曾指挥过一个军团——甚至连在纸面上都不曾有过这样的机会——而且对于参谋本部的工作，更是一无所知。他要求任命福煦将军为他的参谋长，但因为福煦是一个天主教徒，所以未获允许。梅希米告诉我们说：他之所以选择霞飞，是因为他具有一种坚强、有力和高傲的人格，一种明白而略嫌迟缓的智慧，一种决定力量，虽然并不太快，和临危不乱的冷静态度。尽管这些话说得颇为漂亮，可是梅希米本人却只是参谋本部人员的一个工具而已，而参谋本部才是陆军的真正控制者。事实上的真相是这样的，这不负责任的团体故意把霞飞推向前面，因为诚如沛尔森将军（Gen. Percin）所云，他对于他所应做的事情，简直是毫无所知，所以很容易使他完全成为参谋本部的傀儡而只能对于他们的要求完全同意。换言之，从参谋本部的观点来看，霞飞是一个理想的傀儡。

霞飞是李费沙特（Rivesaltes）地方一个皮匠的儿子，出生于1852 年。他是一个标准的法国农民——细弱而不具有幻想力，固执，刻苦，讲求实际。他知道他自己的缺点，而且设法隐藏它们。他很少写一个备忘录，或是宣读它。他是一个心灵简单的人，他喜欢简单地解决事情，所以他的幕僚人员对于他所要应付的问题，都是给他拟出简单的大纲来。作为一个统帅而言，他是一个战略性的真空，他的参谋本部就盘踞在这个真空之中。虽然如此，以一个战斗的农民的身份，他却拯救了法国，因为他从不推卸责任，因为他是一个具有巨大勇气和巨大蛮性的人。虽然在战争之前，他自己选择他自己的部下，可是一旦宣战之后，这些人都使他失望，于是他不客气地整批加以撤换。在一个月之内，从 8 月 2 日到 9 月 6 日，有 2 个军团司令、10 个军长和 38 个师长都被撤职，换言之，即相当于他所指挥的高级将领中的半数。

当时法国参谋本部所主张的理论，就是“质量加上速度”，这对于霞飞的“牛性”也恰好非常的适合。攻击变成了他的唯一目标，受了他的影响，他的政治性主人法里埃尔总统（President Fallières）在1912年，也曾经这样地宣称说：“我决定毫不踟躇地直向敌人进攻，只有攻势才适合于我们的军人的思想。”所以霞飞就变成一个军事神秘主义学派的工具，这是一个柏格森（Bergson）主义的组织，这是皮耶夫（Pierrefeu）对于法国参谋本部的刻薄称呼。他说：“它的思想基础是反对和不信任智慧，而赞成直观式的神秘主义。”这些军事神秘主义者也就是霞飞的头脑，一切的战争计划都是从此而出。它是内容极为单纯的代表攻势至上的神秘思想。这也代表波那尔将军（Gen. Bonnal）的观念，以前两个战争计划——第15号和第16号——都是由他负责拟定的。

波那尔是一个博学之士，但却也是拿破仑的盲目崇拜者；因为他是一个书呆子，所以获得了当代战略大师的美名。因为他的头脑中已经装满了拿破仑的学问，所以无法使他的知识与正在变化中的条件相配合。他的思想中还是充满了“菱形队形”和“营方阵”等观念，而对于铁路、机关枪和速射炮等因素却毫无认识。他的基本观念就是力求简单。因为照他所假想的，德国人将集中大约10个军的兵力，在都尔与艾皮纳（Epinal）之间，其正面的宽度约为60英里到80英里。所以为了对付他们，唯一必要的途径就是构成一个80万人所组成的营方阵——各军团分为三线：第一线一个军团，第二线三个军团，第三线一个军团。第一线军团应与敌人作正面的冲突，在它的掩护之下，第二和第三两线的军团即开始作迂回的运动。这是“大象型”的耶拿式的运动，而波那尔却深信他已经发现了致胜的秘密。

霞飞的这一批少壮派采纳了第16号计划为基础，以便开始拟订他们的第17号计划。它的基础是两个假定：第一为德国人起初不会把预备部队和现役部队同时用在第一线上，所以他们的兵力在数量上是不够同时向比利时和洛林进攻；第二是假定法军在攻击时是无法抵抗的，所以唯一要做的事情就是把法军集中在梅济耶尔和艾皮纳之间，然后直接开向前去。在这种思想的后面又有“炼铁业公会”的支援，因为他们坚持认为洛林铁矿是必须加以保护的。

霞飞盲目地采取了这些观念，虽然他告诉我们说，他深信德国人不会使用他们的预备部队，或是通过比利时前进，可是话虽如此，在他的回忆录中，他又说：“我们对于他们在 1913 年 10 月 9 日所拟定的动员计划，是早已知道的；我们知道在这个计划里面，已经决定对于预备部队应和现役部队同样地使用。”此外他又说在他的手里有一张德国参谋本部在 1905 年演习中所使用的地图，上面表示德军方面曾经研究用其右翼通过比利时的运动。此外 1906 年的一个大型军事演习计划中也曾表现出一个同样的意图。为了证明法国参谋本部的思想是正确的，在 1913 年，布亚特中校（Lt-Col. Buat）曾经伪造一个文件，假装他是在火车上捡到的。上面表示出来德国人在第一线不会使用预备部队，而德军前进的路线是在默兹河右岸上以梅济耶尔为目标。

尽管事实上，霞飞公开的意图是希望以拿破仑自居，可是专就他本人而论，则简直可以说是毫无计划之可言。他说：“我从不曾有一个书面拟定的作战计划。我除了决定集中一切兵力以便发动攻势以外，就更无其他的预定观念。所以我决定只把我们的研究限制在集中方面，使其可以适应任何作战计划。”

虽然如此，照我们看，他所采取的集中计划是完全与他的理想相反。它的内容如下：

（1）第一军团，司令为杜贝尔：集中在查尔姆—阿尔齐—达尔内（Charmes-Arches-Darney）地区，司令部设在艾皮纳。五个现役军、四个师和两个骑兵师：总数 25.6 万人。

（2）第二军团，司令为戴卡斯提尔劳（de Castelnau）：集中在圣文生桥—米里库尔（Pont St. Vincent-Mirecourt）地区，司令部设在新堡。五个现役军、三个师和两个骑兵师：总数 20 万人。

（3）第三军团，司令为鲁弗里（Ruffrey）：集中在圣米赫尔—丹维耶尔（St. Mihiel-Damvillers）地区，司令部设在凡尔登。三个现役军、三个师和一个骑兵师：总数 16.8 万人。

（4）第四军团，司令为戴朗格勒（de Langle de Cary）：集中在华凡库尔—巴尔勒杜克—伏瓦（Vavincourt-Bar le Duc-Void）地区，司令部设在圣迪济耶（St. DiZier）。三个现役军和一个骑兵师：总数 13 万人。

（5）第五军团，司令为朗里查克（Lanrézac），集中在格普雷德—苏皮斯—肖蒙—波尔西昂（Grandpre-Suippes-Chaumont-Porcien）地区，司令部设在勒泰勒。五个现役军、五个师和一个骑兵师：总数 25.4 万人。

（6）骑兵军：军长为索尔德（Sordet），集中在梅济耶尔，共三个师。

（7）右翼侧卫：集中在费索尔（Vesoul），共三个师。

（8）左翼侧卫：集中西松尼（Sissonne），共三个师。

以上所述为法国参谋本部所决定的兵力分配，并由霞飞批准采用，他的观念是一旦宣战之后，第一军团即应进到巴卡拉—萨尔堡（Baccarat-Sarreburg）之线，第二军团应进到沙林堡—萨尔堡（Château Salins-Sarreburg）之线，以来压倒他的敌人。

他的对手方面的计划，虽然也同样是攻势性质的，但内容却完全不同。1891 年，施里芬伯爵接替了老毛奇，出任德国的参谋总长，到了 1905 年他就修改其原有的计划。毛奇的观念是对俄国采取攻势，而对法国采取守势；但是当俄国人在日俄战争中失败了之后，这种局势遂发生了变化，于是施里芬遂决定只留下十个师和地方性的部队，以监视俄国，而集中其他一切的力量来对付法国。他所决定采用的大战术，并不像许多作家所想象的，不是属于“卡纳”型，而是属于“鲁腾”型。他对于法军兵力集中情形所作的估计，简直和实际情况一样的准确。所以他决定把七个军团的兵力，集中在克里

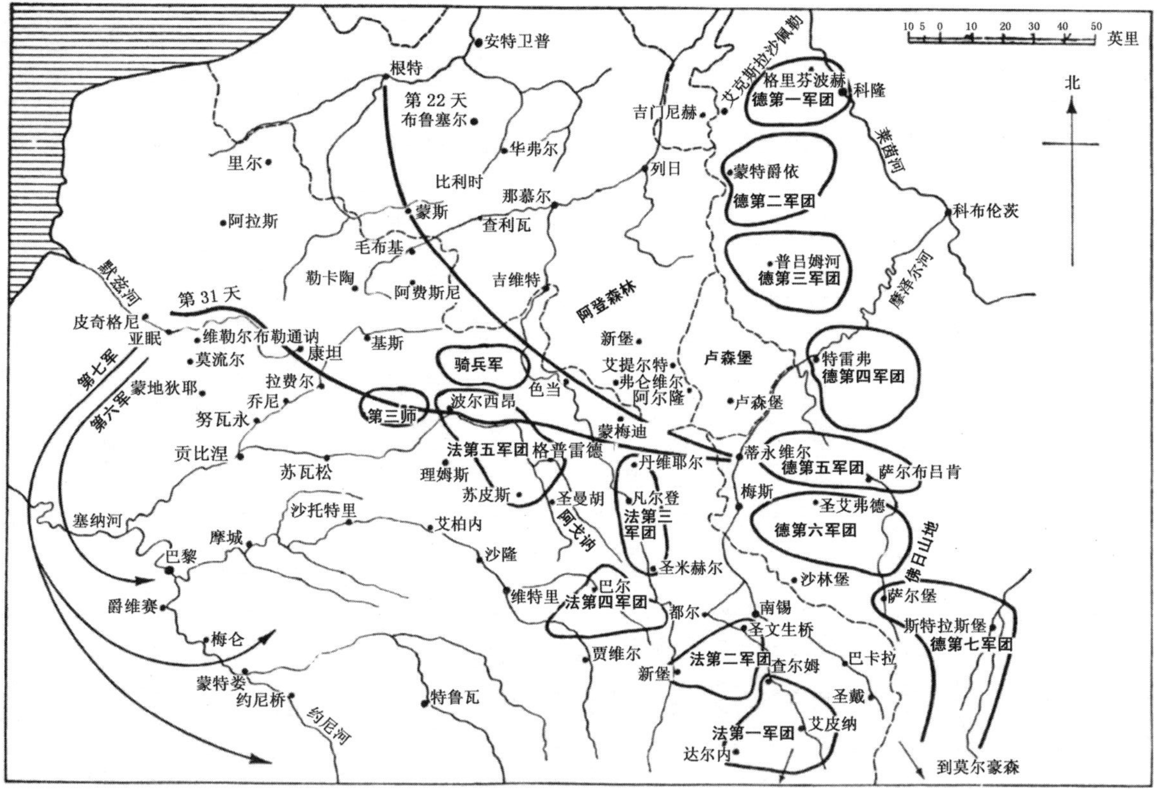

图十二　德法两军的分布，1914 年 8 月

费尔德—莫尔豪森（Krefeld-Mulhausen）之线上，而以蒂永维尔—梅斯（Thionville-Metz）之间为其中心。在梅斯以北为五个军团，在它以南为两个军团。前者共有三十五个半军，支援他们的有七个骑兵师、十六个国民兵旅和六个补充师；后者共有五个军，支援他们的为三个骑兵师。

接着他就计划以斜行序列前进，而以梅斯为其枢纽。左翼方面是预定最先与法军主力发生接触，并把他钉住；若是不可能的话，就向后撤退以引诱敌人向莱茵河上前进。同时，右翼方面则通过比利时，从西南面绕过巴黎，然后再向东前进，一直打击在法军的背面上，驱逐他们向德国和瑞士的边界上溃散。为了使这一翼有足够强大的兵力，他又决定当此种巨大的轮转运动正在进行之际，再从左翼方面抽调两个军来增援它。

这个计划以后即为他的后任所采用，当我们分析这个计划时，有两个重要因素必须加以注意，它们也正是施里芬大战术中的主要着眼点：

（1）右翼在作战时所经过的地区，都是便利于攻击的，其兵力强度以足够包围安特卫普、那慕尔及巴黎等地为原则，后者又为法国的铁路中心和法国陆军的补给基地。

（2）左翼的作战地区都是便利于防御的，它的兵力强度以能引诱法军走入歧途，并认为是值得攻击的目标为限度；它的任务是纯守势的。

1906 年，施里芬把这个计划交给他的后任小毛奇（Count von Moltke），后者是德皇威廉二世亲自选择的，因为他以为专凭“毛奇”的威名，即足以吓坏这些邻国。在这里我们就发现了两国间高级指挥当局的最大弱点，在法国是政治性的腐化，在德国却是皇室性的朽烂。在 1870 年以后，也和在 1763 年以后的情形是一样的，德国的陆军已经获得了无敌常胜的美名，自从威廉二世承继大统之后，他就开始创立一支专为检阅摆样子的陆军，这些是他所最爱玩的玩具。他不能容忍真正有价值的军人，他把这些人都摆在一边，专门任命皇亲贵族们去担负高级的军职——这些银样镴枪头的将军们对于战争可以说是一无所知。小毛奇便是这些活宝中的一个，他没能从参谋大学毕业，在他的服役经历中，大部分的时间都是在充当他叔父和皇帝的副官。1914 年时，他已经 68 岁了，他的一切都是模仿他的叔父，殊不知他叔父的参谋制度早已过时了。照他的意见，军队是由参谋组织来指挥的，而站在实际上相当于总司令地位的他本人（只差个名义而已），欲自以为是像一个赛跑中的发令员一样，他所要做的工作就只是把旗子一挥，以后的事情就听任那些将军们去自己做主了。他不主张应有执行上的控制，甚至连接触都不需要，以后我们就可以看出来，他和其部下之间的联系可以说是糟到了极点。

毛奇虽然接受了施里芬计划，但他欲把它的性质完全改变，尽管如此，1906 年到 1914 年，德国又欲新增几个军。在俄国方面，他大致还是依照施里芬的老计划，一共保留着四个（现役的和预编的）军、一个预备师、一个骑兵师和一些国民兵部队，共计大约是 20 万人。但是在西线方面，他就不仅把两翼之间的兵力比例做了彻底的调整，而且在增强了左翼之后，他的思想也就变成了“卡纳”型的，而不是“鲁腾”型的了。[1] 德国的作战处长塔本上校（Col. Tappen），曾经说过：由于技术上的原因，例如铁路等，毛奇才被迫做此项改变。这种解释是颇有疑问，因为真正的原因似乎是那些王子们为了想要增加他们军团的实力，遂对毛奇施加压迫。

在 1910 年，他取消了从左翼抽调两个军增援右翼的计划，并将这六个补充师集中在梅斯的附近。最后，当新编成了九个师之后，

[1] 施里芬在晚年，思想上也似乎有一些改变，他好像在 1912 年，曾经开始考虑到沿着整个正面，从比利时以达瑞士都同时发动攻击的观念。不过直到他临终的时候，他的思想又还是回到了他的那个伟大计划。他的最后遗言是：“你们要注意增强右翼。”

他把其中的一个师，加上从东线上抽回来的一个师，增加在右翼方面，而把其余的八个师都增加在左翼方面。于是德方七个军团的最初兵力部署如下所述：

（1）第一军团，司令为克鲁克将军（Gen. von Kluck），司令部设在格里芬波赫（Grevenboich），一共为七个军、三个骑兵师和三个国民兵旅，应进到艾克斯拉沙佩勒（Aix-la-Chapelle），然后再到布鲁塞尔。总计 32 万人。

（2）第二军团，司令为比罗将军（Gen. von Bülow），司令部设在蒙特爵依（Montjoie），一共为六个军、两个骑兵师和两个国民兵旅，应攻占列日，然后其右翼进到华弗尔，其左翼进到那慕尔，总计 26 万人。

（3）第三军团，司令为豪森将军（Gen. von Hausen），司令部设在普吕姆河（Prüm），一共有四个军和一个国民兵旅，应向西前进使其右翼达到那慕尔，左翼达吉维特（Givet），总计 18 万人。

（4）第四军团，司令为符腾堡公爵，司令部设在特雷弗，一共为五个军和一个国民兵旅，应向西前进使右翼达到弗拉梅（Framay），左翼达到阿尔隆（Arlon）以北的艾提尔特（Attert），总计 18 万人。

（5）第五军团，司令为德国皇太子（The Crown Prince），司令部设在萨尔布吕肯，一共为五个军、一个师、两个骑兵师和五个国民兵旅，其左翼留在蒂永维尔，而其右翼则进到弗仑维尔（Forenville），总计 20 万人。

（6）第六军团，司令为巴伐利亚的鲁普里赫特亲王（Prince Rupprecht of Bavaria），司令部设在圣艾弗德，一共为五个军、三个骑兵师和四个补充师，应进到摩泽尔河上，并攻击法军将他们钉住，总计 22 万人。

（7）第七军团，司令为希林根将军（Gen. von Heeringen），司令部设在斯特拉斯堡，一共为三个军、一个师、两个补充师和四个国民兵旅，应进到莫尔特河上（Meurthe），或向洛林实行反攻，总计 12.5 万人。

虽然施里芬计划的外表还是保留着没有动，可是其实质却完全改变了，因为其左右两翼的比重已经与过去完全不同了。原有的计划中右翼方面为 59 个师，左翼方面为 9 个师。现在的计划中是右翼方面为 55 个师，左翼方面为 23 个师。用百分比来表示，其左右两翼的比重在施里芬计划中的比例为 100 : 15，而在毛奇计划中的比例为 100 : 42。而且施里芬的原意是当法军在阿尔萨斯和洛林两州中被纠缠住了之后，即将两个军调往右翼方面，于是这个比例就更由 100 : 15 降到 100 : 9 了，因此左翼方面必须被迫向后移动。

现在我们在新计划中，所看到的是两翼攻势，这南面的左翼，本应引敌军向东前进，以使北面的右翼更便于旋转，以便打击敌人的背面；现在却反过来向西前进，这是与原意完全相反的。这既不是“卡纳”，又不是“鲁腾”。任凭称它为哪一种，都足以使汉尼拔或腓特烈大帝在地下顿足。

当这个巨大的德军方阵正在组成之际，它的外表颇为坚强，可是内在的结构却是脆弱的。在遥远的东普鲁士地区，普里特维兹将军（Gen. von Prittwitz）正在集中其比较微弱的兵力，以准备阻止俄国乌合之众的冲突，反之在巴黎方面却是充满了混乱和不调和。5 月，梅希米将军又再度出任陆军部长，据说他只是经常地打电话询问消息和给予一些无意义的命令，而完全不曾感觉到他在此时此地的重大责任。7 月 31 日，除了财政问题以外，其余的均无讨论。8 月 2 日，法国开始动员；8 月 3 日，霞飞召集军团司令会报。他还是保持其含蓄的态度，只是向他们空泛说明所准备采取的进攻路线。大致为两个攻击的联合，一个在洛林的境内，另一个在凡尔登—都尔之线之北。8 月 4 日，他在维特里设立了他的总部；此时毛奇尚留在柏林，后来才由此进到科布洛涅茨。

当霞飞召集其军团司令会报时，马尔维兹将军（Gen. von der Marwitz）所指挥的德国骑兵军已在吉门尼赫（Gemmenich）越过了比利时的国界，8 月 5 日，德军要求列日的比国守军投降，但遭到李曼将军（Gen. Leman）的拒绝。第二天，德军的突击失败了。于是第二军团的军需总监（Quartermaster-General，即相当于副参谋长）鲁登道夫将军（Gen. Ludendorff）开始负责指挥这次攻击；8 月 7 日，他的人员从要塞之间透入，并攻进了该城；8 月 12 日，德军把一部分 42 厘米榴弹炮送上了前方，要塞遂被击破；到了 16 日，列日遂完全落入德军的手中。

此时，杜贝尔所指挥的法国第一军团中的一个支队已经进入莫尔豪森，到了 8 月 7 日，在比利时边界线上发现了德方五个军的番号时，朗里查克遂向霞飞报告说，德军的意图很可能是要想沿着默兹河的左岸作战。他所获得的答复是："如果这样，那就更好了。"霞飞仍然深信德军的主力，是留在特雷弗—梅斯地区之中，所以在 8 月 8 日，他命令第一和第二两个军团准备攻击。这就是说他全部兵力的三分之一是准备透入洛林。这个攻击是在 8 月 14 日发动的，当时依照原定计划，德方鲁普里赫特亲王的第六军团向后撤退。

当此之时，朗里查克仍继续不断地向霞飞提出警告，说德军的主力是在比利时方面，但是毫无效果，直到 8 月 15 日霞飞告诉我们说："这是第一次，这个假想开始变成事实了。"到了 18 日，他已经感到相当的困惑，于是新成立了一个洛林军团，由毛劳里将军（Gen. Maunoury）任司令，以保护第二军团的左翼。至于第一军团的右翼则早已受到了阿尔萨斯军团的保护，后者是在 8 月 9 日成立的，其司令为鲍将军。

虽然霞飞还并不太明了，可是其第一和第二两军团的处境却已经是十分的危急，假使鲁普里赫特若能再继续往后退，则这种危险就会更加剧。可是在其具有雄心的参谋长狄尔门辛根上校（Col. Von Dellmensingen）——这是第六军团的真正指挥官——的劝说之下，鲁普里赫特获得了上级的允许，抽出了六个补充师，加上第七军团（早已由他指挥），于 8 月 20 日向法军发动反攻，法方第一个和第二两个军团本来已经不知不觉地走进了陷阱，现在却被他推送了出来，使他们向南锡的莫尔特河上退却。这是对施里芬—毛奇计划，钉下了第一根棺材钉，因为这时形势已经如此的不平衡，所以毛奇只好放弃了其用左翼当作右翼预备队的观念，而代之一个两面包围的观念。结果是从 8 月 25 日起到 9 月 7 日为止，德方第六和第七两个军团，在法方的设防地区中自己撞成了碎片，施里芬在世时，早就向他们提出了警告，叫他们不要从这地区中进攻。

当鲁普里赫特和狄尔门辛根正在破坏德国的战争计划时，霞飞却在“暗杀”他的将军们。因为攻击已经失败了，所以必须寻找一批罪人来为梅希米将军赎罪。他在 8 月 24 日，写信给霞飞说：“我认为正和 1793 年的情形是一样的，只有两种惩罚的方法：撤职和死刑。你要想胜利，就得拿出最迅速、野蛮而具有决定性的方法。”对于法国而言，可以说是万幸，8 月 27 日，梅希米被免职了。

在鲁普里赫特发动攻击的前两天，德方第一、第二、第三等三个军团开始通过比利时向前推进，于是比军的大部分向安特卫普退却。于是这个施里芬—毛奇计划又钉下了第二根棺材钉，因为克鲁克将军奉命把第三预备军留下来监视安特卫普，换言之，使其兵力减少了 3.5 万余人。当他们进到了那慕尔之后，第三根钉又钉下去了，因为为了围攻该城，第二军团留下了近卫预备军，第三军团留下了第十一军和第七预备军的一个师。8 月 21 日，德国第二军团与法国第五军团发生了接触，而克鲁克将军所部现在由比罗节制，奉命向西南前进而不再向西前进。这是第四根钉子，因为假使他不改变原定的方向，于是就不会在蒙斯（Mons）与英国的远征军一头碰上，而会迂回着它，这样就可能将后者加以歼灭。8 月 22 日，德军进到了松布耳河（Sambre）。

在这个事件发生的前两天，霞飞似乎突然看到了一线光明，他说：“德军的运动已经是历历在目。”可是从他的行动上看来，他对于德国的这个从比利时境内碾过的巨大车轮的可怕性质，还只有一个模糊不清的概念。他并不曾企图击碎前进中的德军右翼，但却命令其第三和第四两个军团进入阿登（Ardennes）山地，以切断德军与其基地之间的联系，并命令在他们左面的第五军团与英国远征军合作（其最后的部队正要登陆），以挡着正在向前冲击的潮头。

对于法方第三和第四两个军团，原先指定的目标为阿尔隆和新堡，他们的前进遂又与德方的第四和第五两个军团一头碰上了。接着即阿登之战，照德国人的叫法，又叫作隆维（Longwy）和新堡之战。在这一战中，法方的第四军团受到了严重的挫败，8 月 24 日，第三军团退到了默兹河的后面。正和在洛林的攻势一样，这个攻击是完全失败了。

此时，法国的第五军团，在朗里查克指挥之下，也进到了松布耳河上。8 月 22 日，该军团在正面上与比罗的德国第二军团遭遇，而在右翼方面又受到豪森的第三军团的攻击。结果即为查利瓦（Charleroi）之战，德方则称之为那慕尔之战，在这一战中朗里查克被迫后退，而约翰 · 法兰契爵士（Sir John French）的英军则撤向蒙斯。在那里，英军遂被隔断，在受到了克鲁克第一军团的攻击之后，于 24 日被迫继续后撤。在这一天的全部情况，为整个法军左翼都在撤退之中，而整个德军的左翼，则在摩泽尔河的下游地区，从都尔到南锡，然后再到圣戴（St. Die）之间，自动地撞成了碎片。

为了想要明了此后西线方面的发展，则首先必须说明在东线方面的情形。

俄国原定计划中的目的，是想用其第一军团来挡住德军，而集中其第三、第四、第五和第八等四个军团来向奥国发动一次猛烈的攻击，第二军团则留在华沙作为预备队，第九军团则留在彼得格勒，以阻止可能侵入的德军。在刚刚动员之后，为了协助法国人，这个计划又匆匆地加以改变：第二军团奉命向东普鲁士运动，以求与第一军团合作，而第九军团则接替了预备队的任务。于是俄军分组成为两个集团军：（1）西北集团军，其总司令为吉林斯基将军（Gen.

Jilinski），包括第一军团和第二军团，其司令分别为伦嫩坎普夫将军（Gen. Rennenkampf）和萨姆索诺夫将军（Samsonov）；（2）西南集团军，其总司令为伊凡诺夫将军（Gen. Ivanov），其下包括第三、第四、第五和第八等四个军团。而所有的俄国陆军又由大公爵尼古莱维区（Nicholas Nikolaievich）所统率。

第一军团位于维尔（Vilna）地区中，第二军团位于纳雷夫河（Narew）下游。第一军团中包括第三、第四和第二十等三个军，另有五个骑兵师作为支援。第二军团中包括第二、第六、第十三、第十五和第二十三等五个军，另加三个骑兵师。

俄方第一军团约为 20 万人，第二军团约为 25 万人，所以在数量上，实远比现在据守东普鲁士的德国第八军团占了优势，但是在素质上和指挥上，他们却完全不是德国的敌手。此外，德国的铁路体系无论在哪一方面，也都远比俄国的优越。

虽然自从日俄战争战败之后，俄军已经有了相当的进步，可是俄国人的本性却是无法改变的，他们对于一切都缺乏思考，而且一切的事情也都能使他们感到奇异。俄国的将领们都是能力很差，而更坏的，却是他们又都迫切地希望与敌人发生战斗。参谋人员的效率低到令人难以置信的程度，譬如以第二军团而论，他们的参谋人员就是“只有罗盘而无地图”，即可以想见其一般。诺克斯将军（Gen. Knox）是英国的军事武官，他曾经与这个军团一同行动，他有一次说：“有一个少不更事的少年与我一同旅行，他是华沙一家巧克力糖工厂中的小职员，他之所以能荣任第二军团的参谋，就是因为他会画讽刺画。”

原有的施里芬计划，是在 1905 年拟成的，当时俄国的力量正是最弱的时候。其基础就是维斯瓦河的天然形势，这大致是像一个巨大的“S”。其中心为华沙，其北端的顶点为但泽，其南端的顶点为克拉考（Cracow），而在这个“S”的大弯中，北部为索恩（Thorn），南部为桑多米尔（Sandomir）两个要塞。

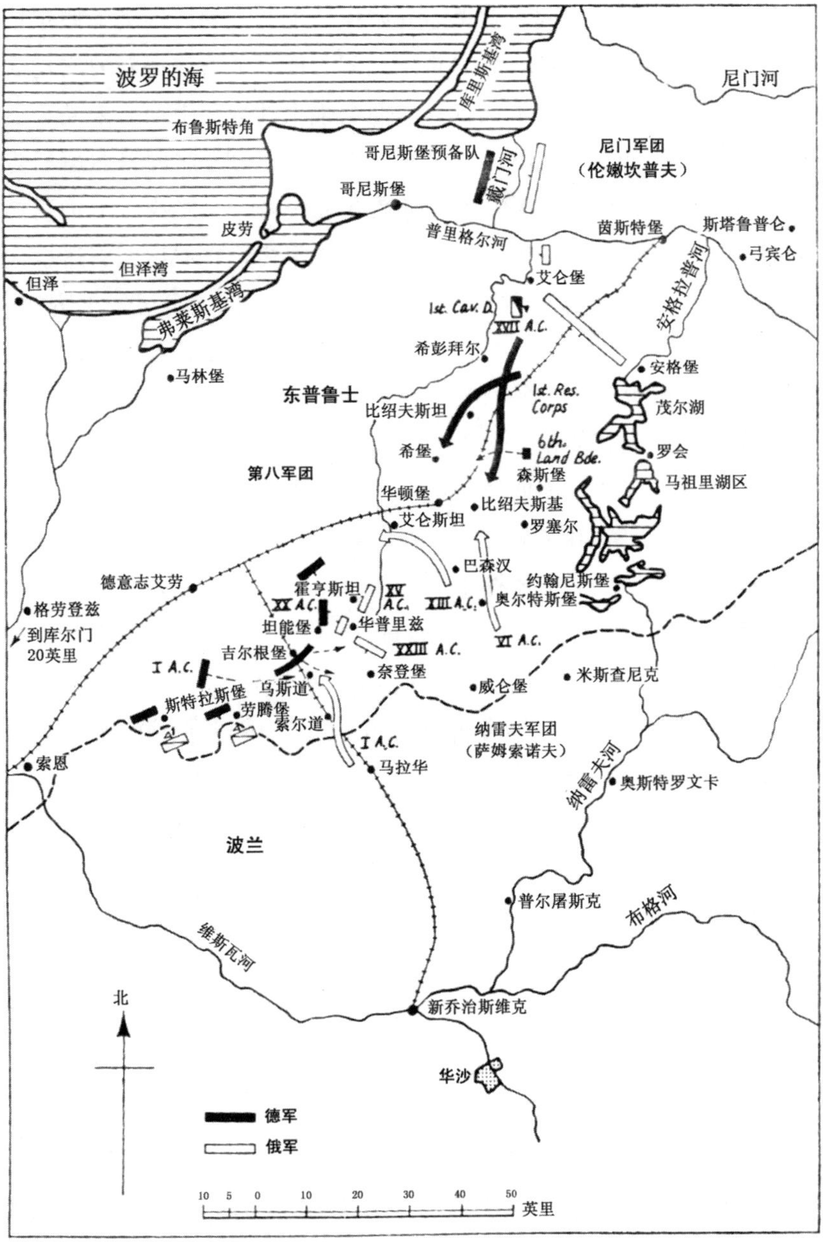

图十三　坦能堡会战，1914 年 8 月 26 日到 31 日

以这个形势为基础，施里芬开始拟订他的计划。因为他假定俄军的主力会集中在华沙与桑多米尔之间，所以他决定面对着它构成一个较弱的正面，而两端则依托在两个强大的集团上面：南端为奥匈军，应向卢布林（Lublin）前进；北端为德军，应向普尔屠斯克（Pultusk）进攻。因为他估计俄军在部署兵力时，要花六七个星期的时间，所以他认为能够坚守到他击败法军为止，此后即将迅速地从西线把兵力调过来，然后再来打一个真正的“卡纳”型大会战。

到了 1913 年，上述的情况已经改变了，因为俄国对于日俄战争中所损失的元气，已经恢复了一大部分。此外他们也已经增强了他们在西部的铁路体系，所以毛奇认为俄国的动员时间是一定会缩短的，这是没错的，因此他决定在东线上也需要一个具有适当组织的军团——此即为第八军团。他对于这个军团的兵力分配如下所述：第一军，军长为法兰索瓦将军（Gen. von Franois）；第十七军，军长为麦根森将军（Gen. von Mackensen）；第二十军，军长为夏尔兹将军（Gen. von Scholtz）；第一预备军，军长为毕罗将军（Below）；第三预备军，军长为摩根将军（Gen. von Morgen）；第一骑兵师，师长为布里赫特将军（Gen. Brecht）；三个国民兵旅，以及在东普鲁士境内的一切要塞部队。全部兵力均由普里特维兹将军指挥，当巨大优势的俄军到达时，他所奉到的指示是退到维斯瓦河的左岸上。

刚刚一宣战之后，奥匈帝国的参谋总长康拉德将军（Gen. Conrad）即向卢布林发动了一个攻势，但被逐回到仑堡（Lemberg），此时，普里特维兹把他 16 万人的兵力（不包括国民兵在内）作了下述的部署：

（1）从安格堡（Angerburg）到波罗的海，在安格拉普河（Angerapp）上和普里格尔河（Pregel）以南，他用第一预备军、第十七军和第一军来防守正面；对于普里格尔河以北，沿着戴门河（Deime）的地区，他却指定由哥尼斯堡（Königsberg）的要塞部队负责。

（2）从约翰尼斯堡（Johannisburg）到索恩，并以德意志艾劳（Deutsch-Eylau）为基地，他使用着第二十军，其目的为保护补给其军队的铁路，并用索恩和格劳登兹（Graudenz）的要塞部队来当作支援。

当普里特维兹将军正在据守这一条防线时，伦嫩坎普夫采取了真正俄国人的姿态，不等到其后勤部队完成动员，就在 8 月 17 日越过了国界，他在斯塔鲁普仑（Stallupönen）逐退了德国的前卫部队，并在弓宾仑（Gumbinnen）击败了德国第八军团的左翼。到了此时，他的补给体系失灵了，而铁路的轨道也由宽变窄了。四天之后，萨姆索诺夫也进入了东普鲁士。8 月 22 日他占领了威仑堡（Willemberg），23 日又占领了奥尔特斯堡（Ortelsburg）和奈登堡（Neidenburg）。他的前进情形更混乱，德国人对此有下述的描写：

> 全军从拜罗斯托克（Byelostok）前进时，即缺乏粮食的补给。甚至于尚未到达纳雷夫之前，行军的纪律就已经坏到极点，从那一条河起到普鲁士边界为止，俄军的纵队必须越过沙洲徒涉而过。部队的神经都极为紧张，见着飞机就开枪，甚至于还射击自己的汽车。高级指挥官对于敌人的行动，简直毫无所知。各军长所知道的情报，最多只限于其邻近的目标，譬如说，对于伦嫩坎普夫军团的任务，他们就一点都不知道。

第一和第二两军团各部队之间，根本毫无合作可言。第二军所奉的命令是要在两个军团之间前进，但却与两方面都丧失了接触。又有人认为形成这种缺乏团结现象的原因，是萨姆索诺夫与伦嫩坎普夫两人之间具有私人的恶感。但比较更合理的解释，却是俄国骑兵本来就是缺乏效率的，尤其是哥萨克人，实际上与土匪相差无几。

德国第八军团在弓宾仑的挫败，虽然这不过只是一个战术性的事件，但却引起了最惊人的战略性后果。

第一，伦嫩坎普夫本是快要被击败了，现在转败为胜之后，就高兴得很，坐下来欣赏他的胜利，由此即可想见俄国人的心理是如何的古怪，我们可以引证目击者诺克斯将军的叙述：

> B 君问伦嫩坎普夫他是否可以上床睡觉，他回答说可以的，但最好不要脱衣服。他睡了一个小时之后，伦嫩坎普夫却把他喊醒，他站在他的床边，微笑地向他说："现在你可以脱下你的衣服了，德国人已经在退却中。"

诚如诺克斯所批评的，这才不是脱衣睡觉的时候，而应该尽最大的努力来与正在退却中的敌军保持着接触。

第二，因为萨姆索诺夫相信第八军团已经被击溃了，于是对于敌人就完全不作警戒，遂与伦嫩坎普夫丧失了接触，直向德意志艾劳挺进，以求切断普里特维兹与其基地之间的联系。

第三，当普里特维兹知道了这个敌军前进的消息之后，立即大感惊恐，命令全军向维斯瓦河撤退。由于格流尼特将军（Gen. Grünert）和霍夫曼将军（Gen. Hoffmann）的忠告，他才取消了这个命令，这对于德国人而言可谓万幸，因为俄国第二军团距离该河还要比德军更近。于是他决定向萨姆索诺夫的左翼进攻，在 8 月 20 日的黄昏时，下达了下述命令：第二十军应集中在霍亨斯坦（Hohenstein）。第一军和第三预备军应利用铁路，运往第二十军的右翼方面；哥尼斯堡要塞守备部队据守普里格尔—戴门之线，第一预备军和第十七军则向正西撤退。

说也很奇怪，这个弓宾仑的挫败，加上普里特维兹的神经过敏，遂使这个事件注定了足以改变这次战役的整个进程，不仅是在东线上，而且连西线也受到了影响。

当在科布伦茨的德军总部听到弓宾仑挫败的消息之后，接着又收到普里特维兹准备向维斯瓦河上退却的命令副本，固然这是合于原定计划者，但诚如鲁登道夫所说的，是“足以招致覆亡”。于是德国当局遂决定作两点改变。第一是要为第八军团寻找一位新的指挥官，第二就是要增强它的兵力——这点留待下文中讨论。他们首先打了个电报给兴登堡将军（Gen. Paul von Hindenburg），要求他接替普里特维兹的职务。兴登堡是一个老军人，生于1847年，曾经参加过1866年和1870年的两次战争，现在已退休住在汉诺福。他的回电是说：“我已经准备就绪。”同一天（8月22日），也送了一封信给鲁登道夫，通知他已经被任命为兴登堡的参谋长。在华弗尔与那慕尔之间他被找到了，他接获了通知就立即上了汽车，用最快速度赶回科布伦茨。他向毛奇报到之后，后者就把东战场的情况，详细地解释给他听。此后，即应鲁登道夫之要求，他对于普里特维兹发出了下述的训令：

> 第一预备军、第十七军和哥尼斯堡守备部队的预备队主力都应停止不动。第一军不应在哥斯勒尔斯豪森（Gosslershausen）下车，而应在夏尔兹将军附近的位置下车，即在德意志艾劳以东的某处。从索恩、库尔门（Kulm）、格劳登兹和马林堡（Marienburg）等要塞的守备部队中，应尽量抽出兵力，送到斯特拉斯堡（Strasburg）和劳腾堡（Lautenberg）等地。于是在东普鲁士的西南部分，成立一个强力的兵团，足以采取攻势，而其北面的兵团或者继续向西南方向退却，或直接向南转进，以协助对俄国第二军团的作战。

鲁登道夫并不知道，由于格流尼特和霍夫曼两人的建议，第八军团已经正在采取与上述命令类似的措施。

当这些命令已经发出之后，鲁登道夫即赶往汉诺福，与兴登堡会晤，并与他一同前往马林堡，于8月23日下午到达该地。在那里他们才知道情况已经改变，退到维斯瓦河后面的决定已经被放弃。

他们也知道了伦嫩坎普夫的军队仍然没有积极的行动，第二十军左翼方面的第三十七师曾经受到猛烈的攻击正在撤退中，萨姆索诺夫的追击命令是用明码拍发的，也已经被截获，而更主要的是从一位被俘的俄国军官身上找到吉林斯基的作战计划。兴登堡在他的回忆录中说："它告诉我们，伦嫩坎普夫的军团是准备从北面越过马祖里湖区（Masurian Lakes），进到茵斯特堡—安格堡（Insterburg-Angerburg）之线。它的攻击目标为假定躲在安格拉普河后面的德军，而第二军团则应越过罗曾—普提尔斯堡（Lötzen-Prtelsburrg）之线，以攻击德军的侧翼。"

此时，萨姆索诺夫缓缓地向西运动，其正面约宽 60 英里。从左到右，他的兵力依次分布如下：第一、第二十三、第十三、第十五和第六等五个军。第二军这时已为第一军所代替，前者则已改编入第一军团。这个行动遂增宽了两个军团之间的空隙，而萨姆索诺夫为了使他的补给较为便利起见，又命令他的左翼进到新乔治维斯克—马拉华—索尔道（Nowo Georgiewsk-Mlawa-Soldau）的铁路线上，因此就把他的右翼拉得距离伦嫩坎普夫更远了。

鲁登道夫的慧眼马上就注意到了这个空隙，并决心利用这一个弱点。他决定留下一道单薄的屏障兵力来牵制着伦嫩坎普夫，然后集中其余的一切力量来打击萨姆索诺夫。他在回忆录中这样写着：

> 8 月 24 日到 26 日，这个会战的计划逐渐地成形了。最大的问题就是能否真正地把第一预备军和第十七军从他们面对着伦嫩坎普夫的位置上抽出来，使他们和第八军团的其他部队集中在一起来打击纳雷夫河军团。这完全是要靠伦嫩坎普夫自己来决定，假使他知道如何充分地利用其在弓宾仑的胜利而迅速前进，则我的计划就会成为泡影了。
>
> 我们逐渐发现伦嫩坎普夫只是在缓慢地前进中。所以这两个军可以逐渐地抽出，使其向正南面运动，以比绍夫斯堡—奈

登堡（Bischofsburg-Neidenburg）为目标。

接着，在第一骑兵师和第一预备军的保护之下，第十七军向南经过希彭拜尔（Schippenbeil），移到了比绍夫斯坦（Bischofstein）。当它通过了第一预备军的后方之后，8月26日，遂又从比绍夫斯坦进到了比绍夫斯堡。第一军在希彭拜尔之南，也向希堡（Seeburg）的方向移动。现在只留下了第一骑兵师在希彭拜尔的附近和南方面对着伦嫩坎普夫。在26日这一天，这一个师中的第一骑兵旅也奉到了命令，抽了出来从罗塞尔（Rössel）进到森斯堡（Sensburg）。所以自从8月27日以后，在茂尔湖（Lake Maur）到普里格尔河之间的地区，一共只有两个骑兵旅面对着俄军。而伦嫩坎普夫的部队却一共有24个兵力强大的步兵师，另外加上好几个骑兵师。

在这一线上，这两军正在俄方纳雷夫军团的后面行军，从奈登堡到艾仑斯坦（Allenstein）。在这种行军中，他们的后方对于伦嫩坎普夫的军团，是毫无适当的保护，其间所隔的距离只有两三天的行程。当会战在27日真正展开之后，伦嫩坎普夫的巨大兵力，就始终好像是一朵具有威胁性的雷雨云，挂在东北面的天角上。

这个计划是具有高度的果敢和良好的判断，其结果不仅使这个战役成为第一次世界大战中最卓越的一个，而且也具有极大的战术决定性。

鲁登道夫说：“一位将军是要能够‘负重’的，而且需要坚强的意志。文人们常常有这样一种想法，以为战争好像算数学问题一样，由已知来求未知。实际上完全不如此。在这种斗争中，物质的力量和心理的力量是交织在一起的，而数量居于劣势的方面是尤为困难。在这种工作中包括着许多的人员，其个性和观点都是各有不同的，其中唯一已知的常数即为将领的意志。”

这些话都可以算是至理名言，它告诉我们，当将道发展到了其最高度形式的时候，所代表的即为意志和观念的结合，而不仅是一个计算的问题。

8 月 26 日所进行的这个阶段，可以分为两个方面的作战。当第二十军的一半兵力加上高尔兹将军（Gen. von der Goltz）所率领的国民兵，在中央挡住萨姆索诺夫的主力时，第一军和第二十军的一半兵力，在乌斯道（Usdau）攻击俄军的左面，并将俄方第一军逐退。在北面第一预备军和在左面的第十七军，则攻击俄方的第六军，在比绍夫斯堡击退了其中的一个师。现在两翼方面都已经肃清，于是就可以对于萨姆索诺夫的中央兵力——第十三军、第十五军和第二十三军——实行两面的包围。

当这个向心的运动正在进行之际，萨姆索诺夫正与第十五军在一起，监督他们前进。虽然他对于他所控制的其他部队，是一点消息都没有，可是据诺克斯将军告诉我们的，他所感到烦恼的却是没有接到他太太的来信。当他听到其第一军已经受到了攻击的消息之后，他马上按剑而起，要赶去看看实际的情形是怎样。

第二天，当伦嫩坎普夫还在缓缓地向哥尼斯堡前进时，攻击仍在继续发展之中。在萨姆索诺夫的左面，开始发生了巨大的混乱：在奈登堡的部队已经发生了恐惧现象，而在他的中央部分，当第十三军的许多人员到达了艾仑斯坦之后，就获得了一个印象好像是已经进入了柏林一样。

那一天黄昏时候，在德军的左面，第一预备军占领了华顿堡（Wartenburg），在艾仑斯坦的东北面，相距约为 8 英里。其左面的第十七军接近比绍夫斯堡，而在它的右边，第一军却仍在乌斯道的附近，准备向奈登堡前进。萨姆索诺夫的中央兵力在艾仑斯坦与吉尔根堡（Gilgenburg）之间，缓缓地向前推进。

对于 8 月 28 日的作战，鲁登道夫的命令如下所述：第一军应占领奈登堡，第一预备军和第十七军应放弃其对于俄方第六军的追击，向西南进至巴森汉（Passenheim），以攻击俄方第十三军的右翼。同时第二十军也应采取攻势，而高尔兹的国民兵则攻击霍亨斯坦。他的观念是，当德军中央部分开始进攻时，其两翼则分别向威仑堡集中以便包围俄军的中央兵力。

虽然在8月28日的上午，会战刚开始时对于德军是不利的，但是到了下午，霍亨斯坦被攻占了，以后不久，第一预备军团也到达了艾仑斯坦以南的位置，而第一军则在奈登堡以北控制了俄军中央部分的左翼。第二天，俄方第一军又再度在战场上出现，当他们向德方第一军的后方进攻时，曾经使德军右翼方面一度感到情况紧张。不过当这个两面包围正在向萨姆索诺夫的中央逼拢时，它也被逐退了。

终点已经快到了。8月30日，俄军中央部已经被包围，到了31日——这就是兴登堡所说的“收获之日”——兴登堡向德皇发出了下述的电报：

> 我诚惶诚恐地报告陛下，在昨天对于俄军的大部分是已经完成了合围之势。敌方第十三、第十五及第十八（即第二十三军）三个军已经被击毁。我们已经收容了6万人以上的俘虏，其中包括第十三军和第十五军的军长在内。火炮还都遗弃在森林之中，现在正在收缴。战利品极多，但现在却无法作详细的估计。在我们包围圈之外的俄方第一和第六两军也受到了重大的损失，现在正在通过马拉华和米斯查尼克（Myszaniec）作迅速的溃逃。

当散布在森林中的德军营地内浮起了一片“鲁腾会战”赞美诗的歌声时，萨姆索诺夫由五个参谋人员陪伴着，在黑夜中徒步地向俄国边界飞奔逃走。最后，他因为体力不济而开始落后了，最后终于失踪。他的命运已经不可考，不过大家却相信他已经自杀了。

这样就结束了这场伟大的会战。鲁登道夫称之为坦能堡

（Tannenberg）会战，坦能堡是一个小村落，位置在乌斯道的北面。1410 年，波兰人和立陶宛人曾在这里击败了条顿族的武士，所以鲁登道夫命名的意义，是认为这一战报了“九世之仇”。虽然它对于战争并不具决定性的影响，但假使德军战败了，则战争的发展即可能会完全改变。话虽如此，它对于西线战场的间接影响却还是非常的巨大。

在西线战场方面，对于整个战争而言，也许最足以影响法德两国命运的日子，莫过于 8 月 25 日这一天。在这一天，法国的总司令做了一个决定，而德国的指挥官因为受了其部下的强迫也做了一个决定。这个人就是德军总部中的作战处长，塔本上校。

塔本相信在西线战场上，已经赢得了一个伟大而具有决定性的胜利，因为东普鲁士的情形已经使他感到很困烦，所以认为应立即派兵力去加以增援。这个建议与毛奇的原有意图也是相符合的，他本来就主张只要兵力可以抽调时，应立即从西线调出六个军，送往东普鲁士增援。原定从左翼、中央和右翼三方面各抽出两个军来。因为塔本认为现在已经是可以抽调兵力的时候了，毛奇遂向鲁普里赫特和皇太子征求同意，但是他们都激烈地表示反对，于是他就决定只从第二和第三两个军团中各抽调一个军。塔本此时就以电话通知鲁登道夫说，已经有三个军和一个骑兵师，奉命增援第八军团。鲁登道夫说已经无此需要，但是塔本却回答他说：“这些部队是可以抽调的。”第二天他又与鲁登道夫通电话，告诉他只有第十一军、近卫预备军（现在都正在围攻那慕尔）和第八骑兵师是可以抽调的，而第五军在西线战场上还需要它。鲁顿道夫又告诉他对于现在正在进行的会战，这些部队是已经赶不上了，所以不必再调动他们。[1]

似乎这些谈话的内容根本都不曾向毛奇报告，所以他还是命

---

[1] 鲁登道夫非常担心从西线右翼抽调部队，会影响全局。所以他说假使毛奇定要送些援兵来，就应该从左翼方面去抽调。

令第二军团抽出近卫预备军，第三军团抽出第十一军和第八骑兵师。为什么选定这两个军团，毫无疑问的，其主要原因就是因为他们的司令不是皇族贵人。尽管事实上，他们的兵力是已经抽得够多了。第三军和第九预备军调往安特卫普，第七军调往毛布基（Maubeuge），另外在吉维特和布鲁塞尔又留下了一些守兵。一总算起来，这个具有决定性的右翼，现在已经由 34 个师减到了 25 个师，换言之若加上死伤的数字，已经损失其原有实力的三分之一了。

当施里芬—毛奇计划正在自动地毁灭时，法国人对此当然还是一无所知，由于他们的第 17 号计划已经完全崩溃，而部队又累战累败，所以已经使巴黎城内发生了极大的恐慌现象。虽然如此，在 8 月 25 日那天，当法国内阁举行会议时，首相维维亚尼（Viviani）还在高谈财政问题和意大利与阿尔巴尼亚的关系。正在这种枯燥无味的讨论中，梅希米跳起脚来高喊着说："还谈什么阿尔巴尼亚的问题？十天之内德军就要打到巴黎了。"于是才决定成立一个军团来保护首都，并撤换梅希米所不喜欢的米歇尔将军，而改以加耶尼将军为巴黎卫戍司令。两天之后，梅希米又去职，而由米勒兰（Millerand）出任陆军部长。

到底是谁最先想到组成一支防御兵力以来保护首都，这个问题现在是很难得出一个正确的答案。加耶尼说，他在 8 月 25 日下午 3 时以前，曾经提出这个建议，而霞飞则说这个命令是在那一天上午 7 时下达的。似乎很可能这个命令是在内阁会议以前就已经发出了，因为通常内阁会议开会的时间不会那样早。命令的内容说：

> 假使我军不能获胜，而被迫后撤时，至少应用三个现役军组成一个军团，开入巴黎的设防地区中，以来确保它的安全。

这个命令收到的时间似乎是在上午 11 时 30 分。

依照霞飞回忆录上的记载，此时他也正想到了与这相似的一条路线。在 8 月 25 日黄昏时，他决定成立一个新军团，位于英国的外侧，以便迂回德军的右翼。它的兵力包括第七军和由阿尔萨斯调来的一个师，由巴黎设防地区所调来的两个师，以及由洛林军团中所调来的两个师。以后他又说在下午 9 时才接到陆军部长在上午 7 时所发出的命令，并且说："我的思想是成立一个军团，以便在亚眠（Amiens）地区中实行迂回，而陆军部长的决定，是要调派三个军去防卫巴黎地区。这两者之间是并无实际上的联系。"

也许这是真话,在那天黄昏时,他颁发了一个第 2 号"一般训令"（并未注明时间），其内容摘录如下：

> 由于不可能执行原定计划中的攻势运动，未来的作战应以在我方左翼方面聚积兵力以采取攻势为目标。这个兵力将包括第四、第五和不列颠等军团，以及从东线所调来的新部队，至于其他的军团则应尽量牵制着敌军，时间愈长愈好。
>
> 一个新成立的军团，包括由铁路运来的部队（第七军，四个师,或许还要加上其他的现役军),应于 8 月 27 日到 9 月 2 日，在亚眠的正面上组成,位置在多马通—潘沙（Domarten-Ponthieu）至柯尔比（Corbie）之间，或者是在索姆河（Somme）的后面，在皮奇格尼（Picquigny）与维勒尔布勒通讷（Villers-Bretonneux）之间。这个军团应完成准备,以便大致朝着圣波尔—阿拉斯（St. Pol-Arras）或阿拉斯—巴波姆（Bapaume）的方向进攻。

这个军团即被称为是第六军团，司令为毛劳里将军，于次日成立。当第六军团成立的那一天，克鲁克攻击在勒卡陶（Le Carteau）的英军，把它逐出了阵地，但却没有追击。霞飞在此时却认清了，假使法兰契的两个军若被歼灭了，则第六军团所预定中的迂回运动即不可能成功，所以他命令朗里查克的第五军团——8 月 27 日，它部署在瓦兹河（Oise）的正南——发动一个反击，以减轻英军所受到的压力。此时，毛奇却还盲目地停留在科布伦茨——距离战场在200英里以外，对于8月28日的行动下达了下述训示：

> 法军战斗的目的就是为了争取时间，以使俄军便于采取攻势。所以德军的目的应该是尽量地迅速向巴黎前进，不要让法军有恢复的时间，阻止它成立新的军团，尽量地破坏法国的防御手段。
>
> 第一军团应进到塞纳河下游，向瓦兹河以西前进。
>
> 第二军团应直向巴黎进发。
>
> 第三军团应进到沙托特里（Château-Thierry）。
>
> 第四军团应进到艾柏内（Epernay）。
>
> 第五军团应进到凡尔登，并围攻该要塞。
>
> 第六和第七两军团则阻止敌军向洛林和阿尔萨斯前进。
>
> 假使敌军在埃讷河（Aisne）上或者后来在马恩河（Marne）上作强烈的抵抗，那么可能就有放弃向西南方的前进而改向南旋转的必要。

所以施里芬—毛奇计划还是保持着，但其中却充满了疑窦。

同时，当克鲁克发现了法军的左翼正在向南和西南的方向退却时，自己遂马上获得了一个结论，认为寻找“这个兵力的侧翼”并把它逐出巴黎之外，是具有决定的重要性。他建议比罗，第二和第一两个军团应“向内旋转”，当他刚刚这样做时，毛奇的27日训令也已经到了，在训令中发现并未将此项运动包括在内。但是他却并未改变原有的方向，6月29日，当第一军团与达马德（Gen. D’Amade）将军的支队在它的右翼上发生了接触时，同时也就听到了敌军在亚眠和莫流尔（Moreuil）下火车的消息。比罗与朗里查克之间，发生了基斯—圣康坦（Guise-St. Quentin）之战。这又是不具有决定性的，法军溜走了，德军也未追击。此时英军也继续退却。霞飞与法兰契会晤，但却无意义，因为直到此时为止，霞飞的参谋长贝尔瑟洛将军（Gen. Berthelot）还不能充分了解德军威胁法军左翼的重要性。

同样地，克鲁克也不曾了解法军从亚眠威胁其右翼的重要性。因为他对于胜利是如此的有把握，所以他甚至于并不向上级报告有此项威胁的存在，又回到他的“向内旋转”的观念。8 月 30 日上午 9 时 30 分，他正准备作这样的运动，到了下午 5 时 55 分，他从无线电中知道比罗已经击败了法军，法军正在退却之中，8 月 31 日，第二军团将要休息了。

下午 6 时 30 分，比罗发来电报，要求与第一军团合作。其内容如下：“为了获得胜利的充分利益，第一军团若能以乔尼（Chauny）为枢纽，向内旋转以达拉费尔—拉翁（La Fère-Laon）之线，实极为必要。”因为这与他自己的观念完全符合，克鲁克马上表示同意，并向司令部报告如下：“第一军团已经向瓦兹河上旋转，31 日将进到贡比涅（Compiègne）和努瓦永（Noyon），以便扩张第二军团的成功。”

毛奇现在把总部设在卢森堡，对此也表示同意。他的回电说：“第三军团已经向南进到埃讷河上，并向南追击。第一和第二两军团所采取的运动，与总司令部的意图相符合。”诚如比罗所指出的：“这个命令是具有极高度的重要性。似乎它完全不曾注意到自从 29 日以来，敌军即已开始在亚眠、莫流尔、蒙地狄耶（Montdidier）和罗瓦（Roye）下车，而且这支重要的兵力也早已在亚眠以东的维勒尔布勒通讷地方攻击了第一军团的右翼。”

所以这次的过错，应由克鲁克负责，他对这个攻击根本即不曾提出报告。第二个应负责任的人就是毛奇，他距离战场在 150 英里以外，这和在柏林是一样的。

当这些重要的变化正在发生时，施里芬—毛奇计划就可以说是实质上和外表上都已经完全告以结束。8 月 6 日，基钦纳爵士（Lord

Kitchener）出任英国的陆军部长，他听到法兰契的意图为退到巴黎的西南面，他大感震惊，因为这无异于是放弃这次战役。于是伦敦与前方之间展开了电报战，基钦纳本人匆匆赶往法国才制止住了。8 月 31 日，德国第一军团向内旋转的运动为一架英国飞机所发现了，而其位置也为一份俘获的命令所证实。这个重要的消息立即报告给霞飞知道。

第二天，9 月 1 日，即迅速地展开了一连串的战斗，这就是历史上所谓的马恩河会战。诚然的，若法方的第六军团未成立，则这场会战可能不会发生；但是下述的说法也是同等的正确，假使克鲁克不向东旋转，则第六军团的四个师——第七军的两个师和第五十五、五十六两个师——是可能很容易就被扫开在一边。

在这一天，霞飞要求陆军部长把首都置于其直接指挥之下。于是他命令毛劳里退向巴黎，把他自己的司令部移到巴尔，并下达了第 4 号“一般训令”，其内容的重点如下所述：

> 当第五军团已经逃脱了敌军对其左翼的包围之后，第三、第四和第五等三个军团即应重整攻势。假使环境许可时，第一、第二两个军团中的部分兵力也应在适当时机之内予以召回，以便参加这个攻势。最后巴黎要塞地区中的一切机动性部队也都应参加这个全面的行动。

这个命令虽然措词颇为含混，但它明确地暗示出来，准备从巴黎发动一个反攻，为什么会措辞含混的一部分原因，是由于霞飞对于英军的行动没有把握，因为法兰契还正在撤退之中。此时在德军方面，虽然已经知道法国人正在匆匆地把部队向巴黎集中，可是毛奇仍然指示比罗把他的左翼向东移动，以便支援第三军团。这样就使他与第一军团之间的距离拉得更远了。

第二天，9 月 2 日，英军仍继续撤退，克鲁克已经放弃了追击，把第三和第九两个军调到沙托特里，以便援助比罗。当他采取了行动之后，又马上接到了毛奇的命令，其内容是说："我军的意图是要想从西南方向上，把敌人赶出巴黎。第一军团应依次地跟在第二军团的后面，并负责保护我军的侧翼。"克鲁克在他的《向巴黎进军》一书中，曾做下述的批评："最高统帅部似乎仍然坚信，对于一切在首都要塞线以外的作战，都不必把巴黎的守军计算在内。"他不但没有停止，改行担负其侧卫的新任务——他已经进到第二军团的前面，相隔有一天的行军距离——反而把毛奇的命令摆在一边，而继续向沙托特里推进，换言之对于巴黎是越走越远了。

此时，当毛劳里将军退向巴黎时，霞飞又向他的军团司令们下达了一个密令，告诉他们应大致停在约尼桥—梅里—阿尔希—布里安尼—贾维尔（Pont-sur-Yonne-Méry-sur-Seine-Arcissur-Aube-Brienne-le-Chateau-Joinville）之线上，然后再采取下述的行动：

> 从南锡和艾皮纳的军团中，抽出两个军来增援右面的军团。
>
> 在这个时候，全线上应采取攻势。
>
> 在蒙特娄（Montereau）与梅仑（Melun）之间，把所有可以动用的骑兵，用来掩护我方的左翼。
>
> 要求英军参加这次行动。
>
> （1）据守从梅仑到爵维赛（Juvisy）之间的塞纳河防线。
>
> （2）当第五军团采取攻势时，也从该段正面上跃出。
>
> 同时巴黎的守备部队应向摩城（Meaux）方向采取行动。

这个命令中的唯一特点即为要退到贾维尔，换言之即放弃凡尔登，这是一个总枢纽，所有在左方的法军都是绕着它旋转的。假使这个要塞被放弃了，则霞飞的正面即将被切为两段，于是任何从巴黎的出击也都不能挽回这种情况。对于霞飞而言，可以说是很幸运，因为在8月30日接替了鲁弗里的出任第三军团司令的沙莱尔将军

（Gen. Sarrail）把这个命令摆在一边，他不但没有撤回他的右翼，而且更坚守着凡尔登，只把其左翼向后撤回了 15 英里，直到它面对正西为止。于是这样遂使第三和第四两个军团之间，产生了一个缺口，德国皇太子的第五军团即从此深入，并作侧面的攻击。

从这个 9 月 2 日的密令上看来，表示霞飞的心灵上还是掩盖着一层雾幕。虽然如此，当毛奇在卢森堡按兵不动时，霞飞却不断地在采取行动。至少他是有为而不是无为，感谢沙莱尔的努力，终于使他对于周围的情况逐渐有所了解。既然他的右翼还坚守着凡尔登，而他的中央部分也未被逐回，那么把他的左翼向前旋转不也是可能的吗？

当他刚刚注意到这一个侧翼上的时候，又有两件事发生了：（1）他命令戴斯贝里（Franchet D'Espérey）代替了朗里查克，出任第五军团司令，他可能是法国诸位将军中最能干的一个；（2）他开始注意到加耶尼。说起来似乎很奇怪，一直到此时为止，霞飞还始终不曾把他的意图告诉加耶尼，因为某种无法解释的理由，加耶尼在这一天，还只接到霞飞的第 4 号“一般训令”。加耶尼于是立即考虑到把第六军团推进到摩城的问题。快到正午时，他才知道克鲁克向东旋转，于是他要求关于毛劳里军团的指示，并建议应该把该军团推到马恩河以北，并向奥尔奎河（Ourcq）前进。霞飞回答他说，他这一部分的兵力从现在起，随时都可以向东北方推进，以便威胁德军的右翼，并鼓励英军的士气。可是此后，霞飞的心灵上，又突然地为厚密的疑云所掩盖着，他写信给米勒兰说：

> 作为联军中的一分子，我们的职分是坚持下去，争取时间，并牵制住最强大的德军兵力。所以我的决定是再等几天才发动会战。休息我方的兵力，以准备与英军和巴黎要塞的机动守备部队一同展开最后的攻势。

这些话的意义就是先作一个消耗性的战斗，最后才继之以一个攻击，其时间则尚未确定。此时克鲁克撞上来了。他在 9 月 4 日所下达的命令说："第一军团在明天，仍继续其越过马恩河的行军，以迫使法军向东退却。假使英军作抵抗，也应将他们逐退。"同时，比罗相信法方第五军团也已经在溃败之中。

尽管有这些乐观的看法，在第二天，卢森堡方面却又开始表现出神经质的现象了。德军总部决定把第七军团的司令部和两个军从左翼方面调到右翼方面。此时克鲁克仍继续前进，在他的右翼方面，他的第四军已经与毛劳里的巡逻队发生了接触，使他相信在他们的后面是不会有太多的兵力。

在联军方面，并不像霞飞所假想的那样会战尚有几天的时间，而是已经迫在眉睫了。霞飞仍然还在想采取守势，又成立了一个新的第九军团，由福煦出任司令，位于第四和第五两个军团之间，于是他才转回到攻势的观念上，于中午 12 时 45 分用电报向法兰契询问，英军是否已经准备就绪，是否能于明日参加会战，同时他也发了一个同样的电报给戴斯贝里。

当霞飞告诉加耶尼和毛劳里应与法兰契保持接触时，他们就于下午 3 时到梅仑的英军司令部中访问他，恰好法兰契不在，于是只好暂时与法兰契的参谋长穆瑞爵士（Sir Archibald Murray）约定如下：当 9 月 5 日第六军团进攻摩城时，英军应向后退以空出必要的空间，在 9 月 6 日或 7 日英军应在它的右翼上旋回达到朝东的位置，其左端与第六军团连接起来。于是当法方第五军团守着正面时，英军与第六军团应攻击德方第一军团的右翼。

当法兰契回来之后，即批准了这个计划；但不久之后，他的副参谋长威尔逊将军（Gen. Sir Henry Wilson），又带来了一个完全不同的计划。其经过如下：

戴斯贝里也希望与法兰契会晤，于是启程往布雷（Bray-sur. Seine）。下午 3 时，他在那里与威尔逊会晤了——法兰契已经离开。

他向威尔逊解释说，德方第一军团现在是挂在半空中，它的交通线是暴露着的，而且也与第二军团丧失了接触。于是他建议采取下述的行动：

（1）9月5日，第五军团应采取塞查恩（Sézanne）到普罗凡（Provins）之线，并准备向塞查恩到库尔塔松（Courtaçon）的正面进攻。

（2）第六军团应进到了奥尔奎河上，并向德方第一军团的侧翼和后方进攻。

（3）英军应与法军合作，填塞第五和第六两个军团之间的空洞，其轴线指向蒙特米瑞（Montmirail），而其右翼则由康纽（Conneau）的骑兵来加以掩护。

他立即把这些建议用电报报告霞飞，而威尔逊则携带着它们去见法兰契，现在法兰契却感到犹豫不决，不敢有所行动了。当这个电报到达时，加里安尼也用电话告诉霞飞说，他已经准备行动，但英军的合作却是必要的条件。半个小时之后，即在下午10时，霞飞发出了其第6号的"一般训令"，其要点为9月6日应向克鲁克军团的暴露出来的侧翼攻击。其主要项目如下：

（1）第六军团应越过奥尔奎河，并向沙托特里的方向前进。

（2）不列颠军团，在强吉—库隆米耶（Changis-Coulommiers）的正面上，面向东方，并准备向蒙特米瑞方向上进攻。

（3）第五军团，在库尔塔松—艾斯特尔尼（Esterney）—塞查恩的正面上，并准备从南向北进攻。

（4）第九军团掩护第五军团的右翼，并据守圣共（St. Gond）沼地的边缘。

（5）第四军团坚守在原地不动，并与第三军团保持接触。

> （6）第三军团，右翼退守，其中央和左翼则应攻击正在阿戈讷河（Argonne）以西行军中的敌人。

这真是很够奇怪，在观念上这又是一个“卡纳”式的计划。当法军的中央部分——第五、第四和第九等三个军团——在一个大口袋中，挡着德方的第二、第三和第四等三个军团时，法军的两翼则向理姆斯合围。左翼为法国第六军团和不列颠军团，右翼为第三军团，前者向东攻击德方的第一军团，后者向西攻击德方的第五军团。

那一天夜间，加耶尼命令毛劳里在法兰契一旦决定合作之后，即马上准备攻击。

在法军的总部内一切都在活跃之中，而毛奇本来是一向严格遵守其叔父的不干涉主义，但当他一再接获报告，说法军正陆续用火车运往巴黎时，遂开始怀疑这种主义是否仍能适用。最后他对于其右翼的安全感到很焦急，遂于 9 月 4 日下午 7 时命令塔本用电报发出下述的命令：

> 第一和第二两个军团，仍应面对巴黎的东面。第一军团，在瓦兹河与马恩河之间，应占领在沙托特里以西的马恩河各渡口；第二军团，在马恩河与塞纳河之间，应占领在诺根（Nogent）与梅里之间的塞纳河各渡口，上述两地也在内。

9 月 5 日上午 7 时 15 分时，第一军团接到了这个命令。上午 11 时，指挥担负第一军团侧卫的第四预备军的格罗劳将军（Gen. von Gronan），怀疑敌军是集中在他的西面，遂向蒙提昂（Monthyon）山地攻击，使法方第六军团的前卫受到了奇袭，后者是该日上午才前进的，当即被逐回。这样展开了马恩河会战的序幕；照法国人方面的看法，似乎觉得还嫌太早，因为联军仍未完全准备就绪。

于是接着就是一场顽强的战斗，当格罗劳发现他是在数量上处于劣势时，遂退回了 6 英里，但法军却并未追击。当克鲁克听到了这个消息之后，即立即调转他的第二军，军长为林辛根将军（Gen. Von Linsingen），命令他赶往增援。

在这个决定下达不久之后，毛奇的一位参谋，韩迟中校（Lt-Col. Hentsch）也到达克鲁克的司令部。克鲁克原先一向以为在他左方的各军团，都是在乘胜前进之中，现在听说因为法军方面正在利用铁路把兵力从东面向巴黎调动，所以第五、第六和第七等三个军团都已经暂停前进，甚且有考虑全线撤退之必要时，遂不免感到大吃一惊。

此时，霞飞对于法兰契的意图深感焦急，遂于下午 2 时到梅仑去亲自访问他，在向法兰契解释了英军有合作之必要以后，霞飞在结束他的话时，并强调地说："元帅先生，法国要求你的支援。"法兰契想用法语来回答，但是他却辞不达意，于是他向旁边的一位英国军官说："糟透了，我说不出来。告诉他凡是他的人能做的事情，我们的人也都能做。"这样就建立了最后的合作，于是霞飞遂向他的部队发出下述的文告：

> 我们马上就要参加一场会战，这是我们国家命运所系的一战。所以应该告诫所有的人员，撤退的阶段已经结束，现在我们应该竭尽一切的努力，来向敌人进攻并将他们逐回。凡是不能再前进的部队，就应不惜一切代价，守住他们已经占据的地面，宁可死在原地而不退让。在我们所面临的环境之下，任何示弱的行动都是不能容忍的。

9 月 5 日，以格罗劳对于毛劳里军团领先部队的奇袭为开端，马恩河会战是注定了要延长达 7 天之久，从凡尔登到森里斯（Senlis），在整个西线上都是战潮起伏，缠斗不休。它包括着许多次战斗，此处所详细分析的仅以限于德军右翼方面者为主。它们可

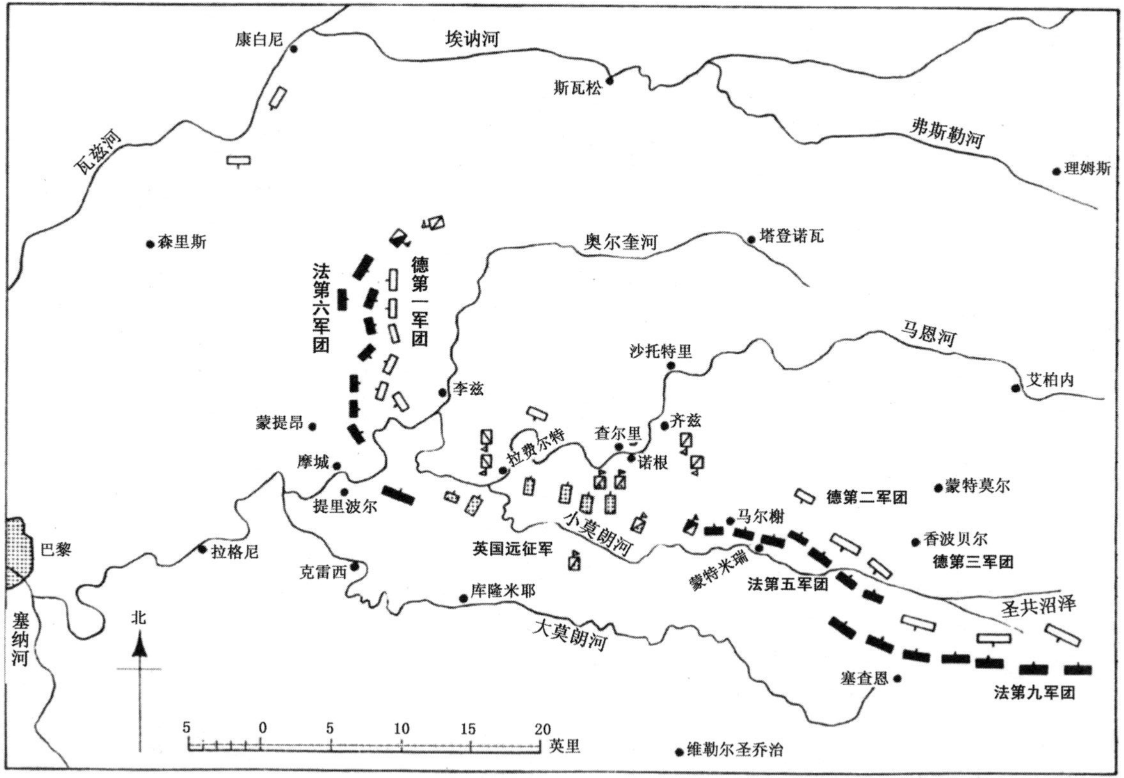

图十四　马恩河会战，1914 年 9 月 8 日

以分为奥尔奎之战、两个莫朗河（Morin）之战和“缺口”之战。

先说到奥尔奎之战，9月5日的战斗在第二天由林辛根继续进行，他是在上午5时到达提里波尔（Trilport）。尽管他这个军已经进行了长距离的行军，但休息了6个小时之后，他们再度投入了战斗，不久即沿着法国第六军团的整个正面上展开了激战。[1]

尽管战斗颇为激烈，克鲁克还是并未认清情况的严重性，虽然如此，因为接到了林辛根的紧急求援报告，他就又派阿尔宁（von Arnim）将军的第四军前进，它于9月7日清晨到达。但是到了这一天情况已变得很危急了，于是克鲁克遂命令他的另外两个军——第三和第九——也转过头来。[2] 从以后的事实上看来，这个决定是具有决定命运的作用。因为当这两个军奉令召回之际，他们为了掩护第二军团的右翼——他们正在与法方第五军团战斗——所以当他们撤退时，不仅暴露了这个侧翼，而且同时也增大了这两个军团（第一及第二）之间的宽广缺口。此外，诚如比罗所指出的，他们的撤退也提高了法方第五军团的士气。

克鲁克撤回第三和第九两军的决定，事先并未与比罗和毛奇磋商，不仅是因为他已经不再归比罗节制，而且毛奇也已经丧失了一切的控制权。9月5日到8日，德国最高统帅部对于第一和第二两个军团，不曾给予任何一个命令。

这一天，毛劳里的处境也已经十分危险，于是加耶尼搜集了巴黎的出租汽车1200余辆来赶运援兵给他。9月8日，毛劳里企图迂回敌人的右翼，但是并未成功。等到第三和第九两军快要到达时，克鲁克遂决定在次日迂回法军的左翼。他认为可以获得一个迅速的胜利，但是命运之神却作了不同的判决，在这长达300英里的战斗正面上的其他部分又出了新的乱子。

---

[1] 此时毛劳里似乎一共指挥了15万人。

[2] 在9月6日黄昏，从一个战俘身上找到了霞飞的命令，德军才知道这个攻击的严重性。

当奥尔奎之战刚刚开始时，克鲁克的第三军军长为罗周将军（Gen. von Lochow），第九军军长为奎斯特将军（Gen. von Quast），这两个军还正在继续执行毛奇的命令，保护第二军团的右翼。突然间遭到了意料之外的猛烈袭击，他们完全不知道战潮是已经逆转了。他们本来认为法方的第五军团已经被击败了，现在却又向他们攻来。罗周和奎斯特匆匆调动兵力迎击，不久沿着全线都展开了激战。这两个军面对着戴斯贝里的左翼三个军——第十八、第二、第一等三个军，而法方的第十军则在右翼方面作战。法军在这一天之内大约进展了 1 英里的距离，但到了夜幕低垂时，终被阻止，奉命挖掘堑壕。第二天他们继续向蒙特米瑞的方向进攻。

虽然比罗自己的兵力已经站住脚跟了，但是情况却相当的严重，有退到小莫朗河后面之必要。9 月 7 日到 8 日的夜里，德军开始退却，换言之，就是放弃了毛奇 9 月 4 日的命令。一直等 9 月 8 日，法军才又与德军发生了接触。到了此时，第三和第九两军已经接到了克鲁克召回他们的命令，开始向奥尔奎河上转进了。在这一天当中，法军作了几次正面性的攻击，但均被击退，到了 9 月 8 日到 9 日的夜里，法方第十八军的军长毛德羽伊将军（Gen. de Maud'huy），在蒙特米瑞以西，率军攻占了马尔榭（Marchais-en-Brie）。诚如台格先生（Mr. Tyng）在其《马恩河战役》一书中所指明的，这个成功是具有极大的重要性，因为它的占领遂使蒙特米瑞陷于无法防御的情势中。由于这个城镇现在已经受到西面敌军的完全控制，比罗遂命令他的第七和第十两个预备军退回到马尔格尼（Margny-le-Thoult）之线，这个阵地是自北到南的。这也就是向东退了 6 英里多，遂使德方第二军团的右翼改为向西而不向南，从此比罗与克鲁克之间的缺口遂再无填塞的可能性了。

对于德军而言，其最大的胜利机会就在于能否突破福煦第九军团的正面，它是沿着圣共沼地，从费仑纽夫（Villeneuve）以达松米苏（Sommesous）；若能突破该正面，即可以迂回第五军团的右翼，而迫使它撤退。9 月 6 日，豪森将军已经发动他的第三军团来攻击福煦，9 月 8 日上午 3 时，他奇袭了福煦的右翼把它逐回，并占领了费尔康皮诺瓦（Fère Campenoise），但却未能达到突破的目的。虽然据说福煦曾经如此的报告霞飞说："我的右翼受到了强大压力，我的中央已经退让，不可能作迂回运动。情况极佳。我正在攻击中。"事实上，真相并非如此。诚然的，他曾经一连串地发出攻击和反攻的命令，但结果是毫无作用，因为他的人员已经精疲力竭了。

当毛劳里迫使克鲁克把他的整个军团都吸引到奥尔奎河上时，戴斯贝里也强迫比罗向东北面退却，于是法兰契率领着他的三个军，谨慎小心地爬进了克鲁克与比罗之间的缺口，可以说是不知不觉地创出了一个所谓"马恩河的奇迹"。又诚如皮耶夫（Pierrefeu）所示："法兰契挽救了这个局势，但自己却还莫名其妙。"

9 月 6 日，法兰契开始向一个几乎是真空的地区中前进，因为在前一天的夜间，克鲁克已经撤走了他的第二军，到了 6 日清晨，第四军也随之而撤走了。在英军前面所留下来的兵力就只有马尔维兹将军骑兵军中的两个师，以及一些轻步兵和自行车营。法兰契还是慢慢地探路前进。第三军，军长普尔特尼（Pulteney），在左；第二军，军长史密斯多林（Smith-Dorrien），在中央；第一军，军长海格（Haig），在右。第二天，比罗撤退，而克鲁克的第三和第九两个军也奉命北进，于是英军第二和第三两军渡过了大莫朗河（Grand Morin），而其第一军则滞留在罗祖瓦（Rozoy）附近。在战史中从来没有比这一次更需要速度的，可是法兰契虽然是一个骑兵出身的军官，却并不曾催促他的部下赶紧前进。9 月 8 日，经过了一些抵抗，英军渡过了小莫朗河，并继续向马恩河上前进。在三天之内，英军一共只前进了 25 英里，因为它已经站在德方第一、第二两个军团的缺口上，所以只要再向前走一步，即可以切断德军头部与身躯之间的联系。

霞飞看清楚了这一点，所以那天下午 8 时 7 分，命令他的第六军团把德军控制在奥尔奎河上，而英军则应在诺根与拉费尔特（La Ferté-sous-Jouarre）之间渡过马恩河，并攻击克鲁克的左面和背面，同时也指示第五军团应掩护英军的右翼。

此时，在卢森堡的毛奇又在做什么呢？因为他所接获的情报都是足以使他感到异常焦急的，他就命令韩迟中校去访问右翼方面的五个军团，以求获知其正确的情况。在这个时候，他和他的任何幕僚人员都不曾想到有全面退却之必要。虽然情况是如此的紧急，对于韩迟实有给予书面训令之必要，可是他却只受到口头的命令。他说："参谋总长曾经授权给我，如必要时，可以命令五个军团退到弗斯勒河（Vesle）的后面，布防在阿戈讷以北的高地上。在必要时，我有全权以最高统帅部的名义来发布命令。"

韩迟这个人并不是一个乐观主义者，他于 9 月 8 日上午 11 时，离开了卢森堡。他首先访问第五、第四和第三等三个军团，于下午 7 时 45 分才到达了设在蒙特莫尔（Montmort）的第二军团司令部。在那里他与比罗会谈，后者相信第一军团的撤退已经无可避免，而他自己也已经决定撤退第二军团。

9 月 9 日上午 7 时，韩迟出发往齐兹（Chézy），那是第一军团司令部的所在地，虽然相隔不过 25 英里的距离，可是因为沿途受到部队运动的影响，直到正午才到达。他一路所看到的都是混乱和丧失了秩序的现象，这其实是一个正在撤退中的军队后方所常见的现象，但却增强了他的悲观思想，好像是暗示着说局面已经无可挽回了。当他发现克鲁克不在司令部中，他就与他的参谋长库尔将军（Gen. von Kuhl）谈论当前的情况，正在这个时候，第二军团方面有一个电报送来，说他们已经撤退了。韩迟知道第一和第二个军团之间的缺口，已经放宽到了 30 英里以上，而且英军也已经进入了这个缺口。于是他就想到毛奇的授权，遂命令第一军团撤退。这个行动并未事先获得克鲁克的批准，虽然事实上，他就在附近不远的地方。

韩迟曾经获得这样的授权，是毫无疑问的，但是这里却有一个极重要的关键，他只能向克鲁克本人下达这个命令。但他并没有这样做，由此即可以想见在德国的参谋本部军官具有太大的权威，简直侵越了指挥官的权力。似乎克鲁克始终不曾与韩迟见面，而当他知道了这个命令之后，却无条件地接受了，尽管他本人具有较好的判断，也许他是不敢违抗这个伟大的参谋本部。虽然他并不知道在他右面的法军已经在想撤退，但是他却应该已经注意到在缺口中的英军进展，实在是太迟缓而且缺乏联系。假使他不理会韩迟的口头命令，而遵照“若有疑惑即应出击”的原则行事，那么不仅可能已经逐退了毛劳里，而且也足以使英军的行动瘫痪，并诱使比罗与他一同前进。诚如高尔里兹（Görlitz）在其《德国参谋本部》一书中所说的，这就正是席德里兹（Seydlitz）在左恩多夫（Zorndorf）所采取的行动，可是这一类的事在威廉二世的时代中似乎是不会发生的。

所以这个施里芬—毛奇计划是参谋本部所拟定，也是它所指导的，而最后也终于断送在它的手中，其主要的原因是因为将道已经腐化了。9 月 11 日，毛奇到前线上去视察他的各军团司令部，这还是这次战役中的第一次。当他回去的时候，就患了重病，不久就由法尔根汉将军（Gen. von Falkenhayn）接替了他的位置。

坦能堡之战和马恩河之战都要算是决定性的会战——前者为战术性的，而后者则为战略性的。前者除了提高兴登堡的地位和使德国参谋本部认为迅速击败俄国是一件比较容易的事情以外，就再无其他的战略性结果。但反过来说，在这一战中，若是俄国人战胜了，那么对于德国和欧洲的影响就可能会十分的惊人了。对比地来说，马恩河会战在战术上却只能算是一个部分性的成功，但其战略性的结果却是十分的巨大，所以艾德蒙爵士（Sir Edmonds）在他的《大战史》中，认为霞飞的胜利要算是世界史上的决定性会战之一，似乎并非夸语。这就是说德国人已经丧失了其先击败法国再转过身来对付俄国的唯一机会。

其原因之一，就是布罗赫所预言的，机动性战争迅速地退化成为围城战。在无限多的堑壕掩护之下，主动权遂由参谋本部的手中转移到了双方的工业势能上面。在这种势能较弱的方面，像俄国的情形，机动性战争的机会虽然已经减少，但却还有可能性。在这种势能较强的方面，例如英国和法国，这种机会就会完全不存在了。所以在西线上的决定性战果逐渐地不靠军队而要靠工业来寻求了，此外还有海权，它可以保护和切断工业上的资源补给。诚如布罗赫已经预言的，最后的仲裁者将会是“饥饿”。

更深入一层，在施里芬计划中还有一个基本的判断错误，假使德国早知道了，则可能会阻止它投入战争——除非是它能获得英国的支援，或是使它确保中立。这个错误是从其两面战争的对象中产生出来的。假使这个冲突只限于法俄两国，那么德军若能依照施里芬计划，则在六个星期之内，是可能把法国击碎，然后再设法与俄国之间寻求一个妥协的和平。可是在 1914 年 8 月，德国人在西线战场上的敌人已经不只是一个法国，而且也包括英国在内。虽然在这种环境之中，英军是可能与法军同归于尽，可是英国的领土完整却并不因此而受到影响。于是就引发了一个重要的问题，不管施里芬计划是如何的成功，它是否能使战争就此告以结束似乎还有待考虑。历史性的答案是“否”！正好像拿破仑的时代一样，英国人仍然会继续打下去，直到它再建立了另一个同盟，获得了胜利时才停止；要不然就是英德双方都已经面临着经济性的崩溃，于是一个依照英国传统路线的和平谈判可能会结束这场战争。

还是像过去一样，当英国投入一个欧陆性的战争时，历史上的教训就会告诉我们：只要它仍然控制着海洋，则其疆界就会是不可攻击的，并且海上的交通也就能够确保。在这种情况之下，一个欧陆性国家，不管它的陆军兵力是如何的强大，却还是无法从英国的手中把主动权夺过去。1918 年德国失败一次，1945 年它又失败一次，这都是不曾认清这一条真理的缘故，悲夫！

大事记（六）

战术上的僵局和目标的改变

在马恩河会战后的作战，使战争的方向作了一个彻底的改变。双方首先都是从南面调动兵力来增加它自己的北面，以求对于对方的北翼来实行迂回。但是当他们到达了海峡上的新港（Nieuport）时，这个迂回运动的竞赛遂告以结束。从此大家都发现了，用弹夹的来复枪已经使防御者具有如此强大的力量，使攻击者到了接近敌人的时候，不要说是战斗，连求生存也都非要依赖堑壕不可。所以战争真是和布罗赫所预言的一样，结果即为围城战。

可是双方对于围城战却都并无准备，尤其是以英国人为甚。他们的装备简直完全不适合于这种任务，他们甚至用罐头改制手榴弹，把野炮的弹壳改制迫击炮。弹射机又被人使用，用木材制造成木质的火炮，所发射的为填满了炸药的油桶。不久堑壕线就开始彼此相接，互相支援，固然若肯付出极大的成本，则用突击的手段攻下一段正面战线还是有可能性，不过由于堑壕体系的纵深日易增加，再加上铁丝网，不久即使这种突破也变得完全不可能了。所以直到战车出现为止，圆镐和有刺铁丝网已经打倒了枪和炮，在西线战场上已经不再有机动性，而变成了僵持的局势。

此时在东线战场方面，由于奥军在惨败之余退到了杜拉杰克河（Dunajec）上，所以在9月15日，兴登堡奉命只留下极少量的兵力来据守东普鲁士，而把他的大部分兵力都移到奥军的左翼方面。他照办了，并于11月1日，升任东线战场总司令。但是他的兵力还是太弱不足以获得决定性力量，当俄军再度前进时，他们即进至西利西亚的附近，并重占了东普鲁士的一部分，于是使德皇大感震惊，遂对法尔根汉施加压力，要他停止西面的作战来增援兴登堡。到了11月，当在依普里斯（Ypres）地区中的战斗在佛兰德斯泥沼中陷于停顿之际，他就可以这样做了。

要想拯救奥国，则必须把俄军逐出喀尔巴阡山地，基于奥国参谋总长康拉德元帅的建议，奥军遂决定在哥尔里斯（Gorlice）与塔尔劳（Tarnow）之间突破俄军的正面，然后向东旋转达到俄军左翼的后面，以便切断它的交通线。在东线战场上这是一个可行的计划，因为俄军的正面上只有微弱的堑壕工作，几乎毫无铁丝网，而只有少数的前哨兵力来加以据守。

1915年5月2日上午6时，经过了4个小时的炮击，德奥联军的步兵开始进攻，突破了俄军的正面，并俘虏了14万人。但是因为道路已经变成了泥沼，所以追击变得如此的迟缓，直到8月5日，俄军才被迫撤出了华沙，接着又放弃了柯弗诺（Kovno）和格罗德诺（Grodno）。到了9月底，他们专以被俘一项而论，即已损失了32.5万人和3000门以上的火炮。俄军被迫退到了里加—地文斯克—平斯克—塔诺普—捷尔诺维兹（Riga-Dvinsk-Pinsk-Tarnopol-Czernowitz）之线。虽然还没有被迫退出战争，但是俄军却已经减弱到了如此的程度，所以在1916年，同盟国方面已经可以任意自由地选择它的目标。

此时因为土耳其又已经加入德方，所以俄国的处境就更为恶劣，要明了此事的前因后果，则必须回溯到战前的历史。

在1883年，德国为了增强两国同盟的实力，把高尔兹将军借给土耳其，以重整他们的军队。两年之后，达达尼尔海峡的防御就都已经近代化。20 年后，当英法协约成立之时，英国当时的海军参谋总长费歇尔爵士，就开始研究这个达达尼尔海峡的问题。其所获得的结论是，即令有了陆军支援，要想强迫通过这个海峡却还是“十分的冒险”。以后在 1906 年和 1911 年，新成立的英国陆军参谋本部也都曾经一再地研究这个问题，其结论是：“由于奇袭是没有可能性的，所以任何在盖利博卢半岛上使陆军登陆的企图，都是太危险而不应给予批准。”此时由于英俄缔结协约，所以遂使土耳其更趋向德国，为了安抚土耳其，英国人又派了一个海军代表团往君士坦丁堡。为了对抗这个活动，1913 年，德国也派了一个军事代表团赴土耳其，由桑德尔斯将军（Gen. Liman von Sanders）率领，共有军官 70 人。1914 年 8 月 2 日，德土两国之间遂签订了一个攻守同盟条约。紧接着土耳其即动员其陆军，并在达达尼尔海峡中布雷。在这个条约签订不久之后，就马上发生了一个意外事件。当时英国造船厂中曾经为土耳其海军建造两艘军舰，英国政府却将其征用了。此时在地中海内，又有两艘德国军舰——“哥本”号（Goeben）和“布勒斯劳”号（Breslau）——经过了一连串的冒险，避开了法英两国的舰队，于 8 月 10 日进入了达达尼尔海峡，向君士坦丁堡驶去。土耳其政府并未加以拘禁，而只是名义上由土国政府收买，以补充英国所征用的两艘船只的缺额。这个事件要比其他的任何因素都更能决定地中海内的战争命运。因此，9 月英国遂派遣了一个海军支队去监视达达尼尔海峡，英国海军代表团在君士坦丁堡遂不能再留，开始撤退了。现在德国军事代表团遂单独留在土耳其变成了真正的主人，于是联军方面开始认为土耳其的参战已经成为定局。果然没等多久，10 月 29 日，一个支队的土耳其海军，在德国人的指挥之下，进入了黑海，炮击奥德萨（Odessa）、塞凡堡和狄奥多西亚（Theodosia）等地。次日，俄国驻君士坦丁堡的大使要求发给回国的护照，而英国政府则要求在 12 小时之内土国政府应命令德国军事代表团撤退。由于土耳其不理会这个最后通牒，俄国遂于 11 月 2 日对土耳其宣战；11 月 5 日，英法两国也采取了同样的行动。这就是说英法两国想从南面接济俄国的希望，从此完全断绝了。

土耳其陆军一共有 36 个师，以桑德尔斯为其总司令，而以希仑多夫将军（Gen. von Schellendorf）为其参谋长。兵力的分布如下：

第一军团下辖 13 个师，以君士坦丁堡为基地，在盖利博卢半岛上驻有一个师。第二军团下辖六个师，驻在小亚细亚的海岸上，其中有一师是在达达尼尔海峡的亚洲对岸上。第三军团下辖 11 个师，驻在小亚细亚，指定向高加索进攻。两个师在叶门，两个师在美索不达米亚，两个师在汉志。最后，土耳其一共编成了 70 个师的新军。

虽然军械和弹药俱感缺乏，自从巴尔干战争后，两者都不曾获得充分的补充，但是恩维尔（Enver Pasha）却决定发动两次战役——一方面在高加索对付俄国人，另一方面则对付埃及。第一次战役的目标是想要确实占领巴库油田，12 月，恩维尔亲率其第三军团向卡尔斯（Kars）前进。虽然名义上共有 19 万人，但实际上只能供给 6. 6 万人的战斗员，他的补给极差而且也没有有组织的运输工具，所以只好一路走一路就地取食。在他出发之前，恩维尔曾经告诉桑德尔斯说，他一旦占领了巴库，即准备经过阿富汗向印度进军。可是他在山地中，为俄军和大雪所阻，于 1915 年 1 月 5 日被迫撤退。到了 1 月 23 日，由于饥寒交迫，他的军队减到了 12.4 万人。虽然如此，他的前进却使俄军总司令尼古拉大公爵大感烦恼，在 1 月 2 日他要求英国军事代表团向基钦纳勋爵建议，看能否对于土耳其安排一个海军性或陆军性的示威行动，以迫使土军撤出高加索战场和改善俄国的情况。这是一个很温和的要求，但是它却引出了一场混战，这是大英帝国有史以来所打过的一场成本最高的战争。

第六章

沙里拜尔与苏弗拉湾会战

英德两军之间的迂回运动互相竞赛，在新港到达了终点之后，双方所想寻求的机动性战争遂突然地为圆镐所筑的堑壕终止了。基钦纳勋爵说：“我不知道还应该怎么做——这根本不是战争。”可是不幸得很，这却正是战争，每个二等兵都知道这个事实。但是大臣们却不是二等兵，这种僵持的局势使他们大感震惊，于是他们就纷纷责备那些将领们。丘吉尔是当时的海军大臣，他说：“面对着这个死结，一切的军事艺术都哑口无言了。指挥官和他的参谋人员，除了正面的攻击以外，就再无任何其他的计划，他的一切经验和训练都使他们拒绝接受其他的计划。他们除了消耗的政策以外，也就无其他政策可言。”12 月 31 日，劳合·乔治也说：“我看不出任何迹象来显示我们的军事领袖们是在考虑着什么计划，以使我们脱离现有的不满意状况。”

当军人变得愈沉默时，政客们就愈是放言高论了。但是因为当时英国政府之内或其背后，都没有一个战略指导的机构，所以没有一位阁员知道他的同僚们的想法如何。诚如威明斯海军上将（Adm. Wemyss）所云：“这些政府中的领袖人物，对于一切技术问题都是毫无所知的。他们以为只要他们口中说一句做这个，那么这个就可以做好，真是错到了极点。”其结果又是怎样呢？罗伯森将军（Gen. Robertson）提供了如下的答案：“陆军大臣的目的，是想要在西线上获得一个决定性的战果。海军大臣则主张对于达达尼尔海峡作远征性的行动。印度事务大臣则只注意美索不达米亚境内的战役。殖民大臣则特别重视非洲的几场小型战争。财政大臣劳合 · 乔治先生，则希望能够从法国抽出大部分的英军来用于中东战场之上。”这个时候，在佛兰德斯平原上的英国陆军已经丧失其人员的一半，而且在国内也没有受过训练的补充兵可以增援它。

在这些许多政治性的解决方案中，说也奇怪，对达达尼尔海峡的建议却比马恩河会战发生的时间还要更早。8 月 20 日，希腊的首相韦尼泽洛斯先生（Mr. Venizelos）获得了希腊国王君士坦丁（Constantine）的完全批准，愿意把该国的一切陆海军资源给予协约国使用；但是英国的外相格雷爵士却害怕此举会触怒土耳其，所以拒绝了这个建议。尽管如此，8 月 31 日丘吉尔先生却与基钦纳勋爵讨论这个问题，第二天丘吉尔又要陆军参谋总长指派两位军官与海军部所指派的两位军官共同研究这个问题，并拟定一个计划，使用适当的希腊陆军兵力来夺占盖利博卢半岛，好让英国舰队可以进入马尔莫拉海（Sea of Marmora）。这就是在达达尼尔海峡冒险行动的诞生。费歇尔勋爵却反对这个设想，并主张应在波罗的海登陆。但因为他这个作战方案需要陆军的部队，而基钦纳却抽不出兵力来，所以达达尼尔的计划又走红运了。不过此时希腊却又表示除非保加利亚同意对土耳其宣战，否则它将拒绝参加。于是这个计划遂暂被搁置，但当 11 月中有两师澳洲部队到达埃及之后，丘吉尔又开始动脑筋，他命令这些装载他们的运输船暂留在埃及不要动，以便载运他们去参加远征的行动。此时，他又发动了一场毫无意义的战争。11 月 3 日，即英国大使离开君士坦丁堡的后两天，英国海军奉海军部的命令，炮击达达尼尔的炮台。这个要塞的指挥官吉伐德（Jevad

Pasha）说："这次的炮击使我受到了一个警告，使我认清了应将空闲的时间用来增强防御。"

此后，丘吉尔立即沉醉在占领君士坦丁堡的观念中，因为这是土耳其唯一兵工厂的所在地。从纯粹战略的观点上来看，这是一个很高明的想法。但是若无一支强大的希腊陆军去支援它，则将完全是纸上谈兵，因为英国绝无能力作两面的战争，而英国的陆军在装备和训练两方面，也都不够资格在盖利博卢这样的战场上作战。丘吉尔说这是达到胜利和平的最短路线，因为他只想中特奖，关于工具上的不适当，他却从来不曾考虑到。所以我们不能不同意诺斯（John North）的看法，他说："发动达达尼尔战役的全部责任，都应由丘吉尔负责。"凯斯将军（Adm. Keyes）也说："假使他不向政府提出这个观念，则他们也许就永远不会注意之。"罗伯森已在12月出任英国的参谋总长，他也说丘吉尔强迫政府接受他的达达尼尔这张牌，可是政府却不知道如何打法。结果大不列颠帝国不是流入了这次战役，而是被推入了这次战役，这次战役中的惨败程度几乎可以与萨拉托加（Saratoga）战役相比拟。

1915年1月1日，有两个报告被提到新成立的战争会议（War Council）中来加以讨论：第一个是由会议秘书汉基中校（Lt-Col. Maurice Hankey）所提出的，第二个是劳合·乔治先生所提出的。前者建议通过土耳其，这其实为打击德国的最容易路线，而假使黑海重新通航了，则小麦的价格就会大跌，并且可以空出35万英吨的船只来。后者主张东面的作战应以奥国为对象，并以萨罗尼加为基地。但是这个建议被搁置，因为它要求相当数量的部队。

第二天，驻俄大使转来了尼古拉大公爵的要求，同时他也报告英国内阁说，在高加索的俄军处于危急的境况，事实上这个危机却已经快要过去了。并未经过更进一步的考虑，基钦纳即用电报回答说："请向大公爵保证，英国即将对于土耳其采取示威的行动。"同时，费歇尔也对丘吉尔提出了一个大而无当的计划。他强烈地支持对土耳其的攻击，但认为应立即采取行动。他主张从德国抽出 7.5 万人，使其在贝西卡湾（Besika）登陆；另外在亚历山勒塔（Alexandretta）派一支兵力登陆，并对于海法（Haifa）作示威性的佯攻。费歇尔又说：希腊人应在盖利博卢半岛上登陆，保加利亚人应诱使其向亚得里亚堡进军，而罗马尼亚人也应与俄国人和塞尔维亚人一同攻入奥国。最后，斯特迪将军（Adm. Sturdee）应同时率领军舰强迫通过达达尼尔海峡。

丘吉尔把这种大而无当的战略观念摆在一边，而只想用旧式的战舰去冲过达达尼尔海峡。他用电报向正在达达尼尔的海军中将卡尔登（Carden）征询意见说："你以为专用军舰强入达达尼尔海峡是一种实际可行的行动吗？" 1 月 5 日，卡尔登回答他说："我不认为达达尼尔是可以冲过的。但若使用大量的船只，作大规模的行动，则也许是可以强迫通过的。"

这些话对于丘吉尔而言已经够好了，尽管费歇尔、亨利 · 杰克逊（Adm. Henry Jackson）和劳合 · 乔治都激烈地反对这个建议，但因为它不需要使用部队，丘吉尔看出来它是一定可以争取基钦纳的支持。果然，在基钦纳的同意之下，这遂成为定案了。

1 月 13 日，丘吉尔在战争会议中提出他的计划，并且指明若是攻击没有进展，则炮击可以停止，而舰队也可以驶去。这样就赢得了政府的通过。两天之后，他用电报通知卡尔登说："我们能够愈快开始行动愈好，继续完成你的计划。" 1 月 19 日，他又发了一个电报给尼古拉大公爵，告诉他英国政府已经决定攻击达达尼尔海峡。最后 1 月 28 日，战争会议又开会了，虽费歇尔仍然反对这个计划，并极力主张说波罗的海计划具有更大的价值。可是基钦纳却认为海军攻击具有极大的重要性，巴福尔也认为他想不出来更好的办法，格雷甚至以为它可以解决整个巴尔干问题。所以决定一名陆军的士兵都不用，专门由海军去强行通过达达尼尔海峡，并攻占君士坦丁堡。所以这个建议进入了行动的阶段，已经开始公开了，因为当时英国驻巴黎的大使贝尔提勋爵（Lord Bertie）曾经这样写道："达达尼尔远征行动本来还只有圈内人士知道，现在已经不再是机密了。"

当海军的攻击正在安排之中时，萨罗尼加的计划也又复活了，虽然仍被否决，但却引起了一个新问题：对于海军是否仍应使用陆军的兵力来加以支援呢？于是当 2 月 16 日，战争会议再开会讨论该项问题时，遂又决定增派第二十九师的兵力。这样就奠定了陆军攻击的基础。三天之后，基钦纳又说他无法抽出第二十九师，建议改用在埃及的澳新部队来代替。但是丘吉尔现在却认为至少需要 5 万人的兵力，而且也第一次坚持说："舰队并不可能使达达尼尔海峡畅通，以供商船来往之用。" 2 月 24 日，劳合 · 乔治问他，是否海军攻击失败了，陆军还应作一次陆上的攻击，他却回答说："否。"

假使考虑到这个行动是如何的冒险和它的成功是如何完全的依赖奇袭，那么下一个步骤就真可以说是自杀。舰队奉命轰击达达尼尔要塞，它在 2 月 19 日和 25 日执行了两次炮击。土耳其方面受到了足够重大的损毁，所以在 2 月 26 日，英海军的水手和陆战队分成了人数 50 到 100 的小队，很轻松地登岸，把西地艾巴尔（Sedd-el-Bahr）要塞中的一切火炮都摧毁了，此外对于亚洲海岸上的两个炮台也采取了同样的手段，其所付出的代价为 1 死 6 伤。此时，在 2 月 23 日，兰诺斯岛（Lemnos）也已为英国陆战队所占领，当希腊对此提出抗议时，英国政府则答复说这是军事上的需要。当德国人侵入比利时，他们也曾提出同样的借口。当炮击开始时，在盖利博卢半岛上只有土耳其第九师，而在亚洲方面也只有第三师。但是土耳其人却马上认清了这个即将来临的危险，到了 4 月 4 日，两岸分别都获得了增援，盖利博卢方面为第五和第七两个师，亚洲方面为第十九和第十一两个师。

英国政府本来决定不用陆军，可是后来又决定使用；等到决定使用之后，又突然再决定不用陆军而只用海军来执行攻击。在轰击的次日，基钦纳通知在埃及的陆军指挥官马克士威将军（Gen. Maxwell），命令伯德吴德中将（Lt-Gen. Birdwood）所率领的3万澳新部队，准备在3月9日左右乘坐英国所派出的运输船只，以协助海军占领任何夺获的要塞。于是突然地，在2月24日，战争会议认清了，因为丘吉尔的急躁，已经使这次作战变成了一个无底洞。诚如英国官方历史上所记载的："假使说达达尼尔的成功可以为协约国赢得巴尔干，那么若是失败了，也就会产生相反的作用。这个炮击的开始已经引起了全世界的注意，为了大不列颠的威望，这个行动实应有贯彻之必要，不管它的成本是如何的巨大。丘吉尔先生认为英国是有绝对的必要，应该贯彻执行这次达达尼尔攻击战。"

3月4日，英军企图作进一步的登陆，但却面临着强烈的抵抗，一切扫雷的工作都遭遇到了探照灯所指导的强烈火力。3月5日，"伊丽莎白女王"号等军舰对于在狭窄部分的炮台，作间接性的炮击，一直打到3月12日为止，每一发炮弹都使土耳其感到危险即将降临了。

当炮击仍在进行之际，第二个大错又造成了，这一次应由俄国人负责。3月1日，希腊首相韦尼泽洛斯通知英国政府说，他准备把三个师的兵力在盖利博卢半岛上登陆，在这个环境之中，这个协助可以算是一个"奇迹"。但当英国政府把这个消息告诉沙皇时，他却在3月3日回电说："俄国政府不能同意让希腊人参加在达达尼尔海峡的作战，因为这必然会引起复杂的后果。"问题的中心是要看谁获得君士坦丁堡，因为英国人已经允许俄国人可以在战后分得赃物，所以俄国人不愿意再让希腊人分得利益。3月7日，韦尼泽洛斯内阁垮台，当3月12日英军停止炮击时，这个政治把戏的内幕也公开了。

当俄国正在作此项自杀性的拒绝时，英国战争会议又开会了。基钦纳再度拒绝派遣第二十九师之后，3月5日，他接到伯德吴德中将的一个电报，其内容为："我非常怀疑海军若无协助，是否能强行通过这个海峡。”基钦纳才改变他的决心，对于陆军性的攻击负起全责，并接管在萨伊德港（Port Said）的海军陆战师（Royal Naval Division）。3 月 16 日，第二十九师启程。

这个决定已经迟了三个星期，现在又继之以另一个错误。当基钦纳决心派遣第二十九师之后，他接着就开始要寻找一位总司令。他选定了汉密尔顿将军（Gen. Sir Ian Hamilton），他是一位具有相当战争经验的军人，忠诚，有骑士风度，具有想象力和文人气概，但却缺乏推动的能力。当基钦纳与他讨论情况时，只是这样向他说：“假使舰队通过了，君士坦丁堡就会自动地陷落，那么你不仅是赢得了一次会战，而是一场战争了。”虽然如此，他却未给予以任何具体的指示，只把一份过时的地图给他，并命令汉密尔顿在 3 月 13 日赶紧启程。

当汉密尔顿于 3 月 17 日到达诺兰斯的莫德罗斯港（Mudros）时，他发现罗贝克（Adm. J. M. de Robeck）也于是日代替了卡尔登，出任海军司令，并且又知道当第二十九师在英国装船时，并未加以适当的注意，以至于在下船时不能依照战斗序列立即开始行动。所以这些运输船上的部队必须下船，再重新调整装载的次序，因为在莫德罗斯无法进行这种工作，所以必须改往亚历山大港，换言之就是又要迟误三个星期的时间。

当基钦纳勋爵选定汉密尔顿指挥这次远征行动时，丘吉尔却不等到这次联合作战准备完成，而即用电报通知卡尔登说：“我们建议你应考虑到是否有用最大量的炮火在决定性射程之内来压倒狭窄部分炮台之必要。”所以他们在 2 月 19 日到 25 日所犯的错误又重复了一遍。这个攻击是 3 月 18 日开始的，结果三艘战舰走入了尚未扫清的雷区中而被炸沉了。罗贝克遂报告海军部，说他决定把下一次攻击的时间延到 4 月中旬，到了那时候陆军也可以准备就绪了。事实的真相是诚如凯斯将军所说的：“自从 3 月 18 日受到了惨重的损失之后，他再也不敢另作一次海军的攻击，以使他的船只冒险，所以欢迎与陆军合作，希望联合作战能使舰队不再蒙受危险而获得成功。”

当土耳其人正在拼命地构筑工事时，第二十九师在亚历山大港下船。于是才发现它的装备是只适宜于在一个道路良好的国家中进行机动性的战争，它缺乏火炮、枪弹及炮弹、医院设备和堑壕工具。对于保密则更不讲求：汉密尔顿将军的一位幕僚人员收到伦敦发来的一封公文，是用普通邮件寄送的，受文者写着“君士坦丁堡野战军”。

3 月 22 日，英方高级人员在“伊丽莎白女王”号上举行一次会议。汉密尔顿将军说：“当我们坐下来之后，罗贝克就告诉我们，他已经十分明了若无陆军协助，则绝不可能通过该海峡。”企图在布来尔（Bulair）登陆的计划被打消了，因为那里已经构筑有堑壕工事。结果决定在半岛的“脚趾”部分登陆，换言之英军在前进时要通过一个隘路——它的两侧不是山地而是海水。

在这次最困难的作战中，协约国所使用的兵力如下所述：

	船只	人员	骡马	车辆
第二十九师（亚历山大港）	15	17 649	3 962	692
澳新军（同上）	30	25 784	6 920	1 271
澳新军（莫德罗斯）	5	4 854	698	147
法军第一殖民地师（亚港）	22	16 762	3 511	647
海军陆战师（萨伊德港）	12	10 007	1 390	347
合计	84	75 056	16 481	3 104

此时——3 月 18 日到 4 月 25 日——在英军第一次登陆之前，土耳其人已经有了充分的时间来在敌军可能侵入的滩头上做种种的设防准备。可是直到 3 月 26 日，桑德尔斯元帅才被指派为半岛地区土军总司令，在那一天他就到盖利博卢半岛上来接管指挥权。当

他发现他的部队是成单线的分布着，于是就把他们改编成为三个集团。第五和第七两个师位置在上沙罗斯湾（Saros Gulf），第九和新组成的第十九师位置在半岛的南部，第十一师和不久即将到达的第三师则留在亚洲方面的海岸上。虽然这些人员的装备条件非常恶劣，但是他却欣赏他们的战斗价值，而英国人则不然，他们忘记了普里弗那之战和它的教训。康仑吉塞尔将军（Gen. Kannengiesser）曾经这样说："土耳其兵，号称为'阿斯卡尔'（Askar），是安纳托利亚人（Anatolian）和色雷斯人，教育程度很差，但勇敢而可靠，在物质方面极易于满足，对于其长官是绝对服从，他们毫无怀疑地追随他们的领袖。土耳其人是极愿意为有魄力的领袖效死，当他们为强硬的手腕所领导趋向一个具体的目标时，在良心上会感到非常安慰。"

虽然这次战役的最终目的是占领君士坦丁堡，但眼前的任务却是通过达达尼尔海峡中的最狭窄部分——在欧洲方面为基立德巴尔（Kilid Bahr），在亚洲方面为查那克（Chanak）。其间的海峡宽度缩到了 1600 码，在这个腰部的北面，即为那加拉（Nagara），也就是古代的阿拜多斯（Abydus），在那里的海流并不太强，所以为历代名将渡海之地。公元前 480 年，泽尔西斯在那里建造他的桥梁；公元前 334 年，亚历山大也在那里渡海；1190 年的巴巴罗萨（Barbarossa）和 1356 年的奥尔汉（Orkhan）也是一样。希罗（Hero）就是从此游过希里斯朋特，许多年之后又有诗人拜伦（Lord Byron）这样做过。

在这个窄海的西面即为盖利博卢半岛。在北面的布来尔，其宽度不过 4600 码，但苏弗拉角（Suvla Point）到阿克巴希（Ak Bashi）的北面，却变宽到 12 英里左右，在格巴土丘（Gaba Tepe）与梅多斯（Maidos）之间，又再减到 4. 5 英里，然后再放宽，最后再削尖到希里斯角（Cape Helles）为止。这一块舌形的地区，大部分都是多山而破碎的，到处都为高岩深谷所分割，其最高之点为阿齐巴巴（Achi Baba），比海平面高出了700英尺。

当刚刚开始宣战时，唯一设有要塞的地方是在布来尔，达达尼尔的出口处和狭窄部分。后两者的防御在100门炮以上，其中只有14门是近代化的，但都缺乏弹药。基立德巴尔和查那克的炮台，还是1462年由穆罕默德二世所修筑的，它们的工事是很坚固的，所以在3月18日的炮击中，“伊丽莎白女王”号的15英寸重炮炮弹也不能使它们受到太大的损失。一共只有一条道路，从盖利博卢达到梅多斯，所以与君士坦丁堡之间的主要交通线都是由海上通过，全程约为12小时。以上所述即为这个战场的简述。

汉密尔顿爵士的计划是以对于布来尔和库门卡尔（Kum Kale）的佯攻为掩护：（1）对于希里斯角方面分五点实行登陆，从东到西，在莫尔托湾（Morto Bay）的S滩头，在希里斯角两侧的V及W滩头，而在西岸上的X及Y滩头；（2）同时另以一支兵力，在格巴提比的正北面登陆，其目的是进到梅多斯，以攻击抵抗希里斯登陆的土军后方。

这个计划是不错的，但是也正和常例一样，其成功是要靠执行，这却要求有最高度的领导和大无畏的精神。若果能够如此，则此次很可能成功，因为之后才知道土耳其的海岸防守部队的实力是微不足道的。当英军在4月25日登陆时，在阿齐巴巴以南只有两个步兵营和一个工兵连，在Y滩头上没有一个人，在W及V两个滩头上只有两个连，在S滩头上只有一个排，在X滩头上只有12个人。此外只有在V及W两个滩头上，有铁丝网和机关枪的保护。

很不幸的，虽然勇气是很显著的，但是领导方面却并不如此。在V及W两个滩头发生了极严重的迟误，而在X滩头上则登陆兵力太弱。在V滩头上因为载运兵力的“克莱德河”号（River Clyde）搁了浅，而又受到土军的强烈抵抗，所以相持到4月26日为止。在Y滩头上，2000人没有放一枪就上了岸，在11个小时之内他们没有受到任何的阻塞，可是他们自己却完全陷入混乱之中。

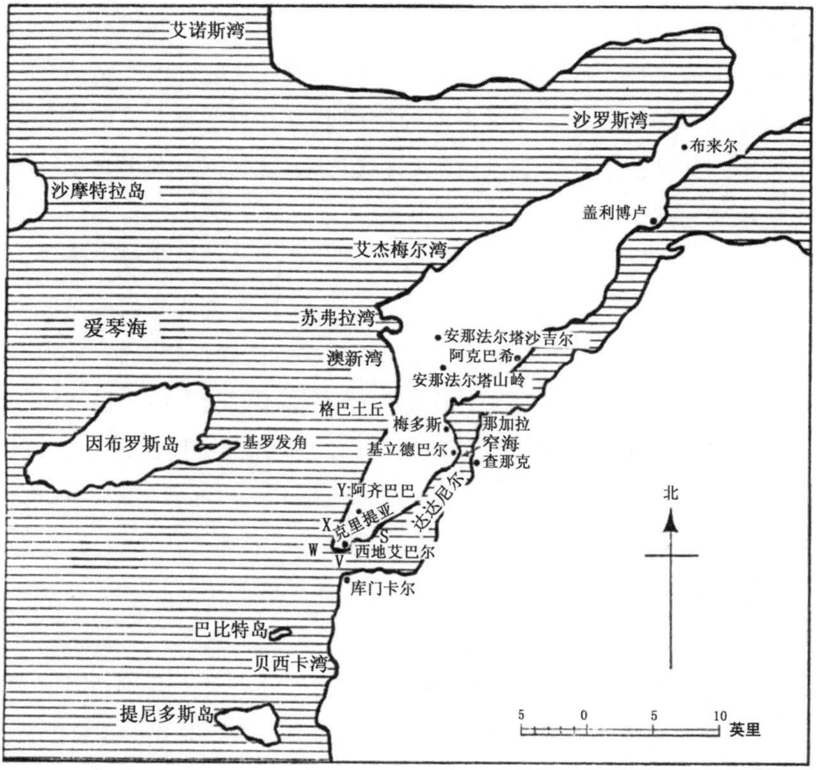

图十五　盖利博卢和达达尼尔会战，1915 年

虽然并未遭到反抗，可是他们却并未向克里提亚（Krithia）前进，而又上船撤退了。

此时，澳洲及新西兰部队也在格巴土丘以北登陆，这个地点以后就被称为是澳新湾（Anzac Cove）。他们的登陆可以算是一个完全的奇袭，一直进入了 3.5 英里的距离，从那里可以望见窄海部分的海水发出闪光，在这次战役中这里是他们所达到的最近一点。在那里他们遭到了凯末尔（Mustafa Kemal）的攻击，丧失了秩序向后溃退，于是伯德吴德将军建议全面撤退。这个要求却立即遭到了汉密尔顿的拒绝，他回答说："你已经通过了难关。现在你所要做的事情就是挖掘，挖掘，再挖掘，一直到你获得了安全为止。”这是一个不祥之兆，因为挖掘的意义就是奇袭告以结束，所以这次全盘的作战已经失败了。在这个盖利博卢半岛上的石质土壤中，奠定了大不列颠历史上最大悲剧的基础，这也正是亚历山大出发东征时所选定的起点。

登陆是已经成功了，但是其目标却未能达到，于是侵入战进入了第二阶段：即一连串的浪费性正面攻击，其无希望的程度与成本的高昂正和在西线上是一样的。在澳新湾附近，所据守的全部面积只有 400 英亩，直到 8 月 6 日止都未能实施攻势的企图。但在希里斯方面却连续作了三次成本极高的战斗，主要是由于第二十九师的师长杭特 - 威斯顿将军(Gen. Hunter-Weston)过分乐观轻敌的缘故。这就被称作是克里提亚的第一、第二和第三次战斗。[1]

第一次战斗发生在 4 月 27 日到 30 日，英军设计得极坏，结果是一场混乱，损失了官兵 3000 余人。接着土军在 5 月 1 日也发动了一场坚决的反攻，但也被英军击退，接着在 5 月 6 日到 7 日，遂发生了第二次战斗。到 5 月 8 日，还是和第一次一样结束，损失数字达 6500 人之多——约占作战人数的 30%。5 月 19 日，土军又再度攻击，这一次是在澳新湾方面，结果土军损失了 1 万余人，而澳新军却损失了 600 人。以后又接着第三次克里提亚战斗。除 78 门火炮的火力以外，再加上舰队火炮的补充，第八军再度进攻还是受到了惨重的牺牲，1.6 万人当中损失了官兵 4500 人，法军也损失了 2000 人。在海军陆战队第二旅中，一共只有 70 个军官，却有 60 个已经死伤，兵员共 1900 人，死伤也在 1000 人以上。所有这些攻击都是以阿齐巴巴为目标，因为英军方面是假定它可以控制窄海，事实上则并非如此，这是战后才为凯斯上校所发现的。英军在力竭之余，军事行动暂时停止。

---

[1] 到了 5 月 24 日，这方面的兵力又编为第八军。

当英军登陆后的第二天，意大利背弃了三国同盟，依照伦敦条约而投入协约国方面。5月23日，它也向奥国宣战。

6月2日，汉密尔顿用电报向基钦纳报告说：“似乎土耳其即将动员25万人来对付我们。”这个夸大的数字使英国政府颇感震惊，6月7日，新成立的“达达尼尔委员会”（Dardanelles Commission）开会，讨论下述的三个方案：（1）听任现有的情况存在，不了了之；（2）放弃这个远征，并撤出这个半岛；（3）派遣大量的增援兵力。在基钦纳和丘吉尔两人的联合压力之下，终于采取了第三条路线。最后决定增派五个师的兵力，而基钦纳则建议应占领布来尔地岬。这个建议却被拒绝，因为罗贝克将军认为在沙罗斯湾中德国潜艇的威胁太大，所以不能作此种冒险。

伯德吴德也反对在东北面的海湾登陆，而主张从澳新湾区中发动一场巨大的攻击，因为这个地区的条件足以引诱任何人努力奋战。英国官方历史中曾经引述一个目击者的描写如下：

> 正午时的太阳发出了强烈的热度，几乎找不到一点树阴。在堑壕中的饮水供给很少，几乎不够解渴。无人地带中的死尸臭味，散布在整个地区之中。尘土结成了浓雾，尽管有了医师的预防措施，到处都还是巨型的苍蝇（部队称之为“尸蝇”），几乎每吃一口饭都一定要吞入不少的细菌。只要一打开罐头，马上就会围满了苍蝇。在吃饭时和睡觉时，若能有小块纱帐掩护着，那在堑壕中简直就可以价值连城了。

当大家同意把这五个师中的三个组成一个新军时，汉密尔顿就要求任命拜恩将军（Gen. Byng）或劳林森将军（Gen. Rawlinson）为这个第九军的军长——他们都是能力优秀的军官，正在法国服役。但是却有人表示反对，因为他们都比马洪将军（Gen. Mahon）资浅，而后者却正在第九军中任第十师的师长，所以结果遂选定了斯塔福中将（Lt-Gen. Stopford）。这个选择可以说是坏到了极点。他已经61岁，慈悲软弱，毫无能力，在南非战争中曾任布勒爵士（Sir Buller）的军事秘书。他从来不曾指挥过部队，而且还是一个病夫。

当这个安排正在进行之际，汉密尔顿将军竟然不知道保持其军队的精力，而于6月21日、6月28日和7月12至13日，在希里斯地区中又连续发动了三次浪费血肉的攻击。结果他使英军损失了官兵7700人，法军损失了官兵4600人——即大约相当于一整个师的有效兵力。

一旦上述的增援已经决定了之后，汉密尔顿开始考虑另一个计划。第一点，他明显地看出来，澳新湾的宽度和纵深都太有限了，不足以容纳五个师的展开。为了获得较大的空间，他决心另派一支兵力在苏弗拉湾登陆，以扩大其作战基地。苏弗拉湾在澳新湾区的北面，相隔5英里，他准备同时作两个密切配合的攻击，以占领从基里特齐土丘（Kiretch Tepe）到柯加齐门土丘（Koja Chemen Tepe）再到格巴土丘之间的高地为目的。

纸面上看来，这个计划又是很不错的，因为不仅已知苏弗拉湾地区只有轻微的防御，而且假使土耳其人受到了奇袭之后，英军就只要越过4英里远的开阔平原，即足以占领周围的山地。东北面为提基土丘（Tekke Tepe），海拔900英尺；东面为安那法尔塔山岭（Anafarta Spur），海拔350英尺；北面为基里特齐土丘，海拔650英尺。若是在24小时之内，能够占领这些高地，则面对着澳新军的土耳其兵力，其右翼就可以受到迂回了。于是伯德吴德的澳新军，一定可以占领柯加齐门土丘（九七一高地）——它也正是狭海的锁钥。

为了实施这个两面的攻击，汉密尔顿手中所能运用的兵力为两个军——澳新军和第九军。前者下辖第一和第二两个澳洲师和一个澳新联合师。后者共有第十、第十一、第十三、第五十三和第五十四等五个师，后述两师是配属该军的。此外，在希里斯地区中，他还有第八军，它是由第二十九、第四十二、第五十二和海军陆战师所组成，法军另有两个师——一共总兵力为十三个师。他选定了莫德罗斯、因布罗斯（Imbros）和米提仑（Mitylene）为前进基地，并把他自己的总部设在因布罗斯岛上。

他决定在8月6日进攻，因为那一天夜间没有月亮，并决定作战计划如下：

第八军用攻击的手段，牵制着其所面对的土军，伯德吴德首先向"孤松"（Lone Pine）实行佯攻，以吸引敌军离开沙里拜尔（Sari Bair）高地，然后接着即向这些高地发动突击，预定在8月7日拂晓以前，应占领九七一高地、Q高地和朱努克拜尔（Chunuk Bair）。为了执行这次攻击，第十三师暂时配属给澳新军。

其次，为了在8月6日到7日的夜里使第十和第十一两个师在尼布鲁尼希角（Nibrunesi Point）以南登陆，第十一师应在8月7日拂晓以前占领拉拉巴巴（Lala Baba）、苏弗拉角和基里特齐土丘，以及巧克力（Chocolate）高地、W高地和提基土丘。至于第十师中的两个旅则在7日拂晓时前进，直趋安那法尔塔缺口，以威胁九七一高地和其附近的土军右后方。

这个计划是彻底的错误了。澳新军的兵力已经损失得太严重，而他们所要经过的地区又是特别的困难。其次第十和第十一两个师都还只有一半的人员受到训练，而他们所要经过的地区却是丛林遍地，只有高度训练的轻步兵，在优秀军官领导之下才能够在这种地区中进行成功的夜间前进。可是汉密尔顿却根本缺乏这样优秀的人员和军官，所以他的计划从纸面上看来是很精彩的，但实际上却无异于一场赌博。

直到7月22日，斯塔福将军才知道这个计划，汉密尔顿向他解释说：对于巧克力高地和W高地，必须在拂晓之前用突袭手段来加以占领，因而必须要有果敢活跃的领导。最初他接受了这个计划，以后他又开始怀疑了，可能的原因是由于马洪将军认为它太复杂了。他指出他的炮兵是不够用的，当他发现他全部兵力都是预定在 ABC 三个滩头上登陆，它们的位置都在尼布鲁尼希角之南，于是他又不顾海军方面的劝告，劝说汉密尔顿把 A 滩头移到湾内缺口（cut）正北的地方。后来的事实证明，这也是一个错误。

其次的错误就应归罪于汉密尔顿本人——那是保密过度了。没有一个部队知道所要求于他们的是什么，直到 8 月 6 日黄昏时，才开始分发地图。除了海陆军将领以外，没有一个人知道哪里是目的地。从物质和心理两方面来说，这个作战都有盲人瞎马之感。

登陆的安排是事先有非常慎重的准备，包括 400 吨的饮水运输在内。可是因为太注意了，所以斯塔福和他的幕僚人员的全部心灵，都只注意到登陆的本身而没有余力去考虑上滩后的前进了。而对于占领巧克力高地和 W 高地的重要性，几乎完全被置之脑后。连汉密尔顿本人也是如此，因为他在 7 月 29 日所给予第九军的最后训令中曾这样写道：

> 你的主要目标即为确保苏弗拉湾，假使当你发现只要用一部分兵力即可以达到这个目标时，于是次一个步骤，你才应该尽全力去协助澳新军，向比雅克安那法尔塔（Biyuk Anafarta）前进，以帮助他们攻击三〇五高地（即九七一高地）。因为在巧克力高地和绿高地上都有敌军的炮位，足以威胁澳新军的侧翼和后方。所以在不影响你的主要目标达成的原则之下，应提早占领这些高地，这是对于三〇五高地的攻占大有裨益的。

这种坚持认为登陆即为主要目标，实在是一个极大的错误，也是英国最后惨败的根本原因，因为登陆只是一个手段，而并非目的。

最后的一个错误就是斯塔福对于将道的意义完全没有认识到。他根本没有随部队一同登陆和把他的司令部建立在岸上。他决定留在船上，在 7 日这一天之内决不离开。

假使说汉密尔顿的任务是够困难的，那么桑德尔斯的任务便可以说是更困难了。虽然他一直都在害怕敌人会在布来尔登陆，但他却以为英军的目标是占领柯加齐门土丘，所以在苏弗拉湾的登陆也有可能性。同样可能是在格巴土丘以南登陆，于是他就命令康仑吉塞尔上校率领第九师往那里驻防。8月，他的兵力分布如下：三个师在库门卡尔，三个师在布来尔，三个师在澳新军的正面上，由艾沙德(Essad Pasha)指挥的两个师在格巴土丘，五个师在希里斯地区。对于苏弗拉他只派了一支小型部队，称之为安那法尔塔支队。它由一位巴伐利亚军官威尔米尔少校（Maj. Willmer）指挥，一共为三个步兵营，一个工兵连，一个骑兵中队，19门炮和一个劳工营。威尔米尔少校是一位极优秀的军官，马上认清了他的支队兵力太弱了，不足以抵抗英军的登陆，所以他可能做到的是使侵入军占领安那法尔塔的时间延迟36个小时到48个小时。此后就必须等待增援了。他展开了一个前哨的屏障线，并据守下列的地点：

基里特齐土丘由盖利博卢宪兵两连据守；

第十号高地由布劳沙（Broussa）宪兵三连据守；

巧克力高地和绿色高地由第二十一团第一营中的三个连据守；

拉拉巴巴由第三十一团第一营中的一个连据守，并在尼布鲁尼希角设置一个哨点。

他把他的预备队部署在巴卡巴巴（Baka Baba）—W高地上，横跨着从苏弗拉湾通到安拉法尔塔沙吉尔（Sagir）的小路。

他一共带着1500余人，而面对着他的敌人却有2.5万人之多。

8月6日下午2时30分，在希里斯正面上开始了这个联合性的会战，对于这场战役要算是最具有决定性的。但是第八军的军长却并未遵照命令，只作一种牵制性的攻击，他居然一愚至此，竟企图攻占克里提亚和阿齐巴巴。结果失败了，在4000人当中差不多损失了2000人。

两个小时之后，澳新军也开始攻击在孤松的土耳其军阵地。虽然成功了，但却引起了一个不幸的结果。它使艾沙德感到恐惧，他遂要求康仑吉塞尔的第九师派两个团来增援。他们到达之后，即用以增援朱努克拜尔，第二天上午它就受到了英军的攻击。

当土耳其人的注意力集中在孤松上时，英军方面有两个纵队，分别由约翰斯顿将军（Gen. Johnston）和寇克斯将军（Gen. Cox）率领着，于下午7时30分出发，企图攻占九七一高地与战舰山（Battleship Hill）之间的沙里拜尔岭。这个行动是够复杂的，姑且不说它是不可能的。巴尔特里特说：

> 这个攻击的对象是近代化战争条件中所未有的。人员们要在黑夜中，在这种未开发的地区爬过遍地荆棘的山地，即令是在平时的演习中，要使部队于指定时间之内到达沙里拜尔山岭的绝顶，也都是一个极端艰巨的任务。

约翰斯顿所率领的右面纵队，为船上探照灯所造成的阴影遮蔽着，向泰布尔山顶（Table Top）前进，在拂晓时到达了朱努克拜尔。纵队中的一部分迷失了方向，其余也都混乱不堪。此时，左面的寇克斯纵队沿着海岸向上走，再向右转，以便达到九七一高地和Q高地。它走错了路，中途受到了狙击和延迟，人员都变得疲乏不堪。于是这整个的行动都成为泡影，在参加的人员1250人当中，死伤了650人。

当这些行动正在进行时，8月7日上午5时30分，凯末尔知道了英军部队已在罗多登德仑山岭（Rhododendron Spur）上站住了脚跟——在朱努克拜尔的正西面——于是即命令他的预备师，第十九师去占领主岭。同时，艾沙德也派了康仑吉塞尔的两个团去据守这同一个山岭上从朱努克拜尔到九七一高地的那一段。康仑吉塞尔匆匆地命令一个巡逻队向前，并于上午7时左右达到了朱努克拜尔。此时，桑德尔斯也认清了紧急的时刻已经到了，可是仍然害怕

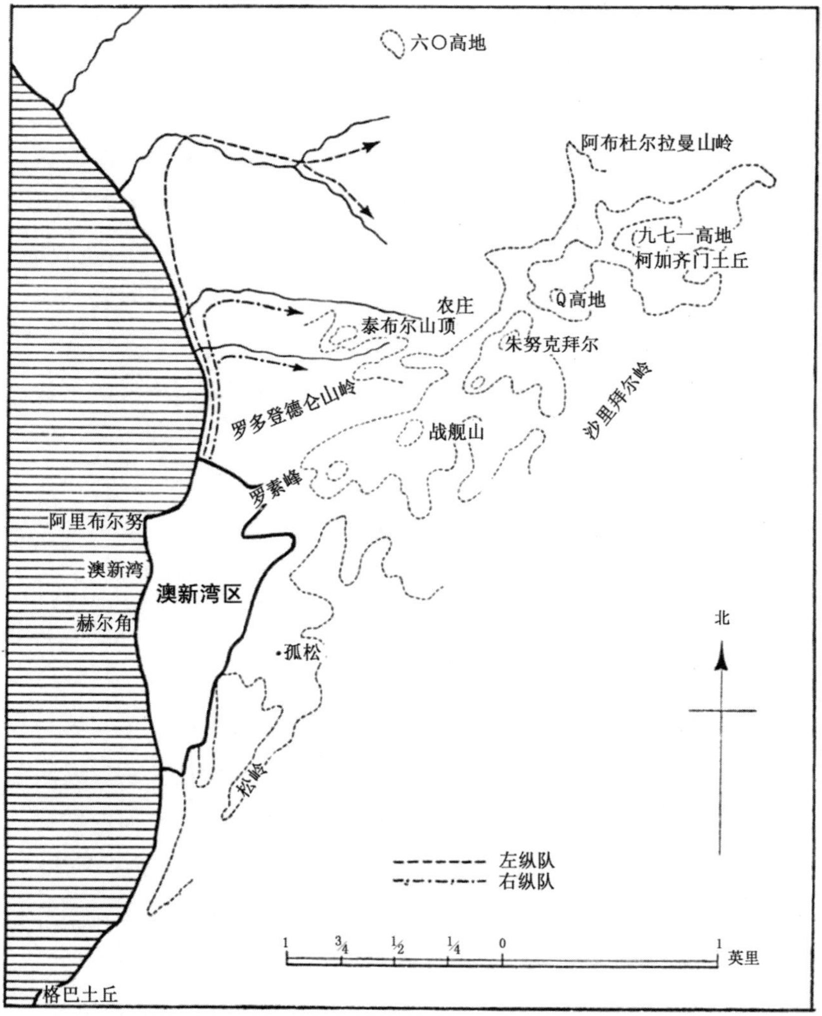

图十六　沙里拜尔会战，1915 年 8 月 6 日至 10 日

主力的打击会指向布来尔，遂用电报通知据守该地区的费齐贝（Feizi Bey）应提高警觉。以后才又决定对于沙里拜尔必须增援，于是在凌晨 1 时 30 分，才又命令费齐贝用最快的速度送三个营的兵力到南面来。

此时，约翰斯顿的右面纵队也略为恢复了一点秩序，遂于 7 日上午 10 时 30 分派了五个连的兵力，在陆海军的炮击掩护之下前进向朱努克拜尔攻击。但是当康仑吉塞尔的人员向他们开火之后，这个攻击就马上崩溃了。这一次的失败，加上寇克斯左面纵队的兵力太疲惫，完全不能行动，于是指挥这个作战的高德里将军（Gen. Godley）命令暂停攻击，到 8 月 8 日为止。到了 8 日再行进攻时，约翰斯顿即应占领朱努克拜尔，而柯克斯则应占领 Q 高地和九七一高地。

寇克斯的兵力共为十三个营，他又把它们分为四个纵队：他们的目标如下：

第一纵队向朱努克拜尔的北面斜坡进攻；

第二纵队向 Q 高地的南面峰顶进攻；

第三纵队向 Q 高地的北面峰顶进攻；

第四纵队向阿布杜尔拉曼（Abdul Rahman）山岭和九七一高地进攻。

当第四纵队在上午 3 时前进时，差不多立即被阻止了。第一和第三两个纵队因为兵力太分散，所以根本就无法前进。第二纵队前进想与尼泊尔部队第六团第一营相连接，后者已经在正面前很远的地方占领了一个阵地，而前者的人员却太疲惫从而无法达到那里。第六团第一营的营长艾伦生少校（Maj. C. J. L. Allanson）在空等着他们不来之后，即决定单独进攻 Q 高地。经过了一番苦战之后，他在山顶以下约 100 英尺的地方，占领了一个立足点，然后掘壕固守。可是高德里将军对于这个卓越的前进却毫无所知，并于下午 2 时命令暂停行动直到次日为止。

次日上午 3 时 30 分，约翰斯顿命令前进，虽然发动较迟，使他感到惊异的却是未遭到抵抗，并到达了山岭的峰顶。马仑中校（Lt-Col. Malone）率领着威灵顿营的两个连开始在那里挖掘工事。据英国官方历史的记载：“这些人员的精神颇佳。在他们的右边，从逐渐发亮的天光中，可以看见在澳新湾区敌线后方的道路和小径——现在终于达成了迂回的目的。在他们的前面即为狭窄海面，海水在那里发出闪光。这正是此次远征的目标,胜利似乎已经近在咫尺了。”

为什么土耳其人会放弃朱努克拜尔，其原因固已不可考，但因为他们仍然据有战舰山和 Q 高地，所以当天拂晓之后，土耳其对于马仑这一点小型兵力的侧翼投以猛烈的火力。这两连英军沉着地苦斗，并坚守着其在山顶上的暴露阵地，直到几乎全部阵亡为止，包括他们英勇的领袖在内。

虽然如此，高德里将军仍决定在 9 日再行进攻。他放弃了一切占领九七一高地的观念，而把他的目标限制于朱努克拜尔到 Q 高地之间主岭上，约翰斯顿攻击前者，寇克斯攻击后者，而在这两个要点之间，则由鲍德温将军（Gen Baldwin）指挥着第十三师的第三十八旅负责攻击。所有三支兵力都应保持着密切的合作。

当夜幕低垂之后，鲍德温沿着一个未经侦察过的小径前进。一路上因为长时间的停顿和迟误，终于发生了混乱。当发现这条小路的终点是直抵一块悬岩之下时，部队又必须倒退回来。当此之时，约翰斯顿的前进部队已经与敌人发生激战，因为鲍德温的兵力久不出现，于是他和寇克斯只好放弃攻击。因为艾伦生的增援兵力走错了路，所以他又是单独进攻，在炮击一停止之后，他就达到了山顶。可是当第二次炮击开始时，恰好打在他这支小型兵力的头上，迫使他们又退回原有的位置。他对于这次不幸事件曾有下述的描写：

> 炮兵准备射击所发出吼声异常巨大；这个高地似乎是笔直挺立的，好像是从下面的一个高地中蹿出来的。我认清了假使当炮击终止时，即飞上这山顶，那么就会可能达到它。我把三个连放在堑壕中与我的人员在一起，并且告诉他们说：当他们看到我举起一面红旗向前跑时，大家就应该随着前进。我看了一看表，恰好 5 时 15 分。我从来不曾看见过这样的炮兵准备：

> 堑壕被裂成了碎片，命中率是极为惊人，而我们就处在弹着点的正下方。到了5时18分还未停止，我怀疑我的表是否不准。5时20分炮声停息了；因为危险是如此之巨大，所以我又等了三分钟以求确实。于是我们开始手挽着手向前冲，这是一个最完善的前进，这种情形很是惊人。在山顶上我们遭遇土耳其人，勒马尔尚（Le Marchand）倒了下来，一把刺刀穿过了他的心脏。我腿上也挨了一刀，在以后十分钟之内，我们都在作激烈的肉搏，我们口咬拳打，并且用步枪和手枪当作棍棒。最后土耳其人转身逃走了，我觉得非常的骄傲，因为整个半岛的锁钥都已经握在我们的手中，对于这样巨大的战果，我们的损失相比而言似乎不算太重。
>
> 在下面我看见了海峡，在通到阿齐巴巴的道路上，有迫击炮和运输车辆。当我四周一看之后，发现我们并未获得任何的支援，但是我却决定仍对在我们前面败逃的敌人实施追击。我们向梅多斯的方向上冲下去，但仅往下走了大约100英尺的距离时，突然遭到了我们海军的炮击，于是发生了可怕的混乱。[1]这是一个可悲的惨祸，很明显，他们是把我们当作了土耳其人，所以我们必须立即撤回。那种情形很恐怖，第一炮击中了一个尼泊尔士兵的脸。遍地都是鲜血、肢体和尖叫声，我们都跑回了山顶上，然后又退回到原来在下面的旧位置。

这样就结束了沙里拜尔岭的战斗，在这一战中的英勇牺牲都是白费了，其混乱的程度仅次于在苏弗拉湾的登陆。诚如桑德尔斯所说的，苏弗拉湾作战为这次战役中的政治军事性的顶点。但与沙里拜尔不同，因为它并未面临不可克服的障碍物，所以是一个可以成功的行动。可是因为将领的能力太差和部队的水准太低，结果还是

[1] 海军否认是他们打的，一共为6颗12英寸的炮弹，据说打死了150人。

失败了。

8 月 6 日晚上 9 时 30 分，第十一师的第三十二和第三十三两个旅，在师长汉米尔斯里将军（Gen. F. Hammersley）率领之下，在漆黑之中接近了 B 滩头，发现它是没有设防的。到了晚上 10 时，已经有四个营登陆了，并无一人遇害，但是他们却都已经疲倦不堪，因为战士们已经站立了 17 个小时之久。拉拉巴巴已经被攻占，于是打通了达到第十号高地的道路，但是因为没有人知道它的正确位置，所以结果还是一事未成。此时，第三十四旅在席特威尔将军（Gen. W. H. Sitwell）率领之下进入了苏弗拉湾，但是当驳船向 A 滩头前进时，在距离岸边 50 英尺远的地方碰着了暗礁，于是使登陆的行动大受阻碍，直到拂晓之后，大批人员才完全登陆。使事态更坏的是，第十师（师长为马洪将军）本应在 A 滩头登陆，并以占领基里特齐土丘为目标，可是其中有一部分却在 C 滩头上和 A 滩头以北所发现的一个新滩头上登陆。于是它的组织破坏了，因为发生了混乱。

接着就是接二连三的矛盾的命令，而土耳其军中的狙击手，也正和 1777 年的美洲来复枪手一样的百发百中，使英军受到很大的损失。这样的情况，一拖就是好几个钟点。直到天快要黑了，英军才开始进攻巧克力高地，到了天黑之后，这个高地和绿高地的西半部都被攻占了。此时在左翼方面则殊少成就，除了在基里特齐土丘山上获得了一个立足点以外。所有周围的山地都还留在土耳其人的手中，可是第九军的兵力中还有过半数的尚未参加战斗——一共为 22 个营——虽然如此，那些参加战斗的兵力中却已经损失了军官 100 人和兵员 1600 人，比土耳其方面所用以对抗英军的总兵力还要大。

不仅陆军方面的计划全面崩溃了，而且海军方面的一切计划，包括火炮、弹药、饮水、补给、车辆和骡马等项的卸载，都发生了全面延误和混乱的现象。饮水实际上储量颇丰，但却无处寻找；那些把水壶中的水已经喝干了的人们，简直渴得发疯了。许多士兵留在滩头上，用刺刀在帆布水管上挖了小洞，从那里加以吸饮。

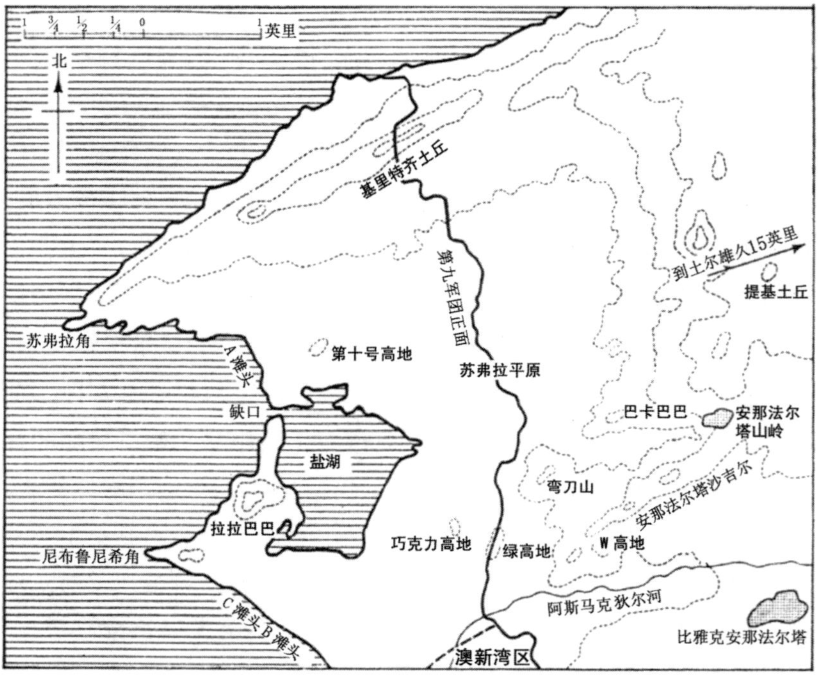

图十七　苏弗拉湾会战，1915年8月6日至10日

康仑吉塞尔对于登陆的叙述，可以代表土耳其方面的看法：

> 苏弗拉湾中塞满了船只。我们发现共有10艘运输船、6艘军舰和7艘医院船。在陆上我们看见有一大堆混乱的部队，好像被扰乱后的蚁群一样。任何地方都尚无战斗的进展。

英国官方历史上的记载说："在8月7日一整天当中，总司令部对于苏弗拉湾的作战，完全不曾加以控制。他们这种'无为'的态度，从事态看来，可以算是世界战争中的危机之一。其唯一可能的解释即为过分自信的结果。"当汉密尔顿爵士听到第十号高地尚未攻克的消息之后，为什么不立即赶往苏弗拉湾呢？史学家说："假使他能够如此，并且坚决地命令部队立即前进，那么第一次世界大战的时间可能会缩短许多。”

总司令坐在他的岛上等候消息；斯塔福军长则坐在他的船上，对于他的部队已经上岸的事实，感到十分的高兴。这两位将军都是以看马赛的姿态来看这整个作战的胜负。这种将道固然很不可解，但有一部分却是受了毛奇思想的影响！即当会战开始之后，最需要指挥之时，而指挥官却反而采取不干涉的态度。

当汉密尔顿和斯塔福这两位爵士将军，还正在等候他们的电话铃响时，在土耳其方面的主将却是在不断的活跃之中。上午 6 时，威尔米尔少校即用电话报告桑德尔斯元帅说，敌人在许多军舰掩护之下，已经在尼布鲁尼希角登陆了。当土军总司令听到了这个消息之后，他马上就判断布来尔已经安全了，敌人的目标为九七一高地和朱努克拜尔，并且立即指示费齐贝率领他的三个师中的两个——第七和第十二——南向增援。同时他也命令在亚洲对岸上一切可以抽调的人员，都赶紧进到查那克，并渡过欧洲方面来。他也命令第八师从克里提亚向北移动。他感到十分焦急，因为这些援兵中没有一个能在 36 小时到 48 小时之内赶到的。那么在这个时间当中，威尔米尔这一点微弱的兵力能够挡得住敌人的侵入吗？——这就是一个主要的问题。很明显的这个答案似乎是一个“否”字！这时又来了一个报告使他略感安慰；下午 7 时，威尔米尔少校向他报告说：“敌方的部队在整天之内都在继续登陆。估计他们现有的兵力至少有一个半师。但却并未作任何积极的进攻。反而言之，敌军的前进却极为迟缓。”这个报告的意义即等于说可能获得了 24 小时的时间。

8 月 8 日上午 1 时，威尔米尔的所部兵力大致分布如下：盖利博卢宪兵三连部署在基里特齐土丘山脊上，1100 人和 5 门山炮部署在巴卡巴巴和 W 高地之间，另有两个炮兵连在提基土丘山岭的东边。他最近的增援为从布来尔调来的三个营，正宿营在土尔雄久（Turshun Keui）以东 2 英里的地方，也已经因强行军之故感到疲惫不堪。

8月8日是一个星期天，也是整个战役中最紧要的一天，可是对于第九军而言，却正是一个休息的日子，因为英军总司令与他们已经完全脱节，所以在上午10时50分，他还是向斯塔福发出了下述的电报："你和你的部队已经有了卓越的成就。请转告汉米尔斯里，我们对于他迅速有力的前进是寄予了多大的希望。"

"卓越"和"迅速"！天下事实未有荒唐如此者。除了已经登陆以外，可以说是一事未成。而更坏的是，斯塔福也是无能为力。因为诚如英国官方史书上所说的："8月8日英国军队之所以一事无成，主要的就是缺乏坚决的领导，不仅在岸上是如此，而且在军部中甚至于在总司令部中也是一样的。"接着史书上又记载着说：

> 经过了平安的一夜，8月8日的上午是绝对的沉寂。天空上万里无云，日光强烈无比。敌方的炮声完全不响。除了在基里特齐土丘上偶有一两响枪声外，可以说是完全没有任何的战争噪音。在缺口附近的沙丘中，挤满了休息中的部队。在海水中还有许多裸体洗澡的人员。斯塔福将军和他的参谋长，都还留在"水仙"号（Jonquil）军舰上，仍然不曾上岸。

因为总司令部始终未曾接获消息，遂决定派阿斯皮那尔上校（Col. Aspinall）——即后来英国官方战史的编撰人——到岸上来考察实际的情况。上午9时30分，他开始出发，并发现全部海湾中都是一片太平景象。当他上了"水仙"号，就遇见了斯塔福，后者的精神却极为高兴。他说："好啊！阿斯皮那尔，人员们已经有了极卓越的成就！"阿斯皮那尔回答他说："但是却并未能达到山地。"斯塔福却又回答说："不，但是他们却已经上了岸！"于是他又补充说，准备在明天命令部队作新的前进。阿斯皮那尔在这一番对话之后，即用无线电将下述的报告拍发给总司令部："刚刚到了海岸上，我发现一切都平静无事。没有枪声，没有炮声，显然也没有土耳其人。第九军正在休息之中。我确信黄金机会已经丧失了，并认为情况已经颇为严重。”

当阿斯皮那尔正在岸上的时候，英军总部接到了土耳其部队正在提基土丘以东前进的消息，于是才催促斯塔福前进。他把这个命令转达给他的各位师长，但是却又补充说：“因为缺乏适当的炮兵支援，我不希望你们攻击一个有强大兵力据守的堑壕阵地。”所以当然又是一事无成。

最后，汉密尔顿爵士才决定亲自上岸去督战，但因为他的驱逐舰一时走不开，所以直到下午4时30分才能成行。他首先到“水仙”号军舰上去，发现斯塔福的态度是非常的“愉快”，因为照这位将军的意见，一切都是十分顺利的。此外，斯塔福又告诉他说：他决定暂缓占领基里特齐山岭，直到明天上午再说，因为这个行动可能会引起一个正规的会战。汉密尔顿在他的日记中这样写道：“我很想对他说，我们在这里所希望的就正是一个正规的会战。但是却忍着没有说出来。”其次，他决定去视察汉米尔斯里的司令部，但是斯塔福却故意托辞不想陪他一同去，斯塔福说：“汉米尔斯里不太舒服，他也刚刚从海岸上视察回来（实际上只走了400码远），所以希望能让他的腿休息一下。”

在汉米尔斯里的司令部中，汉密尔顿所看到的情形是混乱的和平景象。他在日记上这样记载着：“一个得胜的师正在这里休息，据说在接获通信12小时之后，还不能够行动。”他命令他们立即向提基土丘进攻。可是乱糟糟的，一时又找不到各部队，正当他们在调动之时，从布来尔方面赶来的第一批土耳其增援兵力，虽然已经疲惫不堪，却还是占领了山顶。于是奇袭的机会完全丧失了，两个相等的兵力在战场上开始互相面对着。

诚如康仑吉塞尔所说的：“在8月8日这一整天当中，胜利女神一直是把大门敞开着，可是斯塔福却偏不进去。没有一个人前进。

简直是一片和平景象，好像是童子军露营一样。

“在同一天中，土耳其方面的第七和第十二两个师，却分别从各方面用强行军赶往增援。他们能够如时到达吗？正在安那法尔塔等候着的元帅，心中急得似火烧一样。”

英军的总司令外表固然也很威猛，可是对于他心里所想说的话，却哑口无言；反之，桑德尔斯元帅却像一团烈火一样的活跃。在拂晓以前，就骑上了他的马，到处去搜寻援兵，他找到了第七师的一个幕僚人员，后者告诉他该师和第十二师都还落后很远。他遥望着前面的战场，感到十分的焦急，在敌人与他所站立的地点之间，W高地上有 400 名守兵，基里特齐土丘上有 300 名守兵，两者之间则一个人也没有。那天黄昏时，他从威尔米尔方面得知费齐贝仍未到达。他马上就把费齐贝找来，当后者告诉他说，他的部队太疲倦，在 8 月 9 日上午以前是无法攻击的，这时桑德尔斯又怎样处置呢？他立即将其撤职，并命令凯末尔指挥在安那法尔塔地区中的全部兵力，因为他认为凯末尔是一位“勇于负责的领袖”。

8 月 7 日和 8 日是危机之日，而 8 月 9 日和 10 日却是决定之日。经过了许多前后矛盾的命令之后，汉米尔斯里终于奉命在 9 日上午 5 时攻占安那法尔塔山岭，而马洪则应占领提基土丘。第十一师的攻击以混乱开始，也以混乱收场。当第三十二旅的领先营正趋前进攻时，土耳其的援兵却从山岭那一边拥出，于是一经冲突，该营即在混乱中被逐退。尽管已经延迟了 48 小时，可是不到半小时之内，对于提基土丘的迂回即已经败定了。

在第三十三旅的攻击中，其混乱的程度也只是稍为好一点。当他们前进时，遇到一大堆丧失了士气的逃兵，于是在阿斯马克狄尔河（Asmak Dere）停顿了下来，开始挖掘工事。此时在基里特齐土丘方面，第十师的攻击部队在前进了一个短距离之后，也停下来构筑工事。现在，斯塔福将军也终于在岸上建立了他的司令部。汉密尔顿说：“当我们走到基里特齐土丘的下坡上时，我们找到了斯塔福，他正在忙于指挥一连工兵，为他自己和军部建筑一些可以防御流弹的营舍，他对于这个工作十分的认真，据他自己说，因为我们可能会在这里停留很久的时间，所以工作还是认真点较好。”

第二天，现在已经登陆的第五十三师也奉命投入战斗，以收复9日所丧失的弯刀山（Scimitar Hill），并攻击安那法尔塔山岭。一共作了两次攻击，但都失败了。

巴尔特里特对于这两天的战斗，曾有下述的评论："似乎没有一个人知道各旅和各师的司令部在哪里。部队到处寻找饮水，参谋人员到处寻找他们的部队，而土军的狙击手到处寻找他们的攻击对象。昨天看见有一名土军士兵的地方，今天却增到了十名。他们只留下相当少数的兵力在堑壕之中；大部分却都躲在丛林内，那是炮火所不能及的，以等候我们的攻击。他们的狙击手从树林丘陵之中偷偷地前进，当他们发了有利的目标之后，即加以袭取，而他们自己几乎是完全没有损失的。”

这一天，凯末尔也向英军进攻。8月9日，他已阻止了第九军，并于10日进攻朱努克拜尔。现在他侦察了地形之后，即决定夺回罗多登德仑山岭。凌晨4时50分，大批的土军从天而降，扫过了敌方的前进堑壕，占领了顶点和农庄，以后这个攻击也就丧失了其力量。到了8月10日，遂结束了沙里拜尔和苏弗拉湾之战。英军的损失又有多大呢？在5万名士兵的不列颠部队中，死伤及失踪的总数共为1.8万人。8月12日，巴尔特里特不禁感慨地说："我们已经再度登陆，并且另外又挖掘了一个坟场。”

这次战役的其余部分，可以简述如次：斯塔福撤职，代替他的为拜恩将军，这本是原先汉密尔顿所要求的人。基钦纳勋爵现在才说："这是一场青年人的战争！”可惜却已经迟了6个月。可是汉密尔顿却还留任原职，虽然，他对于这次惨败，实应像斯塔福同样负有责任。他于8月21日到22日，在苏弗拉湾又作了一次浪费性的正面攻击，在作战人员14 300人当中，一共又损失了5300人。

英国人失败之后，保加利亚的陆军不得不在9月25日就立即动员了。接着10月14日，保加利亚遂向塞尔维亚宣战，于是基钦纳勋爵决定从达达尼尔地区抽出两个师，以转用在萨罗尼加方面。可是突然雷雨大至，麦根森率领着九师德奥联军越过了多瑙河。乌斯库布（Uskub）于10月22日陷落，尼希（Nish）于11月2日陷落，蒙那斯提尔（Monastir）于12日也落于德军手中。塞尔维亚变成了废墟，德军的火炮和弹药纷纷向君士坦丁堡流入。

10月14日，汉密尔顿被召回英国，代替他的人为孟罗爵士（Sir Charles Munro），他于10月28日在达达尼尔登陆。两天之后，他即主张把英军全部撤回。这个建议使首相阿斯奎思（Asquith）大感震惊，于是到了11月2日，他决定把战争指挥权交给一个战争小组委员会去负责，其人数为三个以上五个以下。在一年多以前，他早就应作如此的改革。11月4日，基钦纳被派往达达尼尔去作实地的视察，他所获得的结论也是非撤退不可。此时虽然巴福尔已经代替丘吉尔出任海军大臣，可是丘吉尔却力主再向窄海作一次海军性的攻击，虽然此举的战略意义已经不存在。这种行动虽然明知徒劳无益，但他却仍然坚持不肯放弃。他好像觉得只要强行通过了窄海，就可以算是大功告成。他却没有认清，现在德国与土耳其之间已经打通了，当舰队已经炮击君士坦丁堡之后，就会感到再也无事可做了。同时他也不知道在德国、土耳其方面，已经正在准备一个大规模的攻击，并且想使用毒气。不过这一点他却应该可以猜想得到的。

11月27日，一阵大风雪扫过了这个半岛，时间长达72小时之久，在暴露中的人员被冻死者数以百计。专以苏弗拉地区而言，在三天之内冻伤了5000多人，被溺毙和冻死的人在200名以上。这次风暴更加速危机的来临，尽管孟罗将军估计在撤退时留在这个半岛上的人员和物资的损失，可能有百分之三四十，但是经过了许多争论之后，战争委员会还是首先决定撤出澳新湾区和苏弗拉湾，后来又决定连希里斯也包括在内。前两者之撤退是在 12 月 20 日执行的，后者则在 1916 年 1 月 9 日，结果没有死一个人。这也是这次战役中唯一一次成功的行动。英军登陆总人数为 41 万人,法军为 7 万人，其中损失了 25.2 万人，包括死亡、负伤、失踪、被俘、病死和因病遣回的人都在内。土耳其方面的损失总数也达 21. 8 万人,其中有 6.6 万人是死亡的。留在半岛上的物资数量极为巨大，几乎花了两年的时间才把这个地区清理干净。

这样就结束了英国历史上最大的悲剧之一，它可以与公元前 415 年的叙拉古之围相比拟，因为它们的根本原因都是一样的，即为民主制度是无法指导一场战争。诚如丘吉尔所指明出来的 :“没有一个人有这样的权力，可以发出明白而蛮横的命令，足以获得无疑问的尊敬。权力是分散在许多重要人物的手中，他们在这个阶段中即构成了统治阶级。”所以劳合 · 乔治也说 :“没有协调的努力，没有完整的行动计划，也没有重视时间的观念。”可是更坏的却是没有判断力，对于问题的本身没有明确的战略分析，对于其战术要求没有适当的计算，在未来的目的与眼前的手段之前，没有真正的平衡与配合。假使不是如此，则很明显的，应该能够认清唯一实际可能的解决就是不作正面的突击，而只仰赖奇袭。这个行动也许可以分为两部分 : 在一个果敢的指挥官率领之下，在布来尔或其附近使一支小型而有高度训练的兵力登陆，这样就打进了后门。紧接着就使海军强行通过达达尼尔海峡——这是前门——并炮击君士坦丁堡。虽然这样的行动好像一场赌博，但是对于一个奇袭的行动而言，每每都是如此的，在这个情况之下，这样的冒险也是值得一试的。假使在一开始的时候就失败了，那么就可以立即停止，这样对于威望上的损失最多不过是相当于实际失败时的几分之一而已。

再说到这次原有的作战，假使有果敢善战的将才，则是否可以转败为胜，化危为安呢？这是一个重要的问题，因为它的答案足以显示出当时流行的指挥体系具有根本上的弱点。

和 1777 年的伯戈恩一样，汉密尔顿被要求担负着一个最困难的任务。也和前者一样，他的领导者是一个经常在辩论中的团体，而且所有成员对于战争都完全是外行。而且也和前者一样，他是位运气不佳的将军，不过我们却应认清所谓幸运与否者，实际上大部分都是性格的副产品。

在最初登陆时，缺乏奇袭的条件并不是汉密尔顿的过错，缺乏对海军的支援，他也不应负责。假使海军将领们对他们的战舰也敢和一般的海军少校们对他们的潜艇采取同样的冒险，则在 4 月 25 日到 8 月 7 日之间，只要肯付出相当的代价，这个海峡的狭窄部分是随时都可以突破的。费歇尔勋爵曾经大声疾呼地说："在海军输掉它之前，陆军还能够赢得这场战争吗？"但是当决定作海军攻击之后，作为一个良好的参谋人员，他是应该支持他的长官（丘吉尔），不管他个人如何持有反对的意见。我们只要读一读他的回忆录，即可以知道费歇尔这个人是民主人士的气味重于海军将领的品性。他所缺乏的正是丘吉尔式的权威，说着"做"和"再做一次"。但是在没有海军部的支持之下，只有一个具有拿破仑式的决心的人才会说这样的话。

作为一个军人，汉密尔顿是一个南非战争以前时代中的标准产物。在那个时代中，英国人是把战争当作一种绅士的行为，团体精神取代了主动精神，军人精神已经与运动员精神合而为一了。在南非战争以后，英国陆军也成立了一个参谋本部，大部分是以德国为模范的。他们也接受了毛奇的观念，认为一旦开始行动之后，主动之权就应完全交给下级指挥官。但土耳其的总司令，桑德尔斯元帅几乎总是在身临前线、勇于负责的时候，汉密尔顿却安坐在他的司令部中，好像是一个局外人似的批评这场战争，他在他的日记上这样写着："在今天的总司令，是被包在棉被中的，自从战争开始以来，我还是第一次进入步枪火力射程之内。"他写着这一段话的时候，战争已经进行快四个月了！我们应该追问，为什么他自己不解开这个被包呢？为什么他不学习桑德尔斯，亲自指挥并强迫敌人接受他的意志呢？他曾经这样写着："与斯塔福争论了一个钟点之上。""我的手是否为资深的马洪所牵制了呢？"桑德尔斯的手并不曾为费齐贝所束缚，他把他撤职，并派凯末尔来代替他。在Y滩头上，汉密尔顿看到情形不佳，但他却不采取行动。他说："我不能强迫他们行动，那是不在考虑之列。"为什么不考虑？胜败的关头真是千钧一发。在苏弗拉湾之战中，他变成了他那岛屿上的囚徒，而桑德尔斯和凯末尔却到处活动。关于凯末尔，英国的官方战史说："在历史上很少有一个师长，曾经发挥过如此巨大的作用，在三次不同的机会中，他的影响是如此的巨大，不仅决定了这次会战的胜负，而且甚至决定了这次战役的成败和一个国家的命运。"反而言之，对于汉密尔顿的作茧自缚，上述的批评也同样的正确。

假使能以奇袭为基础，则这次战役可能会成功，那么它的后果就会是非常的惊人：俄国可以得救了，巴尔干诸国会保守中立或采取积极的合作，塞尔维亚不至于被占领，土耳其会被击败；当西面僵持不决时，从东面却已经把德国包围住了。不仅俄国可以支持下去，而且诚如康仑吉塞尔所说的："若无盖利博卢的失败，则俄国革命也许不会发生。"此外，在马其顿、美索不达米亚、埃及以及以后的巴勒斯坦，也都不至于再发生延长的战役。在这些战役中，曾经吸收了大量的联军兵力，若是再加上巴尔干各国的陆军，那么联军在必要时也许就可以集中200万的兵力来对付奥匈帝国了。因为这个帝国早已陷于两面作战之中，那么可能在1916年秋季之前就会崩溃了。

虽然这只是一个假想，但却并非不可能，因为君士坦丁堡之于德国，正好像美国内战内查塔努加之于南方同盟一样。1915年8月8日，也就是斯塔福在苏弗拉湾登陆的后一日，德国的海军上将铁毕子曾经这样说："自从昨天起，在达达尼尔已经发生了激烈的战斗。这种情况是颇为紧急。假使达达尼尔沦陷了，则世界战争的结局即可能对我们不利。”因为上述的种种原因，所以没有一个人会反对卡尔森（Sir Edward Carson）在英国下院中对于盖利博卢撤退事件的批评，他说：“这是此场战争过程中已经发生过的最大灾难。”

大事记（七）

战争的进展（1915—1918）

在协约国方面，英格兰实为其战略重心；中欧同盟方面要想赢得战争，则必须要设法将英国逐出协约之外。而这又得先击败法俄两国，并赢得中立国的支援，以便当他们的盟友失败之后，英国政府即无法组成另外一个新联盟。所以不列颠的问题即为如何使这个联盟不瓦解崩溃。在过去，为了达到这个目标，它所采取的手段又可以列举如下：封锁敌人，贴补同盟国，在分散性及牵制性的作战中使用其小型的英国陆军。现在，虽然英国仍然还是协约国的银行兼兵工厂，可是从战争开始起，它并未充分地使用封锁手段，而且其陆军也并未当作牵制性的兵力使用，而是运往西欧的战场上。虽然如此，一旦当僵持的局势已经形成了之后，英国政府就开始不再坚持着这个新的大陆政策，而又重新回到它的传统政策——牵制与分散。

甚至在达达尼尔的冒险之前，英国人即已决定发动两个补助性的战役：一个是在埃及，以保护苏伊士运河；另一个是在波斯湾，以确保在阿巴丹（Abadan）的英波石油公司的设备，以后又再加上一个向萨罗尼加的远征行动。这些牵制性的行动很迅速地就发展成为大规模的战役。到了 1917 年，当俄国已经病在垂危之际，联军方面的人力问题也就达到了危机的顶点。第一次作战已经变成了巴勒斯坦战役，英军所使用的兵力达 34 万人；第二次作战已经变成了美索不达米亚战役，英军的兵力大约为 40 万人；第三次作战已经变成了马其顿战役，联军方面一共用了 60 万人，其中有 20.2 万为英国人。在这三次战役中，大英帝国一共损失了 17.45 万人（包括战死、负伤和病死者），此外还要加上盖利博卢战役中所损失的 21.4 万人。

这种人力的浪费实为战争延长的主要原因，而更主要的却是英国对于中欧国家迟迟未能建立完全的封锁。这又是因为英国政府受到 1909 年伦敦宣言的束缚，而这个宣言又是以 1856 年《巴黎宣言》为根据的。它把禁运品分为两大类：一类为绝对性的，专门包括军用品；另一类为条件性的，包括运往敌国军用的粮食和饲料。因为无法判别后者是经过中立国家运往德国的，所以从战争开始起，英国的封锁即已经受到了阻碍。1914 年 8 月 20 日，英国第一次宣布修改《伦敦宣言》，10 月 29 日又第二次宣布修改。这些修改使进入德奥两国的货物大受影响，于是为了报复，1915 年 2 月 4 日德国政府宣布从 2 月 18 日起用潜艇封锁大不列颠和爱尔兰周围的一切水面。从政治上来看这是一种愚行，因为英国人的政策本来已经触怒了各中立国，尤其是美国，可是这个潜艇的封锁却毫无疑问地改变了中立国家的敌对方向，使所有与英国做生意的中立国都对德国大感不满。后来的事实更产生了增强的效果。5 月 1 日，有一艘美国商船被击沉，再过了一个星期，“露西坦尼亚”号（Lusitania）被鱼雷击沉，更使中立世界为之大哗。

由于这个事件所引起的反应，英国政府遂乘机于 5 月 15 日，宣布对于所有一切进出德国的货物都当作禁运品看待，从此才算是建立了完全的封锁。同时，德皇看到美国人大起反感，也颇感震惊，遂命令停止一切对于客船和中立国船只的攻击。假使美国从此能禁止军需物资输出，则也很可能迫使协约国就范，因为他们的工厂都已经无法满足其军事上的需要。

当德军的右翼在新港被阻时，西线的正面很像一块大舌头，在海峡与佛日山地之间向西突出，其顶点则在贡比涅的附近。对于1915年而言，霞飞的计划是想用一个两面的攻势以切断这块舌头：英军应从阿托瓦（Artois）向东攻击，而法军则应从香槟（Champagne）向北攻击，他们的攻击轴线则预定在圣康坦以西。在整个战争中，这个战略都一直是法国战略的基础；依照这个计划在1915年遂发生了以下的各次会战：第一次香槟会战（12月20日—次年的3月17日），苏瓦松会战（1月8日—14日），新沙佩勒（Neuve-Chapelle）会战（3月10日—13日），费斯屠贝尔（Festubert）会战（5月15日—25日），第二次阿托瓦会战（5月9日—6月18日），罗斯（Loos）会战（9月25日—10月15日），第二次香槟会战（9月25日—11月6日）。这些会战的成就最多也不过是使这个巨大的突出地凹陷了一部分而已。

因为在俄国战场上已经面临冬季，而且联军在西线上所作的突破企图又累次失败，在法国于是产生了失败主义的悲观论调，所以到了1915年年底，法尔根汉遂决定再度把德国的主力重点移到西面来。他的计划是一方面重新展开潜艇战役，另一方面同时进攻凡尔登要塞，因为法国人认为这是一个不可能突破的据点，所以他就故意选定它当作目标。假使他把这个要塞攻下来，即足以使法国人已经颓丧了的斗志从此一蹶不振，这样即可以使法国崩溃，而且也使英国陷于孤立的地位。

1916年2月21日，凡尔登会战开始展开。也和过去所有一切对于堑壕阵地的正面攻击一样，还是不能达到突破的目的，它一直拖到7月11日为止，德军一共损失了28. 1万人，而法军则为31.5万人。当这个会战开始后的一个星期中，德国也开始发动潜艇战役，最初的成功是颇为惊人的，好像是德国人终于已经找到了一种兵器足以迫使其强敌就范了。但是到了 3 月 20 日，当来往于福克斯东—第厄普（Folkestone-Dieppe）之间的邮船“苏塞克斯”号（Sussex）在未经警告即被击沉之后，美国政府即向德国提出威胁性的要求——除非它修改其潜艇战争的原则，否则即将与德国断绝外交关系，这个威胁使德国又感到很害怕，遂同意限制其潜艇只攻击纯粹军事目标。7 月 7 日，英国政府也宣布完全废止《伦敦宣言》。

虽然凡尔登会战阻止了联军的春季攻势，可是俄法英三国之间仍然同意采取一个联合性的行动。6 月 5 日，由布鲁西罗夫将军（Gen. Brusilov）在东线上首先发动攻势。英国人在 5 月 31 日曾经在日德兰（Jutland）海外作了一次虎头蛇尾的海上会战，而五天之后，基钦纳勋爵又在海上失事死亡，所以这个消息传来，使他们在精神上多少发生了一点刺激作用。到了 6 月 20 日，奥军向俄军投降人数已达 20 万，可是 6 月 16 日到 23 日，布鲁西罗夫却受到德军的强大反攻而终于被迫退却。虽然如此，这个攻势仍然还是继续发展下去，直到 8 月 17 日为止。到了此时，俄国损失已在 100 万人以上，并且由于士兵伤亡过多，已经筋疲力尽了。

当布鲁西罗夫的攻势正发展到了它的最高潮时，7 月 1 日，经过大规模的准备和长达七天的事先轰击之后，法英两军（后者现在由海格爵士指挥）在索姆河上开始了其久经迟误的攻势。于是互相消耗的会战又再度开始。它一直打到 11 月 18 日，双方损失都在 60 万人以上（包括死伤被俘者都在内）。8 月 27 日，罗马尼亚也向中欧方面宣战，两天之后法尔根汉被免职，由兴登堡出任德国参谋总长。12 月 6 日，布加勒斯特已向德国投降。

自从索姆河会战结束之后，所有各个正面上都完全形成了僵持的局势，似乎交战双方已经没有在战场上寻求决定的可能性，于是在伦敦、柏林和维也纳等方面都在开始考虑和平谈判的问题。阿斯奎思内阁已经在摇摇欲坠之中，12 月 7 日终于倒台，起而代之的为劳合 · 乔治，他却是一个激进的主战派。5 天之后，德国和它的同盟国提出了四份性质相同的通牒，表示他们愿意考虑和平的建议。可是从以后立即随之而发生的事实上看来，德国的诚意又似乎颇有疑问。12 月 18 日，美国的威尔逊总统向各交战国发出一个普遍性的通牒，要求他们正确地说明什么目标才能使他们感到满足。1917 年 1 月 22 日，威尔逊在他对于美国参院的讲演中，又宣布其“不要胜利的和平”的主张。德国人既不接受美国总统的号召，复不愿意将阿洛两省让与法国，以便收买法国使其退出战争，反之德皇威廉二世却于 1 月 31 日命令自 2 月 1 日起潜艇战役开始采取无限制的原则。在这个愚行之外，此时美国人又知道德国曾经怂恿墨西哥与日本共同缔结一个攻势同盟，以此对付美国。这些事情都足以使美国人大为激怒，于是在 2 月 3 日华盛顿与柏林之间断绝了外交关系。此后和谈虽然仍在继续之中，可是却已经没有现实性了。

为什么德国当局会一愚至此呢？因为在柏林，大家都认为俄国的士气已经到了即将崩溃的边缘，而潜艇战役所引起的恐怖若能再次增加，也许就能使英国马上屈服，于是美国虽然强大，但在军事方面却还是来不及发生作用的。实际上，德国人所应采取的办法，是首先等候俄国崩溃，然后再集中全力于西线方面，并同时发动全面的潜艇战。

德国对于俄国的判断是正确的。1916 年年底，彼得格勒开始发生了不安的事情。12 月 29 日，俄国皇后的宠臣拉斯普京（Rasputin）被人暗杀了，从此俄国的情况即开始急转直下。1917 年 3 月 8 日，彼得格勒发生了骚动，面包店开始被抢劫。11 日，部队出动维持秩序，但是他们却不向群众开枪，反而射杀了他们的长官，与人民携手合作。在俄国首都中驻有部队 19 万人，可是从禁卫军开始叛变像野火烧山一样的快。到了 12 日，革命已经不可收拾，群众攻入皇宫，公共建筑物被烧毁，监狱被打开，囚犯被释放。3 月 15 日，尼古拉二世宣布退位，三天之后由罗夫亲王（Prince Lvov）组成了一个临时政府。布鲁西罗夫被派为总司令，而克伦斯基（Kerensky）

则任司法部长。5月后者转升军政部长,7月又升任首相。3月22日,各同盟国政府都正式承认了这个临时政府。

3月革命之后，又继之以战争范围的扩大。4月6日，美国对德国宣战，差不多在同时，德国政府却用一节密闭的火车车厢把列宁(Lenin)[1]送回了俄国。在第一次大战中,这是两件最重要的大事,它们是注定了要改变世界的政治轴线。

自从法鲁斯（Varus）丧失了其兵团之后，1917年4月6日，要算是欧洲历史上第二个最重要的日子，而美国总统对此似乎是有一种神秘性的预感。4月1日的夜间——即他向国会宣读宣战文告的前夕——他曾经与纽约《世界日报》(*World*)的柯布（Frank Cobb）先生，进行过下述的谈话：

> 战争会使我们所知道的世界翻身。只要我们不参加战争，则中立主义还可以有优势的地位,假使我们加入了协约国方面,则世界就会离开了和平的基础，而进入战争的基础了。
>
> 那就是说我们也和旁人一样丧失了头脑，不再有是非的考虑。那也就是说这个半球上的大多数人民都会发生了战争狂,放弃了冷静的思考，而集中其精力来从事于毁灭。

威尔逊又说美国的宣战，其意义即等于德国已经被击败了，而且是相当的惨败，所以结果将是一个指定的和平和胜利的和平。

他又说："其意义也就是企图以战争的标准来重建一个平时的文明，到了战争结束时，世界上已经不会有旁观的中立国，而都是交战国了。"

他更进一步说："一旦领导了这个民族进入了战争之后，他们就会永远忘记了所谓'容忍'这一回事。要战斗你就必须要野蛮和

---

[1] 列宁原名为Vladimir Ilyich Ulyanov，生于1870年，死于1924年。

残忍，而这种野蛮和残忍精神也会渗入我们民族生活中的每一个纤维之中，使国会、法庭、站在岗位上的警察和大街上的市民都受到它的感染。”美国总统又说，任何人都要符合这个精神，否则即将受到惩罚。

若不是美国的公共意见已经为宣传所煽动达到了白热化的程度，则威尔逊也许就不会强迫采取这个决定命运的步骤。此时，俄罗斯已经差不多退出了战争，而德国已经可以自由地集中全力以便在西线上采取攻势，若无美国的支援，则英法两国势必会被迫采取守势，可是德国人虽倾尽全力，却仍然难以对联军的正面上实施具有决定性的突破；又因为自从 5 月份起，英国海军都已经采取了护航的办法，开始控制住潜艇的威胁，所以很可能由于有了美国的调停，在列宁还尚未在俄国上台之前，即先已获得了一个谈判的和平了。[1]

英国工党领袖麦克唐纳（Mr. Ramsay Macdonald）也很怀疑美国的参战，是否为明智之举。8 月 17 日，他曾经致书豪斯上校和美国总统，其中曾经这样地说：“我们人民中的大部分都欢迎美国加入战争，但是却有少数人对此深表遗憾。他们的理由可以分为下述两点：（1）他们认为并不需要美国军事援助，以迫使任何强国寻求一个合理的和平；（2）他们认为美国若能置身于战争之外，则对于和平与善意可以有更多的贡献，并对于和平的解决可以有较佳的影响。”此外，他又说：“当你可以获得无胜利的和平时，历史却证明出来，一般国家都是有胜利而无和平。”

许多年后，1936 年 8 月丘吉尔也曾发表类似的意见：

> 美国最好是管好自己的事情，而置身于世界大战之外。假

[1] 4 月联军船只的损失为 169 艘，自从开始采取护航制度之后，从 4 月起到年底，船只平均损失已经降到了每月不到 76 艘，而且没有一艘运兵船被击沉。

> 使你们不曾投入战争，则同盟国在1917年的春天，可能即已与德国媾和。若是我们在那时即已媾和，则俄国就不会崩溃，而共产党也就不会出头。同样地，意大利也不会产生法西斯主义。而德国若不签订《凡尔赛条约》，则纳粹主义也就不会在德国生根。假使美国若能置身于战争之外，则所有这些"主义"就都不会在欧陆上流行，而国会式的政府也还能安然无恙。假使英国若能在1917年的年初即获得了和平，那么至少可以救得100万条以上的性命（包括美英法等国人在内）。

既然俄国已经实际上退出了战争，而美国却还只是名义上参加，为英法两国着想，所应该采取的最聪明办法，就是在正面上采取防御的手段，尽量节约他们的人力，以等候美国发展它的力量。可是他们却并不如此，反而决定从阿拉斯向东和从理姆斯向北发动一个联合性的春季攻势。从联军的准备行动上，德国人猜透了他们的意图，为了便于扼守西线以等待东线的援军到达，德军撤出了巨大西线舌形地带的顶点，退到了所谓"齐格菲防线"（Siegfried Stellung）——即联军方面所称的兴登堡防线。这一个巨大的堑壕体系，从阿拉斯的附近起直到苏瓦松以东几英里远的地方为止。这个撤退使联军的联合攻势计划完全丧失了意义，结果引出两个分立的会战——阿拉斯会战（4月9日—5月15日）和第二次埃讷河会战（4月16日—20日）。前者使英国人付出了死伤15.8万人的成本；而后者在倪维尔将军（Gen. Nivelles）指挥之下，结果也是不了了之，使法军损失了18.7万人。倪维尔是在1916年12月接替了霞飞的职务。更坏的，是接着就发生了广泛的叛变，换言之从这个时候起，必须放弃任何法军攻势的计划。5月15日，贝当将军（Gen. Pétain）代替了倪维尔。接着在东线战场方面也发动了一个所谓克伦斯基的攻势，从6月29日开始，到了7月18日即完全被德军所粉碎，从此就再无俄军的攻势了。

在索姆河会战之前，海格爵士即曾经主张应在佛兰德斯平原上寻求决定性会战，现在为了吸引德军离开丧失了士气的法军并占领在奥斯登（Ostend）和齐布鲁基（Zeebrugge）的德军潜艇基地，于是也就决定首先攻占梅西尼斯岭（Messines），然后在依普里斯正面上实行突破，并向布鲁日和根特进攻。

5月21日，在2266门火炮和19颗地雷（装着100万磅的炸药）的掩护之下，梅西尼斯会战开始发动了。到了6月14日，法军遂占领了该岭。接着在7月31日，经过了13天的轰击，又展开了一连串的战斗，这就是所谓第三次依普里斯会战。这个战场是一个已经耕种了的沼泽地，在炮击之下它变成了一个大泥潭，攻击部队都为它所吞食了，直到11月20日为止，会战才以244 897人的损失而告以结束。在8月底以后，对于这个战术上已经没有可能性的会战，还继续不肯放手，这实在是一种不可饶恕的愚行，也足以表示海格的头脑是如何的僵化。因为从那个月20日以后，法军的元气已经有相当的恢复，并且足以在凡尔登发动一个攻势，这个攻势一直持续到12月15日为止，还是像惯例一样受到了重大的损失。

在意大利方面，10月24日到11月4日，意军在卡波雷托（Caporetto）会战中也受到了惨重的失败，一共损失了30. 5万人，其中有27.5万人是被俘的。为了防止意大利崩溃，英法两国的部队又纷纷向意大利增援，到了11月20日，海格又在康布莱（Cambrai）向德军发动了一个新的攻击。在这次会战中，并未做事先的炮击，而且也是第一次大量集中地使用战车。在开始时获得了惊人的成功，可是到了12月5日，由于缺乏预备队的缘故，终于还是失败了，但仅损失了4.5万人。到了1917年年底，英国人由于士兵伤亡过多已经筋疲力尽，法国人在精神上已经支持不住了，意大利人几乎已经退出了战争，而美国人却还不能对战争做足够的贡献。

此时在11月7日（旧历为10月25日，故称为“十月革命”，列宁和托洛茨基在彼得格勒已经获得了政权，并推翻了克伦斯基的政府。一个月之后，当俄德两国之间的战争被搁置时，沙皇的大帝国也开始瓦解。1918 年 1 月 22 日，乌克兰宣布独立，2 月 9 日依照第一次《布列斯特—里多夫斯克（Brest-Litovsk）条约》，得到了德国的承认。其次，2 月 16 日到 5 月 30 日，立陶宛、拉脱维亚、爱沙尼亚、白俄罗斯、阿塞拜疆、亚美尼亚、北高加索和哥萨克亚（Cossakia，由顿河和库班哥萨克人所合并组成）也都纷纷宣布独立。为了迫使布尔什维克政府屈服，并停止托洛茨基的滔滔雄辩，2 月 18 日德军恢复了对俄国的进攻，于是布尔什维克立即表示愿意接受和平。3 月 3 日双方签订了第二次《布列斯特—里多夫斯克条约》，依照这个条约，俄国政府承认芬兰和乌克兰的独立，割让库尔兰、立陶宛、波兰、巴统和卡尔斯——后两者割让给土耳其，同意将其海陆军复员，并停止一切在德国境内的宣传工作。5 月 7 日，俄国又与罗马尼亚签订了一份《布加勒斯特和约》。

当俄国陷于无政府状况时，威尔逊总统正在作和平的考虑，并于 1 月 8 日，向美国国会提出其解决战争的“十四点和平计划”，后来又加上了四点。这些观念是具有崇高理想的，很适合一个厌战世界的幻想，并且使德国获得了一个以谈判的和平来结束战争的机会。可是德皇和他的大臣们却拒绝加以考虑，一部分的原因是由于威尔逊虽然口唱和平高调，但却又主张对于德国应加以严厉的惩处。现在既然战争已经只剩下了一个方面，于是德国最高统帅部就决定要在美国开始大规模行动之前，即先击毁法英两国。既然德国不愿意接受“十四点和平计划”，这本是唯一实际可行的路线，于是诚如鲁登道夫所指出来的那样，俄国的崩溃使德国人感到如释重负，所以每个人都极愿采取攻势，而害怕守势会使敌人坐大。此外，封锁的绞刑也几乎使德国窒息，唯有攻势才能迅速地打破这种封锁。

德国最高统帅部的错误并不是他不应该决定采取攻势，而是在选择目标时应该选定已经毫无斗志的法国人，而不应选定顽强的英国人。

一旦当70个师的援军由东线调来之后，德国人的计划就是对皮隆尼（Péronne）南北两面的英国第三和第五两个军团的地区实行突破，在达到了深入的目的之后，即把右翼向北旋转，切断英法两军之间的联系。

3月21日，在雾幕与毒气的掩护之下，德国展开了所谓“皇帝会战”（Kaiserschlacht），它的发展是如此的成功，所以到了26日，为了应付这种情况，福煦遂被任命为联军的“协调者”（co-ordinator）。虽然如此，到了4月5日，这次攻击的力量还是开始自动减少，德军攻占了一块巨大的舌形地区，其顶点在亚眠以东9英里的地方。在索姆河地区受到了挫折之后，4月9日，德军又对横跨里斯河（Lys）的英国第一军团发动了一个强有力的攻击。4月30日它又渐成尾声，而使德军再占领了另外一个突出地带。

仅仅在这两次会战流产之后，德军当局才决定再向埃纳河上的法军发动攻击。5月27日凌晨1时，第三次巨大的攻势展开了序幕，德军攻下了榭芒（Chemin des Dames）山岭，到了28日夜间，在理姆斯与苏瓦松之间，向南又构成了一个巨大的突出地。6月3日，德军在沙托特里达到了马恩河，于是暂停到了6月9日才继续进攻，到14日又告顿挫。7月6日，德军发动了最后一次攻击，这一次是在理姆斯的东西两面，但是联军却拼命坚守使德军颇少进展。

为了阻止德军继续向巴黎采取攻势，福煦决定对这个突出地的西面实行反攻，7月18日，他从维勒尔柯特里特（Villers Cotterets）向东攻击，到了8月2日，已经迫使德军退回到了理姆斯—苏瓦松之线。从3月21日起到此时为止，双方所受到的损失都已经在百万人左右。对于德国人而言，这种损失是绝对性的，因为他们是无法再补充的；可是现在却已经有100万人以上的美军在法国登陆了，而他们也正以每个月25万人的速度源源不断地由美国流入法国。所以鲁登道夫说：“这些美国人现在就变成了战争中的决定性因素了。”可是赢得了决定这个战争的会战者，却并非美国人。

第七章

亚眠会战

亚眠会战，照法国人的说法，应该称为蒙地狄耶会战，要算是第一次世界大战中最具有决定性的会战。它不仅使在西线上的德军从此崩溃，而且也打开了这个僵持的局面，在解决这个问题时也就造成了一个战术性的革命。虽然如此，假使在1914年的德国陆军在组织上若能以速射的野战炮和机关枪为其真正核心——这是20世纪初期的支配性兵器，而不是以弹夹式步枪为其核心——那是19世纪末期的支配性兵器，那么也许就不会形成这样的僵持局面。于是法国也就会像后来的1940年一样迅速被打垮，在1940年，德国人所使用的又是另外两种具有支配性的兵器——战车和飞机。可是在第一次世界大战中，双方都缺乏这种高度的组织力，结果使枪弹能为圆镐争取到足够的时间，以便构筑足以防御枪弹的堑壕，并中和了火炮的威力。仅仅到了这个时候，各国的陆军才开始增加了他们的火炮和机关枪，以便达到守住或突破堑壕正面的目的，但因为堑壕和障碍物阻止了攻击而帮助了防御，所以诚如布罗赫所预言的，后者变成了较强的战争形式。

为了克服这种攻守之间的差异，第一种解决方案即为企图使用猛烈的炮兵射击以毁灭堑壕和障碍物（铁丝网）等。虽然一般说来，这种办法是可以保证最初阶段的成功，但它却使战场变成了弹坑遍地的地区，使有轮的车辆难以通过前进，没有车辆则攻击军就无法获得补给，所以虽然炮弹削平堑壕和铁丝网，结果还是枉然。[1] 此外，即令这种炮战是非常的成功，但毫无疑问却使攻击者留在一个突出的地区中——在战术上这是一种不利的形势。所以虽然火炮的威力是大有增加，可是它的毁灭性却使它变成了静止性，不能够在一个运动战中担负决定性的任务。[2] 进一步说，凹凸不平的弹坑也使防御者的机关枪更能发挥其威力。所以最后的结果是炮兵的火力不特不能打破这种僵持的局面，却反而使这种局面变得更为僵持。

既然火炮不能解决问题，于是到 1915 年 4 月 22 日，德国人在依普里斯地区开始第一次施放氯气，这就是毒气战的开始。虽然最初也颇有成效，但因为毒气是很容易用防毒面具等加以对付的，所以问题依然没有获得解决。[3]

到了战争的末期，双方都希望用打击对方精神的手段来获得决定性胜利，双方都使用飞机来攻击平民。但是这却只不过是一个陪衬而已，虽然它足以预兆一个可怕的将来，可是在整个第一次世界大战中，制空权却始终不曾有足够的发展，足以获得具有决定性的战果。[4]

[1] 英军的炮弹射击在弹药消耗量上是迅速地增加：在胡基（Hooge）会战中（1915），共用了炮弹 1. 8 万颗；在索姆河会战中（1916），共用了炮弹 200 万颗；在阿拉斯会战中（1917），共用了 216 万颗；在梅西尼斯会战中（1917），共用了 350 万颗；在第三次依普里斯会战中（1917），共用了 430 万颗。

[2] 在第三次依普里斯会战中，前进的部队和火炮都好像山地战一样，其补给要仰赖驮马供给。

[3] 在 1915 年年底，德国人首次使用光气（phosgene）弹，在 1917 年的夏季，又开始使用喷嚏性毒气又号称“蓝十字”毒气，和芥子气又号称“黄十字”毒气。最后一种是高度强烈的起泡液体，威力相当可怕。美国在战争中由于毒气所死伤的人数为 74 779 人，占全部死伤数字中的 27.3%，而其中又只有 1. 87% 是致死的。

[4] 英国一共遭到了 111 次空中攻击，共投弹 8500 颗，总重量却大过 300 英吨；炸死了 1413 人，伤害了 3407 人，毁灭财产总值 300 万英镑。在德国方面，共炸死了 720 人，伤害了 1754 人，损毁财产总值 117.5 万英镑。

所有这些解决方案都只是瞎撞而已，因为对于问题并无明确的了解。问题不在取消堑壕和铁丝网，而是要消解枪弹的威力，换言之，就是如何使大量的敌方步枪手和机枪手不发生作用，并且不是逐渐的而是立即的。很明显的，这个答案即为能防御枪弹的"装甲"，而不是增加"弹体"的数量——不管是枪弹、炮弹、炸弹和毒气都是一样的。当战争刚刚开始时，就有人早已想到这一点，在英国有斯温顿上校（Col. E. D. Swinton）等人，在法国则有艾斯提安尼将军（Gen. Estienne）。他们认清了虽然个别的士兵是无法装甲的，但是他却可以像水手一样，用装甲车辆来加以载运，因为这种车辆必须作越野的行动，所以应该使用履带而不是车轮。这就是战车观念的起源。1916 年 9 月 15 日，在炮火连天的索姆河战场上，它第一次出现了。

实际上，这种解决方案是古已有之，即以最近的历史而言，布拉肯布里上校（Col. C. B. Brackenbury）在 1878 年 7 月份的《19 世纪评论》杂志中，即曾发表过一篇论文，题目叫作《装甲的野战炮兵》。这篇文章的内容是值得加以详细引述的，因为它很明显地预言了"战车的观念"。

简略地说来，布拉肯布里上校的理论大致如下所述：普里弗那会战的主要教训，就是说无论哪一种部队，只要躲在掩蔽物的后面，或者只要敌人是处在它的前方，那么实际上它就是立于不败之地。炮兵火力的效力是当射程缩短时就会相对地增高，所以若在接近的地方，则炮兵的毁灭威力即可以实际地歼灭敌人。但因为步兵的威力也已经大量地增强，所以又不可能使炮兵进到这歼灭性射程之内，因此最后的问题即为如何保护火炮不受到枪弹的威胁。布拉肯布里上校的建议是使用轻薄的甲板，以保护炮手对抗步兵的火力，炮兵可以安全坐着等待攻击，不等到敌人到达炮位，即先将其击毁。炮兵不必再害怕为敌军所俘获，我们应该建立一种新的战术体系，假定炮兵无论看见其前面有什么东西出现都不必逃走。假使双方的炮兵对战，那么哪一方面能够不怕敌人的霰弹和步兵火力，则即可以压倒对方。假使我们能够避免死伤损失中的十分之九，即一切被俘的危险，那么我们就可以不必顾及任何的意外了。军舰会装甲以对抗重炮，同样的，野战炮兵也会装甲以对抗步兵的火力和榴霰弹。最近，步兵的火力变得日益强大可怕，所以野战炮兵迟早都会要采取这种防御手段。假使我们给炮兵加上了这种防御性的装甲，而这却是骑兵和步兵所无法享受的，这样就可以使炮兵具有巨大的威力，而使战场上的战术受到严重的影响。这种发展好像日夜循环一样的自然。我们希望英国应该为其他的国家做一个榜样。[1]

布拉肯布里的建议中还有一个特点，就是他认清了"在会战中的目标实为精神上的效果，因为死伤并不能使敌人退却"。——这也是"战车观念"的灵魂。他也和腓特烈大帝一样看清楚了"前进就是征服"，因为继续不断地前进可以具有可怕的精神效力，"刺刀学派"的思想与此并无二致，在原则上也是合理的，但是在1914年的条件之下，却根本没有可能。可是1914年到1917年的"炮弹学派"，却始终不曾认清这个观念，他们始终不知道问题的核心不是把敌人的阵地变成废墟，而是要使"火炮"能够在敌方步枪和机枪火力之下前进。要想使它能够继续不断地前进，则不是要使它具有压倒性的毁灭能力，而是要使它能彻底打击敌人的士气。这也正是战车——自动推进的装甲炮兵——所获得的成就。自从有了火器以来，陆军即面对着两个难题：（1）如何调和运动与火力之间的关系；（2）如何调和运动与保护之间的关系。现在战车就都能使其获得解决。它用机器的动力来代替筋肉，于是增强了陆军的机动性；它用甲板消解了枪弹，于是增加了军人的安全；它使军人不必自己携带他的兵器，也不必用马匹来驮运，所以也就增强了攻击的力量。因

[1] 事实上，英国人却没有注意布拉肯布里的思想，而德国人在1890年和1899年的秋操中都曾按照他的观念试验过。

为战车使军人在动态中获得了保护，使他能够在静态中战斗，换言之，是把海军战术运用到了陆战之中。

战车的第一次正确使用，是在 1917 年 11 月 20 日的康布莱攻击之中。在这次会战中，不曾使用炮兵准备射击。战车在步兵的前面前进，好像一条由机动化装甲炮台所构成的锁链一样。除了少数的修改以外，这种战术一直维持到战争结束时为止，它使死伤的比例大为减低。虽然这次会战证明了战车的使用对于僵局已经找到了一个真正的解决之路，可是由于缺乏预备队的缘故，在战术上终于还是失败了。直到亚眠会战时，才又大规模地使用这种方法，而终于获得了完全的成功。

与“装甲战争”同时发展成形的，又有“空中战争”——这是最机动形式的战争，也是由于僵持局势而促进了它的发展。首先，飞机的使用几乎是专门限于炮兵火力的指导上；其次则为空中照相，以便测绘特种性的炮兵堑壕地图。这些任务也引起了在空中的战斗，但是一直等到 1915 年的夏天，德国方面才有在螺旋桨叶之间装置机枪的弗克尔式（Fokker）单翼战斗机出现，于是才开始有了有系统的空中战斗，于是在罗斯会战中才开始有轰炸炮兵阵地以及其他目标的尝试。接触性的巡逻是在索姆河会战中第一次使用。在梅西尼斯和康布莱会战中，又开始有了对堑壕和炮兵阵地的低飞攻击，1918 年 4 月 1 日，英国正式成立了一个独立的空军（Royal Air Force），以取代原有的飞行兵团（Royal Flying Corps）。空军的进展可以说十分惊人：1914 年，英国飞行兵团只有军官 165 人，士兵 1264 人，一共携带了 63 架飞机飞往法国。到了 1918 年夏天，英国空军共有官兵 291 175 人，飞机 2.2 万架，其中有 3300 架在第一线上。它要算是世界上规模最大的空军。

当我们研究从 8 月 8 日到 11 日发生于亚眠东方的这次最伟大的决定性会战时，对于上述的这些战术发展是必须先记在心头的。

到了 6 月底，英军在亚眠的处境已经大有改进，指挥第五军团的劳林森将军——当它战败之后，即改称为第四军团——决定第四澳洲师应该占领哈米尔（Hamel）村落和柯尔比以东的一个森林。7月4日，在与第五战车旅合作之下，这些目标依照计划完全被攻占，而且损失极为轻微。[1]所以次日，劳林森遂又向海格建议进行一个规模更大的类似作战。因为他有这样一个腹案，所以海格遂又于7月12日向福煦（两天前他刚刚升任法国元帅）建议，发动一个攻势推进在亚眠以东和东南两方面的战线，以使亚眠和重要的亚眠—巴黎铁路不再受到德军炮火的威胁。福煦表示同意，于是在次日，劳林森奉命拟订他的计划。他于7月17日提出了这个计划，到了23日，才获得了福煦和海格的批准。

这个计划也就是哈米尔攻击的扩大。它的目的是进行一个有限度的前进，以达4月所丧失的旧有亚眠外围防线，它在第四军团方面是从亚眠—罗瓦公路上的勒奎斯尼（le Quesnel）起，通过凯镇（Caix）村落，直到索姆河梅里库尔（Méricourt）以东不远的地方为止。

当他正在等候海格批准时，劳林森也曾在7月21日，在他设于弗里斯库尔（Flexicourt）的司令部中召开了一次会议。出席者有他的三位军长：加拿大军军长，居里中将（Lt-Gen. Sir Arthur Currie）；第三军军长，布特勒中将（Lt-Gen. Richard Butler），还有骑兵指挥官卡伐那中将（Lt-Gen. Charles Kavanagh）；澳洲军军长，莫那希中将（Lt-Gen. John Monash），以及空军和战车军的代表。在这次会议中又把原有的观念更扩大了一点，所使用的战车营数由8个增到了12个。其次在7月26日，福煦下达了其正式作战命令，其开头一段是这样说的：

> （1）本次作战的目标是为使亚眠和亚眠—巴黎铁路摆脱战

[1] 这一战使英国战车军大为出名。

斗,并击败和逐退部署在索姆河与艾弗尔河(Avre)之间的敌军。

(2)为了达到这个目标,因这个攻势在北面有索姆河的掩护,应尽量地向罗瓦的方向推进。

虽然目标还是一样的，但却已不仅是以推到亚眠外围防线为限，因为罗瓦的位置在勒奎斯尼东南面，相隔有 8 英里远。同时也决定以 8 月 8 日为“零日”，7 月 28 日福煦又再度扩大这个计划，他把狄贝尼将军（Gen. Debeney）所指挥的法国第一军团拨交给海格节制，并指定用它在劳林森的右面采取攻势。最后，在 8 月 5 日，海格又召开了一次会议，使这个作战的目标又有了彻底的改变。不仅是在法国第一军右方的第三军团也包括在这个攻击之内，而且劳林森所奉到的命令也改为向亚眠外围防线以东前进，为了便于使法国第三军团在蒙地狄耶与努瓦永之间前进，他又奉命占领罗瓦—绍讷（Chaulnes）之线，把敌军逐回到哈姆（Ham）——在绍讷东南面 15 英里处。为了协助他，骑兵军也交由他指挥。

在攻击即将发动的前三天，进军的深度突然增加了一倍，这当然使各位军长没有充分的时间来改变原已拟定的详细行政命令——这是第一次世界大战中所有攻势计划中都不可缺少的。所以现在必须要适应一种过去从未料想到的情况。此外，似乎福煦和海格两个人也从来不曾考虑到，当计划扩大时战场的性质也会随之而改变。

在索姆河以北，地面都为山岭沟壑所分割，这对于战车足以构成严重的障碍，但是所要进攻的距离却很短，因为亚眠外围防线在起线之东相距还不到 5000 码。在索姆河以南，直到亚眠外围防线为止，中间都是战车的理想战场，而德军只有微弱的设防。但是再往前进，就是 1916 年索姆河战场中的法军部分，那里是堑壕遍布，到处都是弹坑。不仅战车和步兵很难于通过，而且对于敌人的机关枪手而言却正是一个理想的防御地区。所以当攻击的深度伸展到了罗瓦、绍讷、索姆河之线时，攻击者就开始要面临着两个不同的作

战 :(1)是有计划的，如何进到这个亚眠防线 ;(2)是没有计划的，如何从那里再前进，越过索姆河旧战场，以达罗瓦—绍讷之线。因为后者是不能冲过的，所以需要强大的步兵和战车预备队来赢得它。但是因为这种兵力是不在预算之中，所以像康布莱之战一样，亚眠会战实际上也是“一天”的作战。

在 8 月 8 日这一天，劳林森将军所指挥的兵力如下所述 : 左面为第三军，一线展开的有第十二、第十八、第五十八等三个师，第四十七师在极左端巩固该军的左翼，而美军第三十三师则充当预备队 ; 中央为澳洲军，前线上并列着第二、第三、第四等三个师，至于第一和第五两个师则充当预备队 ; 右面为加拿大军，前线上为第二和第三两个师，而由第一和第四两个师充当预备队。此外他还有骑兵军，其中包括第一、第二、第三等三个骑兵师，第五空军旅，下辖六个战斗中队，八个侦察中队和三个轰炸中队，以及战车军中的第三、第四、第五等三个旅和第十营。作为总预备队，还有第十七、第三十二和第六十三等三个师也由他指挥。

攻击正面从南面的莫流尔起到北面的安克尔河(Ancre)为止。从莫流尔到亚眠—罗瓦公路，由法军第三十一军负责 ; 从这条铁路到索姆河为止，由澳洲军负责 ; 从索姆河到安克尔河为止，则由第三军负责。

对于第一天的会议而言，大致说来是准备用加拿大和澳洲两个军作为攻击的主力，而法英两个军则在他们的左右两方，构成防御性的侧翼。这个战场上又分成了三道目标线 :(1)绿色线为所有各军的第一目标 ;(2)红色线，为所有各军的第二目标 ;(3)蓝色线和蓝色点线分别为澳加两军的第三目标。在第一线准备暂停两小时，以便第二波的攻击军可以赶上，并越过第一波再进攻。

战车部队的分配如下 : 第四战车旅(第一、第四、第五和第十四各营)配属给加拿大军，第五战车旅(第二、第八、第十三和第十五各营)配属给澳洲军，第十营配属给第三军，第三战车旅(第三和第六两营）配属给骑兵军。

这些战车营所装备的战车，其性能见下页的附表。第三和第六两战车营各有 48 辆中型 A 战车（Whippet），除了第一和第十五两个营各有 36 辆第五号星型（Mark V Star）战车以外，其余各营都是一律具有 36 辆第五号（Mark V）战车，另有 6 辆预备车以作损毁时的补充。一共有 324 辆重战车和 96 辆中型战车，此外还有 42 辆预备车；此外还有 96 辆补给战车（改装后的第四号战车）和 22 辆火炮载运车（gun-carriers），也改装为补给车，所以一共是 580 辆履带车辆。此外还有第十七战斗车营，其装备为 12 辆装甲汽车。它由第五战车旅指挥，参加澳洲军的作战。

这样的兵力分配是足够保证进到亚眠外围防线而有余，但是若想在 8 月 9 日，越过它们再进到罗瓦—绍讷之线，则又显不足。因为所有各师和战车在 8 日这一天中都要参加战斗，所以都必须加以重组，然后在 9 日才能作一个有体系的前进。8 日这一天的攻击兵力是太强大和太密集。各师的正面且在开始时平均为 2250 码，在结束时则为 3000 码。若是时间许可的话，这些正面是可以放宽的。若果如此，则也许又可以抽出两个师和两个战车营以当作总预备队（加在原有三个师之上）。进一步说，若是骑兵军和它的战车营也能保留到 8 月 9 日再投入战斗，那么在这一天当中，就可以有生力军五个步兵师、三个骑兵师和四个战车营继续参加战斗了。这个继续的向前推进是极为重要的，因为要想保持着攻击的力量，则不仅应击败敌方第一线部队，而且还要在他们的预备队尚未赶到之前使他们继续往后溃败。把已经溃败的敌军，投掷在尚未溃败的敌军头上，这是使后者组织崩溃和士气瓦解的最有效的方法。

德军方面与这次会战有关的为两个军团——第二军团和第十八军团，前者的司令为马尔维兹，后者的司令为胡提尔将军（Hutier）。前者的正面从英国第三军左翼上的谬尔提（Meaulte）附近起到莫流尔以南半英里远的圣胡贝尔（St. Hubert）森林为止。后者的正

1918 年 8 月 8 日所用装甲车辆的性能

性能		长度	重量	乘员	兵器	引擎	最高速度	平均速度	行动半径	跳越能力
IV 型	雄	26 英尺 5 英寸	28 英吨	1 官 7 员	2 × 6-pdrs（二门六磅炮） 4 Lewis 炮	105h.p	3.7m.p.h.	2.0m.p.h.	15 英里	10 英尺 0 英寸
	雌	26 英尺 5 英寸	27 英吨	1 官 7 员	6 Lewis 炮	105h.p	3.7m.p.h.	2.0m.p.h.	15 英里	10 英尺 0 英寸
V 型	雄	26 英尺 5 英寸	29 英吨	1 官 7 员	2 × 6-pdrs 4 Hotchkiss 炮	105h.p	4.6m.p.h.	3.0m.p.h.	25 英里	10 英尺 0 英寸
	雌	26 英尺 5 英寸	28 英吨	1 官 7 员	6 Hotchkiss 炮	105h.p	4.6m.p.h.	3.0m.p.h.	25 英里	10 英尺 0 英寸
星 V 型	雄	32 英尺 5 英寸	33 英吨	1 官 7 员	2 × 6-pdrs 4 Hotchkiss 炮	105h.p	4.6m.p.h.	2.5m.p.h.	18 英里	14 英尺 0 英寸
	雌	32 英尺 5 英寸	32 英吨	1 官 7 员	6 Hotchkiss 炮	105h.p	4.0m.p.h.	2.5m.p.h.	18 英里	14 英尺 0 英寸
中型 A 型		20 英尺 0 英寸	14 英吨	1 官 2 员	4 Hotchkiss 炮	2 × 45h.p	8.3m.p.h.	5.0m.p.h.	40 英里	7 英尺 0 英寸
火炮载运车		30 英尺 0 英寸	34 英吨	1 官 3 员	1 Lewis 炮	105h.p	3.0m.p.h.	1.75m.p.h.	15 英里	11 英尺 0 英寸

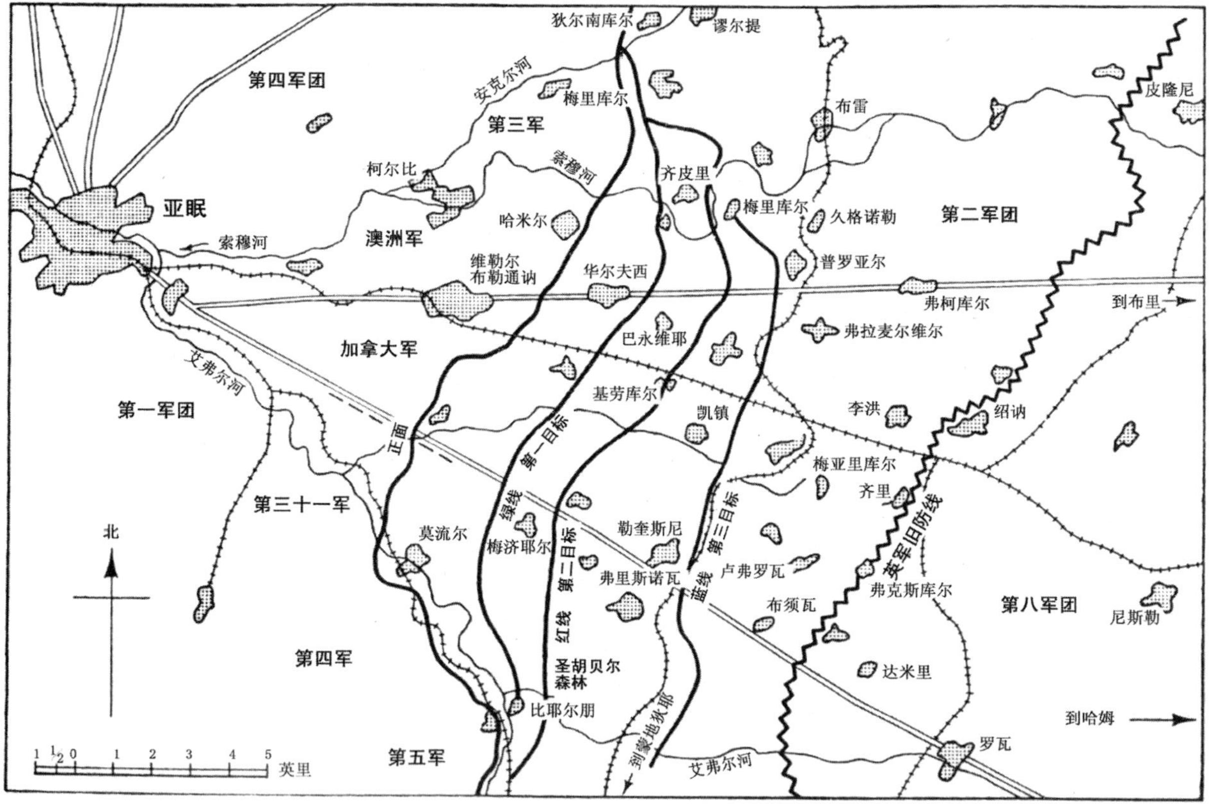

图十八　亚眠会战，1918 年 8 月 8 日

面从圣胡贝尔森林起到努瓦永为止，与法军第三军团的右翼相密合。第二军团在前线上有十个师，另有四个师充当预备队；第十八军团在前线上有十一个师，预备队四个师。

在英军第四军团的正面上，所采取的战术还是和康布莱之战一样。战车集结在步兵起线后方1000码处，在零时以前，在飞机噪声掩蔽之下，它们前进到起线上，到了零时，在一个爬行弹幕[1]之下（由军团炮兵的三分之一担任发射，其余三分之二的炮兵则轰击敌军的炮兵阵地）掩护着步兵前进。因为法国第一军团只有极少数的战车，所以当法军第三十一军开始前进时，炮兵从零时起仍对敌方的堑壕和炮兵阵地作连续45分钟的轰击。英国第四军团一共可以使用800架飞机，而法国第一军团则更有1104架之多。因为在会战开始之前，德国方面两个军团一共只有飞机365架，所以联军方面是拥有制空权的。除了在会战中企图继续保持着制空权以外，英国空军还要担任下述的其他任务：与攻击部队合作，轰炸和扫射敌方的地面目标，对于前进部队补给弹药和对绍讷、罗瓦、尼斯勒（Nesle）和皮隆尼等地的铁路中心以及索姆河上的渡口进行轰炸。

骑兵军和第三战车旅所指定的任务是，一有机会即从加澳两军领先步兵之间通过并迅速前进以夺占亚眠外围防线，然后坚守着它以待接替兵力的到达。于是他们就再向东南，进到罗瓦—绍讷之线，以便切断敌军的交通线，并使法军的前进可以比较容易。

这是一个疯狂的任务，受到了战车军军长和参谋长的强烈批评，他们认为战车和战马之间是无法合作的，因为战车不怕枪弹，而马匹则不然。他们建议了一个帮助法军的较好方法：首先保留两个中型战车营，等到步兵和第五号战车已经达到了突破目的之后才使他们前进，从维勒尔布勒通讷到罗西耶尔（Rosières），转向右面再向南扫过一个宽广的正面，通过德方两个军团的后方而最后到达蒙地

[1] 这种方法是1916年在索姆河会战中开始使用的。

狄耶的东南面。劳林森将军却认为这个迂回运动太冒险，而决定仍然维持其原有的任务。

最后，保密和奇袭实为攻击的灵魂。所以直到零时前 24 小时到 36 小时，部队才知道攻击的目标和接受命令。一切运动都是夜间行之；前进的搜索和炮兵试射都绝对禁止，部队均各自进行正常的工作；道路上均铺以沙土和稻草，物资的堆集都加以伪装，并用强大的空军以阻止敌方侦察后方地区。尽管有了这许多的预防措施，可是在 7 月 29 日的清晨，占领着索姆河以北地区的第五澳洲师却发动了一个愚笨如驴的突袭，俘获敌军 138 人。8 月 6 日，必然的报复接踵而来。德方第二十七师面对着英方第三军中的第十八和第五十八两个师的内侧翼发动了一个猛烈的攻击，正面宽达 4000 码，透入了 800 码的纵深，俘获了英军 236 人。这一次的攻击使第三军的一切攻击准备都受到了破坏，使 8 月 8 日的会战也受到了严重的后果。

从 7 月 29 日起到 8 月 8 日清晨为止，14 个步兵师、3 个骑兵师、3 个战车旅和 2000 多门火炮，毫无阻碍地都集中在亚眠以东的地区上，正面约为 10 英里，距离一个尚未觉察的敌人只在一跃之间。这对于组织和参谋工作实在要算是一种胜利。

8 月 7 日到 8 日的夜里，是一个无月的晴天，但是在凌晨 3 时地面开始起雾了，4 时一过之后，战车就慢慢地前进，从集结地区进到了步兵的起线。这时雾已经变得非常浓厚，能见度几乎是零了。4 时 20 分整，2000 门火炮像一声雷鸣一样，同时开火了。炮弹像台风一样扫过了亚眠外围防线和敌人的炮兵阵地。爬行的弹幕落在领先战车和步兵前面 200 码远的地点上，最初是以每三分钟 100 码的速度加速推进。

虽然这场大雾迫使攻击部队分裂成小群，并阻止了对于索姆河以南地区的空中行动直到上午 9 时为止，但是这个奇袭还要算是很成功。因为有雾的缘故，最前面是第一拨的散兵，接着就是战车，后面跟着步兵以单行的小型纵队前进，再后面就是连级的战斗群以作支援。大约宽达500码的无人地带是迅速地被越过，他们扫开了敌军的第一线，使敌军匆匆地溃退。

在右翼方面的法军发动攻击较迟，但他们的前进也使德军遭受到了奇袭，因为他们想不到战场正面会有这样宽。上午9时30分，法军攻占了莫流尔。于是接着又是一个新的炮兵轰击，长达200分钟。在法军第三十一军的右面，法军第九军也开始前进，不久以后即在艾弗尔河上被阻。以后，第三十一军占领了梅济耶尔，又暂停下来等候炮兵的轰击，到了下午5时30分才继续前进。大约在下午9时，这个军占领了弗里斯诺瓦（Fresnoy），但却未能攻下勒奎斯尼。我们当记着法军并没有什么战车，所以他们的成就不能算是太坏，他们的成本是死伤3500人，但却俘获了5000人以上的敌军和火炮161门。

此时在左翼方面，英国第三军的前进却立即遇到了敌方毒气弹弹幕的袭击，迫使攻击者必须戴着防毒面具继续前进，这是一种极为吃力的作战。虽然受到了重大的损失，但在上午7时40分，还是有些地区已经达到了第一目标线，但是再进一步的前进企图却受到了挫折。其结果是使在索姆河南岸的澳洲军左翼，在敌军设在齐皮里（Chipilly）附近的炮兵阵地纵射之下受到了严重的损失。第三军为什么不能完成任务的原因，大部分（姑且不说是全部的）都是由于受到了澳洲军在7月29日所进行突袭的影响。

在加拿大军的正面上，第三、第一和第二等三个加拿大师的领先各旅，在上午7时45分即占领了第一目标线，在上午11时又占领了第二目标线，此时第四加拿大师就通过它们向前跃进。德方只有少数的火炮发射，敌方的步兵已经完全溃散，有许多在场的军官们认为装甲车辆现在已经可以到处通行无阻了。这也的确是事实，从下文的记载上看来，装甲车若是能够幸运地摆脱了骑兵的束缚，那么他们就证明确能如此。从第二线目标开始，第五号星型战车，载运着机枪组即将随着第四加拿大师去占领第三号目标。同时第三骑兵师和第三战车旅也就要奉命向前推进，以占领罗西耶尔为目标。加拿大部队的最后前进是从中午 12 时 40 分开始，到了下午 3 时 30 分，沿着全线都已经达到了第三目标线，只有勒奎斯尼为例外。假使不是法军在弗里斯诺瓦被阻，则这个村落也毫无疑问可以攻占。

此时在澳洲军正面上，第二师在右，第三师在左，也都向前挺进，到了上午 6 时 20 分即已攻占了第一目标线的全部。于是略事停顿，以待第四和第五两个师赶上，并向第二和第三目标线推进。当这些师在上午 8 时 20 分由第十五战车营伴随前进时，第一骑兵旅和 16 辆中型战车也奉命前进，此外还有第十七战斗车营的装甲汽车也用战车把它们拖过了破碎的路面。到了上午 9 时 15 分，第五师达到了第二目标线，可是左面的第四师由于为齐皮里岭上的德军炮兵火力所阻，直到上午 10 时 30 分为止，都还不曾占领其第二目标线。以后该师的领先旅还是继续挣扎前进，终于在 10 时 30 分到 11 时，才达到了第三目标线。可是此时由于遭到德军炮兵的侧射，第四师的行动又被阻止了，他们受到了重大的死伤，损失了许多战车，才终于达到了其最后目标——只有极左端为例外。

在加澳两军的前进中，战车在克服敌人机枪的抵抗时表现出极大的价值。虽然如此，但还是和在康布莱会战中的情形一样，其主要的效力还是在精神方面。面对着一个他们无法阻止的兵器，德国步兵感觉到他们已经被解除了武装，于是本能地开始溃逃了。这并不是因为害怕战车上的火炮和机枪，而是因为大量的战车不断地向前滚进，显示出了一种无法抵抗的威力。可是当战车面对着敌方的炮兵时，问题又不同了，因为在这一天当中，就有 109 辆战车是为炮火所击毁的。这个数字大约相当于该日作战总兵力中的 25%。在第一次世界大战的后期战车战斗中，这个损失比例就好像是一个常数一样。不过专就战车的未来任务而言，8 月 8 日这一战中最具有启发性的教训，还是企图使战车与骑兵合作的失败。

诚如当时战车军司令部所预料的，这种合作是没有可能性的。他们不但不能互相帮助，而且还互相克制。因为骑兵的运动速度可以比中型战车快，所以在与敌人接触的运动时战车被丢在后面。可是骑兵却又挡不住步枪和机枪的火力，所以在攻击中战车又进到了前面。结果是在不断地作穿梭式的运动：首先是战车前进，骑兵后退，接着又是战车回过头来，迎接骑兵前进。因为对于战车并未指定目标，所以他们所作的只是装甲游击战而已，逐一摧毁敌军的机枪阵地。虽然在 8 月 8 日那一天，曾经接到了夸大的报告，说骑兵在罗西耶尔附近曾作大规模的冲锋，可是事实上，大部分的骑兵却还不曾越过蓝线，尽管他们对于敌人留在后方的人员曾经围捕到不少。还没有到天黑时，他们就因为马匹要饮水而被迫退却，于是中型战车也就随着他们一同回去了。

假使当时在第三和第六战车营的后面，若用卡车载着步兵一同前进，那么他们的车辆也和装甲汽车一样，可以用战车拖到蓝线的附近，于是步兵就可以徒步行军掩护着战车前进。这样一来，也许在 8 日下午即可以占领李洪（Lihons）和绍讷附近的高地。假使这个高地被占领了，因为德军第二军团和第十八军团的全部补给都是仰赖一条通过该处的铁路来维持的，所以面对着法国第一军团的全部德军都可能会要被迫后撤了。

在这次会战中有两个意外的小事件，即足以说明这种可能性。其一，是卡特尔中校（Lt-Col. E. J. Carter）所指挥的第十七战斗车营（实际上是装甲汽车）所进行的一次行动；其二，为一辆惠皮特（Whippet）中型战车，在摆脱了骑兵的束缚下进行的一次单独的突袭。

第一个意外事件是发生于装甲车被拖到绿线以西不远的华尔夫西（Warfusée-Abancout）时，在没有其他部队掩护的情况下，他们单独向弗柯库尔（Foucaucourt 前进，在蓝线东面约 4 英里处为其最后（第三）目标。在那里他们奇袭了一个德军的司令部，使他们发生了极大的恐惧。在混乱之中，装甲车转向亚眠—布里（Amies-Brie）公路的南北两面前进。那个向南前进的部分部队，遇到敌方的大量运输纵队和一些骑兵，这大致是属于在弗拉麦尔维尔（Framerville）德军司令部中的。他们在接近射程发射机枪，一次就打死了四个德国军官。不久他们就达到了德军的司令部，升上了澳洲军的军旗，在前几分钟德方军长还驻在那里。同时，有一辆装甲车发现了在亚眠—绍讷铁路线上还有一列德方的火车，于是立即加以破坏，以后这列车为骑兵所俘获了。

向北前进的装甲汽车进入了普卢瓦尔（Proyart）和久格诺勒（Chuignolles），另外有两辆进到了索姆河上。在普卢瓦尔，德方部队正在进餐，装甲车向他们发射，使他们四散奔逃。其次，他们再向西行动，看见远距离处有被澳洲军从堑壕中逐出来的许多敌人。为了要发挥奇袭的效力，他们躲在普卢瓦尔的郊区中，等到敌人接近后，就迅速跃出，杀伤了很多的敌军。敌人四散溃逃，越野的部队逃向久格诺勒，在那里又遭遇到了其他的装甲车，又受到了很严重的损失。

虽然到了 8 日的下午，装甲车中的大部分都已损毁不能作战了，但是人员的损失却很轻微，没有一个重伤的。

第二个事件也是同样的戏剧化。“音乐箱”（Musical Box）是一辆中型战车的绰号，它是由阿诺德少尉（Lt. C. B. Arnold）指挥，属于第六战车营的 B 连。8 日的上午，它通过了澳洲军第二师的战线，沿着与亚眠—布里铁路平行的方向行动，遂与骑兵失去了联系。它首先在华尔夫西与巴永维耶（Bayonvillers）之间，从后面攻击一个德军的炮兵阵地，使它丧失了作用。接着就向基劳库尔（Guillaucourt）前进，沿着铁路向东进，协助两个骑兵巡逻队，一次杀伤了 60 名敌军。接着又在 200 码到 600 码以外，向敌人射击，在击毁了几个敌军运输纵队之后，才终于自己着火焚毁了。

这 12 辆装甲汽车和 1 辆中型战车所造成的混乱，可以说是十分地惊人，假使在8月8日那一天之内，所有的中型战车若不为骑兵所牵制而全部集中在绍讷的附近，则从亚伯特到蒙地狄耶和从蒙地狄耶到努瓦永之间共约50英里长的正面上，德军的全部指挥和行政体系都可能会一扫而光了。

现在姑且不谈这些假想之词，8月8日这一战对于联军而言，要算是马恩河会战之后联军的最伟大胜利。联军一共所付出的成本为1.2万人，但却杀伤了敌军1.3万人，俘虏了1.5万人和火炮400门，并且突破了敌军的正面。现在联军所要做的事情，就是对于他们的初步成功加以进一步的扩张而已。

可是他们对于战果的扩张，却是毫无准备的。同时，这个古老的索姆河战场也注定了要使机动战又变成了堑壕战。虽然战车在设计之始，是当作堑壕战争兵器使用的，可是其真正的任务却是在机动战方面。英军现在还有可用的战车300辆，但是人员却已经疲惫不堪，而所有曾经参加过战斗的战车也都需要修理和补充弹药及燃料。结果在9日那一天，只有145辆战车可以参加战斗。当此之际，因为鲁登道夫反对撤回到兴登堡防线——那也许是一个最聪明的措施——所以他已经迅速调来了六个师的预备队，用以增援第二和第十八两个军团，另有七个师也在调动之中。

对于9日这一天的行动，劳林森将军的命令是第四军团应进到罗瓦—绍讷—布雷（Bray sur Somme）—狄尔南库尔（Dernancourt）之线，而法军则应进到罗瓦。但是他的参谋长蒙哥马利少将（Maj-Gen. Montgomery）却这样写着："不过由于通信的困难和其他的原因，全面的运动直到上午11时才开始，有某些旅甚至迟至下午1时。结果在全天之中，战斗都是不连续的，各师和各旅的攻击都是在不同的时间发动。有些攻击尚有炮兵的掩护和战车的支援，有些则完全由步兵担负，而毫无其他兵种的支援。"此外，在右翼方面，法军的攻击也是毫无生气的。虽然如此，到了夜幕低垂时，战斗正面也还能够大致推进到了布须瓦（Bouchoir）—卢弗罗瓦（Rouvroy）—

梅亚里库尔（Mèharicourt）—弗拉麦尔维尔—梅里库尔—狄尔南库尔之线。

在 8 月 9 日到 10 日的夜里，澳洲军奉命把它的左翼伸展到索姆河的北面，而其第三十二师则应前进以支援第三加拿大师。在 10 日这一天，英方三个军的目标还是和前一天一样，没有改变。

8 月 10 日，正面又展宽了，因为法国第三军团也在其第一军团的右方参加了这个攻势。还是和 8 月 9 日的情形一样，在第四军团的正面上，简直完全缺乏合作，各个旅都是零碎地投入战斗。德军的抵抗力已经相当地增强了，有更多师的预备兵力投入了战斗。在法军第一和第三两个军团的正面上，因为德方的第十八军团已经正在后退之中，所以前进颇为迅速。但是在第四军团方面，加拿大军还前进不到 2 英里远，澳洲军还更少，而英国第三军则达到了其第一日的全部目标线。

海格和劳林森到了此时，已经知道沿着第四军团全线的攻势都已经成为尾声了。于是为了结束它和再往更北面的地方重新展开攻势，海格于 10 日的清晨，派了一个参谋去通知英国第一军团司令霍恩爵士（Gen. Sir Henry Horne）赶紧执行早已决定的计划。这个计划的内容是第一军团应攻占拉巴西（La Bassée）和奥贝尔斯（Aubers）岭，第二军团则进攻克麦尔（Kemmel），第三军团则进攻巴波姆。

在这个训令发出不久之后，福煦元帅也来到了设在威里（Wiry）的海格前进指挥所，主张应向东对着哈姆的方向攻击。因为这个行动的意义无异于面对着实力日渐增强的敌军继续作全线的消耗战，所以海格建议暂缓在亚眠以东的攻击，而正当其第一、第二两个军团在准备之时把攻击的重点移到拜恩的第三军团方面，它正处在第四军团的左面而以面对着第四军团和法国第一军团的德军右翼为目标。但是福煦却坚信德军的士气已经崩溃，所以不会有太坚强的抵抗。他之所以获得此种结论的原因，是因为他看到德军对于法方第一和第三两个军团的前进没什么抵抗。很明显的，他并不知道这一部分的德军是正在自动撤退之中。似乎海格对于第一点也不十分明了，所以在福煦说服之下，也不免将信将疑，遂命令照福煦的指示行动——这使劳林森大感不满。

在 8 月 10 日黄昏时候，第四军团所奉到的命令是在 11 日这一天第三军应取守势，而加澳两军应在哈姆和皮隆尼之间挺进到索姆河上，并且在其右岸上建立桥头阵地。同时，法国第一军团的左翼也受命进占哈姆。

到了 11 日，就很明显地可以证明出来，海格和劳林森的想法是对的，而福煦对于情况的判断却是错误的。蒙哥马利少将说："由于敌方炮兵火力的增强，而我方又缺乏战车和充分的炮兵支援，所以在 11 日清晨，居里爵士命令其加拿大军停止攻击。"经过了激烈的战斗之后，澳洲军攻占了李洪。大约正午时，德军首先作猛烈的炮击，接着就对着齐里（Chilly）和沿着 1917 年 2 月英军的旧有战线，在达米里（Damery）和弗克斯库尔（Fouguescourt）之间发动了一连串的坚决反攻。虽然德军的反攻是被击退了，但这却是会战即将结束的确切信号。

下午 3 时，劳林森在维勒尔布勒通讷召集所属各军长开会，决定暂停进攻到 8 月 15 日为止。8 月 12 日，骑兵军也撤回当作预备队。

于是亚眠会战正式告以结束。虽然如此，可是当 8 月 14 日，海格到沙尔库（Sarcus）去谒见福煦时，后者却又强迫他向绍讷—罗瓦正面上的敌军进攻。海格在他的日记上面有下述的一段记录："我表示反对，因为这个行动只会使人员和战车受到惨重的损失。我坦白地告诉福煦，让他知道我对于英军的指挥是只向我国政府和人民负责的。于是福煦的态度才立即改变，说他所希望的就是我能够把一切的意图提早告诉他而已。尽管他口中所说的是很客气，但在过去五天之内，福煦和他的参谋人员都一直还是坚决地主张我应该沿着索姆河南岸挺进，并且攻占皮隆尼的桥梁，不管德军的抵抗是如何的激烈和英军的损失是如何的惨重。”

这一次大会战的死伤数字是：法军 24 232 人，英军 22 202 人，而德军则估计为 7.5 万人。法军俘获了 11 373 人和火炮 259 门，英军俘获了 18 500 人和火炮 240 门。若是以死伤而论，则双方的损失可以说是大致相当。

虽然福煦和海格对于这次会战的决定性都并无充分的认识，可是 8 月 8 日的事件却不仅使德国的将军们，而且也使其一般的军人们都认清了这是一个大悲剧。当联军正在忙于准备发动一个巨大的春季攻势，包括使用几千辆战车时，而德国的鲁登道夫将军却已经宣称：8 月 8 日是德国陆军在这次战争中的“黑日”（black day）。不仅是他一个人有这种感想，德国官方战史的作者对于这次会战，也曾有下述的叙述：“当太阳于 8 月 8 日在战场上落下的时候，德国陆军已经遭受到自从战争开始以来的最大失败。这已经是一个既成事实。”这种说法并不是平时的事后之论，而是当时从内心中激发出来的感想。当时派驻奥军总部的德国军事总代表克拉蒙将军（Gen. von Cramon），曾经有下述的记录：

> 西线上的变化对于奥国发生了剧烈的影响。奥国人民一向深信德国人是能制造奇迹的，这种思想已经在他们的心中生了根，所以这一次的失败好像是一声焦雷一样打破了他们的幻想。奥国皇帝本人也受到了强烈的震动。他把我请到他的身边，告诉我说：即令是奥军在皮亚费河（Piave）上的惨败，也没有这一次西线情况的激变更能使其人民获得深刻的印象。

关于德军这次失败的主因，几乎大家一致公认，都说是由于联军大量使用战车之所致。不过战车对于德军的失败固然是一最重要的原因，但却还有更深入的原因在焉，否则战车对于这次会战的影响，应该不会比在康布莱会战之后大多少。

促成德国崩溃的原因固然很多，而其中最首要的却莫过于被封锁。到 1918 年的夏季，若非尚有罗马尼亚和乌克兰的小麦，否则中欧国家早就会因为饥饿的原因而被迫自动投降了。即令如此，他们的人民却还是已经快要接近饥饿的边缘，当他们肚皮吃不饱时，心情也就随之而低沉了。进一步说，虽然德国的军人比其国内的同胞是比较能够吃得饱，可是因为自从 3 月 21 日起，一连串的攻势都失败了，使他们的士气大受打击。他们感觉到这种局势将会是遥遥无期的，不知道哪一天可以结束。德国军人一方面看到他的家人在挨饿，另一方面感到前途毫无希望，所以无怪其然的是，鲁登道夫将军的回忆录上会这样写道："在这次会战时，从前线上退回来的部队，向开往前线的增援部队喊着说：'滚回去，你们是想要延长这场战争！'"

当战车登场时，这就是德方所显示出来的阴沉背景。诚如艾德蒙爵士所正确指出来的，战车的物质效力是很有限的，可是精神威力却极大，所以他说："德国人很愿意把他们失败的原因，都归在战车的身上。这种借口却是值得检讨。"不过早在 40 年之前，布拉肯布里上校即曾指出来："会战中应以精神的打击为目标。"使德军溃败的不是战车的杀伤力，而是它的精神威力。德国官方所出版的《1918 年 8 月 8 日的悲剧》一书中，曾经说过：

> 若无战车，则在 8 月 8 日的上午德军就不会受到那样严重的奇袭而发生了不可收拾的恐怖现象。步兵看到步枪和机关枪都不能阻止对方的战车，遂感觉到他自己是无能为力了，于是不是投降就是逃走。

德国的新闻界对此也极尽夸张之能事，于是更造成了严重的心理作用。诚如一位德军的俘虏所说的："在多数的情形之中，官兵们都认为战车的迫近即可以算是中止战斗的良好借口，他们的责任感可以使他们面对着敌人的步兵挺身而出，但是一旦战车出现之后，他们就会感觉到已经有了充分的理由可以投降了。”在第二次世界大战中，这种同样的心理反应又不期而然地再度出现了。

鲁登道夫对于战车所造成的情况具有正确的认识。他说：“我一向所害怕的事情，这也是我经常对其提出警告的事情，终于在这里变成了现实。我们的战争机器不再有效。我们的战斗力已经受到了损伤，尽管许多师中的大部分都还在做英勇的奋斗。”

他又说：“8 月 8 日这一战，使我们的战斗力开始崩溃，尤其是在预备队方面为然。我们已经没有希望找到足够的战略预备队来扭转局势使其对我方有利。反之，我更认清了对于一切的战争计划，也都更无安全可靠的基础了。今后的战争已经变成了一种不负责任的狂赌了，这是我一向认为必败无疑的。对于我而言，德国民族的命运实在是一个太高的赌注。这场战争是应该要结束了。”8 月 11 日，德皇在阿费斯尼的兴登堡总部中召集所有高级将领开会。德皇作了下述具有历史意义的训词：“我看我们应该造成一个和局了。我们已经快要达到我们抵抗力量的极限。这场战争是应该结束了。”两天之后，又在斯巴（Spa）召开了另一次会议。鲁登道夫在报告了最近的军事情况之后，即开始作下述的解释：“现在要想用攻势来迫使敌人求和是已经没有可能性，而专靠守势也绝不能达到这个目的。所以要想结束战争就必须使用外交手段了。”于是德皇命令国务大臣辛兹（von Hintze）设法打开和谈途径，若是可能的话，就请荷兰女王出任调停人。

此时，8 月 8 日到 11 日的会战，又已经触发了这次世界大战中的“最后会战”——这是鲁登道夫的说法。这包括着一连串的会战，以那个巨大的西线突出地的两侧为目标，于是又回到了霞飞元帅时代的战略了。

8 月 20 日，英法两军同时发动攻势。法军第十和第三两个军团在苏瓦松和罗瓦之间进攻，而英军第三军团则在亚伯特之北进攻。

接着，英国第四军团又把正面延展到索姆河的南岸上。这样，一次会战迅速地又接上了另一次会战，到了9月12日，美国第一军团也加入了进来以肃清圣米赫尔突出地。于是西线的战争进入了结束的阶段。

9月26日，在默兹河与理姆斯之间，英国第一军团和法国第四军团又开始进攻；27日，在艾培伊（Epéhy）和仑斯（Lens）之间，英国第三军团和第一军团也开始进攻。28日，从阿尔芒蒂耶尔（Armentiéres）到英吉利海峡海岸之间，英国第二军团、法国第六军团和比军也开始攻击。最后29日，在拉费尔到艾培伊之间，法国第一军团和英国第四军团也发动了攻击。当此之时，在马其顿的巴尔干战线也为戴斯贝里将军所指挥的联军击碎了，保加利亚开始要求休战。9月19日，英国的艾仑比将军（Gen. Sir Edmund Allenby）也发动了麦吉多（Megiddo）之战。10月1日，联军进入了大马士革（Damascus）。10月30日，土耳其退出了战争。

为失败所震惊，9月28日的下午6时，鲁登道夫走进了兴登堡元帅的房中，建议说休战已经不可再缓了。他说："我们并不想考虑在东面放弃任何的领土，因为我们想协约国一定也能充分认清布尔什维克主义对于我们和他们都同样是一种威胁。"这一点他却料错了。10月5日，德国遂接受了威尔逊的"十四点和平计划"，以当作休战谈判的基础。

大事记（八）

意奥之间的斗争

当萨拉热窝的一声枪响触发了这次大战时，意大利对于战争可以说是毫无准备可言。它既不想加入三国同盟，也不想投入协约国方面。由于最近曾与土耳其人在的黎波里坦尼亚（Tripolitania）交战，其军事力量已经大受损失，而在国内政治方面，社会党人、共和党人和其他的反对君主政体的人也都乘机活动，迫使它非中立不可。不过却也有少数人，认为意大利这次若不参战，则将丧失第一流强国的地位。在这些人中间有两个最强有力的人，一为诗人邓南遮(Gabrielle d'Annuzio)，一为声誉日高的新闻记者墨索里尼(Benito Mussolini)。前者向知识阶级呼吁，后者则向群众号召，他们两个人联合在一起，遂组成一个强力的团伙。

当战争爆发时，墨索里尼正在充当《社会党机关报》的主编。他是一个铁匠的儿子，1883 年 7 月 29 日，出生于福利（Forli）省。1914 年 11 月 15 日，他辞去了社会党报的职务，创立了他自己的《意大利人民报》(*Il Popolo d' Italia*)，十天之后他被意大利社会党开除了党籍。于是他开始组织他的法西斯党（Fasci rivoluzionari d'azione），种下了一种新政治理论的种子，十年之内它不仅在意大利一国之内，而且在整个的欧洲大陆上，开始向自由民主政治和共产主义同时挑战了。

凭着这两个人的精力和推动，才唤醒了意大利人民的战争精神，于是再加上英国的压力，英意两国遂在伦敦开始谈判（英国愿意贷款5亿英镑）。1915年4月26日，意大利终于投入了联军方面，向奥国宣战。

虽然到了1915年的春天，意大利的准备已经要比1914年的秋天较有把握，但是却还不够资格发动一场第一等的战争。同时，要用与奥国接壤的边境来当作进攻跳板也是十分的困难，不仅是特伦提诺（Trentino）突出地的顶点距威罗那（Verona）北面只有15英里，而且在350英里的界线中，就有300英里是群山绵亘。其余的50英里中有卡尔索河（Carso）流过，它处于威尼斯湾的正北面，其附近也都是山地。其结果是为了这个战略环境所迫，意大利的总司令卡多纳将军（Gen. Luigi Cadorna）只好在这个狭窄而开阔的正面上发动他的攻势。卡多纳出生于1850年，是一个相当有能力的军人。他认为在这个时候，奥军在北面正受到俄国人的牵制，在南方也受到塞尔维亚人的纠缠，所以可以乘虚进攻。可是一旦宣战之后，这种可能性却开始消失了。在麦根森攻击之下，俄军败退了，而塞尔维亚人不久更是已经处于孤立无援的状态之中。

6月23日，卡多纳展开了他的攻势，是谓第一次伊松左（Isonzo）会战，从此一直到1917年夏天为止，一共打了11次伊松左会战，此外在特伦提诺境内也还有好几次会战。在1915年全年之中，这些作战使意军受到了28万人的损失，1916年再加上48.3万人，1917年再加上32.3万人。除了使奥军也差不多受到了同样数量的损失（死伤和被俘都在内）之外，可以说是毫无其他的收获可言。这样的屠杀是应该引起巨祸的，尤其是意大利人民在精神方面是脆弱的，对于战争的苦难并无充分的准备。两年的战争，差不多造成了100万人的损失，使人民都感到惊惧，而社会党人和反对参战的分子更是振振有词了。死伤的人数愈多，就使他们的“股票”价值日益高涨，而“消耗贩子”（attrition-mongers）的信用也就开始破产了。这些人所未能了解者，就是用血肉换取胜利的理论只有当精神力量能够忍受时始能有效。在消耗战中，精神的因素更重于物质。这一点却是意大利所吃不消的。

这个民族精神的问题，在近代史中一方面是意大利最大军事失败的背景，但另一方面也是意大利最大军事成功——维多亚威尼托（Vittorio-Veneto）会战——的背景。所以这是很值得加以研究的。

首先应研究的是政府的问题。自从战争开始以来，意大利政府从来不曾采取措施来团结或管制其人民。政府一直保持着放任政策。对于颠覆性的宣传，根本不曾有压制的企图。比如说，尽管已经实行新闻检查制度，可是社会党的报纸却天天有反对战争的言论，不仅是分散给部队，而且敌人也把它们投掷在战壕中。这种宣传使失败主义流行，从而打击部队的士气和人民的爱国心。

社会党人的态度越肆无忌惮，则政府的态度就越软弱，政府希望用听之任之的方式来对待他们，结果使人民更相信他们的宣传。当社会党议员提费斯（Treves）宣称说“到了明年冬季，堑壕中将无一人！”的话时，他的话就好像雷声一样震动了每个城市、乡村和家庭。生活费用日高，食物缺乏，这一切都足以使人民的精神颓丧。而政府的措施也是糟不可言，举例来说，当 1917 年在杜林的工人发生暴动时，政府却把其中许多的叛徒，送往前线去当兵以当作惩罚。结果这些人在军中变成了害群之马，对于士气大有妨害。

另外有两个国际性的势力，也促使了这种精神上的进一步腐蚀。一为天主教会，一为刚刚兴起的布尔什维克主义。教皇所领导的僧侣们，到处宣传失败主义，因为教廷所最不愿意看见的，就是一个真正统一的意大利民族。而布尔什维克党的意图，其目的是可以用费拉里（Signor Villari）的话来加以解释：他们的目的是想要夺取政权，把俄国那一套整个的搬到意大利来。

他们的工作是很容易进行的，因为在山地战中，所有的部队都是分成了单独的小群，所以很容易受到间谍的煽动。同时，当战争一延长了之后，许多老军官都已经死亡了，换来的一批新人根本就不知道有与其部下保持人性接触之必要。此外，卡多纳将军本人也不懂心理学，他似乎不知道静态战争对于士气上的影响。

1917 年对于所有的联军而言，都是士气最消沉的一年：俄国已经进入了无政府的状况，德国的潜艇战争已经达到了其最高峰，在法国境内的英军已经沉没在佛兰德斯沼地之中。法军的纪律已经废弛到了极点，所以在那一年的夏天里，简直一事无成。

在这个总崩溃的景象中，意奥两国的情形可以说难兄难弟，都要算是最坏的。两国的军队都是因为不断的进攻，已经伤亡惨重。他们好像是陷入了泥沼之内，越陷越深，几乎是毫无希望的。最后，在 1915 年 8 月 25 日，当在贝恩西查高原（Bainsizza）上还正在血战方殷之际，奥国遂开始向德国求援，四天之后，德国的华尔德斯塔顿将军（Gen. von Waldstatten）就向奥国的参谋总长阿尔兹（Gen. von Arz）提出了一个向普雷左—托尔米诺—哥里齐亚（Plezzo-Tolmino-Gorizia）正面上实施德奥两军联合进攻的战役计划。

这条正面上本是由 23 个师的奥军和火炮 1800 门来加以据守。华尔德斯塔顿建议再增加 14 个师的兵力——德奥军各 7 个师——和 1000 门炮，以便发动一个攻击。攻击主力应夹在普雷左和托尔米诺之间，以意大利第二军团为其目标，准备把它和在其左面的意大利第三军团一起赶过了塔格里亚门托河（Tagliamento），然后再向巴都亚（Padua）进攻。

这个计划为兴登堡元帅所接受，并派毕罗将军担任总司令。这次攻击定在 10 月 24 日开始发动，在前面为一个短促而猛烈的炮兵轰击，这种方法在里加对付俄军曾经颇有效力。虽然在 10 月 16 日到 20 日，卡多纳将军曾经从奥军方面的逃亡者身上获得了充分的情报，可是意军的第一线兵力不特没有疏开反而更集中。此外，预备队的战线也向前推进了，它们与第一线是如此的接近，使德奥军的初步炮击可以同时打击在两条战线上。

10 月 24 日上午 2 时，德奥军开始炮击，大批的毒气弹同时落在意军第一线和第二线之上。上午 9 时 30 分，意方第二军团的第四军正面在弗尔那斯（Fornace）被挺进深入了，下午 4 时德军就占领了卡波雷托村落——这个会战以后就根据它定名。

关于经过详情，此处不拟细述，而只把其结果简述如次：10 月 26 日，卡多纳命令他的第二军团退到塔格里亚门托河上，第二天他又命令第三军团也作同样的撤退。尽管第二军团已经溃散，可是第三军团在亚奥斯塔（Aosta）公爵指挥之下，却尚能保持着良好的秩序。

10 月 31 日，德奥军达到了塔格里亚门托河；11 月 4 日，他们的右翼迂回过来面对着波代诺内（Pordenone）。11 月 6 日到达了李芬查河（Livenza），7 日其右翼又迂回了一次，这次是以柯内利亚诺（Conegliano）为目标。9、10 两日，他们达到了皮亚费河上。到了这里，距离威尼斯已在 20 英里以内时，这次攻势却开始停顿了。

虽然在这一次撤退中，意军方面有许多部队还是很能英勇地战斗，可是社会党的宣传在第二军团方面总算是已经达到了他们的目的，结果是十分的可怕。虽然在这次会战中，该军团不过是死了 1 万人，伤了 3 万人，可是降敌被俘的人却有 26. 5 万人之多，此外损失了火炮 3162 门，机关枪 3000 挺，迫击炮 1732 门，以及大量的其他军用品。

在愤怒之中，卡多纳将军发表了一个公报，说明了这些卖国行为的真相，于是意大利人民才从幻梦中惊醒，才发生了第一次世界大战中的一个奇迹——意大利从失败的劫灰中获得了新的生命力。

好像是触电一样，意大利的人民不分男女老幼都惊醒了，他们知道这就是他们一向鼓吹和平的后果。于是意大利民族开始团结振作起来，准备背水一战。意大利国王伊曼纽尔（Victor Emmanuel）

也开始在 11 月 19 日向全国人民发出了呼吁，要求全国军民团结奋斗，宣布一切懦怯、分离、反战的行为都是叛国。

邓南遮和墨索里尼也都开口说话了，于是几乎每一个城市和村落中，都有“隐士彼得”这一流的人出现，号召人民从军赴难。此时，法英两国最后也认清了意大利战场的严重性，立即调了 11 个师的兵力南下援助，在拉帕洛（Rapallo）也奠立了统一指挥的基础。卡多纳的职位由狄亚兹（Gen. Armado Diaz）来接替，他的能力固然较差，可是对于人性却有较多的了解，在他的副参谋总长巴多格里奥将军（Gen. Pietro Badoglio）协助之下，开始组成一支新军，这个新军在精神方面是要远比那些已经崩溃的旧军坚强得多了。

第八章

维多利亚威尼托会战

当狄亚兹将军被任命为意大利参谋总长之后，他最先的意图是想要发动一个攻势，但是到了 1918 年 5 月中旬的时候，他知道奥军也正在准备进攻，于是他决定不先发制人而等候敌人先动手。

奥国方面的计划是一个折中性的，像一切折中性的事物一样，结果总是不好的。前奥国陆军参谋总长康拉德元帅，现在正在特伦提诺战线上，指挥着第十和第十一两个军团，他强烈地主张攻击的重点应放在阿西亚哥（Asiago）高原上面，而指挥第六军团和依松左军团的波罗费克（Boroevic）则应向皮亚费河下游进行佯攻。可是波罗费克却不愿意担任康拉德的助手，所以他提出了一个完全相反的要求。现任的奥国参谋总长是阿尔兹将军，与其说他是一位参谋总长，不如说他是皇帝的副官。于是这个并无决断的人就决心做和事佬，结果是两个计划都被采用，而不分所谓主攻和佯攻。因此，这次攻势是一次单独的攻击，而在两个正面上执行之。康拉德的攻击是要越过布仑塔河（Brenta）迅速地通过山地而包围在皮亚费河后面的意军。波罗费克的攻击是指向特拉费索—梅斯特雷（Treviso-Mestre），而以巴齐格里昂河（Bacchiglione）为第一目标。

当决定了这个攻势之后，于是奥军方面就有逃亡者不断地逃到意军战线里去，他们带来了许多的情报。此外英军的电话窃听部门更获得了许多的详细情报。虽然如此，阿尔兹对于成功却还是表示具有极大的信心，他写信给兴登堡元帅说："我深信这一次的攻势，必能使我们达到阿第及河（Adige），这样即可以使意大利在军事上完全崩溃。"

6 月 15 日上午 3 时，这个号称皮亚费河会战的战斗开始了，首先就是一阵短促而激烈的轰击。其经过情形可以简述如次：康拉德在阿西亚哥高原上的攻击几乎是立即被阻止住了，而波罗费克对蒙特罗（Montello）地区的突击则还获有少许的进展。第二天下了大雨，使奥军想渡过皮亚费河的企图受到了重大的阻碍，虽然在 17 日这一天中他们曾做激烈的攻击，可是到了 18 日即完全顿挫。于是到了次日，意军即开始发动他们的反攻，一直继续到 7 月 6 日为止，此时在皮亚费河的西岸上已经不再留有一个奥国兵了。总的来说，奥军此次攻击是完全失败了，损失了 15 万人——包括死伤及被俘者在内。

特里维廉（Trevelyan）认为奥军这一次失败，可以算是"世界上决定性会战"之一，从某一方面来看，他的说法要算是正确的，因为这不仅是 1918 年中联军方面的第一次伟大胜利，而且维多利亚威尼托会战也是以此为基础的。劳合 · 乔治也认为这次会战的胜利，是恰好在这全年中的一个最重要的关头上。这种说法也是不错的，因为当时德国人在西线上正希望能获得奥军的增援，这一战遂使他们的希望断绝了。虽然兴登堡只要求奥国调 6 个师到西线去增援，阿尔兹首先是拒绝，接着又表示同意，最后却还是向奥国皇帝请示。后者却告诉鲁登道夫说，他要先和他的妻子商量。

克拉蒙是德国驻奥军总部的总代表，他的意见如下所述："6 月的会战对奥国的国内情况以及一般的局势都具有最严重的后果，不仅是这个失败的本身，而且还有奥军所受到的严重损失。在匈牙利的国会中，已经发生了一片谴责呼声，他们要求撤回匈牙利的军队，不让他们受毫无良心的奥国将领的指挥。奥国人民也公开指摘皇帝和皇后通敌卖国。”一言以蔽之曰，这就是奥匈帝国崩溃的开始。

在这一年的夏季中所剩下来的几个月内，在意大利战线上都是比较平静无事的。直到深秋之后，在皮亚费河上意军才开始发动反攻，接着联军在法国、马其顿和巴勒斯坦也都发动了一连串的攻势。在这多次会战中有一次会战，对于欧洲的前途是特别地具有巨大的影响，那就是维多利亚威尼托之战。

在皮亚费河会战之后不久，英国的卡凡勋爵（Lord Cavan）和意大利的格拉齐亚尼（Graziani）将军都力主接着发动一个猛烈的攻势，他们认为奥军的士气已经到了即将崩溃的阶段，所以只要大举进攻，即可以使这个二元帝国自动崩溃，但是狄亚兹将军却不敢冒险。他是一个十分谨慎的军人。自从 7 月 1 日起，福煦元帅已经获得了授权，可以协调各个同盟国的军事行动，于是又力劝狄亚兹进攻，他还是坚决地拒绝。直到 9 月 26 日，联军在法国发动了最后一个伟大的攻势之后，他和意大利的首相奥兰多（Signor Orlando）才开始勉强接受了福煦的意见。但若不是在 10 月 5 日，德国（包括奥国在内）已经向美国威尔逊总统提出了休战的要求，则他们可能还只是会阳奉阴违而已。他们为什么突然不再迟疑而决定进攻呢？其原因是害怕战争马上就会结束，若是意大利没有一次值得称道的胜利记录，则它在和会中的地位即将大受影响。

依照费拉里的记载，这次攻势的基本观念是由意大利第三军团的作战处长尼柯罗西上校（Col. Nicolosi）所提出的，根据他的原初观念，巴多格里奥将军才发展成为一个详细的攻击计划。其大致的意图是首先在皮亚费河下游实行突破，然后切断这个地区的敌军与特伦提诺方面敌军之间的联系，接着再向西旋转，以席卷山地方面的正面。选定的突破点即为维多利亚威尼托，若是能够占领该地，即足以切断奥军通到皮亚费河上的铁道交通线，这样一来当意军向西旋转以来席卷奥军的右翼时，其左翼方面的大部分兵力即将处于瘫痪的状况之中。

为了执行这一次的作战，10 月 6 日又成立了两个新的军团，即第十和第十二两个军团。从右到左，意大利军的战斗序列如下所述：

第三军团：司令为亚奥斯塔公爵，下辖四个师。

第十军团：司令为卡凡勋爵，下辖英国第十四军（第七和第二十三两个师）和意大利第十一军（第二十三和第二十七两个师）。

第八军团：司令为卡费格里亚将军（Gen. Caviglia），下辖十四个师。

第十二军团：司令为格拉齐亚尼将军，下辖四个师，其中有一个师为法军。

第四军团：司令为吉亚尔地诺将军（Gen. Giardino），下辖九个师。

第六军团：司令为蒙托里将军（Gen. Montuori），下辖六个师，其中有英法军各一个师。

第一军团：司令为皮柯里吉拉尔地将军（Gen. Pecori-Giraldi），下辖五个师。

第七军团：司令为塔索尼将军（Gen. Tassoni），下辖四个师。

在总预备队中，还有第九军团，司令为莫罗尼将军（Gen. Morrone），下辖六个师的意军、一个捷克斯洛伐克师和一个美国步兵团，以及骑兵军，军长为杜林伯爵，下辖四个骑兵师。

面对着他们的奥军分为两个集团军，分别称为皮亚费集团军和特伦提诺集团军，由波罗费克元帅和约瑟夫大公爵（Archduke Joseph）分任指挥官，其间的界线为西斯蒙河（Cismon）。第一个集团军包括依松左军团共 14 个半师，第六军团共 7 个半师，比鲁诺兵团（Belluno Group）共 12 个师。他们面对着意大利的第三、第十、第八、第十二和第四等五个军团。第二个集团军包括第十一军团共 9 个师，第十军团共 9 个师。他们面对着意大利方面的第六、第一和第七等三个军团。总计，联军为 57 个步兵师，4 个骑兵师，火炮 770 门。奥军为 52 个步兵师，6 个骑兵师，火炮 6030 门。

面对着皮亚费集团军的意军，其任务的分配如下所述：第十和第八两个军团应透入巴帕多波利—蒙特罗地区（Grave-di-Papadopodi-the Montello）；前者又保护后者的右翼，以便后者进到沙西里—维多利亚（Sacile-Vittorio）之线，并切断奥国第六军团的交通线。第十二军团在左面支援第八军团，而第四军团又在更左面支援第十二军团，而后者则应进至格拉巴山（Monte Grappa）地区。第三军团，在第十军团的右面，应该等到后者进到了皮亚费河上然后才向东前进。第六、第一和第七等三个军团的任务为牵制着在特伦提诺正面上的奥军，直到维多利亚威尼托被占领时为止。在会战的第二个阶段，他们应向北挺进，以攻击奥方的第十一和第十两个军团，而第八军团在第四军团支援之下，开始向西旋转，以攻击比鲁诺兵团的左翼。

在这两个密切相连的作战之前，又有一个预备性的作战，即由第十军团和第八军团中的某一部分首先攻占巴帕多波利，并且在皮亚费河左岸上获得一个桥头阵地。必须等到这两个目的达到了之后，才开始发动全面攻击。本来作战的日期定为 10 月 16 日，但由于大雨使河川泛滥之故，遂顺延到了 24 日，预备性的作战则定在前一夜中进行。这个事实是特别有趣，这不仅是一次渡过宽广而正在泛滥中的河流的作战，而且以后我们更看出来，由于第八军团未能完成其主要的任务，结果才使第十军团的攻击发展成为这次会战中的决定性行动。

在卵石的河岸与一群菱形的小岛之间，中间隔着狭窄的水道，其中最大的一个岛即为巴帕多波利。这一群小岛一共有 4. 5 英里的

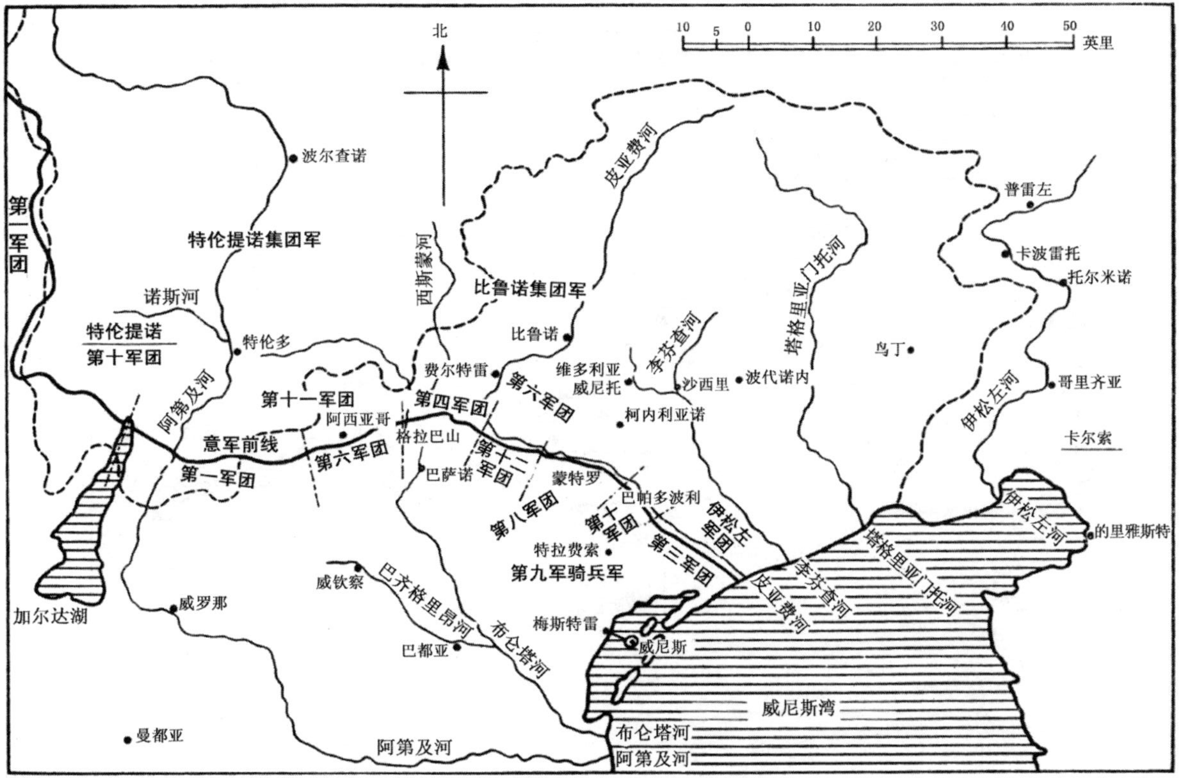

图十九　维多利亚威尼托会战，1918 年 10 月 23 日

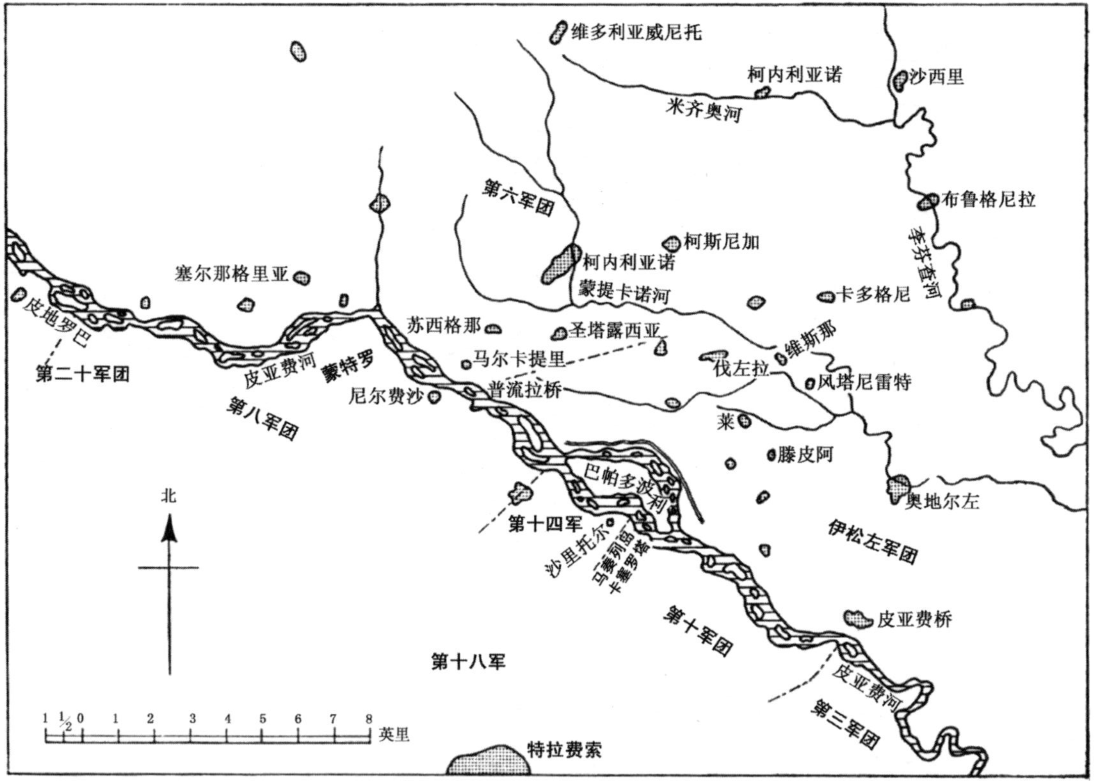

图二十　皮亚费河上的突破，1918年10月23日到29日

长度，而其中央部分大约有 2 英里的宽度。在右岸与巴帕多波利之间即为主要的水道，其宽度大小不等，由 280 码到 780 码，而这个岛露出水面只有几英尺高，长度约为 4 英里，平均宽度为 1 英里。当正在泛滥之际，潮流的速度是足以使人站不住脚，并且使主要的水道无法加以徒涉。

在奥军的防区中一共有两个堑壕地带。其第一道，叫作皇帝地带（Kaiserzone），约有 2000 码的纵深，前面为一个堤岸，绕着菱形部分东边的全部水道。堤岸约有 10 英尺高，已经掘有堑壕和装上了铁丝网，其前哨线则一直推进到了巴帕多波利和其他的小岛上。第二道防线称为国王地带（Königzone），在皮亚费河以东约 6 英里远的地方，并且沿着蒙提卡诺河（Monticano）的左岸走，这个河岸从维多利亚威尼托的南面起，并在奥地尔左（Oderzo）以东与李芬查河相汇合。

卡凡的第十军团把其预备性的作战分为两个阶段：（1）占领巴帕多波利；（2）在皮亚费河左岸上获得一个立足点，以建立一个桥头阵地，也就是说应向堤岸进攻。这两个行动都是准备在 10 月 23 日到 24 日的夜里举行，在黑暗掩蔽之下，使用小艇和徒步渡河来到达巴帕多波利。

第一批渡河的部队指定为英军第七师的第二十二旅，因为只有 12 艘意大利平底船（scow），每艘船上除了两个船夫以外，只能乘坐七个人，所以每次只能渡过 84 个人。10 月 23 日下午 8 时 15 分，第一批小艇出发，因为河中有旋涡，所以船夫对于船只的驾驶要具有极惊人的本领。英国兵最先不敢相信船夫有这样大的本领，以后对于他们的技术和勇气不禁大感敬佩。

当他们一旦在巴帕多波利上陆之后，第二十二旅的领先排即冲向几个小型的匈牙利部队据点，然后向右旋转再向南沿着岛身前进。此时奥军也已经发出了告急的火箭。当正在摆渡之际，又同时用平底船造成了两座浮桥，但是到了天亮之后，它们就暴露在敌方机枪火力之下，所以在渡过了两个营之后，浮桥即自动拆散了。到了 24 日上午 5 时，英军第七师的目标都已经完全占领了，可是意军第三十七师方面则还是一点消息都没有，该师是被指定在更下游的地方渡过皮亚费河。该师已经有六个营渡河达到了卡塞罗塔岛（Caserta），但在那里却为机枪火力所阻止住了。

当右翼方面获得了成功不久之后，在中央方面又做了另一次的企图。在浓雾之中，开始对皮亚费河与布仑塔河之间的地区做炮兵的轰击，到了上午 7 时 15 分，又开始收雾下雨了，第十二军团的部队在左面支援着第四军团的部队，开始向格拉巴山的斜坡上冲锋。艾索仑山（Monte Asolene）却得而复失，到处都是猛烈的机枪火力，所以而后的每次前进都被击退了。双方都表现出了极大的勇气。克拉蒙对于奥军颇加赞许，而卡凡勋爵对于意军也是一样的恭维备至。当第四军团攻下了格拉巴山这个坚强阵地之后，后者誉之为一种最英勇的成就，足以在军事史上占有崇高的地位。10 月 25 日，他们又继续攻击，虽然并无进展，但在 26 日和 27 日两天内却吸引着奥军的预备队，所以对于整个作战还是颇有贡献。

此时，由于大雨和河水泛滥之故，狄亚兹将军遂命令第十四军暂停前进，到了第二天雨止之后才又继续渡河。为了对抗奥军的探照灯，意大利第三探照灯连也在河岸上游 500 码的地点用灯光来对抗，在互相照耀之下，使渡河部队获得了良好的掩蔽。

扫清这个岛屿的工作，是预定在下午 9 时 30 分钟开始，此时月光可以供给相当的照明。到了 26 日上午 9 时，全岛即已完全落入英意军的手中。意大利第三十七师是从马奏列岛（Maggiore）上渡过来的。

10 月 26 日，在沙里托尔（Salettuol）上游 300 码处，建好了一座浮桥。下午 6 时，狄亚兹开始命令第十、第八和第十二等三个军团开始渡河。27 日，第十二军团在面对着皮地罗巴（Pederobba）的左岸上建立了一个桥头阵地，而第八军团也在塞尔那格里亚

（Sernaglia）之南获得了一个立足点。第十军团趋前进攻，第十四军中的第二十三和第七两个师在左，第三十七师和意大利第十一军的第二十三师在右，上午 6 时 25 分，开始炮击，前两师的攻击部队从芦苇中爬过，因为水深齐腰，而流速更在 10 英里以上，所以他们大家用手臂互相挽着，进入了该河东面的水道。掩护的炮击停止了，他们开始向堤岸冲锋。到了上午 7 时，全部的右段堤岸均已经为英军所占领，但是他们右面的意大利三十七师还是没有赶上。他们没有渡过，但不久却还是过来了。狄亚兹于是把意大利的第十八军（下辖第三十三和第五十六两个师）——本为第八军团的预备队——交给卡凡指挥，以便他可以有足够的兵力来保护其左翼。

在占领了堤岸之后，英国部队的两个师又继续前进，到了上午 8 时 10 分，第二个目标又达到了。此时又再度看不见意大利第三十七师的踪影，但是卡凡却不顾一切地向前挺进，到了正午时分，整个皇帝地带都已经落入了他的手中。

27 日到 28 日的夜里，仍留在皮亚费河西岸的部队又继续推进，但因为架桥的困难，所以在第十八军的部队中一共只渡过了两个旅，他们就部署在第十四军的左面。虽然他们的数量很有限，但却还是奉命进攻，28 日上午 9 时，在英军第二十三师的炮兵掩护之下，有一个旅挺进到圣塔露西亚（Santa Lucia），以与英军第二十三师的左翼相连接，另一个旅则挺进到尼尔费沙（Nervesa）以北的马尔卡提里（Marcatelli），以攻击奥军步兵和炮兵的侧翼，这一部分奥军一直使第八军团中的第八军无法在普流拉桥（Ponte Priula）建立其桥头阵地。虽然他们并未能攻占圣塔露西亚，可是对于马尔卡提里的威胁却迫使奥军撤退，于是第八军团在次日夜间遂能架桥渡河了。

当这些攻击正在进行时，10 月 28 日中午 12 时 30 分，第十四军又前进了，第二十三师挺进到伐左拉（Vazzola）—圣塔露西亚之线，第七师挺进到伐左拉—莱（Rai）之线。这两个目标都达到了，在黑夜掩护之下，两个师的部队又奉命前进，以夺占蒙提卡诺河上的桥梁为目的。但当他们接近时，那些桥梁却为敌军所炸毁。所以到了29日的清晨，这两个师都已经超过了前一天所指定的目标线。28日，意大利第十一军的左翼前进到滕皮阿（Tempio），于是在皮亚费桥（Ponte-Paive）以西构成了一个侧翼防御阵地。在第十军团的右面，第三军团在28日那一天并未移动。而在它的左面，第八军团正在彻夜地忙于架桥。

尽管他的侧翼还是暴露着，28日的下午，卡凡勋爵却仍然对于第十军团下达了次日继续前进的命令。其目标线分别规定如下：第十八军为马尔卡提里—柯内利亚诺—柯斯尼加（Cosniga）之线，第十四军为柯斯尼加—卡多格尼（Cadogne）—风塔尼雷特（Fontanellette）之线，第十一军为风塔尼雷特—滕皮阿之线。前两个目标未能达到，因为波罗费克看到他的部队中叛变者日益增多，已于28日夜间决定退回到奥国的边界，为了掩护撤退，他又把生力军调上来组成了一个强大的后卫兵力。所以第十八军和第十四军在蒙提卡诺这一线上都遇到了顽强的抵抗，虽然奥军受到英国空军的猛烈轰炸，但在整天之内，还是能够维持其原有阵地不动，一直到夜幕降临时，除了右翼以外，其他攻击部队都还是未能渡过蒙提卡诺河。此时，英国皇家飞行兵团的观察员报告说，在河川线后方的道路上已经塞满了撤退中的部队。

当第十军团正在与波罗费克的后卫苦战时，第八军团也已在普流拉桥渡过了皮亚费河，其领先的两个师一路畅行无阻，在苏西格那（Susegna）赶上了第十八军的左翼，苏西格那位于苏西格那—柯内利亚诺公路之上。从那里，当夜幕降临时，意军派了一个由骑兵和脚踏车所组成的纵队去夺取维多利亚威尼托。10月30日清晨这个任务完成了，于是遂阻塞了奥国第六军团的退路，使他们发生了混乱。此时，第十二军团却发现难于维持在皮地罗巴越过皮亚费河的交通线，由于第四军团在29日对于格拉巴山正面上的攻击失败了，所以它的左翼也受到了威胁。

依照奥国官方战史编者的看法，10 月 29 日实为这次战役中具有决定性的一天。他们说：

> 10 月 29 日，由于看到国家内部的混乱和陆海军的加速解体，于是奥国的军方当局获得了一个一致的结论，认为战争已经不可能再继续打下去了。所以在该日黄昏时，从巴登向波罗费克元帅发出了训令，要他撤出威尼西亚，并仅对于追兵作必要的抵抗。当这个命令送达乌丁（Udine）时，第六军团和依松左军团的北翼早已在全面撤退之中。这些部队在敌军压迫之下，其精神抵抗力早已发生了动摇，为了撤退，他们作了三天的苦战，最后于 10 月 29 日到 30 日的夜间，撤到了维多利亚以北山地的边缘上，沙西里和李芬查河的后面，在南面一直撤过了布鲁格尼拉（Brugnera）。

因为在 29 日这一天所收到的一切空中侦察报告都指出来，奥军已在皮亚费河正面上作全面的撤退，于是狄亚兹又命令一直以静止的姿态保留在第十军团右面的第三军团也在 30 日前进。此外他又调动了他的四个骑兵师，其中有一个在第八和第十两个军团之间前进，其目标为沙西里以北的李芬查河岸。

30 日上午 9 时，第十军团的追击开始了，尽管在尚未接近李芬查河以前奥军是殊少抵抗的，可是意军的进展还是极慢。到了夜幕将垂之际，他们达到米齐奥河（Meschio）和李芬查河，但是所有的桥梁都已经被炸毁，而且这两条河都是无法徒涉的，所以必须暂停前进以待架桥材料的到达。在这一天中，第三军团中只有一个师渡过了皮亚费河，第八军团的前进几乎完全未遇到抵抗，第十二军团向山地中前进了一个短距离，第四军团继续受到了敌人的阻拦。在 30 日一整天之中，攻势又移到了空中方面。在道路上向后方退却的奥军纵队变成了英国空军的良好目标，他们受到了无情的轰炸和扫射，其战况十分可怕。以下为当时目击者的报告。

加索恩哈尔地将军（Gen. Gathorne-Hardy）说：

> 在这一次大战中，英国空军在任何战场上似乎都不曾遇到这样有利的目标。他们对于这种机会当然不肯放过。在10月29日到30日这两天之内，柯内利亚诺—波代诺内道路上为向东撤退的奥军纵队所塞满了。英国空军不过几个中队，从低空向他们发射了3万发枪弹和3.5英吨的炸弹。以后对于道路上的观察，迫使观察者获得一个结论：认为这种形式的战争，在将来是应该加以禁止的。

英军第七师的牧师克罗斯（E. C. Crosse）也这样写道：

> 当11月2日的上午，本师沿着沙西里—波代诺内—乌丁公路上行走时，最令人感到触目惊心的就是前几天飞机所造成的屠杀惨状。很明显的，当奥军沿着公路全面撤退时，我们的飞机进行低飞攻击，甚至在法国战场上，我们也不曾看见过这样悲惨的景象。路面上和路边深沟中，到处都是死人、死马和放弃了的炮车。有些挨饿的平民在割取马肉充饥，使景象更显凄凉。

狄亚兹将军对于10月31日的作战所下达的命令如下：第三和第十两个军团逼近李芬查河，并在其上架桥；第八军团为了切断在格拉巴山正面上的奥军，应进到费尔特雷（Feltre）和比鲁诺；第十二和第四两个军团仍继续推进，至于第六军团则在阿西亚哥地区中进攻。因为奥军比鲁诺兵团早已撤退，所以第八、第十二和第四等三个军团都颇有进展，但却并未如所希望的那样俘获大批敌军。在南面，第十军团花了一天的时间在李芬查河上架桥，而第三军团则进达了其右方。

对于 11 月 1 日而言，意军的任务可以简述如下：骑兵军推进到伊松左河上，第三和第十两个军团到塔格里亚门托河上，第八军团越过比鲁诺，第十二军团从第八和第四两个军团之间抽出留在费尔特雷充当预备队，第四军团则应进到波尔查诺（Bolzano），第六、第一和第七等三个军团向特伦多—波尔查诺方向追击敌人，第六军团向北直进，第一军团进到阿第及谷地，第七军团以诺斯河（Noce）谷地为目标向东北追击。所有的前进都不曾遭到抵抗，到处都可以看到敌人正无秩序地退却，这个追击一直到 11 月 4 日才停止，奥军专以被俘一项而论，即损失了 38. 7 万人。这是意大利方面的估计，也许不免过于夸大，因为奥军方面所宣布的数字说在整个意大利战线上的战斗人员总数也不过是 26 万人。费拉里认为意军共损失了 3.8 万人，其中有 2. 4 万人都牺牲在格拉巴山正面之上。第十四军的损失共为 1622 人。

奥国曾经一再企图退出战争，在这一连串的尝试中，费拉久斯提（Villa Giusti）的休战可以算是一个最大的努力。自从奥皇查理在 1916 年 11 月 21 日嗣位之后，他的唯一目的就是结束这场战争，不仅是因为他的陆军已经溃不成军，而且由于封锁的压迫，这个二元帝国内部也无法维持下去。食物的缺乏为一个决定性的因素，远在 1917 年的春季，对于谷物的最低需要量就只能达到五分之四，而其中又差不多有一半是从罗马尼亚运来，在此后的 12 个月当中，这个来源也会断绝的。英国官方历史学家的记载说：自从 1914 年 8 月起，在奥地利和匈牙利的牛已经由 1732. 4 万头减到了 3 518 197 头，猪则由 767. 8 万头减到了 21. 4 万头。

10 月 9 日，奥国政府收到了威尔逊总统对于德、奥、土、保四国联合要求休战通牒的答复，上面说除非所有被占领的土地都已全部撤出，否则就不能算是有诚意，于是谈判也就不在考虑之列。当查理听到了这个消息之后，就马上命令波罗费克元帅和约瑟夫大公爵准备撤出意大利的北部。为了逢迎美国的总统，查理在10月16日，又根据威尔逊十四点中的第十点，即民族自决的原则，向他自己的臣民发布一个宣言。这个宣言的要点如下所述：

> 奥地利依照其人民的意志，将变成一个联邦国家，其中每个民族都各有自治的政府。这种改组的目的是一方面确保每个民族的独立，另一方面也保护共同的利益。

这是一颗政治性的炸弹，它不特不能使奥匈帝国的人民团结一致，而且反把这个二元帝国炸得粉碎了。10月29日，根据皇帝的命令，奥国代表团进入了意军的战线开始谈判。10月31日，威尔逊又对于他的破坏政策再加上一包炸药，坚决地主张必须使奥地利人和匈牙利的斯拉夫人都完全满意才肯休战——他早即已承认捷克斯洛伐克民族会议为联军方面交战政府中之一员。于是匈牙利军队开始逃亡了，奥国的舰队自动地移交到克罗埃西亚人的手中。在布达佩斯、布拉格、莱巴赫（Laibach）、萨拉热窝、克拉考和仑堡都分别成立了自立的政府，在维也纳也成立了一个中立的政府，以便清算中央的政权。11月2日，奥国接受了意大利所提出的休战条件，3日停战，12日奥国皇帝查理宣布退位。此后维也纳即宣布成立了一个共和国，从此奥匈帝国即变成了历史上的遗迹了。

此时，德国的情况也在同样地发展。

当10月9日收到了威尔逊的答复之时，德国政府是很愿意准备同意将部队撤出各个被占领的国家。于是一个星期之后，除了这个要求之外，威尔逊又要求停止潜艇战争，德国人对此也表示同意。10月23日，威尔逊在第三个通牒中说：假使他被迫必须与德国的军事组织和专制政府谈判，则他所要求者将不是和谈而是全面的投降。因为这个要求意义即等于要现有德国政府退位，而让革命性的社会党登场，所以鲁登道夫遂主张停止谈判。但是政治领袖拒绝如此做法，鲁登道夫就在 27 日辞职了。

11 月 3 日，在基尔（Kiel）的德国水兵叛变，柏林也已经充满了革命的气氛。第二天，依照布尔什维克主义的组织形成所组成的军人工人委员会开始出场了，要求德皇逊位的呼声日益高涨。11 月 9 日，德国的首相马克斯亲王（Prince Max of Baden）并未获得德皇同意，即宣布德皇自愿退位和其太子放弃继承权，于是一个德意志共和国就这样成立了。11 月 10 日，德皇威廉二世逃入了荷兰，第二天在贡比涅森林中的李松德斯（Rethondes）车站上，联军方面与德国签订了休战协定。

对于这次悲剧，鲁登道夫曾经这样批评说：

> 所有我们为什么生活的原因和我们四年来浴血苦战的原因都完全消灭了。我们不再有一个值得我们骄傲的祖国。国家和社会的秩序都已经荡然无存了。一切的构成都不再存在。德国已经是充满了混乱和恐怖，布尔什维克主义和一切非日耳曼的东西都进来了。我们现在所面临的局势，是自从 1806 年以来任何普鲁士人所想象不到的。

在这个巨大的悲剧中，维多利亚威尼托会战是无足轻重的，因为在它尚未发生之前，在亚眠会战之中即早已为德国敲响了丧钟。同样的，维多利亚威尼托会战也并不曾加速奥国的崩溃，因为奥国与德国的关系是如此的密切，所以德国倒了，它也就会随之而垮的。然则，维多利亚威尼托会战的重要性又在哪里呢?

第一点，是它对于意大利人民在精神上的影响作用。自从卡波雷托战败之后，意大利民族精神逐渐觉醒，到了这一战遂发展到了最高峰。同样的，这个民族精神也为墨索里尼所利用，成为其政治巫术中的重要工具。

若无维多利亚威尼托之战，则墨索里尼可能会以一个不知名的新闻记者终其生。因为这一战成功了，他才变成了一位代表新信仰的先知者。所以不管他的法西斯主义是善还是恶，可是它却表示一个思想战争的时代已经开始了，这场战争使整个世界都受到了困扰和影响。

意大利战死了50万人，残废者则达百万之数。战争使他们破产了，许多人都达到了饥饿的边缘。所以革命的时机已经成熟了。

费拉里说："俄国的例子发生了巨大的影响，社会党中的极端分子都是与莫斯科有密切的接触，他们把俄国说成了人间的天堂，他们说服了许多的工人，相信若能在意大利也建立这样一个政府，则每个人都可以很快乐而不需要再工作了。"于是罢工的风潮大起，社会秩序荡然无存。1919年6月，尼蒂（Francesco Nitti）做了意大利的首相，他想赢得他们的拥护，于是也准许社会党和共产党可以自由活动。

因为他不喜欢陆军，所以他又对于一切曾在军中服务的人实施了一个野蛮的政策。军人在大街上会受到公开的侮辱，胸前的勋章会被人摘去，更有许多为政治流氓所杀害。一切逃兵和军人中的罪犯都被赦免，纪律完全消灭了。凡是地主和农民，拒绝服从者都受到严重的迫害，轻则挨饿，重则送命。没有一间房屋敢挂上意大利的三色国旗，否则即将被捣毁。

第一个提倡恢复"民族精神"的人就是墨索里尼，1919年3月23日，在他的那间小编辑室中，他开始组成他的第一批"战斗法西斯"（Fascio di Combattimento）人员，他们都是愿意为意大利"复兴"而工作的青年人。不久人数就日渐增多，大部分都是以退伍军人为主，他们还记得在战争中所做的自我牺牲，并且也知道若无纪律和团结，则一切事情都不会成功。这个法西斯组织在精神上的焦点即为维多利亚威尼托的精神。

11月8日，墨索里尼又把他的跟从者组成法西斯党，他又亲自说明其所代表者，即为维多利亚威尼托的精神。1922年，在这次会战的纪念日中，墨索里尼命令他的四个纵队进军罗马。内尔逊（Francis Neilson）说："这个事件对于欧洲所具有的深刻意义，比布仑斯维克公爵从瓦尔米的退却尤有过之。"意王接受了沙兰德拉（Salandra）的劝告，任命墨索里尼为他的首相。

一旦执政之后，他就开始改革工作。当此之时，在欧洲到处都是贫穷、不满和疾病。失业人数日益增加，在英国都要靠救济才能使人民不至于造反。把意大利与其他的欧洲国家作一个对比之后，无怪其然，墨索里尼被人恭维是欧洲最伟大的人物之一了。1927年，丘吉尔曾经访问罗马，据说他曾经向墨索里尼说："假使我是一个意大利人，那么我将从头到尾热诚地拥护你，以完成这场反对列宁主义的斗争。"

这一次世界大战对于胜负双方，以及历史的影响是非常剧烈的。1000年来的旧欧洲被击碎了，各国之间的平衡完全丧失了。三个帝国已经成为灰烬。德国在经济上已经崩溃，它的领土也被宰割了一部分，阿尔萨斯、洛林归还了法国，西利西亚和波森的一部分给予了波兰。俄罗斯不再是一个基督教的国家，而布尔什维克的统治代替了沙皇的专制。奥匈帝国分裂成为许多碎片。土耳其也只剩下了一点原有的领土。同时，战胜国的情形也好不了多少。法国已经流血过多，精神衰败，变成了一个二等国家。大不列颠在战前是全世界的银行，现在却已经变成了一个负债的国家，而且国际联盟也代替了"不列颠和平"——这是用一个幻想来代替现实。美国盲目地投入了战争，现在就由它来偿付战争的开销，也似乎是咎由自取。只有并未太出力的日本，却是一个真正的胜利者。这次战争使它在远东和西太平洋中获得支配性的地位。这都是人谋不臧的悲惨后果。

在这些许多的悲剧中，俄国的革命和国际联盟代替"不列颠和平"，从历史上看来又是最重要的。前者的目的是"世界革命"，后者的目的是"世界和平"，因为在它们两者之间是并无一个仲裁人的存在，所以整个世界在思想上被分为两部分了。于是克劳塞维茨的格言被反转过来了，和平倒变成了战争的延续。换言之，因为双方的政策都是全球性的，所以世界遂进入了“战国”（wardom）的状态。

虽然“不列颠和平”并不能阻止欧陆战争的爆发，但是它却可以阻止战争扩大成为世界性的，所以它成为一个国际仲裁人。虽然“不列颠和平”已经为战争所毁灭了，但却还是因为英美两国政治家的愚蠢无能，才会使战祸蔓延到了全世界。这种愚蠢无能是值得研究的。因为“不列颠和平”的消逝，从历史的意义上来说，正是与“罗马和平”的消逝是同样的重大而具有悲剧性。

莎士比亚在《理查三世》的剧本中，曾经把英格兰比喻为一个天然的要塞，使它不受到战争的浸染。他又说这个银色的海水就是万里长城。他这一段话也说明了“不列颠和平”的基础。拿破仑曾经说过：“英格兰永远不能变成一个大陆性的国家，若是有这样的企图则一定会失败。”实际上，他不过把莎士比亚的意见再说一次而已。简言之，海洋支配着英格兰的外交政策，在英国所有的政治家当中，查塔姆（Chatham）对于这一点看得最清楚。他认清了作为一个殖民帝国而不是一个欧陆国家，英国即可以永远保持其强盛的地位。

以后坎宁（Canning）也认清了这一点。他说：“我并非说大不列颠对于权力平衡的维持和扶助弱国对抗强国是没有责任的。相反的，我认为这正是英国的责任，不过我却也要肯定地说，我们对于自己的责任还更为重要。”

迪斯累里（Disraeli）也明白这个道理。他说：“英国对于欧陆不作任何不必要的干涉；这不是表示其权力的衰颓，而正是表示其权力的扩张。英国已经不再只是一个欧洲国家，它是一个伟大海洋帝国的中心，其疆界延伸到最远的洋面上。当然英国人并非从此就不过问欧洲的事情，只要情形有此必要时，它还是和过去一样的愿意加以干涉。”

最后，当丘吉尔开始其政治生涯的时候，他内心里也保持着这同样的观念。当 1901 年 5 月 13 日，下议院辩论国防问题时，他曾经说过：“当任何欧洲国家都必须维持一个庞大的陆军时，我们却是最幸运地处于岛国的地位，可以使我们不必负起这种双重的负担，于是可以集中去发展海军了。我们为什么要牺牲有必胜把握的游戏，而去玩那个必然会失败的游戏呢？”

英国人自己破坏了其“不列颠和平”，这固然是其愚不可及，但若美国人不加入战争，那么在 1917 年，这场战争也许就可以用和平谈判来结束了，于是欧洲所受到的灾难毫无疑问是可以减轻的。所以，毫无问题，1917 年 4 月 6 日在近代欧洲史上，应该算是一个最黑暗的日子。虽然诚如我们在大事记（七）之中所记载的，威尔逊总统早已预料到在美国参战之后，大祸即将接踵而至，可是为宣传所沉醉的美国人民却不能了解因为美国的权力是如此的巨大，所以它若能不加入战争，则可以保持着世界仲裁人的地位，那么对于世界是大有贡献的。他们也并不了解，尽管美国参战对于战争是可能具有决定性的意义，但是从此之后世界上就不再有一个仲裁人的存在了。

假使不是宣传误导的话，威尔逊也许就不会忘记华盛顿在 1794 年的遗训，这个思想曾经使美国一直保持着强大的国势，而且日益强盛。

华盛顿说：“自从欧洲的纷乱开始之日起，我就坚持着和平的观念。我的政治理念是对于世界各国都保持着友好的关系，但绝对保持着独立的地位，而不卷入任何国际纠纷之中，除非为了自尊心的缘故，我们绝不加入任何战争。”

威尔逊不能遵守这个遗训，实为这次战争中的最大悲剧，比俄国的革命还要严重。他所未能认清的，是一旦美国卷入战争之后，再要想阻止共产党在欧洲的发展，那么其唯一的合理途径就是尽量使欧洲的劫后残局能够维持平衡和安定，换言之就是支持已经动摇的政府，维持 1913 年的旧疆界，反对一切领土的兼并，以增强现存的欧洲政府为手段来对抗革命，而绝不可以再削弱他们。

查理曼首创“东马克”(East Mark)——即为奥地利的前身——来当作一个堤防，用以阻止斯拉夫人和其他东方的野蛮民族侵犯基督世界。自从那个时候起，日耳曼民族逐渐就构成了两个大堡垒：北面一个以勃兰登堡为核心，即为普鲁士；南面一个即为奥地利，它们是欧洲对抗亚洲的第一道防线。威尔逊拒绝与威廉二世的政府谈判和平，遂使北面的堡垒被减弱了，至于南面的堡垒则完全被他拆除了。

1805 年 10 月 17 日，在奥斯特利兹会战之前的几个星期，塔里兰曾经写信给拿破仑说：“奥国是许多杂牌民族所拼合而成的。这样一个国家当然不会强大，但对于野蛮人（俄国人）却是一个必要而适宜的堤防。在将来，哈布斯堡帝国将会背靠着欧洲而面对着东方，以保护西方文明，使其免于受到俄国的侵略。” 1848 年，捷克史学家巴朗基(Frantisek Palanky)也曾这样说过:“假使奥国不存在，那么还要创立这样一个国家。若是奥国瓦解了，变成许多小型的共和国，那么就会使德俄帝国主义获得了良好的机会。”

威尔逊不曾认清维持这个古老的奥匈帝国的存在是一个伟大的企图，它把许多不同的土地和种族在政治上结合成为一个整体。在约瑟夫统治之下，这九个民族已经学会了应该如何共同生活，虽然他们彼此之间并无热爱，但却至少已经互相尊敬，在战争时也能组成一支统一的军队。威尔逊却完全忽视了现实，而听信那些流亡分子的意见,其中尤以捷克未来的总统马萨里克(T. G. Masaryk)为然。他被说服了，相信哈布斯堡皇室是一个中世纪的封建余孽，是被奴役的人民的死对头。

塞顿华特生（R. W. Seton-Watson）是马萨里克的密友，他说在维多利亚威尼托会战之际，威尔逊所交换的文件击溃了维也纳和布达佩斯的外交防御，把奥皇的奥地利联邦计划在初生时即加以扼杀，一定要迫使他和他的政府承认捷克斯洛伐克和南斯拉夫的独立。在威尔逊主义的外交打击之下，这个二元帝国完全崩溃了。威尔逊总统的力量比雷霆还强大。

除了政治家的愚蠢和错误以外，军事上也有一个主要原因，足以造成这场战争中的许多悲剧。这就是布罗赫所曾经预料到的“战术性僵持”局势。也诚如他所预料的，最后决定胜负的因素是饥馑、破产和全部社会秩序的崩溃。

假使不是发生了这种僵持现象，则封锁就不会发生效力。最后击破敌人的意志者，就是联军的封锁，这是海权而不是陆权。它打击在每个男人、女人、小孩的身上，其效力遍及敌国工厂、农村的任何部分。除非是开战之始，中欧国家即能透入敌人的正面，换言之即缩小了封锁的距离和扩张了其取得粮食地区的范围，那么封锁就会丧失效力。另一方面，联军的护航制度也击破了德军潜艇的反封锁。根据计算，在最后两年的封锁中，德国一共有 80 万非战斗人员直接由于饥饿和营养不良而送命，比由于潜艇攻击而在英国船只上溺毙的人数多了 50 倍以上。

这次战争的性质和它的结果都是同样的具有革命性，其主要的原因是由于宣传的使用日益增多之故。道德和礼貌都已随风去了，就这一方面而论，第一次世界大战与拿破仑战争和普法战争具有显著的差异。在后述的两场战争中，双方都是在严防革命的乘机酝酿。[1]双方都捏造事实，故意宣传对方是如何的残酷野蛮，这简直成为一种普遍的现实，于是当战争延长之后，人类就变得愈加野蛮残酷，终于一切理性都丧失了，而回到了原始化的兽性主义。大家都具有

---

[1]　拿破仑在 1812 年，本来可以解放俄国的农奴和乌克兰人，在“百日复辟”时他在法国也可以煽起一个革命，但是他却都不曾这样做。威灵顿公爵害怕在任何国家中制造革命。在 1871 年，俾斯麦对于巴黎公社也保持着不友好的态度。

一种疯狂的歇斯底里心理，不惜使用一切的卑劣和残暴的手段来打击敌人。

斯奎尔斯（J. D. Squires）关于在 1914 年到 1915 年英国的宣传对美国人民的心理影响，曾经有下述的一段述评：

> 英国人的宣传说德国大兵割断比利时儿童的手指，还有其他这一类荒唐而不合理的说法，于是使美国人心大愤。当美国人投入战争时，他们是充满了一种感情冲动的歇斯底里心理，若不能了解宣传力量在战时条件中所具有的巨大影响，则对于这种现象将无法解释。在这种狂潮之中能够保持着冷静的头脑者，通常只有极少数的人，而且也根本无能为力了。这种共同的仇恨心理可以用下述的例证来说明：在新英格兰的某一次由基督教会所召开的群众大会中，有一位发言人说当把德皇威廉二世俘虏到手之后应该把他下油锅。所有的听众都站在椅子上鼓掌欢呼，这充分表现出来歇斯底里心理。我们就是在这种疯狂心理之中而自动投入战争的。

战斗的手段也发生了革命性的改变，因为这也是战争历史上的第一次，工厂之间的战斗变得与军队之间的战斗具有同样的重要性。兵器的生产要比人员的征召在会战之中更具有决定性。上帝是站在最大工业的一方，而不是站在最大兵力的那方，战车和火炮胜过了步枪和刺刀。诚如夏特威尔（J. T. Shotwell）所说的话："1914 年到 1918 年，毫无疑问，战争进入了经济史中的工业阶段。战争的工业为两种技术的结合：（1）为和平的技术，供给战争以资源；（2）为毁灭的技术。在战争中大获利益的不是抢劫发财的将军和部队，而是财阀和工业界。"

这场战争虽然带来了许多的变化，但是其中最重要的，却是完全出乎一般人想象之外的，这场战争并不曾使民主国家在世界上可以获得较多的安全。从 1918 年起，也许比宗教战争还更厉害，群众心理的感情因素从此支配着人类的关系。国家的治术和战略完全丧失了理智，在和平和战争之中都是充满了疯狂和野蛮。

大事记（九）

俄国革命

当19世纪开始之际，所有的先进国家都已经从农业经济转变为工业经济，这个进步是如此的惊人，使工业化的国家感到这种蒸汽力量所带来的新恩赐真是远迈前古。物质的进步被人认为是与快乐相等的，经济性的宿命论被人认为是一种新宗教。孟福德在其《技术与文明》一书中，曾经说过："机器与宇宙变成了二位一体，它们之间的联系物即为数学和物理科学的公式。机器的服务变成了信仰和宗教的主要表现。这也是人类行动的主要动机和一切善良的人性根源。"在信仰的时代中，人类的地位被估计得颇高，似乎是仅次于天上的安琪儿，现在却降低到了"经济动物"（economic animal）的地位。资本主义者和社会主义者，都是不信上帝而信财神（Mammon），这样也就引发了阶级斗争的观念。经济性的宿命论结果是造成了社会形态的分裂而不是统一。

马克思正是抓着了这个"矛盾"，他对于普罗阶级的地位，就正好像加尔文对于新教徒是一样的。他认为他的理论一定能够成功，因为那是合乎于宇宙本身的真理。他认为对于社会性的世界，所需要的不是调整或改革，而是要把它翻倒过来。一直要等到普罗阶级的革命变成了总体性的——即全球性的——他的唯物主义天堂之门才会大开。诚如孟福德在《人的条件》一书中所指明的：马克思相信物质条件和技术发明都是“自生”的东西，它们是社会权力的源泉和主要动力。他认为此种机械的程序是绝对的，普罗阶级是注定了要做世界主人，在他的新天国之中绝无“精神”存在的余地。

列宁接受了马克思对于“普罗阶级统治”的解释。凭着革命的手段，普罗阶级就变成了统治阶级，在过渡阶段之中，应打倒布尔乔亚阶级，把一切生产、交换、分配的工具都集中在他们自己的手中，一直到获得最后的胜利为止。到了那时所有的人都被普罗化，国家制度已经不再存在，取而代之者即为一种自给自足的无阶级社会。

列宁就是接受了这种革命观念。他也和马克思一样，认为一切国家和工业的行政管理都是天真幼稚的。他说：“我们必须打破这种古老的、荒谬的、野蛮的偏见，认为只有富人（即受过教育的人）才能治国。因为所有的劳动者，只要能读能写，也就一样能够做组织工作。”他相信“电动化加上社会主义”即为达到共产主义天堂的捷径。他又说：“在社会主义之下，所有的人都可以轮流担负管理的工作。每个人都是管理者。”

十月革命实际上是发生在 1917 年 11 月 7 日。在俄国几乎无人不知的“社会革命党”，它对于农民具有极大的影响势力。列宁领导着该党的左翼，而且在 11 月 8 日到 12 月 31 日，他颁布了 193 条命令。11 月 9 日，他下命令把地主的财产平分给农民。于是列宁获得了百分之八十的俄国人民的拥护。

在 11 月 27 日，他又发布了另外一道命令，把所有的工业都交给工人，于是他们变成了统治阶级，而人民委员的苏维埃变成了他们的政府形式，其任务为组织生产和指导共产党的事务。其眼前的状况是因为工人既无组织能力，也不能指导任何的事务，所以工业完全停滞，工厂变成了辩论场所。工人于是没有东西可以拿去交换粮食，而农民除了维持其自己的食用以外，也就不肯再多耕种土地了。

列宁被迫放弃了马克思的最初设想，开始采取他的第一个决定性步骤。12 月 20 日，他组成了一个特种警察力量，定名为“契卡”(Tcheka)。它的任务是为了肃清反革命分子和镇压各地的叛乱，同时停止错误的管理而动手工作。因为最重要的工作，即要把粮食供给工人，而这些粮食却必须要从农民手中去获取，因为这个原因，社会革命党右派遂与列宁决裂了，契卡马上发动一次革命的行动，镇压了社会革命党右派的叛乱。接着列宁就用布尔什维克党中的五个主要领导组成了一个政治局，而由他自己出任领袖，其统治的工具即为契卡和托洛茨基已经创立的红军。结果就是内战。内战又引起了外国的干涉，所以在这里应先探讨列宁的外交政策。

自从俄国革命开始发生，所有这些布尔什维克党中的领袖人物都有一个共同的假想，认为除非这个革命发展成为全世界性的，否则不能独立生存下去。无论是在社会、政治、经济哪一方面，它都是向现有的社会秩序挑战。它不仅向世界提供一种新型的生活方式，而且这些共产党人也深信必须等到旧的生活方式完全被毁之后，新秩序才可以永远存在下去。早在 1917 年 4 月 14 日，列宁就宣称：“世界帝国主义与胜利的苏维埃革命是不能和平共存的。”1919 年 3 月 12 日，列宁以中央委员会的名义向俄国共产党的第八次全国代表大会提出了一个报告，其中有下述的一段话：我们不仅是生活在一个国家之中，而是在一个国家的体系之中。苏维埃共和国与帝国主义国家要想长期共存，简直是不可思议的。最后总是要分一个胜负。在这个最后胜利尚未到手之前，苏维埃共和国和布尔乔亚国家之间，无可避免地要发生一连串的可怕冲突。

以后，斯大林对于这些话曾经一再地加以重述，总而言之，苏俄的国际政策可以列举如下：

> 党在外交政策中的任务为：(1) 为了达到分化帝国主义者的目标，应尽量利用周围资本主义集团和政府之间的矛盾和冲

突；（2）为了协助西方的普罗阶级革命，应不避一切的痛苦和不惜使用一切的手段；（3）采取一切必要的措施来加强东方的民族解放运动；（4）采取一切必要的措施来加强红军的实力。

为了进行全世界的革命战争，1919 年 3 月，列宁又成立了第三国际，或称共产国际（Comintern），这个组织的目的就是要联合俄国以外的一切共产党来从事于世界革命的斗争，其第一个任务即为在德国建立一个共产党的政权。由于法国的庞加来（Poincaré）、克里蒙梭（Clemenceau）、福煦和克罗兹（Klotz）等人，以及英国的某些人都坚决地主张对德国封锁，所以对于德国的封锁迄今尚未解除。在失望之中，有许多德国人都倾向布尔什维克主义了。这些在巴黎和会中的衮衮诸公，事实上完全成了列宁的工具，列宁对于自己的计划，曾经亲口作过下述的说明。使工业化的德国、奥国、捷克斯洛伐克的普罗阶级与俄国的普罗阶级联合起来，于是从海参崴到莱茵河之间，从芬兰湾到多瑙河之间，可以建立一个巨大的工农联合的组织。这个革命的巨怪一方面能够自给自足，另一方面足以应付不列颠的反动资本主义者。这个巨怪的一只手可以扰乱东方的宁静，另一只手却可以击败盎格鲁 - 撒克逊国家的私有资本主义。假使说有任何东西可以迫使英吉利鲸鱼跳跃的话，那么这就是革命的俄罗斯与革命的中欧所组成的联合势力了。

只有极少数人认清了这个对资产阶级的危险，其中有一个即为劳合 · 乔治。他在 1919 年 3 月 25 日，曾经发表下述的高见：

> 我认为在现有的情况中，最大的危险即为德国人有与共产党合作的可能性。他们愿意把他们的财富、智慧和伟大的组织能力都贡献给那些梦想用武力来为布尔什维克主义征服世界的人们。这个危险绝不是空洞的幻想。假使德国人走上了斯巴达主义的路线，则毫无疑问，他们将会与布尔什维克党人同其命运。

> 假使真是如此，则整个东欧就都会落入共产党的手中，于是一年之后，我们就会发现有300万以上的人力对抗着我们，他们在德国将领和德国教官组织训练之下会变成一支巨大的军队，装备着德国的机关枪，准备向西欧发动攻势了。

列宁的战略目标即为世界革命，他的战术也必须是革命性的。他们的目的不仅是要使用武力来引诱敌人放弃抵抗的决心，而且也还要使用思想的力量，换言之，就是要设法使其发生内在的腐朽，好让其自行毁灭。在《布列斯特–里托夫斯克和约》尚未签订之前，列宁就早已说过："让我们放弃空间来换取时间。"因为他看清楚了一旦在西方把革命的火焰点着了，俄罗斯即可以不费一战而收复其所丧失的空间。

他说："我们应该使用一切的诡计、策略和不合法的手段，我们应用一切的手段来混入工会的组织。共产党加入这些组织的目的并非只是为了想做建设性的工作，而是想要指导群众从内部毁灭一切布尔乔亚的国家机构以及国会本身。"

对于列宁和托洛茨基而言，德国实在是世界革命的总枢纽，因为它是欧洲的战略重心。一旦赢得了德国，则欧洲的其余部分即将无法据守，于是都可以次第加以革命化了。而当欧洲加入了苏俄的世界革命之后，则地中海也就会随之而变色，于是中东和非洲也都会被革命化。最后，当整个旧世界都革命化之后，就可以进一步从心理方面来改造旧世界，于是世界性的无产阶级革命终于完成了。

可是俄罗斯帝国的内部组织却足以阻止列宁来实行他这个伟大的计划。俄罗斯并不能算是一个真正统一的民族国家，它由许多被征服的民族所混合组成，完全是靠莫斯科沙皇的向心专制压力，才勉强使这许多不满意的离心力不至于爆炸。因此，当1917年3月沙皇政府被推翻之后，许多非莫斯科化的民族也就纷纷独立或叛离俄国。大部分都是十月革命之后，有15个被征服的民族都分别宣布独立。第一个就是乌克兰，它的人口最多，于1917年3月17日成立了一个中央解放会议。接着在1917年11月20日，乌克兰人正式宣布成立一个民族性的共和国。列宁因为无力阻止乌克兰的独立，于是立即表示承认，可是也马上开始在卡尔可夫建立一个共产党的政府。12月17日，这个政府公开了。它宣布乌克兰为一个苏维埃共和国，依照列宁的手法，它开始向苏维埃政府要求援助。苏维埃立即允许援助，于是乌克兰反叛战争开始发生，一直打到1921年才结束。

此时，在十月革命之后，亚历克斯也夫将军（Gen. Alexeyev）在南俄也组成了一支白俄志愿军（即保皇党人）来与布尔什维克党作战。不久柯尔尼洛夫将军（Gen. Kornilov）和邓尼金将军（Gen. Denekin）也加入他们。前者在1918年3月被处死，亚历克斯也夫则在9月死去，于是邓尼金接管南俄白军的总指挥权。两个月之后，高尔察克（Adm. Kolchak）也在鄂木斯克（Omsk）建立军事独裁政权。当中欧同盟崩溃之际，俄国全境都发生了内战。

此时协约国的武装入侵更使局面日益混乱。最初法国人设法把俄军所俘获的捷克人（原属于奥军）编成部队来参加对德军的作战。当《布列斯特-里托夫斯克和约》签订之后，这些捷克部队都自愿前往法国，他们既然不能通过德国，所以就决定取道海参崴来转往法国。

到了1918年年底，在俄国境内参加混战的外国兵力，总数达30万人之多——法国、英国、美国、意大利、日本、德国、波兰、希腊、芬兰、捷克斯洛伐克、爱沙尼亚、拉脱维亚等国（民族）的人都有。他们分布在阿斯特拉罕（Archangel）、摩尔曼斯克（Murmansk）、芬兰、爱沙尼亚、拉脱维亚、波兰等地，以及黑海地区、西伯利亚铁路沿线和海参崴等处。1919年4月，高尔察克到达了伏尔加河上的喀山（Kazan）和萨马拉（Samara），而邓尼金也已经从黑海地区向北进发。因为认为高尔察克是比较危险的，所以托洛茨基就派图哈切夫斯基将军（Gen. Tukhachevski）去对付他。图哈切夫斯基赢得了布苏鲁格（Busulug）之战，遂从伏尔加河上乘胜前进，越过了乌拉尔山，把敌人一直赶到了5000英里以外的海参崴为止。接着在10月，他又对邓尼金展开了攻势，后者此时已经进达奥廖尔（Orel）。邓尼金被红军击败了，当撤退时，因为游击队骚扰他的后方交通线，他无法使其已经丧失了士气的部队立住脚跟，就一口气退到了黑海边上的新罗西斯克（Novorossiysk）。从那里，他的残部遂移交给在克里木的弗兰格尔将军（Gen. Wrangel）。差不多在同时，快要进到彼得格勒的尤登里奇将军（Gen. Yudenich）也被逐退，回到了爱沙尼亚的边境上。国外的武装干涉开始崩溃了。只有两个国家还不肯罢休：一为日本，它是想在西伯利亚东部扩张其领土；另一个即为法国。

法国所害怕的是两件事：(1）它曾经把许多钱借给帝俄政府，害怕这个债款无法收回;(2）它害怕德国人为了报复《凡尔赛条约》，会与共产党携手。所以法国人的政策是矛盾的。一方面是想恢复沙皇的统治，这样就可以收回旧债；另一方面又想建立一个强大的波兰来做法国的同盟国，以便从东方威胁德国。

1916年11月5日，中欧同盟即已承认波兰的独立。当1918年11月11日德国崩溃,他们所建立的摄政会议即指派毕苏斯基(Joseph Pilsudski，1867—1935）为“波兰军团”的总司令。他的第一个行动即宣布他自己为波兰民族性政府的元首；第二个行动就是通知所有的交战国和中立国，说波兰已经是一个独立国家。

毕苏斯基因为确知法国一定会给予支持、贷款和军火，所以敢于提出巨大的领土要求。他的外交政策重点即为恢复1772年的波兰旧有边界——大致为道加瓦河和第聂伯河之线，并且使波兰变成一个反共同盟中的领袖国家。1919年4月，他侵入了立陶宛，并占领了维尔纽斯（Vilna）。5月，他又侵入东加里西亚（Galicia）。1918年11月，皮特流拉将军（Gen. Petliura）在那里宣布成立一个西乌克兰共和国，他本人也变成了乌克兰民族政府的元首。这样就发生了波乌战争。

联军的最高会议对于这些战役懒得加以注意，他们也不知道毕苏斯基为何许人也。12 月 8 日，最高会议决定波兰的东界应沿着布格河加以划定，次年这条线以所谓“寇松线”（Curzon Line）著称。毕苏斯基对此当然难表满意，此时乌克兰的情况十分紧急，于是在 1920 年春季，皮特流拉遂与毕苏斯基讲和，于 4 月 22 日双方在华沙签订了和约。波兰承认乌克兰的独立，并负责支持乌克兰在俄国的叛乱活动。

第九章

华沙会战

俄国的内战使一位杰出的将才图哈切夫斯基脱颖而出。他是一位才能出众的军人，他对于文明的看法可以细致地反映出布尔什维克主义的亚洲性格。若要了解俄国革命的未来趋势，他的思想是值得加以详细检讨的。

图哈切夫斯基在 1893 年出生于一个贵族的家庭中，其先世可以回溯到佛兰德斯伯爵的身上，虽然他的母亲是一位意大利小姐，可是他的个性却是属于鞑靼族的。从母亲的遗传上，他获得了拉丁人的外表，头发黑色，心智敏捷，这样才使他能够穿透自己的内心，由俄罗斯人的特性到达了鞑靼人的特性。1914 年，他在俄国禁卫军中任少尉之职，次年即为德国人所俘虏。

从本性上说，他是一个具有浪漫气质的野蛮人，讨厌西方的文明。他具有成吉思汗、窝阔台和拔都的灵魂。他是专横、迷信、浪漫和粗暴的，他所爱的是一望无涯的平原和千蹄践踏之下的震耳欲聋的声音，他对于文明的秩序感到厌恶和害怕。他痛恨基督教和基督文化，因为它们反对巫术和野蛮，并且使他的同胞不再崇拜“战争之神”和享受“死亡的燔祭”。同时，他也讨厌犹太人，因为他们帮助俄国人接受了“文明的毒素”和“资本主义的精神”。他说：“犹太人是一条狗，是狗的儿子，他把他的跳蚤散布到所有的地方。”

但他被收容在因戈尔斯塔特（Ingolstadt）的时候，他向一个同居的战俘费尔伐奎（Fervacque）说道：“一个魔鬼或一个上帝会为我们这个种族感动。我们将要使我们自己沉醉，因为我们还不能使整个世界沉醉。这是不久就要来临的。”有一天费尔伐奎发现他在一块纸板上面，用不调和的颜色画着一个丑恶偶像的头部，便问他：“这是什么东西？”图哈切夫斯基回答说：“你不要笑，我不是早告诉过你斯拉夫人需要一种新宗教。现在有人把马克思主义给予他们，可是从神学的观点上来看还是太近代化和太文明。斯拉夫人本来有他们自己的神，现在被剥夺了这种信仰，但是不久就可以恢复的。他们是太阳神、风暴神、人文艺术和诗神以及战神。我曾经犹豫了很久，不知道应该选择哪个神最好，但经过沉思，我决定选择战神，因为一旦马克思主义输入了俄国，最具毁灭性的战争就一定会爆发。我们会进入一场大混乱之中，必须等到所有的文明都化为灰烬，我们才能脱离这个时代。”

这个思想并不是因为在俘虏营中拘囚过久而突然产生的。当他还是一个小孩子的时候，即已对基督教教义表示强烈的厌恶。照他的看法，一切的毁灭都是好的，因为这正是走回塞尔柱人、鞑靼人和匈奴人的旧路。他说：“若能把所有的书籍都烧掉，这对于人类才是一大好事，这可以使我们在‘无知’的新鲜空气中生活。我认为这是唯一使人类不至于绝灭的途径。”他主张再回到“恐怖伊凡”的时代中，于是“莫斯科就可以变成野蛮世界的中心了”。他说：“假使尼古拉二世能够步彼得大帝和叶卡捷琳娜二世的后尘，他就会深受俄国人民的爱戴，因为他们是爱好一个暴政的。”他又说：“假使列宁能够把俄罗斯‘非西方化’，则我愿意追随他。但是他却必须把所有的地面铲平，并且故意地把我们拖回到野蛮的生活中。”

1937年，斯大林把他枪毙了，同他一起被清算的人还很多，他们一同回到他所崇拜的神的怀抱中——那就是毁灭。

这个像火山一样的怪人，他的灵魂是背叛文明的，注定了要与毕苏斯基交手的，后者具有强烈反俄情绪，正与他的强烈反西化是一样的。对于毕苏斯基，戴贝尔仑勋爵（Lord D'Abernon）在他所著的《世界上第十八次决定性会战》一书中，曾经有下述的批评：

> 他是一个热诚的爱国志士，具有巨大的勇气和人格的感召力量。无论是在军事或政治方面，他对于传统的方法都是表示怀疑的。他爱好危险，只有在危险之中，他的脉搏才会正常。除了危险以外，他最爱权术，他的手段总是秘密而具有间接性的。

因为他具有这些特性——英勇、非正统和机密——再加上他的成功，所以毕苏斯基变成了一个传奇中的人物。他在1935年5月12日逝世的前一天，曾经向斯米格里莱兹将军（Gen. Smigly-Rydz）说过下述的遗言："有被消灭的危险而不屈服者常能胜利，成功之后即不长进者常会失败。"前半句话也正足以代表其将道的精华。

在我们尚未说到这个紧接着华沙条约签订之后所发生的战役之前，首先应分析双方兵力的状况。双方都是拼凑成军的部队，装备极为混乱，因为扩张过度都具有内在的弱点。当1918年11月毕苏斯基刚刚接受指挥权的时候，波兰的陆军一共只有24个步兵营、3个骑兵中队和5个炮兵连。可是到了1919年1月，他们就已经扩充为100个步兵营、70个骑兵中队和80个炮兵连了，总数为11万人左右。一年之后，这个数字又增到了60万人，共编成了21个步兵师和7个骑兵旅，而且还有更多的部队在编组之中。虽然人力是很充足的，但是波兰却缺乏兵工厂和一切的军用物资。还有一个更大的困难即为马匹的缺乏，因为在六年的战争中，为了补充军马，这个国家中的马匹已经搜罗殆尽了，所以以后我们可以看出来，骑兵的缺乏实为毕苏斯基的最大弱点。

其对方的陆军又是怎样呢？图哈切夫斯基有一次曾经对费尔伐奎说："俄国的陆军与你们法国陆军是完全不同的。它是一群乌合之众，其优点亦在此。"虽然这句话是在大战期间说的，可是对于1920年的战役也同样可以适用。毕苏斯基所面对的俄军，实际上只是一群由农民所组成的乌合之众，其唯一的观念就是"回家"——中间则加上极少数的革命分子。由于围捕了大批的邓尼金和高尔察克所部之白军，所以获得了价值百万英镑的英法军火，因此他们的装备要比波兰陆军较好，不过他们对于军事运输工具和有训练的人员却极感缺乏。前者仅由数千辆农民的大车所组成，而为了应付后述的弱点，只好留用了几百名帝俄陆军中的旧军官。但是因为他们的忠贞是很有疑问的，所以托洛茨基对于每个部队又都派有"政委"（commissar）来监视他们。依照戴贝尔仑勋爵的记载，这些政委中间有许多都是犹太人，他们在军中什么事都管——征发粮食、发布命令和解释目标。

波兰人和俄国人都是同样希望和平，但却都坚持着他们自己的条件。波兰人所要求的是1772年的旧疆界，俄国人所希望的则为世界革命的延续。所以当1920年12月22日苏俄政府邀请波兰政府谈判和平时，波兰人虽然接受了这个建议，可是结果却是毫无成就。

4月25日，毕苏斯基突然在日托米尔（Zhitomir）以西发动了一个攻势，于是外交的藩篱终于被突破了。他的目的是攻占基辅城，然后向北旋转来对付图哈切夫斯基，后者正面对着他的左翼。毕苏斯基率领着波军，在它的右翼方面有皮特流拉所率领的两个师的乌克兰部队和一些罗马尼亚部队来支援，向第聂伯河进攻，于5月7日占领了基辅。

双方面对着的兵力如下所述：

俄军方面——在普里皮亚季（Prypyats）沼地以北为图哈切夫

斯基所率领的西面集团军，下辖第四、第十五、第三和第十六等四个军团和第三骑兵军，军长为盖汗（Gay Khan）。在普里皮亚季沼地以南为颜果罗夫（Yegorov）所率领的西南军团，下辖第十二和第十四两个军团，以及布登尼（Budenny）所指挥的五个骑兵师。俄军一共可能为 20 万人。

波军方面——在普里皮亚季的北面，为第一和第四两个军团，此外在维尔附近的后方，还有一个预备军团正在组建之中。在普里皮亚季的南面，则为第三、第二和第六等三个军团。波军一共约为 12 万人。[1]

虽然俄军所拥有的数量优势是很重要的，尤其是其兵力恰好正对着最弱的波兰军左翼；但是比较重要的却是在布格河与第聂伯河之间的地区，却已经被波里西亚（Polesia）沼泽切成了两段，这是一个死亡的废墟，大批兵力是绝难通过的。这也就是说若是全线同时进攻，其结果就马上会发展成为两个独立的行动，彼此无法合作。当时苏俄陆军总司令加米涅夫（Sergei Kamenev）认清了这一点，遂命令图哈切夫斯基攻击波兰军的左翼。对于这个命令，他以革命的激情去执行，他梦想着饮马莱茵河畔，践踏在波兰人的尸体上把十月革命推进到西欧。在这个时候，托洛茨基也称毕苏斯基为一个“第三等的拿破仑”。他在 5 月 2 日，曾经作过下述的预测：

> 那是毫无疑问的，波兰布尔乔亚阶级对抗乌克兰和俄罗斯的工农阶级的战争，结果一定会为波兰造成一个劳动者的革命。若是为毕苏斯基的最初成功所吓慌了，那才是太缺乏精神。这是可以预料的，这是我们过去与波兰关系发展的自然后果。波军的右翼向乌克兰越深入，则越将引起乌克兰人的反抗，于是在红军集中打击之下，波军也就会失败得更惨了。

[1] 双方准确的兵力已经无从查考，并且在整个战役中经常有所改变。

图二十一　波苏战役，1920 年

从战略上来说，他这种看法是正确的。5 月 15 日，图哈切夫斯基选定了莫洛杰奇诺（Molodechno）的铁路交点来当作其攻击目标，他派他的第十五军团担负这个任务，其目的是深入到平斯克（Pinsk）沼地之中。虽然这次攻击失败了，但却使毕苏斯基大感震惊。在他尚未能增援其左翼之前，在南面又来了第二次猛烈的攻击。布登尼是从日俄战争时起就是俄军中的一个老兵，他现在却率领着 16 700 名哥萨克人，加上 48 门火炮、5 辆装甲列车、8 辆装甲汽车和 12 架飞机，于 5 月 18 日在艾利查费特格勒（Elizavetgrad）的附近打击在波军的右翼之上。接着他再向北行动，攻击在基辅以南和西南的波军，在盖辛（Gaisin）附近实行突破，侵入到基辅的西面，并攻入了别尔季切夫（Berditchev）和日托米尔。6 月 5 日，波兰第三军团几被包围，但在 13 日他们突围向西逃走了。布登尼的骑兵也继续前进，于 7 月 3 日越过了贺仑河（Horyn），两天之后又占领了罗夫诺（Rovno）。从那里他们一直挺进，到达了卢茨克（Lutzk）、杜布诺（Dubno）和利沃夫（Lvov）的郊外。

诚如毕苏斯基所说的："恐慌现象开始发生，国家的结构本身开始动摇。因为我们的部队对于这种新的攻击工具毫无应付的准备，所以布登尼的骑兵变成了一支无敌的神兵。越是后方，心理上越是动摇。对于我而言，开始形成了一个最危险的战线，那就是国内战线。"当此之时，为了应付这个危局，他最重要的工作就是要救出其左翼的兵力，因为右翼的失败在右面已经感受到了迂回的威胁，所以他就命令左翼撤退。

当毕苏斯基的左翼正在撤退之际，图哈切夫斯基也开始着手改组其混乱的部队。在 6 月中他收编了近 10 万人的逃亡者，虽然他一方面对于装备的缺乏深感不满，可是他对于未来的攻击却还是认为政治重于军事的。他认为"波兰的情况是有利于革命的发生"，只要他的大兵一到，城市中的普罗阶级和乡村中的农民就都会揭竿而起的。此外，他又认为欧洲的革命时机也已经熟透了，只要有一个迅速而胜利的攻势，即足以对人民产生促进作用，把他们向东面吸引。他所获得的结论都是以夸大的宣传为根据的。照共产党的看法：德国是正在等候"叛变的信号"，英国的情形正与 1904 年的俄国是一样的。意大利的工人已经在占领工厂。图哈切夫斯基也对他的部队进行大量的宣传，以此来鼓舞士气。对于这种战略，戴贝尔仑勋爵曾经这样批评说：

> 莫斯科派了一大批间谍、宣传者、秘密工作人员，进入了波兰的领土，使波兰人民中的某一部分动摇了其抵抗决心。不过这种非武力的手段，却还是没有军事压力那样有效。他们所采取的办法是尽可能避免正面的攻击，用侧翼迂回、渗透和宣传来击毁敌人。

图哈切夫斯基虽然是一位很够聪明的将军，可是他也和多数的俄国人一样，在行政才能方面可以说是糟不可言。他的心理属于典型的鞑靼人，他愿意就地取食，他的补给体系大致说来，还是与阿提拉和成吉思汗所使用的差不多。费尔伐奎的报道也许不无夸大，因为按照他的说法，图哈切夫斯基的 20 万战士后面，却跟着有 80 万人的乌合之众，其中有政工人员、警察，他们的任务就是要使被征服的地区布尔什维克化，使所过的地区一贫如洗，并枪杀布尔乔亚阶级和贵族阶级。不过他所说的话却也似乎并不如我们所想象的那样夸张，因为图哈切夫斯基亲口告诉我们在他的第四、第十五、第三和第十六等四个军团的后方，一共有 3.3 万辆的农家大车跟着走，而且他很幽默地补充一句说："这对于当地的居民似乎是一个沉重的担负。"这样多的车辆，假定平均 6 个人一车，一共就约有 20 万人。当这些人正在糟踏俄军的后方时，其宣传机构却在俄军的前面为他们开路。

在 6 月底时，双方的兵力究竟有多少，似乎还是一个疑问。波军约为 12 万人，而俄军约为 20 万人。图哈切夫斯基说的数字为 150 188 人，其中步兵 80 542 人，骑兵 10 521 人，杂牌部队 68 715 人。毕苏斯基说图哈切夫斯基所指挥的总人数为 794 645 人，马匹 150 572 匹，其中有 20 万人是战斗人员。不管哪一个数字比较正确，苏俄的兵力实际上都是一群武装的庞杂人员。

当宣传机构为他们开路之后，图哈切夫斯基于7月4日的拂晓时，挥动了他的四个军团，在道加瓦河与普里皮亚季沼地之间发动了他的攻势。他们前进的轴线为斯摩棱斯克—布列斯特-里托夫斯克铁路。波兰第一和第四两个军团虽曾作英勇的抵抗，但因为俄军在数量上占了四比一的优势，所以他们被迫撤退了。波军并未作挖掘战壕的企图，因为毕苏斯基认清了由于战线太长而兵力相当的微弱，这种野战工事是毫无用处的。此外，敌人骑兵又总可以迂回这种堑壕阵地。

7月7日，整个波军的正面都在撤退之中，11日展开了维尔纽斯之战。14日，俄国第四军团攻陷了维尔纽斯城，因为立陶宛陆军也与俄军携手合作，所以波军的情况就更为紧急。到了此时，毕苏斯基说："图哈切夫斯基的继续前进，造成了一种不可抗拒的影响，好像是一个巨大的黑云一样，没有任何障碍物可以阻止它。在这种威胁之下，全国都有陆沉之感，人民都在发抖，我们军人也就士无斗志了。"到处都是失望的情绪，军人们感到无能为力了，波兰的完全崩溃可以说就在眼前。

当毕苏斯基正在收拾他的残军时，图哈切夫斯基又继续前进了。7月18日，后者命令他的第四军团于21日在格罗德诺（Grodno）以南强渡涅曼河，第十五军团于22日也渡过该河，第三和第十六两个军团则应在斯罗林（Slonim）的南北分别渡过夏拉河（Shara）。但是其军队的前进却比他的命令还更快：19日盖汗和他的骑兵已经占领格罗德诺，21日图哈切夫斯基向莫斯科发出下述的报告：

> 19日已经占领了格罗德诺，而在前一天也已经占领了斯罗林。因为有这两次成功，我军已经强渡涅曼河和夏拉河，在撤退中的敌人已经不可能再希望阻止我们了，我们现在预料在三个星期之内即可以完成任务。

加米涅夫接到这个报告之后，也不禁大喜，他认为波兰的崩溃已成定局，遂建议在图哈切夫斯基的四个军团中，抽出一个军团来建立预备兵力。

当普里皮亚季以北波军正在撤退之际，在它南面的波兰第三军团由斯米格里莱兹将军率领着，正遭受着布登尼哥萨克骑兵的压迫，很快地丧失了其战斗力和战斗精神。毕苏斯基说："在南方，布登尼的骑兵变成了战争中的马达。"

格罗德诺陷落之后，图哈切夫斯基遂命令应于8月12日占领华沙城，他为什么要下达这个命令，而不暂停下来改组他的后勤部队和等待6万援兵赶上，是因为他感觉到当敌人正在溃逃之时，只要乘胜穷追，则结果即能大获全胜。当他正在这样做的时候，毕苏斯基却在计划坚守布格河之线，并向图哈切夫斯基的左翼发动一个反攻。可是在7月22日和23日，这一条线和涅曼河之线都已经陷落了，8月1日，波军也被逐出了布列斯特-里托夫斯克。毕苏斯基的处境危殆无比，因为波里西亚沼地已经被绕过了，他预料到苏俄的南北两军马上就会合兵一处来击碎其丧失了士气的部队。很侥幸，情况并不如想象中的那样恶劣，因为弗兰格尔已经从克里木狮穴中跑了出来，威胁着颜果罗夫的后方，图哈切夫斯基遂同意抽调出第十二军团之一部分兵力去援助他。虽然这对于波兰人的眼前情况并不能立即发生作用，但对于8月中旬的作战却具有极重要的影响。

8月12日，毕苏斯基进入了华沙，得知纳雷夫河（Narew）已经落入敌人的手中。第二天沃姆扎（Lomza）也陷落了，于是波兰第一军团全部向首都撤退。歼灭的局势迫在眉睫，可是情况实际上并不如想象中那样的绝望，因为俄军的进展实在太快，30天之内差不多前进了300英里，所以图哈切夫斯基的补给体系已经近乎解体了。在这种情况之下，图哈切夫斯基既不能站住，复不能撤退，要想暂停下来实行改组，这是一个不在考虑之列的问题，因为那无异于要挨饿的，他唯一的出路就是继续前进。

此外，政治情况也是有利于继续攻击的。在奥国、捷克斯洛伐克和德国，工人们都拒绝让军火经过他们的国家运往波兰。8月6日，英国工党也印发了一种小册子，声明大不列颠的工人绝不参加以波兰为同盟国的战争。在巴黎，法国的社会党人在他们的机关报《人道报》（*L' Humanité*）上面，认为波兰政府奉了英法帝国主义者的命令，在进行对抗苏维埃共和国的战争，所以呼吁不要给一个人、一文钱和一颗子弹来协助反动的和资本主义的波兰，并且高呼着："俄罗斯革命万岁！工人国际万岁！"但泽的码头工人也拒绝卸运军火。所有的欧洲各民族之中，只有匈牙利人是同情波兰人的，因为在贝拉孔（Bela Kun）的统治时期，他们曾经尝试过布尔什维克革命的滋味。

在这个黑暗的政治背景中，波军一共后退了375英里远，使英法两国当局也都认为苏俄的胜利指日可待了。俄军即将占领华沙，似乎已成定局。早在7月12日，这种失败主义的情绪即已充塞在英国政府之内。在那一天，英国的外交部长柯宗勋爵，他是相信可以与布尔什维克党和平共存的，发了一个通牒给苏俄政府，不仅建议休战，还主张俄波两国之间的国界应沿着布格河之线划定。五天之后，齐契林（Chicherin）主张召开和会。8月10日，劳合·乔治在英下议院中也劝告波兰接受布尔什维克党的和平条件。这些条件中有一条为波兰陆军应限制为6万人，由城市工人所组成的武装民兵为支援，并由俄国、波兰和挪威三国的劳工组织加以控制。

因为这种条件的意义无异于使波兰完全苏维埃化，所以为毕苏斯基所拒绝。早在劳合·乔治给予这个可怕的劝告之前四天，毕苏斯基心中突然产生了一个新观念，这是注定了可以改变战争的全部途径——下文中将再详述。

当布尔什维克的台风向西狂扫之际，英法两国当局觉得应该有所行动，就决定派一个顾问团到华沙去。英国驻柏林的大使戴贝尔仑勋爵奉命前往巴黎，在那里与魏刚将军（Gen. Weygand）等人会合一起赶往华沙。当这个顾问团于 7 月 25 日达到那里的时候，他们发现毕苏斯基所需要的是炮弹，而不是空洞的忠告。

现在再回到战争的本身。当他回到华沙之后，毕苏斯基就面临着下述的情况。桥头阵地挖掘了良好的堑壕和加固上铁丝网，并且有了 43 个连的重炮来担负火力支援。此外在侧翼上也有坚强的据点，南面有登布林（Deblin，即依凡格勒［Ivangorod］），北面有莫德林（Modlin，即新乔治弗斯克［Novo-Georgievsk］），此外在更西的维斯瓦河上，还有普罗克(Plock)。毕苏斯基看到阵地很坚强，觉得很满意，遂避免与外交家接触，也不忙于考虑苏俄的和平条件。他也和马恩河会战之前的霞飞一样，开始调换他的部将，命令哈勒尔将军（Gen. Haller）指挥华沙的城防，并新成立了一个第五军团，由希柯尔斯基（Gen. Sikorski）将军负责指挥。

在这个长达 200 英里的战线上，其情况如下所述：波军共分为两大集团：一在华沙附近，一在利沃夫附近，中间只有微弱的联系兵力。北面集团包括着第五军团（3.4 万人）、第一军团（3.8 万人）、第二军团（1.2 万人）和第四军团（2.35 万人）——后者仍在从布格河向后撤退之中。南面集团包括着第六军团（2.2 万人），在利沃夫附近；在它南面的还有第七军团，乌克兰和罗马尼亚部队（共 2.4 万人），两个集团之间的联系即为第三军团（2.5 万人）。面对着这一绵长的战线，自北到南，分布着图哈切夫斯基的西面集团军和颜果罗夫的南面集团军。前者包括由盖汗的第三骑兵军（4700 人）加以支援的第四军团（2.8 万人）、第十五军团（2.6 万人）、第三军团（2 万人）、第十六军团（2.07 万人）和莫齐尔兵团（Mozyr Group，8000 人）。后者包括着第十二军团(2.25 万人)、第十军团(1.8 万人)和布登尼的第一骑兵军团（3 万人）。总的算来，波兰及乌克兰人共 17.85 万人，面对着布尔什维克党的军队共 17.79 万人。

因为两军的主力都是集中在华沙的附近，魏刚遂劝毕苏斯基坚守维斯瓦河之线，而同时在该河的后方准备一个反攻。大多数波兰将军也都支持这种见解，主张以莫德林为反攻基地，其右翼则倚在维斯瓦河上。他们的观念是击碎俄军的右翼，把它赶到布格河以南去，从华沙—比亚韦斯托克（Bialystok）铁路起将它切断。

当魏刚与波兰诸将正在讨论之际，毕苏斯基却在一旁静听。他完全不置可否，好像他们的讨论使他心中更感到模糊一样。到了8月5日到6日的夜间，他一个人退到其在贝威德尔宫中（Belvedere Palace）的书房内，作深入的沉思。他对这种内心的思想斗争，曾经有极详细的分析，现在就把他的记载引述如下：

> 拿破仑对于人类灵魂在战时的反应，曾经有一段极为精彩的分析，他在这方面可以算是最伟大的权威。他说当他在作一个重要的决定时，就好像是一个女人在生小孩子一样。他虽然是一个具有意志和天才的伟人，但却以一个年轻的产妇自比。他常常说在这种情形之下，他是感到很胆怯的。我也有此同感，对于这次会战中的矛盾，感到无法解决。我不主张用大量的兵力在华沙作消极的抵抗。照我的意见，反攻也不能以华沙或莫德林作为基地。我相信敌军的主力集中在华沙之前，在这样的一个正面攻击之中，我们是不可能击败敌军的。此外，失败的恐惧心理也会弥漫着全城。

毕苏斯基在沉思之中，认清了只扼守华沙还是不够的，为了重振军队的士气，有立即发动攻势之必要。但是从哪里去寻找必要的兵力来发动这次反攻呢？这就是他现在最感到困惑的一个问题。假使他从两翼去抽调兵力，则华沙和利沃夫的人民必将大起恐慌，结果也会使部队的士气崩溃。他回头检查他的报告和地图，注意到了第四军团正在慢慢地撤退中。他说：“敌人推送它的自然方向，是要把它送到华沙和登布林之间的维斯瓦河岸上，现在在那个方向上是既无桥梁又无其他的渡河工具。假使敌人在中央作猛烈的推进，这个军团就会被赶到维斯瓦河的一个角落上，而发现他们处于极端危急的位置中。所以该军必须趋向华沙或者是登布林，否则就应分为两个部分，分别向南北两端退却。”

最后他下定决心，命令第四军团向登布林撤退。因为布登尼的骑兵已经被逐退，所以同时也从南翼方面撤回两个师到登布林来——即外籍兵团中的第一和第三两个师。尽管当布登尼知道了这个消息，就一定会再度前进，可是毕苏斯基还是甘冒危险而作了这个决定。最后，因为这次反攻是否成功是如此的有疑问，所以他决定亲自指挥。

当我们注意到其所面临的情况，即可以知道他的基本观念是想利用敌方兵力的分割状况：图哈切夫斯基的兵力集中在华沙的附近，而颜果罗夫和布登尼的兵力则在利沃夫的附近。这个敌军的全部正面，是成对角线的从西北以达东南，中间的联系兵力颇为薄弱，集中在维普日河（Wieprz）附近的卢布林周围。毕苏斯基深信，若能使华沙和利沃夫附近的敌人都被阻止，他就可以将其反攻兵力，从登布林与卢布林之间插入。换言之，即呈直角地打击在敌方脆弱的中央部分之上。这样他就可以从后方打击在图哈切夫斯基的第十六军团之上，而同时又可以阻止该军团在华沙与登布林之间插入他的战线上的脆弱中点。此外，他又知道部署在俄军第十六军团与第十二军团之间的莫齐尔兵团，其兵力太弱而且拉得太长，所以不会有太大的抵抗力。华沙会战的战略部署大致就是以此为基础。尽管在8月6日和7日，第四军团的三个师（第十四、第十六和第二十一）都还在战斗之中，而且他也认清了当第四军团要撤退时，就必须面对着敌军的正面作侧进的行军，同时外籍兵团中的第一和第三两个师若是撤退了，对于布登尼而言即是门户洞开。

我们应记得毕苏斯基所有的骑兵实力非常薄弱，所以这次反攻能否迅速执行颇有疑问。若能如此，一旦莫齐尔兵团被击散之后，他就可以打击在俄军第十六军团的背面上。他又知道图哈切夫斯基的补给体系早已紊乱不堪，敌军早已进入了要瓦解的状况。为了加速这种混乱状况，他决心从他的战略“弓”上，射出其“心理”箭来——即打击在维普日河上。假使这一打击成功，苏俄第十六军团的后方就会“反坐”在华沙附近第三、第十五和第四等三个军团的后方上面，当他们的补给发生了瘫痪现象，波军在华沙的兵力——第一和第五两个军团也就可以加入反攻了。简言之，他的整个观念是想要用第四军团的心理反攻开其端，以其主力的军事反攻收其果。卡蒙将军（Gen. Camon）说，就其全体而言，他这种调度是属于拿破仑式的，因为他也是注重后方的攻击。不过若说这种调度是属于亚历山大型，则似乎更为适当，因为其战略颇似阿贝拉（Arbela）会战中所使用者。我们一定还能记着，这位伟大的马其顿人一方面抵挡着敌人的右翼，另一方面则冲入波斯军左翼的脆弱中央，然后再从后方攻击波斯军。毕苏斯基的意图也正是这样的。

当毕苏斯基决定了这个计划，就立即受到其将领和参谋人员的激烈批评。他的果敢使他们感到害怕，他们像老鼠一样，看见图哈切夫斯基这只猫都是害怕的。他们不特不劝他们的主将增强其反击兵力，反而只希望说服他把兵力用来增强华沙的防御。[1] 可是毕苏斯基却坚持他的主张，不为所动。8月6日他发出了集结兵力的命令，并预定8月17日为其反攻开始的日期。8月12日，他离开华沙前往登布林。

图哈切夫斯基的计划又是怎样呢？

他深知列宁对于华沙的陷落是十分重视的。现在他已经站在华沙的大门外。那么他应该采取什么路线呢？他认为兵力的缺乏，使他无法一方面作中央的攻击，而另一方面又同时攻击敌方的两个侧

---

[1] 卡蒙将军说，波兰的参谋本部人员也和当时其他国家的参谋本部人员一样，都是自己感觉到他们要比其总司令更为高明。他们觉得他是一个外行，而只有他们自己才是专家。

翼。所以他被迫在左右两翼之间必须只能选择一个来加以攻击。假使要攻击敌人的右翼，则据他说，必须改组他的兵力，并改变其原有通过克里希齐里（Kleshcheli）和布列斯特 - 里托夫斯克的交通线。他决定迂回波军的左翼，并切断其与但泽之间的交通线。虽然他也认清了这支迂回兵力必须背靠着东普鲁士，若是作战失败了，显然居于不利的地位。他却希望颜果罗夫的兵力可以掩护其左翼。

8 月 8 日，图哈切夫斯基对于其在 14 日所准备发动之攻击，曾作下列的指示：

第四军团向华沙的北面运动，对于索恩方向掩护着它自己的安全，并且在普罗克强渡维斯瓦河。第十五军团应进到普翁斯克（Plon-sk），第三军团应进到维绍格鲁德（Wyszogród）—莫德林之线。第十六军团进到新明斯克（Nowo-Minsk）—加尔沃林（Garwolin）之线，并在华沙之南强渡维斯瓦河，莫齐尔兵团则在登布林的附近强渡该河。在他的计划的结论上，他说："由于我方部队士气的高昂，所以我们有绝对的理由，可以预料将会大获全胜。"对于波军而言，可以说是非常的侥幸，虽然他获得了一份毕苏斯基 8 月 6 日的命令副本，但是他却不相信那是真的，而认为是一种虚声恫吓的诡计。

当我们对于这些训示的内容作了一番观察之后，可以看出俄军的主力是指向华沙以北的。这次攻击的弱点并非兵力的缺乏，而是缺乏指挥上的统一。加米涅夫留在莫斯科，图哈切夫斯基留在明斯克，而颜果罗夫则在利沃夫的附近——与图哈切夫斯基相距在 200 英里以外。更坏的，是他与颜果罗夫之间又存在着很深的私人仇恨。

8 月 10 日，加米涅夫下了一个命令给颜果罗夫，要他把布登尼的骑兵军团拨交给图哈切夫斯基指挥，但是因为这个电报的密码翻译不出来，等到重发之后就已经延误了三天的时间。到了 13 日，当这个电报的意义搞清楚了之后，颜果罗夫又开始申辩他的意见。他对华沙作战并不感到兴趣，其意图为攻占利沃夫、普热梅希尔（Przemysl）和桑博尔（Sambor）等城，而等到他渡过了德涅斯特河，即可以把战争带到罗马尼亚的境内。结果是加米涅夫的命令被摆在一边，而布登尼的骑兵则继续向利沃夫挺进。

此时，毕苏斯基的情况又是怎样呢？他告诉我们说，8 月 6 日到 12 日，当他看到敌军正绕着他的左翼方面调动时，使他感到十分焦急。11 日，图哈切夫斯基向普尔屠斯克（Pultusk）发动了一次攻击。照希柯尔斯基将军所形容的，这个据点的守军都是老弱残兵，外表好像僵尸一样，穿着破烂不堪的衣服，下面赤着脚。这个古老的要塞阻塞着纳雷夫河上的渡口，等到它为俄军攻下之后，在它与维斯瓦河之间，波军所剩下来的唯一一道防线，就只有弗克拉河（Wkra），它在莫德林的附近流入布格河。8 月 13 日，图哈切夫斯基用无线电明码发出了最后的总攻击命令，在波兰方面收听到了之后，各国的外交官遂匆匆地从华沙撤退到罗兹（Lodz）。

上文我们说过，图哈切夫斯基的计划是要想从北面迂回华沙城，等到其交通线被切断了之后，即打击在该城的背面上。8 月 13 日，其第十六军团前进到该城的南面，第三军团则进向北面，其第十五军团则进到弗克拉河上，其中心则在纳西尔斯克（Nasielsk）。其第四军团则绕过第三军团的右翼，而进到普罗克。那一天，第三军团对华沙城的外围防线发动了一次攻击，这条防线是经过拉济明（Radzymin）的。这条防线由波兰第一军团据守，而希柯尔斯基的第五军团则占领着弗克拉之线。

毕苏斯基率领着五个参谋人员，把他的总司令部建立在登布林以南不远的普拉维（Pulawy）地方。8 月 13 日，他出发视察第四军团的各部队，所看见的情形一点都不能使他感到乐观。这些部队的装备坏到了极点，所以他说：“在这整个战役之中，我都不曾看见过这样恶劣的部队。”他巡视了每一支部队，向所有的人员训话，尽最大的努力来提高他们的信心和士气。

8 月 14 日，拉济明又失守了，这就使俄军进到了距离华沙只有 15 英里以内的地方。同时，俄军对于在弗克拉河上的希柯尔斯基军团，也曾加以猛烈的攻击，情况变得如此紧急，所以哈勒尔将军就力劝毕苏斯基把他发动反攻的日期较预定者提前一天。毕苏斯基勉强地表示同意，虽然若能再延缓24小时，则对于他是具有莫大的价值。

8月15日，弗克拉河之战仍在继续进行，在拉赛兹—德罗宾—比尔斯克（Raciaz-Drobin-Bielsk）地区之内，有8辆波兰的装甲汽车所组成的一个战斗群曾经发挥了极大的威力。希柯尔斯基说："他们以极高的技巧，穿入了敌方部队之间，攻击敌方的前哨，毁灭其补给纵队和交通线，获得了极大的战果。他们的机动性使他们的力量倍增，在俄军的后方到处播撒着混乱的种子，使敌人产生一种印象，觉得他们是正在为一次巨大攻势作开路的准备。"第二天，在纳西尔斯克虽然击退了俄军的猛烈攻击，但是在这个攻击的掩护之下，图哈切夫斯基的第四军团却已经向南迂回，进到了普罗克、佛罗克拉威克（Wloclawek）、波布劳尼基（Bobrowniki）和尼斯查瓦（Nieszawa）等地，它们都位于维斯瓦河上，最后一个地点是在索恩的东南面18英里远处。此时波军的情况已经危急到了极点。虽然第一军团还坚守着华沙，可是希柯尔斯基的左翼却受到了迂回，而在普翁斯克的附近，更有一支强大的敌军将要进攻他的后方。于是维普日河上的救星来了。那一天上午，毕苏斯基发动他的反攻，而在以后几天，前进达150英里的深度。

1920年8月16日，维普日河被渡过了——这好像是波兰人的卢比孔河——波兰第四军团以华沙—布列斯特-里托夫斯克公路为其攻击目标。图哈切夫斯基在他的全部攻击过程中，都一直是留在明斯克，从未亲临前线。毕苏斯基则完全和他不同，整天坐在他的汽车中东奔西跑，从这一翼跑到那一翼来鼓励他的人员，并迅速估计当前的情况。最使他大感惊异者就是到处都找不到敌人。在左面格尔华林已经被占领了，并毫无阻拦地通过了该地，所以对于17日的作战，毕苏斯基决定调动其右翼兵力来搜寻假想中的敌军，看他们是否正在布置一个陷阱。在 17 日那一天，他还是继续巡视其正在迅速推进中的正面。

卢柯（Lukow）是在布列斯特 - 里托夫斯克路线上的一个重要火车站，他在那里与第二十一师的师部人员一同吃饭。所有的人都肯定地告诉他说，已经没有大批的敌军了，他们更高兴说，全体人民也都起来杀敌，其结果是零星的敌人都为当地农民用农具打死了。在这一天，毕苏斯基曾经这样写出他个人的感想：

> 难道我是做梦吗？不过几天之前，我都一直受到了梦魇的困扰，敌人的强大攻势似乎是不可能抵抗的，我感觉到这个魔鬼的巨爪已经扼着了我的咽喉，使我窒息得喘不过气来。这是真实的事实吗？我的五个师现在自由地在这个地区纵横来往着，如入无人之境，而这个地区也就是他们在几天之前从痛苦的撤退中放弃给敌人的。尽管这个梦境是太使人感到快乐了，但却似乎是不可能会真有此事。一个月以来的事实都证明敌人是占了优势的，所以这个愉快的梦想不可能是真实的。当我在那天黄昏到达格尔华林时，我所感觉到的就是这样的。

几个钟点之后，当他坐在床边，正要喝一杯茶的时候，突然听到在遥远的北方有炮声传来。他不禁高呼了起来说："那的确是有敌人的存在！这并不是幻景！"

第二天上午，那个炮声停止了，虽然到处都还有哥萨克骑兵出没无常，毕苏斯基却还是坐上了他的汽车，向柯尔比尔（Kolbiel）进发，其目的是要想追上第十四师的尾巴。该师已于夜间攻占了该镇，并正在向新明斯克前进。当他到达了该镇之后，就发现苏俄第十六军团在溃逃之中。于是他就命令他的驾驶员赶紧向华沙驶去，以便使第一和第五两个军团的前进可以与这个反攻取得协调。以后他才知道这一次行动是错误了，因为一旦他这个强有力的人格感召

图二十二　华沙会战，1920年8月16日至25日

力量离开了战场上，这个追击马上就松懈了下来。8月18日这一天中的大部分时间都浪费掉了。此外，他也责备自己应该直接指挥第一和第五两军团，他只有这样做了，才比较可以使他的部下贯彻执行他的意志。这些人已经给敌人吓昏了，他们简直不相信有胜利的

可能性。

8 月 18 日，他下达了下述的命令：

> 第三军团：坚守卢布林—海乌姆（Chelm）地区，并击退苏俄第十二军团的残部。
>
> 第二军团：占领布列斯特 - 里托夫斯克，并向比亚韦斯托克追击敌军。
>
> 第四军团：用强行军向北前进，以达到马乌基尼亚（Malkinia）—比亚韦斯托克铁路；占领布罗克（Brok）和维什库夫（Wyzsków），把敌军向德国边界压迫。
>
> 第一军团：向东北前进，其轴线为华沙—维什库夫—奥斯特鲁夫（Ostrow）—沃姆扎。其骑兵位于左面，并且向德国边界压迫。
>
> 第五军团：歼灭盖汗骑兵军，进到木拉瓦—普扎斯内什（Mlawa-Przasnysz），切断苏俄第十五军团在该线以西的一切残部。

不幸的是波兰第一军团兵力太分散，不足以执行这个命令，所以才使图哈切夫斯基的兵力得免于完全歼灭。

当毕苏斯基发动其反攻时，图哈切夫斯基还仍然留在明斯克，距离华沙在 300 英里以外，比马恩河会战中毛奇距离巴黎的距离还多了一倍。在那里他似乎是丧失了一切的接触，不仅是与敌人，而且对于他自己的军队也是一样。据他自己说，直到 8 月 18 日，他才接到了其第十六军团司令所打来的一个电话，报告他波军已经发动攻击了。同时该司令又说对于波军的攻击，是不必太加以重视的。图哈切夫斯基到底不失为一个杰出的将才，他对情况并不作如此乐观的看法，并且立即下达下述的命令：

> 第四军团应立即撤退，并集中在切哈努夫（Ciechanow）—

> 普扎斯内什—马可夫（Makow）地区，在途中并应协助第十五军团的撤退。第十五军团则应挡住敌人，并协助第四军团的集中。至于第十六军团在此时即应撤到利维茨河（Liwiec）的后面，并由莫齐尔兵团掩护其左翼。第十二军团则奉命对于已经渡过维普日河的波军，发动一个侧击以阻止它的前进。最后，第三和第十六两军团又应各派一个师往德罗希曾（Drohiczyn）和亚努夫（Janow）来组成总预备队。

图哈切夫斯基曾经告诉我们，他早已预料到有向格罗德诺—布列斯特-里托夫斯克之线退却的必要；不过这也许只不过是“后见之明”而已，并不足信。事实上，他在当时很明显地并不知道他的全部兵力中有一半已经溃败了，而其余的一半——第四军团和第十五军团的大部分——也已经陷入了陷阱之中，所以他的命令对他们而言已经无法执行。而且他发给第四军团的命令，首先是在发送时延误了，等到该军团接到了电报，因为并未把全部的情况告诉他们，所以其司令还认为情况是有利的，遂把这个命令搁在一边，而继续渡过维斯瓦河，以求从后方进攻华沙。

到了 8 月 21 日，图哈切夫斯基的右翼完全溃败了。首先是其第十六军团，其次为第三军团，最后为第十五军团都受到了侧面的攻击，可是实际的战斗并不如精神打击那样的严重。他们向东逃窜，到处都是逃兵，夹杂着成千的补给车辆，混乱不堪地一直向涅曼河狂逃。毕苏斯基的“赤脚”兵一路乘胜狂追，简直一枪都没有放。

在华沙的北面和西北面，苏俄第十五军团的右翼在齐恰诺夫作顽强抵抗，但在 8 月 19 日仍被逐出了该城，在 8 月 20 日，又被逐出了木拉瓦，在溃败之中却带走了第四军团的补给纵列，它们正停留在维斯瓦的渡口上。

在这次惨败中，全部苏俄军只有盖汗的骑兵军曾有优异的表现。8 月 20 日，盖汗退向木拉瓦，对于柯诺普基（Konopki）作了一个夜袭，切断了一营波军，以后被迫向东退到柯尔齐里（Chorzele），在那里又击败了两团波军并突围而出。接着他趋向柯尔诺(Kolno)，但该城已于前数小时为波兰第四军团所占领。虽然数量上远处于劣势，而且又缺乏弹药，但是他还是照样进攻。最后到了 8 月 25 日，盖汗的骑兵军才被击溃，像第四军团一样向德国境内溃败。

到了 8 月 25 日，苏俄西面集团军的余部终于达到了格罗德诺—布列斯特 - 里托夫斯克—佛沃达瓦（Wlodawa）之线。波军的追击也到此停止。所获得的战利品是很够惊人：俄军被俘者为 6.6 万人，此外还有三四万人在德国境内被解除武装；火炮 231 门，机枪 1023 挺，弹药和补给 1 万车。在 7、8 两月之中，波军损失总数约为 5 万人，而俄军则为 15 万人。

尽管有了这一次重大的胜利，战役还是没有结束，接着即为两次独立的作战，一在南面，一在北面。前者由希柯尔斯基指挥，于 9 月 12 日发动攻势，18 日占领了柯费尔（Kovel）、卢茨、罗夫诺和塔那普尔（Tarnapol），20 日又占领了平斯克。后者由毕苏斯基指挥，他用了一个巧妙的迂回，于 9 月 20 日向图哈切夫斯基的兵力进攻，在涅曼会战中击毁了苏俄的第三军团，并于 26 日占领了格罗德诺。在这次胜利之后，就继之以夏拉河会战，俄军的余部在这一战中都被逐回到了明斯克。在这两次会战中，毕苏斯基又俘虏了俄军 5 万人和火炮 160 门。10 月 10 日，双方签订了休战协定。1921 年 3 月 18 日，根据《里加条约》，波兰的东疆界线终于算是确定了，一直到 1939 年为止。

这就是这次著名战役的结束，在这次战役中双方所使用的都是有限数量的拼凑性兵力，在一个巨大的战场上搏斗。这是一次机动性和奇袭性的战役，与第一次世界大战中的许多次战役都大异其趣。在这次战斗中，军队都是由青年将领所率领，骑兵占有很重要的地位，而堑壕工事则毫无用处。更特殊的是在这场战争中，人员比物资更重要，将领比他们的幕僚更重要。

丧失了这场战争的图哈切夫斯基和在一旁监视着的戴贝尔仑勋爵，都能够认清这一场决定性战争在历史上的影响。不过说也奇怪，西欧诸国对于它的重要性却殊少了解，而此后也很少有人注意之。在图哈切夫斯基失败不久之后，他曾经有过下述的意见：

> 在所有的欧洲国家中，资本主义都在张皇失措，劳动者都在仰首期待，准备揭竿而起。那是毫无疑问的，假使我们在维斯瓦河上获得了胜利，则在整个欧洲大陆上的革命都会爆发了。假使不是我们战略错误和在会战中失败了，则波兰战争即可能构成十月革命与西欧革命之间的一个连锁。假使我们能够击败波兰布尔乔亚阶级和贵族阶级的军队，则波兰劳动阶级的革命即将成为一个既成事实，于是波兰的边界也绝挡不住着这场大火。大火就好像狂潮一样，会淹没整个的西欧。红军应该永远不忘记这一次输出革命的试验，假使欧洲的布尔乔亚阶级再把我们引入了新的斗争，红军将必能毁灭他们，并在欧洲鼓动革命风潮。

戴贝尔仑勋爵以后在1930年8月17日，也曾在《波兰公报》（*Gazeta Polska*）发表他的意见：

> 在现代文明史中，没有比1920年华沙会战还更为重要的事情，而其意义在今天却很少有人能认清。当时的欧洲，其存亡之机实已间不容发。假使在这一战中，共产党获得了胜利，则在欧洲史中将构成一个转捩点。毫无疑问的，在当时的全部中欧地区都有受到共产党宣传影响和苏俄发展势力的可能性，而且也是很难加以抵抗的。还有另一个原因，也使我们对于1920年的事实有值得注意的必要。这一次胜利的获得，最主要的应该感谢一个人的战略天才。在实施那样危险的行动时，实际上

> 所需要的还不只是天才，更需要英雄的气质。政治家们应负起责任来向欧洲人解释清楚：在1920年，波兰曾经拯救了欧洲，而且必须使波兰强大，并与西欧文明保持着和谐的关系，因为对于亚洲人侵入的永存威胁来说波兰总是一个壁垒。

在1920年，苏俄的经济生活已经到了极度困难的阶段。运输完全停顿，与1914年作一个比较，则能用的火车机车数量从1.7万具减到0.4万具。在内战中被毁的桥梁约4000座。许多城市居民都变成了饿殍，伤寒病每天要死几千人。在城镇中找不到马匹的饲料，木质的房屋被拆下来当作燃料烧，大批的工人离开了工厂到农村中去寻找食物。1921年2月，彼得格勒的工厂发生激烈的罢工，喀琅斯塔得（Kronstadt）的水兵又叛变了。这些情况变得如此的严重，结果打破了列宁的幻想，使他不敢再相信普罗阶级就是天生的统治阶级。3月8日，他召集了共产党的第十次全体代表大会，宣布废除一切影响农业的命令，准许农民回到私有企业的生活，并可以雇用劳工。以后，他又准许有私人性的国内贸易，但对于金融、重工业、大部分的轻工业、运输和国外贸易等，却仍然紧握着不放手。所以，依照其新经济政策，除了普罗阶级以外，其他一切的人都很自由了。不过这却并不是回到资本主义的旧路，而只是一种为了争取时间的退却，诚如列宁所常说的“退一步是为了进两步”。虽然如此，其结果却是很惊人的：农民开始出售农产品，商店也开了门，所有贸易也再度出现了。1921年10月到1922年10月，生产量增加了46%，次年又再增加了44%。

1921年10月17日，列宁公开承认他的失败。他说：“我们本来是假想可以把旧俄国的经济制度变成一种以共产主义为基础的国家经济制度。很不幸的，当我们做如此尝试时，却犯了一个极大的错误，因为我们的文化水准太低，所以我们不能在一击之下就把资本主义打垮。在内战之中，我们对于军队曾经建立了极严格的纪律，我们才能够获胜。现在我们对于生产也应建立最严格的纪律来建设我们的国家。”

1924 年 1 月 21 日，列宁在莫斯科附近的高尔基（Gorky）逝世。政权为斯大林所继承，虽然他具有太粗暴的缺点，但仍然被列宁选定为共产党的总书记。[1] 在他的统治之下，一个极权的国家资本主义迅速地发展成形，每个人都变成普罗阶级了。政治局大权独揽，以秘密警察为统治的工具，而日益膨胀的官僚制度就变成了新的中等阶级。1931 年，施宾格勒（Oswald Spengler）曾经如此批评说：“苏维埃统治在最近 15 年中的成就，就是恢复了其所毁灭的政治、军事和经济的组织，只不过是加上一个新名词而已。”

国家制度不但没有撤消，而且更变成了一种崇拜的对象，并且以斯大林为其先知者。马克思主义变成了名词的把戏。诚如波林（Borin）所说的：

> 极权的国家资本主义被称为是共产主义，共产党政治局的独裁被称为是普罗阶级的独裁。新统治阶级的繁荣被算作是劳动者的繁荣。他们一方面保持着马克思主义的术语，可是一方面却又诋毁马克思主义的精神是反动的、反革命的和法西斯的。在俄国的共产主义就是政治局和秘密警察，任何人敢不接受这种思想，就应该被处死。

诚如图哈切夫斯基所预料的，马克思主义从神学的观点上来看，对于俄国人还太近代和太文明，所以必须回到崇拜斯拉夫“旧神”的道路上去。苏俄所走的还是历史上俄罗斯的旧路，那是以“第三罗马”自居。图哈切夫斯基在华沙为毕苏斯基所击败，对于这个回到旧有传统的沙皇主义路线的事实，要算是一个极重要的因素。

[1] 斯大林的原名为 Joseph Dzhugashvili,1879—1953 年。

大事记（十）

第三帝国的兴起与第二次世界大战的起源

为了对抗一个共同的敌人而缔结的战争同盟，总是注定了会短命的，因为一旦这个敌人被击败了，同盟的重心也就随之而消失。很少有理由可以假定赢得第一次世界大战的英美法三国之间的协约，能够比李班多之战以后的神圣同盟，或是滑铁卢之战以后的战胜国会议，更足以支持较长久的时间。但是与后者作一个比较，则不免具有一个极大的差异：当拿破仑最后失败之后，差不多在一百年的时间当中，“不列颠和平”始终能在欧洲诸国之间，维持着一个权力平衡的局势。到了第一次世界大战爆发，这种局势才被破坏了，此后由于美国的参战，国际联盟就开始代替了“不列颠和平”。可是这个工具的设计却完全文不对题，它既不能取消一切足以引起战争的原因，复不能重建一个权力平衡的局势。它硬性地要世界接受一种和平路线，这条路线与历史、地理和经济三方面都是不符合的。国际联盟的毛病是陈义过高，只有空谈，而无实力。所以结果不特不能有益于世界和平的维护，反而更增加了摩擦和冲突的机会。于是终于有“暴君”出现了，他们出现了，他们向它挑战并利用其无能的弱点。

在这些权力艺术家之中，有两个人——墨索里尼和希特勒——具有一种新的哲学思想。他们敢向经济人（Economic Man）的神话挑战，这是资本主义、社会主义和共产主义的共同基本因素，而想用“英雄人”（Heroic Man）的神话来代替它。有一位著名的法国军人坎东（René Quinton），在他所著的《军人的圣经》一书中，对于此种神话曾经有明白的解释：

> 英雄者，就是一个为了旁人而忘记他自己的人。天之所以生出英雄来，不是为了生活而是为了服务。英雄是与凡人不同的，因为他的生活是具有神意的。战争把人类已经丧失了的宗教又带回来了。为了生命的安全足以使神意失效。反之若不惜一死，则人也可以拯救世界的生命。人类的建立者不是人而是思想。

从希特勒眼中看来，国际资本主义和马克思主义是完全一样的东西。他认为它们都缺乏牺牲精神，是违反自然的，足以毁灭人类。所以他提出了他的教条：“一个民族，一个国家，一个领袖。”一方面相信雅利安人和条顿族是优秀的，另一方面又对犹太人表示强烈的仇恨，在他的“圣经”《我的奋斗》（*Mein kampf*）一书中，可以看出来他的思想是与坎东的理论极为接近：

> 人们不肯为事业而死，但却肯为理想而死。要生存的人却必须要战斗。在这个世界上，凡是不想战斗的人也就没有生存的权利，因为在这个世界上，生活的法律即为永远的斗争。为了恢复日耳曼的权力，你们不应询问：“我们怎样制造武器？”而应询问：“我们怎样培养一种精神，使这个民族能够负起武器来？”雅利安人的伟大，其基础并不是他的智力，而是他愿意牺牲一切来为团体服务的意志。这种心理态度足以强迫私利退后，而让公益出头。这也是真正的人类文明的第一先决条件。

> 追寻一己私利的人是不值得一顾的，而牺牲自己幸福的英雄则值得歌颂。

德鲁克（P. F. Druker）在其所著的《经济人的结果》一书中，对于这种教条曾经有极精辟的批评："若认为极权主义中的这种号召牺牲的理想，只是一种伪善、自欺之谈或是宣传高调，那才是大错而特错。它是从失望的深渊中成长出来的。正如 1880 年虚无主义在俄国的流行一样，它可以吸引最高贵和最勇敢的青年人，今天在德国和意大利的情形也是一样。这些战后一代中的优秀分子拒绝与这个现有的世界妥协，他们觉得这个世界既无值得一死的真正价值，而又无值得一活的活跃思想。"

除非对于这两种神话——经济人与英雄人——的斗争有所了解，否则对于 1939 年的浩劫也就无法了解，而会认为这完全是天命了。

希特勒的父母为奥地利人，1889 年 4 月 20 日，他出生于莱茵河上的布劳瑙（Braunau）。当 1914 年第一次世界大战爆发时，他投入了巴伐利亚第十六步兵团当兵，在所有的新兵中，也许再没有第二个人会像他这样的合于"完全普罗阶级"的资格，凭着军功，他获得了不少的勋奖，可是说也奇怪，他的军衔却始终只升到下士为止。

当 1918 年 11 月 11 日，德军在贡比涅森林中投降时，希特勒下士正睡在医院中，他因为受了毒气伤，眼睛已经半瞎了。谁也不会预料到将来有一天，这个默默无名的小兵，曾在同一个地点接受法军的投降，并且把他的"卐"字旗从大西洋插到了伏尔加河上。

这是什么力量使他能有如此的"成就"呢？一方面是由于他具有政治天才和特殊的领导能力，但是另一方面，比较重要的，却是他自信是受了神的指示来领导日耳曼人民走上复兴的道路。他是一个中了"神毒"的人，他相信散布不公正种子的人，应自食其恶果。

使他着了魔的即为《凡尔赛条约》，它与威尔逊十四点和平计划的精神是完全不符合。1923 年，庞加来侵入鲁尔地区，破坏了德国的币制，消灭了德国的中等阶级。1924 年到 1930 年，德国的外债增到了 7.5 亿镑，使德国人民感到民不聊生。最后美国证券交易的总崩溃，更使 1929 年到 1931 年全世界都发生了金融危机。

在 1930 年，德国仰赖政府救济的人共 1750 万人，在 1931 年，共产党的选票增到了 500 万张以上。在那一年，有一位美国记者克尼克波克尔（H. R. Knickerbocker），在他所著的《德国——法西斯乎？苏维埃乎？》一书中，估计至少有 1500 万德国人是不能完全吃饱的，选民中有三分之二是仇视资本主义的，而过半数以上是反对现有号称“民主”的政治制度的。次年，希特勒即在这个局面之下取得了胜利，诚如他自己所形容的，在 1919 年，他简直不能算是一个人，当时他加入了一个不知名的政治组织，这个组织自称为“日耳曼劳动党”，一共只有六个党员，他就做了第七名党员，1932 年，这个党改名为“德意志国家社会主义工人党”（National Socialist German Worker's Party），在 7 月大选的 3600 万张选票中，他一共获得了 13 779 017 张之多。1933 年 1 月 30 日，德国总统兴登堡命令他以最大政党的领袖身份出任德国总理并组织一个政府。一年之后，在 6 月 30 日那一天，希特勒开始清党，用一连串的暗杀手段，杀死异己分子数百人。最后到了 8 月 2 日，兴登堡元帅逝世，于是他就取消了总统制，而自任德国人民的“元首”。

除非是亲眼目击的人，否则对于希特勒的勃兴，简直会认为是一个难以置信的神话。早在 1934 年，当赫斯（Rudolf Hess）代表全体纳粹党人向希特勒效忠时，其所说的话从麦克风中传到了每一个德国人的耳朵里，在他们的内心中引起了共鸣：“这个宣誓使我们把生命寄托在一个人的身上。照我们所相信的，这个人是替天行道的。不要用你们的头脑去寻找希特勒，他是存在于你们的心灵之中。希特勒就是日耳曼，日耳曼就是希特勒。日耳曼就是我们在地球上的上帝。”

尽管他的敌人曾经宣称这个非常的人物，是一个魔鬼，是一个疯子，但是我们却绝不能轻视事实——他曾经镇压了在德国境内的布尔什维克主义和完成了许多惊人的“伟大事业”。实际上这个人是具有双重人格的，一方面他也是一个正常的人，另一方面他却是一位“真神”。假使不是如此，则有许多事实就都会无法解释。劳合·乔治总要算是一个智慧超群的人，当他在1936年访问过希特勒之后，回到英国时曾经发表他的观感说：“我从来不曾看见过比德国人更快乐的民族。在我所遇见过的许多伟大人物之中，希特勒要算是最伟大的一个。”丘吉尔也曾经说过：“假使我们的国家失败了，我希望也能找到这样一个领袖来恢复我们的勇气和领导我们回到与各国平等的地位。”

希特勒的目标是拿破仑式的：在德国控制之下，建立一个日耳曼大陆体系。同时，他的手段也与那位大皇帝相差不远：把德国从国际性资本主义的枷锁之下解放出来，联合所有的日耳曼民族共同组成一个第三帝国，在东欧建立一个所谓“生存空间”。他认为这对于德国的经济安全是有必要性的，正好像拿破仑认为莱茵联邦对于法国的战略安全是有必要性的一样。

希特勒认为只要国际货币制度还是以黄金为本位；则一个能够垄断黄金的国家，即可以使缺乏黄金的国家屈服于其意志之下。这个手段就是吸干其外汇的来源，迫使他们必须借债来维持生产。他的理论是：“一个国家并不靠货币的面值来维持生活，而是要靠真正的生产，而生产才又能使货币获得价值。生产才是货币的真正准备，银行保险箱中存满了黄金并无意义。”所以他决定：（1）拒绝接受国外的借款，以生产为德国货币的基础，而不以黄金为本位；（2）用直接易货的方式来获得输入品，必要时并辅助输出；（3）停止所谓“外汇的自由”——即准许在货币方面实行赌博，并依照政治情况，把私有的财产由此国移到彼国；（4）当有了可以生产的人力和物资时，就制造货币，而不向国外借债。

因为当时国际金融的生命，就是寄托在向经济困难的国家放债营利的行为之上，所以希特勒的政策简直是切断了它的生命线。若是准许他成功了，则其他诸国势必都会起而仿效。若是所有缺乏黄金的国家，都纷纷实行以货易货的办法，则不仅无人借款了，而且黄金也就丧失了它的权力，所有的放债者都只好关店了。

这支财政性的手枪，尤其是直指在美国的身上，因为它是世界上黄金的主要供给者，而且它的大量生产制度使其必须输出产品的10% 来避免失业的危机。此外，又因为希特勒对于犹太人采取野蛮的虐待政策，所以当然得罪了美国犹太籍的金融界巨子。当希特勒做了德国总理还不过六个月，纽约的一位富翁昂特梅耶（Samuel Untermyer）就开始向他挑战了。他主张向纳粹主义展开“圣战”，呼吁对于德国的货物、商船和劳务都采取经济上的杯葛主义。美国的国务卿赫尔（Cordell Hull），也依照 1934 年的贸易协定法案，坚持主张美国的国外贸易绝不能因为外汇管制、政府专卖和易货制度而受到任何的损害。

1933 年到 1936 年，希特勒已经使德国的失业人数由 600 万人减到 100 万人，繁荣与复兴的程度，简直使英国人感到害怕。据说在 1936 年，丘吉尔也正像 1907 年的巴福尔一样，他曾经告诉美国的吴德将军（Gen. R. E. Wood）说：“德国已经变得太强了，我们必须把它击碎。”于是到了 1937 年 9 月，美国又产生了一种新的不景气，其发展的迅速也是非常惊人。10 月 19 日，证券市场完全崩溃了，到了 11 月，据调查全部失业人数已达 1100 万之多，另外还有部分失业人数 550 万。对于这种困难的国内情况，必须要设法分散人民的注意力，尤其是总统大选又已经迫在眉睫了。在 10 月 5 日，罗斯福总统发表其著名的“隔离演讲词”（Quarantine Speech）。他痛斥现有的恐怖性统治，认为人类文明的基础受到严重的威胁，并且呼吁美国人不要幻想以为美国可以幸免，西半球可以不受到攻击。最后他提出建议说，增强道义标准的最容易的措施，即莫过于对侵略者实行国际性的隔离。不久，这个主要的侵略者也被指了出来。巴鲁克（Bernard Baruch）曾经向马歇尔将军（Gen. G. C. Marshall）说："我们应该把希特勒这个家伙打倒，不让他的那个玩意儿成功。"什么玩意儿呢？可能他所指的就是希特勒的易货制度。因为在1939年9月，巴鲁克曾经把他与美国总统会谈的结论，公开发表如下："假使我们能够把价格压低，则并无理由说我们就不能够把主顾们争取回来，因为战争的缘故，敌国必须放弃他们的主顾。于是德国人的易货制度就会归于毁灭了。"

在不列颠，对于易货制度也同样展开了猛烈的攻击。1939年3月9日，驻伦敦的波兰大使报告他的政府说：英国的国会海外贸易部长赫德逊（R. S. Hudson）曾经向他说过："不列颠政府决定不放弃在欧洲的任何市场，也绝不放弃其经济上的优势来使德国坐享其利。今天我们正在经济领域之内进行谈判，以便摧毁德国人的易货制度。"这个经济战争已经激烈到如此的程度，所以希尔吴德（R. E. Sherwood）在其所编的《霍普金斯白宫文件》一书中，曾经有过下述的一段记录：1939年4月，美国大使馆驻柏林的代理武官向华盛顿当局报告说："目前的情况十分的明显，德国已经在积极地进行一场战争。这是德国为了其生死存亡而进行的经济战争。德国的货物必须要有市场，否则就只好坐以待毙，而德国当然不愿意死亡。"

当我们考虑到第二次世界大战的经济原因时，心里必须要记着，它也和第一次世界大战一样，这场两种不同经济制度之间的斗争是无所谓是非善恶的，而只是关乎生存的价值。资本主义为了维持其优势而战，与希特勒为了其易货制度而战，在善恶上来说是没有什么高下之分的。对于他们而言，这都是存亡之所系，这都是贸易竞争的产品——也是工业革命的后果。

除了这场战争的主要原因，1933年到1939年，还有其他的原因也足以促使国际局势动荡不安，其中最主要者即为希特勒在推行其德国复兴计划时所使用的蛮横手段。第一点，为了扫清其政治性障碍，他在1933年10月19日退出了国际联盟。第二点，为了巩固德国的东面侧翼，1934年1月26日，他又与波兰签订了一个为期十年的和平条约。不过在该年9月，苏联加入了国际联盟，使这种形势获得了一部分的中和作用。其次，当萨尔公民总投票已经是变得有利于德国之后，1935年3月16日，希特勒又废弃了《凡尔赛条约》中的军备限制条款，重新恢复征兵制，其所持的理由是苏联已有强大的军事力量，德国为了自卫不能不如此。5月2日，法苏两国签订了互助条约来作为对抗，但却也等于轻视了国际联盟的地位。同样，6月18日，英德之间也签订了一个海军协定，把德国船队的实力定为英国船队的35%。

下述的另一个危机，更足以增强希特勒的权力和使国际联盟归于破产。依照第一次世界大战中的密约，意大利本应获得对于阿比西尼亚（即埃塞俄比亚）的经济控制权。为了换取在突尼斯境内的和平，1935年1月，法国人也曾与墨索里尼谈判，而以阿比西尼亚为条件——尽管阿比西尼亚本身也是国际联盟中的一员。墨索里尼在日内瓦不能获得满足，遂于10月3日侵入阿比西尼亚。11月18日，由英国人出面领导，国际联盟开始对意大利实行经济制裁。虽然这并不能阻止意大利的行动，可是却驱使墨索里尼投入希特勒的怀中。结果使国际联盟的威信尽失。1936年3月7日，希特勒宣布法苏条约违反了洛加诺（Locarno）公约，并占领了非武装的莱茵河地区。

接着又有一个新危机接踵而来。自从1936年3月起，由于人民阵线政府在西班牙的统治不善，所以其国内的情形混乱不堪。为了结束这种无政府的状态，7月18日，佛朗哥将军（Gen. Francisco Franco）开始叛变。他获得了意大利人的支援，而共和党人则也获得了苏联人的支援。这当然又是一个希特勒所不会错过的机会。11月25日，他与日本签订了一个反共条约，当佛朗哥的胜利成为定局时，1938年3月13日他又兼并了奥国。

两个星期之后，在捷克斯洛伐克境内苏台德区（Sudetenland）中的日耳曼人也要求组织一个自治政府，他们立即获得了希特勒的支持。不仅是因为他的种族主义，而且捷克斯洛伐克也是一支法苏两国所控制着的气枪，正对着德国的心脏。他当然不曾忘记，在1919年，联军曾经表示假使德国拒绝在和约上签字，联军将从波希米亚的机场中去对它加以轰炸。这个危机在慢慢地煮沸之中，9月1日，苏台德区日耳曼人的领袖汉莱因（Henlein），到贝希特斯加登（Berchtes gaden）去谒见希特勒。欧洲的空气中开始充满了爆炸性的气味，9月15日和9月22日，英国的首相张伯伦（Neville Chamberlain）两度访问希特勒。24日，英国驻巴黎的大使费普斯爵士（Sir Eric Phipps）向他们的外长哈里法克斯勋爵（Lord Halifax）报告说："法国的大多数人都是反对战争的，几乎是不惜一切的代价。唯一主战的人就是共产党，他们受了莫斯科的津贴。"最后到了9月29日，张伯伦又与法国总理达拉第（Daladier）和墨索里尼三人一同飞往德国，在慕尼黑与希特勒会晤。为了避免战祸，他同意把苏台德区割让给德国。在法国陆军中已经有叛变发生，而依照当时英国驻柏林的大使韩德逊爵士（Sir Neville Henderson）的报道：英国连一架喷火式（Spitfire）战斗机也都还没有，只有一两架作为试验用的飓风式（Hurricanes）战斗机。用于伦敦防空的，一共只有七门近代化的高射炮。

这些层出不穷的危机，造成一种反对希特勒的强烈宣传攻势。外交关系已经丧失了一切的客观性，而完全被裹在一种爆炸性的敌意之中。当时德国的宣传部长戈培尔（Dr. Goebbels），对此种情形深感困惑，他向美国驻柏林的大使提出呼吁说：为了要改善美国新闻界对德国的关系，最主要的事情就是犹太问题。

可是这不过是空谈，并未能有实际的改善。1938年11月7日，一位波兰籍犹太青年暗杀了德国驻巴黎大使馆中的一个三等秘书。因为这个事件立即引起了在柏林的反犹运动，而进一步又增强了美国的反德情感。1939年1月12日，波兰驻华盛顿大使波托基伯爵（Cunt Jerzy Potocki）曾经有一个报告给该国的外交部，对于1938年年底的情况有极翔实的说明。现在我们就把它的要点引述如下：

> 现在美国的公共意见所表现出来的，是对于一切与纳粹主义有关的东西都无不表示极端的仇恨。这种仇恨的心理正在与日俱增。尤其是,这里的一切宣传都是完全操纵在犹太人的手中。美国人对于欧洲的情形多无实际的了解，所以这种宣传颇为有效。还有值得注意的，是这场有精密布置的心理战役，主要的就只是以纳粹德国为对象，而从来不曾触及苏联。假使提到该国时，则也一定是以一种友好的态度表述之，使他们的人民感觉到苏联还是民主集团中的一国。受这种宣传之所赐，美国一般人都几乎完全是同情于红色西班牙的。与这种宣传齐头并进的，即为制造一种人工性“战争恐惧症”。他们尽量地使美国人民在心理上产生一种印象，认为一旦世界战争发生，则美国为了自由和民主之故，必然会参加这场战争。罗斯福总统本人就是第一个对于法西斯主义表示痛恨的。他在内心里具有两重目的：（1）他希望分散美国人民的注意力，使他们不注意到困难和复杂的国内问题；（2）创造一种战争恐惧症，他希望美国人民能拥护他的巨大扩军计划。
>
> 此外，犹太人在德国所受到的野蛮待遇以及难民问题，也是两个足以增强仇恨德国心理的因素。在这场煽动仇恨的战役中，个别的犹太知识分子也都曾经参加，其中最重要的人物有美国元老巴鲁克、纽约州州长李曼（Lehman）、新任的大法官法兰克福特（Felix Frankfurter）、财政部长摩根索（Morgenthau）以及其他与罗斯福总统有密切友谊的人士。所有这些人都希望罗斯福总统变成人类自由、宗教自由和言论自由的拥护者。这一群特殊分子也都是美国政界的知名之士，他们自命是代表着

> “真正美国主义”和民主精神的，但事实上却又与国际犹太组织结了不解缘。对于国际犹太组织而言，罗斯福总统真好像是一个天送的至宝一样，他的拥护人权的理想，恰好满足了他们的种族利益。这样一来，犹太人不仅可以在新世界建立一个具有危险性的宣传中心来散布仇恨和敌意，而且也把整个世界分成了两个备战的阵营。这整个问题正在以最神秘的方式寻求解决。罗斯福已经获得了授权，使他能够使美国的外交政策具有生气，同时也建立了一个巨大的武装预备力量来应付犹太人所将要面对的未来战争。[1]

当波托基伯爵发出了这个报告之后，他就获得了美国驻法大使布立特（W. C. Bullitt）的保证：“一旦战争发生，则美国必定会站在英法这一边来作积极的干预。”可是在此后不久，即来了下一个危机，希特勒决心完全兼并捷克斯洛伐克。他首先在斯洛伐克制造了一个政变，1939 年 3 月 15 日，他占领了布拉格，并宣布波希米亚和摩拉维亚为保护国。这个侵略的成功还不能使他感到满足，现在他就开始向最后一步行动了。1938 年 10 月 24 日，德国外交部长李宾特洛甫（von Ribbentrop）向波兰驻柏林的大使建议两点：（1）波兰政府应同意让但泽与德国合并，（2）应同意德国越过波莫尔兹（Pomorze）——即越过波兰走廊——建筑公路和铁路线以达东普鲁士。20 年前，劳合 · 乔治即曾宣称：“这个波兰走廊迟早一定会在东欧引起一场新的战争。”于是议论纷纷，在这个时候，英国首相张伯伦就主张由英法波苏四国共同签订一个联合宣言，表示当德国

[1] 1939 年 1 月 30 日，希特勒在德国的国会中曾经致词说：“我今天又想作一个预言：假使在欧洲内外的国际犹太财团又获得了一次成功，而再度把世界拖进了另一次大战，那么其结果将不是世界被布尔什维克化，不是犹太人的胜利，而是在欧洲的犹太种族全被歼灭。”这个预言可以说是太灵验了，因为根据戈培尔的估计：“犹太人中大约有 60% 应被清算，其余 40% 则留供奴工之用。”

再有进一步侵略野心时，四国即将采取联合行动。说也奇怪，波兰的外长贝克（Josef Beck）却拒绝了这个建议，而同样不可解释的是，当贝克建议由英波两国签订一个双边协定时，张伯伦却又表示同意了。3 月 27 日，英国外交部正式通知波兰政府说，假使当他们受到德国攻击时，波兰人决心自卫，则英国将负责集中其一切的力量来援助他们。这个协定在 3 月 31 日正式公布。

张伯伦对波兰所提供的保证，对于希特勒也立即发生了效果。因为希特勒到了此时似乎才认清了若是进攻波兰，即可能会陷于一场两面战争之中。他一方面在 4 月 3 日下令准备在 9 月 1 日之后侵入波兰；另一方面在 4 月 17 日，为了避免两面战争，他又开始与克里姆林宫进行谈判。

到了此时，战争已成定局至为明显，决定的人不是希特勒而是对方。因为美国新闻界在欧洲的领袖人物魏刚德（Karl von Weigand）曾经这样向我们报道：4 月 25 日，他去访问美国驻巴黎的大使馆，布立特就向他说："欧洲的战争已经成为定局，波兰获得了英法支援的保证，所以不会再向德国让步。当英法参战之后，美国也就会随之而加入。"这种说法从《霍普金斯白宫文件》一书中也可以获得印证：差不多在同一时间，丘吉尔也曾向巴鲁克说："战争马上就要来临了。我们会卷入旋涡，你们也在劫难逃。"[1]

在整个夏季，危机起伏，不绝如缕，英德双方都在寻求苏联的支持，前者希望苏联对波兰的保证能够兑现，后者则希望能够避免两面的战争。最后到了 8 月 23 日，还是希特勒胜利了，那一天德苏双方在莫斯科签订了一个互不侵犯协定。并且根据一个秘密附件，

---

[1] 本书作者于 4 月 19 日，曾在柏林与魏刚德会晤。他告诉本书作者说，他从德国当局的一个高级权威方面探知，德国人准备在最少三个星期或最多六个星期之内，征服波兰全境。在这个时间之内西线可能无战事，而意大利则可能保守中立。关于英国对波兰提供保证一事，他说："好吧，我认为你们的首相先生是铸成了一个大错，这是自从你们通过了印花法案之后，所犯的第一个最大错误。"

德苏两国同意瓜分波兰。24 日，这个协定公开发表了，第二天英波协定才正式签字。

9 月 1 日——色当会战的纪念日——德军并未宣战，即越过了波兰的国境。罗斯福总统立即向英法德波四国发出了一个紧急呼吁，要求他们不要轰炸不设防的城市和平民。希特勒立即表示拥护罗斯福的主张，到了 9 月 2 日，法英两国也表示他们同情于这种合乎人道主义的理想。

9 月 3 日上午 9 时，英国驻柏林的大使向德国外交部送达了一份最后通牒，要求德国在上午 11 时以前提供停战的保证，否则英国即将向德国宣战。正午时，法国大使也提出了一个类似的最后通牒，其限期为下午 5 时。德国对于英法两国的最后通牒，均置之不理。

希特勒接到英国的挑战文书时，他沉默静坐着不动。而当希特勒的译员保罗 · 希米德（Paul Schmidt）离开这间房子的时候，戈林回过头来向他说："假使我们丧失了这场战争，那么上帝应该饶恕我们。"

第十章

第二次色当会战和法兰西的沦亡

希特勒的战争目的是苏格拉底式的和生物性的：这在《我的奋斗》一书中有极清楚的解释。他说："一个国家的外交政策首先所应记着的责任，即为确保其种族的生存。要达到这个目的，则又必须使人口数量的增长与其国家资源和空间维持着一种健康而自然的比例。我在这里所谓的健康（Healthy）比例，就是其地面上和地下的资源足以保证供人民的食用。"他又指明：1914年到1918年，德国人不能算是一个世界性的强国，因为它并不能养活它的人民；而且除非它能够养活它的人民，否则也就绝不能成为一个世界强国。德国的"生存空间"(Lebensraum)不应向欧洲的南部或西部去寻找，而是应在东欧，即在俄罗斯与其附近国家去寻找。他的目的是想要在东欧（而不是西欧）建立一个查理曼式的大帝国，那是应该能够自给自足的，即令欧洲诸国联合起来，在将来也都不足以威胁德国的安全。

这就是说，假使希特勒胜利了，他就会在欧洲建立一个统一的政权，英国的传统政策就是要使欧洲处于分裂的状态之中，所以英国对于希特勒的成功当然是不能忍受的。但因为英法两国对战争都尚无准备，所以他们的政策应该是放任希特勒向东欧发展，其结果必然会与苏联一战，此时西方国家即可以乘机加速再武装。如果他们采取这样的政策，则无论这两个国家孰胜孰败，而英法两国却一定都可以坐收渔人之利，而使欧洲权力平衡的局势扭转过来。可是他们却不图此谋，反而宣布对于希特勒主义发动一个思想上的十字军东征。1939 年 9 月 4 日，张伯伦在对德国人民的广播中曾经这样说过："在这场战争中，我们并不是向你们作战，因为我们对于德国人民绝无恶感，而只是要打倒一个暴政。"

如果要想达到这个目的，则联军当局就应该设法使德国人分为两个政治性的集团，一为亲希特勒派，一为反希特勒派。对于前者给以最坏的条件，对于后者则应给以最好的条件。他们应该把一切反对希特勒的德国人都当做盟友看待，用各种手段来尽量地帮助他们，好让他们在德国内部制造革命来推翻希特勒的统治。荷兰政府所雇用的英国情报人员贝斯特上尉（Capt. S. P. Best）曾经认为，这是具有可能性的。他说："当战争开始爆发时，我们的情报机构曾经获得可靠的情报，知道在德国文武官员之中，有许多最高级的人员都是反对希特勒的。根据我们的情报，认为在这个时候反对势力已经相当高涨，甚至足以造成叛乱，而迫使纳粹政权崩溃。"高里兹（Walter Görlitz）在他的《德国参谋本部》一书中，也说在希特勒侵入丹麦和挪威之前，德国三军统帅部（OKW）的反情报局（Abwehr）局长卡纳里斯将军（Adm. Wihelm Canaris）曾向丹挪两国驻柏林的武官提出警告。德国陆军参谋总长哈尔德将军（Gen. Franz Halder）也曾设法向比利时王国国王李波德（Leopold）提出警告。1940 年 5 月 9 日，卡纳里斯又派他的参谋长阿斯特（Oster）去向荷兰驻柏林武官提出警告，说希特勒有侵入荷兰的意图。在整个战争时期中，希特勒都一直在"卖国贼"的包围之中。

尽管张伯伦在 9 月 4 日曾经有那样一番高调，可是一旦当这场心理战争的目标拟定了，英法两国却只想到专用军事性的手段来达到它。这可以算是这场战争中的一个最大的政治错误。此外，他们的军事错误也同样巨大。他们在建立军事力量的时候，是以第一次世界大战前半段（僵持的阶段）的经验为基础的，而不是以后半段（机动的阶段）的经验为基础的。可是希特勒却能够不顾其大多数将领的反对，而采取了完全相反的途径。要明了这个差别的意义，对于第一次世界大战所产生的新战术理论实有先加以简单分析之必要。

这是一般战争中的惯例，总是能在失败的方面可以学习到更多的经验。胜利者不免趾高气扬，而失败者则愿意追寻失败的原因。对于苏德两国而言，第一次世界大战的最大教训可以分为下述四点。战争中需要：（1）政治性的领导，（2）民族性的纪律，（3）经济上自给自足，（4）科军与技术。为了准备战争，在平时也就应该重视这些因素。

关于最后一点，在第一次世界大战中已经试用了三种全新的兵器——飞机、战车和毒气。就每种情形而言，都是伸展了火炮的威力——火炮实为具有支配性的兵器。战车的作用就是一种自动推进的装甲火炮所起的作用。飞机就是一种长射程的火炮或机枪。毒气是一种分子性的榴霰弹。假使战争还能再多拖一年，则战车和飞机本身即可以明显地证明，它们不是兵器，而是一种尽量载运其他兵器的运输工具。它们的主要特性为一种新的运输工具，其动力来源为石油，以它们为核心就可以组成一种全新的战斗组织——即自动推进的装甲军团和空运部队，而不仅是自动推进装甲火炮和空降炮兵。

从这个试验期中产生了两种不同主要的理论：一种是以战车为主，另一种则以飞机为主。在前者方面，本书作者曾在 1918 年 5 月，作过一个相当详细的研究，其题目是“瘫痪式的攻击”（The Attack by Paralyzation）。不久，这项研究提供给福煦元帅参考，他接受了，即用来当做其 1919 年春季战役计划的基础。这个文件被改名为“1919 计划”，其要点可以简述如下：

现在，一群人的战斗力量既然寄托在其组织之内，假使我们能够毁灭其组织，即可以毁灭其战斗力量，而达到我方的目的。

要想毁灭一个组织，其途径有二：(1) 把它磨毁，即消灭它；(2) 使它不能行动，即使其脱节。

在战争中，前者包括着使敌军军人被杀、负伤、被俘和解除武装的行动等，即身体的战争。后者则为使其指挥权力丧失了作用，即头脑的战争。若是以一个单独的人来当做例证，第一种方法是使他连续受到许多轻伤，终于使他流血过多而送命。第二种方法则是对准他的脑壳放一枪。

一个军团的头脑即为他的幕僚机构——军团、军和师的各级司令部。假使我们能把德军正面上某一段的指挥体系破坏掉了，只要几个钟头即足以使全部组织都丧失控制，甚至连一点轻微的抵抗都没有。

我们现有的理论是毁灭敌方的“人员”，而新的理论却是毁灭敌方的“指挥”。不是先杀伤敌方人员然后再来使其组织瓦解，而是先使其全部组织崩溃，再来发动攻击。

这里所建议使用的手段，是以快速行动的战车为矛头，并且把飞机当做支援，在后面才跟着传统性的兵种。在空军掩护之下，战车在德军正面上从所选定的各点上实行突破，并且直趋军团、军和师各级的司令部以及补给中心，造成瘫痪现象。于是正常的攻击才继续跟着进行。

飞机理论的主要提倡者为意大利的杜黑（Guilio Douhet）将军，他在1921年著有《空权论》（*The Command of the Air*）一书，其思想即可以用它的内容当作代表。他说：“未来的战争将会再度包括所有的国家和它们所有的资源。陆上的战争将会采取一种静止的形态，大致与第一次世界大战相似，仍然还是能建立一个连续的正面。面对着这个连续的正面，一切运动战的理论和观念都会完全失败。”那么答案又是什么呢？那就是说要把战争转移到空中方面，并攻击敌方的平民。因为一旦人民的意志为恐惧所击碎，整个的政府机构连同其一切的军事指挥体系都会自动崩溃了。杜黑于是肯定地说：“在上次大战中，这种国家的崩溃是用军队在战场上的行动来间接造成的。在未来战争中可以用空军的力量来直接完成。在陆海军尚未有时间来得及完全动员之前，即可以完成这个任务了。”

这两种完全不同的理论有一个共同之点。它们的最后目标都是精神的而不是物质的：前者是想要破坏敌方陆军指挥体系的意志，后者是想要破坏其平民的意志。它们的意图都是要想打破上次大战中的那种僵局，或者是使连续正面不可守，或者是超过它们。

从这两种理论所引出的战术思想，以及对于它们缺乏认识，即足以决定陆上战争的形态。法国的战争思想是纯粹防御性的，躲在马其诺防线（Maginot Line）的后面，以便造成一个不可打破的僵局。英国的战争思想几乎是完全经济性的，一方面封锁德国，用所谓“战略轰炸”的手段，以便轰炸其工业城市和平民，并同时派一支象征性的兵力往法国助战。这两种互为表里的政策都是基于一个同样的假定，认为德国人会像上一次大战中一样，再度被迫接受一个僵局，而它在经济方面也还是和 20 年前一样，必须仰赖于他国的供应。英国除了空中方面，几乎根本就不曾考虑机动战争的问题。[1]

德国的战争思想则是以攻势为基础，其设计就是想用瘫痪式的攻击来克服对方的直线防御体系。这也就是所谓闪击战（Blitzkrieg）。它的陆军被组成了一种装甲的“撞城槌”，在战斗机和俯冲轰炸机的掩护之下（当作是飞行的野战炮兵使用），足以在所选定的点上

---

[1] 1939 年 9 月，英国空军可以集中 1982 架战用飞机，其中有 480 架为轰炸机，法国共有 1112 架，其中轰炸机 186 架，多数都是旧式的。德国共有 4162 架，包括运输机 308 架在内。法国人也反对所谓战略轰炸的观念。

突破敌方的连续性正面。德国思想的灵魂就是机动性——仅在一个战场上，作尖锐、迅速而短促的战争。这就是第二次世界大战与第一次世界大战之间的主要差异。虽然如此，这种战术政策却是以一个战略错误为基础的。它没有想到假使英国支持法国，那么下一次欧陆性的战争必然的还是两面的——一个陆上战场，再加上一个海上战场。德国的主要问题却是如何突破海上战场的正面，因为只要英国站在法国的同一方面，那么就还是和过去一样，它自然会变成同盟体系的战略重心。可是希特勒对突破海上正面的工作却毫无准备。当战争爆发时，他所拥有的海面舰队简直不足称道，潜艇一共只有 57 艘，其中只有 26 艘是适合于大西洋作战的。他没有一般登陆艇。其空军的设计和训练，也都不足以担负一个第一等的渡海侵入任务；而更坏的，是他根本没有计划。[1]

1939 年 9 月 1 日——色当会战的纪念日——希特勒侵入波兰。他留下了 23 个师的兵力（1 个装甲师都没有），加上少数的飞机来防守西线。另外一共 44 个师的兵力，其中包括 6 个装甲师和 6 个摩托化师，共分为两个集团军，在那天的清晨越过了波兰的国界。这种瘫痪式的攻击被证明是如此的有效，所以在 7 天之内，除

[1] 在第二次世界大战开始时，德国军事高级指挥的组织体系如下表所列。

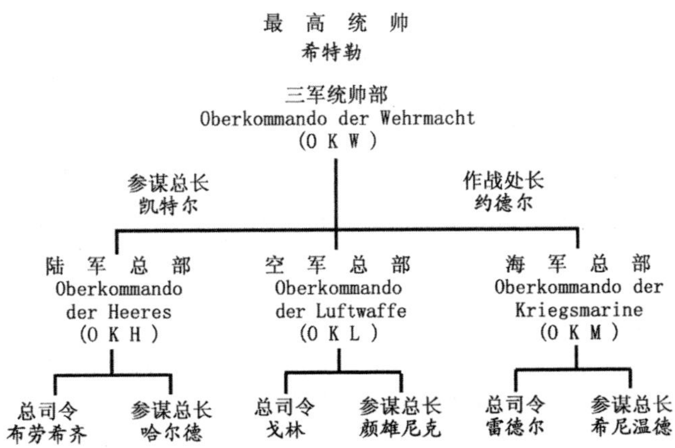

了华沙一隅以外，波兰的全部抵抗都已经完全崩溃了。9 月 17 日，苏军也越过了波兰东面的国界，次日波兰政府即逃入罗马尼亚的境内。虽然当时德军统帅部的作战处副处长华里蒙特将军（Gen. Warlimont）曾经说过："德国陆军从来没有像这样没有充分准备就投入战争。"可是诚如古德里安将军（Gen. Guderian）所指明的，这一次战役之所以能如此迅速获胜，不应归功于整个德国陆军，而应该单独地归功于德国新创立的装甲师和摩托化师。在空军支援之下，他们好像是已经创造了奇迹一样，实际上这却是理有固然，毫不足怪。[1] 在西线方面，英法两军却稳坐在他们的堑壕之中，空看着他们的同盟国一败涂地。

当希特勒已经把陆上的战争变成了一面作战，其意图就是先解决英法两国，然后再来对付苏联。接着就发生延误，一方面是因为他的部将们的作梗，并且在陆军中还有人在阴谋叛变；另一方面是苏联人在 11 月 11 日，又侵入了芬兰。最后，终于把 Z 日定为 1940 年 1 月 20 日。不久，海军总司令雷德尔（Adm. Erich Raeder）又力劝希特勒先夺取挪威，以作为对英国发动潜艇战争的基地，同时也可以确保挪威和瑞典的铁矿石来源，那对于德国也是至为重要的。当这个行动还正在考虑之中时，2 月 17 日，英国人却在挪威海面上捕获了德国的囚犯船"老马克"号（Altmark），这个行动使希特勒大怒，这样就决定了而不再犹豫。4 月 9 日，德国突然占领丹麦，并且面对着英国的舰队，德军也分别从海上和空中侵入了挪威。4 月 15 日，有一支小型的英国兵力，在纳尔维克（Narvik）附近登陆，接着在 16 日和 18 日，英军又分别在纳姆索斯（Namsos）和安达尔斯（Aandalsnes）登陆。5 月 2 日到 3 日，后述的两支兵力撤退了。在这次行动挫败的六天之后，英国下院对于现政府提出谴责案。5 月 10 日，张伯伦辞职，由丘吉尔继任首相。

---

[1] 可参看古德里安所著《闪击英雄》（*Panzer Leader*）一书。

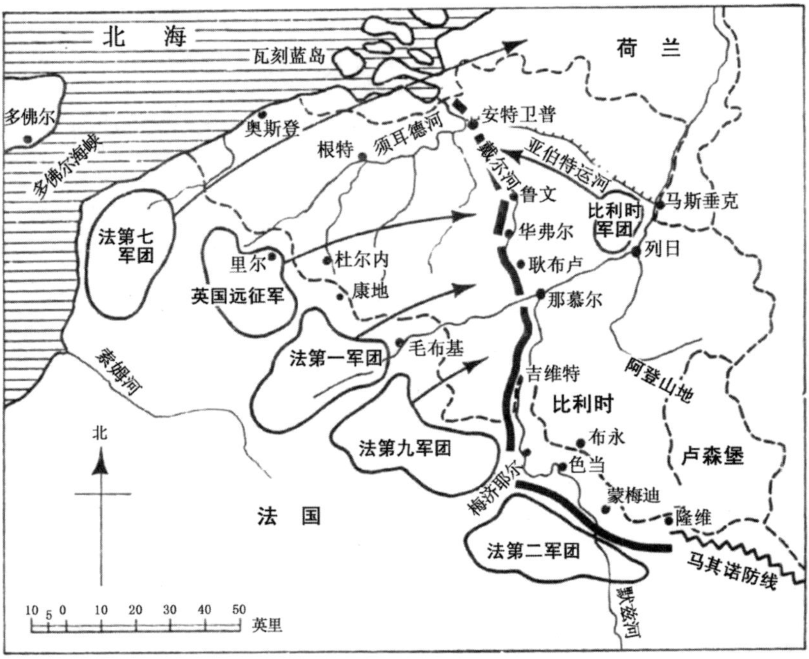

图二十三 联军的部署，1940 年 5 月 10 日

法军的计划是以下述的四个假定为基础的：（1）所谓马其诺防线，它从瑞士边境一直延伸到隆维（Longwy）为止，那是不可能被突破的；[1]（2）在隆维与那慕尔之间，其北面为阿登（Ardennes）山地，足以限制大兵力的运动，尤其是装甲部队为然；（3）因为比利时是中立国（在 1936 年再度宣布的），必须等到德国侵犯了其中立之后，法军才能进入比利时的境内；（4）德国人还是会再度采取 1914 年的施里芬计划。他们对于这最后一点是十分确信的，因为比

[1] 这一条号称马其诺防线的要塞防线从隆维到海峡海岸之间是中断的。因为它若想在法国工业区之北和比利时之南通过，则必须穿入比国的境内，否则就只能穿过工业地区，或是位置在它的南面。若是采取第一案，则在战时工业区大部分将被毁灭；若是采取第二案，则将全部丧失。所以法国人遂决定只把防线做到隆维为止，而不推进到比国的境内。

利时中央平原最适宜装甲兵力的活动。所以法国计划的要点就是如何阻止这个比利时中央平原落入敌人的手中。

在这个平原上有三条河流可供利用：(1) 亚伯特运河—默兹河之线，从安特卫普到列日；(2) 戴尔河 (Dyle) 之线，从安特卫普到那慕尔；(3) 须耳德河 (又名 Escaut) 之线，从安特卫普到杜尔内 (Tournai)。但是在 1939 年，因为比利时决定把这第二道河流当做他们的主要防线，所以防线就减到了两条。法军对它们的占领计划，分别定名为"D" (Dyle) 计划和"E" (Escaut) 计划。1939 年 11 月 17 日，前者为法国国防会议所采取，并获得了法国总司令甘末林将军 (Gen. M. Gamelin) 的批准。当比利时陆军 (共 18 个师) 从亚伯特运河—默兹河之线向安特卫普与鲁文之间的戴尔河上撤退时，英国远征军 (British Expeditionary Force, 简称 B. E. F.) 共 6 个师 (最后增到 9 个师)，由高特将军 (Gen. Lord Gort) 指挥；加上法国第一军团 (6 个师) 和第九军团 (9 个师)，分别由布隆查尔将军 (Gen. Blanchard) 和柯拉普将军 (Gen. Corap) 指挥，即应从英吉利海峡与梅济耶尔之间的地区在法国第二军团的左面进向戴尔河上。后者共 7 个师，由洪齐格将军 (Gen. Huntziger) 率领，据守着梅济耶尔到隆维之间的正面。英国远征军应从鲁文到华弗尔之间前进，第一军团则在华弗尔到那慕尔之间，而第九军团则应在那慕尔到梅济耶尔之间达到默兹河上。此外，由吉劳德 (Gen. Giraud) 将军所率领的法国第七军团 (共 7 个师)，则应移到英国远征军的左后方，其目的并不是增援正面上的兵力，或是当做预备队使用，而是准备一旦荷兰的中立被破坏，即加速赶往应援。

乔治将军 (Gen. Georges) 被指派为东北战区总司令，其范围从瑞士边界一直到英吉利海峡。它又分为两个集团军：第一集团军由比罗特将军 (Gen. Billotte) 任总司令，包括法国第二、第九、第一等三个军团；第二集团军则部署在前者的右方，负责防守马其诺防线。英国远征军和法国第七军团则直接由乔治将军指挥。此外他还有一个总预备队，共计 13 个师的兵力，但它们却分散得很广，其重点不是在第一集团军方面，反而是在第二集团军方面。

诚然以戴尔河的防御而言，48 个师的兵力不能说他们不够强大，可是因为他们的成分是如此的混杂，所以实际力量还是很脆弱。此外，法国四个军团的人员水准也有很大的差异。最优秀的师是分配给第一和第七两个军团，因为他们可能要在开阔地上作战；而其余较差的人员则分配给第九和第二两个军团，因为他们有阿登山地的保护。他们的组织如下：第一军团为两个轻快机械化师（合组一个骑兵军）、三个现役师和一个 A 级预备师。第七军团为一个轻快机械化师、两个摩托化师、一个现役师、一个 A 级预备师、两个 B 级预备师。第九军团为一个摩托化师、一个现役师、两个 A 级预备师、两个 B 级预备师、一个要塞师和两个骑兵师。第二军团为两个现役师、一个 A 级预备师、两个 B 级预备师和两个骑兵师。[1]

从上述的部署上看来，即可以知道联系马其诺防线与那慕尔之间的部队，在人员素质上较差，不过其假定却是认为阿登山地是一个不利于进攻的地区。它也的确如此，所以对这一点是没有什么可以批评的——法国全部计划的错误却是在另外的地方。因为法国参谋本部估计德军装甲兵力的主力将会通过比利时中部平原前进，所以法军的三个装甲师很明显地应该集结在戴尔河正面的背后，等到德方装甲兵一渡过亚伯特运河—默兹河之线时，马上开始反攻。假使德军不走这一条路，而从阿登山地中冲了出来，那么法军的装甲兵力就可以取道蒙斯（Mons）而打击在它的右翼上面。为什么法军不采取这样的部署，其理由详见后述。

在我们尚未转而分析德国方面的计划之前，对于法军士气的问

[1] 现役师为平时也存在的步兵师。A 级师为第一线预备师，B 级师为第二线预备师。要塞师为纯粹防御性者。骑兵师中有一个骑兵旅和一个轻快摩托化旅。轻快机械化师拥有轻型战车、炮兵和摩托化的机关枪。摩托化师拥有卡车载运的步兵。此外还有装甲师，是作为预备队，每个师大约以 150 辆战车为其核心。

题，也应略加论及，因为法兰西在 1940 年的崩溃主要并不是战术上的原因。

一般的外国人，尤其是英国人，一向都认为法国的陆军是欧洲最强大的。事实上完全不然，它的装备低劣，战术落后，而在士气方面，对于第一次世界大战时的创伤也始终未曾复元，再加上自从布鲁姆（Léon Blum）在 1936 年组成了“人民阵线”政府之后，陆军更受到共产主义的影响。人民的态度是如此的冷漠，充满了失败主义的情绪，又有许多人曾经公开表示宁愿接受希特勒的占领而不愿意战争。法国陆军中有许多的军官，更是认为宁愿接受纳粹主义，以免受到共产主义的统治。虽然这些现象很容易发现，可是英国人却从来不肯加以公开揭穿，因为他们不愿意让人们知道法国是那样的弱小，而德国是那样的强大。所以大多数英国人始终被蒙在鼓中。当 1940 年 5 月 25 日法国的殖民部长孟德尔（George Mandel）向英国的斯皮尔斯爵士（Slir Edward Spears）说“法国人并无战斗的意志，普遍的心理都是带有失败主义的趋向，全国的崩溃即在目前”时，无怪其然的会使他大吃一惊。甘末林将军对此也有同感，在一个星期之前，他曾经写了一个报告说：“今天所动员的人员，在两次大战之间的阶段中，并不曾受到爱国精神教育，所以他们对于决定国家命运的决斗，在精神上是毫无准备的。我方正面之所以被敌军突破的主因，即为部队的主动溃逃。首先总是局部性的，常常是在重要的点上，当勇敢的敌人不惜冒险前进时，我军即开始闻风而散了。”这也正是和斯多夫上校（Col. Stoffel）在 1870 年战争之前所说的话一样。

德国方面的计划被称为“黄色计划”（Plan Yellow），据艾里斯少校（Maj. Ellis）的考据，认为并无确证足以证明这与希特勒个人的创见有关。它的基础是分为三个集团军（A、B、C）的兵力，分别由伦德斯泰特将军（Gen. Karl von Rundstedt）、波克将军（Gen. Fedor von Bock）和李布将军（Gen. Wilhelm von Leeb）任总司令。

这个计划在 10 月 19 日由德国陆军总部（OKH）颁发，它把装甲兵的主力分配给 B 集团军，并在布鲁塞尔的北面作主力的突击，另分一支兵力通过荷兰南部前进。A 集团军则保护其左翼，而 C 集团军则面对着马其诺防线。希特勒不喜欢这样的兵力分配，根据约德尔将军（Gen. Jodl）的记载，希特勒曾经主张把所有的兵力都用在列日以南，以在理姆斯和亚眠的方向上实行突破为理想。于是布劳希奇（Brauchitsch）和哈尔德（Halder）根据这个思想修改原有的计划，除了波克在布鲁塞尔北面的主力突击，在列日之南又加上了一辅助性的突击，而取消了经过荷兰的那支兵力——这正是法国人所预料中的计划。希特勒仍认为不满意，不仅是因为这个计划是代表在列日的两侧作正面攻击的意图，而且他也认为主力的打击应发生在列日的南面，而以一个装甲师和一个摩托化师的兵力经过阿尔隆（Arlon）指向色当。

第二天，10 月 31 日，伦德斯泰特和他的参谋长曼斯坦（Gen. Fritz von Manstein）将军，独立地提出了一个新的观念。其目的是想切断在索姆河以北的敌军，不从正面上压迫他们，而用 A 集团军的兵力来对付他们达到突破的目的。这个计划却为布劳希奇所拒绝。古德里安将军曾经告诉我们，11 月曼斯坦曾经与他会谈，询问他认为通过比利时南部和卢森堡的战车突击是否有成功的可能性。古德里安回答说，只要有充足的兵力，他认为是有可能性的。曼斯坦根据这一点，写了一份备忘录提出了这个新观念，12 月 4 日获得了伦德斯泰特的批准，经签署之后转呈给布劳希奇，可是后者却拒绝将其转呈给希特勒。

12 月 28 日，德军统帅部下达了一个训令，其内容是准备在 1940 年 1 月中旬，展开西线的攻势，等到元首看清楚了哪一方面的最初成功是最大时，他再来决定应该把攻击的重点集中在哪里。接着就发生了一个意外事件。1 月 10 日，有一架德国飞机载着一位空军传令官，在比利时强迫降落，从他所携带的文件中，德军的计划已经泄漏了一大部分。这个事件，再加上突如其来的恶劣天气，使预定在 1 月 17 日发动的德军攻势为之延期。

于是希特勒开始采取了次一个步骤。2 月 13 日，他重新提出攻击主力应部署在何处的问题，并且再建议应该把装甲师集中在色当的方向上，因为这是敌人所最料想不到的地方。他又说："1 月 10 日被敌军所俘获的文件是为了使敌人假定我方的主要着眼点是占领荷比两国的海峡海岸线。"此时，曼斯坦也用尽心机想提出其他观念，这使布劳希奇感到非常厌恶，为了撵走他，就把他升为一个步兵军的军长。但是依照惯例，在他尚未接任新职之前，应首先谒见希特勒请训。他与希特勒一同进餐之后，就乘这个机会把他的计划直接面呈希特勒，这也就是布劳希奇所一向拒绝转呈的。因为它与元首的思想不谋而合。经过了两次连续演习，2 月 22 日，曼斯坦计划遂正式被采用，整个攻击的重点又移到了 A 集团军方面。关于这个改变，古德里安说伦德斯泰特对战车的威力并无明确的认识；而且除了希特勒、曼斯坦和他本人，再没有任何人对这最后修正本的"黄色计划"具有信心。

这个最后计划的详细内容简述如下：

B 集团军，下辖第十八和第六两个军团，共 28 个师，其中包括 3 个装甲师和 1 个摩托化师，应该进到温特斯维克—亚琛（Winterswijk—Aachen）之线，蹂躏荷兰南部和比利时北部，占领各飞机场，并掩护 A 集团军的右翼。

A 集团军，下辖第二、第四、第十二和第十六等四个军团，共 44 个师，其中包括 7 个装甲师和 3 个摩托化师，应该进到亚琛（本身除外）—卢森堡之线，在那慕尔到色当之间，突入法国的境内，再进到亚眠—阿贝维尔（Abbeville）之线，并切断在索姆河以北的敌军。

C 集团军，下辖第一和第七两个军团，共 17 个师，看守着马其诺防线，并实行佯攻。

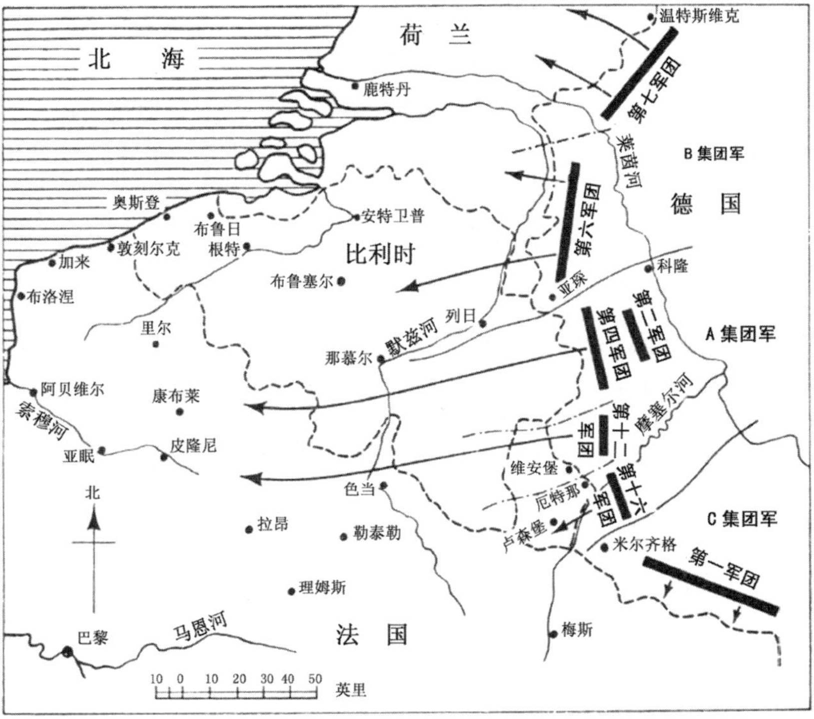

图二十四　德军的部署，1940 年 5 月 10 日

总预备队共为 45 个师，包括 1 个摩托化师在内。

以上把法德双方的计划都说明了。前者是以法国参谋本部的固定观念为基础，他们除了假想德国人会把施里芬计划加以重演，就再想不到什么新的观念。后者却应感谢一连串的意外事件，才算是勉强打倒了德国参谋本部中的固定观念（他们也是中了施里芬的毒），而改以希特勒和曼斯坦的新观念为基础。除了思想上的顽固僵化，这两国的参谋本部还有其他的相似之处。根据各方面的记录，在德国参谋本部之中，有一些卖国贼，希特勒直觉地认清了这一点，所以对它并不信任。在 1940 年 3 月 30 日，雷诺（Paul Reynaud）做了法国的国务总理兼战争会议主席，他对于甘末林将军所领导的法国参谋本部也完全不信任。雷诺一上台，即决心要免去甘末林的职务，可是后者却获得了当时国防部长（前总理）达拉第的支持。关于达拉第，拥护他的人说他是一头牛，反对他的人却说他是一头长了橡皮角的牛。依照法国内阁秘书长包多因（Paul Baudouin）的记载：雷诺说过，甘末林也许可以做一个好县长或主教，但是要他做一位将领，那是毫无希望的。5 月 9 日，雷诺抓着挪威失败的机会，决心罢免甘末林，在那一天的战时内阁会议中，他把甘末林骂得体无完肤，最后他高喊着说："面临着这样激烈的反对，我认为内阁应该辞职，我宣布将向法国总统辞职。"这个景象令人回忆起 1870 年的旧事，可是这个时机却很不妥，散会之后，即接到了德军已经侵入比卢两国的消息，于是甘末林又侥幸留任了。

当这次西线大攻势发动之际，希特勒以战争重任所托付的一位总司令却是希望敌军向柏林进军的。而雷诺所用的这位统帅，在精神上已经被他宣告死刑。

包括在荷兰、比利时和法兰西侵入战中的全部兵力分述如下：

（1）德国方面：步兵师 134 个，装甲师 10 个，摩托化师 4 个。（2）荷兰方面：步兵师 8 个。（3）比利时方面：步兵师 18 个。（4）英国方面：步兵师 10 个，战车旅（重型）1 个，机械化骑兵（轻战车团）5 个。（5）法国方面：步兵师 90 个，装甲师 3 个，轻装甲师 3 个，轻机械化师 5 个，另有独立战车营 27 个。关于战车方面：德军可以作战的共 2439 辆；法军共有新型战车 2460 辆，另加 600 辆旧战车；英军共有 229 辆，其中 171 辆还是轻战车。法国战车中有许多就装甲和火炮口径而论，都还要比德国战车更优秀。不过德国战车的战术理论，是以整个装甲师来当作攻城槌用的。而法国人的战术思想却是把战车分散在各师之中，以用于步兵中的支援。这就是德国人占有优势的主要原因。在空军方面，德国人毫无疑问占了优势。在这次战役开始时，德国可以动用飞机共 3700 架，另有运输机 600 架，而法国却一共只有可用之机 1500 架，荷比两国的空军根本不足称道。至于英军方面，有474架飞机驻在法国的基地上，其余的则留在英国本土。

5月8日，星期三，希特勒命令于5月10日上午5时35分开始攻击。自从前一年10月起，他在比荷卢三国的边境上，集中其大军的次数有十次之多，可是他的计划却从来没有一次是有成功希望的。为了执行整个计划中他所担负的一部分，伦德斯泰特把三个军团展开在亚琛与米尔齐格（Merzig）之间。克鲁格将军（Gen. von Kluge）的第四军团在右面，李斯特将军（Gen. von List）的第十二军团在中央，布西将军（Gen. Busch）的第十六军团在左面。克莱斯特将军（Gen. von Kleist）所指挥的装甲兵团（Panzer Group）为决定性的兵力，也部署在中央，它分为两个装甲军。第十九装甲军，军长为古德里安将军，下辖第一、第二和第十等三个装甲师。第四十一装甲军，军长为雷因哈特将军（Gen. Reinhardt），下辖第六和第八两个装甲师。前者展开在维安登（Vianden）与厄特那（Echternach）之间，并面对着卢森堡的边界；后者部署在前者的北面。古德里安的目标为色当，雷因哈特的目标为蒙提梅（Monthermé）；两军都应负责为步兵在这两个点上分别建立桥头阵地，在装甲师与空军之间的密切合作也作了预定安排，但是当奇袭成功之后究竟应采取何种更进一步的行动却并无指示。此外，霍斯将军（Gen. Hoth）所率领的装甲军则分配给第四军团，共为第五和第七两个装甲师，其中第七师又是由隆美尔将军（Gen. Rommel）所指挥，以默兹河上的豪克斯（Houx）为其目标。

5月7日，在海牙就听到了谣言说攻击就要发动了，因为过去曾经有许多次的虚惊，所以并没有多少人注意它。5月9日，下午9时30分，比利时外交部长接到了一个电话，有人报告他说边界上的哨兵听到了不断的车辆运动噪音。5月10日上午3时，接到了有飞机飞过荷兰天空的情报，一个小时之后，荷比两国的飞机场都已受到了轰炸。不久，阿拉斯（Arras）飞机场也受到了轰炸。上午5

时，荷比两国的外长都分别向英法两国政府求援。到了上午 6 时 30 分，甘末林将军用电话通知乔治将军，命令他执行“D”计划。上午 7 时 30 分，法国骑兵的前卫开始进入比利时的国境，联军的左翼以梅济耶尔为枢轴旋转，开始变换正面并向戴尔河前进。

在荷比两国境内的作战，是以闪电的速度在发展。到了 5 月 11 日，在华尔哈芬（Waalhaven）、鹿特丹（Rotterdam）、华森纳尔（Wassennaar）、弗尔肯堡（Volkenburg）、多德列克（Dordrecht）等地的荷兰机场都全被德国伞兵所占领。在莫尔狄克（Moerdijk）的马士河（即默兹河的下游）上桥梁也落入他们的手中。一支摩托化的纵队，从根纳普（Gennap）冲过了拉门（Raam）—皮尔（Peel）阵地，并进到了莫尔狄克。在比利时境内，布鲁塞尔、安特卫普和那慕尔也遭到了轰炸，而在（荷兰）马斯垂克（Maestricht）的马士河上，桥梁也已被攻占。此外，德国伞兵曾占领了亚伯特运河上在布里德根（Bridgern）、威尔德魏齐特（Weldwezelt）和弗隆何芬（Vroenhoven）等地的桥梁，并且用垂直攻击的方式，占领了艾本艾美尔（Eben-Emael）要塞。

5 月 11 日这一天，在阿登地区中的法国骑兵，不断地受到斯图卡（Stukas）俯冲轰炸机的攻击——这是德国两个装甲军的前卫。到了下午 5 时 30 分，当他们把桥梁炸毁之后，法国骑兵即被赶过了塞摩瓦河（Semois），下午 7 时 15 分，古德里安的领先战车已到达了布永（Bouillon）的郊外。因为柯拉普将军的全部正面现在都已经没有掩护了，于是德军的战车就向着他这个军团前进，所以他立即要求增援。法国统帅部立即判明了德军的主力打击，是来自那慕尔以南而不是以北，换言之即不像他们原先所预测的，于是在 5 月 12 日，法国统帅部命令 1 个装甲师和 3 个步兵师去援助柯拉普；到了 13 日，又再增调了另外 1 个装甲师和 5 个步兵师去担负这同一任务。前者预定要在 17 日始能达到第九军团的正面，后者则更要迟到 21 日，我们在下文中即可以看出来他们都太迟了。

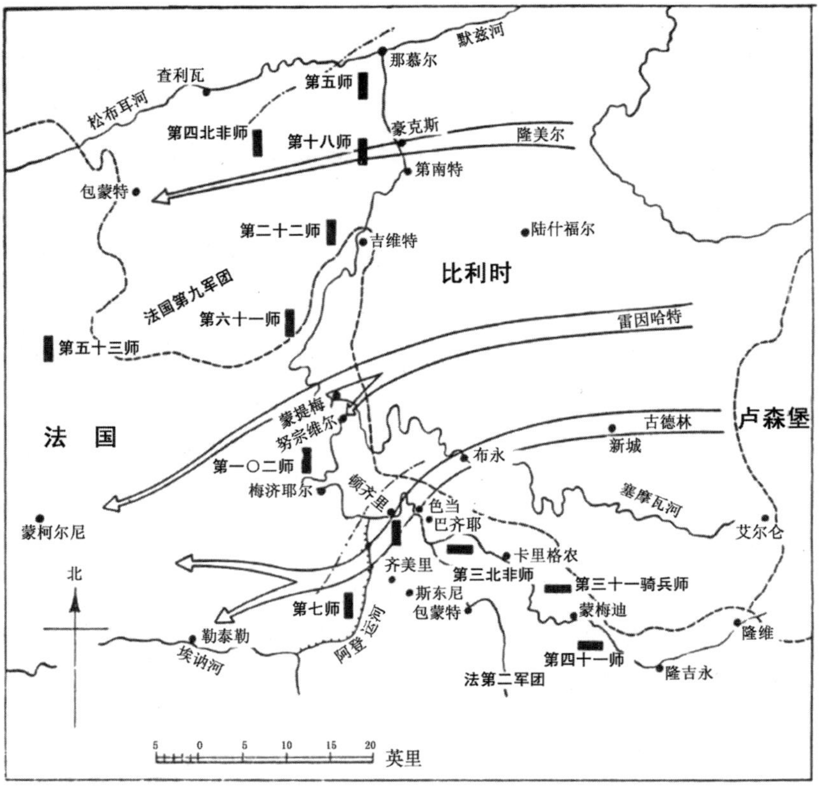

图二十五　第二次色当会战，1940 年 5 月 13 日至 15 日

5 月 12 日的上午，面对着顽强的抵抗，古德里安对布永城发动了一次全面的攻击，一鼓作气地把它攻下来了。虽然发现在塞摩瓦河上的桥梁已经被炸毁了，但在附近却找到了一个徒涉场，步兵即从此渡过，而机械化摩托部队则使用橡皮艇渡河。所有在阿登地区的抵抗现在完全崩溃了；隆美尔已经接近豪克斯，雷因哈特也接近蒙提梅；而在夜幕低垂之前，古德里安的第一和第十两个装甲师在色当也占领了默兹河上的东岸，连那个古老的要塞在内。比利时被丢在后面，所谓阿登的神秘完全化为乌有。

5 月 13 日上午 8 时 15 分，古德里安命令他的 3 个师在那天下午 4 时开始进攻：第二师应进到顿齐里（Donchéry）的两侧，强渡之后，占领顿齐里南面的地区，再转向西面，越过阿登运河，并沿着默兹河席卷敌军的防线；第一师应在格雷尔（Glaire）和托尔赛（Torcy）之间，强行渡河，扫荡在默兹河湾中的敌人，然后进到马尔费（Marfée）森林；第十师也应在色当—巴齐耶（Bazeilles）地区之中,完成同样的任务,并占领毛吉桥(Pout Maugis)附近的高地。

从正午起到下午 4 时，俯冲轰炸机一直不断地攻击在默兹河西岸上的法军防御阵地。他们炸毁法军的炮兵阵地、碉堡和机枪巢，并使守军的精神崩溃。下午 4 时，德军野炮、战防炮和高射炮也都加入了战斗，而战车也进到东岸上使火力更加增强。德军分乘了数百艘橡皮艇开始渡河了。虽然死伤颇重，但到了下午 5 时 30 分，德军终于在默兹河西岸上获得了一个立足点，接着德军工兵立即在格雷尔开始架桥，一直到午夜时才完成。到了下午 8 时，色当以南的马尔费森林已被德军占领。下午 10 时，又占领了顿齐里，到了午夜时，在色当南面 8 英里处的齐美里（Chémery）村也落入了德军的手中。古德里安正面上的突破已经完成了，一共花了 8 个小时的激烈战斗。

当古德里安正在默兹河撞开了一条进路时，雷因哈特也准备在努宗维尔（Nouzonville）和蒙提梅两处渡过该河。在前一点上，他被逐退了；在后一点，经过了两次企图和一场苦战，才用橡皮艇完成了任务，但是这一次却并无俯冲轰炸机的支援。更北面的地方，在第南特（Dinant）以下约半英里远处的豪古斯，隆美尔发现那里的铁路桥梁完好无损，可是当他的人员正要尝试渡过之际，却被炸断了。利用东岸上战车火力的掩护，隆美尔的兵力终于渡过了，并立即建好了一座浮桥和一个桥头阵地。我们应记着，对抗隆美尔的法军本是属于 B 级的，其装备很差，但是当他们有堑壕可守时，还是能作英勇的战斗，不过一旦被赶入了开阔地区，他们马上就士无斗志了。有许多人认为德军此次渡河，好像演习那样轻松，实际上并不如此，一共失败了三次，第四次才成功了，假使法军能有较优良的装备和训练，并且还能获得较适当的战车和飞机的支援，其结果可能就会完全不同了。

依照法国方面的“D”计划，本是假定比军可以坚守亚伯特运河—默兹河一线相当长的时间，一直等到联军进到戴尔河之线完成部署时为止。可是尽管有了坚强的要塞工事，比军的抵抗在 5 月 10 日和 11 日两天内即完全崩溃了。5 月 12 日，比利时军已在全面溃退之中，布隆查尔将军派遣他的机械化骑兵军去掩护他们的退却。于是引起了这次战役中的第一次战车战斗。战场是在美尔多尔普（Merdorp）小村的周围。法军所用的战车为 20 英吨的索姆亚（Somua）型和 31 英吨的 B 型，它们要比德军所用的 Ⅱ（10 英吨）和Ⅳ型（22 英吨）都较优秀。不过法军在战术上的错误却使这些技术优势被抵消了。结果是受到了惨重的损失之后，法国骑兵军被迫撤到了沛维兹（Perwez）和马恰费里特（Marchovelette）之间的坚固的战壕的后面去了。14 日，德军的炮兵在这条防线打开了一个狭窄的缺口，可是并无意义，因为当德军战车正在企图进入时，却又为法军炮兵所击退。

当这次战斗正在进行中，荷兰的抵抗也完全崩溃，5 月 15 日上午 11 时，德荷签订了休战协定，从此荷兰就不再是一个交战国。同时正在向布拉达（Breda）前进的法国第七军团也撤回了比利时。5 月 15 日，吉劳德将军奉命接替柯拉普的第九军团司令职务。这是一个毫无意义的调动，到了 14 日的黄昏，虽然第九军团的左右两翼还能守住原有的位置，可是整个中央部分已经凹入。联军整个战线左翼方面的铰链拆断了，而且也再无预备兵力可以重建一条坚强的抵抗线，使其足以阻止敌方装甲兵力的前进。上面这段话来自莱特（Fierre Lyet）在其所著的《法兰西战役》一书中的按语。这是非常有意义的，因为一直到 1947 年（该书出版时），人们对于战车战争还是那样缺乏了解。在这整场战役中，联军所犯的最重大的战术错误，就是始终想要维持一条连续不断的正面，结果使他们永远无法集中足够的兵力来执行一次强大的反攻。

照古德里安的报道，德方第十九装甲军在5月14日到15日的夜里是非常混乱的，因为该军与克莱斯特发生了冲突，后者制止其继续向前进。古德里安对此表示激烈的反对，于是经过了长时间的周折，克莱斯特才收回他的命令。16日，第十九军的主力进到了蒙柯尔尼（Montcornet）以西不远的地点。关于第二天的作战，古德里安命令第二和第一装甲师进到圣康坦—皮隆尼之线，而第十师则在其左后方跟进。但是当5月17日的前进刚刚开始，又有命令叫他们停止不动。这次是最高统帅部所发来的命令。[1]

这次停顿的时间并不太长，不久德军当局就获得了报告，证明在这个缺口南面出现的敌人只想构成一个侧面的防线，根本没有反攻的意图。伦德斯泰特认为安全已无问题，遂命克莱斯特继续前进，并推进到康布莱—圣康坦之线为止。已经没有任何力量挡住他们的进路。莱特记载说："5月18日那一天，敌方装甲兵力发现其前面已经是一个真空。"古德里安的前进神速无比。上午9时，第二装甲师已经到达了圣康坦；在它的左面，第一师也接近了皮隆尼。在这一天，吉劳德在搜索的途中，冲入德军的一个前哨，遂为敌人所俘虏。这也就是法国第九军团的正式结束。

5月19日，德军在下述各点上达到了北运河（Canal du Nord）：第七装甲师在马尔昆（Marquion），在它的左面为第六和第八两个装甲师，分别到达了因齐（Inchy-en-Artois）和包梅兹（Beaumetz-les-Cambrai）以东的地方。第二装甲师则到达了康布勒（Combles）以东，第一装甲师则到达了皮隆尼，第五装甲师保护着第七师的外侧翼，而第十师则保护着第一师的外侧翼。

---

[1] 哈尔德的日记记载说：元首神经非常紧张，他为自己的成功所吓倒了。他十分担心其南面侧翼上的安全。

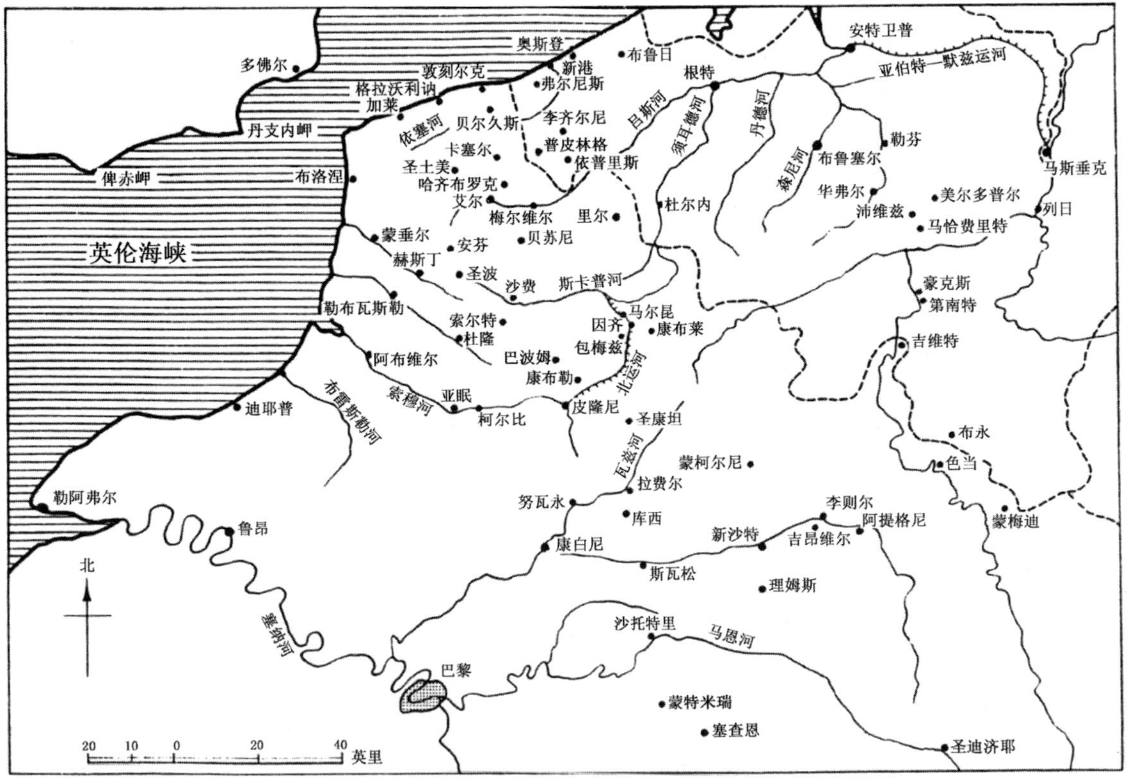

图二十六　法国侵入战，1940 年 5 月到 6 月

5月20日，星期一，当隆美尔的第七师正在攻击阿拉斯之际，其他德军的装甲师也都分别向海峡海岸上进军，第八师到达了赫斯丁（Hesdin），并派了一个支队推进到蒙垂尔（Montreuil）。第六师占领了杜隆（Doullens），并前进到了勒布瓦斯勒（Le Boisle）。第二师占领了阿贝维尔。第一师占领了亚眠，并立即在索姆河的南岸上建立了一个桥头阵地。从斯卡普河（Scarpe）到索姆河之间的全部地区，都已经落入了德军的手中。英军的交通线已被切断，德军到海峡港口的道路已经畅通无阻。在11天之内，德军前进了220英里，而在5月20日这一天当中，第二装甲师一共走了50英里以上。[1]

为了要守住埃讷河和索姆河之线，法国人在5月16日到18日，勉强拼凑了三个新的军团：第六军团，司令为土雄将军（Gen. Touchon），部署在阿提格尼（Attigny）与苏瓦松（Sois Sons）之间的埃讷河上；第七军团，司令为弗瑞尔将军（Gen. Frère），并入了吉劳德的一部分旧属部队，部署在苏瓦松与皮隆尼之间，横跨在瓦兹河（Oise）上；第十军团，司令为阿特马耶将军（Gen. Altmayer），沿着索姆河，从皮隆尼以达海岸。

当这个正面正在构成之时，在它的北面又在组成另一个正面。5月15日，在比国境内的联军奉命分为三个阶段，从戴尔河上撤回到须耳德河上（E计划）：第一步撤到森尼河（Senne）上，第二步撤到丹德河（Dender）上，第三步最后才撤到须耳德河上。到占领该河时，已经是5月18日。比军据守左面，英军据守在中央，法国第一军团则据守这个长达75英里的防线右段，它一直向南延伸到阿拉斯为止，再往南去即为25英里的缺口，然后才到皮隆尼。

因为5月20日这一天，德军进展极为迅速，所以英国远征军和法国第一军团所面临的问题，即为如何巩固其右翼和后方——那

[1] 这种迅速前进的原因之一，即为装甲师的燃料经常利用空运来补给。

就是，如何掩护这个缺口的北面侧翼。为了改进这种不利的态势，5 月 21 日，高特勋爵从阿拉斯向南发动了一次战车攻击。虽然这是一件小事，可是对于德军而言，却是一个不愉快的奇袭。古德里安说：它对于克莱斯特装甲兵团的司令部，发生了一个相当巨大的作用，使他们突然感到神经紧张。

因为这个原因，德军的第八和第六两个装甲师奉命抽回到安芬（Anvin）、圣波（St. Pol）、沙费（Savy）、索尔特（Saulty）等地，以便构成一个侧卫，面对着缺口的北面。这个小型而并未成功的行动，很明显地证明，假使法国装甲师受过逆袭的训练，并且集中在联军左侧翼的后方，从战术上来看这是他们的正确部署，那么希特勒和伦德斯泰特的神经紧张就似乎是合理的。根据伦德斯泰特的参谋长布勒孟楚特将军（Gen. Blumentritt）所记载的，伦德斯泰特对甘末林将军和法国的参谋本部一向估计颇高的，并且常常说："我的小甘末林是一定会知道他应该做些什么的！"

可是希特勒和伦德斯泰特若能够知道对方的情形，他们就会发现他们的神经紧张实在殊少理由。假使他们还能记着上次大战中，在康布莱和亚眠的战车突破对于德军的瘫痪作用有多大，他们即可能作出正确的猜度。再联想到法国人易于激动的脾气，会把那个效力放大十倍，也许可以想象到敌方阵营中的真正混乱情形了。

5 月 15 日，第九军团崩溃的消息传到了巴黎，其后果就好像是一个晴天霹雳。雷诺抓起他的电话打给达拉第，问他知道甘末林是否还有什么对策没有。达拉第的答复是："他没有。"次日，内阁在混乱无比的情况中召开会议，档案箱从窗口中丢下去，就在下面的庭院中点火焚烧。国会议员们到处乱跑，散布着各种夸大的谣言。下午 4 时，丘吉尔来到了巴黎，依照包多因的记载，丘吉尔还是不断地在说大话，认为德军愈前进，则当它受到反攻时，其处境就愈为危险。可是用什么东西来反攻呢？雷诺要求英国供给战斗机，丘吉尔同意调 10 个中队的战斗机到法国来，并且把英国战略轰炸的目标由鲁尔地区移到战场上来。[1] 包多因说："丘吉尔的雪茄喷出了浓烟，好像是一座火山。他告诉雷诺说，即令法国被侵入了和征服了，英国人还是会继续打下去。一直到有一天，他会在加拿大指导这场战争，英格兰已经夷为平地，法国的废墟早已冷却，这时所剩下来的就是新世界对德国所控制的旧世界之间所进行的空中战争。"

在英格兰，情势也只是稍为缓和一点。由于有了这道海上长城的保护，所以大多数的人民对于德军的前进，还不太感到困扰，可是政府却丧失了它的头脑。这个时候，为了维持国内的安宁，本来应该使人心镇定，不应夸张局势的危险，可是政府却采取了许多未加思索而可以引发恐慌的措施，全国都弄得惶惶然，觉得大祸即将来临了。在道路上疯狂地竖立障碍物，一切的路标在一夜之间都被拆除，火车站、旅馆、村落和镇市的名称突然改变。数以百计的忠贞公民，仅仅因为认为战争是错误的缘故，被当作有罪而被拘捕并加以看管，其时间有长达几年的，既不起诉又不审讯。这就是丘吉尔所夸说的英国历史上的"最好时代"。

在法国，恐慌现象的发生并不仅限于政府，而最坏的却在陆军方面。在法国北部，它像野火一样延烧到各个司令部中。5 月 19 日，高特勋爵开始考虑向海岸撤退，这是不无理由的。在这一天，有一个隐名的参谋军官在他的日记上曾有下述的记载："这种非正统性的运动战已经使法国的参谋本部发生了瘫痪的病征。教科书对于这种流动性的情况完全不适用，而这些为联军拟订计划的法国将军们，还长着一颗 1914 年式的头脑，完全不能够应付这种新局势。"5 月 17 日，魏刚将军从叙利亚被召回，接替甘末林的位置，他在 5 月 20 日到北部前线上去视察时，曾经写信给包多因说："使我最感到触目惊心的，就是德军的装甲师和飞机使法军士兵发生了恐慌现象。

[1] 鲁尔地区于 5 月 15 日第一次受到轰炸，其目的是为了什么，简直无法解释，所造成的损毁，好像是把豆子撒在金字塔上面。

这要算是德军的最大成功。”那么又应该如何应付呢？包多因说：“因为我们缺乏战防兵器，所以几乎是束手无策。必须要把这种 75 口径的火炮应用在步兵之中，把它们当作手枪一样使用。”速度、战术的新奇，对于最初部署上的错误以后即无法再调整，差不多完全缺乏可靠的情报，而更重要的是已经没有可供运用的时间，凡此种种结果使联军的指挥体系完全瘫痪了。

5 月 16 日的内阁会议之后，法国的政府又改组了——这是法国人应付危机的传统仙方。5 月 17 日，雷诺从叙利亚召回了魏刚，又从西班牙召回了贝当元帅（正在该国任大使）。18 日，达拉第改任外交部长，雷诺兼任国防部长，任命魏刚为总司令以代替甘末林，并由贝当出任副总理。

当魏刚于 5 月 20 日视察法国北部前线时，他约了比利时国王李波德，比罗特将军和高特勋爵在依普里斯与他会谈，以便研究一个新的行动计划，但是不幸高特却未能出席。在这次会谈中所议定的计划，也就是甘末林、乔治和比罗特所早已考虑过的，其内容就是对在阿拉斯和索姆河之间的缺口腰部作一次两面的反攻。第一集团军的一部分向南攻击，第七军团向北攻击。当这个计划议定了之后，魏刚即取道瑟堡（Cherbourg）返回巴黎。于是命运之神又参加了进来，当他离去不久，比罗特即因为车祸送命了，而他的承继者布隆查尔对于一般的情况却毫不熟悉。

5 月 22 日，联军的最高战争会议在巴黎开会，并决定当比军撤到依塞河（Yser）时，英军 8 个师和法国第一军团应于 24 日向西南面进攻，以巴波姆（Bapaume）和康布莱为目标。而正在索姆河以南的法国第七军团，则应向北进攻。虽然在表面上看来是很合理，但这个计划完全缺乏现实感，因为它没有考虑到目前在法国北部的一片紧张而混乱的情况。23 日，第七军团开始依照计划运动，可是立即受到阻止，仅仅在一点上达到了索姆河边。高特报告说他所能做到的最多不过是突围。至于法国第一军团则尚未完成行动的准备工作。到了次日，英国当局认清了反攻最多只是一个梦想，于是高特获得了允许，开始向海岸撤退。接着英法两国之间即发生了舌战，彼此互相责备。

5月20日这一天，德国装甲部队实施了如此迅速的前进，使伦德斯泰特对于其绵长而暴露的南翼不免感到神经紧张，因为他自然会以为受困的敌人将向索姆河方面突围，同时他也注意到另有法军正在从南面向索姆河运动。此外，他和德国的最高统帅部也都开始在考虑“红色计划”（Plan Red）——即一旦联军左翼兵力被围捕，德军主力即应渡过索姆河向南前进。艾里斯少校在英国官方战史中解释说：“因为德军当局逐渐分心于‘红色计划’的准备，所以此后在法国北部的战役指导都受到了影响，否则他们有许多行动无法加以解释。”

为了预防联军的反攻，大约在5月23日下午6时，伦德斯泰特通过其第四军团命令霍斯和克莱斯特的装甲兵团都暂停待命，以等候情况较明朗化。24日上午11时，希特勒来到伦德斯泰特总部视察，他也同意命令机动部队停止在仑斯（Lens）–贝苏尼（Béthune）–艾尔（Aire）–圣奥梅尔（St. Omer）–格拉沃利讷（Gravelines）之线上，而改由B集团军向南压迫。换言之是以伦德斯泰特的部队为铁砧，而以波克的兵力为铁槌。此外，希特勒坚决主张应保留装甲兵力，以供未来作战之用。最后，当希特勒离去，伦德斯泰特即下达了下述的训令：“根据元首的命令，不应越过仑斯–贝苏尼–艾尔–圣奥梅尔–格拉沃利讷（运河线）之线。”

在当时的环境之中，这是一个合理的决定。德国的装甲师现在正需要休息和补充——克莱斯特的战车有一半已经不能作战，霍斯的战车也损毁了30%。而且在埃讷河和索姆河以南的法军主力仍然完整无损，尚未被击败，所以实有暂停之必要。此外，诚如艾里斯少校所指明的，德国当局也和英国海陆军部的看法差不多，认为要想从海峡滩头上作大规模的撤退，事实上是不可能的。

接着，在5月25日的清晨，德军统帅部又授权伦德斯泰特可以越过运河线，但是他却并未采取行动，直到26日，希特勒又亲自出面干预，下令继续向杜尔内—卡塞尔（Cassel）—敦刻尔克的方向进攻。艾里斯少校对当时德方的命令和日记（从23日到27日）曾作过极精细的分析，使我们不能不同意接受其最后的结论："关于这一次叫停的问题，希特勒所应负有的责任一直为人完全误解了。他在24日并不曾主动地作此项主张，因为伦德斯泰特在23日已下达了命令，他只不过是附和伦德斯泰特的主张。关于25日和26日的行动，他并未有所规定，因为他特别授权伦德斯泰特去对次一个行动作决定。但是他对结束这次停顿和命令在27日继续进攻，却的确负有'个人'的责任。"即令我们不相信这种分析，而愿意接受布勒孟楚特的证词，承认伦德斯泰特是在接到了希特勒的电话指示后才下命令的，可是我们不久在下文中即可以看出来，让英军从敦刻尔克逃走的主因，还不是这个引起了许多争论的"暂停"问题。

当A集团军暂停前进之际，波克的B集团军就向前挺进，5月25日它突破了在吕斯河（Lys）上的比军防线。高特立即认清了假使允许波克尽量扩张这个成功的战果，他即足以切断英军到海上的退路，高特马上放弃了一切反攻的念头，而命令其所控制的第五和第五十两个师的兵力去填塞这个缺口。他之所以如此，是完全基于自己的主动，如果不是这样，则整个英国远征军也就会全军覆没。在这一天，德军占领了布洛涅，而第二天加莱也落入他们的手中。

联军的左翼可以说很侥幸，当5月19日英国海军部接获通知说高特正在考虑向海岸撤退时，他们就马上拟订了一个撤退计划，定名为"发电机作战"（Operation Dynamo），26日这个计划刚刚完成，立即开始行动的信号也紧接着发出。这在时间方面可以说是恰到好处，因为次日午夜，比利时国王李波德即命令他的军队停战。这一行动使巴黎方面大感震惊，雷诺指控比利时国王出卖了盟国，而贝当则高呼着说："我们已经完了。我们应该投降！"在这个同一时间，魏刚还是继续在要求高特进行反攻！

5 月 29 日，联军左翼所据守的是一个四边形地区，从新港（Nieuport）到柯米尼（Comines），从柯米尼到梅尔维尔（Merville），然后再取道哈齐布罗克（Hazebrouck）和卡塞尔，以达敦刻尔克的西面：大约有 30 英里的纵深，其宽度则在 20 英里以上。在 29 日这一天，它的南面向北撤到普皮林格（Poperinghe）—李齐尔尼（Lizerne）之线；30 日又撤到贝尔久斯（Bergues）—弗尔尼斯（Furnes）运河之线，与海岸南面相距只有 6 英里远了。这就是联军的最后桥头阵地，不过总算很侥幸，以防御而论，这个地区的防御工事特别坚固。在海边的沙丘以南，这个地区到处都是灌溉水道，除了沟旁的道路，整个地区几乎都是战车所不能通过的。

5 月 27 日，德军当局已经知道英军将会从敦刻尔克的滩头上撤走，于是问题就来了，到底用什么方法可以阻止这次行动呢？古德里安的记载说："戈林和希特勒都相信德国的空中优势足以阻止这次撤退工作。"这种想法一点也不奇怪，假使英国人从 5 月 15 日以后就一直以为对鲁尔地区的轰炸足以阻止德军的前进，那么戈林和希特勒所犯的错误也就不能算是极其重大了。

哈尔德说："当时德方的装甲兵力本早已到达了英军的背面，但是希特勒将其撤回，所以才使英军得免于完全毁灭。"伦德斯泰特在战后也曾说过，他想把 5 个装甲师都投下去，但是却受到了希特勒的制止，他认为这是一个令人难以置信的大错。可是在 5 月 28 日，当德方的战车名将古德里安在前线上视察一番之后，他就向克莱斯特兵团的参谋长提出了下述的建议："在这个已经为雨水所浸透了的沼地中，作一个战车攻击是完全不合理的（该地区在过去 24 小时之内，曾经下过大雨）。"所以他认为 B 集团军第十八军团中的步兵，现在正在从东面接近第十九装甲军准备在这个地区中作战，他们是要比战车更为适当（见艾里斯所引述的《第十九军战斗日记》）。克莱斯特表示同意，古德里安的 3 个装甲师全部撤退，这可能还是奉了伦德斯泰特的命令，因为克莱斯特似乎不肯负责自动下达这个命令的。

这的确是一个事实，这整个地区就是一个巨型的战车障碍物，尤其是希特勒对于战车的性能，要比其多数的将领都更有较高明的认识，所以他认为在敦刻尔克地区使用战车实为一个“令人难以置信的大错”。早在 1939 年 10 月 9 日，他就曾经说过：“战车的使用必须以最适合于其性能的作战为限。无论是何种环境之下，都不应允许战车被纠缠在比利时城镇之内，因为无数的房屋可以引起无限的混乱。”这对于比利时的沼泽地而言，更是正确的。

这一次的撤退是一个显著的成功，尽管面对着猛烈的空中攻击，但一切行动都井井有条，丝毫不曾发生恐慌现象——英国人是最会撤退的，在历史上曾经有许多次的例证。5 月 26 日到 6 月 3 日，一共用了 765 艘各种类型的大小船只，把总数 366 162 人的兵力撤回了英格兰，其中英国人占 224 320 人。有些德国将军认为希特勒是故意放他们逃走的，这实在只能算是神话。同样地，认为英军获救的主因是 5 月 23 日伦德斯泰特的“叫停”和希特勒撤回德军的装甲师，这也是不正确的说法。

这次成功的原因是在德军控制之外的。这些原因可以列举如下：（1）英国海军部所采取的准备措施；（2）法国第一军团后卫部队所作的英勇战斗；（3）高特所部的顽强抵抗；（4）英国海军的卓越表现；（5）面对着优势的德军空军，英国空军所表现出来的过人英勇；（6）许多小船主人的自告奋勇；（7）最后，敦刻尔克桥头阵地本身是一个天然的堡垒。

面对着世界上最强大的陆军和空军，在 9 天之内，30 多万人终于安全地退回了英格兰，这一个事实使不列颠帝国的人民为之精神一振。这是一个史无前例的伟大成就。6 月 3 日，对于不列颠人民的精神而言，是他们诚心投入战争的开始，而对于法兰西则是一个大悲剧。

当敦刻尔克的撤退正在进行，5 月 20 日德军即在索姆河上占据了渡河点，现在更把它们发展成为坚强的桥头阵地了。法国人勉强构成了一条所谓“魏刚防线”，它是从阿贝维尔一直延展到隆吉永（Longuyon）。它分别由两个集团军来加以扼守，它们的番号为第三和第四，分别由贝森将军（Gen. Besson）和洪齐格将军指挥。前者包括：第十军团，从海岸上到柯尔比；第七军团，从柯尔比到库西（Coucy）;第六军团，从库西到新沙特（Neufchâtel）。后者包括：第四军团，从新沙特到阿提格尼；第二军团，从阿提格尼到隆吉永，从这里即与马其诺防线连接在一起。

从这里就可以看出来，法国人的基本观念还是想维持一条连续的正面，尽管他们已经没有足够的兵力来据守它。自从敦刻尔克撤退之后，他们所剩下来的兵力只有 43 个步兵师、3 个装甲师、3 个骑兵师和在马其诺防线中的 13 个要塞师，那是完全不能动的。此外，在法国还留有 14 万人的英国部队，可是其中只有一个组织的师，即为第五十一师，还有英国第一装甲师，也在 5 月 15 日抵达哈佛尔（Le Havre）。

5 月 26 日，魏刚颁发了一个新的防御计划，那就是绝不撤退，而充分利用森林、田庄和村落来守住正面。它们被组成了“刺猬”（Hedgehogs）据点网，即令被包围了，也应战到最后一人，而对于德军的战车则听任其从旁绕过。假使法军能够拥有足够有训练的装甲兵力，可以在据点之间实施反击，则从战术上来说，这个观念是正确的。但是他们一无所有，所以这种据点体系无异于自掘坟墓。

现在面对着法军的德军兵力，达 137 个师之多，其 AB 两个集团军迅速地改组完毕来进行魏刚所说的“法兰西会战”。B 集团军分配到了 6 个装甲师，由克莱斯特和霍斯指挥，集结在阿贝维尔—拉费尔之间的起线上。A 集团军分配到了 4 个装甲师，由古德里安指挥，以拉费尔到蒙迪梅（Montmédy）之线为起点。

5 月 31 日，德国统帅部下令执行“红色作战”，其理念概括为：

B 集团军（波克）应在阿贝维尔与皮隆尼之间突破法军在索姆河上的正面；等到他的任务完成之后，A 集团军（伦德斯泰特）也应在埃讷河的正面上作同样的突破。两方面都是以装甲师为作战的基础，在波克集团军中的装甲师，分为一对对的使用：第五和第七两个师部署在亚眠以西；第九和第十两个师部署在亚眠；第三和第四两个师则部署在皮隆尼；第五和第七两个师分配给第四军团，它据守着索姆河上的正面，从海岸一直到亚眠以西。他们的任务为突破法国第十军团的中心，把其左翼——法国第九军和英国第五十一师——向海洋上压迫，并从卢昂（Rouen）一直深入到塞纳河上为止。第九和第十，第三和第四，这两对装甲师则在第六军团指挥之下，部署在第四军团的左方，以突破法国第十军团的右翼和第七军团的左翼为目标。

5 月 28 日到 29 日和 6 月 4 日，法军为想从德军的手中夺回索姆河上的桥头阵地，曾经发动了两次流产性的攻击。到了 6 月 5 日，雷诺又再调整他的内阁人事，可是在上午 4 时，德国第四军团已经开始发动打击了。又是和在色当一样，第五和第七两个装甲师立即完成了突破的任务，而当法国第十军团向布雷斯勒河（Bresle）上撤退时，这两个装甲师从法国第九军的左翼上切入，而迫使它向第厄普（Dieppe）方面撤退。6 月 8 日，这两个装甲师达到了卢昂的郊外，在三天之内前进了 70 余英里。当在 9 日占了卢昂之后，这两个装甲师又向北一转，并于 10 日冲到法国第九军的后方，它的前面正在与德军 3 个步兵师和 1 个摩托化师交战。结果，6 月 12 日，法国第九军和英国第五十一师都向德军投降了。这是极卓越的运动——一个小型的敦刻尔克，但却不包括撤退在内。此时，第九和第十两个装甲师，也已经突破了法国第十军团的右翼，而第三和第四两个装甲师则掩护着第六军团中的步兵实施最初阶段的进军。在这个任务完成之后，这 4 个装甲师都撤回到努瓦永（Noyon）与圣康坦之间改充预备队。

当卢昂已经落入德军手中，6 月 9 日上午 4 时 30 分，埃讷河上的战斗也展开了。最先是对于法国第六和第四两个军团的正面作猛烈的炮击；接着在上午 5 时，德国第十二军团的步兵即在新沙特到阿提格尼之间趋前进攻。跟着后面即为古德里安的第一和第二两个装甲师，他们于 6 月 10 日，在朱昂维尔（Juinville）与法国的装甲部队进行了一次激烈的战斗，并获得了胜利。此后第六和第八两个装甲师也加入在一起，同时 4 个装甲师一齐突破了法国第六军团的右翼和第四军团的正面，并一直向沙隆和圣迪济耶（St. Dizier）挺进。11 日，那 4 个作为预备队的装甲师也投入战斗，第三和第四两个师趋向沙托特里（Château-Thierry），第九和第十两个师则采取一条与他们平行的路线。在 6 月 12 日和 13 日两天之内，德军方面的 8 个装甲师从法国第六和第二两个军团之间的宽广缺口中像潮水一样的涌入——这个缺口是因为法国第四军团已经溃散而造成的。在 12 日那一天，法国第四军团司令雷齐扬将军（Gen. Réquin）用电话向第六军团司令土雄将军求救时，后者却回答他说："我应该帮助你，可是事实上已经不可能了。我的右翼各军被击得粉碎。在蒙特米瑞（Montnirail）与塞查恩（Sézanne）之间，敌军有大批的战车杀来，我没有什么东西可以挡住它们。"

德军的进展可谓神速，6 月 14 日，他们的领先部队已经到圣迪济耶；6 月 17 日，就到达了瑞士边界上的潘塔里耶（Pontarlier）——照直线算，距离勒泰勒为 200 英里。为什么能够这样迅速，一部分的原因应该归罪于魏刚的防御体系。古德里安告诉我们，因为法军都像刺猬一样缩成一团，所以他的战车才可以从他们之间的空洞中，长驱直入如入无人之境。他所要做的事情就是听任战车尽量向前狂冲，而让后续的步兵来肃清这些据点。另外一个原因是 6 月 10 日，意大利也已经向法国宣战，更使法国人感到腹背受敌。

从埃讷河上发动会战之日起到 6 月 26 日为止，我们真正走入了一个政治幻想中的梦境，在这个梦境中，向风车挑战的故事居然变成了历史事实。6 月 10 日，法国政府放弃了巴黎，由几百万难民追随着[1]，首先退到图尔（Tours），然后再到波尔多。14 日，德军进占巴黎，于是法国的心脏不再跳动了；虽然如此，还有人提出一些乌托邦式的救命仙丹来。这大部分都是丘吉尔先生那个富有幻想力的头脑中的产品：守住布列塔尼（Brittany）来当作一个最后的堡垒；法国政府和 50 万法国兵应以阿尔及利亚（Algeria）为避难所；[2] 宣布全国皆兵；而最富有幻想力的方案是法国人应采取游击战的手段来消耗德国人。在这许多荒唐的计划中，对于丘吉尔而言可以说是很侥幸，因为其唯一可行的一条却并未被采用。那就是把法国政府迁到阿尔及利亚的计划。诚如魏刚所指明的，假使这个计划实行了，其必然的结果即为德军侵入北非，这却是丘吉尔先生最感害怕的一件事。

6 月 16 日，英国首相的幻想力也已经发展到了最高峰，他打破了 1000 年来英法两国关系中的惯例，建议两国组成一个“永不拆伙”的联邦。这种建议使雷诺先生感到啼笑皆非，该日下午 8 时，雷诺辞职，法国总统勒白伦（Lebrun）授权贝当帅组织新阁。贝当已经 84 岁了。在第一次世界大战中，他被人称为是“法兰西的救星”，现在却被请来为法兰西掘坟墓了。虽然他是一个秉性持重的军人，现在却采取了极迅速的行动。6 月 17 日上午 12 时 30 分，他要求西班牙大使把一个休战的要求转达给希特勒。22 日，休战协定在李松德斯（Rethondes）签字，还是在 1918 年 11 月 11 日的那同一节火车车厢之内。三天之后，法国停战了，于是英国完全孤立。[3]

在六个星期之内，法国被征服了。德国人所付出的成本又有多大呢？依照希特勒所发表的数字，德军死伤共为 146 492 人。依照

[1] 魏刚说大约为 600 万。

[2] 在法属北非只有一个极小的兵工厂。

[3] 休战协定的条款颇为宽大：第三共和的宪法完全不动，40 个部均未被占领，法国在本国允许保有陆军 10 万人，在非洲再加上 18 万人，法国舰队和海外帝国均完整无损。

英国官方战史的记载，则为156 556人。无论是以哪一个数字为根据，都还不及英军在1916年索姆河会战所损失的三分之一。[1]

整个战役都好像是一场好戏，足以证明瘫痪式攻击的效力。艾里斯少校说：“击败法国最高统帅部的因素，还不仅是敌军在数量上和装备上的优势，而是因为敌军的行动太快，而他们却无往前想的能力。”高特勋爵对于这次战役的认识，应该是要比任何人都更深入。他说：

> 当敌军透入了法军正面，他们能够用最快的速度来扩张战果，他们宁愿冒险来达到他们的目标．对于每一次成功都必须扩张到其最大的极限。凡此种种都比过去的任何战役更足以强调说明，一个指挥官若知道如何利用其时间，并使时间成为他的仆人而不是他的主人，则可以享受莫大利益。

法兰西沦陷之后，英格兰就变得孤立无援了，除非它能够再组成另外一个同盟，否则很明显它是不可能赢得战争的。但是截至此时，它还不能算是失败，因为它仍然控制着海上的主动权，它的海权能使它从大陆上救出一支陆军来，将来只要机会一到，它也可以再把一支陆军送回大陆去。只要英格兰仍然拒绝承认失败，那么德国对于法国不仅要加以看守，而且还要加以驻防。所以从战略上来说，法国对希特勒只是一个负债而非资本，尤其是当他被迫要增强其所征服的海岸线时，这个负债就会更要增大。这样就建立了一种“负”的第二战场，因为要加以防御，所以迫使德国不能不分散其战斗人力，否则它就可以集中全力用在“正”的战场之上——依照希特勒的意图，现在应该是苏联了。希特勒在回头向东进攻之前，

[1]　值得注意的，在敦刻尔克之后，还有总数191 870的英军和其他的部队陆续地撤回到英格兰。

实在应该先消灭这个“负”战场，这一点极为重要。

当我们从德国人的观点来考虑这个问题的重要性时，马上就会感觉到下述的事实无法解释：当希特勒在 1939 年秋天，决定向西欧发动攻势时，却并未想到侵入英格兰的问题。其唯一可能的原因就是希特勒真会那样的天真，相信法国一旦被击败，英国就会接受一个谈判的和平。尽管克劳塞维茨对这一个问题有很明白的教训，可是希特勒和他的将领们却似乎完全不曾认清：英国是不能直接加以攻击的，所以它自然会变成一切反德同盟的重心，于是和在拿破仑战争时一样，只要英国还可能有其他假想的同盟国存在着，则一个欧陆上同盟国的丧失对于英国而言就只能算是一件次要的事情。假使英国尚未屈服之前，希特勒就先去进攻苏联，其结果毫无疑问，他会引起了一个新的反德同盟的建立，而这正是他所最害怕的后果——两面作战。

6 月 18 日，即贝当元帅要求休战的次日，墨索里尼的女婿，意大利的外交部长，齐亚诺伯爵（Count Ciano）在他的日记上面曾经有下述的记载：“希特勒好像是一个赢得了大量金钱的赌徒，现在他所希望的就是赶紧散场，而不敢再冒险赌下去了。”可是只要英国还在与德国交战，他就不可能达到这个意愿。在丘吉尔的顽强领导之下，英国根本就没有放弃战争的念头。于是他采取一种巨大的恫吓手段来迫使英国屈服。这就是以侵入战为威胁，这个作战被定名为“海狮作战”（Operations Sea Lion），也许若定名为“海狐”（Sea Fox）似乎更妥当。

7 月 2 日，这个计划的轮廓开始形成了，14 天之后，希特勒下达了下述的训令：

> 英国尽管在军事形势上已经毫无希望，可是一直到目前，却仍未表示愿意妥协，所以我决定于必要时对英格兰执行一次侵入战。

> 这次作战的目的是要消灭大不列颠这个基地，使敌人从此不再能发动对德国的战争，而且于必要时我们更应占领该岛。

计划中的登陆，是准备在宽广的正面上，以奇袭为基础，从拉姆斯盖特（Ramsgate）以达怀特岛（Isle of Wight）。一切的准备均应在8月中旬完成，这显然是荒谬已极，因为一共要用到39个师的兵力——13个师为第一批，20个师作为支援。此外还要在海峡港口内集中和准备驳船1722艘、拖船471艘、摩托艇1161艘和运输船155艘。[1]

7月19日，希特勒在德国国会发表了一个讲演，正式向英国提出了和平的要求，但是对于英国政府却毫无作用可言。于是“海狮作战”继续在准备之中，几天之后，预定发动攻击的日期又推延到了9月15日。7月31日，在答复雷德尔海军元帅的一封回信中，希特勒曾经这样写着：“要等到德国空军对英国南部作一个星期的集中攻击之后，然后才能决定这次作战是应该在9月中发动，还是应该延期到1941年5月再发动。”这又是另外一个荒谬的见解，因为凯赛林元帅（Marshal Kesselring）曾经告诉我们：“任何头脑清楚的人，包括希特勒本人在内，都明知专靠空军是绝对无法使英国屈膝的。因为专凭空军本身，即不足以应付英国的舰队。”

也许只有戈林是唯一的例外，事实上，所有德国空军的指挥官中，没有一个人对“海狮作战”是存有信心的。同样地，海军和陆军的将领们也是如此，连希特勒本人也都包括在内。依照布勒孟楚特的记载，希特勒在7月曾经私下告诉伦德斯泰特说：“我也并不想真正执行这个‘海狮作战’计划。”

在8月初时，德国空军一共有可供作战用途的飞机2669架，

---

[1] 联军在1942年的北非侵入战，一共花了9个月的准备时间，而希特勒对这个“海狮作战”的准备时间，却只预定为1个月，可以想见其荒谬。

其中 1015 架为轰炸机，346 架为俯冲轰炸机，933 架为单引擎战斗机，375 架为双引擎战斗机。英国空军则共有作战飞机 1350 架，其中有 704 架是属于战斗机司令部的编制之内，其司令为道丁上将(Air Chief Marshal Sir Hugh Dowding)。不列颠岛屿的防御，所依赖的即为战斗机，可是就这一方面而言，德国人具有相当的优势。不过德国空军在形势上却是居于比较不利的地位，它必须在海上和敌国领土的上空中作战，若是一架飞机被击落了，则所有的乘员也就永远地损失了；它也不能获得高射炮火力的支援；德国的梅塞希密特(Messerschmitt) 式战斗机所具有的爬升速度也比英国的喷火式慢；而最重要的，却是英国空军能够获得雷达的合作，而德国空军则完全缺乏这种帮助。

“不列颠之战”，也可以算是希特勒在赌局中的“叫牌”，那是从 8 月 12 日开始的，一共分为两个阶段。在第一阶段中，最先是攻击雷达站，但是一共只有一个雷达站被炸毁而丧失了作用。于是戈林就很愚笨地集中其全力来攻击英国西南部的飞机场以及在海峡中的商船。这个阶段在 8 月 24 日到 9 月 6 日达到了其最高顶点，在这段时间之内，德国空军平均每天有 1000 架飞机升空作战。

到了 9 月 7 日，第二个阶段就以轰炸伦敦为其开端。为什么会用伦敦来代替那些与侵入战有关系的目标呢？原因是希特勒认为：“对伦敦作大规模的攻击，可能会具有决定性，因为若对伦敦进行有系统的长期轰炸，则可能使敌人改变其态度，于是‘海狮作战’也许就不需要了。”这样，杜黑的理论终于获得了一次实际试验的机会，结果却证明它是完全失败的。

希特勒是否真正相信对伦敦的轰炸，即足以使英国人发生恐慌现象，这颇有疑问。也许更可能的解释，是他想借此来掩饰其初期的失败；同时因为在 8 月 25 日到 26 日的夜间，英国空军曾经轰炸柏林，希特勒更必须大举报复来刺激其人民的情绪和使苏联人产生敬畏的印象。关于这后一点还有一个佐证，8 月 27 日，他决定把

10 个师的兵力从西欧调到东欧，其原因很可能是因为不列颠之战第一个阶段中的失败，使他感到苏联人也许会乘机发动战争了。到了 9 月 3 日，侵入战发动的日期又推延到了 9 月 29 日以后，于是整整又过了两个星期才作了最后的决定。因为英国的空军仍未被击败，而且比过去显得更为活跃，同时天气的情况也已经不可靠，所以希特勒决定把“海狮作战”无限期地顺延下去。

在英格兰本岛上，以及在整个不列颠帝国之中，这个“不列颠之战”被宣传成一次最伟大的胜利看待。实际上，不列颠三岛始终就未曾处于真正的危险之中，同时英国的战斗机司令部也从来未曾消耗到最后一颗子弹的程度。说这些话的目的只不过是为了夸张德国人失败的惨重而已。“不列颠之战”恰好就紧跟在法兰西沦亡之后，它不仅证明德国人并非无敌于天下的，而且也更使希特勒的处境变得十分狼狈，因为他发动了这次行动，而结果却适足以使英国的威望大为提高。后来，刺激美国愿意支援英国者，这个“不列颠之战”也是一个重要的因素。此外，它也更促使希特勒在没有把不列颠完全逐出了战争之前，即先回过头来对付苏联，诚如我们所知道的事实，这也正是一条使他走向灭亡的道路。

大事记（十一）

巴巴罗萨作战和租借法案

当对英格兰的直接攻击被放弃了之后，希特勒马上就转而开始采取间接路线。早在6月30日，约德尔将军即在一个命名为“对于英格兰继续作战”的备忘录中，提出了下述建议：作为一条代替“海狮作战”的路线，应该占领直布罗陀和埃及，以及封锁地中海。前者可以与西班牙合作来达到那个目的，后者则应与意大利合作。两个月之后，齐亚诺于8月21日，在他的日记上提到墨索里尼正在用全部时间研究其准备在9月6日发动的进攻埃及的计划，而且凯特尔将军（Gen. Keitel）也曾向墨索里尼说过，占领开罗要比伦敦还更为重要。颇有意义的是，在9月6日这一天，雷德尔也曾向希特勒提出了一个报告，重新又提出约德尔的观念。他这样写着：“对这次行动的准备应该立即开始，以便在美国介入之前即完成一切部署。这不应视之为次要的工作，而应当作是一个对付不列颠的主要打击看待。”这个观念从战略上来看，是绝对合理的，因为埃及一方面是大英帝国的交通中心，另一方面在其所有的海上基地中，也只有它是在欧洲打击距离之内的。假使能够把埃及和直布罗陀都夺取到手，地中海即将变成意大利的内湖，土耳其也就可以夹碎，而经过亚美尼亚和格鲁吉亚以到达苏联的道路也可以畅通无阻了。最后，英国人就会被迫处于一个完全绝望的境地，而美国人对他们也就会完全丧失支援的兴趣了。假使真能够造成这样一种情况，则英国即将被迫接受一个谈判的和平，若无美国人的经济援助，它是绝对无法继续再打下去的。

希特勒并不曾把雷德尔的建议束之高阁，而希望造成一种态势，以便与西班牙展开谈判。首先他决定应加强潜艇战役，并继续对伦敦进行轰炸，然后于 10 月 23 日他在昂代（Hendaye）与佛朗哥会晤，以便获得后者的允许，可以让德国陆军在西班牙境内获得自由通过的权利。他要求立即与西班牙签订一个协定，可是使他大感恼怒的，佛朗哥却拒绝了这个要求。五天之后，全部情况却突然地改变了，事先并未征得希特勒的同意，墨索里尼便侵入了希腊。这是一个战略性的疯狂行为，因为它使意大利被牵入了两面战争之中，而恰恰就在这个时候，意大利对在北非作战的格拉齐亚尼将军（Gen. Graziani）的补给，都感到很难于维持。

这种愚行的直接后果就是英国人在 11 月 3 日占领了克里特岛（Crete）和兰诺斯岛（Lemnos）。这个前进使从埃及到罗马尼亚油田之间的轰炸距离减半了，所以希特勒决定一方面仍继续准备夺占直布罗陀，另一方面则同时使保加利亚和罗马尼亚屈服于其意志之下，并侵入南斯拉夫和希腊。11 月 17 日，保加利亚国王波里斯（Boris）被召往德国，并赢得了他的善意。十天之后，安东尼斯古将军（Gen. Antonescu）也在罗马尼亚发动了一次政变，并加入了轴心国方面。

当这些安排刚刚妥善，突然又有另外一个意外事件发生，使希特勒的计算又完全被推翻。12 月 9 日，英国中东军总司令魏菲尔将军（Sir Archibald Wavell）在西迪拜拉尼（Sidi Barrani）之战中，把格拉齐亚尼击败了，这次失败可以说是极为惨重，使得希特勒认为对意大利人有立即加以救援之必要。他几乎没有耽搁一分钟，12 月 10 日，他命令德国空军进驻意大利南部，以便攻击英国人的海上交通线，并派隆美尔将军率领至少有一个装甲师的兵力开往北非增援。此外，更重要的是，意大利的失败使佛朗哥大为震惊，于是夺占直布罗陀的计划只好暂时放弃。这个事实，再加上英国人向爱琴海的前进，使希特勒下了决定命运的决定——在尚未与英国人把账算清之前，先攻击苏联。

12 月 16 日，希特勒颁发了其第 21 号训令，决定进行“巴巴罗萨作战”（Operation Barbarossa），其内容如下：

> 甚至在对英格兰战争尚未结束之前，德国的军事力量即应准备在一个迅速的战役中将苏联击碎。为了达到这个目的，陆军应准备使用一切可以动用的部队，不过唯一保留的条件即对于被占领地区应确保其不受到奇袭式的攻击。准备应在 1941 年 5 月 15 日完成。这次作战的最后目标是沿着大致从伏尔加河到阿斯特拉罕之线，以对苏联亚洲部分建立一条防线。

此外，希特勒又指示说，对“巴巴罗萨作战”的兵力集中，应伪装成是对“海狮作战”和正拟向希腊攻击的“佯攻”。这可以算是有史以来的最大欺敌行动。

这不完全是一种因为挫败后而不得已的措施，在这个决定的后面，也还自有其合于逻辑的理由：假使英国还不肯接受和平，那么其唯一的希望就会寄托在苏联和美国的“介入”之上。因为苏联是英国的一个假想同盟国，若是能够首先将其毁灭，则英国所留下来的唯一靠山，就只剩下美国一国了。英国到了此时，已经无法再找到第二个在欧陆上的同盟国，那么美国是否仍会继续支援英国，也就会发生疑问。假使美国不再支援它，那么英国就必然地会被迫求和；即令美国仍继续支援它，可是这两个同盟国就可能会一方面对抗着德国的全部实力，而另一方面又可能会遭到日本的夹击。

照马尔亭森（Martienssen）的意见，希特勒在 12 月 18 日所颁发的训令，可能是一个空前绝后的最大军事错误。事实上也的确证明，这是他所犯过的一个最大错误，不过却也有一点可以辩护的，那就是在开始的时候，希特勒也许认为在几个月之内，即可以完全打倒苏联——即瓦解苏联的组织。

诚如我们在大事记（九）中所已经讨论过的，苏联是一个由多民族所组成的混合体。假使希特勒能够明了苏联内部的民族矛盾，那么他就应该公开表示，帮助乌克兰人、白俄罗斯人、土耳其人以及其他一切非俄罗斯民族获得自由独立。当他进入俄罗斯之前，即应决定以解放者的姿态出现，而不应以征服者的姿态出现。若果能够如此，则他就会像触发一颗炸弹一样把整个苏维埃联邦炸成碎片。诚然地，专门依靠这种手段，也许并不能使他获得其所需要的“生存空间”，可是一旦当苏联被毁灭，对于那些碎片他也就能很容易地贯彻其意志了。所以除了道义的问题不谈以外——他对被征服民族也和对俄罗斯民族一样不分区别地加以虐待的行为——他在空间上的错误，也许还不如在时间上的错误那样巨大。

当此之时，希特勒的最大劲敌罗斯福总统，却一点也没有松懈，尽管表面上他尽量设法使美国不卷入战争的旋涡，而实际上他却正在制造事端以使美国进入战争。他的目的也是和丘吉尔先生一样，是要想彻底地毁灭希特勒主义。他说：“在今天的世界上，再没有比打倒希特勒更重要的事情。”假使英国接受了谈判的和平，则他这个目的即不可能达到。尽管有了国际法、美国法律和其中立地位的限制，罗斯福还是在其权力范围之内尽量地帮助英国。他的一个最大的困难即为如何克服国内的孤立主义，这个主义的意义也就是多数美国人只想管他们自己的事情，而不爱管外在世界的闲事。为了克服这个困难，他的政策是双面的。他口里唱着和平，而心里想的却是战争。他说：“我们绝不参加外国人的战争，我们绝不派遣陆海空军到外国去作战。我以前说过这些话，今后我还要一再地说它：你们的孩子绝不会被送入任何的外国战争之中。你们的总统说这个国家是绝不参加战争的。”但是他对希特勒却尽量地加以挑拨，迫使他向美国宣战。他把美国的驱逐舰供给英国，他派遣美国部队在冰岛登陆，他对大西洋航线实行巡逻以保护英国运输船只的安全，所有这一切都可以说是战争的行为。

不列颠现在所面临的最大危险，既不是德国人的直接攻击，也不是其间接路线。不列颠之战已经获胜了，地中海之战也进行得颇为顺利；但是只有一个会战，英国人正在陷于激烈的苦斗之中——那就是“美元”之战。因为没有美元来购买它的粮食、军火和船只，英国正面临着战略性破产。过去英国一直是用“付现自运”（cash-and-carry）的基础来偿付美元，换言之，即出卖其在海外的财产。但是到了 1940 年年底，英国对美元已经罗掘俱穷了。除非它能解决这个问题，否则就只好和德国谈判。英国的情况是如此的危急，到了 12 月 8 日，丘吉尔就写了一封长信给罗斯福，告诉他英国快要到无法付现的阶段了。丘吉尔说这是他曾经写过的第一封最重要的信，这种说法一点也不错，因为这一封信将改变整个战争的轴线。[1]

罗斯福接到此信时，正在加勒比海（Caribbean）中遨游，他为这个问题沉思了好几天。12 月 17 日，在一个记者招待会中，他开始高谈“如何取消这个愚笨的古老 $（代表美金）符号”，到了 29 日，他又从无线电中发表了一个具有教育性质的炉边闲话。讲话的开端，他还是和平常惯例一样，说他的目的是要使美国人民，他的孩子和孙子，可以避免一场悲惨的战争。接着为了恐吓美国人民，他又补充说：“自从美国开国以来，我们美国文明从来没有比今天的处境更为危险。假使大不列颠垮了，则轴心国家即将控制欧洲、亚洲、非洲和澳洲等大陆以及整个的海洋。于是我们就好像是生活在

[1] 丘吉尔的原信说：我们已经付出了 45 亿美元以上的现金。现在我们所剩下来的美金只有 10 亿。而大部分都是投资，其中有许多都是无法变卖的。很明显的，我们不可能再这样活下去。即令我们把所有一切的黄金和国外的财产都花完，也还不足以偿付我们已经定购物资的一半。而战争的延长，更使我们要有十倍以上的需要。

一个炮口之上，而炮膛里面却装着爆炸性的弹药。”这样又引到了其最精彩的一段文章：“我们应该做民主世界的伟大兵工厂，我们应给予英国人以大量的物资援助，而在将来还要更增多。”如同往例，这次炉边闲话的结束又充满了一片和平的呼声——“我们有一切良好的理由，可以希望和平的实现。”

民主国家的伟大兵工厂，是指所谓“租借法案”（Lend-Lease Bill）而言。1941 年 1 月 10 日，美国政府将其提交美国国会讨论——其提案理由为“足以增进美国的国防”。3 月 8 日，美国参议院以 60 票对 31 票通过了该法案。3 月 11 日，美国总统对该法案加以签署，并于同日宣布不列颠和希腊的防御对于美国的防御具有极大的重要性。4 天之后，又把中国包括在内。

这个法案所授予美国总统的权力是史无前例的。它使他可以加惠于世界上的任何国家；制造和采购他所想要的一切军需品；任意把一切与防御有关的物品加以出售、转让、交换和租借；为指定的政府修理和装配一切有关防御的物品；他认为必要时，又可以把一切有关防御的情报通知各指定政府，并决定收付款的一切条件。关于上述各项工作，他可以任意为之，而不受任何其他法律的限制。

1941 年 3 月 11 日，《租借法案》的签署在世界史上算是一件决定命运的大事，与 1917 年 4 月 6 日的美国宣战可以相比拟。它使美国与一切正在和轴心国交战的国家建立同盟关系，其意义就是说这个法案使他们的总统可以在地球上任何角落里制造战争，宣战或不宣战都并无区别。这也就是说当美国进入了战争，世界上又和 1917 年一样，不再有一个中立的仲裁人了。在 1917 年，威尔逊曾经预料到他将要走向什么地方，但是在 1941 年，罗斯福却盲目地踏上了世界战争的道路。为了想把这个《租借法案》与美国《独立宣言》相提并论，罗斯福曾经把这个法案的编号定为“1776”。

在希特勒侵入苏联的计划中，其第一步骤即为巩固他在巴尔干的地位，这样他就可以确保其右翼和后方的安全以及重要的罗马尼亚油田。到了 2 月 28 日，一切的准备都已经完成。在那一天，获得了保加利亚国王波里斯的同意，德军占领了保加利亚，该国变成了三国反共公约中的一分子，这个公约是在 9 月 27 日由德意日三国所签订的。接着德国就向南斯拉夫和希腊施加压力，而后者也向英国求援。3 月 24 日，南斯拉夫政府表示屈服，可是 3 天之后，当德国部队正拟侵入南斯拉夫的国界时，希摩维区将军（Gen. Simovitch）发动了政变，并收回了该国对希特勒的诺言。希特勒还是表现出其惯有的敏捷，4 月 3 日，命令他的部队侵入南斯拉夫的国界，11 天之后南国陆军投降了。当此之时，英国部队从 3 月 7 日起开始在皮拉斯（Piraeus）登陆，但是当他们刚刚赶到前线上与希腊军连成一线时，4 月 8 日就受到了攻击，到了 4 月 21 日，希腊即已退出了战争。一个月之后，德军对克里特岛发动了一次空降攻击，到了 5 月 27 日，这个岛落入德国人的手中。

当希腊被征服之后，4 月 30 日，希特勒召集其诸将领开会，并选定了 6 月 22 日为发动“巴巴罗萨作战”的日子。实际上，也许这个决定还可能更早，因为在 4 月 24 日那一天，德国驻莫斯科的海军武官曾经用电报向 OKM（海军总部）报告说:“此间谣言颇炽，认为德苏两国之间有开战的危险。依照意大利大使馆某参事所透露的，英国大使曾预测 6 月 22 日将为战争爆发的日期。”

当这些战役正在进行之际，隆美尔在利比亚展开了他的第一次攻势。到了 4 月中旬，他几乎把格拉齐亚尼所丧失的东西都完全赢回来了。他的成功是如此的惊人，所以在 5 月 30 日雷德尔元帅和其海军参谋本部就又提出了一个备忘录，据他们自己说，这应该算是“在所有的战争记录中的最重要文件之一”。它的内容是建议在 1941 年的秋天里，对埃及、苏伊士地区发动一次决定性攻击。他们认为这个步骤对于不列颠帝国而言，要远比占领伦敦还更具有致命的作用。从战略上来说，他们的看法是正确的，因为假使隆美尔能够再多获得一两个装甲师的增援，那么在 1941 年年底之前，他可能早已占领了埃及。但是希特勒却不愿听信这个忠告，而一心想先完成巴巴罗萨作战。他所不曾认清的是，当他征服了南希二国之后，其“负”战场的范围又扩大了，而当英国人还留在埃及和中东地区时，这种威胁就更加增大。当法国沦陷之后，他没有乘机占领法属西北非洲，这是第一个失误；现在当希腊沦陷之后，他又错过了占领埃及的机会。这两点都要算是第一等的战略错误，而他犯如此巨大错误的主要原因，似乎是因为他不能够了解海权的潜在价值。当他的“负”战场范围日益扩大之后，海权的威力也就会随之而增加，终至于无法与之抗衡。

第十一章

莫斯科会战

在克里特岛被攻占之后，希特勒的“功业”可以说是如日中天，在历史上从来没有一位将军，曾经在如此短促的时间之内，获得过这样大的胜利。他曾经在 27 天之内征服了波兰，1 天之内征服了丹麦，23 天之内征服了挪威，5 天之内征服了荷兰，18 天之内征服了比利时，39 天之内征服了法兰西，12 天之内征服了南斯拉夫，21 天之内征服了希腊，11 天之内征服了克里特岛。而苏联尽管是一个大国，却花了 100 多天的时间，才算是勉强地使芬兰人向其屈服了。因为希特勒有了如此优越的记录，而同时又看到苏联人是那样的不中用，所以使他获得了一个错误的印象。他假定在冬季尚未来临之前，即可以打倒苏联；对他这个丧失了理性的心灵而言，这种想法是毫不足怪的，因为连整个世界也都认为这是具有极大可能性的。他希望能一举毁灭苏联的战斗力，并且在三四个月之内，达到伏尔加—阿斯特拉罕之线；此后他就可以留下五六十个师的兵力来据守被征服的地区，而使用其余的兵力来对付英国。为什么在这次战役开始之时，对侵入军冬季服装准备的预算，还不够总数五分之一的数量，其原因即在此。

要想进行这样一次迅速的战役，其必要条件之一就是在发动时，其地面条件一定要是最好的。1941 年的春季是特别的多雨潮湿，直到 5 月，布格河和它的支流还保持着最高的水位。一般人认为南希两国的战役，曾经使这个侵入战延误了六个星期的时间，这种说法似乎是不可靠的。不过无论如何，时间的延迟是导致最后失败的主要因素之一，那却是毫无疑问的。比较更应加以责备的，是目标的选择。为了想要毁灭苏联的战斗力量，所应选择的目标一定是苏军所不能够放弃的，这样才能迫使他们在德军打击距离之内来接受会战。能够满足此项要求的唯一目标即为莫斯科。它是苏联铁路交通的总枢纽，在战略上是不可以缺少的；它同时也是世界共产主义的“中心”，一个高度中央集权政府的首都，一个巨大的工业中心，其所雇用的工人总数在 100 万以上。这正是布劳希奇元帅和哈尔德将军所想要打击的目标，但是希特勒对此却毫无认识。他愤怒地说道：“只有完全落伍的头脑，才沉醉在这种过去的观念之中。”他认为占领苏联首都是毫无意义的。他的兴趣是在列宁格勒和斯大林格勒，这是布尔什维克主义的发祥地。只要毁灭这两座城市，则布尔什维克主义就会无疾而终。

这个观念初看来似乎是很荒谬，但实际上并不如此，希特勒看清楚了他所面临的问题是与拿破仑所面临的完全不同。那不完全是一个战略性的问题，即击毁苏联的陆军；它主要是政治性的，即推翻布尔什维克主义的统治。如果是这样，则不应以占领城市为手段，而应在苏联国内制造革命。假使从开战之日起，他就以一个解放者自居，那么他这种认为其将领们是头脑陈腐的想法就不能说是毫无理由。可是认为仅仅由于“定名”之故，只要占领列宁格勒和斯大林格勒，即足以粉碎苏维埃的统治，那却是神话式的幻想。尤其是他又进一步把这个目标与两个主要的经济目标混为一谈——即征服乌克兰和高加索——于是思想就更为混乱了。前者的目的是使苏联丧失其主要的粮食资源和其 60% 的工业，后者的目的是要夺取其石油的主要产地。目标的混乱和复杂，结果使德国的兵力伸展过度，并将迫使希特勒无可避免地采取折中的措施。

尽管他怒斥德国将军们是“头脑守旧”，可是第21号训令还是希特勒思想与他们思想之间的一个折中产品。莫斯科并未被放弃，但是却把它摆在列宁格勒和乌克兰的后面，除非是这个秋天特别的干燥，否则当冬季来临之前，是不可能将其占领的。

德军的一般意图如下所述：“对留驻苏联西部的大量苏军，应用果敢的作战来加以歼灭。这次作战中包括装甲矛头的深入突破，并应尽量阻止尚能战斗的苏军残部撤退到巨大的苏联腹部之中。”

“使用迅速的追击，可以到达某一条线，从这条线以外，苏联空军即不可能再攻击德国的本土。”——这就是上文已经说过的伏尔加—阿斯特拉罕之线。

接着，在说明了芬兰军和罗马尼亚军的任务之后，该训令继续说到“作战的指导”，其中比较重要的内容可以摘录如下：

> 作战地区为普里皮亚季沼泽，分为南北两部分。攻击的主力应位于北半部。在这里应使用两个集团军的兵力。这两个集团军中南面的那一个——在全部正面的中央——应以特殊强大的装甲和摩托化兵力突破到华沙周围和其以北的地区，并击毁在白俄罗斯境内的敌军。这样就可以造成一种情况，可以使强大的机动部队转向北面，这些部队以后即应与北面集团军合作——后者从东普鲁士出发，大致朝着列宁格勒的方向——以便共同击毁在波罗的海诸小国地区中的敌军。仅仅当这个攻势作战完成之后，才继之以攻占列宁格勒和喀琅施塔得，然后才再发动进一步的攻势作战，以占领重要交通中心和军需制造工业地区——莫斯科——为目的。
>
> 在普里皮亚季沼泽以南的那个集团军，其主力应从卢布林地区出发，大致朝着基辅的方向，其目的是用强大装甲部队深

入苏军的侧翼和后方，然后席卷沿着第聂伯河的敌军。

一旦在普里皮亚季沼泽南北双方的会战已经完毕，就应向下述的目标实行追击：(1) 在南面，迅速占领有经济重要性的顿内次（Donetz）盆地；(2) 在北面，迅速占领莫斯科。

对于该城（莫斯科）的占领，无论从政治或经济的观点上来看，都算是一个具有决定性的胜利。此外，它也使苏联人丧失了其最主要的铁路中心。

这三个集团军的组织在训令中也有列举性的说明：

（1）北面集团军：总司令李布元帅，下辖第十八军团，司令为库希勒将军（Gen. von Küchler）；第十六军团，司令为布西将军；第四装甲兵团，司令为霍普纳将军（Gen. Hooppner）。一共有 20 个步兵师，3 个装甲师，3 个摩托化师。由克勒尔将军（Gen. Keller）所指挥的第一航空军团（Air Fleet）担负支援。

在该集团军的北面侧翼上，为马内尔汉元帅（Marshal Mannerheim）所指挥的芬兰军，它一共包括 16 个师的芬兰军（共 15 万人）和 4 个师的德军——2 个步兵师和 2 个摩托化师。

（2）中央集团军：总司令波克元帅，下辖第九军团，司令为史特劳斯将军（Gen. Strauss），另配属第三装甲兵团，司令为霍斯将军；第四军团，司令为克鲁格元帅（F. M. von Kluge），另配属第二装甲兵团，司令为古德里安将军。一共有 31 个步兵师，9 个装甲师，7 个摩托化师，1 个骑兵师。由凯赛林元帅所指挥的第二航空军团担负支援。[1]

（3）南面集团军：总司令为伦德斯泰特元帅，下辖第六军团，司令为赖赫劳元帅（F. M. von Reichenau）；第十七军团，司令为

[1] 在 1941 年 7 月 3 日，这两个装甲兵团都暂时由第四军团节制；而第四军团的各步兵军则另组成了一个第二军团，司令为魏克斯将军（Gen. von Weichs）。

斯徒普纳格将军（Gen. von Stuelpnagel）；第一装甲兵团，司令为克莱斯特将军。一共有 30 个步兵师，5 个装甲师，4 个摩托化师。此外它还包括意大利第三军（共 4 个师），军长为梅西将军（Gen. Messe）；1 个匈牙利军，1 个斯洛伐克师和克罗埃西亚团。支援他们的空军为罗尔将军（Gen. Loehr）的第四航空军团。

在这个集团军的南面即为配属给它的罗马尼亚陆军，其番号为第十一德罗联合军团和第三、第四两个罗马尼亚军团。名义上的总司令为安东尼斯古元帅。他们的任务为保护南面集团军的右翼。

（4）总预备队：共为 24 个步兵师、2 个装甲师和 2 个摩托化师。

关于上述的兵力，有两点需要加以说明：（1）为战车方面，（2）为运输工具方面。

当西欧战役结束之后，为了想要扩充装甲师，它们的战车数量却反而被减少了一半。德国对于战车的生产量，每年还不到 1000 辆，所以当这个侵入战开始时，德军的战车实力还只有 3200 辆的总数。以后，每个月的产量似乎从 80 辆增到了 210 辆，但仍然太少，不足以补充战争中的损失，当然更谈不上扩充装甲师。

而更重要的还是第二点，因为这受到德国燃料补给量的限制。它的数量只够使一小部分的运输工具摩托化，而且也限制摩托化师的数量。师属的运输工具大部分还是用马车，又因为德国所生产的卡车不够用，新成立的师都分配了法国人所设计的卡车，对于苏联的道路它们是不够坚固的。毫无疑问的，我们可以说缺乏履带式的补给车辆，是这一次战役最后失败的主因之一，正好像拿破仑在 1812 年缺乏马和牛的蹄铁一样。

现在再来研究苏联方面的计划，事实上对任何苏联人的作战研究，其最大的困难就是经常缺乏可靠的文件。这可以说根本不存在，因为苏联的历史受到政治的支配，而后者却在经常变化之中，所以没有哪一位将军敢写他的回忆录。同样地，苏联政府也写不出一本真正可靠的官方战史。他们害怕一出版，再遇到未来的政治变化，

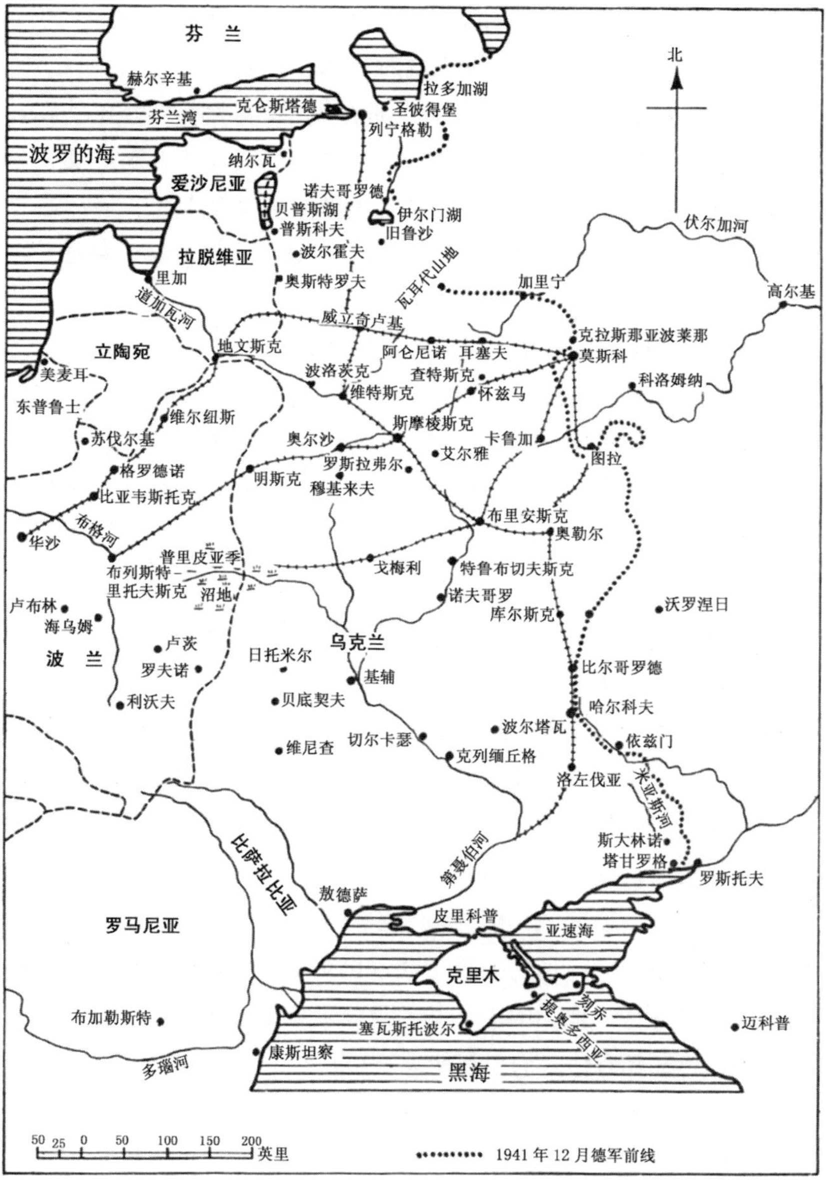

图二十七　莫斯科战役，1941—1942 年

就又会难以自圆其说。所以我们只好利用外国的资料来源，尤其是德国方面的，可是这却难免有主观的偏见。

不过据我们所知道的：苏联当局在1941年本应利用其巨大的纵深来磨毁德军的实力，等到它的冲力匮竭之后，才大举反攻；可是他们却未这么做，在开战时他们的大量兵力都是部署在逼近德国边界的地区中。依照苏联前少将马尔柯夫(Alexei Markoff)的记载：

> 当战争开始之时，第一线部队完全缺乏支援他们的预备队，因为纵深防御的思想在当时被人认为是胡说八道，根本就不曾想到一个防御性的战争计划。巨大的仓库中装满了各种爆炸性的兵器、弹药和燃料，但却并不安置在安全的后方，而却是那样的接近边界，并在纳粹重炮射程之内。

此外，我们也知道在1941年6月，红军对1937年到1938年的"大清洗"所造成的创痕尚未恢复，而且还正在改组的情况之中。在这一次"大清洗"中，他们一共损失了3位元帅、13位军团司令、57位军长、111位师长和220位旅长。换言之，他们占了高级军官中的一半。若是根据西方标准来判断，苏联红军只能算是一个原始化的战斗兵力，虽然据德国人估计，他们也大约拥有1.5万辆战车和1万架飞机，但其中大部分都是陈旧落伍的。他们的运输和补给体系是混乱不堪的，他们的攻击战术也是笨重不堪的。但是仍然和过去的战役一样，他们的士兵却都是顽强善战的农民，虽然缺乏主动精神，但却具有惊人的忍耐能力。

当战役开始时，依照不太可靠的德国资料来源，苏军的兵力分布大致如下所述：

（1）芬兰集团，指挥者为梅里茨柯夫将军（Gen. Meretzkov）和戈沃罗夫将军（Gen. Govorov）。共有20个步兵师、2个骑兵师和5个装甲旅。在拉多加湖（Lake Ladoga）的东西两面，向芬兰军作战。

（2）波罗的海集团，指挥者为伏罗希洛夫元帅（Marshal Voroshilov）。共有19个步兵师，7个骑兵师和5个装甲旅。部署在立陶宛和拉脱维亚境内，以掩护列宁格勒为目的。

（3）白俄罗斯集团，指挥者为铁木辛哥元帅（Marshal Timoshenko）。共有50个步兵师和2个装甲旅。部署在波兰东部和明斯克以西的白俄罗斯境内，以掩护莫斯科为目的。

（4）乌克兰集团，指挥者为布登尼元帅。共有69个步兵师、11个骑兵师和28个装甲旅。部署在波兰东南部和比萨拉比亚（Bessarabia）地区中，以掩护乌克兰为目的。

依照哈尔德将军日记上的记载：1941年6月21日，估计在苏联西部的苏军实力为154个步兵师、25个半骑兵师和37个装甲旅。所面对着的德军为102个步兵师、19个装甲师、14个摩托化师、5个特种师和1个骑兵师。

可是苏联的实力却并不全靠它的军队数量，而还是和在查理十二世、拿破仑的时代中一样，主要的还寄托在它的广大空间、原始化的道路、巨大的森林、宽广的河川和沼泽，再加上其短促的夏天、绵长的冬天和春天的解冻期。此外苏联的铁路线不仅稀少，而且还是宽轨，同时其交通线对于战车和摩托化车辆也是难于行动的。当天下雨的时候，道路上就变成了污泥河；而不下雨的时候，它们不是积雪，就是尘土飞扬使战车的引擎都为之阻塞。在冬季里，常常是结着厚冰，所以除非在车下烧火，否则就无法发动。对于德国人而言，必须尽可能用最快的速度，以便在伏尔加河的前面将苏军彻底击毁，使他们来不及动员其巨大的人力。否则，这次战役在战术上就会变成一种无止境的苦斗。

希特勒所信赖的即为德军在战术方面的优势，认为足以获得一次迅速的胜利。他的观念是准备使用一连串的巨型战车包围运动，以便将苏军各部队逐一击破。其程序如下所述：首先用两个装甲兵团，迅速地向所选定将要击毁的敌军部队的侧翼上前进，透过他们，然后向内旋转直到深入后方为止，以便切断他们的交通线，并使他们的指挥体系发生瘫痪。同时，德国的步兵则向苏军的正面进攻，把他们向侧翼方面压迫，构成一个内包围圈，然后再来扫荡敌军的残部。

这种战术开始运用是在 1941 年 6 月 22 日星期天。那一天上午 3 时 15 分，在中央集团军（这是本章中的主要对象）的正面上，德军开始作炮兵的轰击，25 分钟之后，第一批俯冲轰炸机也加入作战了。上午 4 时 15 分，大致是以苏伐尔基（Suvalki）和布列斯特 - 里托夫斯基为基地，第三（霍斯）和第二（古德里安）两个装甲兵团，分别前进来对在明斯克以西的铁木辛哥所部作大规模的包围运动。在这个最初的前进中，古德里安的战车中有一部分是不透水的，并且装有"斯诺克"(Schnorkel)呼吸管(后来才为德国潜艇所采用)，这些装备使他们能够渡过布格河的河床。

尽管克里姆林宫接到了许多警告，可是这次攻击还是使他们受到了完全的奇袭。哈尔德说："很明显的，沿着全线的敌军都受到了战术性的奇袭。所有在布格河上的桥梁，以及整个的河川边界上，都是不曾设防的。下述的事实都足以当作敌人受到了奇袭的明证：敌军在他们的营房中被围捕着，飞机停在机场上没有起飞，当敌军部队面对着这个突如其来的进攻，都纷纷向他们的上级请示应该如何应付。中央集团军的报告说：敌军正向布列斯特 - 里托夫斯基—明斯克公路上拼命地溃逃。苏军的指挥组织完全崩溃了。"

到了 6 月 24 日，已经有了 2000 余架苏联的飞机被击毁，有些是在空中，有些是在地面上。凯赛林说："自从第二天起，我都亲眼看着苏联的重轰炸机从其内地深处飞来投入战斗。照我看似乎真是一种罪过，看到这些飞机用战术上不可能的编队来自投罗网。几乎是隔着一定的时间，就有一批无辜的飞机飞来送死。对我们的战斗机简直是最轻松的猎物。这简直是'幼稚的自杀'。"

6月26日，霍斯装甲兵团就达到了他们的目标——明斯克城；第二天又与古德里安的兵团会合在一起。当德国步兵还落后很远时，这个装甲的大钳却已经向铁木辛哥夹拢起来。7月3日，这次战役中的第一个伟大会战——比亚韦斯托克—明斯克之战——在大雨滂沱之中告以结束。[1]依照艾斯曼（Adm. Assmann）的估计，在这一战中苏军所付出的成本，专以俘虏人员而言就有29万人，另外，还有战车2585辆、火炮1449门。在这同一时间之内，北面集团也已经占领了地文斯克，并强渡了道加瓦河。南面集团军也在海乌姆越过了布格河，并向卢茨和罗夫诺前进。

哈尔德对这个最初阶段的成功，也不免感到趾高气扬，所以7月3日在他的日记中，这样记载说："假使说在两个星期之内，苏德战争即可胜利地结束，似乎不算是过分夸大的说法。"不过照他的本意看来，并非认为侵入战就会从此一了百了。诚然，他的判断并未错误，第一阶段的确是如此轻松地赢得了胜利。可是第二阶段又如何呢？

第二阶段的开始即为一个战术性的争论，从这个争论上可以证明在德国高级指挥部中，其意见是如何的不一致。照原有的指示是要中央集团军的两个装甲兵团一直迅速地向斯摩棱斯克—罗斯拉弗尔（Roslavl）之线推进，而陆军总部也仍然坚持着这个观念。但是因为现在步兵已经落后了差不多14天的行程，希特勒一心只想多获得俘虏，所以不想迅速推进以来瓦解敌人的指挥体系，反而希望把装甲兵团的主力调回来，以帮助步兵们进行扫荡工作。就这一点来说，克鲁格拥护他的主张，而霍斯和古德里安二人则希望赶紧挺进。波克为了避免负责，遂建议把两个装甲兵团部暂交给克鲁格指挥。希特勒在7月3日也表示同意。

接着就是一连串互相抵触的命令，在德国将领中敢于不听希特

[1] 大雨使路面变成了泥潭。

勒命令的人，古德里安要算是极少数中的一个，他终于不顾一切地发挥其主动的精神。他一心准备继续前进，等到克鲁格出面干涉时，这个准备已经成熟，无法中止了。结果是到了7月7日，两个装甲兵团又继续挺进。霍斯兵团取道维特斯克，古德里安兵团则经由穆基来夫（Mogilev）和奥尔沙（Orsha）。那一条半神秘性的斯大林防线，它是从纳尔瓦（Narva）到波罗兹克（Polotsk）、维特斯克、奥尔沙、穆基来夫，然后再经过维尼查（Vinnitza）以达黑海，现在也就被突破了。尽管克鲁格又横加干涉，古德里安的领先战车还是在7月10日渡过了第聂伯河，一路击退了苏军的激烈逆袭，于7月16日到达了斯摩棱斯克。四天以后，斯摩棱斯克东南面50英里处的在第聂伯河岸上的艾尔雅（Elnya）也被攻占了，但是在那里古德里安所部却受到沉重的反击。霍斯兵团也从斯摩棱斯克的北面赶上来了。

所以，到了7月16日，照直路算来，到莫斯科的距离已经走完了三分之二了——一共是440英里，平均一天进展了20英里。斯摩棱斯克会战一直打到8月8日才结束，结果又是一次巨大的包围战。在这一战中，从7月3日到7月25日，中央集团军宣布它俘获了敌军185 487人、战车2030辆、火炮1918门。

这次前进的执行是果敢而巧妙，要算是第二次世界大战中最卓越的战车作战典范。依照布勒孟楚特将军的记载，这个地区非常不利于战车运动——“巨大的原始森林，宽广的沼泽，坏得可怕的道路和强度不够负荷战车重量的桥梁。”他告诉我们，只有从边界通到莫斯科的一条尚未完成的大公路，照西方人的标准看来，还可以勉强算是一条“道路”，其他所有的公路都只能算是沙质小径。他又说：“这个地区对于战车而言，已经是够坏的；而对于追随着战车后面的运输车辆，则更是坏到了极点。几乎所有的运输工具都是由轮型车辆所组成，它们不能离开路面活动，而当沙土变成了烂泥的时候，在路面上也都不能移动。一两个小时的大雨足以使装甲兵力停滞不前。当一大批车辆都被陷在路上，延展到 100 英里以上的距离，真可以叹为奇观——一直要等到太阳出来，把路面晒干了才能行动。”另外一个障碍物就是这位克鲁格元帅，每逢后方一发生困难，他就会命令装甲兵团暂缓前进，一直到困难被克服之后，才再准他们继续行动。这里有一点应该强调说明的：一个勇敢的战车将军，应该永远地把眼光钉在前面的目标上，而不应像一个谨慎小心的运输队长，眼光只钉在他的车队尾巴上。

当这个卓越的作战正在进行之际，7 月 5 日，北面集团军也在贝普斯湖（lake Peipus）的地区中突破了斯大林防线，占领了奥斯托夫（Ostrov）、普斯科夫（Pskov）和普尔霍夫（Porkhov），然后进向诺夫哥罗以求从东面切断列宁格勒。同时，南面集团军也在日托米尔与贝底契夫之间突破了斯大林防线，并向基辅前进。

希特勒这个人是假使有一个念头之后，就会很难放弃它的，正好像圣女贞德不敢违背她的神意一样。一旦他立下了决心，他会感觉到他的计划好像是《圣经》一样。这就是他为什么不肯放弃和修改第 21 号训令的理由。当他的军队愈向苏联境内深入时，他愈是要坚持着他的理想。

7 月 19 日，当斯摩棱斯克会战正在最高潮的时候，他却不等待其结果的分晓，而颁发了第 33 号训令。它的内容是分别用中央集团军的两个装甲兵团去执行两次作战。古德里安的第二兵团与南面集团军合作，向南运动以对于基辅附近的苏军进行一个大包围战。霍斯的第三兵团则向北转进，切断列宁格勒—莫斯科之间的交通线，并帮助北面集团军进攻列宁格勒。艾斯曼说：“战争开始走到了一个转折点，这是苏联人所不能了解的，他们称之为‘马恩河奇迹’。这个奇迹救了莫斯科，正好像 1914 年的巴黎一样。”实际上，并没有这样一个“转折点”，因为这个“马恩河奇迹”事实上已经包括在第 21 号训令之中。

铁木辛哥从斯摩棱斯克的包围战中勉强撤出了 50 万人的残部，

现在就退到了莫斯科的附近，组成了一条新的防线。他们曾经作了一些十分顽强的战斗，而使哈尔德感到震惊的，是苏军的最高兵力还不只是 OKH 所原先估计的 200 个师，早已证实有 360 个师的番号了。尽管如此，陆军总部的意见还是想要继续向莫斯科挺进，可是希特勒却不肯听从布劳希奇和哈尔德的意见；7 月 26 日，为了要想发动南面的作战，他命令古德里安装甲兵团应与第二军团合作，以围捕在戈梅利（Gomel）的强大敌军部队。哈尔德对这一点的批评是颇有意义。他说：

> 这样一个计划的意义无异于把我们的战略，从作战的阶层降到了战术的阶层。假使打击这些小型局部性集中兵力变成了我们的唯一目标，则战争就会自动退化，变成了一连串小型的成功，于是我们的正面就只会以寸进的速度向前推进。采取这样一个政策，固然可以消灭一切的战术性冒险，并使我们逐渐地填起了各集团军正面上的缺口；但是其结果却是我们将会把一切的力量，用来填塞一个宽度与日俱增的正面，于是就必须牺牲其纵深，而最后就会以阵地战来当作结局。

这一席话可以算是料事如神，把未来的发展都完全说对了。

当戈梅利作战还正在讨论之际，8 月 4 日，在中央集团军总司令部中，又举行了一次会议。波克元帅在霍斯与古德里安支持之下，力主继续向莫斯科进攻。但是希特勒却把这个建议推在一边，他说他的主要目标是列宁格勒附近的工业地区，其次即为乌克兰，因为它的物产对于德国尔后的继续作战具有重要的关系。此外，为了确保罗马尼亚的油田不受到苏联的空中攻击，他又认为有占领克里木之必要。6 天之后，北面集团军对列宁格勒的攻势被击退了。

8 月 4 日到 21 日，宝贵无比的时间都浪费在对目标问题的反复争辩之中。可是希特勒仍然固执己见，31 日他又颁发了一个第 34

号训令。这个训令的开端是这样说的：

> 在冬季来临之前，主要的目标必须要达到。这不是占领莫斯科，而是在南面占领克里木和顿内次工业和产煤地区，并切断高加索产油地区的联系；在北面则为包围列宁格勒，并与芬兰军会合在一起。

依照第33号训令，主要的作战是停止南面集团军向罗斯托夫（Rostov）—卡尔可夫（Kharkov）之线的前进，而改用中央集团军的内翼和南面集团军一同进行一个两面包围的运动，来歼灭在基辅以东的苏联第五军团。在希特勒的训令中是这样说的："必须等待我们紧密包围了列宁格勒，与芬兰军发生了联系，并击毁了苏联第五军团之后，我们才算是完成了部署，可以自由抽出我们的兵力，以击毁敌方铁木辛哥的集团军。"训令又说：莫斯科只是一个次要的目标。

布劳希奇派古德里安去企图说服希特勒，使其放弃这个疯狂的念头，因为这必然会引起一次冬季的战役。但是当古德里安在8月23日与希特勒谈话时，后者所告诉他的却是说德国的将军们，简直完全不了解战争的经济方面，希特勒并且命令古德里安于8月25日向基辅以东出发。

凯赛林对这一点的意见，也是值得加以引述的，因为它足以说明希特勒所犯错误是如何的巨大。他在回忆录中说：

> 假使斯摩棱斯克会战结束之后，只停留一个合理的喘息时间而后继续向莫斯科前进，那么照我的意见看来，在冬季来临之前和在苏联西伯利亚部队赶到之前，莫斯科可能已经落入我们的手中。莫斯科的被占领是具有决定性的，整个的苏联欧洲部分都已经与其亚洲部分的基础切断了联系，于是在1942年再

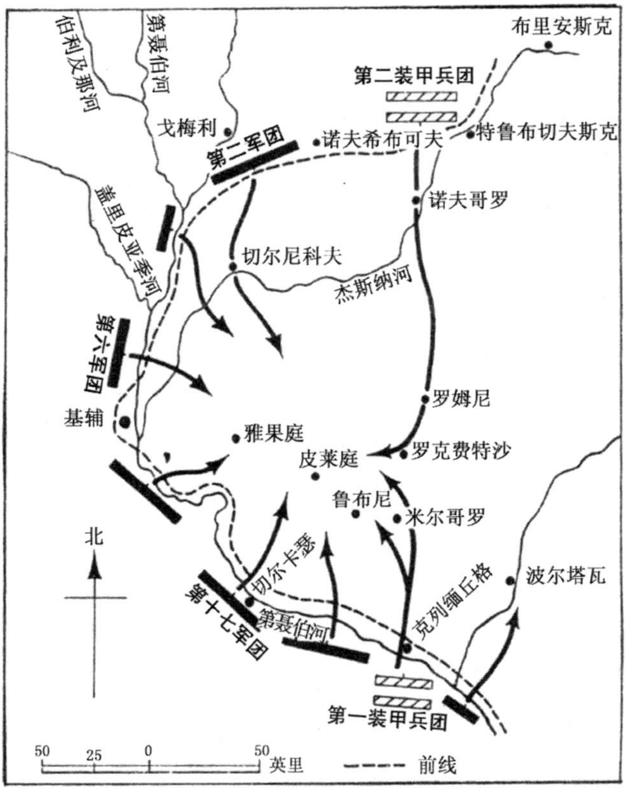

图二十八　基辅会战，1941 年 8 月至 9 月

攻占列宁格勒的重要经济中心顿内次盆地以及迈科普（Maikop）油田，都将会是一个不难解决的问题。

8 月 17 日，虽然北面集团军已经占领了纳尔瓦，但其对列宁格勒的第二次突击却还是失败了。到了 9 月初，因为不再受到德国装甲部队的困扰，铁木辛哥遂对于德国第四军团发动了一次强有力的反攻，据称歼灭 8 个师的德军。

基辅会战是从 8 月 25 日开始，到 9 月 26 日才结束，要算是第二次世界大战中的最大包围战。它的目的是想在一个巨大的舌形地区中，将布登尼元帅的集团军主力完全歼灭。这个舌形地区北起特鲁布切夫斯克（Trubchevsk），南达克列缅丘格（Kremenchug），而以基辅为其顶点。德军的计划是想用内外两层包围圈来把敌军夹碎。前者是由戈梅利—诺夫希布可夫（Novosybkov）向南前进的第二军团（魏克斯）和由克列缅丘格—切尔卡瑟（Cherkasy）向北前进的第十七军团（斯徒普纳格）。而赖赫劳的第六军团则钉着在基辅正面上的苏军主力，外包围圈为第二和第一装甲兵团的任务，分别由古德里安和克莱斯特来指挥。前者从特鲁布切夫斯克以西向罗克费特沙（Lokhvitsa）前进，后者从克列缅丘格向鲁布尼（Lubny）前进。两方面的目的地都大约是在基辅以东约 125 英里的地方。

9 月 9 日，古德里安占领了罗姆尼（Romny），9 月 16 日他把司令部设在那里，并与克莱斯特兵团取得了联系。第二军团已经在切尔尼科夫（Chernikov）和它的侧面渡过了杰斯纳河（Desna）。第十七军团在克列缅丘格与切尔卡瑟之间，以宽广正面前进。它的右翼方面另有一个支队，向波尔塔瓦（Poltava）前进以作为掩护。17 日，内圈兵力开始向雅果庭（Yagotin）和皮莱庭（Piriatin）逼拢，两地距离基辅约为 50 英里到 90 英里。19 日，在混乱之中，基辅城也已为第六军团所占领。9 月 26 日当这次会战结束之时，在曼斯坦指挥之下的第十一军团也冲过了皮里科普（Perekop）地岬，进入了克里木。

德军在基辅会战中所得的战利品，其数量真是巨大得惊人：除了战俘 66.5 万人以外，还包括战车 884 辆、火炮 3718 门、摩托化车辆 3500 辆。希特勒的踌躇满志是可以想见的。他称之为“世界战争史上最伟大的会战”，但是哈尔德却认为它是“东方战役中的一个最大战略性错误”。从战略上来说，后者的看法也许是正确的。可是假使希特勒能认清乌克兰的政治意义，则他仍然有机会把基辅之战变成这场战争中的一次最具有重要性的作战，甚至把苏联从根本上消灭掉了。

自从这次战役开始以来，希特勒已经俘虏了将近 150 万人的敌军、7000 辆以上的战车和大约 9000 门火炮。这第一个数字尤其具有极重大的意义：这场战争差不多长达四年，而在其第一阶段之中即能俘获这样多的俘虏，那真是史无前例的。安德尔斯将军（Gen Anders）在他的《希特勒征苏之役》（*Hitler's Defeat in Russia*）中对此曾有以下的解释。他说：

> 甚至在 1941 年的最初战斗中，也都可以显示出苏联的军人对所谓保卫“普罗阶级的祖国”的战争，大部分都是不感兴趣的。许多军人都认为这场战争，是使苏联改变一种新秩序的唯一机会，所以他们希望德国人胜利，不惜大批集体投降。这些投降的人还不仅限于士兵和较低级军官，有许多苏联高级军官都投降敌军，并表示愿意向苏联作战。

这些人中间有一个即为铁木辛哥元帅的参谋长。

最值得使人拍案称奇的，是像希特勒这样一个具有特殊政治天才的人，却会相信苏维埃政权在他一侵入之后即将自动崩溃，于是不但不去努力争取苏联西部被压迫人民的拥护，反而故意设法来触发他们的恶感。这个巨大的政治错误不仅使他丧失了 1941 年的战役，而且也更使以后几年中的战役都增加了无限的困难。对希特勒的人生观而言，是“不为凯撒则为禽兽”，所以当他看到大批苏军做了俘虏时，而假想这完全是由于其军队实力所致。

他似乎对下述的事实都完全没有认识或者是完全置之脑后：当德军最初侵入苏联境内的时候，到处都受到老百姓的欢迎，把他们当作是解放者看待；乌克兰人更认为他是欧洲的救主；白俄罗斯人都很想站在德军方面加入战斗；有整团的哥萨克部队集体逃往德军方面；而格鲁吉亚人、亚美尼亚人、突厥人、鞑靼人、乌兹别克人、乌克兰人、白俄罗斯人和哥萨克人都是同样地大批向德军投降。德军常常受到了苏联农民的欢迎，向他们献花和致送礼品。古德里安告诉我们说："妇女们从他们的村落中跑了出来，用木质的盘子装着面包、奶油和鸡蛋，送到战场上慰劳德军。至少在我个人所遭遇的情形是如此的，她们要我把东西吃完，否则不让我走。"甚至一直到1941年12月，当伦德斯泰特离开乌曼（Uman）时，当地人民还是向他献花，并且把刺绣的乌克兰桌布赠送给他。在罗斯托夫，一位德国军士克恩（Erich Kern）曾经这样写道："在全城的街道上，都挤满了人民，等着向我们欢呼以表示欢迎之意。"某一次当他离开某地时，有一位苏联老太婆为了感谢他对她的友谊，曾经向他依依惜别地说："我愿意把一个伟大的真理告诉你：带着大炮的人并不能拯救苏联人，而具有较伟大灵魂的人却是可以的。"克恩又说：

> 在过去我从来不曾见过这种突然改变的景象。共产主义的气氛一点都不留存了。敌人已经走了。无论我们走到什么地方，都只看到向我们欢笑和挥手的人民。苏联到处都发现了裂痕（见《死亡之舞》一书）。

假使希特勒所具有的智慧能够像那位苏联老太婆一样，认清这个"伟大的真理"，那么即令他在战略上犯了错误，他还照样能够很轻松地把苏联这个国家炸成碎片，而在鲜花如雨点一样投掷之下进入莫斯科。有许多人都曾想到这一点，其中有一个著名的人物，即为罗森堡（Alfred Rosenberg）。他是一个波罗的海地区出生的人，对于苏联的情形有很深刻的认识。[1] 在侵入战发动不久之后，罗森堡就被任命为东方地区部的部长。1941年7月7日，他曾发表一篇演说来提出他的政策：苏联根本上就不是一个民族国家，而是许多

[1] 此外像哈尔德、戈培尔以及许多其他的将领也都有同样的认识。

民族的混合体。所以德国人的任务不是要来重建它，而是解散它；不是要对这些被压迫的民族实行一种新的政治制度，而是承认每个民族的独立，让他们自治。他所建议的办法是把苏联西部，依照民族性的分界，大体分为三块，使其在俄罗斯与欧洲之间构成缓冲国。除了芬兰是早已独立以外，白俄罗斯和波罗的海地区共成一国，乌克兰算是第二个，高加索则是第三个。他又说：任何想征服乌克兰的企图，就无异于在每一个农民的后面，都要派一个士兵去加以监视。他又主张：对于俄罗斯本国——即夹在列宁格勒、莫斯科和乌拉尔山之间的地区——我们应该向其宣布：我们不是要与苏联人作战，而是要取消布尔什维克的统治。所以一切的改组都合乎民族自决的原则。他的结论是列举出德国人在苏联的两大任务：（1）确保德国的粮食和战争时经济资源的来源；（2）使德国从此解除了东面的政治压力。这也正是德国作战的政治目的。

希特勒的想法却完全不同，1941 年 8 月 16 日，他在召集其部下开会时，曾经对他的政策作下述的宣布。他说：

> 从根本的观点上来说：我们的政策就是要对这个巨大的饼加以巧妙的宰割。第一步是管制，第二步是处理，第三步是榨取。苏联现在正下令在我们战线后方组织游击战，这对于我们是有利的，它适足以使我们有机会可以毁灭一切反对我们的力量。无论在任何环境之下，除了德国人，是不准任何其他的人携带武器。这一点是特别重要，凡是要利用被征服人民来在军事方面协助我们作战的想法都是错误的，即令是最初看来似乎是有利的。整个波罗的海地区应并入帝国的版图。克里木也应该如此，也许还要向北面则加上一大块。德国在伏尔加河上的殖民地也应算是帝国的领土，巴库附近的地区也是一样。把芬兰并入一个联邦之内也应在准备之中，列宁格勒应夷为平地，再把它交

给芬兰人。自然的，对于这个巨大的领土是有立即加以绥靖之必要，其最好的方法就是枪毙一切做鬼脸的人。

这个政策立即加以实行，虽然罗森堡还是继续做他的东方地区部长。他们的所谓“绥靖”工作是由希姆莱（Himmler）和他的“党卫军”（Sichereitsdienst）负责。后者是“盖世太保”的姊妹组织，与陆军总部是完全处于对立的状态。执行一切集体屠杀的任务，都是这个臭名昭著的党卫军，而与陆军无涉。早在1942年，德国在波兰的一位高级行政人员贝尔多尔德博士（Dr. Berthold），曾经告诉哈塞尔（von Hasell）说：对俄罗斯人和乌克兰人的野蛮虐待，可以说是找不到前例的。譬如说，因为一个发报机被发现损坏了，在基辅就有400人为此而遭到枪杀（见《哈塞尔日记》）。[1]

克恩也指明，本来布尔什维克主义在政治上已经到了要破产的时候了，可是希姆莱和他的凶手们却救了它。他说：“唤起了苏联人民的狂热，我们使共产党获得了他们所梦想不到的好机会，足以巩固他们的政权，并构成了号召‘爱国战争’的借口。”高里兹在《德国参谋本部史》中也说：“事实上，布尔什维克主义的毁灭，其意义却变成了斯拉夫人民的受难和奴役，这是整个战争中的最大错误。”

当侵入战开始后两星期之内，斯大林即宣布实行游击战。德国方面第一次提及游击战是在1941年7月25日。但是一直到12月，这种民兵的扰乱才开始激烈化，这也是上述疯狂政策之所致。第一，是德国安全部队开始执行他们的暴行。第二，是苏联方面用秘密的方法，将NKVD（苏联秘密警察）混入德军后方，使他们控制着游击队。

---

[1] 连戈培尔对这一点也有所认识，他在1942年4月25日在日记上记载：“假使我们把东欧的人民一直当作畜生看待，则最后的结果将会无法招致劳工。”

NKVD 的第一个任务就是制止当地人民与德军合作，仅仅当这个任务完成之后，他们才开始把军事性的任务分配给民兵去执行。因为要完成前述任务的最简单手段，就是对人民采取恐怖政策，所以 NKVD 最初是完全不惹德国人，而只对德国战线后方的苏联人施行恐怖的手段。男男女女为了这个目的，曾受到特殊训练。他们有的从德军战线中渗入，有的用飞机投掷在德军的后方。于是他们组织四处游荡的散兵游勇，以及想做游击队的人来执行恐怖政策。在这个民兵战役中的第一个阶段，德国人可以说是根本不受到任何的侵扰，所以他们当然也不采取任何步骤来保护平民；可是当人民对游击队的畏惧心理日益增加时，德国人的威望也就随之而降低。等到恐怖政策对当地居民相当生效之后，他们才开始不敢与德国人合作，于是游击队才开始奉命绑架德国兵，把他们用残酷的手段杀死之后，再把残破的尸体放在居民的附近以嫁祸老百姓。德国人就立即采取报复手段，焚毁村落，枪毙人质，赶走牲口，甚至把游击队出没无常的整个地区化成一片焦土。这种报复手段对于游击队而言，可以说是收效甚微，因为所有的游击队都会跑到另一个地区中，去继续进行他们的残酷工作。但是对于德国人本身而言，却具有极恶劣的后果。农民在丧失了生活所需之后，开始对其过去所认为是"解放者"的德国人，发生了强烈的仇恨心理，成千上万的人投入游击队。1942 年 3 月 6 日，戈培尔在他的日记上记载说："游击队在苏联占领区中，控制着广大的地面，并正在执行恐怖政策。"后来，他们的数量增到了几十万人，其威胁是那样的严重，迫使希特勒不得不改变其"鬼脸"政策，可是却已经太迟了。

当基辅会战展开之后，希特勒又突然改变了他的战略。在列宁格勒城前受到了顿挫，他决定只对它加以围困，而不想用硬攻的方式来夺取该城。于是等到基辅会战胜利结束之后——照他估计大概需要十余日的时间——即准备在奥勒尔—勒热夫（Orel-Rzhev）以西歼灭铁木辛哥的兵力，然后以胜利姿态进入莫斯科。这个决定的

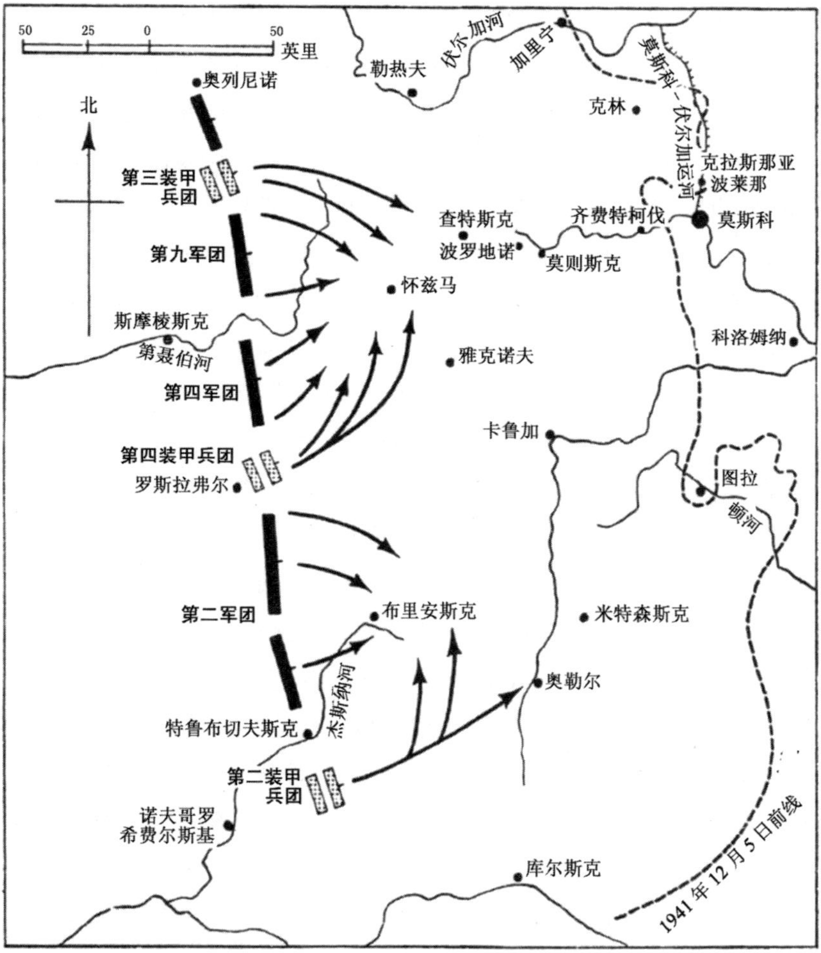

图二十九　怀兹马—布里安斯克会战，1941 年 10 月

正式代表即为 9 月 6 日所发布的第 35 号训令。南北两个集团军，都应用其装甲部队增援中央集团军。此后即由中央集团军来依照下述计划进行攻势。

在中央的第四军团（克鲁格元帅）和第四装甲兵团（霍普纳将军），在斯摩棱斯克与罗斯拉弗尔之间，从南面向怀兹马（Viazma）

包围。在左面的第九军团（史特劳斯将军）和第三装甲兵团（霍斯将军），在斯摩棱斯克与奥列尼诺（Olenino）之间，从北面向怀兹马包围。第二军团（魏克斯将军），在罗斯拉弗尔与诺夫哥罗希费尔斯基（Novogorod-Seversky）之间，负责包围布里安斯克（Briansk）。与过去的会战情形略有不同，当两面侧翼已经建立，敌军的中央即被卷起，沿着长度在 300 英里以上的正面把他们分为两个包围圈加以歼灭。此外，除了围攻列宁格勒，北面集团军又应负责掩护中央集团军的左翼，而南面集团军则同时在波塔瓦—卡尔可夫—依兹门（Izyum）方向上作辅助性的进攻。

9 月 30 日，古德里安首先展开了怀兹马—布里安斯克伟大会战的序幕，他从诺夫哥罗希费尔斯基出发，使苏联人受到了完全的奇袭。到了 10 月 1 日，他已经透入了 85 英里的距离。10 月 2 日，主力的攻击同时从斯摩棱斯克的南北两面发动。它的冲力是如此的巨大，所以到了 10 月 3 日黄昏时，步兵已经透入 25 英里的深度，而装甲兵又再前进了 30 英里。在这一天，古德里安攻占了奥勒尔。10 月 4 日，霍斯兵团开始向怀兹马的北面旋转逼近；霍普纳兵团则进到了罗斯拉弗尔的东北面，然后才从南面进逼。同时古德里安指挥其部分兵力北上，向布里安斯克进攻，另外一部分兵力则趋向米特森斯克（Mitsensk），该地立即被攻占。10 月 7 日，怀兹马已经为霍斯和霍普纳所包围；第二天，古德里安和魏克斯也包围了布里安斯克。扫荡工作一直到 10 月 20 日才结束。在这段时间之内，德军于 9 日攻占了查特斯克（Gzhatsk），16 日又占领了卡鲁加（Kaluga），18 日更占领了莫则斯克（Mozhaisk）——距离莫斯科仅为 65 英里。这一次的俘虏数字又是十分惊人——人员 66. 3 万人，战车 1242 辆和火炮 5412 门。

这个胜利对莫斯科的威胁是太大了，除了斯大林本人，其余苏联政府中的全体要员都退出了首都，并撤到伏尔加河上的库比雪夫（Kuibishev）。布登尼的职务由铁木辛哥接替，而朱可夫元帅（Marshal

Zhukov）则接替了后者，以准备保卫莫斯科的工作，其手段不是抵抗，而是反攻。希特勒这次当然又是趾高气扬，宣布说苏联的军事实力已经完全被歼灭，甚至连悲观的哈尔德也在日记上写道："只要会战能有相当良好的指导，再加中等的好天气，则我们对于莫斯科的包围战一定可以成功。"

这一点都不错，假使这个怀兹马—布里安斯克会战能够早一个月完成，那就已成定局。可是到了 10 月，若再想作任何巨大的攻势，则无异是与天气赌博，当德军达到莫则斯克时，天已经下雨了。道路变成了泥河，奥勒尔—图拉（Tula）之间的公路完全不能通过，古德里安的第二装甲军团（10 月 6 日升格为军团）坑陷在那里达几天之久，一切补给都只好仰赖空运。10 月 29 日，它进到距离图拉只有 2 英里远的地方，但却未能将其攻下。于是被迫停止前进，要等到路面冻结之后才能再开始行动。

此时，北面军团向提克芬（Tikhvin）和拉多加湖上逼近，并与中央集团军在瓦尔代山地（Valdai Hills）以南的奥斯塔什科夫（Ostashkov）取得了联系。南面集团军向比尔哥罗德（Bielgorod）和卡尔可夫逼近，在亚述海（Azov）会战中，德军又俘获了苏军 10 万人、火炮 672 门、战车 212 辆。在南面的克莱斯特第一装甲军团又占领了斯大林诺（Stalino）。在克里木地区，第十一军团已经进到塞瓦斯托波尔（Sevastopol）和刻赤（Kerch）。

11 月 3 日到 4 日，第一次降霜了，虽然使道路上的运输问题解决了，可是因为没有冬季服装，德军开始受到了严重的冷冻。11 月 7 日，就已经发现了许多冻伤了的人员，到了 12 月，温度已经降到了华氏 5 度。于是就开始讨论究竟应否继续进攻的问题。伦德斯泰特主张暂停进攻，但是因为现在距离莫斯科只有 40 英里远，所以希特勒拒绝考虑这个建议，而布劳希奇、哈尔德和波克也都一致支持他。11 月 13 日，召开了一个参谋长会议，此后即命令开始所谓"秋季攻势"。其目的是攻下莫斯科，并炸毁克里姆林宫来当作打倒布尔什维克主义的象征。

攻击的计划由克鲁格的第四军团，一共 36 个师，负责向莫斯科作正面的进攻；左面的霍斯和霍普纳两个装甲兵团，从北方和西方包围这个首都之城；右面的古德里安装甲军团，也从南方进行这同样的进攻。对于这个三方面的攻击，由第九军团保护其北翼，第六军团保护其南翼。

莫斯科会战是在 11 月 16 日拉开其序幕。霍斯慢慢地向东南方前进，23 日占领了克林（Klin），28 日在克拉斯那亚波莱那（Krasnaya-Poliana）到达了莫斯科—伏尔加运河。该地距离莫斯科只有 14 英里远，可以遥望克里姆林宫中的尖塔。在他的南面，霍普纳达到了莫斯科以西的齐费特柯伐（Zvietkova）。同时，古德里安也绕过了图拉而进到了科洛姆纳（Kolomna）。在这时开始俘虏到了西伯利亚部队，这还是这次战役中的第一次。

可是要使两翼装甲兵力能够获得成功，其基础还有赖于第四军团在中央的前进，因为假使第四军团的进攻被阻止住了，则两翼的兵力就会孤立在莫斯科的南北两方面。当会战开始不久的时候，第四军团的右翼即受到了敌军的猛烈攻击，于是克鲁格把他的预备队用去支援他们，并因为这个原因，其中央和左翼的兵力也奉令暂停不动。直到 11 月 19 日，他的右翼才又开始前进。虽然有了一些进展，可是战斗却异常惨烈，于是波克元帅在 22 日亲自指挥这次会战，照哈尔德所记载的，他发挥出来“巨大的精力”，把一切可以抽调的人员都投入了战线。照他自己所说的，这个情况是与 1914 年的马恩河会战一样，“当最后一营兵力投入了之后，也许就可以决定胜负”。但是尽管他拼老命，第四军团的右翼却已经成为强弩之末，不能再前进一步。

苏军投入会战中的部队越来越多，虽然波克已经在害怕这次作战将变成第二次“凡尔登会战”——即激烈的消耗战——可是第四军团的左翼仍继续向前压迫，而到了 11 月 30 日第四军团的中央部分也奉命于 12 月 1 日再发动攻势。刚开始进展良好，可是到了 12 月 2 日，它的进展却为莫斯科周围森林中的坚强防御所阻止。克鲁格的参谋长布勒孟楚特将军这样说：

> 第二五八步兵师中的少数部队，实际上已经冲入了莫斯科的近郊。但是苏联的工人从工厂中拥了出来，就用他们的工具与德军搏斗，参加保卫首都的战争。
>
> 在夜间，苏军对这些已经透入他们防线的孤立部队实行强烈的反击。次日，我们的军长接着报告说，他们认为不再有突破的可能性。克鲁格与我在那天黄昏时，曾作长时间的讨论，最后他决定撤退这些前进部队。很侥幸的，苏联人并未发现我们正在运动之中，所以我们很顺利，使我们保持着良好的秩序退回到了其原有的阵地。但是在这两天的战斗中，我们却受到非常惨重的损失。

两天之后，当温度降到了零下 32 度时，因为部队的实力已经不再有攻占莫斯科的可能性，古德里安怀着一种沉重的心情，他决定撤退了。

对莫斯科的最后攻势终于接近尾声，并不是因为苏军的抵抗，而是因为冰天雪地，奇冷难熬。大雪昼夜不停，整个村落都埋在冰雪之中，铁路、公路的交通都完全断绝。卡车不能跑，火车头无法生火，部队的补给断绝，战车要加温几个小时才能发动，因为润滑油都冻结了，飞机也不能使用，瞄准器的镜头都冻坏了不能使用，机关枪也不发火了，而最坏的却是由于缺乏冬衣之故，数以千计的人员被冻伤，数以百计的人员被冻死。德国兵对冬季战争是毫无准备的，他们以后的成就可以算是战争史记录上最能表示忍耐力的伟大例证。

当这次会战尚在进行中时，11 月 21 日，克莱斯特的第一装甲军团攻下了罗斯托夫，但是在 28 日却受到了铁木辛哥的强烈反击，被逐出了该城，并被迫向西撤退，这是此次会战中苏军的第一次胜利大反攻。伦德斯泰特元帅向希特勒请示，要求授权克莱斯特撤到米亚斯河（Mius）上的防御阵地中，但遭到了希特勒的拒绝。伦德斯泰特认为他无法服从这个命令，遂请求准其辞职。希特勒允许了，于是第六军团司令赖赫劳元帅奉命继任南面集团军总司令。此时，克莱斯特已经被迫后退，不久，希特勒也还是批准了他占领米亚斯河之线。

12 月 3 日的夜间，第四军团开始撤退，这在时间上可以说是太巧合，恰好使德军躲掉了一场大祸。当他们撤退不久，朱可夫元帅即发动其久经准备的大反攻，有许多师的西伯利亚生力军都参加了这次作战。12 月 6 日，他突破了德军在加里宁（Kalinin）以东的阵地，次日又强迫德军退出了克林。这次打击是如此的强大，使德军感到难以招架，于是哈尔德主张把第四军团撤到莫则斯克—勒热夫—奥斯塔什柯夫之线，但希特勒却拒绝考虑退却。12 月 9 日，第二军团的正面在李弗尼（Livny）被突破；次日，古德里安的装甲军团又在图拉以西被突破了。不久沿着德军整个前线，从芬兰湾以至黑海，苏军都同时发动了反攻。12 月 18 日，波克元帅病倒了，由克鲁格继任，次日布劳希奇也被免职，希特勒亲自兼任陆军总司令。第二天，他发布其第一个命令说：“每一个人应站在其原有位置上打回去。当后方没有既设阵地时，绝对不准撤退。”

柏林城中获得了苏军大举反攻的消息之后，接着又获得了美国参战的消息，这个都城开始感到基础动摇了。弗里德堡（Arvid Fredborg）是一个留在柏林的瑞典新闻记者，在他所著的《铜墙之后》一书中曾经有下述的记载：

> 人们开始产生了不安的情绪。悲观的人开始回忆到拿破仑征俄的故事，一切有关法军失败的书籍都开始畅销。算命的人

> 都在忙于研究拿破仑的命运，而占星术的生意也开始繁荣，甚至是最忠实的纳粹党员也都不希望与美国开战。所有的德国人对美国的实力都有很大的敬仰。没有一个人会忘记第一次世界大战的教训——由于美国参战才决定了胜负。1917 年的旧事令人为之黯然。[1]

虽然德军将领都一再要求撤退，而且古德里安和霍普纳都因为擅自撤退而被免职，可是具有幻想力的希特勒却认为万不可以退却，否则就会重蹈拿破仑的覆辙。虽然是他的固执，才会使这次战役走到了惨败的边缘上，可是也因为他的固执，才使他不会跳入这个深渊。毫无疑问的，因为他不肯撤出苏联或是斯摩棱斯克以东的地区，才使他的大军避免了一个比 1812 年还更可怕的浩劫。

希特勒的问题是在部队尚未被冻死之前，为他们找到一个庇护之所，并且守住交通线，以便使他的军队可以重新获得装备和补给。

在莫斯科地区中的主要交通线还是铁路：莫斯科–勒热夫–威立奇卢基（Velikye Luki）之线，莫斯科—怀兹马—斯摩棱斯克之线，莫斯科–卡鲁加–布里安斯克之线和莫斯科–图拉–奥勒尔之线。上述四条线又为威立奇卢基–维特斯克–斯摩棱斯克–布里安斯克–奥勒尔横线所联系着。此外，从奥勒尔还有一条铁路向南通到亚述海上的塔甘罗格（Taganrog）。在所有这些铁路线上，都有一个或多个前进补给站来供养整个前线。比较重要的是旧鲁沙（Staraya Russa）、勒热夫、怀兹马、卡鲁加、布里安斯克、奥勒尔、库尔斯克（Kursk）和卡尔可夫。在它们之间，还有许多小型的补给站，都是有充足的储积和可以供给掩蔽场所的。所以必须守着它们，并把部队撤回到那里。

希特勒决心把这些前进补给站都变成设防营地，并撤回到它们

[1] 考兰柯特的回忆录销路极佳，克鲁格元帅也曾用功研究该书。最后该书终于被禁止发行。

上面。这样就可以使他的部队获得庇护，他们可以靠储积的物资维持生活，而同时着手整顿补给线。[1] 所以他的计划与拿破仑不同，不是撤退而是向后方运动。

每一个主要的设防地区，面积达许多平方英里，有时可以收容一整个军团的兵力。德国人称之为“lgels”（刺猬），这个名词来源于中世纪的瑞士长枪兵，他们用方阵来抵抗敌人的骑兵，因为他们的防御好像刺猬的针刺指向各个方面，所以获得了这个名称。有时他们也用飞机来供应补给。

一般说来，苏军的前进与其说是一个反攻，则毋宁说是一个继续不断的向前“流动”，他们绕过德军的抵抗据点，而从他们之间流过去。因为一切运动都是越野性的，而很少能够依赖道路，所以苏联人大量地利用哥萨克骑兵，并以雪橇载运的炮兵和步兵以及滑雪部队来增强运动能力。战斗机的着陆轮也换用了冰刀。战斗变得极为野蛮，因为在德军后方，到处都有游击队活动。

德军的后撤包括着整个的前线，其纵深最大者为加里宁与图拉之间的莫斯科地区。一旦这些镇市被攻占，于是对勒热夫、查特斯克和怀兹马，苏军展开了巨大的钳形作战。12 月底，苏军已经攻占了卡鲁加。在全部的冬季战役中，这要算是苏军最重大的成功，因为卡鲁加是一个主要的“刺猬”。

从卡鲁加苏军向西北进攻，以雅克诺夫（Yukhnov）为目标，这是一个处于怀兹马东南的“刺猬”，并在德军正面上造成了一个深入的突出地。同时在北面，他们绕过了勒热夫的西面，进向维特斯克，又从后者的北面达到了威立奇卢基。这两个绕过怀兹马的进军，使苏军进到了距离斯摩棱斯克在 50 英里以内的地方。同时，1 月 20 日到 22 日，莫则斯克也被占领了。

[1] 有数以千计的德国卡车和数以百计的火车头都被冻坏了，要花几个星期的时间才能修理好。

在列宁格勒的正面上，12 月 9 日，德军放弃了提克芬，当苏军继续挺进，并渡过了弗科夫河（Volkhov）时，德军已经在希流斯堡（Schüsselburg）与诺夫哥罗之间连成了一气，于是阵地战就开始了。在极南端的地区中，苏军也在克里木发动了一次反攻；在亚述海的北面，塔甘罗格、斯大林诺和阿尔提莫弗斯克（Artemovsk）等据点都被绕过，以便集中全力来攻击卡尔可夫的“超级刺猬”。但是他们却能坚守不屈，虽然在南面的洛左伐亚（Losovaya）已被苏军攻占，而且他们也进到了距离波塔瓦在 30 英里以内的地方。

到了仲冬时节，积雪愈深，德国人希望能够获得一个喘息的机会。但是苏军还是继续流动，虽然并无任何的具有决定性的收获。也许只有在列宁格勒方面为一例外，他们在冻结的拉多加湖上，建了一条汽车道路，而与列宁格勒取得了接触。2 月 22 日，他们在旧鲁沙地区中，把德国第十六军团的相当部分切断了。

在中央地区方面，二三月份苏军巩固了他们的收获，并占领了苏基尼齐（Sukhinichi）和雅克诺夫两个小型“刺猬”。4 月因为解冻的原因，除了克里木地区以外，其余各地的作战都暂告停顿。在克里木，德军对刻赤获得了一些进展，这是在冬季中为苏联所夺回的，此外还有提奥多西亚（Theodosia）也是一样的。

哈尔德对于德国在这次战役中的损失，曾经估计如次：从 1941 年 6 月 22 日到 12 月 31 日，一共是 830 403 人，其中包括死亡者 173 722 人。而从 1941 年 6 月 22 日到 1942 年 2 月 28 日，一共是 1 005 636 人，其中包括死亡者 210 572 人。这些数字是否包括冻伤的人在内，则未有明白的说明；但依照戈培尔的估计，截至 1942 年 2 月 20 日，冻伤的一共是 113 627 人，其中有 14 357 人是需要切断肢体的。苏联人的损失数字无法估计，也可能永远不会有人知道。但依照卡提尔（Raymond Cartier）的估计，到了 1942 年 1 月 1 日，红军的总数已经减到了 230 万人，这是到 1946 年为止的最低数字。因为在 1941 年 6 月，红军的总兵力在 500 万人以上，所以德军所宣称的已经俘获了 200 万人的说法，似乎并不太夸张。

虽然苏联对于如此巨大的人力损失还可以立即加以补充，可是战争资源的损失却必须要靠美英的援助来补充，而到这个时候还只有一部分已经补足。依照普罗柯普维克兹（Prokopowicz）教授的估计，到 1941 年 12 月，德国人已经把苏联欧洲部分的土地占领了 26. 6%。这块地方包括其总人口的 40%，供给其农产品的 39. 3%，马匹的 49%，牲畜的 45%，钢铁的 66. 6% 和煤炭的 60%。不过反而言之，德国人在精神方面所受的损失却是无法抵偿的。在这个冬季中躲在“刺猬”阵地里，1941 年的“大军团”已经把它的锋口磨钝了。虽然以后有了意大利、罗马尼亚和其他附庸国的兵员补充进来，可是他们的元气却永远无法恢复了。此外，他们在苏联虽然能够获得了一些经济上的收获，可是其效果却还不能抵消美英两国封锁的力量。

最后，希特勒既然未能攻下莫斯科，这个事实的意义又如何？艾斯曼将军的答案是“它是这次战争中的转折点”。姑且承认他这种说法是对的，那么假定希特勒占领了莫斯科，这次战争的发展是否将永无转机呢？在莫斯科的后面，还有长达 4500 英里尚未征服的领域，而自从 12 月 11 日起，美国即已卷入这场对德战争的旋涡中。那么在这个紧要关头上，斯大林会与德国议和吗？即令他肯与德国签订一个和约，希特勒又会相信他能够遵守这个和约的条款吗？

所以这个战争中的转折点，不是希特勒未能攻克莫斯科，而是罗斯福处心积虑要把美国拖入这场战争。罗斯福所面临的问题，就是如何使美国人民团结一致来加入对德国的战争；而希特勒的问题却是如何使在苏联境内的被压迫人民起来反对其住在克里姆林宫中的主人。假使希特勒能够把握他自己的这个主要问题，也许即可以阻止美国的参战，或至少可以减少其效果。虽然这是一个纯粹假想的问题，不过那却是非常可能的。假使希特勒能以一个解放者的姿态出现在苏联的境内，则他可以使苏联的陆军大部分自动瓦解，也许在罗斯福团结其内部的工作尚未完成之际，即已推翻了布尔什维克党的统治。如果能够如此，则他所最害怕的一件事情就绝对可以避免——两面的战争。所以希特勒所犯的最大错误还是在政治方面，而不是在战略方面。他打击在这个巨怪的铁头上面，而没有想到它的脚却是黏土做成的。假使他能够打击在这个脚的上面，换言之就是造成革命而不是征服，那么这个转折点也许就根本不可能发生。无论如何，这场战争的全部后果都会变得完全不同了。或者是西方国家在没有苏联协助之下而击败了德国，不然就是战争会以一个谈判的和平来结束，而在这个和平的谈判中，克里姆林宫已经丧失了参加的资格。

大事记（十二）

苏联问题和战争向太平洋的发展

在希特勒侵入苏联的那一天，下午9时的时候，丘吉尔先生从广播中向英国人民作了下述的讲话：

> 我现在要宣布英国政府的决定，我们只有一个单纯不变的目标。我们决定要毁灭希特勒和纳粹政权。我们决不妥协，我们决不与希特勒或其任何党徒谈判。任何人类或国家只要是与纳粹为敌者，都可以获得我们的援助。任何人类或国家与希特勒携手者都是我们的敌人。这是我们的政策，这也是我们的宣言。所以今后，我们对于苏联和苏联人民将要竭尽全力来援助。

从上述的宣言，以及其他类似的言论，可以很明白地表示，丘吉尔先生对于其担任英国首相兼国防部长的重责丝毫无所了解。第一点，他应该知道他的最主要责任，就是要为其国家赢得一个有利的和平。可是若用斯大林来代替希特勒，则在道义上和政治上都是毫无利益的。

第二点，他既已标明灭绝希特勒和希特勒主义为目标，那么他对于纳粹政权与一般德国人民之间的区别应该有所认识。假使他能有此种认识，那么他就应该知道在德国境内的各种反希特勒力量都是其极好的盟友。依照他这个宣言，实应给予极大的援助，可是他却受了感情的支配，犯了希特勒在苏联所犯的同样大错。这个错误使战争不必要地延长了许多的时间，最后虽然获得了最终的胜利，可是丧失了和平，而使战争变成了一个荒谬的笑话。

第三点，英国与波兰之间曾经订有《英波条约》，波兰虽然被瓜分了，可是这个条约的约束力还继续存在。对于波兰的瓜分而言，斯大林的过错与希特勒的罪恶可以说是无分轻重。所以丘吉尔先生实在不应该如此冲动地就率领着整个英国，都投入斯大林的怀抱。至少也应该等到斯大林开口求援时，再与他谈判条件。像 1939 年 8 月 23 日所签订的《李宾特洛普—莫洛托夫条约》，应要求苏联立即宣布废除，还有一切波兰的战俘和被苏联所流放的波兰人民，也应该迫使苏联当局予以释放。

在这种不够水准的政治家品格方面，美国的罗斯福总统和丘吉尔正好是天生的一对。为了争取选票，他对于共产党和其同路人，不惜有计划地加以培养，因为他们在纽约州中是居于举足轻重的地位。结果诚如某美国作家所说:“当希特勒侵入苏联的时候,美国‘新政’的官僚机构却变成了共产党的收容所。”这是令人难以置信的，美国共产党的这种渗透工作会获得如此的成功，使得美国政府的许多部门中，都被克里姆林宫的间谍们占据了重要的位置。这些间谍们的工作，就是要想左右美国总统的思想，帮助他形成其对苏联的战时政策。

当希特勒侵入苏联时，罗斯福对美援的给予并不曾向苏联开出一个价格来，尤其是没有要求克里姆林宫对国外土地的兼并提出一个保证。他也和丘吉尔一样，只是盲目地投入苏联的怀抱，立即开始把大批的租借物资向苏联送去。

但是美国总统的问题仍然存在：他要怎样才能把美国投入战

争？这个答案是，既然希特勒拒绝他的挑拨，硬不肯向美国宣战，所以就只好挑拨日本来进攻美国了。

自从1931年以来，日美两国之间的摩擦就日益加剧。在那一年，日本主要是为其日益增加的人口寻找一个消纳的地区，以及为其工业获得原料的供应。日本人吞并了中国的东北地区，建立了一个“满洲国”，并建立了一个傀儡政府来保护其经济利益。这个高压手段的行为，使美国胡佛总统的国务卿史汀生大感不满，遂宣布了美国的不承认政策。此外，他又指控日本违反了1928年所签订的《白里安—凯洛格非战公约》(*Briand-Kellog Pact*)，可是事实上，在1929年，苏联也曾攻击中国，而成为破坏这个公约的第一个国家。他又特别强调美国在中国的经济利益，并且也获得了一部分工商界人士的支持。他们认为："美国若不能获得新市场，则其资本主义制度即将崩溃，而中国拥有4亿人民，将来是一个最有希望的主顾，对于美国经济制度的延续是具有必要性的。"国务卿史汀生也曾力劝胡佛总统，对日本实行制裁和禁运的措施，但胡佛却不肯听他的话。

罗斯福的态度却与他的前任完全不同，诚如他自己所说的，他对中国具有极深的同情心，因为其妻子的祖先曾经与中国做过生意。他不仅支持史汀生的不承认主义，而且自从他上台之后，他就开始增强美国舰队的实力，使其达到1921年华盛顿协定所规定的限度——日本的舰队早已达到了所规定的限度。1934年年底，即协约签订的两年之后，日本宣布退出华盛顿协定，不再接受该约的限制。

当1937年6月中日战争再起时，罗斯福总统即开始计划用英美联合封锁切断日本贸易的手段来迫使日本屈服。1938年1月，他派了一个秘密使节团，到伦敦去商讨这个问题。1939年3月，英国外长哈里法克斯勋爵向罗斯福建议：为了使对日本的心理压力增到最大限度，美国的舰队应集中在太平洋之内。一年之后，在1940年4月，罗斯福不顾海军当局的劝告，命令把原以加利福尼亚海岸为基地的太平洋舰队移驻到夏威夷。

当此之时，财政部长摩根索在史汀生和某些工商界人士的强力支援之下，也主张抵制日货，并禁止美国石油输入日本。这个运动获得了很大的成功，1941 年 6 月中旬，所有一切载运石油的船只都禁止从美国东岸开往西岸，摩根索和史汀生又力主冻结日本在美国的存款来打击日本的贸易。

7 月 23 日，日本压迫法国维希政府同意其暂时占领越南，因为这对缅甸和马来西亚是一个直接威胁，而对于菲律宾也是一个间接的威胁，于是罗斯福命令其海军军令部长史塔克上将（Adm. H. D. Stark）就对日本禁运问题发表他的意见。后者即提出了一个备忘录，其中指明："禁运的结果可能会使日本提早其对于马来西亚和荷属东印度的攻击。而且也毫无疑问，只会更坚定日本当局的决心，使其继续采取现有的行动路线。此外，假使日本对于英荷的殖民地采取军事措施，其结果也必然会把对菲律宾的军事行动包括在内，于是就会立即引起一场太平洋战争。"因为确知禁运即足以把日本引入战争，于是 7 月 25 日，罗斯福总统宣布冻结日本在美国的一切资金，英荷两国也立即宣布冻结；31 日，他又禁止飞机燃料和机具输入日本。这无异是说美国已经正式向日本宣布经济战争。

这种情况无异于表示太平洋上的战祸已经迫在眉睫，次一个步骤却是该丘吉尔来采取，即设法使美国赶紧投入战争，不再延迟。他安排与美国总统在纽芬兰的普拉森提亚湾（Placentia Bay）会晤，于是所谓"大西洋会议"（Atlantic Conference）于 8 月 8 日到 13 日在那里举行。根据罗斯福的儿子艾略特（Elliot）所报道：丘吉尔深知若无美国的参加，则英国在战争中即不可能再支持下去。他的困难却是在美国，只有国会才能对外宣战，所以当会议开始不久，丘吉尔即向罗斯福提出了这个问题。罗斯福的回答是这样的："我可能永远不会宣战，但我却可以制造战争。假使我要求美国国会宣战，那么他们可能要辩论达三个月之久才能有所决定。"他早已对德国制造战争，现在他就要对日本制造战争了。所以他对丘吉尔许下诺言说："即令美国本身没遭受到攻击，它也要设法投入远东的战争。"同时他又说当他回到华盛顿之后，即将对日本驻美大使野村大将提出一个具有挑拨性的通牒。这个通牒于8月17日送达野村大使，其中有一段说："美国政府现在认为有宣告日本政府之必要，假使日本政府今后仍继续推行其对于邻国作军事支配或军事威胁的政策或计划，则美国政府将被迫立即采取必要的步骤，以保护美国和美国人民的合法权益，并确保美国的安全。"

因为这些商谈的内容是不能公开发表的，所以表面上，就只好发布一个《大西洋宪章》来当作掩护。这个文件在本意上既不曾被认为是一个正式的"国书"，也未曾加以正式地签署和加盖国玺。它仅仅照速记稿加以发表而已。这一个高度理想化的文件，其中规定，除非依照有关人民所自由表示的愿望，否则即不准作任何的领土改变。所有的人民都应有自己选择其政府形式的权利。所有的国家，无论是战胜或战败的，对于世界贸易和原料的获得都应有同等的权利。在纳粹暴政被摧毁了之后，所有各国均应享受安全的和平，所有各国的人民在生活中都应能具有免于恐惧和困乏的自由。

假使要完全遵守这个宪章所规定的一切，也许根本不可能。好在当时的作用，只不过是为了欺骗世界而已。虽然如此，直到它在德黑兰会议（Teheran Conference）中被撕毁之时为止，它都要算是一个头等的宣传品，也可以算是第二次世界大战中的一个最伟大的骗局。

因为对于日本而言，禁运的结果只有两种可能性：日本不撤出中国，就必须设法打破这个封锁。所以在大西洋会议结束不久，日本人即在华盛顿与美国人开始谈判，以求打开这种僵局。此外，在9月，为了准备发动战争，东京当局也开始用密码的电报通知日本驻檀香山的总领事，调查有关珍珠港、瓦胡岛（Oahu）和美国太平洋舰队的详细情报。日本人却完全不曾料想到美国人已经拆穿了他们的密码（号称为“魔术”[Magic]），所以对于他们的通信内容完全了解。

由于在华盛顿的商谈久无结果，所以在 11 月 22 日，东京当局发了一个密电给野村大使，坚持说除非一切的谈判能在 11 月 29 日以前完成，并签订条约，否则就只好“听任事态的发展”。[1] 这种说法即为暗示日本人将作某种形式的奇袭，但因为美国在太平洋地区的舰队和陆军还尚未完成应付攻击的准备，所以 11 月 22 日到 25 日，美国国务卿赫尔先生（Cordell Hull）就作出了一个暂时应付的建议，主张延长 90 天时间，在这个时间之内，美日两国仍继续保持着经济关系，不过以后者默认不再作进一步征服为原则。这个建议却始终不曾提交给野村大使，因为在 11 月 25 日，美国人推荐给蒋介石的顾问拉铁摩尔（Owen Lattimore, 是一个亲苏分子），用电报通知美国总统东方事务的助理居理（Lauehlin Currie，他也是共产党的间谍）说：“放松经济压力和解冻，可以使日本在中国的军事地位大为增强，将使中国丧失对美国的信仰。”同时，当 11 月 25 日，美国总统在表示了他害怕日本人就会在下一个星期一（12 月 1 日）发动攻击之后，接着又作一个极有意义的补充：“问题就是我们应如何把他们（日本人）引入发射第一炮的位置上，而又不让我们自己蒙受太大的危险。”

赫尔的建议不能达到这个目的，所以代之以一个“十点建议”。根据兰格（W. L. Langer）和格里森（S. E. Gleason）两人所合著的半官方性的历史《不宣之战》一书中的记载，这个建议是根据怀特（H. D. White，又是一个共产党间谍）呈给财政部长摩根索的一个备忘录而写成的。表面上它是提出美国对于解决两国间问题的建议，实际上却是一份最后通牒。为了签订新的贸易协定和解冻资金，日本应同意与美苏中荷泰等国签订互不侵犯条约；在中国和越南撤

[1] 此时来栖三郎也早已以特使身份去美协助野村进行谈判。

出他们的军队，取消一切伪组织，依照最惠国的待遇与美签订商约和以美元来稳定日元。

毫无疑问，日本人是把这个建议当作最后通牒看待。日本政府决定接受这个挑战，并且以他们久已准备的作战来当作答复。日本的意图是不拟经过正式宣战的手段，即先袭击英美在远东的基地和在珍珠港的美国太平洋舰队。因为必须设法使美国舰队能留在港内不动，所以野村和来栖奉到了训令，仍继续与美国政府谈判，以免惊动美国人，使他们有所准备。依照提奥博尔德少将（Rear-Adm. R. A. Theobald）所著《珍珠港的最后秘密》一书中的记载：罗斯福总统对于日本方面的一切准备，事先都已获有充分的情报，因为他深知要想使美国投入战争，其最好的方法就是让美国的领土受到一次奇袭，所以他决定应用一切方法来引诱日本人上钩，而不要让他们知道美国是正在等待这个攻击。所以除了在 11 月 27 日，发出一个空洞的战争警告通知（其中并未特别提到夏威夷）以外，他并未将一切详情告诉当时太平洋舰队司令金梅尔（Adm. H. E. Kimmel）和夏威夷驻军司令萧特（Gen. W. C. Short）。

12 月 2 日到 3 日，东京政府对其海外领事馆发出了一连串的命令，要他们销毁密码本和秘密文件，这当然是战祸即将来临的征候，可是这些重要情报却并无一件转告金梅尔和萧特。最后到了 12 月 6 日，日本在华盛顿的大使馆，收到了一个分节拍发的十四点文件，这就是对于 11 月 26 日美国所提十点建议的答复。同时还有指示说：等到全文收齐了之后，即将它抄录妥善，然后严守秘密，至于传给美国政府的时间则另候通知。

到了那一天下午 5 时 30 分，这个冗长电报的前 13 段已经被译出，并送到了罗斯福总统的手中。当他把这个文件读完之后，就说：“这个意义就是战争。”可是提奥博尔德少将却说：“他在这个最后的紧急关头上，又是一整天过去了，仍然没有一个字通知在夏威夷的指挥官。”

12 月 7 日，全文都已经发清。这是一个略加伪装的宣战书，接着又有第二道命令到达，要两位日本使节于那一天下午 1 时将全文送达美国政府。

12 月 7 日，美国的海军军令部长史塔克上将，于上午 9 时 25 分到达了他的办公室；虽然有人向他指出华盛顿的下午 1 点就是夏威夷时间上午 7 时 30 分，但他仍未考虑到有立即警告金梅尔将军之必要，尽管他的幕僚都力劝他采取这个行动。两个小时之后，陆军参谋总长马歇尔将军也到达了陆军部。他也看到了这个十四点的最后通牒，从准备送交美方的时间上来判断，可表示日本人将在下午 1 时左右对太平洋地区的美军发动攻击，于是他拟了一个通报，发给美国驻远东地区、加勒比防御地区、夏威夷和第四军团的各位司令官。内容说："日本定于本日东部时间下午 1 时，将一个类似最后通牒的文件送交美国政府。希一体严加警戒，并通知海军有关机关。"可是这样紧急的通知，却并未使用越过太平洋的电话，若果如此则在三四十分钟之内，即可以送达萧特将军。事实上，它却是交由商业无线电公司拍发，等它到达萧特的司令部时，已经是在日本人攻击珍珠港以后的六个小时了。在这次攻击中，美国军舰被炸沉和伤毁者共 18 艘，其中包括 8 艘战斗舰在内。美国人死伤共 4575 人，被毁飞机共 177 架。于是美国正式投入战争，同时珍珠港事件的结果也使美国变成了苏联的同盟国。

以上所述的就是罗斯福总统引诱日本开启战端的惊人故事。提奥博尔德少将对此有下述的综合评论："把一支弱势的太平洋舰队[1]留在夏威夷，并且不让这个舰队司令获得一切有关的情报（否则即可能使这次攻击变得不可能），罗斯福总统遂在 1941 年 12 月 7 日一手把美国拖入战争。他使美国全国都自愿起而奋战，因为在当时

[1] 为什么说是弱势呢？因为美国太平洋舰队不但在数量上要比日本少，而且当珍珠港被袭击时，其 3 艘航空母舰也不在那里。

没有一个美国人会想到日本人的奇袭，是如何地恰好配合了其总统的计划。从海军的观点上来看，这固然是一次惨败。可是从外交的观点上来看，珍珠港事件正是轴心国家全盘失败的前奏曲。”

不过以下的看法却也是具有同样的可能性的，也许美国总统和他的重要顾问人员都一直深信日本人的打击只会落在西太平洋地区，在他们的计算中是从来不曾考虑到珍珠港有受到攻击的可能性，尽管事实上，1932 年的大演习曾把珍珠港的陆海军联合防御计划包括在内。关于这一次演习，克伦特（R. N. Current）在其《史汀生部长：治术研究》一书中曾经有下述的记载：“在一个星期天上午拂晓时，‘敌人’的航空母舰从东北方面接近瓦胡岛，使防御者受到了完全的奇袭。于是统裁部作了如此的判决：攻击军的飞机炸沉了港中的全部战舰，并在守方飞机升空迎敌之前，将其全部击毁。”像这样重要的一个判决，本不应忘记，但“忘记”却也并非没有前例。例如在第一次世界大战中的的黎波里战役尚未发生之前，英国参谋本部在 1906 年和 1911 年所作的研究，都早已指明在的黎波里半岛登陆的困难。可是到了 1915 年，这却被忽视和忘记。同样地，英国参谋大学在 1924 年至 1925 年，所作的演习也曾经指明对于新加坡的主要威胁是来自陆上方面。

不管我们采取哪一种解释，美国参加战争却是下述两个措施合乎逻辑的结果：一为租借法案，它使不列颠能够不退出战争；另一为禁运，它强迫日本挑起战火。两者都是经济性的工具，一正一负，又因为美国是世界上最强大的工业国家，所以从它加入战争之日起，它也就变成一个最具有支配性的交战国。对于世界而言可以说是不幸之至，因为美国的领袖人物缺乏历史的认识，并且认为战争只是一种与性命相关的游戏，而不是政策的工具，于是当美国进入了战争，会战即开始丧失了它们的政治价值。在战争的后半期中，会战的结果遂经常为政治性事情所抵消。像卡萨布兰卡、德黑兰和雅尔塔等会议带来的结果，不仅比任何会战的结果都有更大的决定性，而且也更抵消了后者所曾经获得的决定性。进一步说，在军事方面，由于技术的巨大进步，统帅变成了一群技术家和工业家的傀儡；反之在政治方面，权力却逐渐由内阁和国会集中到一个单独政治家（元首）的手中，他时常会听信左右亲信一知半解的意见，或者是为自己的宣传所蒙蔽，而在战略和政治两方面犯了最严重的错误。

这些具有决定性会议中的第一个，是于 1941 年 12 月底在华盛顿召开的，其代字为“阿卡迪亚”（Arcadia）。丘吉尔先生于 12 月 12 日离开英国，并于 22 日到达华盛顿。在他尚未动身之前，英国的外相艾登（Anthony Eden）也已经启程前往苏联；当丘吉尔尚在海上时，他就接获了艾登的一个报告，陈述其与斯大林作第一次谈话的经过。斯大林却是深知把战争当作政策工具来看待的。斯大林曾经把他理想中的战后欧洲蓝图详细地讲给艾登听。他主张把日耳曼分成一些小国，恢复苏联在波罗的海地区、芬兰和比萨拉比亚的地位；要求以“寇松线”为苏波两国间的未来界线，并压迫英国立即予以承认。在他的大皮包中藏着这样一颗炸弹，丘吉尔步入了白宫。

这次会议的工作可以分为两大部分：军事和政治。

在军事方面的计划可以说是一切都很周密。为了指导战争中的战略，成立了一个名为“参谋长联席会议”（the Combined Chiefs of Staff）的控制工具，其本部位于华盛顿。这是一个委员会，包括英美双方的参谋长或其代表，值得注意的是却无苏联军官参加。此外，尽管日军的攻势正是声势浩大，可是这个委员会却还是重新认定，对于德国的攻势应比太平洋中的战争更为优先。[1] 该委员会并获得了下述协议：

在 1942 年，用来消耗德国抵抗力的方法可以分为下述三点：

[1] 1941 年 3 月 27 日，英美两国参谋会谈第一次决定这个原则。

> （1）逐渐增强美英空军的轰炸，（2）用一切可能的手段来帮助苏联的攻势，（3）联军作战的主要目的为占领全部北非海岸。在 1942 年这一年之内，除了苏联方面，似乎并无对德国作任何大规模的攻势可能性，但是到 1943 年，我们应扫清回到欧陆的路线，越过地中海，或是从土耳其进入巴尔干，又或是在西欧登陆。这些作战又将成为对德国本土作最后突击的前奏曲。

第二（政治）方面还只是一个开端——美国开始采取了一个政策，结果牺牲了两个西欧的未来同盟国。这也是罗斯福总统的得意杰作，他自己称之为“伟大的设计”。那是 1917 年到 1918 年威尔逊政策的修正版，但却没有十四点；它又可以譬喻为一缸政治性麦酒——全部都在起泡了。他的理想是认为一旦这次战争结束，全世界的国家为了和平，应联合组成一个伟大的组织。这个国际组织应以美国的联邦制为模范，并且以《大西洋宪章》的原则为基础。因为在这一群弟兄之中，有把苏联包括在内之必要，所以必须竭尽全力来争取斯大林的合作。照罗斯福看来，这似乎并无不可克服的困难，因为他的私人代表霍普金斯，在德国侵入苏联不久，曾经访问过斯大林，并且告诉罗斯福说，若认为斯大林是一个共产党，那才真是荒谬至极，因为他是一位伟大的俄罗斯民族主义者和爱国志士。[1] 不管斯大林对于欧洲的未来有如何的看法，可是却必须把他争取过来。虽然当时罗斯福并未认识这一点，可是“安抚苏联”从此变成同盟国政策的轴心。

这个经过升华后的无用机构，遂由罗斯福总统定名为“联合国”，在这次会战中被采纳当作同盟国的和平计划。1942 年 1 月 1 日，美英两国发表了一个联合宣言，在它上面的签署者还有 24 个其他的

[1] 希尔吴德认为霍普金斯为“事实上的副总统”，美国萧特众议员则称他为“白宫中的拉斯浦丁”。

国家，包括苏联在内。它的内容是肯定《大西洋宪章》，并宣布所有的签字国家都一致认为：为了保卫生命、自由、独立和宗教自由等目标，完全战胜他们的敌人是有必要性的，而他们现在是正面对着一个想征服全世界的野蛮力量作共同的奋斗。

这样就建立了一种政策，那是注定了将使这两个伟大的西方同盟国所赢得的胜利化为乌有，并且把斯拉夫民族引回了易北河上，用斯大林来代替希特勒。

第十二章

中途岛之战

日本所据有的形势，是想攻占英美两国在远东的属地，那可以说是太便利了，但是要想打击它们的本土，却感到无能为力，其最大的希望也只是一个有限的胜利而已。这也并不是一个新的情况，因为在它的前两次主要战争中，也是面临着相似的问题——1894 年的中日战争和 1904 年的日俄战争。在这两次战争中，日本之所以能够获致成功，就是因为它能够充分地利用其海权，以使其避免陷于无限战争之中。在这两次战争中，日本都是凭借其海军的优势夺占有限性的地理目标，然后再向其敌人挑战，要他们来夺回这些目标。日本人明知敌人是无此能力的，因为他们的海军都不如日本的强大。日本人的想法是即令德国失败了（在 1941 年，这似乎很少有可能），英国人也势必精疲力竭，若要他们再来参加另一次巨大的战役，充其量也不过是强弩之末了。同样地，即令到了那时，日本仍然未能击败美国，可是它至少已经占领了一个如此坚强的防御阵地，足以使美国宁愿谈和，而不再继续作长期的苦斗。

为了使它能有作持久战的把握，日本不仅应攻占荷属东印度，以使其在经济上有支持战争的力量，而且还应对太平洋地区中作深入性的征服，以使美国人无可供利用的海空军基地。假使日本真的这样做，那么其敌人所处的情况又是怎样呢？只要略举一些数字即可以答复这个问题。

从旧金山到檀香山为2400英里，从伦敦到科伦坡（Colombo）为5600英里，从檀香山到马尼拉为5600英里，从科伦坡到新加坡为1580英里。新加坡到横滨为3020英里，而马尼拉经由上海到横滨为2160英里。差不多从英美两端算来，到日本的距离都是1万英里——换言之，英美方面的海上交通线全长为2万英里。

因为这个原因，日本决定采取消耗战略：尽量地争取时间，若是运气良好，第一步选择攻打在夏威夷的美国太平洋舰队——这足以威胁他们唯一的强大海军力量。第二步是从英美两国的手中，夺取新加坡和马尼拉——这是那两国在南中国海中的主要海军基地。第三步，它就要开始向太平洋地区中作尽量的推进，以建立一个具有极大纵深的防御区。此后，它就尽可用空间来换取时间，使战争无限期地拖下去，直到使它的敌人感到无利可图，而宁愿接受一个谈判的和平。

这个防御地区可以用一个堑壕体系来当作比喻，其第一线是从千岛群岛的最北端起到达威克岛（Wake），再经过马绍尔群岛（Marshalls）和吉尔伯特岛（Gilberts）到达埃利斯群岛（Ellices）；从此地再指向西面沿着所罗门群岛（Solomons），通过新几内亚（New Guinea），再取道帝汶（Timor）、爪哇（Java）、苏门答腊（Sumatra），直到缅甸北部为止。在第一线的后面，又有一条预备防线，从小笠原群岛（Bonin）达马里亚纳群岛（Mariana），包括关岛（Guam）在内，然后再经过雅浦（Yap）、帕劳（Palau）、摩罗泰（Morotai）、哈马黑拉（Halmahera）和安波那（Amboina）以达帝汶，在那里就与第一线（即外围防线）联结在一起。好像是一条交通壕一样，从帕劳岛的加罗林群岛（Garoline）向东达马绍尔和吉尔伯特群岛，恰好联系在这两道防线之间。此外这一道堑壕也正挡着美军中太平洋进路的侧面上，这一条进路是从夏威夷为起点，经过中途岛、威克岛和关岛达在吕宋岛（Luzon）上的马尼拉。

虽然日本人所采用的战略是纯粹防御性的，可是他们的大战术却是以空权为基础，要算是属于防御攻势性（Defensive-offensive）的。因为日本人早已占有了马里亚纳、加罗林和马绍尔等群岛，所以他们在这些岛屿上面建立了一个空军基地网，使每个基地都处于可以互相支援的距离之内，而且他们更计划在所有可以攻占到手的敌方岛屿上也作同样的部署。于是以后，当任何一岛遭到敌人攻击时，从邻近各岛上即可以集中优势的空军力量来打击攻击者，而增援的兵力也可以自日本送达。在这个基地网之内，日本舰队是准备当作一支机动性打击兵力运用，在岛上空军的掩护之下，可以随时随地对于敌方的海军力量作强大的反击。这也就是把“刺猬”和装甲纵队配合使用的原理，从陆上移用到海上来了。

在这场战争之前，海军的战术思想还是和过去一样，认为海上的会战应由战舰用巨炮来执行，而航空母舰的主要任务就是在上空撑开一把“空伞”（Air-umbrella），以保护战斗舰队。当时的日本联合舰队总司令山本五十六上将，对于这个理论是很表示怀疑的。他要算是少数先知先觉者中的一个，认清了因为飞机的航程超过了火炮的射程，所以航空母舰应担负主要的攻势任务。[1] 基于这个理由，航空母舰应以打击敌方舰队为主要任务，而保护己方舰队反而变成了次要的任务。在山本的卓越指导之下，到了1941年12月，日本海军一共拥有10艘航空母舰，其中最新型的为3万吨级的巨舰，时速达30海里。在这同一时间内，美国人一共只有7艘航空母舰，

[1] 本书作者在1937年即曾考虑过这个问题，认为航空母舰应代替战舰而成为未来的主力舰。

其中有 3 艘是属于太平洋舰队的。[1]

美国的太平洋舰队被击毁的 3 天之后，英国的战舰“威尔斯亲王”号（Prince of Wales）和战斗巡洋舰“却敌”号（Repulse），也在马来亚的海上被击沉了。于是日本人就可以顺利地推行上述的战略和战术，而一点障碍物都没有了。他们的行动可以算是极为成功，所以到了 1942 年 4 月中旬时，日本人已经攻下了敌方的最大海军基地：新加坡和马尼拉（只有柯里几多［Corrogidor］岛屿要塞为唯一的例外）。此外，日本还蹂躏了马来西亚、缅甸南部、婆罗洲、荷属东印度和菲律宾群岛。除了在新几内亚东部，沿着珊瑚海（Coral Sea）北岸，澳洲人还在摩斯比港（Port Moresby）保持着一个小型的据点以外，日本人也已经建立一连串的机场，直抵澳洲为止。在他们的防御周界上，占领了吉尔伯特群岛，并在拉包尔（Rabaul）、新不列颠（New Britain）和所罗门群岛的北部，建立了一连串的空军基地。其意图为继续向南面和西南面推进，以进占新赫布里底（New Hebrides）、新喀里多尼亚（New Caledonia）、斐济（Fiji）和萨摩亚（Samoa）等岛屿来切断美澳交通线为目的。自珍珠港事件之日算起，在 4 个月之内，日本人已经赢得了一个大帝国，假使他们真能够守住它，则可以供给他们一切的资源和人力，使战争无限期地拖延下去。

尽管有了这些最初阶段的成功，可是日本人的计划却是以两个错误的计算来当作基础的。它不仅是向两个最强大的海权国家挑战，而且也是向世界上两个最强大的工业国家挑战。即令德国在欧洲的

[1] 日本航空母舰中：(1) 大型者为苍龙、飞龙、瑞鹤、翔鹤、赤城、加贺等 6 艘，(2) 轻型者为祥凤、瑞凤、龙骧、隼鹰等 4 艘，最后 2 艘为由潜艇母舰所改装者。美国的航空母舰都是大型的，其中“列克星顿”号（Lexington）和“萨拉托加”号（Saratoga）为由战斗巡洋舰所改装的。此外猎兵（Ranger）、企业（Enterprise）、约克敦（Yorktown）、胡蜂（Wasp）、大黄蜂（Hornet）5 舰均为新建者。日本人正在建造 5 艘大型母舰和把 2 艘商船改装为母舰，而美国最后的造舰计划中则包括 17 艘大型母舰、9 艘轻型母舰和 78 艘护航母舰。

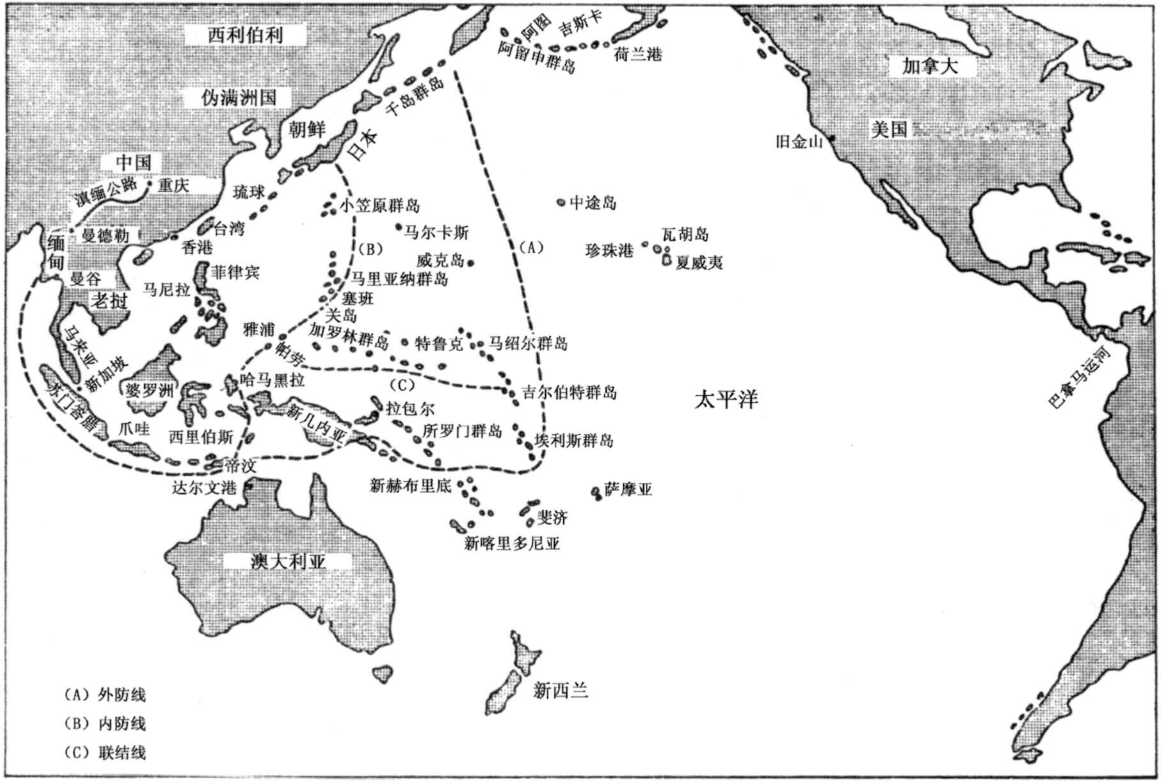

图三十　日本的战略守势，1941 年

战争中能够获得胜利，可是仍然不能打倒美国。日本人所不曾注意到的，是美国所拥有的工业势能实在是太巨大了，所以最后它总一定还是可以克服空间和距离等一切战略障碍物。他们应该知道美国是一个强国，它一定会不惜任何的成本来克服这些障碍，而不肯谈判一个有限的和平。在日本人所犯的一切错误之中，这要算是最大的一个：他们相信美国是会宁肯“丧失面子”以求缩短战争，可是他们自己却不惜在一个长期战争中，以国家的存亡作赌注，而不愿意从中国撤兵，因为那是“丧失面子”的。

一旦日本人已经建立其防御周界，并且在新不列颠的拉包尔和新几内亚东北部的莱城（Lae）和萨拉马瓦（Salamaua）都建立了安稳的据点，于是山本五十六的问题，就变成是要在时间、空间和资源之间来解决一个方程式。他深知若让美国人获得足够的时间，那么他们很容易就可以建造一支远比日本更强大的海军，假使这个工作完成了，则太平洋的完全控制权即将移入美国人的手中。于是他决定趁着他还握有主动权之际，尽量地扩展空间来迫使敌人不能不用弱势的兵力来应战，这样就会使敌军的兵力逐渐地自动减弱。

因此他必须打击在敌人所不能够放弃的目标上面。这样的目标一共有三处：在北太平洋为阿留申群岛（Aleutians），在中太平洋为中途岛（Midway）和夏威夷，在南太平洋为美拉尼西亚（Melanesia）的东北部分——新赫布里底、新喀里多尼亚、斐济和萨摩亚等岛屿。第一批群岛控制着横越太平洋的北面航线，第二批岛屿控制中央航线，而第三批则控制着南面航线。第二批是最重要的，因为夏威夷是美国海权在太平洋中的主要基地，不过它却距离日本太远，所以不能当作是一个具有实际性的目标。可是中途岛位置在夏威夷的西面，相隔 1135 英里，却是一个可以攻占的目标。假使日本人攻占了中途岛，即可以把它发展成为一个供飞机和潜艇使用的基地，于是夏威夷的作用即将大受限制。基于这个理由，为了保卫中途岛，美国人是不能不挺身而斗的。

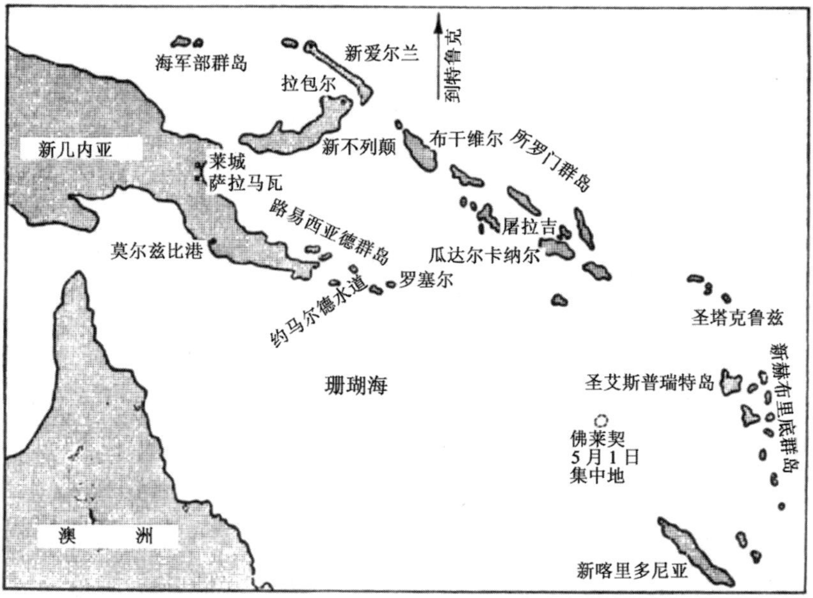

图三十一 珊瑚海会战，1942 年 5 月 4 日至 8 日

次要的则为第三批，因为假使美国人放弃了美拉尼西亚的东南部分，他们就会与澳洲丧失了联系。澳洲对于美国的关系，就正好像埃及之于英国一样。这是一个海外的基地，足以从南面侧击敌人的本土。

虽然在这三方面当中，第一个目标是比较最不重要的，可是在北太平洋中，阿留申群岛却是美国、日本和苏联东北部三者之间的一个连锁，正好像在北大西洋中的冰岛一样，那是美国、英国和苏联西北部之间的一个联系物。

这个情况是对于日本的战略是有利的，为了发挥这种有利的形势，山本决定首先把敌人的海军兵力向南面吸引，然后再把他们向北面吸引，而同时却集中其自己的兵力从中路进攻，占领中途岛，以迫使敌人接受一次大规模的会战。对于南面的作战，日军决定攻占莫尔兹比港和在所罗门群岛南部的屠拉吉（Tulagi）。为了完成这些任务，日本人一共分兵五路：两支侵入集团是以拉包尔为基地，那是井上将军的司令部所在地，一支攻击莫尔兹比港，一支趋向屠拉吉。另外三个集团则以加罗林群岛中的特鲁克岛（Truk）为基地。后者又分为一个支援集团，包括一艘水上飞机的母舰，其任务为在新几内亚的尾部——路易西亚德群岛（Louisiades）——建立一个水上飞机基地；一个掩护集团，包括一艘轻型航空母舰“祥凤”号，以阻止敌人对于作战的干扰；一支打击兵力，由高木将军率领，以两艘大型母舰“瑞鹤”号及“翔鹤”号为其核心。日军预定在5月3日应占领屠拉吉，此后这三支兵力即应与前述侵入集团合作，后者在5月4日应从拉包尔启程。

从潜艇的侦察和密码的译测上，在珍珠港的美国新任太平洋总司令尼米兹海军上将，已经获得了相当多的情报，知道在珊瑚海方面正在酝酿着新的事件。他判断日军的打击是一定会打在莫尔兹比港的头上，所以在4月29日，命令弗莱彻中将（Vise-Adm. Fletcher），从萨摩亚地区，率领着一支以“列克星顿”号和“约克敦”号两艘母舰为核心的任务舰队向珊瑚海进发，并依照情况的发展便宜行事。

5月6日黄昏时，弗莱彻向路易西亚德群岛前进，在赫布里底群岛北部的圣艾斯普瑞特岛（Espiritu Santo）西南面250英里的海面上，开始为他的船只补充燃料。正在此时，他接到了麦克阿瑟将军所送来的一个通报，说澳洲基地的飞机已经看见日军在屠拉吉的海边上下船。弗莱彻不等到“列克星顿”号完成其加油的工作，即率领“约克敦”号向瓜达尔卡纳尔（Guadalcanal）进发。5月4日上午7时，在该岛西南面100英里的海面上，“约克敦”号上的飞机即开始攻击在屠拉吉的日军运输船团，但只造成轻微的损失。当把飞机收回了之后，“约克敦”号又向南行驶，与“列克星顿”号结合在一起，把这一天内所余下来的时间都用在加油的工作方面。

5月6日的黄昏时，弗莱彻又继续向路易西亚德群岛前进，次日上午达到了罗塞尔岛（Rossel）以南115英里的地点，从那里他派出一支兵力去搜索敌情。上午8时15分，据报在路易西亚德群岛的西面，发现了2艘航空母舰和4艘巡洋舰。于是美军的90架飞机立即升空，可是当它们刚刚一起飞，即发现把电报译错了，那应该是2艘巡洋舰和2艘驱逐舰。差不多在同一时间之内，日本的飞机也发现了美国舰队的位置，井上将军在拉包尔接到了这个报告，他遂在上午9时命令准备侵入莫尔兹比港的兵力从驶往约马尔德水道（Jomard Pass）的途中撤回。

上午11时，领先飞行的“列克星顿”号上的飞机，当经过塔古拉岛（Tagula）时，发现了日军掩护集团中的轻型母舰“祥凤”号，立即向它进攻。几分钟后，“约克敦”号上的飞机也来了，到了11点30分，“祥凤”号即因为受了重创而下沉了。

日军的打击集团已经从北面驶来，5月8日上午6时，大致达到了罗塞尔岛东南东约100英里的海面上，他们也派机去搜索敌情。很幸运地遇到了美军一部分飞机正在返航的途中，于是他们跟着美国飞机飞，遂发现了美国母舰的位置。差不多在此同一时之内，“列克星顿”号上有18架担负搜索任务的飞机起飞，并且在上午8时15分，发现了在东北方大约175英里以外的日军打击兵力。弗莱彻立即命令2艘母舰上的飞机都发动空中打击，而差不多在同时高木也命令他的2艘母舰采取同样的行动。于是双方展开了激战。在雨云掩蔽之下，“瑞鹤”号失踪了，“翔鹤”号则受了重创，起火燃烧。美国方面的2艘母舰也均被击中。到了下午11时40分，这次会战结束了。假使不是“列克星顿”号上发生了一个爆炸，使弗莱彻不得不放弃它，并听任它沉没，否则他就可以宣称获得一次胜利了。

在那天下午，一直在注意战斗发展情形的尼米兹上将，就命令弗莱彻从珊瑚海撤出。高木认为美军方面的2艘母舰均已被击沉，也开始返回特鲁克。

美国海军军令部长金上将（Adm. King）在他的报告书上这样

写道：“在海军历史上的大规模战斗中，双方水面船只不曾交换射击者，这算是第一次。”这也是这一种新型海战的开端。

早在 5 月 5 日，日本高级当局即已下令进行在中途岛和阿留申群岛的作战，一共使用了五支兵力：

（1）前进掩护兵力：由小松中将指挥，共潜艇 16 艘。

（2）母舰打击兵力：由南云中将率领，共航空母舰 4 艘（赤城、加贺、飞龙、苍龙），战斗舰 2 艘，巡洋舰 2 艘，驱逐舰 12 艘。

（3）中途岛占领兵力：由近藤中将率领。又分为掩护集团，共战斗舰 2 艘、巡洋舰 2 艘和驱逐舰 7 艘；密切支援集团，共巡洋舰 4 艘和驱逐舰 4 艘；运输集团，共运输船 12 艘，载运 5000 名部队，另有驱逐舰 11 艘；水上飞机集团，共水上飞机母舰 2 艘，以及驱逐舰 1 艘；扫雷集团，共扫雷艇 4 艘。

（4）主力舰队：由山本上将率领，共战斗舰 3 艘，轻型母舰 1 艘，水上飞机母舰 2 艘，驱逐舰 13 艘，另附属一支阿留申支援兵力，由高须中将率须，共战斗舰 4 艘，巡洋舰 2 艘。

（5）北面地区兵力：由细萱中将率领，分为第二机动舰队，共为轻型航空母舰 2 艘、水上飞机母舰 1 艘和驱逐舰 12 艘。两支占领兵力，运输船 6 艘，分载部队 2000 人。

日本当局的作战计划内容为，6 月 3 日第二机动舰队应向美国在下阿拉斯加岛（Unalaska）上的海军基地荷兰港（Dutch Harbour）发动一个瘫痪性的空中打击，以使敌方的指挥体系发生混乱，并掩护日军在阿留申西部的阿图岛（Attu）和吉斯卡岛（Kiska）上登陆。在此行动之后，母舰打击兵力即应首先“软化”中途岛，若是此时遭到了美国太平洋舰队的挑战，即应向其实行打击，而主力舰队则趋前加以支援。同时，日军也应占领中途岛，并将其发展成为空军基地。阿留申支援兵力则留置在中途岛和阿留申群岛之间的中点上，以便拦截在北方来往的敌军兵力。

这个计划是彻底的不合理，其兵力的分配也完全不适当。两方

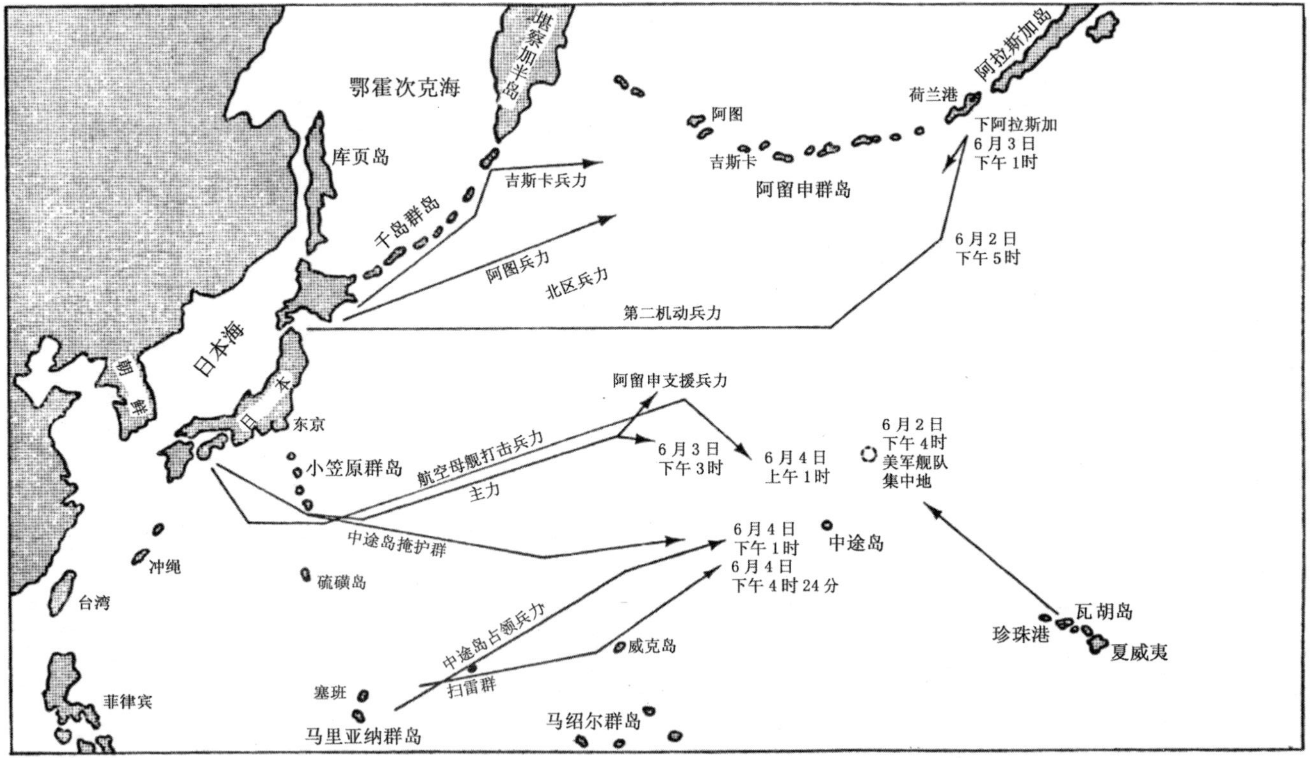

图三十二　中途岛会战，1942年6月4日—6日

面都太复杂，目标混乱，并违反了集中的原则。日军本应以毁灭敌方航空母舰为主要任务，可是山本却忽视了这一点，而让他自己的母舰先参加占领中途岛的作战。事实上，当敌方母舰被毁灭之后，中途岛也就唾手可得了。他的最好办法是首先完全不理中途岛，而集中全力来击毁美国的航空母舰。若是这一点暂时办不到，则他在尚未发现美国航空母舰的正确位置之前，无论如何应该把 3 艘母舰的兵力控制在手中，而让他的战舰和巡洋舰去担负“软化”中途岛的工作，最多只能用 1 艘母舰来提供保护。严格说起来，这个工作由战舰和巡洋舰来担负，是要比飞机更为适宜。事实上，以后当他的敌人发现了其母舰的位置时，后者却已经把它们的炮弹用光了，于是既不能攻击敌人的母舰，复不能保护自己的母舰。至于山本决定攻击中途岛的动机可能有两点 :（1）美国太平洋舰队的最近活动，尤其是 4 月 18 日对于东京的空袭，使他深受刺激 ;（2）他认为可以获得完全奇袭的效果。

假使后述的假定是正确的，则对于山本而言可以说是不幸之至，因为他完全错误了。因为刚刚在珊瑚海之战以前，尼米兹上将即已风闻日本有在中太平洋方面发动攻势的计划，5 月 14 日，从密码电报的译测上，他知道了日本人的意图，是准备在 6 月 1 日以后即将同时进攻中途岛和阿留申群岛。尼米兹立即下令把他的兵力向珍珠港集中。弗莱彻奉召从南太平洋赶回，而率领着“企业”号和“大黄蜂”号 2 艘航空母舰的海尔赛中将（Vice-Adm. Halsey），在 4 月 18 日对东京作了首次空袭之后也正在南返的途中，现在也奉命用最高速度驶回珍珠港。当弗莱彻到达之后，“约克敦”号即赶紧加工修理。由于海尔赛正在患病，遂由史普劳恩斯少将（Rear-Adm. R. A. Spruance）代行指挥他的任务舰队。

5 月 27 日，以总司令身份在会战期中始终留在珍珠港的尼米兹上将，发表了其最后的敌情判断。他指明日军是拥有巨大优势的，很可能会企图占领中途岛，而其主要目标将还是美国的航空母舰。

他指示弗莱彻和史普劳恩斯，把他们的最初位置部署在中途岛的东北面，并留在敌方空中攻击航程之外，他估计在中途岛的长程飞机可以在日本人发现美国航空母舰之前先发现日本的航空母舰。弗莱彻所指挥的全部兵力，为航空母舰3艘、重巡洋舰7艘、轻巡洋舰1艘、驱逐舰14艘和潜艇19艘。除了潜艇以外，这些兵力分为两个任务舰队：（1）第十七舰队，由弗莱彻指挥，包括航空母舰“约克敦”号、巡洋舰2艘和驱逐舰5艘；（2）第十六舰队，由史普劳恩斯指挥，包括航空母舰“企业”号和“大黄蜂”号，巡洋舰6艘和驱逐舰9艘。在中途岛上的守军有：海军陆战队第六防御营，由夏农上校（Col. H. D. Shannon）指挥；由两个巡逻大队所派出的支队（32架卡塔利娜式[Catalina]水上巡逻机）；一个海军陆战队飞机大队（54架战斗机和轰炸机）和一个陆军航空支队（23架重轰炸机，即“空中堡垒”[Flying Fortress]）。

5月30日，美军从中途岛上开始派出搜索机群，飞达距离该岛700英里为止的海面去侦察敌情，但天气恶劣，低云恰好掩蔽着来袭的敌军，所以直到6月3日，才算是看到了一点东西。那一天上午9时，有一架卡塔利娜式机上的驾驶员发现在其前头30英里处有敌舰的行踪，于是他即认这就是敌方的主力舰队。上午11时，发现了有11艘敌舰向东疾驶，当这个情报传达到中途岛上时，立即有9架空中堡垒起飞迎敌。下午6时，在距离该岛570英里的海面上，他们发现了敌方的运输舰队。他们向它投弹，但并无一命中。会战遂展开了序幕。

当开始这次攻击时，美国的3艘航空母舰正在中途岛东北方300英里远的海面上，在预定的发动攻击点东面约400英里，而日本的母舰打击兵力则正在向该点进发。虽然弗莱彻所收到的报告，是说所攻击的船只即为敌军的主力舰队，可是他却作了一个正确的判断，认为日本的航空母舰一定会从西北面接近中途岛，这个报告中所发现的兵力可能是运输集团。为了预防敌方母舰发现他自己的位置，他改向南航行，并靠近中途岛。

6 月 4 日上午 4 时 30 分，当弗莱彻大约在中途岛北面 200 英里远的海面上，从“约克敦”号上有 10 架侦察机起飞。正当此时，南云中将的航空母舰已到达中途岛西面 240 英里远的地点，开始进行他们的第一次攻击。虽然能见度并不太好，可是从中途岛上起飞的搜索机还是发现了这次攻击，到了清晨 5 时 45 分，中途岛上接获了报告说：“在 180 英里以外的海上，有大批敌机正向本岛飞来。”接着又报告已经发现了 2 艘航空母舰和战斗舰。弗莱彻不再等候更进一步的情报，即在上午 6 时 7 分，命令史普劳恩斯赶紧向南行驶，当确实发现敌方母舰位置时即断然发动攻击。他又告诉史普劳恩斯，等到“约克敦”号收回了它的侦察机，也就会立即赶上来。

在这个命令发出前 5 分钟，中途岛上的雷达站也发现在该岛西北面 43 英里的天空中，日军的第一次空中打击来临了——一共为 36 架鱼雷机、36 架俯冲轰炸机和 36 架战斗机，由友永上尉指挥。中途岛上立即鸣放警报，一切尚能飞行的飞机都全部升空。上午 6 时 16 分，在 30 英里的海外上空中，陆战队的战斗机中队，共 26 架与日军的前锋遭遇着。但因数量居于劣势，立即被全歼。有一位美国军官对于那天的情形，曾作下述的记载：“在飞机嗡嗡地起飞之后，全岛就显得像死亡一样的沉寂。那是一个风和日丽的上午，所有的人员都在屏息以待，气氛十分紧张，我正在监视哨中望着天空，以使其他地区不受到奇袭。于是我们发现敌机了，紧张反而松懈了。一分钟之后，我们已经在战斗之中。”虽然对岛上的设施曾经造成相当的损害，但只有少数人遇害，而所有的跑道也都还可以使用。上午 6 时 50 分，这次攻击已经过去了。

在日本人的炸弹落在中途岛上的前几分钟，尼米兹上将已经命令中途岛的岸上基地飞机指挥官西马德上尉（Capt. Simard），率领所有的飞机向敌方的航空母舰进攻，而把该岛的防御完全留给火炮去担负。在日军攻击开始之前已有 10 架鱼雷机刚刚起飞，他们于上午 7 时 10 分，与日本航空母舰相遭遇，但完全不曾命中，而且有 7 架飞机被击落。

当南云的第一次打击发动之后，他又派出一个搜索机群，上午 7 时，他接到了友永上尉所发来的报告，后者刚刚结束其轰炸中途岛的任务，认为尚有作第二次攻击之必要。接着在这个无线电报的后面，就来了美国鱼雷机的反击，这似乎足以证明友永的判断是正确的。于是南云作出了一个致命的错误决定。他本来在甲板上保持着 93 架飞机，严阵以待，准备可以随时攻击敌方的水面兵力。现在他却命令把它们送下机库，以便腾空飞行甲板，好来收容攻击中途岛归来的飞机，并命令所有的鱼雷机换装炸弹以便向这个珊瑚礁作第二次攻击——这个工作需要一个小时才能完成。接着在上午 7 时 28 分到 8 时 20 分，他一共接获了三次警告：第一个告诉他在距离中途岛 240 英里的海面上，已经发现了敌船；第二个报告他敌舰的数量为 5 艘巡洋舰和 5 艘驱逐舰；而第三个则又说似乎有 1 艘航空母舰随伴着它们。于是南云知道他可能至少将与 1 艘敌方的航空母舰周旋，但是就目前而言，他是无事可做的，因为他已经腾空了飞行甲板，以来收容友永的飞机，他们从上午 8 时 35 分起，开始飞返。此时，他的母舰也已经一再击败从中途岛上来攻击的敌机，这些攻击都是缺乏效率的。

在南云决定了再向中途岛作第二次攻击之前不久，史普劳恩斯也决定了对日军的母舰发动一次全面攻击。上午 7 时 2 分，飞机开始从“大黄蜂”号和“企业”号上起飞。这次打击兵力包括 20 架战斗机、67 架俯冲轰炸机和 29 架鱼雷机。其中有半数是要从机库中取出，所以在起飞时一共花了 1 个小时以上的时间。弗莱彻也采取了与史普劳恩斯相同的航向，因为他怕在已经发现的敌舰之外，还有其他的航空母舰，所以他决定暂时控制着“约克敦”号上的飞机。但是到了上午 8 时 38 分时，并未发现有更多的敌方母舰出现，于是他就命令其俯冲轰炸机的半数和其鱼雷机的全部在战斗机的掩护之下起飞。在 9 时 6 分时，一共已有 17 架俯冲轰炸机、12 架鱼雷机和 6 架战斗机升空作战。

当美军正在准备这些攻击时，南云率领着他的 4 艘航空母舰，以及其随护的军舰，仍继续向中途岛驶去，虽然他的搜索机一再警告他说，敌方母舰基地的飞机已经接近了，可是直到上午 9 时 5 分友永的最后一架飞机都已回舰为止，他才能开始采取应变的措施。于是他立即把航向向左作大约 90 度的旋转。

因为并无美国飞机的监视，所以史普劳恩斯的打击中队都还是假定日本母舰仍在继续向中途岛行驶。其结果为当“大黄蜂”号上的第一批领先俯冲轰炸机 35 架到达了他们所假定敌舰应在的位置上，却什么都没有看见。于是他们继续向中途岛飞去，完全错过了敌人，有的降落在岛上，有的因为燃料用完而坠落在海中。

同时，“大黄蜂”号上的鱼雷机群，在华特仑少校（Lt-Cdr. Waldron）率领之下，在一个云层中与他的随护战斗机丧失了接触，因为找不到敌人，遂转向北面飞行。大约在上午 9 点 25 分时，华特仑少校发现了 3 艘日本母舰正在地平线上。虽然并无战斗机的随护，他还是发出了攻击的讯号。他的 15 架鱼雷机进入了攻击，全部均为敌军所击落，原有的 30 个驾驶和空勤人员中，只有一个人生还。

在林德赛少校（Lt-Cdr. Lindsey）指挥之下，“企业”号上的鱼雷机中队所遭遇到的命运也只是略为好一点。它是与“大黄蜂”号上的鱼雷机同时出发的，本来分配了 6 架战斗机，担负他们的随护任务，可是后者却弄错了，而与“大黄蜂”号上的战斗机群联合在一起——那就是与华特仑丧失了接触的那批。其结果是当上午 9 时 30 分过去不久的时候，林德赛虽然发现了日本航空母舰，但他本身却丧失了战斗机的保护，所以当他进行攻击时，他的 14 架飞机中一共被击落了 10 架。

当这次战斗刚刚结束，上午 10 时，“约克敦”号上的鱼雷机中队在马赛少校（Lt-Cdr. Massey）率领之下，又接着来了。他的 6 架随护战斗机不久即被击败，而他的 12 架鱼雷机中只逃回了 2 架。

所以，在美军的 41 架鱼雷机当中，一共只有 6 架生还，而完全不曾命中过一次。可是莫里逊少将（Rear-Adm. Morison）在《美国海军战史》上却这样的批评道：

> 但是正由于这些驾驶着老式鱼雷机的年轻人员，具有过人的英勇和牺牲精神，才使后续的胜利具有可能性。这种视死如归的疯狂攻击，纠缠住了日本的航空母舰，阻止它们使更多的飞机升空。这些鱼雷机好像磁石一样，吸住了敌方的战斗巡逻机群，迫使日本战斗机向接近海面的低空飞行。于是当几分钟之后，俯冲轰炸机来攻时，几乎可以完全不受到敌方战斗机的拦截，此时敌方母舰上正挤满了飞机，在从事于加油的工作，所以当炸弹投下时，他们蒙受了极大的损失。

大家应该记着，日本军舰上是没有指导战斗机的雷达设备，因为日本人认为鱼雷的攻击是最危险的，而且也来得最迅速，所以在战争的这个阶段中，他们的战斗机主要是用以对付敌人的鱼雷机。

当鱼雷机的攻击已经结束，接踵而来的即为从“企业”号和“约克敦”号两艘母舰上起飞的俯冲轰炸机。前者共有飞机 37 架，分为两个中队，由麦克劳斯基少校（Lt-Cdr. McClusky）指挥。他于上午 7 时 52 分起飞，并无战斗机的随护，半小时后到达了预定的位置，却没有看见一艘敌船。他继续搜索了一个小时以上的时间，才转向北飞。20 分钟之后（即上午 9 时 55 分），他看见了 1 艘日本驱逐舰正在以高速向东北行驶，他就假定该舰是想与其主力舰队会合，于是跟着它飞，大约 10 分钟之后，即看见了 2 艘日本母舰正在闪避着鱼雷机的攻击。他立即命令两个中队，分别向“赤城”号和“加贺”号两舰攻击。当它们俯冲攻击之时，几乎不曾感受到敌方高射炮的火力，而且也没有受到日本战斗机的拦截，因为后方为了对付美国的鱼雷机，正留在低空中，一时来不及爬高。

“赤城”号的甲板上，有 40 架飞机正在进行加油的工作，上午 10 时 26 分，当它躲过了美方最后一架鱼雷机之后的两分钟，就被直接命中了两颗炸弹。第二颗炸弹透过了它的机库，并将舰中所储存的鱼雷引起爆炸。它马上就变成一团烈火，因为发现无法扑灭，于是在上午 10 时 50 分，南云中将下令弃船，把他的将旗移到“长良”号轻巡洋舰上。6 月 5 日的清晨，“赤城”号由一艘日本驱逐舰击沉。

麦克劳斯基少校的第二中队，也把 4 颗炸弹直接投在“加贺”号舰上，它上面的飞机也刚刚完成了加油的工作。它的飞机甲板和机库都全被炸毁，也像“赤城”号一样变成了一团烈焰，弃船后不久即自动爆裂沉没。

在“赤城”号和“加贺”号被炸毁的前几分钟，“约克敦”号上的 17 架俯冲轰炸机，在黎士礼少校（Lt-Cdr. Leslie）指挥之下，采取了一条比其他中队较直接的航线，向“苍龙”号进攻，它的甲板上也是挤满了正在加油的飞机。3 颗 1000 磅重的炸弹直接命中了它，也和“赤城”号与“加贺”号一样，“苍龙”号烧成了一片火海，也必须放弃了。大约下午 2 时，它又受到了美国潜艇“鱼工鱼”号（Nautilus）的攻击，5 个小时之后自动爆炸沉没。在参加这些攻击的俯冲轰炸机当中，“企业”号损失了 14 架，“约克敦”号损失了 2 架。

但仍剩下 1 艘日本航空母舰，那就是“飞龙”号，它还一直不曾受到攻击，它的位置远在那 3 艘母舰的前面。当上午 10 时 50 分过去不久，由于南云放弃了“赤城”号，打击兵力的指挥权暂由山口少将代理。山口从其侦察机的报告中，得知在中途岛北面 240 英里的海面上，确已发现了 1 艘美国的航空母舰，连同它的随护兵力在一起。那就是“约克敦”号，山口就命令“飞龙”号立即向它进攻。上午 11 时，有 18 架俯冲轰炸机和 6 架战斗机起飞，接着在下午 1 时 31 分，第二批飞机，共 10 架鱼雷机和 6 架战斗机也起飞了。差不多在这同一时间，为了准备在 6 月 5 日作一次舰队的战斗，山本命令近藤中将把他的战斗舰和巡洋舰向前推进，同时也召回阿留申支援兵力和北面地区兵力中的 2 艘轻型航空母舰。

当“飞龙”号中的第一批打击兵力正在途中时，“约克敦”号在 12 架战斗机掩护之下，正在为飞回来的飞机进行加油。正午前不久，“约克敦”号上的雷达发现了在 40 英里以外有敌机从西南面的方向飞来。几分钟之后，“飞龙”号上的俯冲轰炸机就到达了上空，其中 12 架均被击落和逐回，但有 6 架透过了战斗机的警戒线，并命中了 3 颗炸弹。一颗落在飞行甲板上，另一颗在烟筒中爆炸，炸毁了它的锅炉的大部分，第三颗穿透到了第四层甲板，引起大火。虽然终被扑灭，但这艘航空母舰却已经无法控制，于是弗莱彻中将把将旗移到了“阿斯托里亚”号（Astoria）巡洋舰上。到了下午 1 时 40 分，它的锅炉居然修好了，使它还能有 19 英里的航速。当正在开始为其战斗机加油时，一艘随护的巡洋舰却报告说，它的雷达发现了第二批来袭的敌机。“约克敦”号上的战斗机已有 4 架留在空中，它才刚刚来得及使 8 架战斗机起飞（油都尚未加满），敌机就已经到了。他们无法阻止敌机，在“飞龙”号上的鱼雷机中，一共有 5 架以桅顶的高度（甚或还更低）透过高射炮火网，在距离“约克敦”号 500 码远处投入他们的鱼雷，有两颗命中了，击破了它的左油库和船舵。不久船身即发生了严重的倾侧，因为他们害怕它会翻覆，下午 3 时遂奉命弃船。

当“约克敦”号尚未遭受攻击，它曾经派出搜索机群，现在当下午 4 时 45 分该船将要放弃之际，他们发现了“飞龙”号和其他的战舰和巡洋舰在一起，位置在“约克敦”号西稍偏北 100 英里以外的海面上。当史普劳恩斯听到了这个消息，就立即命令“企业”号发动攻击。由麦克劳斯基少校所率领的 24 架俯冲轰炸机，在下午 5 时飞达了“飞龙”号的上空，命中了 4 颗炸弹，而自己却只损失了 3 架飞机。“飞龙”号的命运也正和其姊妹舰完全一样，立即发生了大火。因为无法扑灭，遂于 6 月 5 日上午 3 时 15 分被放弃。两个小时之后，也由一艘日本驱逐舰将其击沉。

当山本知道了他的 4 艘航空母舰都遭到了同样的命运，而美军方面可能还有 2 艘可用的母舰，于是他放弃了一切大举进攻的计划，于 6 月 5 日凌晨 2 时 55 分命令作总退却。

在同一时间之内，为了避免与优势兵力作夜间战斗，史普劳恩斯率领着“企业”号和“大黄蜂”号两舰，也向东撤退。在日军撤退之时，有两艘巡洋舰“三隈”号和“最上”号互相碰撞，都负了重伤，以至于落后。6 月 5 日上午，它们受到了中途岛陆上基地飞机的攻击，但并无效果。上午 9 时 30 分，史普劳恩斯改向正西航行，开始追击敌人，但已经太迟，无法赶上山本的主力。6 月 6 日清晨，“企业”号上的搜索机群发现了这两艘已经损坏了的巡洋舰，于是在上午 8 时到下午 1 时 30 分，从这两艘母舰上一共起飞了 112 架飞机去攻击它们。“三隈”号被击沉了，但“最上”号虽被命中了 4 颗炸弹，已经残破不堪，但仍能勉强返回特鲁克。

最后到了 5 月 6 日的黄昏时，当史普劳恩斯已经进到了距离中途岛 400 英里的海面上，他才决定放弃追击。他的驾驶人员已经精疲力竭，他的船只也已经缺乏燃料，同时他能追及敌人的希望甚微。他改变航向向东行驶，回到油船正在等候他的地点。

这样就结束了中途岛之战，但是美国方面却还是不免受到了一次不幸的损失，在 6 月 6 日的黄昏时，“约克敦”号还正在抢救之中，突然又中了一颗由日本潜艇所发射的鱼雷。此外这艘潜艇又击中了一艘护航的驱逐舰，于是这两艘船一同沉入了海底。

金恩上将说：“中途岛之战为 350 年来，日本海军所遭受到的第一次决定性失败。”这是一次稀有的会战，一支数量劣势的舰队突然击败了一支数量优势的舰队，而使战争局势完全改观。日本的舰队航空母舰实力被毁去了2/3[1]，把他们原定的大战术观念完全击毁了。他们现在已经无法再用机动兵力来与“刺猬”配合，以守住太平洋，而只能改取纯粹消极的守势。在以后的战争期间，这一战使美国得以确保中太平洋，使日本占领阿图和吉斯卡两岛的兵力进退维谷，使日本想要征服斐济、萨摩亚和新喀里多尼亚来切断美澳交通线的计划难以实现。最后，它更使日本人的威望受到了致命的打击。

也和珊瑚海之战一样，在中途岛会战中，除了高射炮和潜艇的行动以外，战争就完全是用母舰上的飞机来打的。水面军舰简直不曾发射一炮。航空母舰取得了主力舰的地位，所有其他的船只对于它而言，都只是担负着随护和辅助的任务而已。

[1] 所余下的只有“瑞鹤”号和“翔鹤”号两舰。

大事记（十三）

北非的战争

美国的参战使这次冲突不仅在范围上变成了全球性的，而且在性质上也变成了无限性的。在原有战场——大西洋、苏联和北非——之外，又加上了太平洋和印度洋；因为已经没有哪一个列强是站在冲突圈之外可以做仲裁人的，所以战后的问题——即未来的和平形态——就变成为至关重要了。

西方两大同盟国——美英两国——的目的就是想要根绝希特勒主义，假使斯大林主义会取希特勒主义而代之，则从政治的观点上看来，才真可以说是得不偿失。因为希特勒未能占领莫斯科，所以他那个想在美国加入战争之前先把苏联逐出战争圈外的希望断绝了。此后西方同盟国的目的就不应仅是消灭希特勒主义，同时还应阻止斯大林主义的发展。假使不能做到这一点，那么德国被击碎得愈惨，则西方国家在政治方面也就会失败得愈惨。

要想达到这个双重的目的，则应该设法在苏联的实力尚未完全发展之前，先使德国退出战争。因为西方同盟国不可能希望在苏联羽翼未丰之时，即先击败德军并占领德国，所以其唯一合理的途径，是一方面帮助苏联，使其不至于为德国所击败；另一方面与德国境内的反纳粹势力取得密切的合作，以便在第三帝国之内制造一个革命,并同时击倒意大利,使其先退出战争。若是能够达到后述的目标，而且同时在德国内部制造革命，那么除非发生了不可以想象的奇迹，例如 1939 年至 1941 年苏德条约重新恢复，否则不管在苏联方面发生何种变化，西方同盟国在战略上都是处于极有利的地位。他们不仅可以透入德国南面战线核心，这条战线从比斯开湾一直延展到黑海，而且当苏联人想要进入东欧时，又可以从南面威胁其侧翼以迫使他们撤退。所以对于西方同盟国的军事战略而言，其目标应该是维也纳，而不是巴黎。假使他们对于这两把锁都能够找到适当的锁钥，即一方面能在第三帝国之内制造革命，而同时又能占领（或只是威胁）维也纳，那么他们就很可能有这样一个机会，趁着希特勒尚在与苏联交战之时，即先把希特勒主义的根本斩断了，于是对于战后的和平，就可以以仲裁人的身份出现了。正因为这个原因，所以当战争结束之期已经可以望见时，斯大林才会那样拼命地要求联军在法国北部开辟第二战场——换言之，即尽量使其同盟国的势力远离维也纳。

这个政治目标——在第三帝国境内制造革命——完全被忽视。在 1942 年 1 月 13 日，同盟国政府曾在伦敦召开了一个会议，不是为了考虑与反纳粹分子合作的问题，而是要每一个与会国家承认在战争结束之后，应负责惩治轴心国家的战争罪犯。这可说是一个无比的愚行，因为惩处他们最有利的方法，即莫过于鼓励和帮助反纳粹分子，在战争期中自动肃清其国内的希特勒主义。此外，在 5 月 26 日，英国政府也犯了一个绝对不必要的错误，即与苏联签订了一个为期 20 年的同盟条约，而并未附加任何有关领土问题的限制，这就无异于暗示说，当德国失败之后，苏联在东欧即有自由扩张的权利。这诚如丘吉尔所说的“斯大林老是刺刺不休的”。

把意大利赶出战争之外去，无论从哪一方面看来，这都是一个可能的行动，在“阿卡迪亚”会议中，即曾首先由英美两国的参谋首长来加以讨论，所考虑的为一个侵入西北非的计划。为什么考虑到这一点，因为：（1）英国人在利比亚已经与意大利人和德国纠缠住了；（2）法国人在摩洛哥和阿尔及利亚都不能作有效的抵抗；（3）意大利对于其在利比亚境内的兵力，对于补给方面感到极大的困难，所以在那里很难维持一支较大的兵力；（4）英美两国不久即可以有足够的人力和物资来对于北非作一个成功的侵入战。

1941年4月，轴心军在利比亚境内的实际指挥官隆美尔将军（名义上的总司令为意大利的巴斯提科将军［Gen. Ettore Bastico］）展开了其第一次战役，把他的敌军逐回到埃及边界上的时候，英国的魏菲尔将军却很巧妙地守住了托卜鲁克（Tobruk），于是使其敌人在班加西（Benghazi）以东，无法获得这个唯一的海港——班加西在托卜鲁克以西340英里，虽然为了坚守托卜鲁克，使魏菲尔在埃及的打击兵力减少了两个师，但此举却阻止了隆美尔向东面的进展。它延长了敌人的陆上交通线，并迫使他非围攻托卜鲁克不可。隆美尔必须攻下托卜鲁克，然后才会有足够的兵力来继续向亚历山大港前进。

因为本书在这里的目的，是不拟对于这些战役作任何详细的叙述，所以只想把利比亚战争为什么会如此长久地成为双方的赛跑场的理由加以说明一下。双方的兵力都是最先拼命向前冲，于是等到他们的冲力消耗完毕之后，又马上被迫赶紧后撤，以避免被对方歼灭的危险。这个理由的核心即为补给问题，好像一条有弹性的橡皮筋一样，双方的补给线都是在相当安全的限度内，从它们的基地向前拉伸三四百英里的距离——一头是的黎波里，另一头是亚历山大港。但因为这两个主要基地之间，相距在1400英里以上，若是再想向前延伸，则必须建立中继性的基地，否则即有超过弹性极限的危险。所以双方在补给方面的大问题，即为如何增强其补给体系的弹性。唯一可能的办法，就是在他们的主要基地上，首先累积大量的物资，然后逐步向前推进基地。因为双方与他们的本土之间又都是隔着海洋，所以这个关键又控制在海上交通的手中。

当意大利参战之后，英国与亚历山大港和苏伊士运河地区之间的主要交通线，是必须绕过好望角的，全部航程约为 1.2 万英里到 1.3 万英里，比在墨西拿（Messina）与的黎波里之间的意大利交通线要长过 37 倍左右。但是当马耳他岛还仍然是英国的一个潜艇和空军基地时，则越过地中海也许比越过大西洋和印度洋还更要危险。因为双方中间隔着这样 1400 英里长的陆上交通线，使英国大占便利，假使当法国沦陷之后，希特勒即肯听从雷德尔的忠告，立即占领直布罗陀，这样即会使英国人无法守住马耳他，于是形势就完全相反了。

1941 年 5 月 1 日，隆美尔企图用突击的方式攻下托卜鲁克，但是未能成功。在 8 月，他的补给和增援中有 35% 是沉没在地中海之内。可是直到 10 月，当这个沉没的比例高到了 75% 时，德国当局才开始采取措施，把 25 艘潜艇从大西洋调到地中海来。于是情况立即改善了，隆美尔遂开始考虑再行进攻，但当他尚未能开始行动之前，10 月 18 日，现在已经代替了魏菲尔的奥钦列克将军（Gen. Claude Auchinleck）突然在细第雷兹（Sidi Rezegh）附近向他发动了一个攻击，经过了一番拉锯战之后，把他逐回到阿格海拉（Agheila），那是一个天然险要的阵地，位置在西德拉湾（Sidra）的南面极端上。

因为到了此时，英军的弹性是已经快要到极限了，所以奥钦列克应该命令撤退，尤其是因为德国最高统帅部已经认清了马耳他岛的重要性，12 月已经从空中对它作猛烈的攻击。同时，英国的地中海舰队也受到了潜艇、飞机和水雷的攻击，航空母舰“皇家方舟”（Ark Royal）被击沉了，此外还有战舰“巴汉”号（Barham）、2 艘巡洋舰、2 艘潜艇和 1 艘驱逐舰。12 月 18 日，战舰“伊丽莎白女王”号和“英勇”号（Valiant）在亚历山大港中也被“单人”鱼雷所重创，丧失了作用。英国人的处境是如此的危殆，到了 1941 年底，英国在东部地中海的海军兵力减到只有 3 艘巡洋舰和几艘驱逐舰而已。此外，1942 年 1 月，越过地中海的轴心国运输船只可以说是没有一英吨的损失。其结果到了 1 月 21 日——即奥钦列克战役结束后 5 天——隆美尔开始作第二次的打击。2 月 7 日他已经把他的敌人逐回到加查拉—比尔哈强（El Gazala-Bir Hacheim）之线，距离托卜鲁克西南两面只有 20 英里了。

因为这次攻势恰好在其苏德战役失败之后，所以才使希特勒终于肯听信雷德尔的意见。后者于 1942 年 2 月 13 日指明："对于英国在苏伊士的要点，德意两国若能乘早加以攻击，则实具有极大的战略重要性。"其次，在 3 月 12 日雷德尔又提出马耳他的问题，认为对它的占领对苏伊士的攻势将具有极大的便利。希特勒表示同意，在 4 月德国人对马耳他岛的空中攻击日益增强，这个月之内一共出击了 5715 架次，以当作 5 月意德联军由海上侵入该岛的准备——定名为"大力士作战"（Operation Hercules）。以后，希特勒忽然又改变了初衷，决定把这个侵入战推迟到 7 月中旬再进行。在这个时期之前，隆美尔应攻下托卜鲁克，完成对利比亚的征服——一直等到他开始要向亚历山大港前进时，然后才再继续马耳他的作战。

此时，在 5 月初，奥钦列克也开始准备在 6 月 7 日，发动另一次攻势；但是隆美尔现在却已经获得了增援，于是抢先动手了。5 月 26 日的黄昏时候，他在比尔哈强，打击在其敌人的左翼上面，攻占了那个据点，然后向北旋转，差不多经过了 4 个星期的苦斗，终于于 6 月 21 日攻入了托卜鲁克，俘虏了 3.3 万人的战俘和大量的战利品。两天之后，他越过了埃及边界，把敌军逐回到梅尔沙马特鲁（Mersa Matruh），从那里再退到一条从艾沙山（Tel el Eisa，在阿拉曼［El Alamein］以西 10 英里外）到夸塔拉洼地（Qattara Depression，在南面约三四十英里外）为止的战线上。英军于 6 月 30 日占领了该线。

此时在 6 月 15 日那一天——当隆美尔还屯兵在托卜鲁克的城下时——希特勒又改变了他的意见，因为他怀疑意大利军是否具有攻下马耳他的能力，于是决定暂不侵入该岛，而先用不断的空中攻击和封锁来围困它。最后，当隆美尔在阿拉曼防线上被阻止时，他就提出了要求增援的紧急呼吁，于是送给他的兵力就是本来预定用以攻占马耳他岛的。凯赛林元帅，当时是德国南战场总司令，在名义上为隆美尔的上司，他的意见认为这个办法不仅停止了对马耳他的侵入战，而且对于整个北非的作战也是一个致命的打击。

当托卜鲁克被攻陷时，丘吉尔正在华盛顿与罗斯福会谈，所讨论的问题有：原子弹的发展可能性、潜艇战役、1943 年在法国开辟第二战场和在 1942 年在北非建立一个辅助性战场。丘吉尔告诉我们说，托卜鲁克的陷落对于他是一生所受最重大打击之一，而美国总统却极慷慨地给予他以援助。虽然美国陆军本身也非常需要装备的补充，可是罗斯福却把 300 辆薛曼式（Sherman）战车和 100 门机械炮，给予英国并立即运往苏伊士。

在这个慷慨的赠予之后，美国又举行了一个会议来考虑未来的战略，一共讨论了三个问题：（1）把美国兵力运往英国，以准备在 1943 年侵入法国，其代字为“波丽露”（Bolero）；（2）但因为考虑到为了援助苏联，在 1942 年也有采取行动之必要，所以又考虑到侵入法属北非的问题，其代字为“体育家”（Gymnast）；（3）同时对于法国作一个有限的突击，其目的为占领瑟堡或布列斯特半岛，代字为“大槌”（Sledgehammer）。

6 月 11 日，英国战时内阁通过采取第三条方案，因为这是马歇尔将军所最心爱的计划。但因英国的参谋首长认为它是完全不合实际，所以当丘吉尔返国之后，遂于 7 月 8 日再写信给美国总统，建议取消这个决定，并推荐“体育家”作战实为援助苏联的最好方法。他说：这才是 1942 年的真正第二战场。因为假使这个作战成功了，它就可以威胁意大利，并吸引重要的德国空军离开苏联。但是马歇尔却表示强烈的反对，于是罗斯福就回答说：除非丘吉尔能有办法说服马歇尔，使他承认其自己的计划是不合理的，否则美国就只好反转他的战略，而把主要的努力集中在太平洋方面。为了打开这个死结起见，7 月 18 日，马歇尔和金氏奉派赴英。接着他们与英国参谋首长之间作了两次会谈，因为后者不肯让步，所以问题又再提交美国总统来作最后的裁决。罗斯福的回答是，既然英国人坚决反对"大槌"计划，无可挽回，所以他的代表就应该接受"体育家"计划。很明显的，这是为了给马歇尔留一点面子起见，又改名为"火炬"（Torch）作战。第二天，7 月 25 日，美国总统又发了一个电报去加以补充，说对北非的登陆不得迟于 10 月 30 日，最后又改定为 11 月 8 日。

当奥钦列克退回到阿拉曼防线之后，有三天的时间，他的情况十分的危急，所以他已经准备撤向尼罗河三角洲上。但是对于他可谓颇侥幸，隆美尔的兵力已经疲惫不堪了。自从他攻陷比尔哈强以来，他已经前进了 400 英里的距离，其冲力已经逐渐地减低了。他手中适合作战之用的战车，只有德制的 50 辆和意制的 54 辆，而所面对的英军战车实力却远比他的优越。虽然双方都尝试想把对方逐退，但到了 7 月底，这次会战却已经稳定住了，变成了阵地战。

8 月 2 日，丘吉尔飞到了开罗，改派亚历山大将军（Gen. Sir Harold Alexander）代替奥钦列克出任中东军总司令，并把蒙哥马利中将（Lt-Gen. Bernard Montgomery）交给他，指定由他指挥在埃及境内的第八军团。

第十三章

阿拉曼会战和突尼斯会战

1942年7月的前三个星期中，在阿拉曼防线上，时间都是浪费在攻击与反攻之中。隆美尔的目的就是无论如何都不能让这个正面静止下来，而奥钦列克的目就恰好与其相反，即设法使它稳定下来。结果后者赢得了上风，于是战役的结果遂变成一个增援和补给的问题。

面对着这种情况，隆美尔计算到了9月中旬，情况就会变得对他有利了，但是这一点却不免大错，因为自从7月底起，奥钦列克已经把他空中攻势的主力从前进阵地方面移到了梅尔沙马特鲁、巴地亚（Bardia）和托卜鲁克等港口上面，使隆美尔只能把680英里以外的班加西当作其最近的安全补给基地。其结果是到了8月中旬，他的部队中的编制缺额达1.6万人之多，此外也缺少了战车210辆、部队载运车175辆、一般卡车1500辆。他的军队所消耗的补给量，要比越过地中海运来的数量超过了一倍；据隆美尔自己说，若非在马尔马里卡（Marmarica）和埃及西部，俘获了巨大的敌方仓库，则早已不能维持了。

隆美尔在攻下了托卜鲁克之后，并不曾停止在埃及边界上，这一点曾经引起了激烈的批评。诚然，如果他这样做，则可以使他的交通线相当地缩短，但是交通线的缩短本身还是不能解决其补给问题，因为只要马耳他还仍然留在英国人的手中，则从长期的观点上看来，他在物资的累积上始终是无法与敌人竞赛的。进一步说，一旦当他冲破阿拉曼阵地的企图失败之后，他也根本无法退回到一个后方的位置上去，因为他的运输工具太少，不足以一方面补给其前进阵地，而又另一方面在后方建立一个预备阵地。因为留在原地不动并不能解决把敌人逐出埃及的问题，所以他认清了他必须进攻，不是要等到他自己有充分准备之后——这是永远没有希望的——而是要赶在敌人的损失尚未补充完毕之前先动手。

大家应该记着在名义上，隆美尔是隶属于意大利的巴斯提科元帅的麾下，而后者又归意大利参谋总长卡伐里罗元帅（Marshal Cavallero）指挥。所以隆美尔的补给问题也应由他负责，而这个人却被齐亚诺称之为“流氓”和“骗子”。为了了解其补给情况，隆美尔要求卡伐里罗元帅和凯赛林元帅到埃及来与他会晤。他们在8月27日会晤，他们保证把6000英吨燃料补给他，而其中有六分之一的数量又由凯赛林允许以空运交货，于是隆美尔遂决定发动攻击。但是为了更有把握，隆美尔又向卡伐里罗说：“这次会战的结果就完全依赖在这个燃料是否能如期收到。”后者却回答说：“你可以马上进行会战，燃料已经在运输的途中。”对于隆美尔而言，要算是很不幸的，因为凯赛林并未向他提及，最近已经有了喷火式战斗机运到了马耳他岛，这个因素使情况发生了很大的改变。

当隆美尔正在忙于准备之时，亚历山大将军已于8月6日抵达开罗，4天之后，蒙哥马利将军也来到了，他立即就接管了第八军团的指挥权。

蒙哥马利这个人具有极活跃的个性，而且自信心极强。他的部下官兵都一致称他为“蒙哥”（Monty），他是精于表演之道，而善于建立其威望，也可以说最会出风头。他的言论极为大胆，而行动极为小心。虽然有时这种戏剧性的装扮，不免会使他的军官感到哑然失笑，可是他那种新拿破仑式的私人文告，例如“我与你们在一起是感到极为骄傲的”“你们使这个军团变成了一个家喻户晓的名词”等说法，却使他的部下在精神上发生了触电的作用。他此时接任第八军团司令，可以说是在时间和空间上都极为相宜，第八军团在累败之余正需要这样一个活跃的将领。

他一抵达了他的司令部，就召集所有的幕僚人员开会，向他们说明他的任务是毁灭在北非的轴心兵力，若是任何人对此表示怀疑的话，他最好自动请求调职。他又说他已经命令把一切撤退的计划都加以焚毁，三角洲的防御问题对于他而言是毫无意义，在 14 天之内欢迎敌人的进攻，可是他目前却并无进行攻击的意图，必须等候准备妥善之后再动手。要想执行一个攻势，则必须要有一支精兵，像隆美尔的“非洲军团”（Afrika Korps）一样，所以他立即着手把 2 个装甲师和 1 个摩托化师编成这样一个军。此外，他又认为陆军与空军的司令部必须生活一起，保持着密切的接触，所以蕴藏在他心中的这个伟大攻势计划从一开头起就是一个联合性的努力。

除了加贝斯（Gabes）以北的阿卡里特干河（Wadi Akarit）阵地以外，在北非只有这一条阿拉曼防线，是唯一不能从南面来加以迂回的防线。隆美尔的战术问题就是如何突破这个阵地，因为英军布有浓密的雷阵，而在雷阵的后方又有险要的地形，所以这个问题是并不易于解决的。前者从地中海附近的艾沙山起一直到夸塔拉洼地边缘上的“韩特尔”高原（Hunter’s Plateau）为止，它的北边为险陡的岩壁。后者包括两个山岭：一为鲁外沙特岭（Ruweisat），高出海面约为 200 英尺，从正面的中央向东延伸；一为阿兰哈法岭（Alam el Halfa），在前者的东南面，其最高峰要比前者高过一倍以上，它向东北延伸，趋向在亚历山大港—梅尔沙马特鲁铁路线上的艾哈曼（El. Hamman）。

亚历山大和蒙哥马利还是采取了奥钦列克的计划，来当作他们自己计划的基础。其内容是尽量地增强海岸与鲁外沙特岭之间地区的防御，对于该岭以南到韩特尔高原为止的地区，只以少数兵力扼守，而以厚密的雷阵来与其配合，对于阿兰哈法岭则以重兵据守。所以当敌人的机动兵力无论从鲁外沙特山岭的南面或北面透入时，都可以从侧面来加以反击，而假使他沿着山岭本身突破时，则也可以从正面来加以阻挡。

当蒙哥马利接任第八军团司令的时候，他发现第三十军和第十三军分别据守着这个正面，前者在鲁外沙特岭之北，后者则在其南面。前者包托第九澳洲师、第一南非师、第五印度师和第二十三装甲旅，后者包括第二新西兰师和第七装甲师。亚历山大把第八和第十两个装甲师以及第四十四和第五十一两个步兵师当作预备队，并对于第一装甲师和第五十步兵师加以整补。蒙哥马利立即要求把第四十四步兵师和第十装甲师配属给他这个军团，前者用以扼守阿兰哈法岭，后者则部署在该岭的西端，当作机动打击兵力使用。

隆美尔的部队部署如下所述：在北面为德军第一六四步兵师，接着就是意军第二十一军，其中包括着特伦多（Trento）师和波隆那（Bologna）师，以及拉门奇（Ramcke）所指挥的德国伞兵旅，最后才是意军第十军的布雷西亚（Brescia）师，所有这些部队都列在第一线上。作为他的打击兵力，隆美尔的非洲军，它由第十五和第二十一两个装甲师组成，另外就是第九十轻快师（摩托化步兵）和意大利的第二十机动军，其中包括阿里提（Ariete）和李托里奥（Littorio）两个装甲师和的里雅斯特（Trieste）步兵师。在后方的梅尔沙马特鲁和巴地亚，还有意大利的帕维亚（Pavia）、弗尔果里（Folgore）和皮斯托拉（Pistola）的三个师充当预备队。

隆美尔的计划是在北部地区发动一个佯攻，在中央地区作一个牵制性的攻击，而把主力的攻击放在南面。8 月 30 日到 31 日的夜里，应由德意两国的步兵，在最南端的地区中从雷阵中扫开几条甬道——他认为这个地区中的雷阵一定比较薄弱，哪知道却很坚强。

其次，在31日的拂晓时，非洲军即跟在步兵后面前进并欲攻下阿兰哈法岭，再向艾哈曼西南的地区前进。此时，第九十轻快师和阿里提及李托里奥两个装甲师，也应在非洲军的北面实行突破，以便掩护非洲军的左翼。他的目的是要切断敌军与补给基地间的交通线，而第九十轻快师和第二十机动军则抓着敌人，并将他们歼灭。他希望寻求一个决定性会战，但是若想要成功，则在31日的清晨必须攻下阿兰哈法岭。

依照亚历山大将军的估计，在正面的南半段方面双方的实力是大致相等的。双方都大约有300门野战炮、300门中型火炮和400门战防炮。隆美尔有500辆中型和轻型的战车，而英国第十三军有300辆中型战车、80辆轻型战车和230辆装甲车。此外，第二十三装甲旅还有100辆战车可充预备队之用。虽然数量上大致相等，可是在等级上隆美尔却差得很远，因为他的战车中有一半是意大利的，那却是质量极为低劣的。

对于隆美尔而言，阿兰哈法之战是一个孤注一掷的赌博，因为用他手中现有的工具只有这样一个计划是勉强可行的。正因为如此，所以蒙哥马利才正盼望隆美尔采取这个计划。对蒙哥马利而言，他的意图是首先采取一个坚强的守势，等到他对攻击已有充分准备之后才再转为攻击。所以若是隆美尔贸然进攻，则对于他是一个上帝送来的好机会；不仅足以使他借此重振士气，而且也使他能够消耗其对方的实力，于是当隆美尔最后发动攻击时，即更可以有双重的把握。为了加强其南区的抵抗力，蒙哥马利在8月30日到31日的夜里，对它的雷阵又予以相当的支援，所以当德军开始来扫清甬道时，其时间遂不免大为延缓。使他们的困难更增加的，是第二十一装甲师的师长俾斯麦将军（Gen. von Bismarck）触雷阵亡了，非洲军的军长内林将军（Gen. Nehring）也负了重伤。而更糟的是隆美尔正害着重病，不能离开他的旅行车。据《隆美尔传》的作者杨格（Desmond Young）的意见，认为这可能是所有困难中最大的一个。

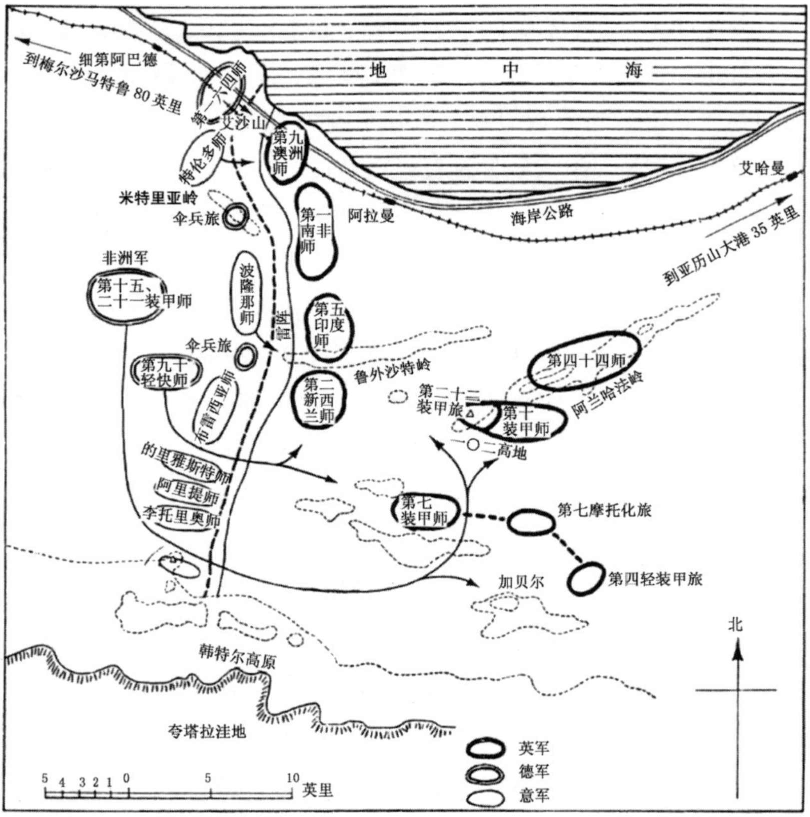

图三十三　阿兰哈法岭会战，1942 年 8 月 31 日

因为隆美尔也正和查理十二世一样，在一个会战的进展过程中，他所依赖者主要就是其个人的观察和判断，而不是一个预定的计划。

这些不幸事件的结果使攻击完全丧失了奇袭性。非洲军的进展被延迟了；第九十轻快师更是如此，而阿里提师和李托里奥师更根本未能透过雷阵。因此其打击力被减削了一半，所以隆美尔被迫只好放弃了其扫向东北面的计划，而只能把非洲军的进攻限制在阿兰哈法岭的西端。但是因为它的进展受到了软沙和空中攻击的障碍，到了下午 4 时，只好暂时停顿下来。

在8月31日到9月1日的夜里，轴心军一直受到英国空军的不断打击，所以到9月1日，隆美尔被迫放弃了一切大规模作战的企图，而只有在阿兰哈法岭上还有无目的的战斗在继续进行之中。到了此时，蒙哥马利看到胜利已经在掌握之中，遂把第十装甲师从该岭的南面调到西面去，以便准备与第二新西兰师在敌人的攻势匮竭之后即联合起来向南发动反击。

9月2日，尽管仍然在不断的空中攻击之下，而且也极端地感到燃料缺乏，隆美尔却重新发动攻势，但因为毫无成功的机会，于是他才命令在9月3日的上午实行撤退。接着蒙哥马利就发动了他的反攻，并同时命令其第七装甲师进击敌军的南翼。经过了一番苦斗之后，隆美尔把英军逐回到雷阵之上。到了9月7日上午7时，这次会战遂告结束。

隆美尔的损失约近3000人，包括死亡、负伤和失踪的都在内，此外还损失了战车50辆、火炮15门、战防炮35门和卡车400辆。蒙哥马利的损失为人员1640人，此外损失了战车60辆、战防炮18门。

凯赛林的意见认为若非隆美尔本人生病，则他一定不会退出这次会战，因为他已经把敌人完全包围住了。这是一个荒唐的说法，尤其是出于一个具有高度经验的军人口中更是不合理。根本上就无包围之可言，当会战一展开之后，隆美尔对于其前途就一点都不曾存有幻想，因为他深知敌人的制空权已经注定了他的失败。他对这个问题曾经发表了很多的高见，其中有一段说：

> 当享有制空权时，即可以使对方的补给纵队受到严重的损失，于是补给的严重缺乏马上就会显出其作用来。因为可以不断地监视着通向前线的道路，所以可以使对方的日间运输完全停止，而只能在黑夜中摸索前进，这样就可以使他们丧失了许多宝贵的时间。可是补给的运输却必须保证其畅流无阻，否则一个军队即将丧失其机动性，而且无法作战（见《隆美尔文件》）。

当我们在下文中讨论隆美尔在 1944 年诺曼底战役中所担负的任务时，对于这一席话更有回味之必要。

隆美尔说：“这次攻势失败了之后，我们想要到达苏伊士运河的最后机会也就随之而去了。”他知道补给之战已经输定了，因为大批的运输船只将于 9 月初到达苏伊士，它们带来了 10 万英吨以上的物资，使第八军团可以获得一切的最新兵器和装备。9 月 3 日，罗斯福所赐予的 300 辆薛曼式战车已经运到了。隆美尔知道敌人即将反攻了，最可能是在“满月”的时候。凯赛林批评说：“在这种环境之下，坐待英军的进攻难道是合理的吗？”他又补充说，德意两国的最高统帅部都并不会反对撤退的。凯赛林这个假定是不可靠的，隆美尔停留在那里不走的理由可能有两点：（1）也许他不愿意作一个自动的撤退，（2）他缺乏燃料和车辆来实行撤退。齐亚诺也支持后说，他在 9 月 2 日，在日记上这样记载着：“两天之内我方的油船沉没了 3 艘。”9 月 3 日又说：“隆美尔继续停留在那里，更糟的是我方的船只继续沉没。”但是，隆美尔若能在次一个“满月”之前，即先行撤退，则他可能破坏其敌人的计划。

不管他的理由是什么，隆美尔却决定站着不走，接受一次会战。他的计划是对于其前方的布雷地带只用前哨据点来加以扼守。他一共埋下了 50 万颗地雷和大量俘获的英军炸弹和炮弹，而准备在后方一两千码远的雷区中来作防御战。在他的北面侧翼上，他把德军第一六四师和第九十轻快师作纵深的部署，把他们南面的正面分配给意大利部队来防守。他把他的装甲师分为两个集团：第十五装甲师和李托里奥师在北面；第二十一装甲师和阿里提师在南面。从战术上来看，这样的分配是完全不适当的，隆美尔在过去从来不曾如此，也许是因为缺乏燃料，所以被迫不得不做这样的部署。他一共只有 300 辆意大利战车，那是殊少战斗价值的，而且仅仅可以勉强作战。此外，还有 210 辆德国战车，其中 30 辆为Ⅳ型，备有 75 毫米火炮，其余则为Ⅲ型，只有 50 毫米火炮。

因为他已经病得很凶，所以决定返回德国就医，9 月 22 日，他的指挥权暂由斯徒美将军（Gen. Stumme）代理，他也是一位有经验的战车军官。隆美尔向他说，一旦敌军发动攻势，他就会马上赶回来。这实在不是一个太令人满意的安排。回到德国之后，10 月 10 日，他从希特勒手中接受了他的元帅权杖，他早在托卜鲁克被攻陷之后，即升了元帅，这不过是补行仪式而已。

当隆美尔正进行其困难的工作时，他的对手，亚历山大将军也正准备作一个全面攻击。8 月 10 日，丘吉尔给他一个训令，要他尽量提早歼灭德意两国在非洲的陆军，但是这个时间却受着某些因素的限制：（1）"火炬"作战已经预定在 11 月 8 日开始发动，因为这在政治上具有极大重要性的，为了争取摩洛哥和阿尔及利亚境内法国人的合作，在这次侵入战发动之前，应先使在埃及境内的轴心军受到一决定性失败的打击；（2）因为那 300 辆薛曼式的战车，要到 9 月初才能运到，而且还需要几个星期的训练时间，同时又要赶在"满月"时发动攻击，所以最后决定为 10 月 23 日到 24 日的夜间。

第二个问题是属于大战术性的：在这个长达 40 英里的正面上，应在何处作决定性的打击呢？虽然在敌军正面的南区中，其雷阵不若北区中那样的厚密，可是若在南区中作了一个成功的透入，就会把敌军向其北面的交通线上赶去——即海岸边的道路。于是决定把主力的打击摆在北面，以到达海岸上的公路线为目的，并切断在其南面的大部分敌军。有了这个决定之后，其次才是小战术的问题。

因为战车难以冲过雷阵，正好像步兵之难以冲过铁丝网一样，由于在这个北区中，雷阵的纵深由 5000 码到 9000 码不等，所以决定在最初的前进时，应采取旧式的步兵攻击方式，由炮兵和轰炸机担负掩护，而扫雷队则一同前进，至于战车则留在后方。

10 月 6 日，蒙哥马利发布了他的计划。攻击的主力由第三十军担负，军长为李斯中将（Lt-Gen. Olieve Leese），在六七英里宽的正面上平行部署着 4 个师。其任务为从雷阵中切开两条甬道，北面

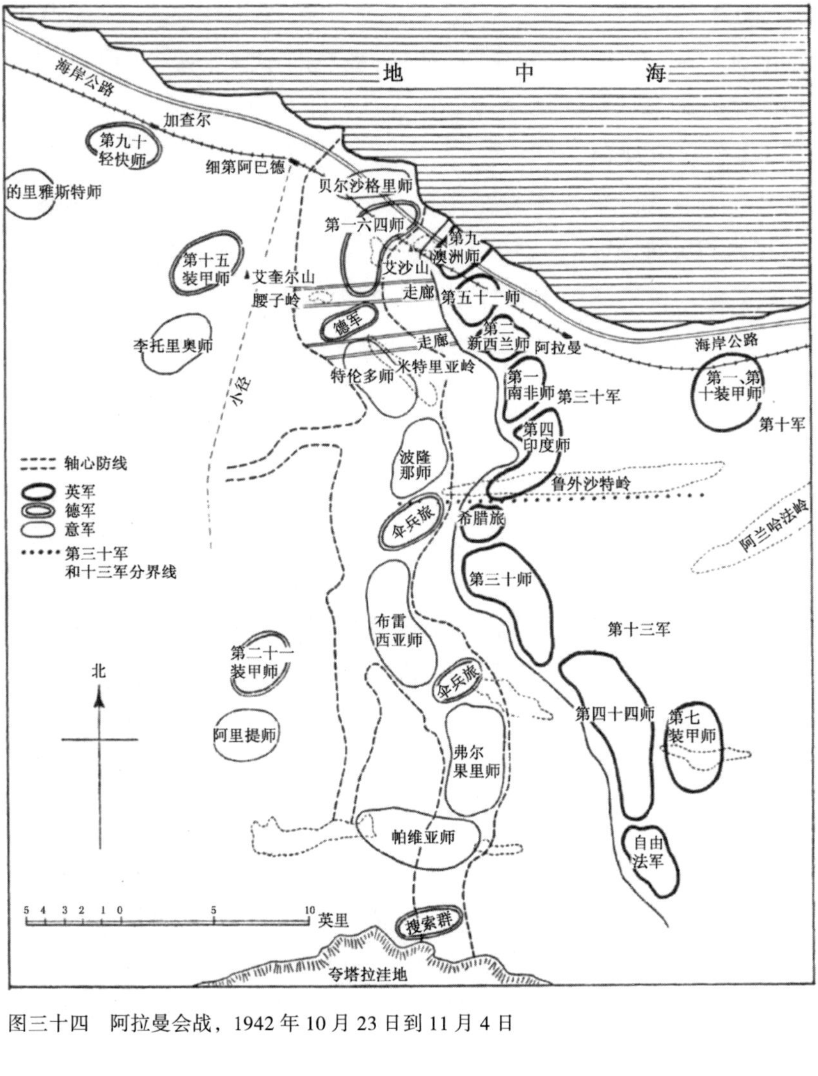

图三十四　阿拉曼会战，1942 年 10 月 23 日到 11 月 4 日

的一条在艾沙山以南，而南面一条则越过米特里亚（Miteiriya）山岭的北端。当甬道已经开通之后，第十军军长鲁门斯登中将（Lt-Gen. Herbert Lumsden）即应率领第一和第十两个装甲师与敌方的装甲兵交战。同时，为了分散敌人的注意力并且把其第二十一装甲

师钉死在极南端上，第十三军，军长为何罗克斯中将（Lt-Gen. B. C. Horrocks），和第七装甲师也应对于敌军的右翼作两个辅助性的攻击。蒙哥马利一共有 7 个步兵师、1 个自由法国的部队、1 个希腊旅、3 个装甲师和 7 个装甲旅；人员总数为 15 万人，战车共 1114 辆，其中有 128 辆为格兰特式（Grant），267 辆为薛曼式，都装有 75毫米的火炮；火炮共 2182 门，其中有 1247 门为各种型式的战防炮。会战以短时间的激烈炮击开始，首先以敌军炮兵阵地为目标，一旦步兵前进，即改行轰击敌人的防御阵地。从 10 月 6 日到 23 日的夜间，英国空军（共战斗机 500 架和轰炸机 200 架）应加强其对于敌军交通线和运输工具的攻击，其次即支援炮兵的轰击，最后则集中全力打击敌方装甲部队所处的地区。

此外，还有一个大规模的掩蔽计划，其目的是为了补救战略性奇袭的缺乏，并欺骗敌人。其第一个任务即尽量地掩蔽各部分的兵力集中；第二个任务为利用伪装的假帐幕、仓库、战车、车辆、炮位、水塔和油管等来引诱敌人对于攻击的日期和方面作错误的预测。一直到诺曼底侵入战时为止，这要算是一次最伟大的伪装工作，其原则为藏起你所有的东西，而显示你所无的东西。

10 月 23 日下午 9 时 40 分，在一轮明月之下，第八军团的全部炮兵约 1000 门火炮，同时向敌方的炮兵阵地开火射击。20 分钟之后，步兵开始前进。为了帮助部队认清他们的目标，又曾用探照灯向天空照射，以增强月光。到了 24 日上午 1 时，在第三十军的正面上未有严重的损失，即已攻占了敌人的前进防御阵地。为了重组兵力，暂停了一小时才继续前进，于是开始遇到了顽强的抵抗。虽然如此，到了上午 5 时 30 分，澳洲部队即已确实占领了其最后目标的大部分，而新西兰部队则已经完全达到他们的目标。但是在中央的第五十一师，却在北面甬道的中点上为坚强阵地所阻，距离其最后目标尚差 1500 码。在南面，第一南非师也被阻达数小时之久。

第十军于上午 2 时即已越过了它的起线前进，但因为在步兵后面担负扫雷工作的工兵前行得很慢，所以一直到上午 6 时 30 分南面甬道才算是已经通行无阻，于是第九装甲旅领先，继之以第十装甲师，都陆续前进了。当后者前进之后，即在米特里亚山岭的东坡上，获得了一个立足点，但是却遭到了敌方的猛烈火力，不能再向前透入了。此时，第二装甲旅和第一装甲师，在北面甬道中，因为受到了地雷和炮火的阻碍而受到了严重的延迟。直到下午 3 时，经过了猛烈的炮击，在第五十一师和第一装甲师的联合攻击之下，这个甬道最后终于完全打通。这些延迟使时程表被推迟了，所以 24 日无法达到突破的目的。

在南面，因为第十三军的成功极为有限，所以蒙哥马利命令何罗克斯不要再向前推进，而只采取局部性的攻击来消耗敌军的兵力，同时不要让第七装甲师卷入战斗。

在轴心军方面，情况迅速地恶化，因为虽然外围据点上的兵力能够作英勇的战斗，可是由于敌方的猛烈轰炸，所有的交通网都被击碎了，于是指挥上发生了瘫痪现象。24 日拂晓，斯徒美将军亲自上前线去观察情况，途中由于心脏病突发，死在沙漠中。隔了几个钟头才为大家所知道，于是非洲军军长托玛将军（Gen. von Thoma）遂暂代行指挥。当会战开始，隆美尔正在西麦林（Semmering）医院中养病，24 日下午，凯特尔元帅用电话向他询问体力是否已经恢复，能否立即返回非洲。隆美尔答应立即返防，25 日上午 7 时，他启程往罗马。当他在上午 11 时到达该城时，他遇见了德国驻意大利武官李特林将军（Gen. von Rintelen），后者告诉他说："非洲战场中只剩下三个燃料'配发量'了。"换言之，即从的黎波里到前线之间，每部车辆都只有 300 英里行程的燃料而已。因为根据经验，每一天的战斗就需要一个配发量，所以隆美尔心里已经是十分清楚的，知道这次会战输定了，因为没有燃料，则军队对于敌人的运动根本无法有反应。

那天黄昏时，隆美尔听到托玛告诉他说，由于弹药如此的缺乏，所以斯徒美已经禁止在 10 月 23 日到 24 日的夜间炮击敌军的集结位置。到了 24、25 两天之内，燃料已经极感缺乏，所以一切大规模运动都不再有可能性。只有第十五装甲师的兵力还有攻击的能力，可是他们已经受到惨重的损失，该师现在能用的战车已经减少到只有 31 辆了。

尽管工具如此的缺乏，轴心军仍能作极坚决的防御，使蒙哥马利感觉到他这种“消耗”式的攻击实在是成本太高。他决定把攻击的轴线再向北面移动，并指示第三十军命令其第九澳洲师将攻击的方向指向海岸上，切断在艾沙山岭以北突出地中的敌军。同时，第一装甲师奉命向西夺路前进，以英国人称为的腰子岭（Kideny Ridge）即为德国人所称的第二十八号高地为目标。这些攻击遂产生了这次会战中最野蛮的战斗。澳洲师的前进颇为成功，但是第一装甲师直到夜幕低垂时为止都尚无显著的进展，因为隆美尔已经把第九十轻快师、第十五装甲师和李托里奥师的一部分以及贝尔沙格里（Bersaglieri）师中的一个营调往增援。隆美尔自己说：“血流成河，染遍了黄沙，在天黑之后，看到了在非洲所从未见过的厚密高射炮火力，几百颗英国的曳光弹像流星一样划过天空，空气都变成了火海。”最后到了夜间，第一南非师和第二新西兰师在米特里亚山岭上，又多获得了 1000 码的纵深，而第一装甲师的第七摩托化旅也在腰子岭上占领了一个据点。

10 月 26 日，蒙哥马利很明白地看出来他的攻击冲力已经在衰减之中，而在他所已经突入的地区中，也还受着敌方坚强战防阵地的扼制。他决定暂时改取守势，以便重组他的兵力，并建立新的预备队，好在北面重行发动新的攻势。他命令第一南非师接替第二新西兰师的任务，而把前者改充预备队，至于后者的正面则改由第四印度师接管，并交由第十三军指挥。此外，他又命令第十三军把第七装甲师和 3 个步兵旅调向北方来。

当英军正在作此项调动时，10 月 26 日到 27 日的夜间，隆美尔也已经把第二十一装甲师调到北面，并于 27 日向腰子岭发动了一个猛烈的攻击。但是他在付出了沉重的代价后，仍然还是被击败了，结果遂使蒙哥马利可以顺利地把第一装甲师和第二十四装甲旅抽回来当作预备队。同时，他又命令第九澳洲师于 28 日到 29 日的夜间，攻击在海岸地区的敌人。很明显的，隆美尔也猜到这个攻击即将来临，为了增强他的左翼，他只好抽调在南部正面上的一切重兵器和德军部队，而改用已在北区作战的阿里提师中的一部分去替换他们。

29 日下午 10 时，在猛烈炮击掩护之下，澳洲部队发动了他们的攻击，其方向是指向细第阿巴德（Sidi Abd el Rahm）到艾沙山之间的海岸公路上。这次激烈的战斗持续了 6 小时之久，隆美尔的记载中这样写道：“英国轰炸机编队分批地飞来，把炸弹投在我的部队头上，并且用降落伞投下照明弹，把大地照得雪亮。”因为战斗是如此的激烈，所以到了 30 日的上午，隆美尔开始考虑向弗卡（Fuka）阵地撤退，它从阿拉曼以西 50 英里的海岸上起向南到夸塔拉洼地为止。这是隆美尔第一次考虑到自动撤退的问题，除了战斗的激烈以外，更受着燃料缺乏的严重压迫。10 月 27 日，仅由德国空军运来了燃料 70 英吨，29 日，齐亚诺在日记上这样写道：“今天黄昏时又有另外一艘油轮被炸沉，俾斯麦从李特林处获知隆美尔对于其部队的素质颇表乐观，但他对于补给情况则感到很忧惧。在目前不仅缺乏燃料，而且连弹药和粮食也都同样不够用。”

在 10 月 29 日上午，蒙哥马利已经知道第九十轻快师调到细第阿巴德地区中的消息，因为这表示隆美尔已经猜透了其沿着海岸公路线突破的企图，于是他就决定把他的突破攻击轴线向南移动，使其主力打击在意大利部队身上。为了掩护这次行动，并钉住第九十轻快师起见，他命令第九澳洲师在 30 日到 31 日的夜间，仍继续攻击。此时，第二新西兰师也准备就绪，要在已有的北面甬道略偏北面之处从敌军正面上打开一个缺口，等到打开了之后，第十军即应率领着第一、第七和第十等 3 个装甲师，从这里透入向开阔的沙漠中前进。

这个作战的代字定名为“超重”（Supercharge）。蒙哥马利自己说：

> 这次作战的目的是要使我们能进入开阔地区，并击碎隆美尔在埃及的兵力。我们可以迫使敌军的装甲兵力接受会战，并切断他的交通线。第二新西兰师的任务为在4000码的正面上作深达6000码的透入。我并且说明假使第三十军若不能达到其最后目标，则第十军的各装甲师应自己设法战斗前进。

10月30日，隆美尔已经亲自去勘察了弗卡阵地，尽管他知道意大利步兵，由于根本没有运输工具，所以在开阔的沙漠中他们其实无异于是一种毫无力量的部队，虽然如此，他却还是计划利用其自己的运输纵队来尽量地运输他们，在黑夜掩护之下先行撤走，然后留下他的残余摩托化兵力，采取宽广的正面向西作退却战。他又说：“但我们必须等待英国人先动手，以便将他们纠缠在战斗之中，而不能突然地将其兵力投入我方正面上的一个缺口中来达到突破的目的。”

那天夜间，当澳洲师继续向海岸进攻时，等他们到达了海岸之后，即转向东面来切断在北部突出地中的德国一六四师的装甲步兵。但是凭着第二十一装甲师和第九十轻快师的协助，这些装甲步兵大部分还是逃出了包围圈。

蒙哥马利的原定计划是准备在这个攻击之后，就接着发动“超重”作战，但因情况的变化迫使他顺延了24小时，直到11月2日上午1时，在猛烈炮击和轰炸机支援之下才开始进攻。在炮兵弹幕射击掩护之下，第二新西兰师的两个旅在第二十三装甲旅支援之下，沿着4000码宽的正面前进；他们的任务就是要在敌军的正面上，打开一条宽达4000码的甬道，扫清地雷，以便第九装甲旅可以跟着后面前进，后者的任务是再向前推进2000码，以到达一条从细第阿巴德向南走的小径，并在那里建立一个桥头阵地。于是第一、第七和第十等 3 个装甲师就可以从这个阵地中跃出来进行一次决定性的装甲会战。

这个甬道顺利地被打通了，但是当天亮之前不久，第九装甲旅到达了这个小径时，就冲入了一个坚强的战防屏障线，损失了 87 辆战车——即其全部实力中的 75%。此时，第一装甲师就实行跃出，并立即与非洲军发生了激烈的战斗，战场在艾奎尔山（Tel el Aqqaqir）的周围。尽管隆美尔的战车在等级上远不如他的敌人，而他们的 50 毫米和 49 毫米（意大利制）的火炮，也几乎完全不能击毁格兰特式和薛曼式的战车，可是攻击者还是阻止住了，而透入的缺口也被封住了。可是隆美尔却并不存一点幻想，他认清了这次会战早已败定了。不仅是早已有了瓦解的现象，李托里奥和的里雅斯特两师中的部队都像流水一样的向后方奔逃，而更严重的却是补给的情况。在一整天之内，他的军团已经用去 450 英吨弹药，而只有 3 艘驱逐舰曾经把 190 英吨的弹药运到了托卜鲁克。他又说："非洲军现在一共只剩下了 35 辆可用的战车。"

隆美尔说："这已经是应该撤回到弗卡防线的时候了，尤其是截至目前为止，他们的行动都还是极端的谨慎小心，简直到了无法了解的程度。"于是他开始做一件他后来认为是大错特错的事情。11 月 3 日的清晨，他派了他的副官贝恩德中尉（Lt. Berndt）去直接报告希特勒，要求给予他以完全的行动自由权。他相信这是不会有疑问的，所以早已命令一部分意大利部队先行撤退。下午 1 时 30 分，他接到了希特勒的答复："站住不动，不准后退一步，对于你的部队，你应该告诉他们不成功便成仁！"隆美尔于是暂停撤退，在黄昏时再派贝恩德去见希特勒，带了一个报告去说明若站住不动即等于自寻歼灭。

11 月 4 日，凯赛林来到了隆美尔的总部中，依照隆美尔的记载，后者曾向他说："元首从东面战场方面已经学到了他的经验，凡是遇着这样的环境，必须不惜一切的成本来守住正面。"在他的回忆录中，凯赛林却提出了不同的说法："他曾经告诉隆美尔这毫无疑问是一种愚行，对于希特勒的乱下命令只好不遵守，他愿意负其全责。"[1]

当 11 月 3 日，蒙哥马利得知其敌人已经朝西撤退时，即要求沙漠空军把他们的全部打击力量移到正在撤退中的轴心军纵队的身上。但是一直等到夜幕低垂时，他命令第五十一师和第四印度师中的一个旅用 4 英里宽的正面向前推进，来突破南面地区中的敌方战防屏障，并造成一个缺口，使他的 3 个装甲师得以通过前进。这在 4 日的上午顺利完成了任务。

对于这次会战的最后一幕，隆美尔曾经有过下述富于戏剧性的描写：

> 在总司令部的南面和东南面，都可以看到尘雾障天，第二十军的小型而素质又低劣的战车，正在与 100 辆以上的英国重战车作毫无希望的死斗，那是从其没有掩护的右翼上冲来的。我曾经派了鲁克少校（Maj. von. Luck）率领他的一营兵力去堵塞意大利部队与非洲军之间的缺口。现在这个意大利军要算是代表了我们手中所有的最强大摩托化兵力，据鲁克后来的报告，说他们在战斗中曾表现了惊人的英勇。鲁克利用他的火炮，尽量地协助他们，但却并不能挽回意大利装甲军的命运。一辆又一辆的战车被击碎和烧毁，而在这全部时间当中，英军的炮兵也不断地向意大利步兵和炮兵阵地轰击。大约在 15 时 30 分的时候，阿里提师发出了最后的通告："敌人的战车已经透入了本师的南面。本师现已被包围……"

[1] 当时隆美尔和凯赛林的私交似乎很不好。齐亚诺的日记对此可以当作一个证明，他于 1942 年 9 月 9 日写道："现在在利比亚，他们正在争吵，凯赛林跑回柏林去告了隆美尔一状。他们可能正在谈论召回隆美尔。"

到了夜幕低垂之时，意大利第二十军已经被毁灭了，其左面的非洲军也已经被突破，其军长托玛将军也已经被英军所俘虏。[1] 在轴心军的正面上，已经撕开了一个宽达 12 英里的缺口，而隆美尔手中是既无预备队，复无燃料。尽管有了希特勒的死命令，却还是非撤退不可，隆美尔竭尽了他的全力来抢救他的部下。第二天上午，从希特勒大本营中有命令来，准许他撤退。

甚至于隆美尔之所以尚能撤出其摩托化部队的理由，都还应归功于英军方面：（1）蒙哥马利具有一种过分慎重的本能；（2）英国空军不愿作低飞的攻击，在维多利亚威尼托之战以后，他们曾用这种手段获得了极大的成功。依照亚历山大将军所公布的说法，这时第八军团还可以集中其 600 辆战车来对付德军的 80 辆战车。[2] 蒙哥马利若能具有像常人一般的大胆，即可以使其敌人的撤退变成了溃败。关于第二点，蒙哥马利的参谋长裘刚德（de Guingand）曾经有下述的批评："因为事实上我们已经拥有绝对的空中优势，而敌军则已经完全丧失了组织，所以照我们陆军的眼光看来，这里可以说是具有空军所梦想不到的好目标。可是实际上，结果却似乎极难令人满意。当沿着阿拉曼战场到达巴（Daba）之间的道路上前进时，我希望能看到毁灭试验的结果，但是被毁的车辆却很少，隔了很远的距离才有一辆。过了达巴之后，战果似乎较佳，但是我们却仍然发现有许多车辆是因为缺乏燃料而被敌人放弃的。"他所指出来的理由也是正确的，因为英国空军一向重视高空的水平轰炸，而忽视了低空的机关枪扫射，所以他们对低空作战是缺乏训练的。若不是如此，则照他看来，隆美尔的撤退必然会彻底瘫痪无序。

对隆美尔而言，其撤退的主要关键在于 11 月 4 日到 5 日的夜里，当部队从战线上抽出时，自然是不免会发生混乱的。但总算是很侥

---

[1] 蒙哥马利请他在其司令部与自己一同进餐，待以上宾之礼。

[2] 实际可用者仅 20 辆。

幸，他这个对手是一生谨慎，害怕夜间的追击会引起困难，命令他的部队暂停前进。蒙哥马利告诉我们说 ：“在 11 月 5 日，我为了追击而重组我的兵力。”这样他损失了 18 个小时的宝贵时间。当他将兵力重组完成之后，他决定应由第十军（第一、第七两个装甲师和第二新西兰师）领先追击 ；第三十军则进到阿拉曼与梅尔沙马特鲁之间，充当预备队 ；第十三军则负责扫清战场。尽管他已经耽搁了这样多的时间，但在沙漠中作了一个迂回运动之后，他在梅尔沙马特鲁还是几乎切断了敌人的退路。可是到了 11 月 6 日，由于缺乏燃料之故，第一装甲师的前锋停止前进。于是隆美尔乘机组成一条相当坚强的正面，并击败了一切敌军的攻击。隆美尔还要补充一句话 ：“敌人仍继续用最大的小心来进行作战。”隆美尔也说 ：“道路上的境况简直是一言难尽。纵队已经完全丧失了秩序，一部分是德军的车辆，另一部分是意军的车辆，挤塞在雷阵之间的路面上，几乎是时行时止，一路挤得水泄不通。许多车辆都必须拖着走，而燃料更是痛感缺乏，因为在这次撤退中使消耗量更增大了。”

11 月 6 日，下了一场大雨，使双方都增加了困难，对于追击者则更大，大雨使沙漠中的小径变得几乎无法通行。追击停顿了 24 小时之久。依照蒙哥马利的意见，这一场大雨才使隆美尔得免于完全的歼灭。

隆美尔在空中攻击之下，在索伦（Sollum）为其部队加油，准备再走 60 英里到 100 英里的距离。这是在昔兰尼加（Cyrenaica）所储存的最后一批燃料，从此以后他就必须仰赖运输机的补给了。11 月 12 日，他放弃了托卜鲁克 ；19 日又放弃班加西，从那里他一直退到了阿格海拉东面的梅尔沙布里加（Mersa el Brega）为止——这是他旧有的“狮穴”。11 月 25 日，蒙哥马利的前卫追上了他。

这是一个长途的迅速追击，蒙哥马利在 20 天之内，前进了 800 余英里，其主要目的不是歼灭他的敌人，而是为了想夺取托卜鲁克和班加西来当作补给基地。亚历山大说 ：“这是追击兵力的任务，当他们一路前进时，其实兵力早已在锐减之中，因为补给上的困难正在逐日地增加。”

这是一点都不新奇的，因为在所有北非以前的战役中都已经一致地证明，诚如摩尔赫德(Alan Moorehead)所说的：“在沙漠战争中，百分之九十都是补给的战斗。”[1] 这几乎是难以了解的，早在阿拉曼会战之前，为什么英军在埃及不先建立一个有效的空运体系？不过这个答案实际上是很够简单的。英国的空军当局一向沉醉在战略轰炸的思想之中，所以几乎完全忽视了空运补给的重要性。假使他们是真正具有一颗“空中的心灵”，则应该能够懂得飞机所带来的革命意义，它不仅能够用垂直轰炸来辅助和代替水平轰炸，还更能把空间变成了道路，而在后勤方面开辟一个新天地。

假使蒙哥马利当时手中能有一支适当的空运部队，则其主要的补给困难都可以迎刃而解。这是这次战役中最具有重要性的教训。

也和惯例一样，这次战役的损失数字依照不同的记录者而有相当的出入。照隆美尔的记载，从 10 月 23 日到 11 月 19 日，德军战死者为 1100 人，负伤者为 3900 人，被俘者为 7900 人。意军战死者为 1200 人，负伤者为 1600 人，被俘者为 2 万人，共为 35 700 人。依照亚历山大的记载，从 10 月 23 日到 11 月 7 日，估计轴心军的损失数字为战死 1 万人，负伤 1. 5 万人，被俘 3 万人以上，一共为 5. 5 万人。英国人的损失，据他所发表的，为死亡、负伤和失踪者共计 13 500 人，有 500 辆以上的战车被击毁。

11 月 8 日，隆美尔正在全面撤退之中，“火炬”作战也已经开始了。艾森豪威尔将军所率领的英美联军，分别在北非的卡萨布兰卡、奥兰（Oran）和阿尔及尔（Algiers）登陆。这些登陆军分别由

[1] 关于 1942 年 8 月的情形，摩尔赫德说德军获得补充和增援的速度要比英军快了 3 倍以上。他们经常使用空运来载运人员和补给，那比海运和陆运可以快了 10 倍以上。英军对于部队的空运却从未大量地使用。

巴顿少将（Maj-Gen. G. S. Patton）、弗里登达少将（Mai-Gen. L. P. Fredendall）和安德森中将（Lt-Gen. K. A. N. Anderson）指挥。前两者由美军所组成，第三者则为英军，第二和第三两支兵力又合组成第一军团，由安德森任司令。

虽然执行“火炬”作战的最后决定是在7月25日，但是其执行计划直到6个星期之后才获得了批准。这个延误使联军在10月初未能进行侵入战，所以未能在冬季来临之前决定该作战计划。其原因是因为丘吉尔与美国参谋首长之间，为了应在何地开辟第二战场的问题发生了严重的争执——斯大林对此却不断地在提出激烈的要求。丘吉尔主张应在巴尔干，一方面可以击败德国人，而另一方面又可阻止苏联人向地中海东部扩张。后者则主张应在法国北部，因为他们完全接受了斯大林的宣传，并且根本不曾考虑到战后欧洲的政治情况。因为时间已经延误了，所以唯一补救的方法就只有用奇袭的手段来占领突尼斯的锁钥比塞大（Bizerta）和突尼斯（Tunis）。因为这个原因，“火炬”作战的第一任海军总司令康宁汉上将（Adm. Sir Cunningham）遂主张对于比塞大作一个直接的打击，或至少应打击在波尼（Bone）港上，这是不惜冒险的，因为敌军可从西西里和萨丁尼亚作空中的攻击。说也很奇怪，尽管美国的参谋首长曾经力主9月就在法国开辟一个第二战场，那当然是一个更危险的作战，可是由于8月有一支强大的护航舰队曾经受到了惨重的损失，因此使他们大感惊惧，于是对于在奥兰以东的一切登陆都拒绝同意。此外，因为他们害怕佛朗哥将军也可能会攻占直布罗陀来封锁地中海，所以美国的参谋首长坚持他的那一部分兵力应在卡萨布兰卡登陆。

在他后来给英美参谋长联席会议的报告中，康宁汉曾经说过：“对于我而言，这是一个终身引以为憾的事情：这个在波尼地区或更东面的地方，作最初突击的较果敢的计划始终不曾实现。甚至于假使我们只要把极少数兵力投入东面的港口中，则这个象征性的占领就可以使轴心军为之夺气，于是即可获得完全的成功。”魏尔莫特（Chester Wilmot）在他的《欧洲争夺战》一书中，曾经有下列的批评：

> 因为非洲战役一直拖到了1943年的晚春时节才结束，遂使在那一年中丧失了任何渡海侵入的机会。为了“火炬”作战，在大西洋两岸曾经引起了激烈的辩论，其所造成的时间延误使联军在战略上受到了无可弥补的损失。

虽然如此，这次侵入战却似乎已经使希特勒受到完全的奇袭。不过这个理由却是很难于解释的，因为早在10月9日，齐亚诺即在他的日记中记载道：“所有一切的情报和谈话都使人获得一个结论，认定英美联军正在准备在北非登陆。此后，他们若再想对轴心国家作进一步攻击，则意大利在地理上和逻辑上都会是第一个目标。”

这些登陆仅仅只受到了法国人的轻微抵抗，11月11日，正在北非视察的法国海军上将达尔朗（Adm. Jeam Darlan）突然脱离了维希政府，命令法军停火，并加入了联军。虽然希特勒事先对于这次侵入战毫无准备，可是他的反应却具有惊人的速度。他命令占领维希法国，这个行动使法国人留在土伦的舰队大部分都自动地炸沉了，同时并用运输机载运部队，飞往突尼斯和比塞大。11月10日，已经有两个团到达，其他的部队还继续源源而来，其中包括第十装甲团、第三三四师、第五〇一战车营、备有新式的虎式（Tiger）战车、[1]戈林装甲师和一些意大利部队，全部均由阿尔宁将军（Gen. von Arnim）率领。假使隆美尔在3个月之前，即能获得这样兵力之一半，则在阿拉曼的局势也许就会大不相同了。

---

[1]　此为第二次世界大战中最优秀战车之一种，它前面装甲厚120毫米，火炮口径88毫米，速度每小时18英里。

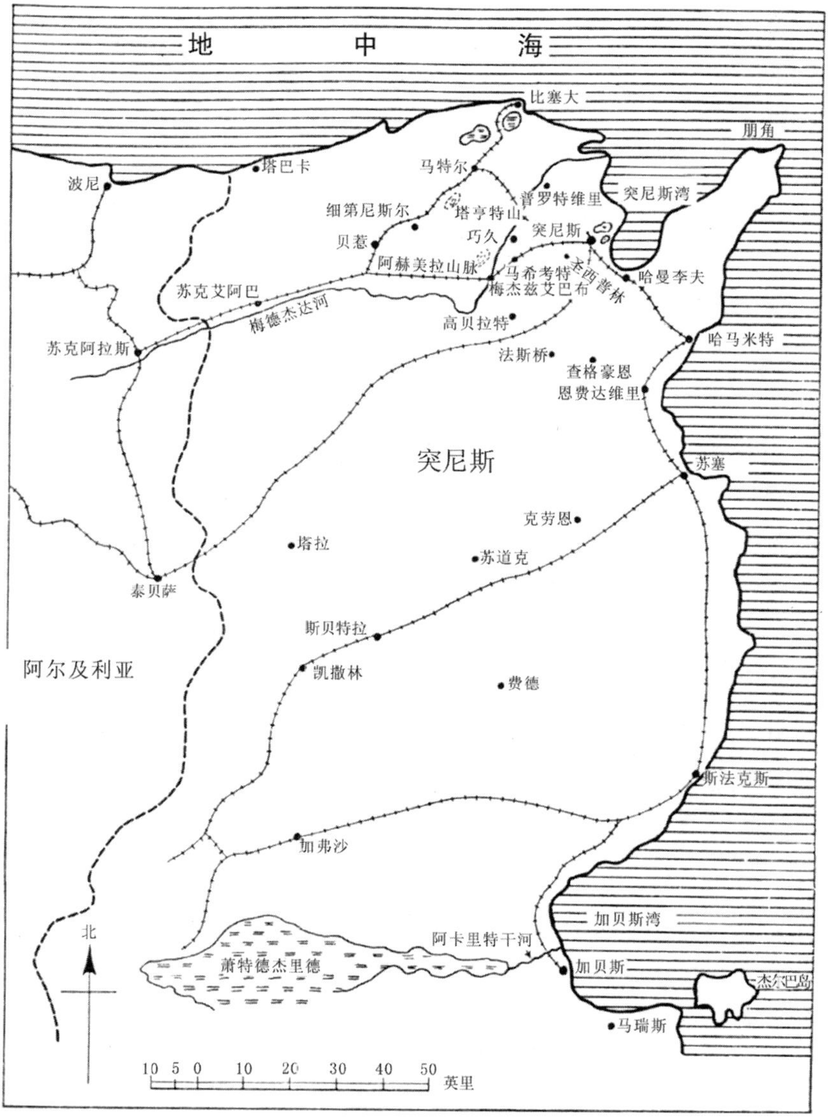

图三十五　突尼丁亚战役，1942 年 11 月 8 日—1943 年 5 月 12 日

当他已经确保了其基地之后，艾森豪威尔的任务就是挥动第一军团东进，以攻占突尼斯和比塞大等港为目的。他们一登陆之后，即继续前进。11 月 12 日，波尼港为一支海运的陆战队所占领，3 天后美英两军的伞兵也降落在提贝沙（Tebessa）和苏克艾阿巴（Souk el Arba）附近。其次，联军又利用所有一切的运输工具，载运了两个旅的兵力迅速前进，与德军混战了一番之后，于 11 月 25 日占领了梅德杰达河（Medjerda）上的梅杰兹艾巴布（Medjez el Bab）。该地在突尼斯西南面，相距 25 英里。

联军的补给开始发生了困难，而倾盆大雨和敌军对于船只的攻击，更使情况日益恶化。到了 11 月 29 日，空中补给已经击败了公路补路，从阿尔及尔到梅杰兹艾巴布公路距离为 300 英里，而最好的机场都在轴心军的手中。当道路已经变成了泥潭时，德军的运输机还是继续不断地把部队向突尼斯送去。到了圣诞节时，僵局已经完全形成。第一军团虽然仍能守住艾巴布，但是其北面的高地，尤其是阿赫美拉山（Jebel el Ahmera，也被称为长停山［Longstop Hill］）都已经失守。战线向南延展到芳道克（Fondouk）为止，中间夹着一连串的据点。这样的情况一直延续到 1943 年 2 月中旬为止。

当这个僵局达到最高潮的时候，1943 年 1 月 14 日，丘吉尔与罗斯福又在卡萨布兰卡会晤，讨论未来的战争指向问题。接着也举行参谋会谈，他们两位都未曾亲自参加，所讨论的范围及于全世界，而专就北非战役而论，其最重要的决定为一旦北非战役结束后，即接着侵入西西里岛；而当第八军团进入了突尼斯之后，亚历山大将军即应升任艾森豪威尔的副帅，并兼任第十八集团军总司令，统一指挥在突尼斯境内的一切陆上兵力。不过最重要的政治性决定，却是罗斯福和丘吉尔两人决定了要迫使德意日三国无条件投降，这个决定使一切其他的决定都为之黯然失色了。

这个影响世界命运的决定是怎样获得的，到今天还是一个疑问。依照罗斯福的儿子艾略特的记载，说他的父亲首次使用这个“无条件投降”的名词，是在1月23日会餐的时候，当时在座的人除了罗斯福以外，还有丘吉尔、霍普金斯和他自己。丘吉尔附和着说:“好极了！我可想象到戈培尔和他们其余的人会如何地叫唤着！”此外，艾略特也写出其父亲的意见，他说：“当然了，这正是为苏联而设的。他们不可能希望比这个更好的事情。无条件投降！乔叔叔(Uncel Joe，系指斯大林)自己所能想到的也不过如此。”

戈培尔是一个宣传的好手，可能会为之大喜过望。1942年3月27日，他曾经在他的日记中这样写道：“假使我是站在敌人的方面，我就会从开战那一天起，采取一个打倒纳粹主义的口号，而把德国人民摆在一边。张伯伦在开战那一天所用的就是这个口号，但是感谢上帝，英国人却不曾继续采取这条路线。”1943年4月12日，他又说：“但是总而言之，美国人正在犯同样的错误，毫无疑问，这是由于丘吉尔的指示。我只可以说应该感谢上帝，假使他依照威尔逊十四点的路线来发动一个和平运动，则毫无疑问将会增加我们很多的困难。”至于说到乔叔叔，虽然他内心中的唯一意图就是要使德国无条件投降，可是他却不是头脑简单的人，并不愿意让敌人知道他的心事。他是列宁的真正信徒，他在1943年2月23日曾经公开地说：“若把希特勒集团与德国人民混为一谈，那才真是荒谬已极。”当外国的报纸说红军的目的，就是要想使德国亡国灭种时，斯大林又痛斥之为“无稽的谣言”。

美国总统的说法却有很大的差异。他自己说这种思想是突如其来的，在1月23日的一次记者招待会中，他说：“这个思想是突然地跳入了我的心灵之内，接着我就知道我应该说些什么。”虽然，丘吉尔在他的回忆录中，对此颇多掩饰之词，但后来他却也承认他曾经作过几个错误的声明。但在当时，他心里是雪亮的，他在1943年2月11日曾经向英国众议院说：“仅仅是经过了深思熟虑之后，美国总统曾经获得了我的同意，才在卡萨布兰卡会议中宣布要求所有的敌人无条件投降。”希尔吴德为白宫亲信人员之一，也曾证实了丘吉尔的说法，他说："总统在作此次决定时，是曾经经过深思熟虑的。"这是一个真正代表罗斯福政策的声明，因为他主张不能有谈判的和平，不能再让另一个"十四点"的漏洞产生另一个希特勒。以后，在 1944 年 5 月 24 日，丘吉尔也曾在英国下院中发表过如此类似的意见，他说："对于纳粹德国和日本而言，是必须坚持无条件投降的原则，这个原则本身可以扫除威尔逊十四点这一类东西所引起的危险。当第一次世界大战德国失败后，他们却宣称是为了考虑十四点然后才投降的。"张伯伦（W. H. Chamberlin）[1] 先生在他所著《美国第二次十字军东征》一书中，曾经批评说："很明显的，丘吉尔并不曾想到，真正值得批评的并不是十四点本身，而是在第一次世界大战的和平安排中没有能够真正忠实地履行它们。"

这个信口开河的口号，对于西方世界的前途要比威尔逊的"民族自决"更具有致命的影响。这里应该提醒大家的，就是一位政治家绝不可以公开宣布这种不能反悔的决定来作茧自缚，在所有的人当中，丘吉尔先生从不断的练习中学会了一位成功的政治家就是能够转变方向而不至于丧失面子。

第一点，无条件投降政策使战争不再是一种创造性政策的工具，不再是用来建立一种有利与安定的和平，反而设计成一种纯粹毁灭性的工具。卡萨布兰卡会议放出一只兀鹰来吃欧洲的尸体。

正如法国的波旁王室一样，罗斯福和丘吉尔不曾学到任何新的东西，也不曾忘记任何旧东西。在他们的前面有 1919 年制造和平失败的经验，这也正是希特勒兴起的原因，虽然英美心理战争专家都希望能明确地说明"无条件投降"的含义，可是他们的努力却都受到了罗斯福的反对。当 1944 年 3 月 16 日美国参谋长联席会议成立一个委员会来研究这个口号的含义时，他们就建议虽然战犯是应该加以惩处的，但是联军当局却应声明并非对于德国人民作玉石不

[1]　这个张伯伦并非前任英国首相。

分的惩罚，因为在未来的和平中还需要德国的合作，可是罗斯福在4月1日给予他们的答复却是“绝无妥协之余地”。

对于这个荒谬的标语所作的各种评判当中，也许最有力的莫过于韩克勋爵（Lord Hankey）在其《政治考验与错误》一书中所发表的看法。韩克从1906年起，即连任英国御前会议、内阁和帝国国防委员会的秘书长，他为战时内阁成员之一，似乎是一位最有发言资格的政治家。他说：

> 无条件投降使战争的苦味更增加，使战斗打到底的观念变成了必然的趋势，关闭了双方提出谈判条件的大门，而使德国人和日本人获得了困兽犹斗的勇气。增强了希特勒在德国的地位，使他变成德国人的唯一希望，帮助了戈培尔的宣传，于是使诺曼底登陆以及后来在法国北部、比利时、卢森堡、荷兰和德国等地的浴血苦战，都变成了无可幸免。战争的延长遂使斯大林能够占领东欧的全境，围起了铁幕，并使他一步就达到了其所谓反对资本主义（包括社会民主主义在内）的目标。因为把德日两国一切比较有地位的政治家都一网打尽了，这个政策使得在战后无法签订和约，这不仅使德日两国的复兴重建工作大受阻碍，而且连世界各国也都深受其害。它可能毒害了我们与过去敌国的一切未来关系。这个政策不仅使德日两国因为流血过多而元气大伤，其他所有的国家（也许只有美国例外）也都因此变得贫困不堪了。同时这也是极不幸的，这些政策与“登山遗训”的精神是如此的矛盾，所以对于盟国的精神地位也丝毫不能具有增强的作用。

当这个注定了世界命运的决定公布之日，隆美尔也早已在12月12日退出了梅尔沙布里加阵地，放弃了的黎波里，一口气退到马瑞斯（Mareth），这是一个在加贝斯湾中的天然坚强阵地。在那里，当蒙哥马利正在忙于重开的黎波里港口的工作时，隆美尔就决定打击在费德（Faid）以西的美国第二军头上以便肃清他的后方。2月14日，他突入美军的战线，24日占领了凯撒林（Kasseine）隘路，前进到了塔拉（Thala）和提贝沙，以便扰乱其敌方第一军团的交通线。23日，他被英美两军的增援兵力所阻，被迫撤退了。在那一天，他奉命指挥在突尼斯的全部轴心军兵力。它又分为两部分，在北面为阿尔宁将军的第五装甲军团，在南面为意大利第一军团，其中又包括德国非洲军、意大利的第二十和第二十一两个军，其军团司令为意大利的梅希将军（Gen. Messe）。

当隆美尔回到了马瑞斯阵地之后，他决定不等到蒙哥马利的实力长成之后，即先向他攻击。3月，他打击在米地尼（Medenine）的头上，但却受到了重创，而被迫撤回。三天之后，他把指挥权交给阿尔宁暂行代理，自己却经过罗马回到在苏联境内的德军最高统帅部中，向希特勒提出了他的撤兵返回欧洲计划。这次又是毫无结果的，因为隆美尔现在病得很重，所以希特勒遂命令他请病假，不必再回非洲去执行对卡萨布兰卡的作战。

3月30日，蒙哥马利攻击在马瑞斯的梅希将军，实施了一次卓越的迂回运动，绕过了他的右翼，而迫使他向阿卡里特干河阵地撤退。4月6日，蒙哥马利又再度进攻，迫使梅希退到了恩费达维里（Enfidaville）。次日在加弗沙（Gafsa）附近，一支美军的巡逻队与第四印度师的巡逻队取得了接触，4月10日，第八军团进入了斯法克斯（Sfax），苏斯（Sousse）于12日陷落，到了13日又在恩费达维里与梅希发生了接触。到这时为止，第八军团已经追击了1800英里的距离。

当2月19日亚历山大将军接任第十八集团军总司令之际，他的最重要任务有两个：（1）赢得够多的海岸平原来建立飞机场，从那里他就可以切断敌方与西西里之间的空中交通线；（2）以尽量最快的速度击毁轴心兵力，并夺取突尼斯和比塞大来作为侵入西西里的基地。

到了 4 月中旬，他已经完成了其第一个任务，下述的事实即可以表现其意义：4 月 18 日，有一个大编队的德方部队运输机，其中 50 余架都被击落。第二个任务却尚未完成，那是一个困难的问题，不仅因为在非洲的全部敌军现在都已经集中在突尼斯，而且多山的地形也使他们极难于被迅速地击败。这些兵力总数在 20 万人以上，相当于 14 个师，其中有 3 个是装甲师。在 4 月中旬，他们所防守的阵地，西面从恩费达维里到法斯桥（Pont du Fahs）以南，然后转向北面达到梅杰兹艾巴布的东面，从那里再采取西北的走向，通过克鲁米里（Kroumirie）的崎岖山地，到达塔巴卡港（Tabarka）以东约 12 英里的海岸。为了毁灭这些兵力，亚历山大手中一共调集 6 个军：第八军团的第十军和第三十军，第一军团的第五军和第九军，美国第二军和法国第十九军，一共约 30 万人。[1]

亚历山大的计划，是用第八军团在南面对敌军的左翼发动攻击，以便吸引敌军的兵力，在北面再用美国第二军的兵力打击敌人的右翼，以夺取比塞大为目标。至于第一军团则在梅杰兹艾巴布附近，突入敌军防线的中央，打通梅德杰达河谷，并到达通往突尼斯的公路。与这次作战相配合的，法国第十九军也在北面作一个辅助性的攻击，打击在法斯桥上。当敌人因为中央的攻击分裂成两部分之后，就计划把第一军团的大部分向南旋转，把在突破点右面的大部分敌军向第八军团所坚守着的战线加以压迫。这样就可以阻止阿尔宁和梅希把强大的兵力撤入朋角（Cape Bon）半岛，因为在那里他们可能会坚守相当长的时间。

4 月 11 日，亚历山大命令蒙哥马利把第一装甲师调去增强第一军团的实力，次日他又选定了 4 月 22 日为开始发动总攻的日期。它所预定的程序如下：（1）作为一个预备性的行动，第八军团应于

[1] 马尔特将军（Gen. Martel）说亚历山大手中有 1400 辆战车，而他的敌人却只有 120 辆。

4月19日至20日的夜间，发动攻击并攻下恩费达维里阵地；（2）4月22日，第一军团开始打通梅德杰达河谷，至于法国第十九军向法斯桥的进攻则并未确定日期；（3）最后，4月23日，美国第二军应向细第尼斯尔（Sidi Nsir）公路进攻，而以巧久（Chouigui）隘路为其最后目标。

4月19日下午9时30分，第八军团发动了他们的攻击，并攻下了恩费达维里，但是在它的北面，敌军的抵抗极为顽强，所以到了21日，蒙哥马利决心放弃他的主力攻击，而集中全力来突破海岸上的隘路。当阿尔宁对于联军所正在进行的计划获得了风声之后，即先发制人地在梅杰兹艾巴布与高贝拉特（Goubellat）之间发动一次猛烈的攻击来阻止联军第一军团的前进，但是他却未能达到其目标，于是到了4月22日的上午，第一军团开始发动攻势了。接着就发生了激烈的战斗，在这个战斗中，阿尔宁集中其装甲兵力的大部分来对抗敌人，一直到4月26日，第五军的第七十八师才攻占了长停山，这是梅德杰达河谷中的锁钥。25日，德军撤出了法斯桥以南的地区，使法国第十九军进到了距离该隘路在打击距离之内的地方。当中央战场上的主力战斗正在进行之际，美国的第二军在从梅德杰达河到海岸之间的全部正面上也获得了重要的进展。4月30日，美军第三十四师经过了最激烈的苦战之后，占领了在细第尼斯尔东北面的塔亨特山（Jebel Tahent，即六〇九号高地），打通了到马特尔（Mateur）的道路。

因为第八军团的牵制性作战已经失败了，亚历山大遂决定再增强第一军团的打击兵力，于4月30日又命令蒙哥马利把第七装甲师、第四印度师和第二〇一近卫旅拨交给第一军团。这些兵力都分配给第九军，亚历山大的意图是想用他们来作决定性的打击，到达直通突尼斯的梅杰兹—马希考特（Massicault）公路。在它的右面由第一装甲师在高贝拉特地区中作战来作为支援，而在它前进之前，左面的第五军也应攻占包奥卡兹山（Jebel Bou Aoukaz）来保护其左翼。

此后，在梅德杰达河北面的第四十六师和其南面的第一与第七十八两个师——都是属于第五军的——就应使第九军在敌方阵地中所打通的走廊能够确保其畅通无阻。在更东的地区中，为了钉住敌人的兵力，法国第十九军应攻击查格豪恩山（Jebel Zaghouan），第八军团也应在恩费达维里以北继续作局部性的攻击，当这些作战进行之际，美国第二军仍应继续向比塞大前进。

第九军的攻击定于5月6日发动。它准备采取3000码宽的正面，英军第四师在右，第四印度师在左，后面分别跟着第六和第七两个装甲师。在猛烈炮兵轰击之下，再加上轰炸机的支援，这两个步兵师预定要透入6000码的纵深，以便建立一条扫清了地雷的走廊。接着在后面，那两个装甲师就准备一口气冲到距离突尼斯在12英里以内的地点上。他们既不准备从事于扫荡的工作，也不企图席卷在其左右两侧的敌军。亚历山大是希望在敌人尚未能组成其防御之前，就一鼓作气地把突尼斯攻占到手。他自己说："假使各部队若能严格遵守上述的这些训示，则我很有把握也让德国人去尝尝他们所发明的'闪击战'的滋味，并阻止一个非洲'敦刻尔克'的重演。"

5月5日的下午，经过了一场苦战，第五军的第一师攻下了包奥卡兹山。次日上午3时30分，在400门火炮和战术空军的支援之下，英军第四师和第四印度师都分别前进了。[1] 攻击的力量使守军无法抵挡，所以到了上午11时30分，这两个师均应达到他们的目的。接着以后，第六和第七两个装甲师就跟着前进了，冲开了德军第十五装甲师的少数残余战车，突破了敌军的战防屏障线，到了夜幕低垂时，已经占领了马希考特。同时，在美国第二军的不断压迫之下，在北面的敌军防线也开始向内退缩，5月2日，美国的第一装甲师就占领了马特尔。5月7日，第二军的第三十四师突破了

[1] 空军共出动了2146架次。

巧久隘路，和第一军团的左翼取得了接触。

5 月 7 日天一见亮的时候，第六和第七两个装甲师即从马希考特前进；上午 8 时 30 分，即占领了圣西普林（St. Cyprien）村。下午 2 时 45 分，英军进入了突尼斯。接着不久以后，比塞大也为美国第二军的战车所占领。

当混乱的情况一经控制之后，第七装甲师即依照计划向北面的普罗特维里（Protville）进发，而美国第一装甲师也奉命从马特尔向东推进，以同一城镇为目标。在他们之间捕捉到了德军 3 个师的残部，他们在 5 月 9 日向联军投降。在此同时，为了切断夹在第一和第八两个军团之间的敌军，使其无法逃入朋角半岛，第六装甲师领先，第四师跟在后面，一同扫向从突尼斯通向该半岛的公路，而第一装甲师则也从高贝拉特向它的右翼进逼。

在突尼斯湾的底部，所遇到的第一个障碍物为哈曼李夫（Hamman Lif）隘路；这是一个特顽强的阵地，由戈林师和一些八八炮担负着防御任务。第六装甲师一直受到了阻止，直到 5 月 10 日的上午为止，结果从波涛汹涌的岩岸边上把一部分战车绕过去了，这才使敌方阵地受到了迂回。以后的情形，莫尔赫德在其《非洲的末日》一书中，曾经有极生动的描写。他说：

> 在以后 10 个小时之内，他们一口气冲到了哈马米特（Hammamet）。他们一路怒吼着冲过去，经过了德国人的机场、工厂、燃料和弹药仓库以及炮兵阵地。他们也不停止下来收容俘虏，因为已经无此必要了。假使是一颗彗星从路上冲过去，其所能造成的影响也似乎不过如此。德国人现在已经完全吓慌了，当他们看到英国人的战车扬长而过，简直感到手足无措。德军将领已经无法下达命令，因为他已经与其部下丧失了联系。在恐惧之中，德军士兵纷纷奔向朋角公路上去寻找船只。等到了滩头，他们发现既无船只，又无飞机，于是军队就完全崩溃了。

克里弗德（Alexander Clifford）说："德军的头脑和神经中心都已经发生了瘫痪现象，于是一切有组织的行动都变得不再有可能性了。"——这正是法兰西崩溃的重演。

5月12日和13日，阿尔宁将军和梅希元帅都相继投降。25万人的德意军队都放下了他们的武器，一共只有633人从海上逃走。13日下午2时15分，亚历山大向丘吉尔发出了下述的报告：

> 首相阁下，卑职正式报告突尼斯的战役已经完全结束。一切敌人的抵抗都已中止。我们已经是北非海岸上的主人翁。

经过了两年的拉锯战，北非战争终于告以结束。这两个具有决定性的会战——阿拉曼会战和突尼斯会战——要算联军的第一次伟大胜利。现在已经获得了一个基地，可以直接攻入意大利，于是到中欧的道路已经畅通无阻了。现在美英两国所要做的事情，就是要用最高的速度来扩张他们的成功，赶快把意大利赶出战争。

第一个步骤就是于7月10日侵入了西西里，于是到了7月24日，罗马即发生了政变，墨索里尼垮台了，意大利国王伊曼纽尔授命巴多格里奥元帅出组新阁。当意大利提出和平要求时，西方同盟国都应尽量地去接受它，可是无条件投降的政策却像一把钳子把他们夹得紧紧的。7月26日，罗斯福总统宣称说："我们对于意大利的条件还是和对于德日两国一样——无条件投降。我们不与法西斯党的残余分子打交道，我们不准许他们存在。"因为美国人认为巴多格里奥政府是法西斯党的余孽，所以强烈反对承认它。

虽然罗斯福的态度是如此的强硬，可是他在同一天，又发了一个电报给丘吉尔说："我认为我们应尽量以接近无条件投降为原则，但对于意大利人民则应给予良好的待遇。"他的态度略为软化的原因，是因为艾森豪威尔将军和两国参谋首长都认为意大利若能有一个政府，可以马上获有投降的权利，则不管其政治色彩是怎样的，都是比较有利。可是3天之后，丘吉尔给罗斯福的回电中，表示反对联军把休战条件用广播通知敌人，而主张应由敌人的政府依照我们的无条件投降原则来正式要求休战。这种咬文嚼字的说法实际上是毫无意义，因为依照1907年海牙和平公约的规定，休战的意义并不等于投降。

于是为了“无条件投降”的意义，发生了许多的争论。8月3日，巴多格里奥的代表阿耶塔侯爵（Marquis d'Ayeta）到达了里斯本，向驻该地的英国大使表示，整个意大利都在渴望和平，极愿意与联军合作。3天之后，又有另一位代表贝里奥先生（Signor Berio）与在丹吉尔的英国代表发生了接触，并表示他有全权谈判条件。英国的外相艾登先生，发了一个电报给正在海上准备前往魁北克的丘吉尔首相，询问说：“我们是否应该回答他，要巴多格里奥政府首先第一步宣布意大利无条件投降，然后我们再告诉他我们准备与意大利停战的条件。”丘吉尔在这个电报的旁边余纸上，用红笔批注道：“不能再拖了。若是再坚持‘无条件投降’的理论，则可能终至无法受降。”所可惜的是，他在卡萨布兰卡会议中并不曾想到这一点。

就这样拖延下去，代表继续来往于罗马、里斯本和马德里之间，最后到了9月2日，在叙拉古附近的一个橄榄园中，终于由卡斯特拉诺将军（Gen. Castellano）代表意大利，艾森豪威尔的参谋长史密斯将军（Gen. Bedell Smith）代表联军，签订了一个“短期休战协定”。9月5日，丘吉尔告诉斯大林说这是一个政治性的胜利，并且9月3日，联军已在意大利的脚跟上登陆，其主要目的就是“杀德国人，并且使意大利人也大规模地杀德国人”。可是对于西方同盟国而言，却可以说是不幸之极，因为这样的一再延误，已经使希特勒获得了4个星期的时间来增强其在意大利境内的兵力。无条件投降的第一颗苦果，就是使阿拉曼和突尼斯两次会战的决定性意义化为乌有，接着在它们后面的就是联军在这次战争中最不利的意大利战役。

不过就其立即性的后果而言，这两次会战的胜利却还是使西方同盟国大受其利，因为北非的征服使地中海的交通重新恢复了，于是使联军多出了几百万英吨的船只，使对被轴心国占领的欧洲地区可以加以威胁的面积增加了一倍，这样也使希特勒在战场上的负担益形加重了。它也使大规模两栖作战获得了实验的机会，同时也消除了美英两国间合作的障碍，使它们的战斗力量得以凝结成一个整体。

大事记（十四）

斯大林格勒战役的基础

希特勒在1942年春季所面临的情况，已经与9个月以前大不相同了。在那个时候，他的威望正是如日中天，他的军队在苏联境内势如破竹，英国被孤立了，美国也是畏缩不前，仍然保持着名义上的中立。现在他却已经面临着两面作战的境况，这是他一向最害怕的。因为他的错误政策已经触怒了在莫斯科统治之下的人民，所以用内在革命打倒苏联的希望已经完全断绝了，因此他只有两条可选择的路线：(1) 毁灭苏联的军事实力；(2) 或者在美英两国尚未能充分发挥其战斗力量之前，即先使苏联削弱到无能为力的程度。关于第一点他早已尝试过，并且也已经失败了。因为苏联人有无限的空间可供退却，并且用拉长敌人交通线的手段来逐渐减弱德军的实力，所以似乎是毫无理由可以假定1942年的作战会比1941年的更成功。于是希特勒只剩下了第二条路可走了。要达到这个目的，他所要求的又是什么？

第一，应占领莫斯科以使苏联交通体系发生瘫痪现象；第二，占领伏罗格达（Vologda），阻止租借物资从阿斯特拉罕流入；第三，占领基洛夫（Kirov）、喀山、乌拉诺夫斯克（Ulanovsk）、库比雪夫和沙拉托夫（Saratov），切断在乌拉尔山以西的苏军，使其无法从苏联亚洲地区获得资源和人力。简言之，就还是大致要根据其 1940 年 12 月 18 日的第 21 号训令中所指明的限度，沿着伏尔加河的上游和中游建立一条防线。假使希特勒在 1942 年能够达到这个目标，那么他就可以造成一种情况，使苏联的战斗力量日趋减弱，于是等到美英两国实力增强到足以进攻欧陆时，他就可以只在苏联留下最低限度的兵力，而把最大量的兵力转而集中在西线之上。可是希特勒却并未采取这样的政策。他所采取的计划中，其主要观点就是获取苏联的石油，增强其自己的军事潜力，而其次要的考虑才是由于石油的丧失，可以使敌人的力量减弱。

采取这个计划完全是希特勒自己一个人的决定，因为自从他没有攻下莫斯科之后，他就很少再与他的参谋本部商讨了。他过分夸张其自己军队的能力，而对于敌人却尽量地低估。根据哈尔德的记载，当某次有人将一个报告读给他听的时候，这个报告中说斯大林在斯大林格勒以北的地区仍能集结 150 万人的兵力，而在高加索地区还另外有 50 万人。希特勒听到了之后，立即勃然大怒，他口角中流着白沫，手指紧紧地握成了拳头，对着那个人怒吼着，禁止他把这些荒谬的话再继续宣读下去。哈尔德又说：他的决定已经完全不再与战略的原理相符合。那完全是一种冲动性的行动，具有激烈的性质，根本不考虑所谓可能性的限度。

在作这个决定时，希特勒是深受其主要工业家和经济顾问的影响，因为那些人曾经一再地向他说：除非获得了高加索的油田，否则第三帝国始终难免于崩溃的，没有经过思考，希特勒就采取这种空洞的想法，而决定其 1942 年战役目标应为高加索油田的占领。

关于这一点他是易于被说服的，因为自从战争开始以来，石油问题就一直是他睡梦中的恶魔。1941 年，他的石油总补给量已经升到 892. 9 万英吨，他必须从其储备量中抽取 114 万英吨，才能勉强进行战争。到了 1941 年年底，除了海军的需要以外，其石油储备量已经降到了 79. 7 万英吨——仅仅只够应付一个月份的补给量。1941 年，罗马尼亚油田的生产使他获得 550 万英吨的石油，但其中又有一半是留给罗马尼亚本国和它的陆军使用，此外综合石油的产量还是不变。总加起来，还是不够同时在两个战场上作大规模战役之用,所以石油的补给的确是一个重要问题。虽然如此,可是事实上，战争还是应以战略为基础；诚然的，战略的基础有一部分也是经济性的——粮食、煤、石油、铁都是值得考虑的因素——可是经济性的考虑还是不能抵偿军事上的失算。希特勒在尚未进入战争之前，即应对于经济问题先加以思考，可是一旦已经渡过了卢比孔河之后,若是再让战略听命于经济的支配,则其胜利的机会就会很少了。

1942 年 3 月 20 日，戈培尔曾经与希特勒讨论当前的情况，依照戈培尔的记载，后者对于春夏两季的战役已经有了一个十分明确的计划。戈培尔的日记上说："他并不想过分延长这场战争。他的目标为占领高加索、列宁格勒和莫斯科。假使这些目标能达到，则他决定无论环境如何变化都要在 10 月初结束这场战役，并提早宿营过冬。他的意图可能是要建造一条巨型的防线，然后就让东线战役冻结在那里。"关于这一点，戈培尔曾经这样批评说："这个意义可能是说在东方将有百年战争的发生，但是这却并不需要我们去烦恼。"

除了对列宁格勒加以局部压迫以外，希特勒决定除了在南面以外，全线上都暂取守势。他也许还应该向戈培尔说，他并无占领莫斯科的意图。他的目标是占领高加索，直达巴统—巴库之线为止。为了掩护这次作战，又要沿着顿河从沃罗涅日（Voronezh）到斯大林格勒建立一道防御性正面。为了达到这个目的，他决定在塔甘罗格与库尔斯克之间突破苏军的正面。

这个计划可以说是彻底的不合理。不仅是他所可以运用的兵力——尤其是德军本身——在数量上是不够同时执行这两次作战，而且这支掩护兵力拉长到了 360 英里的距离，构成了一个巨大的侧面，到处都暴露在苏军的攻击之下。假使苏军突破了这个危险的侧翼而占领了罗斯托夫，则在高加索的全部德军与其基地之间的交通线即将完全被切断。

当希特勒作这些决定时，他对于苏联方面通到这条沃罗涅日—斯大林格勒正面上的铁路交通情形似乎是毫无认识的，它们的战略中心就是沙拉托夫。沙拉托夫与莫斯科之间有铁路的联系，到乌拉尔山工业地区则同时有铁路和河流，利用伏尔加河以东的铁路可以到达阿斯特拉罕，利用铁路又可以到达乌拉尔河上的齐卡罗夫（Chkalov），在它的附近有一条油管直达里海以北的油田。所以从莫斯科、阿斯特拉罕、西伯利亚、哈萨克（Kazakh）、高加索和波斯等方面，都可以有大量的部队、军火、燃料和补给流入这个沙拉托夫地区。此外，图拉—彭查（Penza）—塞兹兰（Syzran），米邱林斯克（Michurinsk）—汤博夫（Tambov）—沙拉托夫，汤博夫—巴拉学夫（Balashov）—卡米辛（Kamyshin），沃罗涅日—罗杰斯特芬斯科（Rojestvenskoe）—斯大林格勒等横铁路线，再加上莫斯科—沃罗涅日、高尔基—彭查—巴拉学夫等纵线，更使这个顿河以北的地区特别适宜于部队与物资的集中。

在斯大林格勒以南，阿斯特拉罕也具有相似的地位，不过价值略逊而已。经过沙拉托夫，它利用铁路线可以与苏联全部尚未被占的地区连成一气，而取道里海到波斯也可以通到外面的世界。在南面的里海，其战略地位正与北面的白海相似。斯大林格勒却并无太大的战略重要性，为了掩护在高加索境内作战的兵力，它的距离未免隔得太远，为了封锁伏尔加河，它也并不比沙拉托夫更为有效。而且不管怎样，伏尔加河每年都要封冻五六个月，所以其利用价值颇为有限。

到了 1942 年的春季，希特勒所指挥的兵力共 232 个师，其中 171 个师是德国部队，而 61 个师则是属于附庸国的。前者一共又有步兵师 134 个，装甲师 24 个，摩托化师 13 个。后者又分为罗马尼亚军 22 个师，意大利军 10 个师，匈牙利军 10 个师，芬兰军 17 个师，西班牙军和斯洛伐克军各 1 个师，其中有 4 个是装甲师。虽然从数量上来说，这要比 1941 年多，但实质上力量却比较脆弱，附庸国的军队都只有极差的装备，根据安东尼斯古元帅的说法，罗马尼亚部队只不过是聊胜于无而已。德国步兵师的实力已经由 9 个营减到了 6 个营；在原有的 20 个装甲师当中，只有 10 个恢复了其足额的实力，因为在军需工业的生产上，已经把优先权给予潜艇的建造，所以装甲车辆的补充无法达到要求。

因为在 1941 年已经受到了重大的损失，所以 1942 年的苏联陆军大部分是由亚洲人所组成，他们都是中亚地区的匈奴遗种，一向勇敢善战，他们的祖先在几个世纪之前曾经追随过阿提拉和成吉思汗。虽然他们智慧颇低，甚至也几乎是文盲，可是却具有巨大的天生勇气和耐力。他们不仅一路走，就一路从所经过的地区中去补充他们的给养，而且也同时把沿途的壮丁都直接编入部队，拉着一起走上前线。曼斯坦元帅说："红军的动力是和法国革命时代的军队相似的，它是狂热和恐怖的结合。"狄特马尔将军（Gen. Dittmar）认为苏联人的最大特点，就是部队的不怕死精神，这个比宿命主义还更进一层。

依照伦德斯泰特元帅的判断，在 1941 年，苏联可以说是没有一个良好的将才；但是到了 1942 年的春天，许多不成才的老人都被淘汰了，于是在较高级指挥官中也有了极少数的人才，是可以与德国人打一个平手的。尤其是朱可夫元帅，他在 1921 年到 1923 年，曾经在德国留学，并曾师从席克特将军（Gen. von Seeckt）学习战略。虽然如此，为了配合其大量部队的低劣智力水准，所有的战术计划和作战都必须简单而具有硬性，结果都是很容易加以破坏的。曼斯坦认为苏联陆军是能进不能退的。他们总是把大批的士兵送入战场，以便可以同时在许多地方进攻，当一拨接着一拨的步兵前进之后，于是终于在敌方正面上找到了一个弱点，此时装甲部队即从此实行突破，而步兵则跟着后面前进。

在1942年，苏联的装甲部队是由精选的人员所组成，而苏联T-34型战车，虽然其设计是十分的简单，可是在1943年豹式（Panther）和虎式战车尚未使用之前，它们是要比任何其他德国战车都更为优秀。苏军也仍然大量地使用骑兵，这在春季解冻期中是特别有用。不过运输和补给勤务还是和过去一样糟不可言，依照希维本堡将军（Gen. Geyr von Schweppenburg）的意见，当时在1942年若无数以千计的租借卡车从美国流入苏联，则苏联陆军也许就会拖不到1942年的战役。不过在战后，又有许多德国将领所说的话恰好与此相反。曼陶菲尔将军（Gen. von Manteuffel）曾经向李德哈特说过下述的一段话：

> 苏联陆军的前进情形似乎是西方人无法想象的。在战车的矛头后面，就是大量的乌合之众卷地而来，大部分都是骑马的。士兵们在他的背上负着一个口袋，一路走一路从田野和村落中搜集干面包和生菜，马匹就吃茅屋顶上的干草——此外就一无所有。苏联人在前进时，用这样原始化的方式，可以维持达三个星期之久。因为他们不像普通的军队，所以你不能用切断交通线的方法来阻止他们前进，你根本找不到任何补给纵队来当作打击的对象。[1]

虽然哈尔德仍然还是陆军参谋总长，可是1942年的战役计划却完全是由希特勒自己决定的，在4月他开始重组他的兵力。南面集团军被取消了，而代之以AB两个集团军。A集团军由李斯特元帅指挥，所管辖的有克莱斯特的第一装甲军团和鲁夫将军（Gen. Ruoff）的第十七军团。支援它的为第四空军军团，其任务为征服

[1] 这些话对苏联的装甲和摩托化部队是并不适用的。

高加索地区。B 集团军的任务即为掩护 A 集团军的北面侧翼，其手段则为占领斯大林格勒地区。总司令为波克元帅，下辖军团有：第二军团，司令魏克斯将军；第四装甲军团，司令霍斯将军；第六军团，司令鲍罗斯将军（Gen. von Paulus）。支援他们的空军为顿河地区司令部（Luftwaffe Don Command）。在这两个集团军的后方，又有第二线兵力，由匈牙利第二军团、意大利第八军团和罗马尼亚第三军团等组成。此外在克里木地区中，还有曼斯坦所指挥的第十一军团，其中又包括罗马尼亚第四军团在内。分配给南战场的总兵力为德国部队 60 个师，其中有 10 个装甲师和 6 个摩托化师，另外还有 43 个师的附庸国部队。

这两个集团军的联合作战，其代字定为“蓝色”（Blue）作战，其大致的行动路线可以简述如下：

从库尔斯克的南面，B 集团军的第四装甲军团应进到沃罗涅日，但却不必占领它。接着在后面即为第六军团，它应向东南旋转，沿着顿河的右岸向斯大林格勒前进。当这两个军团已经达到了目标之后，德国第二军团、匈牙利第二军团、意大利第八军团、罗马尼亚第三军团即应接替伏尔加河上的防御，直到斯大林格勒以西的河湾上为止。以后，罗马尼亚第四军团也应守住斯大林格勒以南的正面，在上述作战的掩护下，A 集团军应从塔甘罗格与依兹门之间直趋罗斯托夫附近的顿河下游。第一装甲军团应为第十七军团铺路，一旦前者已经渡过了顿河之后，后者也就加入攻势，第十一军团在再度征服了克里木之后，也应加入攻势。

这里应顺便把希特勒发布命令的办法叙述一下，因为它是引起无限混乱的主要根源。每天黄昏时，各前线部队都利用无线电把他们的大致位置报告到军团司令部中，然后再转报最高统帅部，到了第二天上午，希特勒即根据这些报告决定那一天的作战命令。因为通常总是要到下午很晚的时候，这些命令才能传达到最前线的部队，可是到那时，他们的位置通常都已经完全改变了，所以这些命令常常是已经无法适用。因为原有命令既然无法服从，所以又必须作新的修改，等到修改好了，情况可能又变了。若与拿破仑所用的办法比较，则希特勒的办法实在是太不内行了。

1942 年 5 月 8 日，曼斯坦的第十一军团首先重开克里木战役，这个军团由 7 个师的德军和 6 个师的罗军所组成。苏军在刻赤周围的防线首次被突破，到了 5 月 15 日，德军即已占领了刻赤镇。尽管苏军是在数量上占有优势，可是他们的损失还是十分的重大，曼斯坦一共俘获人员 15 万名、火炮 1133 门和战车 255 辆。6 月 2 日，他开始围攻塞瓦斯托波尔，经过了一个月的激烈战斗，这个要塞连同守军 10 万人都向他投降了。

此时，苏将铁木辛哥元帅也于 5 月 12 日在卡尔可夫的东北和东南两方面，发动了一个激烈的攻势。他突破了德军的防线，然后打击在卡拉斯诺格勒(Krasnograd)的头上,接着他的冲力就消失了。5 月 17 日，在第十七和第六两个军团支援之下，克莱斯特的第一装甲军团开始反攻，铁木辛哥被迫后退。他无法撤出其在依兹门周围的部队，5 月 26 日，他们为德军所包围。次日，他们被迫投降。这个半途而废的攻击，对于德国的准备可以说是殊少影响，但铁木辛哥却已经付出了极高的成本。其部队被俘者为 24 万人，损失了火炮 2026 门、战车 1249 辆。6 月，在弗尔强斯克（Volchansk）、依兹门和古比安斯克（Kupyansk）附近的作战中，德军又陆续俘虏了苏军 3.8 万人。[1]

这些俘虏的数字使希特勒感到心满意足，那当然是可以想象的。可是事实上却是不幸之至，因为这些胜利使他深信他自己是对的，而其将领们是错的，使他感觉到苏联人已经不再有什么值得害怕的地方，到了 10 月，这个“蓝色”作战即足以使东方的战争获得一个胜利的结束。

[1] 这些数字都是得自德军方面，所以可能不无夸张之处。

第十四章

斯大林格勒会战

1942年6月28日，B集团军的第二军团和第四装甲军团突然地从库尔斯克向东前进，以沃罗涅日为目标，于是斯大林格勒战役展开了序幕。这对于苏军而言，可以算是一个完全的奇袭，因为在库尔斯克—依兹门之线以东的地区内缺乏良好的交通线，所以苏军不相信德军会有在那个地区中前进的可能性，因此对于奥斯科尔河（Oskol）之线，仅留下比哨兵略多的兵力来加以据守。6月30日，第六军团从比尔果罗德（Bielgorod）和弗尔强斯克之间向东攻击，因为3个军团的进展都是那样的迅速，所以在希特勒看来，苏军的抵抗好像是已经终止了。7月3日，第二军团和第四装甲军团的前卫已经逼近沃罗涅日，而此时第六军团则已经渡过了奥斯科尔河，其前卫向顿河岸上的科罗托亚克（Korotojak）压迫。7月5日，德军到达了沃罗涅日，在那里才发生了第一次激烈的战斗，但因希特勒并无占领该镇的意图，所以他命令第四装甲军团在获得了第二军团的接替之后，就转向南面沿着顿河向下游进攻，而第六军团则转向东南方以罗索希（Rossosh）为目标。

当这些运动刚刚开始进行之际，7月9日，第一装甲军团从依兹门与古比安斯克之间前进，直抵顿内次河的北岸，攻占了李西亚强斯克（Lisiachiansk）。7 月 10 日，当它接近米里罗夫（Milllerovo）之际，第四装甲军团也占领康特米罗夫卡（Kantemirovka）。这些运动的目的是想要到达罗斯托夫地区苏军交通线的后方，并同时掩护第一装甲军团从北面和东面所作的前进。因为德军想进入沃罗涅日的企图曾经造成了迟误，所以希特勒很恼怒，于是 7 月 13 日波克元帅被免职，遗缺由魏克斯将军接替，而第二军团司令则改由沙尔莫斯将军（Gen. von Salmuth）继任。

对于 7 月 16 日的情况，哈尔德将军曾经作下述的叙述："在卡曼斯克（Kamensk）以北直到米里罗夫地区为止，中间是一个混战的地带，在第一装甲军团从西面和第四装甲军团从北面的夹攻之下，敌军分成了几个集团，分别向各个方向逃窜。此时，在这个混战地区之东，大德意志和第二十四两个装甲师，正在向顿河赛跑，一路都不曾受到敌人的顽强抵抗。"

7 月 17 日，苏军放弃了伏罗希洛夫格勒（Voroshilovgrad），向东南方退却，从塔甘罗格以北前进的第十七军团正在猛烈追击之中。同一天内，第一装甲军团在卡曼斯克渡过了顿内次河，在该河以西即在第四装甲军团之北向顿河下游前进，第六军团则在其西面侧翼上，这两个军团也都不曾遇到抵抗。也是在 17 日这一天当中，希特勒又采取了一个步骤，终于使这次战役一败涂地。因为害怕克莱斯特的第一装甲军团实力不够充足，无法强渡顿河的下游，于是他命令霍斯调动其第四装甲军团的大部分来支援克莱斯特，这样就只留下了第六军团单独地继续向斯大林格勒前进。哈尔德强烈地反对这种改变。但是希特勒却不听他的劝告，尽管很明显的，他应该能认清假使目前这种进度能维持，则斯大林格勒城也许来不及设防，即先已落入了德军的手中，而第六军团的军事力量却又有赖于第四装甲军团的合作。所以又是和 1941 年一样，因为分散了他的兵力，希特勒自己毁灭了他的战役。1941 年，他因为调动了古德里安的装甲兵团去参加基辅会战，才使他未能攻下莫斯科；这一次又是因为调动了霍斯的装甲军团，从顿河的中游到下游去，结果使他未能攻克斯大林格勒。

德军为了渡过顿河，开始展开了激烈的战斗，7 月 19 日，霍斯第四装甲军团的前卫在柴姆兰斯卡亚（Tsymlanskaya）赢得了一个桥头阵地。两天之后，克莱斯特的第一装甲军团从北面直趋罗斯托夫城，依照哈尔德的记载，是突破了一个“士气已经完全丧失”了的敌军。7 月 22 日，苏军在罗斯托夫的内层防线已经崩溃了，而第十七军团也从四处渡过了顿河。第六军团也已经继续向斯大林格勒前进，7 月 24 日接近了该城西面的顿河河岸。

7 月 23 日，由于两个装甲师在罗斯托夫地区之中和以东在集中时引起了混乱，遂使希特勒大发雷霆，他召开了一次会议，把全部的责任都加在参谋本部的身上，一时声色俱厉，情形十分的恶劣。哈尔德在他的日记中这样的写道：“情况是越来越难以忍受，已经没有任何认真工作之余地。这种所谓‘领导者’完全是病态心理的反应，对于一切指挥机构和它的可能性完全缺乏了解。希特勒并不明了由于他的遇事干涉，已经使一切都丧失了秩序。”尽管希特勒一意孤行，可是苏联人却已经表现出他们是无力阻止德军的前进，这次战役是已经获得了无比的成功。他们的情况已经是那样的紧急，所以克里姆林宫利用其在英美两国中的间谍，立即发动了一个疯狂性的宣传战，要求立即在西欧开辟第二战场。于是这样在 8 月，促成了英军在第厄普的“流产性”登陆。虽然并未能成功，可是却使希特勒受了一惊，他立即从东线调了两个师的精兵到西线去。

从顿河下游被逐退之后，苏军即撤到了马尼赫河（Manich）上，但又迅速为克莱斯特的第一装甲军团所击退，后者于 7 月 27 日开始在一个宽广的正面上，分为三支纵队成扇形的展开向黑海进发：一支往伏罗希洛夫斯克（Voroshilovsk），一支往迈科普，中间一支则往亚马维尔（Armavir）。

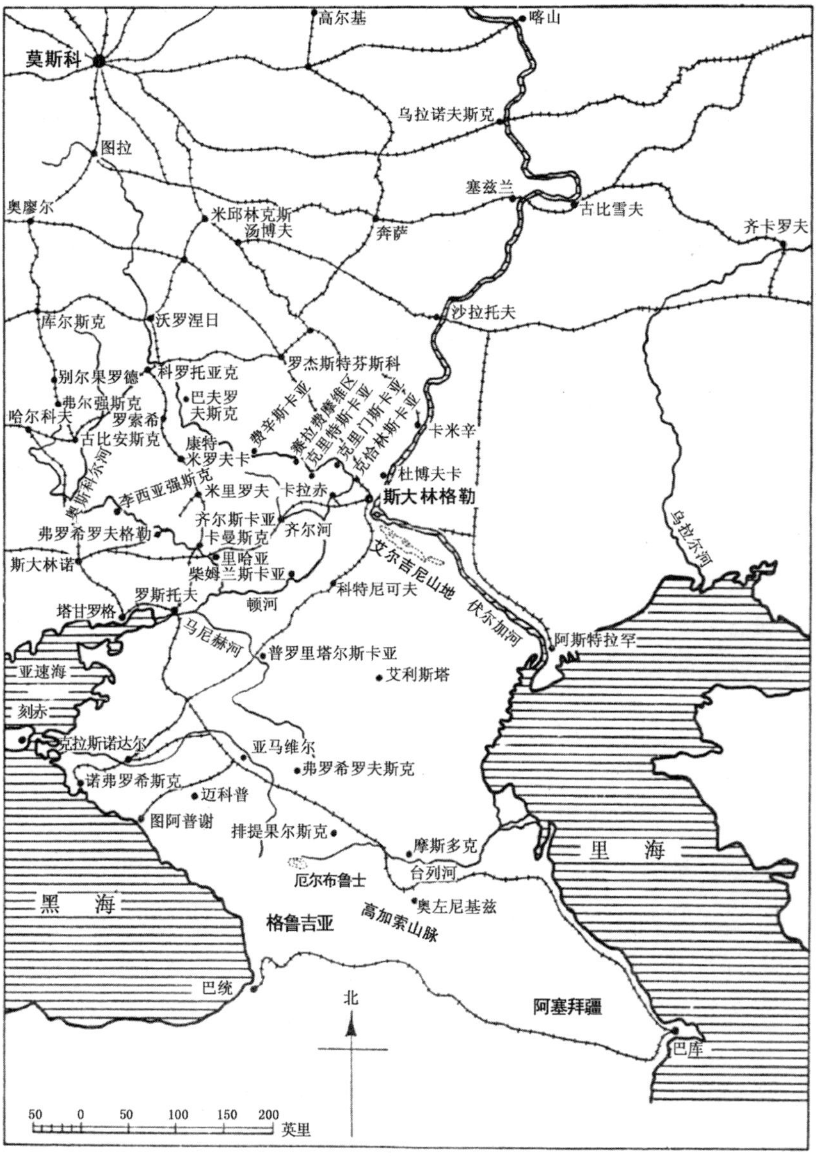

图三十六　斯大林格勒会战，1942—1943 年

到了7月底，情况如下所述：在北面的第六军团，因为缺乏燃料和弹药，以及由于第四装甲军团被调走的原因，所以又缺少装甲兵的支援，于是经过了激烈战斗之后，已经在卡拉赤（Kalach）正面的顿河岸上停滞不前。第四装甲军团已经到达诺弗罗希斯克—斯大林格勒铁路线上的普罗里塔尔斯卡亚（Proletarskaya）。在南面的第一装甲军团已经进到了迈科普—伏罗希洛夫斯克之线，而第十七军团和从克里木过来的罗马尼亚第四军团，在使敌人落荒而逃之后，也向诺弗罗希斯克和图阿普谢（Tuapse）前进。

7月30日，希特勒又作了一个影响命运的决定。在将领会议中，他利用约德尔的嘴巴，宣布了下述的决定："因为高加索的命运将要在斯大林格勒决定，所以由于这次会战的重要性，遂有从A集团军中抽调兵力以增强B集团军之必要……第一装甲军团应立即转向南面和西南面，以切断现在正受着第十七军团压迫从顿河上逐步退却的敌军。"哈尔德批评说："这简直是胡说。敌军是正在逃命，一定会在我方装甲兵力之前到达高加索的北面山麓。我们的兵力则会在敌军正面之前，再作一次不合理的挤塞。"

为了实行这个训令的第一项，8月1日，霍斯的第四装甲军团又归B集团军，并奉命沿着诺弗诺希斯克—斯大林格勒铁路向东北行动。首先它只受着极轻微的抵抗，其进展是极为迅速。8月3日，它占领了科特尼可夫（Kotelnikovo），但过此之后即受到了激烈的抵抗，到了8月9日遂被迫采取守势，于是只好放弃了一切独自攻占斯大林格勒的理想。

当霍斯正陷于苦战之中时，第六军团又继续进攻了，尽管遇着强烈的抵抗，但它却已在顿河上获得了一个渡河点，把苏军逐出了卡拉赤，并开始准备向斯大林格勒城作最后的跃进。8月23日，它到达了斯大林格勒北面的伏尔加河，并占领了该城的北面近郊。接着以后，它就填塞了顿河与伏尔加河之间的缺口——从卡恰林斯卡亚（Kachalinskaya）到杜博夫卡（Dubovka），并于9月2日在科特尼可夫与霍斯取得接触。9 月 12 日，第六军团司令鲍罗斯将军接奉了希特勒的命令，要他在 9 月 15 日攻克斯大林格勒城。

在南面地区中，A 集团军以高速前进，只遇到极轻微的抵抗。第十七军团进向克拉斯诺达（Krasnodar）和诺弗罗希斯克，第一装甲军团进向伏罗希洛夫斯克和迈科普。8 月 3 日，亚马维尔和伏罗希洛夫斯克都已被攻占，8 月 9 日，当第十七军团攻占克拉斯诺达时，第一装甲军团也已经到达了迈科普油田，次日其东面纵队也占领了排提果尔斯克（Piatigorsk）。依照李德里（Léderrey）上校的记载，克莱斯特之所以能迅速前进，一部分是因为罗夫将军（Gen. Lvov）所率领的库班（Kuban）哥萨克师发生了叛变。以后，他们中间的官兵共 1.5 万人，被送往阿斯特拉罕，其中每三个人就有一个被枪毙。8 月 22 日，克莱斯特军团的人员在海拔 18 526 英尺高的厄尔布鲁士山（Mount Elbrus）顶上，升起了“卐”字旗。25 日，台列河（Terek）上的莫兹多克（Mozdok）也已被攻占。9 月 6 日，苏联在黑海岸上的最后一个海军基地诺弗罗希斯克也为第十七军团所攻陷。

尽管有了这样伟大的成就，可是自从 8 月中旬之后，A 集团军的冲力也就迅速地减低了。9 月 9 日，凯特尔告诉哈尔德说，希特勒已经决定撤换李斯特元帅。他的总司令遗缺由克莱斯特继任，而第一装甲军团司令则由麦根森将军（Gen. Eberhard von Mackensen）接任。

指挥官的调动并不能解决问题，因为冲力丧失的主因还是由于燃料的缺乏。克莱斯特说：“因为黑海航路是相当的不安全，所以我们补给中的大部分都必须从罗斯托夫‘瓶颈’（bottleneck）用铁路运来，有一部分油料固然是用空运，但其总量还是不足以维持前进的动量，所以正当我们的机会似乎是最好的时候，却不能不停止下来了。”他又补充说：“但是那却还不是最后的失败原因。假使不是我的兵力被逐渐抽去用以协助进攻斯大林格勒的话，则我们还是可能已经达到了目标。除了我的一部分摩托化部队以外，我还要舍弃了我的全部高射炮部队和全部的空军，只有侦察机中队为唯一的例外。”李德哈特在《山的那一边》一书中也说：

> 其他德军将领的话也证实了克莱斯特所说的失败原因，尤其是燃料的缺乏——装甲师常常会一停就是一整个星期来等候新的补给到达。由于燃料的缺乏，所以卡车本身也都不动了，燃料只好用骆驼来向前方运送。

9月12日，当对斯大林格勒正要开始发动攻城战的时候，向高加索的前进却已经停止在图阿普谢—厄尔布鲁士山—奥左尼基兹（Ordzhonikidze）—莫兹多克—艾利斯塔（Elista）之线上。[1] 德军在南方的正面是从库尔斯克和沃罗涅日起，通过斯大林格勒、艾利斯塔、厄尔布鲁士山达图阿普谢，一共延长达1250英里以上。再加从库尔斯克到列宁格勒之间的800英里距离，所以德军在苏联的全部正面的长度已在2000英里以上。假使我们考虑到希特勒当时手中所能运用的兵力和资源，为了应付这个正面所需要的大量交通工具以及苏联在其后方所作游击战的激烈程度，凡此种种都足以表示希特勒真不能算是一个够格的战略家。

1942年的斯大林格勒是一个狭长的工业城市，其人口约为50万。它的北面为伏尔加河，该城沿着该河右岸的部分长达18英里。伏尔加河从那里向东南流，在阿斯特拉罕流入里海。它是一个广大的内陆港口，一年有一半的时间是不封冻的。在它的北部地区中有三个工厂集团，苏联的牵引车和机械化车辆有四分之一以上是从这里生产出来的，此外还有战车、火炮和其他的军需品也是这里生产的。在南面两个工厂区的西面即为马梅夫（Mamaiev）山地，又被

[1] 艾利斯塔位于莫兹多克与斯大林格勒之间的中点上，8月16日为德军所占领。

称为是“铁高地”（Iron Hights），从那里对于伏尔加河上的景象可以一目了然。大部分应该感谢希特勒的干涉，所以第六军团的前进才会延迟至此，于是到了9月，苏军已经获得了充分的时间来增强该城的守备兵力，其指挥官为崔可夫将军（Gen. Chuikov）。

在斯大林格勒城的南北两区的东面，伏尔加河也和皮亚费河一样分成了几个水道，中间形成了一些岛屿，而主要水道的宽度则为2英里到2. 5英里。这条河川使德军面临着一个困难的架桥问题，必须在这个问题解决之后，然后才能从东面包围该城。德军若能在伏尔加河的左岸上获得一个据点，则只要一个相当小型的兵力守住良好的工事，即足以阻止一切河中的水运完成包围圈，从而用饥饿来迫使该城投降。

这个问题的研究是颇饶趣味的，因为几乎在一切的敌前渡河的问题中，其决定性因素并不是河川的宽度——虽然那也是很重要的——而是攻击者所控制的河川正面的长度。假使这个正面是够长的，则攻击者即可以在这里那里到处实行佯攻，以分散敌人的注意力和兵力，于是迟早总可以找到一个弱点，而从那里架桥并在对岸建立一个桥头阵地。因为在伏尔加河这样宽广的河面上架桥所需的时间当然较长，所以这个作为佯攻范围的作战正面是一定要拉得相当长。德军的第一个问题就应该是建立这个作战正面。可是他们却不采取这种手段，而希望用硬攻的方式一鼓作气来将该城攻陷。

一旦鲍罗斯将军把伏尔加河与顿河之间的缺口填塞好了之后，他就在这两河之间的地区中建立他的飞机场和补给站。这并不是一个容易的工作，因为他所依赖的就只有两条效率很差的铁路：诺弗罗希斯克—斯大林格勒铁路和罗斯托夫—斯大林格勒铁路。后者经过齐尔斯卡亚（Tchirskaya），并且有一个短支线通过卡拉赤，它是处于破坏不堪、极需修理的状况之下，并且经常为游击队所切断。

希特勒并非不知道防守斯大林格勒西北面顿河一线的兵力是不足以担负这个任务的，但他却深信只要能迅速地攻克斯大林格勒，则可以抽出足够的兵力来增援他们。哈尔德却不同意他的看法，当很明显可以看清斯大林格勒是不可能攻陷时，他就力主放弃这次作战，并向西撤退。希特勒当然不肯听从，并且从这个侧翼防线上逐渐抽调兵力增援鲍罗斯。

这个愚行，加上苏军在勒热夫地区中的强烈反攻，遂使希特勒与哈尔德之间发生了最后的冲突，其结果是哈尔德被免职，由正在法国的柴兹勒将军（Gen. Kurt Zeitzler）接替他出任陆军总部中的参谋总长。[1]

斯大林格勒的正式会战是从 9 月 15 日开始，经过了一个星期的苦斗，德军突入了该城的核心。26 日和 27 日两天中，他们冲进了工厂地区，并夺获了“铁高地”，但在 29 日却被苏军逐回。于是德军等候增援，到了 10 月 4 日，在大量战车和轰炸机支援之下，攻击再度展开。接着在 10 天之内，攻击一直是最猛烈地进行着，一条街道又一条街道，一座房屋又一座房屋，夜以继日地在作激烈的争夺战，直到攻击者感到筋疲力尽时才停止。斯大林格勒已经变成了第二个凡尔登。

希特勒命令变换战术，步兵的突击暂时停止，改用炮兵和空军的火力来对于该城作有系统的破坏。这是一个毫无意义的行动，因为它不过是把废墟代替了房屋，而前者比后者还更易于防御。这次会战已经变成了一个面子问题，因为它叫作“斯大林格勒”，所以斯大林决心要守住这座城市，反之正因为这个同样的理由，希特勒也认为一定非把它攻陷不可。一码又一码的，在地面之上和地面之下，攻击者从废墟中找路前进，所以也被称为是“老鼠战争”（Rattenkrieg）。11 月 9 日，希特勒又宣布：“不准放弃寸土！”这次战斗一直继续到 11 月 12 日为止，在最后一次的总攻击中，德军在该城的南部到达了伏尔加河。

[1] 哈尔德的日记记到 1942 年 9 月 24 日为止，此后我们就丧失了一个极有价值的资料来源。

到了10月中旬，德军的情况大致如下所述：

第四装甲军团的兵力已经相当的减弱，于11月10日退出了前线进行整补，现在正在科特尼可夫地区之中。

第六军团正在斯大林格勒城中及其周围，也守住了伏尔加河与顿河之间的缺口和卡恰林斯卡亚与克里特斯卡亚（Kletskaya）之间的顿河河岸，唯一例外的是苏军在克里门斯卡亚（Kremenskaya）建立了一个小型的桥头堡。

在克里门斯卡亚以西到费辛斯卡亚（Veshenskaya）为止，是由罗马尼亚第三军团负责防守；而且从11月2日起，罗马尼亚第四军团里原为曼斯坦第十一军团之一部分也奉命调来扼守伏尔加肘部南面的艾尔吉尼山地（Ergeni Hills），以便掩护右翼和诺弗罗希斯克—斯大林格勒铁路。曼斯坦军团的其余部分则已奉命调往列宁格勒方面。

在高加索方面，A集团军的头部仍留在莫兹多克附近，另由一支微弱的罗马尼亚兵力守住艾利斯塔。

在罗马尼亚第三军团的北面为意大利第八军团，处于费辛斯卡亚到巴夫罗夫斯克（Pavlovsk）西面之间的顿河河岸上，在它的北面即为匈牙利第二军团，一直延展到柯罗托亚克为止，在那里它又与沃罗涅日地区中的德国第二军团取得了接触。

在11月初的时候，希特勒的注意力又突然为北非的战局所吸引住了。11月5日，蒙哥马利已经赢得了阿拉曼会战，而11月8日艾森豪威尔也已经侵入了摩洛哥和阿尔及利亚。为了应付这种在南面的战争扩大局势，德国的援兵已经不再送往东线，而改送往法国和突尼斯。这对于苏军的反攻当然是一个有利的时机。

对于苏联人而言，这个机会也并非突如其来的，因为自从7月初起，他们就已经在准备反攻，到了11月，当冬季的天气变得对于他们有利时，他们就已经把强大的兵力集中在顿河以北的森林中。此外为了准备大举反攻，当德军正在向高加索压迫和向斯大林格勒逼近时，他们在沃罗涅日地区也已经发动了一连串的猛烈攻击以钉住德国的第二军团，并且也沿着顿河作了许多局部性攻击。苏军沿着顿河已经夺占了一些徒涉场，并建立了几个桥头阵地，包括在赛拉费摩维区（Serafimovitch）的那一个在内。10 月 25 日，德军统帅部接获了一个情报，说苏军已经在开始架桥，到了 11 月 2 日，这个情报已经由空中侦察所证实。两天之后，德国的间谍又获有情报说，克里姆林宫已经决定在最近的将来发动一个强力的攻势，或者是在顿河之上，或者是面对着中央集团军。他们的意图实际上是双管齐下。

计划和组织这个大反攻的人即为朱可夫元帅和他的参谋长法希里夫斯基将军（Gen. Vassilevski）。在顿河之上的攻击，拟分为三个阶段来执行，所用的兵力为该河以北的三个军团，并与斯大林格勒以南的攻击相配合。这三个北面的军团分别由罗柯索夫斯基（Rokossovski）、范屠亭（Vatutin）和高立可夫（Gorlikov）三人指挥，其兵力的部署分别沿着伏尔加—赛拉费摩维区之线、赛拉费摩维区—费辛斯卡亚之线和费辛斯卡亚到沃罗涅日以南为止。他们所面对的兵力大致为德国第六军团的左翼、罗马尼亚第三军团、意大利第八军团和匈牙利第二军团。南面的攻击由颜里明柯将军（Gen. Yeremenko）负责，以艾尔吉尼山地上的罗马尼亚第四军团为目标。第二个反攻则是以德中央集团军为目标，地点是在威立奇卢基与勒热夫之间，其目的是阻止德军向顿河战线上实行增援。攻击已在 11 月 25 日开始，因与本章无关，不拟赘述。

顿河反攻的目的就是想用罗柯索夫斯基和颜里明柯两个军团的兵力向卡拉赤发动一个向心的攻击，以求把德国第六军团挤出斯大林格勒，至于范屠亭的左翼则应保护罗柯索夫斯基的右翼。当上述攻击已经发动之后，范屠亭即应突破意大利第八军团的正面，并进至斯大林诺—斯大林格勒铁路线上的里哈亚（Likhaya），然后再进到罗斯托夫，这是德军交通线上的“瓶颈”。高立可夫则又随着范屠亭的后面前进，突破匈牙利第二军团，把德国第二军团向沃罗涅日以西赶去，然后再转向西南，进到比尔果罗德和卡尔可夫。

11 月 19 日，由罗柯索夫斯基发动攻势。第一线兵力为 3 个装甲军和 4 个骑兵军，第二线兵力为 21 个步兵师，他们从赛拉费摩维区到克里门斯卡亚之间的桥头阵地跃出，突破了罗马尼亚第三军团的右翼，当他的右翼与范屠亭的左翼合作，压迫敌军向齐尔河（Chir）溃逃时，其中央兵力则向卡拉赤前进。在这次攻击之后，他的左翼兵力即趋向顿河与伏尔加河之间的缺口，但却为第六军团所击退。

次日，颜里明柯率领着 2 个装甲军和 9 个步兵师，突破了在艾尔吉尼山地上的罗马尼亚第四军团，而其左翼则进向科特尼可夫，其右翼向北旋转直趋卡拉赤，11 月 22 日，与罗柯索夫斯基取得了联络。这也就是说第六军团，大约战斗人员 20 万人，非战斗人员 7 万人，已经受到了包围。但是苏军的包围圈却还是缺乏足够的组织，不足以阻止鲍罗斯的突围。在之后的一个星期当中，他似乎随时都可以有这样的机会。

当希特勒总部接到了苏军发动攻势的消息之后，参谋总长柴兹勒将军就力劝希特勒命令鲍罗斯突围退出，他几乎已经把希特勒说服了，可是偏偏大言不惭的戈林却向希特勒提出保证说，他可以每天空运补给 500 英吨给第六军团，包括燃料、弹药和口粮都在内。由于听信了这个空洞的大话，希特勒遂于 11 月 24 日命令鲍罗斯构成“刺猬”阵地，并命令他这个军团今后应称为“斯大林格勒要塞”军团。于是第二个问题即为如何为它解围。

这一次希特勒总算做了一件正确的措施。他起用其部属中最能干的一个，那就是目前在维特斯克的曼斯坦元帅。把其所指挥的第十一军团（兵力早已分散）升格为“顿河”集团军，并把第六军团、第四装甲军团和罗马尼亚的第三和第四两个军团都交给他指挥。曼斯坦的任务并不是要为第六军团打开一条退路，因为希特勒已经没有撤出该军团的意图，他是要想击败包围第六军团的苏军，并重建斯大林格勒的正面。

因为铁路交通的恶劣，鲍罗斯的补给一直就是十分的缺乏，现在遂已经进入了严重的阶段了。他这个军团每天需要 700 英吨的补给量，依照安德尔斯将军在《希特勒征苏之役》一书中的记载，德军统帅部也早已知道鲍罗斯的储备物资早已匮竭，所以他所需要的分量还要更超过一倍。戈林虽已经保证每天空运 500 英吨，可是其所有的运输机却只够载运 300 英吨，这还是不计算损失和天气的影响。虽然格莱勒尔（Greiner）对于从 11 月 26 日（空运开始之日）到 1 月 3 日为止的空运总量，并未有明文的记载，可是他的记录中却曾指明，在 1 月 4 日曾经空运了 250 英吨，1 月 5 日为 150 英吨，1 月 6 日为 45 英吨，从此一直到 1 月 21 日，似乎空运即已停止了，平均总量每天仍在 100 英吨以下（见《希特勒征苏之役》）。在 12 月这一个月当中，这个毫无成果的空运行动，一共曾使德国空军丧失了 246 架运输机。

当 11 月 27 日曼斯坦元帅就任顿河集团军总司令的时候，其所面临的情况可以简述如下。罗马尼亚第三军团的残部，由何立德将军（Gen. Karl Hollidt）所指挥的德军兵团（临时拼凑而成的）加以增援之后，很勉强地守住了北面的正面，从顿河上的费辛斯卡亚起向南一直沿着齐尔河走。在南面的正面上，霍斯的第四装甲军团与罗马尼亚第四军团的残部，据守在科特尼可夫的附近，从北面和高加索来的增援也正在向这里赶进。夹在这两个正面之间的第六军团，则仍盘踞在斯大林格勒的城中和其附近。已经有令人感到烦恼的情报传来，说顿河以北的苏军已经集中了大量的兵力，正面对着意大利第八军团和匈牙利第二军团。

曼斯坦的计划，大部分还是出自希特勒的指示，是准备使霍斯的第四装甲军团进到科特尼可夫—斯大林格勒铁路线上，以便击退颜里明柯，然后再旋转过来攻击罗柯索夫斯基的右翼，而鲍罗斯也从斯大林格勒城中同时向它攻击。于是他再拟命令何立德兵团越过齐尔河东进，也打击在罗柯索夫斯基的右翼之上——简言之，即先击败颜里明柯，然后再包围罗柯索夫斯基。后述的作战实际上是一个不可能的任务，似乎希特勒对于范屠亭军团的实力是毫不知晓的。

12 月 12 日，曼斯坦的反攻开始了，在头两天之内他获有良好的进展，然后开始减低了速度。虽然如此，到了 12 月 21 日，他却已经进到了距离斯大林格勒“刺猬”阵地 30 英里以内的地方。曼斯坦的情况已经变得十分的紧急，于是他决定不理会希特勒的反对，命令鲍罗斯在 24 小时之内准备突围与他结合在一起。鲍罗斯回答他说这是不可能的，因为他的战车燃料只够走 20 英里的距离，虽然他的部下力劝他放弃那些重装备而率领着步兵冲出去，但他却拒绝采取这样的做法。事实的真相似乎是他在未接到希特勒的直接命令之前，并无撤出斯大林格勒的意图。

为什么曼斯坦的要求是如此的迫切，其原因为 12 月 14 日何立德已经受到了范屠亭的猛烈攻击。17 日，何立德在齐尔河上的正面已经崩溃，次日范屠亭的右翼和中央都已经渡过了封冻的顿河打击在意大利第八军团的身上。19 日，意军被击溃，向顿内次河上潜逃。因为他本人已经有被包围的危险，所以曼斯坦于 12 月 24 日命令霍斯派兵去增援何立德，并迅速向西撤退。圣诞节那一天，霍斯已经在全面撤退之中。

12 月 29 日，鲍罗斯派他的第十四军军长胡比将军（Gen. Hube）乘飞机去谒见希特勒，把第六军团的情况当面报告他。这是一次无结果的谒见，因为希特勒的命令还是死守斯大林格勒，直到来年春天为止。虽然如此，在这同一天当中，由于柴兹勒的一再要求希特勒终于同意把 A 集团军从高加索撤回。

曼斯坦在次一个星期中，为了要维持一条走廊以供 A 集团军的撤退，他可以说是陷于极困难的苦战中。结果他还是获得了成功，克莱斯特于 1 月 18 日到达了顿河，并于 22 日渡过了该河。当这次撤退正在进行之际，高立可夫又打击在匈牙利第二军团之上，并也使其溃败逃走。到了 1943 年 1 月底，德军在顿河上的全部正面都已经崩溃。在伏罗希洛夫格勒的曼斯坦左翼与在北面的沃罗涅日之间，隔着了一个长 200 余英里的缺口。

当曼斯坦在作艰苦的战斗和克莱斯特在作卓越的撤退时，斯大林格勒堡垒之内的情况也迅速地变坏。不久，口粮的分配即已减到了能够维持生活的标准之下；炮兵的弹药开始感到缺乏，医药品和燃料（连炊事用的）都已经用尽；患伤寒和痢疾的人数以千计，而冻伤的人数就更多——温度已经降到了零下 28 度。

1 月 8 日，罗柯索夫斯基向鲍罗斯发出了招降的通知，当他表示拒绝之后，1 月 10 日，罗柯索夫斯基就命令向这支残军发动总攻击。14 日，在该城中央以西 14 英里的皮托门尼克（Pitomnik）机场已被苏军占领，此后鲍罗斯的情况更为恶劣，于是他向希特勒报告说，他的部队已经不再能忍受这种痛苦了。他所获得的答复为："投降是不可能的。第六军团为了重建东战场，应在斯大林格勒尽到其英勇的责任，直到最后一人为止。"

1 月 25 日，苏军攻占了德军所剩下来的最后一个机场，这个损失使鲍罗斯与外面的世界从此丧失了物质上的接触。1 月 31 日，希特勒升任他为元帅，在同一天第六军团司令部的无线电台也发出了其最后的通讯："苏军已经到达了我们掩护部队的前面。我们正在破坏这个电台。"此后除了斯提克尔将军（Gen. Strecker）所指挥的第十一军以外，第六军团其余的部队都开始放下他们的武器。到了 2 月 2 日，第十一军也投降了。

当希特勒听到了这个投降的消息之后，他首先是把第六军团拿来与德摩比勒的 300 名斯巴达勇士相提并论，并且宣称说："它已经向全世界表现出纳粹德国的真精神和它对于领袖的忠诚。"以后他却痛骂鲍罗斯，大声地怒吼着说他应该学法鲁斯（Varus），宁愿自杀而不愿投降。

与鲍罗斯一同投降的，有 23 位将官、2000 名校级以下的军官、9 万名士兵和大约 4 万名非战斗人员与平民。在围城战中，大约有 3.4 万名伤患者已由空运撤出，此外战死的和由于疾病、饥饿和冻伤而死亡的，以及留在斯大林格勒的伤患者，总数共达 10 万人以上。假使克恩在《死亡之舞》一书中的记载是确实可靠的，那么那些留下来的伤患，就都不幸已被苏军屠杀。他们把炸药包扔在医院的掩蔽部中，当 2 月 3 日铁木辛哥大防空洞的出口被炸毁时，又有几千人被活埋在里面。克恩又告诉我们，在被俘后的 6 个星期之内，9 万俘虏中有四五万人在斯大林格勒以南 40 英里的贝克托夫卡（Bektoffka）战俘营中被活活地饿死了。关于物资方面的损失，魏尔莫特在《欧洲争夺战》一书中说："从德国陆军总部的记录上看来，德军在装甲车辆和一般车辆方面的损失约相当于 6 个月的生产量，在火炮方面约相当于三四个月的生产量，在轻兵器和迫击炮方面约相当于 2 个月的生产量。"在这些损失之外，依照当时主管空运补给的皮克尔特（Gen. Pickert）将军的记载，还应该加上 500 余架运输机。

斯大林格勒可以算是第二个波塔瓦，希特勒自毁前程，正是和 1709 年的查理十二世如出一辙。在一万万苏联人的心中，苏联无敌于天下的神秘感又油然而生了，这一战把他们锻炼成北方的土耳其人。假使他们已经能够击败希特勒的精兵，则对于那些早已为希特勒所践踏的国家还有什么畏惧呢？德国人的胜利已经使欧洲发生了大混乱，这正是建立第三罗马帝国的良机。阿拉曼战役之后，又继之以这个决定性的胜利，使西方人民都受到了宣传上的欺骗。斯大林格勒之战使斯大林的声望达到了最高点。

尽管德军的失败是如此的惨重，可是斯大林格勒之战仅仅是希特勒丧亡的象征，而并不是它的原因。我们在第十一章中已经说过，因为他的盲目仇恨心理，所以他不分敌友，不曾认清苏联境内被压迫的人实在是他的盟友。同时，英美两国政府也犯了同样的大错，他们不知道在德国人当中有纳粹与反纳粹之分，他们只想在第三帝国之外来开辟第二战场，而不知道这个战场是应该在第三帝国之内去开辟的。假使他们知道这样做，则德军在斯大林格勒的惨败，也许即可以使战争在 1943 年的春天或夏天中提早结束了。

因为第六军团这样毫无目的地被牺牲了，使德国军人发生了极强烈的反感，所以在战争期中再没有比 1943 年 1 月更能够使反希特勒的运动接近成功。贝克和柴兹勒两位将军，以及多数的元帅都牵涉了这个运动，但因为他们无法获得任何英美当局表示支援的保证，所以无法使大部分中立的军官们放弃模棱两可的态度。在战后，有一位曾经参与阴谋的德国人，向罗素先生（Mr. Francis Russell）发表了下述的意见："我们的阴谋是一个伟大的悲剧。假使你们的政府曾经给予我们一些鼓励，则我们可能会使战争提早结束一年或一年半的时间。我们在瑞典有居间人，我们希望知道英美的条件是什么，假使我们推翻了希特勒之后，他们对于新政府会给予何种待遇。他们把我们的备忘录转交给艾登先生——可是从此就没有回音了。"

这些阴谋分子又可分为两派，一派是主张用暗杀的手段来解决希特勒，另一派则主张使他接受参谋本部的控制。1 月 22 日，这两派的领袖在瓦尔滕贝格伯爵（Count Peter von Wartenburg）的家中秘密集会，以便协调他们之间的歧见。第二天，当他们尚未能获得一个决定之前，丘吉尔和罗斯福却已经在卡萨布兰卡宣布了无条件投降的原则。高里兹在他《德国参谋本部》一书中宣称说："这对于一切的希望都无异于是一次致命的打击，因为敌人是不想与任何德国政府谈判的。"

尽管有了这样一次打击，可是到了 3 月 13 日，在克鲁格司令部中，已经有一批军官对于暗杀希特勒的计划开始第一次的具体行动。很不幸的，他们设法放在希特勒座机中的炸弹并没有爆炸。虽然如此，在 1943 年一年当中，一共还有其他 6 次谋刺希特勒的企图。

高里兹说："死亡早已秘密地追随着希特勒，这也可以证明他权威的真正基础是如何的脆弱。"

当战争达到了这个顶点的时候，最使人感到遗憾的还是英美两国政治家所具有的政治盲目性。他们对于所面临的政治战略情况，完全缺乏认识。当德军在斯大林格勒失败之后，英国驻西班牙的大使霍尔爵士（Sir Samuel Hoare）与西班牙的外交部长约尔达那伯爵（Count Jordana）之间曾经交换了一些文件，对此可以当作一个明证。那些文件的内容在这里是有值得加以详细引述之必要。

佛朗哥的观点认为："有两个分立的战争正在进行之中，在东面是一个反共的战争，西班牙已经直接参加；在西面是一个英美等国对德国的战争，所以西班牙并没有参加。"为了使他认清世界上只有一种战争，霍尔遂开始与约尔达那用通信的方式作反复的辩论。1943 年 2 月 19 日，他向后者提出了一个备忘录，其内容是："在这次战争结束后的胜利，是一个联合的胜利，而不是苏联的胜利，换言之，在这次胜利中，英美两国将具有极巨大的影响。此外，斯大林元帅也曾在 1942 年 11 月 6 日，宣布苏联的未来政策是绝不干涉其他国家的。"

2 月 21 日，约尔达那对此文件提出了答复，其中有两段特别精彩的文字，可以引述如下：

> 假使未来局势的发展还是和现有的情形一样，则苏联人一定会深入到德国的境内。于是我们就可以提出一个问题来：假使真是如此，则似乎不仅是欧陆会面临着较大的危险，而且连英国也不例外。是应该留下一个不完全失败的德国，使其具有足够的力量来当作反共的壁垒，还是让德国苏维埃化，让它的技术人员去受苏联的利用，使苏联人可以扩张其帝国版图，从大西洋以至太平洋，达到史无前例的标准呢？
>
> 于是我们又要提出第二个问题来：在欧洲的中央，许多国

家都是缺乏团结和统一，由于战争和外国的统治都已经贫弱不堪，那么又有谁还能够约束斯大林的野心呢？绝对没有这种可能性。我们可以确定地说，在德国支配之后，可能继之而来的就是共产党的支配。因为这个原因，我们认为这个情况是异常的严重，认为英国人对于这个局势应加以冷静地考虑。假使苏联征服了德国，则在欧洲，再没有第二个国家可以约束它了。假使德国已经不存在，则欧洲还得再建立一个德国，认为由立陶宛人、波兰人、捷克人和罗马尼亚人所组成的同盟，足以代替德国的想法，可以说是荒唐至极。他们不久就会为苏联所吞并的。

2月25日，霍尔爵士又提出了他的答复如下：

贵部长说欧洲的最大危险就是共产主义，而苏联的胜利即将使全部欧洲赤化。英国的观点却与此完全不同。在这次战争结束之后，有任何国家能够支配欧洲吗？至少，苏联必须要有一个长时间的重建复兴时期，在这个阶段中，它必须大量地依赖美英两国的经济援助。尽管我们对于苏联陆军表示充分的欣赏和羡慕，但是我们深信最后胜利绝不是任何一个同盟国的胜利，而是全体同盟国的胜利。毫无疑问的，以后在欧陆上英美两国都会保留着强大的兵力。他们将由新的生力军组成，他们不像苏军和德军是早已在东欧战场上拼得两败俱伤的。

至于说到我们自己，我可以肯定地作下述的预言，到那时，大不列颠将成为欧洲最强大的军事权力。照我看，不列颠在欧洲的影响力量，将比拿破仑失败以后的任何时代中都还要更为强大。不过，我们却不应该规避对于欧洲文明的责任，用早熟或片面的裁军手段以自毁其伟大力量。也并无理由足以认为在战争压力之下所建立的同盟，在和平时代中会无法再继续下去，以作为欧洲政治中一种维持和平和安定的力量。

这些文件可以显示出美英两国政府所采取的理想化战争政策是如何地缺乏现实感。丘吉尔在 1941 年 6 月 22 日，曾经宣布战争的目标是“毁灭希特勒以及一切的纳粹余孽”。可是当他的目标已经达到了之后的第四天，他似乎已经认清了这种政策的错误。1945 年 5 月 12 日，丘吉尔发了一个电报给美国新任总统杜鲁门，这就是他所称作的“铁幕”电报，其中曾经有下述的一段文字：

> 我对于欧洲的情况表示深切的关心。任何人都可以看得出来，在一个极短的时间之内，我们在欧陆上的军事权力即将化为乌有，除了留下少数兵力来占领德国以外。假使一两年之后，当美英两国的陆军都已经离去，而法国陆军又还未能大规模重建的时候，则欧洲的情况又会变成怎样呢？我们可能只有少数几个师的兵力——大部分都还是法国人，而苏联却可以保留着两三百个师的现役兵力。在他们的正面上已经挂下了一道铁幕。我们不知道在铁幕的后面在变些什么把戏。那似乎是毫无疑问的，卢比克—的里雅斯特—科孚岛一线以东的全部地区，不久就都会完全落入他们的手中。于是就会有好几百英里宽的苏联占领地区，隔断了我们与波兰之间的关系。此时，当我们的注意力还正在忙于对德国实行报复的时候，却已经使苏联人可以在极短时间之内，到达北海和大西洋了。

从丘吉尔这个对美国新任总统的呼吁中，即可以显示出斯大林格勒之战所具有的政治重要性。因为罗斯福和丘吉尔的思想结晶，就是联军的无条件投降政策，所以除了诺曼底会战以外，斯大林格勒会战要算是第二个最具有决定性会战，诚如米克希中校（Lt-Col. F. O. Miksche）所宣称的“整个的欧洲都已经被击败了”。

大事记（十五）

政治战场与第二战场

1943年，是一个具有决定性政治变化的一年，足以影响到战争的结果，并彻底地影响到历史的途径。它的开端即为在卡萨布兰卡所公布的无条件投降原则，因为它是以歼灭战为其重点，所以使西方同盟国对于战争丧失了一个合理的目标。斯大林对于这样的一个决定，是毫不迟疑地知道该如何加以利用。

斯大林看到西方国家，对于苏联在斯大林格勒的胜利是如此兴高采烈，所以就决心利用这种心理作用，他的手段就是采取了列宁的格言："退后一步以达到前进两步的目的。"5月22日，他宣布解散第三国际的组织，这使英美的人民和政府都产生了极大的幻想，相信克里姆林宫的确已经永远地放弃其干涉其他国家内政的政策。所以他们认为的确可以把苏联当作一个友好的和近似民主的伙伴看待。因为苏联像"变色龙"一样的突然改变了颜色，而他们自己已经受着无条件投降政策的束缚，所以正当意大利将要崩溃之际，他们可以在南欧获有极好的机会并建立一个有利的第二战场的时候，西方同盟国却偏偏把政治上的主动权自愿拱手让给苏联。

在这同一时间之内，希特勒已经放弃了其过去所一直认为必要的东西。他放弃了使欧洲屈服于其意志之下并在西欧建立一个德国生存空间的计划，而代之以自由欧洲的号召，以预防苏联在东欧和中欧建立生存空间的企图。他深知所有欧陆国家对于苏联的胜利，都是感到害怕的，而英国人的传统政策又是反对欧洲受到任何一个强国支配的。他用“欧洲堡垒”（Festung Europa）来代替了“生存空间”的观念，利用无条件投降政策来当宣传资料，以刺激德国人的精神，并宣布组成一个欧洲十字军，以对抗亚洲人的侵略。以上所述为 1943 年的主要政治变化。

虽然他们的政策黯然无色，可是美英两国的战略前途却是无限的光明。到了 1943 年的夏天，潜艇的威胁已被控制，所谓大西洋的会战已经获得了胜利。[1] 空中优势也已经获得，美国工业的产量已经达到了它的最高顶点。一支巨大的美国陆军已在训练之中，而大不列颠也已经恢复了其在敦刻尔克一战中所损伤的元气，在其本土中已经组成了一支强大的兵力。所以联军的问题就是对于这个巨大而日益增加的财产应该如何加以最好的利用。换言之，即如何开辟这期待已久的第二战场。自从阿卡迪亚会议以来，这就一直被公认为是他们的战略目标。在那次会议中即已经预测有三种可能的方面——越过地中海，从土耳其进入巴尔干，在西欧登陆。

因为在 1942 年不能够开辟第二战场，而斯大林却强烈地要求它，因为美英必须要做一点事情来满足他，所以才暂时用北非侵入战来当作搪塞，但却还有一个谅解，那就是对于法国侵入战的准备并不因此而中止。在卡萨布兰卡会议中，美英又决定成立了一个联合军种的参谋组织，由摩根中将（Lt-Gen. F. E. Morgan）出任尚未派定的联军最高统帅（COSSAC）的参谋长，指挥这个机构草拟一个在 1944 年春季侵入法国的具体计划。它代替了“波丽露”，而改用

[1] 本书作者认为大西洋制海权的争夺战根本上不能算是一场会战，因为它是一个连续性的行动，一直到战争结束时为止。

了“大君主”（Overlord）的代字。最后，由于“火炬”作战获得了成功，尤其是又侵入了意大利，于是使战略上的情形益趋于复杂，并且使丘吉尔先生与美国的参谋首长，尤其是马歇尔将军之间发生了一连串的争执。甚至到了第二战场已在诺曼底建立后，这个争执都还是使联军的战略摇曳不定。

这个问题的症结似乎是丘吉尔对于应在何处开辟第二战场始终是混淆不清的。虽然他也同意进行“大君主”作战，但是一旦在意大利境内已经建立了另外一个战场之后，他却不希望“大君主”作战毁灭了这个战场。同时他也并不想在巴尔干开辟一个第二战场——这一点他曾经加以强调说明。虽然如此，从这场战争开始之初期，他也曾设想到开辟一个东南战场的可能性，而在 1941 年 9 月，他也曾考虑到唯一帮助苏联的方法，即为凭借土耳其的援助在巴尔干某处开辟一个第二战场。当联军侵入西西里岛的时候，他又发表意见说：“巴尔干对于德国所代表的危险，尚有过于意大利的丧失。”他又希望当联军已经到达巴尔干地区时，设法使土耳其参战。10 月 20 日，他又写信给正在莫斯科的艾登外相说：“我不拟从意大利的狭窄腿部跃入波河流域。假使我们准备经过爱琴海，把土耳其卷入战争，并开放达达尼尔海峡，以便沿着多瑙河来援助他们，则苏联人对于这个计划是否会感兴趣呢？”

因为丘吉尔一再地提到巴尔干，所以美国参谋首长们都假定丘吉尔内心里所重视的是在东南欧方面，而不在西北欧方面——“大君主”作战。虽然我们不愿意断定丘吉尔在当时的想法是怎样，但是大致看来，他在当时的看法是与南斯拉夫驻华盛顿公使弗提齐（Constantin Fotitch）的观念相差不远的。10 月 16 日，弗提齐向罗斯福总统提出了取道巴尔干侵入欧洲的问题，并且指明：“丘吉尔早已建议采取这种战略，它可以阻止苏联在巴尔干和中欧地区建立傀儡政权。”美国总统回答他说：“这个问题的决定是应纯粹以军事方面为基础的。”弗提齐对于此种观念曾经作过下述的批评：

“若是为了纯粹军事性理由而无道义性和政治性的目标来打一场战争，那才是大错而特错。”所以争执的症结似乎就在这里，美国的总统和参谋首长所看到的是一个纯粹军事性的胜利，而丘吉尔的眼光却看到了战争的政治性后果，这是与苏德两国都有关系的。假使上述的推断正确，则毫无疑问丘吉尔的看法是正确的，因为一场战争若无政治目的，则在军事上也就等于是毫无意义的胡闹。但是这种推断是否完全正确呢？这却又很难确定，因为在7月25日，即墨索里尼辞职下台之日，丘吉尔却决定由英国国会议员麦克林先生（Mr. Fitzroy Maclean）去充当代表与南斯拉夫的铁托元帅（Marshal Tito）会晤。麦克林向他指明，假使南斯拉夫的民兵能获得胜利，则铁托可能会在南国建立一个与莫斯科有密切关系的共产政权，因此询问英国政府对于这样一个结局将采取何种态度。丘吉尔回答他说：“当整个的西方文明还正受着纳粹的威胁时，我们不应因为考虑长期政策而分散了我们对于眼前现实问题的注意力。”麦克林又说：“我的任务是极为简单，那就是要发现谁杀的德国人最多，并提出援助的建议，以使他们可以杀得更多，至于政治却是一个次要的考虑。”甚至于在战争结束前的10个星期中，即已到了1945年2月27日这一天，丘吉尔还在英国国会中发表下述的意见，他说指导其对于欧陆问题的看法一共有两个原则：“当战争还在进行时，凡是能够杀死德国人的任何人，我们都给予援助；当战争已经过去时，我们所提出的解决方案就是一个自由民主的选举。”很明显的，他完全不曾想到因为苏联人所杀的德国人最多，所以他们会寻找一种另外的解决方案。

8月17日，德国人正在奥勒尔—库尔斯克大会战中，遭受了一个可以与斯大林格勒相比拟的惨败，丘吉尔和罗斯福正率领着他们的军事首长在魁北克开会，以讨论“大君主”作战为目的。这次会议中的主要决定可以分述如下：（1）作为“大君主”作战的一个先决条件，对于德国的战略轰炸，应给予最优先的次序；（2）为了执行“大君主”作战所需要的资源，应比地中海作战所需要者较占优先；（3）为了支援“大君主”作战，又准备在法国南部进行一个“铁砧”作战（Anvil），后来又改名为“龙”（Dragon）作战；（4）“大君主”的目标日定为1944年5月1日。

霍普金斯在出席这次会议时，曾经携带了一个文件，其中所作的预测却足以使这些重要的决定都显得黯然失色。这个文件的名称叫作“苏联的地位”，要算是“美国最高阶层的军事战略研判”。它的内容是：

> 苏联在欧洲的战后地位将具有支配性。在德国崩溃之后，在欧洲再无其他的军事权力足以与之抗衡。诚然地，大不列颠已正在地中海中建立一个对抗苏联的形势，或许可以有助于欧洲的权力平衡。不过即令如此，它若没有外援也还是不能够对抗苏联。
>
> 所以基于上述的分析，这个结论是非常的明显。因为苏联为战争中的决定因素，对于它应给予一切的援助，并应倾全力以争取它的友谊。同样地，因为当轴心国家失败之后，毫无疑问的是，苏联会支配着欧洲，所以更有对于苏联发展和维持极友好关系之必要。
>
> 最后，美国在对苏关系中所应考虑的最重要因素，实为与太平洋战争的关系。若有苏联为同盟国，则对日本的战争可以提早结束，生命和资源的损失都可以减少。反之，在太平洋战争中，若是苏联采取不友好或消极的态度，则困难将增到难以计量的程度。

当会议结束之后，丘吉尔曾经发了一个电报给史末兹元帅（Field-Marshal Smuts），很可以反映出上述的估计。他说：“我想在这场战争之后，苏联将变成世界上最伟大的陆权国家，因为德日两个巨强都已经消灭了。”

这些预测的意义就是说一旦德国垮了，斯大林就会取代希特勒的地位；专就西方同盟国而言，这场战争已经丧失了其政治目的，所以若继续再打下去，即可以说是荒谬至极。

似乎像这样重要的问题，却根本未加以片刻的讨论。假使曾经讨论过，则很明显的结论就是说为了达到他们的政治目的，西方同盟国不仅应毁灭希特勒主义，而且更应预防斯大林主义取代它的地位。假使不想使用心理上的攻击，那么就只有使他们的军事行动来适应这个政治目标而后可。

在那个时候，他们所能够采取的行动只有下述之一途：当艾森豪威尔和亚历山大的力量已经在意大利站定脚跟之后，即以此为第二战场，而把所谓“大君主”作战暂时冷藏起来。若是果能如此，则亚历山大即可以获得留供“大君主”作战使用的那些资源，尤其是登陆艇，于是他就可以沿着意大利的腿部发动一连串的两栖作战，以迅速地强迫凯赛林元帅撤过波河的北岸，若在的里雅斯特地区登陆，即可以迫使他完全放弃意大利，否则即有被切断了交通线的危险。这些理想都是可能达到的，于是西方同盟国即可以向维也纳、布达佩斯和布拉格一路长驱直入了。无论如何两国的参谋长联合会议应能够认清，从战略上来看，对于列宁格勒—布列斯特—雅典这个德国三角形地区而言，若是打击在它的顶点上，则远不如打击在它的腰部——卢比克—的里雅斯特之线——为有效。前者要远比后者困难，当时为了同时消灭这两个互相竞争的极权主义起见，唯一实际可行的办法就是在的里雅斯特地区中建立第二战场。

接着根据魁北克会议的决定，10 月 18 日，各同盟国外长又在莫斯科集会。艾登在那里提出了两个主要的问题。第一个就是三巨头会议，这是罗斯福很早就一再要求的。斯大林同意了，但坚持这个会议必须在德黑兰举行。第二个就是第二战场的问题。艾登向丘吉尔报告说：“苏联人对于我们侵入法国北部的时间，已经盲目地决定了。”丘吉尔就回答艾登请他直告斯大林说：“我不能容许意大利战役的伟大后果被丢在一边，而改以一个可怕的悲剧为结束，那就是在 5 月越过海峡进攻法国。我们固应尽全力来准备‘大君主’作战，但却不应以战场上的失败来换取暂时性的政治满足。艾森豪威尔和亚历山大应获有一切所需要的东西来赢得战斗，而不必考虑到对于后续作战所发生的影响。”这可以算是战略上的一线曙光。

可是这个一线曙光很快地就消失不见了，因为罗斯福已经沉醉在他的幻梦之中。他就是那个故事中的美人，而斯大林就是那只狗熊，有一天他会变成美丽的王子，于是从此欧洲就可以过着愉快幸福的生活了。当美国前驻莫斯科大使蒲立德向他提出警告说，由于斯大林根本不可信赖，所以他这种对苏政策是一定会失败时，罗斯福却回答他说：

> 我不想和你辩论，我有一种直觉认为斯大林并不是你所说的那种人。哈里（霍普金斯）也说他不是的。他所想要的只是其自己国家的安全而已。我想假使我对于他的要求均能满足，而又不要他的酬报，那么他就会不想吞并任何的地区，而愿意与我合作来建立一个和平民主的世界了。

罗斯福怀着如此的心情，于 11 月 13 日前往开罗与丘吉尔和蒋介石会晤，然后再于 11 月 27 日与丘吉尔一同飞往德黑兰与斯大林见面。

在他们离开开罗之前，他与丘吉尔曾经同意对 1944 年的英美联合战略暂不作决定，等到会后再说。虽然如此，美国的参谋首长们却早已下了决心，依照希尔吴德的记载，他们准备在“德黑兰之战”中与苏联人组成联合阵线以对付英国人。关于美国总统和英国首相的行馆安排，也恰好利于他们的部署。丘吉尔住在英国公使馆中，斯大林为了想把罗斯福装在他的口袋中，故意用安全为借口，邀请罗斯福与他一同住在苏联大使馆中，而不让他住在美国公使馆中。

第一次的会议是在 11 月 29 日举行，因为无正式的议程，所以一切的讨论都是杂乱无章的。还是和惯例一样，丘吉尔一个人的话最多，这一点很使斯大林感到满意，因为在三大巨头之中，只有丘吉尔一个人正确地知道斯大林所要求的是什么。重要性高于一切的要求，就是他希望 5 月能在法国开辟一个第二战场。他直率地向丘吉尔询问说，到底他是否真正对于“大君主”作战具有信心，抑或仅是为了讨好苏联而已。丘吉尔回答说，绝对不会有搁置“大君主”作战的问题，它将在 5 月、6 月或 7 月中进行，但是眼前的问题却是今后 5 个月中，在地中海方面应该做些什么的问题。他又强调说明巴尔干的重要性，并建议支援铁托在南斯拉夫的民兵，而撤消对于米赫洛维奇（Milhailovich）的援助。他又说：在占领了罗马之后，在意大利境内的进展即应以不超过比萨—利米尼（Pisa-Rimini）之线为限度。虽然如此，当谈到侵入法国南部的问题时——这是斯大林所赞成的——丘吉尔却又说虽然他并不反对，但是他却主张从意大利北部作向右的行动，利用伊斯特里亚（Istrian）半岛和卢布拉纳缺口（Ljubjana Gap）趋向维也纳。斯大林却强烈反对这些理论，以及一切有关巴尔干和土耳其等方面的冒险行动。

丘吉尔也提到了波兰问题。他说：“苏联西疆的安全是一个极主要的问题。”他主张波兰应把寇松线（大致相当于李宾特洛普—莫洛托夫之线）以东的一切领土都割让给苏联，而改向西去用德国的领土来当作抵偿。他又说：“假使波兰踩住了德国的脚踵，那也是一个无可奈何的事情，但是却必须有一个强大的波兰。”他又补充说：“我一向是支持波兰的边界向西移动的。”

斯大林建议波兰可以向西移动，到达奥得河为止。他又说他不想要任何属于其他民族的东西。丘吉尔也回答说，假使波兰不接受这个寇松和奥得河界线，那才真是愚不可及了，他将向他们提醒说：“若无红军的力量，则他们将会完全毁灭，永远不得翻身。”不过无论如何，他对于割去德国的一部分，是一点都不感到心痛，虽然这无异于是要迁走 9000 万的人口。这也就是《大西洋宪章》和 1939 年《英波保证条约》的死亡宣告。很显明的，丘吉尔已经忘记了，他在 1941 年 12 月 27 日，曾经向波兰驻美国大使希强诺夫斯基（Jan Ciechanowski）说过下述的一段话："我们将永远不忘记波兰已经做过和正在做的光荣事迹。英国决心以恢复你们的完全自由和独立为目标。这将永远是我们所最关心的事情。我可以向你保证除非这个目的达到了，否则英国绝不停止战斗。"

在波兰问题之后就是芬兰问题。丘吉尔主张苏联对于列宁格勒和其交通路线应有安全的保障，并且应在波罗的海中永远保持着海空的权力。也正和波兰问题一样，绝对无人提及 1939 年苏联对于芬兰的无理攻击，但因 1941 年芬兰曾对苏联作报复性的攻击，所以斯大林要求恢复 1940 年的条约，割让汉果（Hangö）和皮特沙莫（Petsamo），并用实物赔偿一半的战争损失。

对于德国的问题曾经作相当冗长的讨论。斯大林说他主张把德国分裂成碎片，罗斯福欣然表示同意，并建议把它分为五个部分：（1）普鲁士，（2）汉诺福及日耳曼西北部，（3）萨克森，（4）黑森—达姆施塔特（Hesse-Darmstadt）和赫斯卡塞尔，（5）巴伐利亚巴登和符腾堡。每一个部分都应分别自治，但基尔、基尔运河、汉堡、鲁尔和萨尔等地区则应由联合国共管。

丘吉尔又提出了另一个建议。他认为一切的祸根即为普鲁士陆军和德国参谋本部。[1] 他主张应使普鲁士独立，把巴伐利亚、符腾堡、帕拉庭纳特、萨克森和巴登都分开，并让巴伐利亚与奥地利、匈牙利组成一个非侵略性的邦联。他说："我们大家都害怕一个统一德国的威力，但我认为可以与它签订一个严格而光荣的和约，并同时

[1] 这真是一个惊人的说法，足以证明丘吉尔对于德国的认识是如何的浅陋，他根本不知道德国参谋本部是反对纳粹政权的。

大致依照奥匈帝国的形式而组成一个新的国家。”斯大林的想法却完全不同。他认为日耳曼并无南北之分，他说：“所有的德国人都是像野兽一样的打仗。”他主张奥匈两国应听其分立，在已经把德国分裂了之后，又再来建立一个新的多瑙河同盟，实为不智之举。罗斯福对此完全表示同意。

斯大林又向美国总统保证，请他不必担心太平洋方面的问题，只要希特勒一被击败，苏联就马上向日本宣战。他说：“于是在我们合力之下即可以获得胜利。”这一番话使罗斯福和他的参谋首长都大感欣慰。罗斯福为了感恩图报之故，并曾背着丘吉尔与斯大林作了几次私人谈话，讨论美苏组成联合战线对付英国的问题，他并建议关于香港和上海的问题，他们应联合起来支持中国来反对丘吉尔。罗斯福的儿子艾略特，对此所作的解释是：“主要的目的是要使斯大林认清，英美两国并非联合一致来反对苏联。”此外，罗斯福又告诉斯大林，苏联可以获得大连港，那却正是中国人的领土。

最后在这个会议中，所获得的协议是颇为有限：（1）支援在南斯拉夫境内的铁托，（2）鼓励土耳其参战，（3）定于1944年5月发动“大君主”作战，（4）三强参谋首长应取得密切的合作。实际上，斯大林赢得了全部的赌注，丘吉尔是一无所获，而罗斯福却获得了斯大林最热情的谢意。魏尔莫特说：

> 在苏联人和美国人一送一拉的情况之下，西方国家的战略已经远离了苏联所想支配的地区。即令在德黑兰会议之前，“无条件投降”政策的执行，就已经使苏联会变成了东欧的支配权力，可是却还不足以使苏联的影响深入到中欧和巴尔干。到了这次会议之后，这却已成定局了。所以德黑兰会议不仅决定了1944年的军事战略，而且也调整了战后欧洲的政治平衡，使其变得对于苏联大为有利。

12月1日，这次会议结束，次日罗斯福和丘吉尔也就一同返回开罗。12月6日，艾森豪威尔被选定为指挥“大君主”作战的联军统帅。参谋长联合会议也决定以“大君主”和“铁砧”两场作战为1944年中最优先的作战，预定5月开始执行，在世界上其他任何部分的一切行动都应以不妨害这两场作战的成功为原则。

第十五章

诺曼底会战

诺曼底的侵入战要算是西方同盟国在欧洲所作的最大努力，虽然它在战术上是具有决定性的，可是它却完全没有赢得罗斯福所梦想的和平。这个原因诚如美国官方史学家所指明的，美国的参谋首长是完全只抱着纯军事的观点，而尽量只想避免考虑政治性的纠纷。这种说法，在罗斯福与其儿子的谈话中，也可以获得充分的证实。罗斯福说：

> 艾略特，我们的参谋首长们只认清了一件事情，若能发动一次大规模的侵入战，用我们所有的一切力量来打击他们，那就是尽量多杀德国人和尽量减少美国军人生命损失的唯一途径。我对于这种思想很感满意。乔叔叔也同样的感到满意。我们所有的将领自从开战之始，就都是如此的想法，红军和苏联人也是一样的。这是赢得战争的最快方法，一切不过如此。
>
> 可是伤脑筋的，却是首相对于战后的问题和英国的地位考虑得太多……他十分害怕会让苏联人变得太强了。
>
> 也许苏联人会在欧洲变得强盛起来，但是否一定就会使局

势恶化，那却要看一整套的因素而定。

我所确实认定的只有下述的一件事情：要想节省美国人的生命和尽量的缩短战争，就只有从西欧进攻，而绝不可以把登陆艇、人力和物资浪费在巴尔干山地之中。我们的军事首长也深信这个观念。

在阅读本书这一章的时候，读者必须随时记住上述的这一席话，因为它们不仅可以解释为何和如何在诺曼底登陆的问题，而且也可以说明为什么后来会让大半个欧洲落入苏联“铁幕”统治之下的理由。

当艾森豪威尔将军被提名为“大君主”作战的最高统帅之后，不久就又发表了下述的一连串人事命令：威尔逊将军（Gen. H. M. Wilson）任英国地中海地区最高统帅，英国空军上将泰德（Air Chief Marshal Sir Arthur Tedder）为艾森豪威尔的副帅。蒙哥马利将军指挥渡海的侵入军，它的番号定为第二十一集团军，直到艾森豪威尔可以把司令部移到法国时为止，前线上的全部兵力都由他负责指挥。此外，雷姆赛上将（Adm. Bertram Ramsay）被任命为联合海军总司令。李马洛上将（Air Chief Marshal Sir Trafford Leigh-Mallory）被任为联合空军总司令。

1944 年 1 月 1 日，蒙哥马利离开意大利返回英国，中途在马拉克希（Marrakesh）停留了一下，以与正在那里养病的丘吉尔会晤，丘吉尔把摩根将军所拟订的 COSSAC 计划拿给他看。那是建议用一个军（3 个师）的兵力，在格朗康（Grandcamp）与卡昂之间的塞纳湾上登陆，并拟在第五天把兵力累积到 9 个师。当他于 1 月 2 日到达了英国之后，蒙哥马利就详细地研究这个计划，于是他获得了一个结论，认为正面是太狭窄，而突击兵力也太弱。在与雷姆赛和李马洛举行会议时，遂终于决定把突击的正面放宽，分别由两个军团来担负：美国第一军团在右面，其第一拨兵力为 2 个师；英国第二军团在左面，其第一拨兵力为 3 个师。由于兵力增加了，所以正面也向西延展到了法里维尔沙丘（les Dunes de Varreville），在柯腾丁（Cotentin）半岛的东岸上，向东则延展到了奥尔尼河（Orne）口东面的卡堡（Cabourg）为止。两个军团的分界为贝辛港（Port en Bessin）到巴约（Bayeux）之线。这两个地点都包括在英军的地区之内。因为兵力的增加，所以登陆艇的数量感到不够了，于是他们在会议中建议把 D 日从 5 月 1 日延到 5 月 31 日，以便多获得一个月份的登陆艇生产量，并且也要把已经指定用在“铁砧”作战方面的登陆艇都移用过来。

登陆船只的缺乏并不是由于生产上的过失，而是分配的错误，因为到 5 月 1 日为止，美国的舰队总司令金恩上将手里还控制着大量的登陆艇，但是他的心却在太平洋方面而不在欧洲方面，所以他分配给“大君主”作战的船只，实际上只占数量中的一小部分而已。这个困难的症结，诚如美国的陆军部长史汀生先生所指明的，因为参谋首长联合会议不能够违反某一个出席员的意志而勉强作一个决定，所以就只有总统才可以解决他们之间的争执，可是总统也还是不愿意作硬性的裁决。由于金恩死抓着不放手，结果只好把预定与“大君主”作战同时发动的“铁砧”作战暂时延期，而且也使亚历山大将军在意大利腿部缺少了两栖作战的工具，于是进一步的后果又是使他的战役师毫无战绩。

1 月 21 日，艾森豪威尔采纳了这个修正计划，其大致的设想可以分述如下：（1）从卡朗唐（Carentan）到奥尔尼河之间，在诺曼底海岸上站稳一个立足点；（2）占领瑟堡和不列塔尼的各港口；（3）当已经确实站稳了之后，用英国第二军团在卡昂地区中作突破的威胁，以便吸引敌方预备队趋向该地区；（4）一旦当第三点办到了之后，美国第一军团和 D 日后陆续登陆的第三军团，即应在西面侧翼上实行突破，一直向南进到卢瓦尔河上；（5）全部正面以卡昂为枢轴而旋转，使右翼向东转达到塞纳河上。

隔着一条海峡，与艾森豪威尔遥遥相对的为伦德斯泰特元帅，他于 1942 年 3 月被任命为德国西战场总司令，其辖区包括法国、比利时和荷兰三国。在 1944 年的春季中，他所指挥的兵力有两个集团军和一个西部装甲兵团。它们所包括的部队如下所述：

B 集团军，总司令为隆美尔元帅，下辖第八十八军，军长为克里斯汀生将军（Gen. Christiansen），兵力 3 个师驻在荷兰。第十五军团，司令为沙尔莫斯将军，兵力共 4 个军 17 个师，部署在安特卫普与奥尔尼河之间。第七军团，司令为多尔曼将军（Gen. Dollmann），兵力共 3 个军 15 个师，部署在奥尔尼河与卢瓦尔河之间，有 1 个师驻在海峡中各岛上。

G 集团军，总司令为布拉斯可维兹将军（Gen. Blaskowitz），下辖第一和第十九两个军团，前者 5 个师，后者 8 个师。前者防守卢瓦尔河与中部比利牛斯山脉之间的地区；后者驻守地中海海岸，从佩皮尼昂（Perpignan）到芒通（Menton）。一共有 48 个师的兵力，其中 38 个师部署在海岸上，10 个师在他们的后方。在后者方面，5 个师是在须耳德河与索姆河之间，2 个师是在索姆河与塞纳河之间，3 个师是在诺曼底。

西部装甲兵团，司令为希维本堡将军，他负责 10 个装甲师及装甲步兵师的行政和训练。这 10 个师的分布情况是：在卢瓦尔河以北有第一党卫军装甲师，驻在比国的贝弗洛（Beverlo），在亚眠地区中有第二装甲师，在卢昂以东有第一一六装甲师，在利雪（Lisieux）地区中有第十二党卫军装甲师，在卡昂地区中有第二十一装甲师，在卢瓦尔河以南的奥尔良地区中有教导装甲师（Panzer-Lehr），在普瓦提耶（Poitiers）地区中有第十七党卫军装甲步兵师，在波尔多地区中有第十一装甲师，土鲁斯地区中有第二党军装甲师，在阿维尼翁（Avignon）地区中有第九装甲师。在 10 个师当中，第二、第一一六、第二十一和第十二党卫军 4 个师是由隆美尔指挥的，其余均为直属 OKW 的总预备队。

第三空军军团也是以法国为基地，其司令为史培莱元帅（Field-Mar-shal Sperrle），他是受戈林直接指挥的，不过其兵力却已减弱到只有 90 架轰炸机和 70 架战斗机是能够适宜于作战的。

若是作一个全面的观察，这些部队的素质实在太差，中间夹着许多老弱残废和外国人，多数的师都是使用马拉的运输工具。

所谓“大西洋长城”（Atlantic Wall），是绕着荷兰、比利时和法国的海岸，已经由“托德组织”（Todt Organization，即劳工部队）开始构筑。可是在 1943 年除了各港口和加来那一段以外，其余的地区不过是沿海挖了一道堑壕而已。1943 年 11 月，当隆美尔奉派指挥 B 集团军时，他同时也奉命视察海防，这个任务是不受伦德斯泰特节制的。在他于 12 月 31 日上书给希特勒的报告中，隆美尔表示他的意见说：敌军登陆的焦点可能是指向第十五军团的地区，夹在布洛涅与索姆河口之间。虽然如此，他以后却又把注意力移到了诺曼底地区，这可能是受了希特勒的影响，在少数认为敌人会在该地区登陆的人当中，希特勒也是一个。其结果是在塞纳湾地区中的海防获得了广泛的增强：建筑了混凝土的工事，加设了雷阵和铁丝网，滩头上加建了战防障碍物和水底障碍物。在卡朗唐河口边缘上的沼泽地区中，也造成了大块的泛滥。

关于战略预备队的部署问题，曾经引起了伦德斯泰特与隆美尔之间的辩论，这种辩论多少是带有一点理论性，因为自从 1941 年起，希特勒即早已决定应在滩头上就把登陆的敌军击退。隆美尔的意见大致与希特勒相同，他认为由于敌军享有空中优势，所以德军在白天将无运动的可能性，所以他主张除了用重兵驻守海岸线以外，更要求预备队尤其是装甲师应部署在海岸的附近。他这种理论实在是很正确的。可是伦德斯泰特，在希维本堡和古德里安（当时任装甲兵总监）的支持之下，却也言之成理地坚持一个相反的意见。他认为除非确实知道敌军一定会在何地登陆，否则照这样的布置，则可能会把预备队放在错误的地方。结果是采取了一个折中的方案：第二十一装甲师交由隆美尔指挥，其余第一一六师、第十二党卫师和教导装甲师则必须获得了希特勒的授权才能动用。实际上，在德军整个防御部署中有一个最大的弱点，就是希特勒侵犯了伦德斯泰特的职权，他总是直接下命令给伦德斯泰特的部下，例如隆美尔、史培莱等人。所以他们都几乎是与伦德斯泰特处于平等的地位，在整个战役中都一直没有统一的指挥。

当侵入战将要发动之际，在英国已经准备就绪的兵力计有：英军 17 个师，包括 3 个加拿大师，美军 20 个师，法军和波军各 1 个师；战斗机 5049 架，重轰炸机 3467 架，其他军用飞机共 2343 架，运输机 2316 架和滑翔机 2591 架；各种船只包括登陆艇、商船和战舰都在内超过了 6000 艘；此外还有突击工兵战车，用于翻越战防壕的架桥战车，用于渡过滩头上的软地的铺席战车，以便使车辆爬上海墙的跳板战车，引起地雷爆炸的链枷战车，具有双重的推进工具螺旋桨和履带的号称 DD 式的两栖战车，最后还有装有探照灯以供夜战之用的 CDL 战车。每一个师都准备了 70 艘旧商船和 4 艘军舰以作防浪堤之用，代字为“醋栗”（Gooseberries）；还有两个用混凝土沉箱所构成的人造港口，代字为“桑葚”（Mulberries），这是已经准备好了，只要拖过海峡即可使用；另外还有一条越过海峡的运油管道，代字为“冥王”（Pluto），通过这条油管，运油船可以把石油直接送往诺曼底海岸上。

第一批突击兵力的战斗序列如下所述：

空降部队：英国第六空降师、美国第八十二和第一〇一两个空降师。

美国第一军团：司令为布莱德雷中将（Lt-Gen. O. N. Bradley）。所辖兵力为第七军，军长为柯林斯少将（Maj-Gen. Collins），共 4 个师。第四师领先，后续者为第九十、第九和第七十九等 3 个师。第五军，军长为格鲁少将（Maj-Gen. L. T. Gerow），共 3 个师。第一师和第二十九师领先，第二师在后。

英国第二军团：司令为邓普赛中将（Lt-Gen. M. C. Dempsey）。所辖兵力为第三十军，军长为布克纳尔中将（Lt-Gen. G. C. Bucknall），共 3 个师。第五十师和第八装甲旅领先，后续者为第七装甲师和第四十九师。第一军，军长为克罗克中将（Lt-Gen. J. T. Croker），共 3 个师。加拿大第三师和加拿大第二装甲旅在前，海军陆战队和第四特勤旅在后。英国第三师和第二十七装甲旅在前，第一特勤旅、第五十一高地师和第四装甲旅在后。

在陆上、海上和空中，联军一共有 2 876 439 人，包括官兵都在内。

这些兵力的目标都标明在突击计划之中。两个空降集团指定担负侧卫的任务，在突击地区的右面，美国第八十二和第一〇一两个空降师应降落在圣梅尔艾格里斯（Ste. Mère-Eglise）的周围。在其左面，英国第六空降师则降落在卡堡与奥尔尼河之间的地区中。对四个突击军一共分配五个登陆地区。美国第七军在犹他（Utah）滩头上，美国第五军在奥马哈（Omaha）滩头上，英国第三十军在戈尔德（Gold）滩头上，英国第一军在朱诺（Juno）和索得（Sword）两个滩头上。对于 D 日的最后目标也在计划中有详细规定。

也许在侵入的准备中，最重要的一个步骤即为合理战略轰炸政策的采取。自从 1940 年 5 月 11 日丘吉尔发动对德国城市的轰炸起，这个毁灭敌方工业和居民地区的政策已经证明完全失败了。德国的生产量不但没有减低，反而正在突飞猛进之中，同时德国人民的精神不仅没有减低反而更增高了。因为过去是太分散，所以缺乏决定性，于是决定集中打击两个重要目标——运输和综合石油工厂。美国战略空军司令史巴兹将军（Gen. C. C. Spaatz）主张后者，而艾森豪威尔的副帅泰德将军则主张前者。在二者之间，泰德的选择似乎是较好的，所以给予了优先考虑。因为只有轰炸运输才可能使敌军在一定时间之内发生解体的现象，若是轰炸石油工厂，则也许要几个月之后才能感觉其效力。1944 年 3 月 30 日，泰德的建议才开

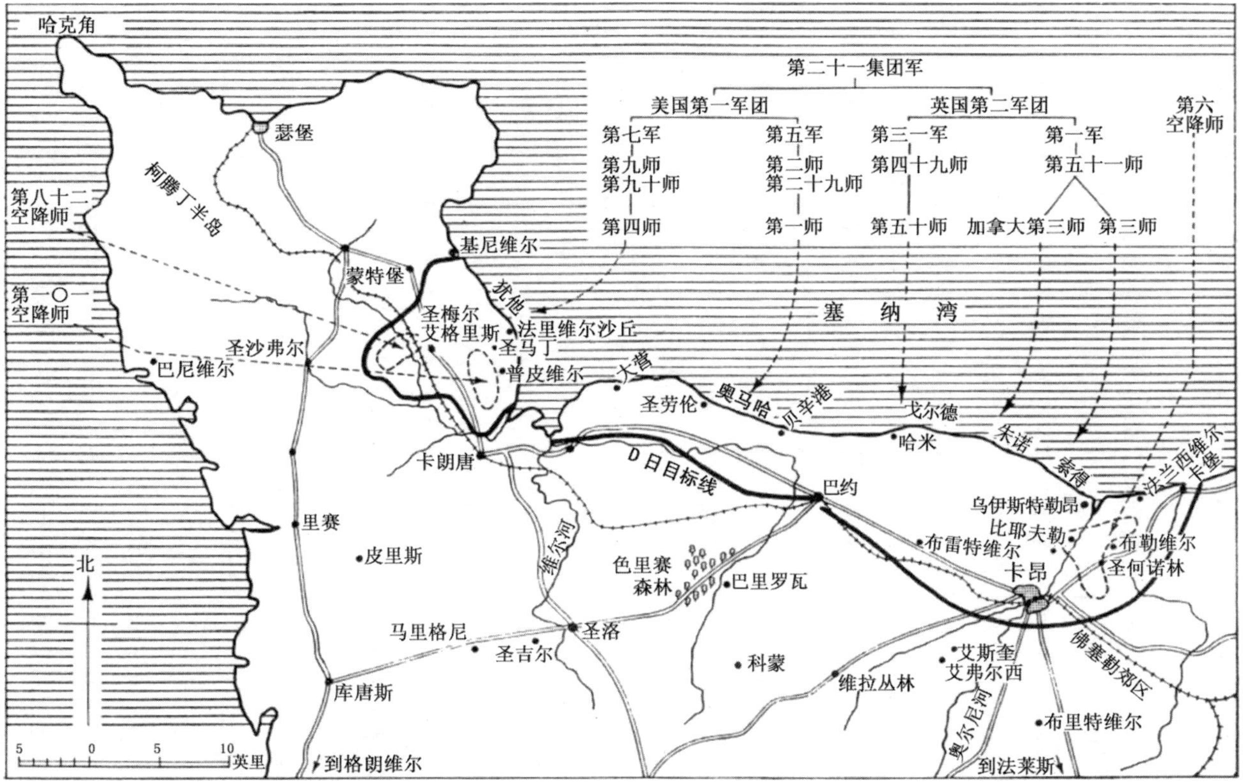

图三十七　诺曼底侵入战，1944 年 6 月 6 日

始正式执行，于是至少就当时而言，所谓“战略”轰炸者才真正具有战略性。

所采取的计划是用瘫痪法比两国铁路的办法来限制敌人的机动性。其主要观念不仅是要孤立联军的登陆地区，而且也要用炸毁桥梁的方式来孤立在塞纳河与卢瓦尔河之间的整个前进作战地区。假使这个计划能够生效，则敌人即无法将其第十五军团调往塞纳河以西的地区，而在法国南部的敌军也无法调到卢瓦尔河以北来。除了夹在奥尔良与枫丹白露之间的缺口以外，这样的轰炸即可以使整个前进地区变成了一个战略性的岛屿。在这两条河以外，沿着默兹河和亚伯特运河又选定了第二道“阻绝线”，它们的渡口对于德国第十五军团的补给是具有重要关系的。所以也决定炸毁这些桥梁使第十五军团的补给线被切断，并限制其向西的前进。换言之，德国第七军团即不可能迅速地从东面获得增援。

对于铁路的攻击，主要的目标为轰炸机动车场来毁灭其动力的来源。一共选定 80 个这样的“神经中心”，到了 D 日那一天，已经有 50 处以上受到了惨重的损毁。为伦德斯泰特主管铁路运输的霍夫纳上校（Col. Höffner），曾经向 OKW 提出一个报告说：为了维持在法国境内的兵力，每天需要 100 列车的运输量，而在 4 月的平均数量为 60 列，现在却已降到了 32 列，因为法国的铁路已经不再能获得比利时的煤了。到 D 日那一天，在法国北部地区（Region Nord）中，在 2000 辆区域机动车辆中有 1500 辆都已经因为空中攻击和缺乏保养及燃料的原因而不能行动，于是运输来往量已经减到了 1 月份原额的 13% 了。从巴黎到海岸之间的塞纳河上一共有 24 座公路和铁路桥梁，到了 6 月 5 日，其中 18 座已被毁灭，3 座因为修理的原因而停止使用，其余 3 座也在空中攻击的严重威胁下，在白天已经无法利用它进行任何大规模的运输。

在 D 日之前的 3 个月当中，一共投掷了 6.6 万英吨炸弹，丘吉尔说：“这样环绕着在诺曼底周围的德国部队，我们创造了一个‘铁路沙漠’。”此外，联军空军也对于敌人的海防工事、雷达站和飞机场发动了普遍的准备性攻击。在D日的前几个星期中，即曾连续地作有系统的轰炸，而D日的前夕，在诺曼底海岸上有10座超重级雷达瞄准的炮台都已被炸毁。总地算来，对于这些目标所投掷的炸弹在1.4万英吨以上。在这同一个夜间，所有敌方剩余的雷达站也都一律受到了干扰，所以当空降攻击发动时，他们完全不曾受到拦截，同时侵入军在接近他们目标之前也一直不曾被发现。

海军的比较重要的任务为掩护侵入舰队，扫除敌方的水雷阻塞线，并且用炮击来掩护登陆。雷姆赛有两个任务舰队可供运用：东面兵力由英国海军少将费安（Rear-Adm. Vian）指挥，协助英军地区的登陆工作；西面兵力由美国海军少将克尔克（Adm. Kirk）指挥，协助美军登陆。联军总共有29队扫雷艇分配给他们。

联军为了掩护战术性的行动，又曾使用一个极伟大的欺敌计划。其目的是要使敌人相信联军至少还要等候6个星期的时间，才会作渡海的企图，而且暗示这个攻击会投掷在加来方面。每一个飞向诺曼底地区的空中出击，都同时在加来地区作两次出击以为掩蔽。每在哈佛尔以西投1英吨炸弹，则在其北面应投2英吨炸弹。此外，在英国东南部的港口中也已经集结了许多的假登陆艇，在多佛尔设立了一个庞大的假总司令部，在苏塞克斯和肯特地区中，也曾建立了许多假公路、铁路及其支线。

在艾森豪威尔所应负责解决的许多难题中，有一个最复杂的即为D日的选择。蒙哥马利说：“决定D日的最好条件是H时可以定为该日航海拂晓后的40分钟，而在此时潮汐应比最高水位早了3个小时。”因为海峡中的潮流无法使所有的滩头都同时达到这个条件，所以每个滩头定有个别不同的H时，它们从上午6时30分起，到上午7时45分为止。又因为侵入最好是在满月的条件之下举行，所以在每一个阴历的月份当中，D日只能在3天之内去选择一天。在5月31日之后就只有6月5、6、7等三日可以合乎标准。于是选定了第一天（6 月 5 日），满月却是 6 日这一天。

6 月初风浪颇大，在 6 月 3 日和 4 日两天中，气象预测是如此的不利，所以艾森豪威尔决定把侵入发动时间顺延了 24 小时。虽然在 6 月 5 日的气象条件也只有少许的好转，可是在该日上午 4 时，他却作了一个果敢的决定，决心在 6 月 6 日发动渡海的攻击。

依照决定的时表，空降部队由 239 架飞机和 867 架滑翔机载运着，定于上午 2 时着陆。由 2219 架飞机所执行的空中轰炸应在上午 3 时 14 分开始，在上午 5 时 50 分再由海军的轰击来予以增强。第一拨的登陆兵力，由大小登陆船艇共 4266 艘载运着，应在上午 6 时 30 分到 7 时 45 分分别登陆。

在指定的时间中，空军首先对敌方海岸工事和滩头障碍物发动猛烈的轰炸，一共投下了炸弹 7616 英吨。接着当英国第二和美国第九两个战术空军掩护着侵入舰队前进时，联合舰队的重炮也开始轰击敌军的固定炮台和混凝土的防御工事。[1] 在接近射程中，较轻的兵器也在攻击较轻型的防御工事。最后当第一拨突击兵力接近海岸，对滩头上就又持续地作弹幕射击，当部队登陆时才立即升起。关于这一点，艾德华中校（Cdr. Edwards）曾经有下述的描写：驱逐舰和 LCG（Landing Craft Gun）可以算是近代化的浮动炮台，几乎使滩头上的每一码土地都已为炸药所浸透。此外为了增加火力的密度，从火箭登陆艇（LCR）中又发射出大量的火箭。这种登陆艇每艘的火力相当于 80 多艘轻巡洋舰，或是将近 200 艘驱逐舰。为了掩护这次作战，有 10 个中队的战斗机在天空中做不断的巡逻，在海面上风浪许可的限度之内，部队即先放下两栖战车由他们领先向滩头挺进。关于这一点，艾森豪威尔曾经在其报告书中说：“使用大量的两栖战车来供给火力支援，为我们计划中的一个必要部分。虽然因为海上风浪太大，以致损失极大，可是若无这种兵器的协助，

[1] 这些轰炸和炮击实际上只能使混凝土的炮台受到轻微的损失。

则突击部队能否在岸上站住脚跟，恐将颇有疑问。”[1]

尽管天气不佳，可是空降的侵入却还是获得了卓越的成功。英国第六空降师降落在布勒维尔（Breville）的附近，美国第一〇一空降师则在圣梅尔艾格里斯之南，而第八十二师则在其西面。第一个师占领了奥尔尼河上的桥梁，并炸毁了戴费斯河（Dives）上的桥梁。第二个师占领了普皮维尔（Pouppeville）和圣马丁（St. Martin-de Varreville）两个村落——都在犹他滩头以西。第三个师，尽管着陆的兵力很分散，仍然占领了圣梅尔艾格里斯，所以也就封锁住了卡昂—卡朗唐—瑟堡公路。

这些行动使敌人大吃一惊，因为天气的恶劣，他们对于防务是很松懈的，但是他们并非受到完全的奇袭。因为在6月5日下午9时15分到30分，德国人截获了一个无线电报，在译出之后，就知道了它是号召法国抵抗运动人员于6月5日至6日的午夜参加战斗。到了下午10时30分，BG两集团军和第三空军军团都已经奉命加强戒备。但是不幸得很，隆美尔元帅恰好回到希尔林根(Heerlingen)去探视他的妻子，第一党卫军装甲军军长狄特里希（Sepp Dietrich）正在布鲁塞尔，第七军团司令多尔曼正在勒恩（Rennes）指挥一个兵棋演习。大约在6月6日凌晨1时，截获无线电的消息已传到了OKW，在凌晨2时到3时，也接获了空降登陆的报告。当接获了海上侵入兵力正准备登陆的报告之后，伦德斯泰特立即要求OKW准许他动用总预备队中的各装甲师。可是直到下午三四时，才获得了批准，于是时间已经太迟了，使他们来不及参加当天的战斗。依照布勒孟楚特（伦德斯泰特的参谋长）的记载，其原因是因为希特勒的生活习惯是要工作到午夜之后才睡眠，而一直要到正午前不久才起床，而在OKW中就没有一个人有勇气敢吵醒他。所以当他接

[1] 本书作者于1920年，首先主张使用两栖战车。

获详细情报时，敌人的侵入战已经全面展开了达好几个小时之久。[1]

所有的登陆都未被击退，全部都要算是成功了，只不过是程度上各有差异而已。在犹他滩头上，两栖战车在距离海岸还有 5000 码远的地方就开始向滩头上挺进，接着美国第四师也已经透入到了 6 英里以上的纵深，并与第一〇一空降师取得了接触。在奥马哈滩头上，美国第二十九和第一两个师的两个团战斗群由于海面波浪太大，所以未能获得两栖战车的充分支援，并且也受到德军第三五二师的激烈抵抗，一直被钉死在海岸线上，直到快要黄昏时才勉强向海岸公路且战且进。英国第二军团也利用两栖战车，要算是比较幸运的，因为虽然在戈尔德滩头上的第五十师右翼在哈米受到了强烈的抵抗，可是其左翼却能迅速向内陆挺进，几乎到达了巴约—卡昂公路。在朱诺滩头上的加拿大第三师也受到了顽强的抵抗，但仍能不断地向前推进到达接近 7 英里的深度。在第二军团的左翼方面，英国第三师在索得滩头上的突击一切均能依照计划进行，到了下午在比耶夫勒（Bieville）和乌伊斯特勒昂（Ouistreham）的大部分地区都已经站稳。在第二十一装甲师的 20 余辆战车支援之下，德国步兵发动了一次反击，但已为英国第三师和加拿大第三师所击退。

这次德军的反击是糟不可言。隆美尔还未回来，史佩德遂命令第二十一装甲师前进。但是在此时，该师师长法赫庭格将军（Gen. Edgar Feuchtinger），却已经自动派了其一部分兵力去对付奥尔尼河以东的敌军伞兵。而在这个任务尚未能完成之前，他又奉命撤回其兵力来应付奥尔尼河以西的紧急情况。直到下午 3 时，他才能够参加战斗，可是因为缺乏足够的步兵支援，所以当他的反击兵力已经透入到了海岸上时，却又为敌军的自动推进战防炮所击退。

---

[1] 依照希拉布仑多夫（von Schlabrendorf）的记载，当隆美尔的参谋长史佩德（Hans Speidel）将军打电话给 OKW 的约德尔将军时，值星官却不敢吵醒他，直到上午 9 时才通话。约德尔又等了一个小时才报告凯特尔。而他们两个人又为严格的命令所拘束，从来不敢吵希特勒的睡眠。所以直到中午例行会报时，希特勒才听到了联军侵入的消息。

在这整天之内，联军对于空中可以说是具有绝对的控制。联军一共飞行了 14 600 架次，而德国空军却没有能够击落一架飞机。到了夜幕低垂时，在维尔河（Vire）与奥尔尼两河之间，联军突破大西洋长城的正面约达 30 余英里，但是中间还有缺口亟待填塞，而且还没有能够达到一个最后的目标。

希特勒、伦德斯泰特和隆美尔——他已于 6 日下午赶回前线——于是一致同意认为在塞纳河以西的突击只是一种佯攻，其目的是为了掩护在加来方面的主力攻击。他们决定不调动第十五军团，并设法应付眼前的局面。隆美尔的计划为用步兵封锁住美军的透入，而用第一装甲军的兵力在卡昂地区中向英军发动反攻。因为这个计划必须立即加以执行，不能再延误了，于是狄特里希奉命不必等待装甲教导师的到达，而就集中第二十一和第十二党卫军两个装甲师兵力，尽可能提早在 6 月 7 日发动攻击。

在 6 月 6 日到 7 日午夜过去不久的时候，第十二党卫军装甲师，其师长为梅叶将军（Gen. Kurt Meyer），到达法赫庭格在卡昂的师部中。他们一共大约有 160 辆战车，这要算是一支强大的兵力。但因为加油延误了不少的时间，而在拂晓时又受到了一次战斗轰炸机的攻击，同时第二十一装甲师又被牵涉在英军于卡昂北面的一次攻击之中，所以结果梅叶只能带其师中的一部分兵力前进。他打击在加拿大部队的头上，后者正在从西面威胁卡昂。6 月 8 日的清晨，隆美尔命令狄特里希再度发动打击，这次是要用其 3 个师的全部兵力，在卡昂与巴约之间进攻。但事实上，这是不可能的，因为装甲教导师还未能赶上，而第二十一师又不能摆脱战斗。狄特里希所能做到的却只有增援梅叶，而梅叶却还是打击在加拿大部队之上，后者已在布雷特维尔（Bretteville）进到了卡昂—巴约公路上。但是他的步兵与战车隔断了，到了 9 日拂晓时，加军发动了一个反击，夺回了其所曾赢得的土地。在这次行动失败之后，隆美尔就决定暂时不再举行反攻，等到其装甲兵力能够集中时再说。

史佩德说:“自从6月9日以后，主动权即完全操在联军的手中，他们可以使战争的打法完全适合于他们的要求。”（见其所著《我们防御诺曼底》一书）隆美尔在10日，也向希特勒作出了一个长篇报告，其内容也可以证实这一点。隆美尔说：

> 在白天里，几乎我们所有的交通，无论是在公路上、铁路上和田野间，都完全被敌方战斗轰炸机和轰炸机的强大编队钉住了，其结果为我方部队在战场上的一切运动都几乎完全瘫痪了，而敌人却可以自由地活动。在后方地区中的一切交通隘路经常都处于敌方空中攻击之下，要想把必要的补给、弹药和油料送给部队，都是十分的困难。

到了6月12日，蒙哥马利已经确实建立了他的桥头阵地，一共有人员32.6万名，车辆5.4万辆，物资10.4万英吨都送上了陆地。到了此时，美国第七军已经推进到了圣梅尔艾格里斯东北面的蒙特堡（Montebourg），并且也已经占领了卡朗唐，在它的东面并已与美国第五军连成了一线。后者的正面已经推进到了维尔河上，在圣罗（St. Lô）的北面约8英里远，也已经占领了色里赛森林（The Forest of Cerisy），其左翼则已经越过了巴里罗瓦（Balleroy）。在英军方面，第三十军已经占领了巴约，并且已经推进到了巴里罗瓦—卡昂公路上。在第三十军的左面，第一军的正面从布雷特维尔起，绕着卡昂以达圣何诺林（Ste. Honorine），从那里其左翼向北勾起，到达了卡堡以西的法兰西维尔（Franceville-Plage）——在海峡海岸上。

虽然隆美尔未能把他的敌人赶下海去，可是在6月12日到13日的夜间，德国人又发现了新的希望。第一颗飞弹已经落在伦敦。那是一种无人驾驶的喷射机，装有1000公斤重的弹头。虽然它也能造成相当的损毁，可是不久就发现对于它的期待却不宜过高。[1]

一旦德军的反攻被击败了之后，蒙哥马利就开始想攻占瑟堡和卡昂。前者是为了想获得一个港口，以补充其岌岌可危的人工港口和滩头补给。后者则是为了在其战略性杠杆上，建立一个支点——以便在其西面侧翼上实行突破。隆美尔在卡昂地区失败之后，即开始设法阻止联军向瑟堡的前进，6 月 13 日到 15 日，他作了一个猛烈的进攻，使用第十七党卫军装甲步兵师来突破美国第五、第七两军之间的交点，但仍然还是被击退了。同时，美军却占领了蒙特堡，而在 6 月 14 日，美国第九师和第八十二空降师也向西进攻圣沙弗尔（St. Sauveur-le-Vicomte），他们于 16 日占领了该地，两天后在巴尼维尔（Barneville）到达了柯腾丁半岛的西岸。于是美国第八军开始参加战斗，接管了两个空降师和第九十师的指挥权，面向南面以掩护第七军向瑟堡的前进。

6 月 19 日，在预测之外突然吹了一阵狂风，把联军的计算都推翻了。它一连猛吹了三天，把圣劳伦（St. Laurent-sur-Mer）的美国人工港口吹毁了，而在阿罗芒什（Arromanches）的英国人工港口也受到了损失。当风暴过去之后，发现有 800 艘船只被陷在海滩上，联军船只所受到的损失要比 D 日那一天敌军所造成的损失超过了 5 倍。

6 月 21 日，美国第七军的第四、第七十九和第九等 3 个师已经逼近瑟堡，第二天在海军火力支援之下，他们展开了对要塞的突击，要塞的守将为施利本将军（Gen. von Schlieben）。25 日，他们突入了要塞，26 日俘虏了施利本，27 日瑟堡的守军 3. 9 万人都投降了。可是港口已经遭到了彻底的破坏，直到 8 月底才能够再使用。

---

[1] 德国人对于伦敦一共发射了 8000 颗飞弹，其中有 2400 颗达到了目标。毁了房屋 2.3 万栋，损伤了 70 万栋以上，杀死了 6000 人，伤了 1.8 万人。9 月 8 日，第一颗长程火箭（V-2）落在伦敦。这是一种具有革命性的新奇兵器，最大射程达 200 英里，速度极高，可是命中率却太低，所以最多只能算是一种恐怖性的兵器而已。

当美军正在攻击瑟堡之际，6 月 25 日，英国第二军团的第三十、第八和第一等 3 个军也已向卡昂发动了一次坚决的攻击。这一方面的地形是极为险恶，并且遍布着地雷。虽然在中央的第八军到达了卡昂西面的奥登河（Odon），但其他两个军却殊少进展。29 日，英军遭遇了第一和第二两个党卫军装甲师，不久又发现了第九和第十两个党卫军装甲师，还都是从东线调来的。由于敌方装甲兵力的增强，所以蒙哥马利决定暂时守住已得的地面，并重组他的兵力。

当斯大林一向要求的第二战场已经在诺曼底被开辟了之后，苏军也准备好了他们的夏季攻势。6 月 23 日，它在维特斯克与戈梅利之间展开，到了 7 月底已经到达了涅曼河。7 月 13 日，苏军又接着在普里皮亚季沼泽之南，发动了第二个大攻势，17 天之后，他们在桑多米尔（Sandomir）以南渡过了维斯瓦河。到了 8 月中旬，德国的情况已经是危在旦夕了——苏军已经到达喀尔巴阡山脉和东普鲁士的边境。8 月 22 日，在布加勒斯特（Bucharest）发生了一个政变，于是罗马尼亚政府向苏军投降了。3 天之后，芬兰人也在要求休战。自从 7 月 1 日起，第三帝国的崩溃可以说已成定局，在诺曼底地区的突破也可以计时而待，于是战争结束之期终于在望了。

在瑟堡沦陷后，伦德斯泰特和隆美尔被希特勒召往贝希特斯加登，于 6 月 29 日与希特勒举行会谈，伦德斯泰特要求给予他以自由调度之权，隆美尔则力主将第七军团撤到塞纳河上。希特勒对于这些要求一概不准。结果 7 月 3 日，伦德斯泰特提出了他的辞呈，并由克鲁格元帅接替他的职务。

此时蒙哥马利已决定攻陷卡昂，并在同时把美国第一军团推进到库唐斯（Coutance）—圣洛之线，以准备在西面侧翼上实行突破。7 月 3 日，布莱德雷发动了这个双面的攻势，但因为地形上的困难和敌军的顽强抵抗，进展颇为迟缓。7 月 7 日到 8 日，对卡昂的攻击也开始了，这是一个典型的蒙哥马利式的“物资之战”

（Battle of Material）。英国空军的轰炸机部队奉命支援邓普赛的前进，虽然蒙哥马利认为“这对于作战的成功是具有重大的贡献”，可是目击者的报告却与此种说法并不符合。在卡昂上一共投掷了 2500 英吨炸弹，街头上为碎瓦颓垣所塞满，使战车无法通过，必须用开山机为它们开出一条路来。这种轰炸使英军的进展大为迟延，结果才使德军从奥尔尼河北岸的卡昂，撤到了该河南岸的佛塞勒郊区（Faubourg de Vaucelles），使英军不能达到完全突破的目的。

到了 7 月 10 日，又发生了一个危机：美军的攻势受到了顿挫，在佛塞勒郊区的德军仍然挡住了法莱斯（Falaise）平原的进路。已经有了 4 个师的德军从法国南部调来增强第七军团的右翼。因为有了这些增援，遂使隆美尔可以抽出他的装甲师，于是他开始把它们调向美军的正面上，所以蒙哥马利必须再度进攻，以阻止隆美尔作此项调动。

蒙哥马利的计划是当布莱德雷正在补充弹药，准备攻占圣洛，并将敌人逐回到皮里斯（Périers）—圣洛公路上，以准备在 7 月 20 日作一突破行动时——代字为“眼镜蛇”作战（Operation Cobra）——邓普赛也应在 7 月 15 日到 16 日的夜里，向卡昂的西面作一次佯攻，接着在 18 日，他的第八军和三个装甲师也应从奥尔尼河上的桥头阵地为起点，向南对卡昂的东面，作一个决定性的攻击——是谓“古德伍德”作战（Operation Goodwood）。蒙哥马利对第八军军长奥康纳中将（Lt-Gen. O'Connor）解释他的计划说：“一个在东面的胜利足以帮助我们在西面达到目的。但是这个东翼却是一个堡垒，西北欧战役的全部前途都是依赖在它的上面。”简言之，他的计划是把最大量的德军兵力都吸引在卡昂方面，而只留下最小量的兵力在圣洛地区中来对布莱德雷的第一军团作战。

这次的佯攻在最初的阶段中，曾经使德军受到了欺骗，其中有一个特点就是使用了“人工月光”的技术，把大量的探照灯光线焦点集中在云层上，使其向地面反射。但是到了夜间，德军的侦察机利用照明弹，发现了有大量的车辆越过奥尔尼河上的桥梁。因为这足以表明英军有突破的企图，于是在 7 月 17 日的清晨，隆美尔赶上前线去视察防务。当他下午回去的时候，沿着公路在圣弗瓦（St. Foy-Montgomery）村落附近，其座车受到了一架英国战斗机的攻击，他受了重伤，最初大家都以为他已经死了。当克鲁格听到了这个消息之后，他并不指定一个人接替隆美尔的职务，而自行兼管 B 集团军的指挥权。

7 月 18 日的攻击（古德伍德作战）是一个超级蒙哥马利式的作战。其计划是在奥尔尼河上架桥渡过 3 个装甲师的兵力(近卫师、第七师和第十一师)，连同支援性的战车和步兵在一起，在“超级火力”掩护之下，向南横扫直达法莱斯，切断并毁灭德军的 3 个师。为了帮战车扫清一条进路，重轰炸机在一个宽达 4000 码地区的两侧连续地轰炸以肃清敌军用以侧击装甲攻击兵力的战防炮。在这两道轰炸墙之间，轻型飞机就专门投掷碎片性的杀伤炸弹（不造成弹坑），以便使地面不至于阻碍部队的前进。在爬行的炮弹幕掩护之下，战车即从炸弹所扫开的甬道上进攻，艾森豪威尔的报告说：为支援地面作战而作如此巨大集中的空中攻击，可以算是史无前例的。联军一共投掷了 1. 2 万英吨炸弹，其中 5000 英吨是在 45 分钟之内投掷的。同时，为了补充空中攻击，又曾作强大的海军炮击。

对于蒙哥马利而言可以说是不幸之至，德军撤退了他们的部队，而在所拟定的甬道后面约数英里远处，另行准备了一个战防地区。当英军轰炸时，他们的炮手都潜伏着，等到停止后才钻了出来，向越过平原的大批战车开火。他们击毁了 150 辆到 200 辆战车，其中第十一装甲师损失了 100 辆以上，以后在夜间，又有 50 架德国飞机痛炸英军的阵地。到了次日天气变坏了，卡昂平原变成了一片泥海，于是战斗又告以结束。[1]

由于天气的变坏，艾森豪威尔又决定把布莱德雷的攻击（“眼镜蛇”作战）延期到7月25日再执行。其计划目的是要把圣洛以西3个师的正面向前推进，而以马里格尼—圣吉尔（Marigny-St. Gilles）之线为主要目标。于是再把3个师的生力军，通过领先的3个师蛙跳前进，最后向西旋转来向库唐斯和格朗维尔（Granville）进攻。

在空军战术方面，是用战斗轰炸机攻击圣洛以南的维尔河上全部敌军桥梁来孤立这个前进地区。美国陆军航空军总司令阿诺德将军（Gen. H. H. Arnold），曾经有下述的记载：“下午1时40分，携带着炸弹和燃烧弹的P-47雷霆机，分为7批从东向西飞，每批相隔两三分钟。接着在1个小时之内，1500多架的空中堡垒和解放者式轰炸机一共投下了3431英吨炸弹。接着P-38闪电式机又分为8批，投掷了更多的燃烧弹，历时20分钟。于是400架中型轰炸机用500磅重的炸弹，攻击该地区的南段，集中在十字路口上，并以德军集中在圣吉尔村落中的战车和部队为目标。燃烧弹所引起的火焰，漫无限制地在德国的营地和堑壕上延烧着。”

也正和在卡昂的攻击一样，这种巨大的攻击对于敌人并不足以造成大量的死伤，但却可以产生极大的混乱。不过也和在卡昂时一样，这种震惊的作用只是暂时性的，当美军前进时，从空中轰炸所未能“中和”化的阵地中仍然还是发出了强烈的炮火。

步兵以4英里宽的正面进攻，由战车担负支援，最有趣味的事情还是空中的合作。阿诺德将军的报告说：“当我方的部队前进时，战斗机和战斗轰炸机与他们保持着密切的联络，并在统一指挥之下，飞在他们的前头击毁一切军事目标。战斗机与战车之间用无线电直

[1] 根据德军第一装甲师师长魏西将军（Gen. Wisch）的记载，在7月18日黄昏时，他的豹型战车曾对正在宿营中的100辆英国战车发动了一个奇袭，在夜里击毁了40辆，在次日上午又击毁了40辆。

接通信，在我方装甲纵队的上空，维持着日常的警戒。地面军官可以要求战斗机轰炸在他们前方的敌方炮兵和装甲兵。驾驶员发现敌人在十字路口或森林中所设置的陷阱时，也立即向战车指挥官提出警告。德国的装甲部队，因为缺乏天空上的眼睛，所以在作战中是处于不利的地位。”这也就是一个大规模的闪击战。

7 月 27 日，美军攻占了皮里斯和里赛（Lessay），到了 28 日，通过考唐斯的退路已经被切断，一共俘获了 4500 名德军。在此同一时间，在东面的加拿大第二军也向法莱斯进攻，但为敌军用战防炮、埋伏的战车和迫击炮等兵器所构成的坚强防御地带所阻止。

5 天之后，美国第三军团正式成立，司令为巴顿将军（Gen. Patton），所指挥的有第八、第十二、第十五和第二十等 4 个军。至于原有的第一军团，则由霍奇中将（Lt-Gen. C. H. Hodges）升任司令，下辖第五、第七和第十九等 3 个军。两个军团又合组为第十二集团军，由布莱德雷升任总司令。于是蒙哥马利就只专门指挥第二十一集团军，其所留下的兵力只有英国第二军团和加拿大第一军团。后者的司令为克里尔中将（Lt-Gen. H. D. G. Crearer），于 7 月 23 日才成立。但是直到 9 月为止，蒙哥马利还是继续控制着艾森豪威尔的全部陆军兵力。

当考唐斯已经攻克之后，美国第三军团的计划是向南挺进，从阿夫朗什（Avranches）突入不列塔尼，并占领勒恩—富热尔（Fougéres）地区。于是再转向西面，以确实占领圣马洛（St. Malo）和布列斯特等港口，而此时美国第一军团也应向北进攻，占领莫尔坦（Mortain）—维尔地区。同时，英国第二军团也应向科蒙（Caumont）地区挺进。到了这个时候，无论天气的变化如何，艾森豪威尔都决定发动一个全面攻势，完全不再作“谨慎”的考虑。这也的确是应该如此决定的时候了，因为他不仅已经有了绝对的制空权，而且人力方面至少占了二比一的优势，在战车和火炮方面则大约占了三比一的优势。

7 月 29 日，巴顿的领先战车已在考唐斯之南，渡过了谢讷河（Sienne），两天以后即占领了阿夫朗什。艾森豪威尔说：“现在在我们与不列塔尼之间，已经不再有有效障碍物的存在，而我的创造一个开放侧翼的理想终于已经实现了。敌军已经在完全解体的状况之中。”同时，蒙哥马利也在科蒙以南发动了他的突击，由 1200 架飞机所作的粉碎性轰炸为其前导。8 月 4 日攻占了卡昂西南面的艾弗尔西（Évrecy）和艾斯奎（Esquay），8 月 5 日又占领了维拉丛林（Villers-Bocage）。

在占领了格朗维尔与阿夫朗什之后，巴顿就只遭遇到了轻微的抵抗。8 月 2 日，进入了勒恩并绕过了圣马洛。到了 8 月 2 日，美军到达了从勒恩到海岸之间的维莱讷河（Vilaine）之线，于是不列塔尼半岛全被切断。8 月 7 日，第六装甲师已经站在布列斯特的门前，到了 10 日，南特（Nantes）已经落入美军的手中。

在占领了勒恩的第二天，布莱德雷命令巴顿只在不列塔尼留下极小量的兵力，而率领主力直趋巴黎。巴顿于 8 月 4 日即开始执行这个命令。

克鲁格现在也十分明了，当有巴顿从阿夫朗什突破的威胁时，他的唯一合理对策即为退到塞纳河之线。但是希特勒却绝对不肯听从这种意见。当巴顿正要向巴黎前进的那一天，希特勒却命令克鲁格集中其 9 个装甲师中的 8 个，从莫尔坦向阿夫朗什进攻——这是巴顿交通线上的“瓶颈”部分。若是克鲁格能够握有制空权，则这未尝不是一个合理的计划，可是他却并无制空权，因此这就无异是自杀了。[1] 克鲁格对于这一点并非没有认识，但因为他已经被牵涉在刺杀希特勒的 7 月 20 日事件之中，若是他再违反希特勒的意见，则可能更会引起希特勒的疑忌而治他以叛国之罪了。尽管如此，他

[1] 依照拜尔林将军（Gen. Bayerlein）的看法，若非受到联军空军的阻止，则这一次攻击可能会大获全胜。

却发现无法从战斗中抽出足够的兵力，他一共只抽出了 4 个装甲师，共为战车 250 辆和 2 个步兵师。

对于克鲁格可谓不幸之极，他的一切准备却都逃不过敌方空中搜索的发现，所以当布莱德雷知道这个消息之后，就立即在维尔河与莫尔坦之间，展开了 5 个师的兵力来应付这个威胁。同时他又命令巴顿在圣希莱尔（St. Hilaire）保留着 3 个师的兵力来威胁德军前进时的南面侧翼。8 月 6 日，布莱德雷向维尔河进攻，迫使德国第七军团司令豪赛尔将军（Gen. Paul Hausser）不能不动用一部分准备反攻的兵力来巩固他的右翼。最后，到了 8 月 6 日到 7 日之夜间，豪赛尔才向西打击，进到了距离阿夫朗什只有 7 英里远的地方，然后为美国装甲兵力所阻止。

8 月 7 日，当德军的纵队正挤在莫尔坦周围的道路上时，于是立即受到了美国雷霆式机和英国台风式机的无情轰炸。同时，蒙哥马利也命令加拿大第一军团向南进攻，直到卡昂—法莱斯公路上，以威胁豪赛尔右侧的后方。蒙哥马利说："这一次的计划是用重轰炸机作准备的攻击，然后在黑暗的掩护之下，利用重装甲的载运车把步兵运过敌军的防区，以减少损失。这些车辆被定名为'袋鼠'（Kangaroos），本是自动推进火炮的车身，被改装作载运步兵之用。"8 月 8 日，蒙哥马利要求布莱德雷命令巴顿把他的第十五军向北旋转以达阿朗松（Alegçon）——在前一天该军已经占领勒芒（Le Mans）——以与向法莱斯进攻的加拿大军相会合，于是从南北两面来切断敌军的交通线。10 日上午，克鲁格即已经知道了联军将要进攻，因为他既然无法支持，所以必须从莫尔坦地区撤退。虽然如此，他却犹豫不决，直到 11 日正午时，才敢向 OKW 提出这个建议，而且措辞还是非常的含混。他所获得的答复却是一旦把美国第十五军逐退之后，仍应继续进行反攻。但是不等到他可以依照这个命令行事之前，美国第十五军却早已在 8 月 12 日占领了阿朗松，并于次日黄昏时已经进到了阿让唐（Argentan）。这个行动已经使德国第七军团陷入一种不可久留的境地。它占领着一个腊肠式的突出地，长达 40 英里，在其底部（法莱斯—阿让唐）的宽度为 15 英里。不管希特勒怎么主张，其撤退是已经无可再缓了。

所以巴顿已经可以恢复其向巴黎的前进了，8 月 12 日，布莱德雷抽出了其在阿让唐的第十五军，而改用美国第一军团的第五军来接替。14 日，加拿大军继续向法莱斯进攻，但直到 16 日才将其占领。在那一天，巴顿的第十二军占领了奥尔良，其第二十军进入了沙特尔（Chartres），24 小时之后，其第十五军已经到达了德勒（Dreux），并奉命从那里向塞纳河上的曼提斯（Mantes）——在巴黎的西北——前进。19 日，该军在该地已经于塞纳河上建立了一个桥头阵地。此时，希特勒因为疑惑克鲁格已经出卖了他，所以命令摩德尔元帅接替他的位置。[1]

8 月 17 日，美国第五军从阿让唐，加拿大第四和波兰第一两个装甲师从法莱斯，开始从两面封锁这个日趋缩小的口袋，其中有德军 15 个师的残部和其他的零星部队都挤在一起，这个空间长达 20 英里，其东端的宽度为 10 英里。他们唯一的逃走路线是经过尚布瓦（Chambois）和圣兰贝尔（St. Lambert），但两面都在火力威胁之下，并加上不断的轰炸。阿诺德将军的记载说："在阿让唐的三条公路上，德军的战车和卡车成三行的纵队，首尾相接着流动。P-47 雷霆式飞机即向他们攻击。首先炸毁纵队中的领先车辆，阻塞着进路，然后再飞来飞去加以轰炸和扫射。尽管高射炮的火力很强烈，天气也不好，美国的战斗机还是轮番的攻击，整日不休。某些路面浓烟密布，使驾驶员对于毁灭的程度无法作正确的估计，但他们估计已经毁灭了 1000 辆车辆。次日在英国空军的地区中，喷火式、野马式和台风式等飞机又再毁灭了 1000 辆。"

---

[1] 8 月 16 日，克鲁格将他的职务交给摩德尔，几天后即自杀了。隆美尔在 10 月 14 日也被迫自杀。

尽管遭受到了这样可怕的打击，可是在8月20日，德国第二装甲师还是在圣兰贝尔突破了加拿大军的封锁线，并使这条退路畅通了6个小时之久，好让第七军团的残部可以逃走。德军逃出的人数超过了总数的三分之一，其主要的原因是因为从法莱斯进攻的兵力不够强大，而美国第五军与第十五军的换防也使从阿让唐向北的进攻发生了相当的延迟。在这个时候的战略目标应该是击毁第七军团，而不是进占巴黎。可是以后到了1945年4月，当柏林已经在艾森豪威尔的掌握中时，我们却发现那时的战略目标与此时应完全相反。

8月15日，当法莱斯之战正在最高潮的时候，原名为"铁砧"的"龙"作战也开始发动了。假使这个作战能在"大君主"作战之前不久或同时发动，则在战略上也许还有少许的利益，但在D日后即已丧失其存在之理由。因为要从意大利抽调兵力，所以使亚历山大的战役半途而废。6月4日在罗马被攻陷之后，本已迅速向北推进，但现在却阻止了亚历山大向中欧前进，因此也就使诺曼底的胜利丧失了政治意义。在6月6日登陆成功之后，无论在何种环境之下德国的失败都已经是成定局，所以现在应该用战略来配合政策。虽然在当时的环境中，诺曼底和波兰在战略上已成两个具有决定性的战场，可是在政治上具有决定性的战场却仍然是维也纳—布拉格—柏林之线。假使西方同盟国能够先到达这条线，则虽然他们在德黑兰会议曾盲目地犯了许多错误，但却还来得及补救，至少对最后的和平仍能发生相当的作用。反之若让苏军先到达，则面对着苏联的军事力量，西方国家就只能被迫承认事实了。

丘吉尔，英国的参谋首长威尔逊将军，亚历山大将军和蒙哥马利将军对于此都有共同的认识。6月19日，威尔逊曾经向艾森豪威尔指明，假使战略目标为在1944年击败德国，则为了帮助在法国北部的突击，最具有良好计算的战略即为发动一次打击，迫使敌人从法国抽调兵力，而在同时又使他感受到会在1944年内失败的威胁。

所以他主张不发动“铁砧”作战，而让亚历山大将军继续经过波河流域，进入卢布拉纳缺口，于是即足以威胁敌人的要害，而这个地区对于苏联人也是同样的重要。

但是艾森豪威尔对此却一无所知，而他却又受到了美国参谋首长的强力支持，尤其是马歇尔将军。丘吉尔指明他们是顽固地相信应在决定点上集中兵力的格言。照他们的眼中看来，所谓决定点就只是西北欧一隅之地。他们所不曾了解的，是一个最重要的决定点，在政治上是应该有利的，而在战略上又是应该可以达到的。在法国南部登陆，最后是攻入黑森林中的冬季运动营地，那才是一件最不具有决定性的事情。反之，威尔逊的建议是使联军能够直驱维也纳，却可以使联军在法国的胜利具有极大的政治利益，因为它可以使美国人和英国人的势力进入中欧，而只有在中欧才可以赢得政治上的胜利。艾森豪威尔在他的《欧洲十字军》一书中，还固执地说：“在这个阶段中的一切发展，再没有比这个从隆河河谷中前进的辅助攻击对于德军最后完全的失败更能具有决定性的。”由此看来，甚至于迟到 1948 年，他还不曾了解战争是政治工具的道理。

艾森豪威尔也获得了美国总统的支持，他之所以如此却是具有政治性理由的。他在 6 月 29 日，曾经发了一个长电给丘吉尔，其中说道：“因为在德黑兰已经有了发动‘铁砧’作战的诺言，所以除非事先曾与斯大林磋商并获得其同意，否则我反对一切放弃这个作战的意见。最后，因为此间的纯粹政治性考虑，也不能不如此。假使大家都知道已有相当大量的兵力抽调往巴尔干方面，则只要‘大君主’作战稍一发生顿挫，那么我就会维持不下去了。”对于罗斯福总统而言，其决定点既不是法国西北部也不是中欧，而是 11 月的总统大选。至少为了使他能够四次连任，“铁砧”作战的发动是不无理由的。

因为这种原因，在 7 月初时，亚历山大即奉命调出美国的第六军（3 个师），法国远征军（3 个师在意大利，4 个师在北非）和其空军兵力之一部分来组成美国第七军团。这个军团由巴区中将（Lt-Gen. A. M. Patch）指挥，定于 8 月 15 日侵入法国南部。丘吉尔指出因为这个原因，专就意大利境内克拉克将军（Gen. M. C. Clark）的美国第五军团而言，其兵力即已从 25 万人减到 15. 3 万人，于是亚历山大的战役不得不半途而废。

几乎在毫无抵抗之下，美国第七军团在法国南部的海岸上登陆了。[1]10 天之后，由李克里尔将军（Gen. P. E. Leclerc）所率领的法国第二装甲师光复了巴黎。于是诺曼底之战算是告以结束。德国第七军团正在溃逃之中，指挥撤退的狄特里希将军说："若从所放弃的装备的观点上来立论，则塞纳河上的撤退，几乎与法莱斯口袋是一个同样大小的惨败。"这一次会战中，德军差不多损失了 50 万人，其中有 21 万人是被俘的；另外损失有火炮 3000 门，战车 1500 辆，飞机 2000 架，车辆 2 万辆，其他的装备和物资无数。

9 月 1 日，艾森豪威尔亲自接管了其陆军的指挥权，而蒙哥马利虽然升任了元帅，但却只管辖自己的第二十一集团军而已。第二次耶拿会战已经赢得，到柏林的道路已经畅通无阻，现在所剩下来的就只是胜利地扩张，正好与拿破仑在 1806 年的情形是一样的。可是对于联军而言要算是很不幸的，由于环境的因素，尤其是由于个性的差异，艾森豪威尔既不是一个蒙哥马利，又不是一个拿破仑。

当战争开始时，艾森豪威尔还是一个低级的中校，在菲律宾充当麦克阿瑟的幕僚。在此以后就一帆风顺，直到 1942 年 7 月，跳到了 366 位资深军官的前面，被选定为"火炬"作战的指挥官。但他的指挥经验最高只到一个步兵营为止，他对于战争的看法可说是带有最标准化的美国气味。他说这场战争是一种"十字军"运动，

[1] 9 月 15 日，法国各师编成了法国第一军团，司令为塔西格尼将军（Gen. de Lattre de Tassigny），它与美国第七军团合组成第六集团军，由狄费尔斯将军（Gen. J. L. Devers）任总司令。

为了要创造一个“高尚的世界”，所以才必须彻底毁灭轴心国家。当他在 1952 年的总统竞选中，他还曾经这样说：“在我一生当中，凡是重大的事件都莫不具有特殊的精神因素，一切均以十字军的精神为标准。否则你们想，对于北非的登陆以及后来西西里和意大利等战役的成功，若非用十字军的精神则又如何能够获得解释呢？若非所有参与其事的每一个人都具有十字军的精神，否则怎么能够击溃希特勒的欧洲堡垒和使纳粹的军队归于毁灭呢？”1944 年，摩根索曾经引用艾森豪威尔的话，说明全部德国人民都是丧心病狂，而纳粹党不过是罪恶的表面而已，所以德国的战争制造机器必须全部加以消除。至于应由西方同盟国还是苏联来负责执行此项任务，则他似乎是一点都不介意，因为照他的意见看：“一般的苏联人与我们所谓的一个‘一般的美国人’是具有显著的相似。”[1] 他又说：“从美苏两国过去的关系看来，对于未来并无可以悲观的理由。这两个国家都是不受殖民帝国主义思想的束缚。”

诚然地，他的将才是很可以批评的，不过我们却应记着他的教育也使他在出任联军统帅的职务时居于一个十分困难的地位。他似乎是一个未曾受过高等教育而书读得也不多的军人，所以对于战略与政策之间的关系，实在是殊少了解。他说：“政治的考虑是政府的职责，而与军人无关。”这种思想从抽象的理论上来说，也许是正确的，但从具体的事实上来说，则实在错到了极点，尤其是当这个军人是身为总司令时，则更是如此。因为他在美国陆军中是一个资历颇浅的军官，而其个性又比较柔和，所以他很容易受到马歇尔的控制，同时对于他的部下也过于容忍。因为他所指挥的是一支联军，在这种组织中，彼此妒忌的心理是在所难免，至少是潜存着，所以他对部下更是不得不有所让步。他必须调停于各将领之间，使他们能够和谐地相处，这一点他却是圆满地做到了。但是为了在极

[1] 这种想法的幼稚简直像小孩子一样。

短的时间之内，并且只花极小的成本来赢得战争，战略上却是需要独断，而无须一定要获得全体部下的同意。因为他不懂得这个道理，所以作为一个统帅而言，他只能算是一个“协调者”，而不是“指挥者”。为了使他那些嚣张争功的部将能够都有事做和保持宁静，他把这个战略的大饼，切成了碎片，使他们都有得吃，这样的办法遂使他违反了集中的原则，并且延长了战争。

8 月 31 日，根据联军最高统帅部的统计，到此时为止，已经登陆的人员总数为 2 052 297 人，车辆为 436 471 辆。在法国北部，艾森豪威尔所能动用的兵力一共有 23 步兵师和相当于 15 个装甲师的战车实力。据《美国战史》编者柯尔先生（Mr. Cole）所说的：“联军在战斗有效人力方面所占的优势大约为二比一，在火炮方面的优势至少为五比二，在战车方面的优势大约为二十比一。”联军一共有战斗飞机 13 891 架，而侦察、联络和运输机还不计算在内。而对方的德国第三空军军团一共只有 573 架可用的飞机，各种型式都包括在内。

虽然在当时艾森豪威尔不一定知道这样的比例，但至少他所知道的应该是和布莱德雷一样多。后者在他的回忆录《一个军人的故事》中，曾经说过：“到了 9 月 1 日，在西线上的敌军已经溃不成军了。在阿登以北，德国军队的残部总数仅约相当于 11 个师，其中也只有 2 个是装甲师。”很明显的，艾森豪威尔现在所要解决的问题，就是一个追击的问题。他在法国北部的 4 个军团是排成了一线：左面为加拿大第一军团，中央为英国第二军团和美国第一军团，右面为美国第三军团。他们从北面的阿贝维尔起到南面的奥尔良为止，构成了一个巨大的突出地，其顶点在凡尔登。要想让 4 个军团都并驾齐驱地实行追击，那是不可能的，因为诚如艾森豪威尔在其报告书中所指明的，对于用卡车来运输燃料是“完全不适当”，为了维持第三军团的军事力量，他早已被迫用空军来补给它。所以他现在的问题就是要决定应让哪一个军团停止前进，好累积足够数量的燃料，以便使其他的军团可以继续挺进。

蒙哥马利也早已曾经考虑到这个问题。早在8月17日，他就曾向布莱德雷建议，一旦渡过了塞纳河之后，就不应再沿着全线前进，而应集中全力在阿登以北地区作强烈的突击。8月23日，他又向艾森豪威尔作下述的建议："取道比利时，越过莱茵河，向德国心脏部分作一个猛烈的突击，到达北德平原，在那里装甲的优势就可以尽量地发挥。"他又说："假使越过了塞纳河之后，我们对于作战仍能维持相当的速度和动力，则敌军会一口气退过莱茵河，而无法组成一道防线来阻止我们的前进，于是我们就可以获得一个空前的胜利。"但是为了补给这支突击的兵力，就必须要求巴顿的第三军团暂时停止前进。艾森豪威尔对于此项要求却表示不能同意，他认为这从政治的观点上来说是不可能的，因为美国的人民绝对不能忍受；而从军事的观点上来看，他也认为这个建议是"完全疯狂"的，他称之为一种"铅笔式"的突击。

艾森豪威尔的计划是将宽广的正面同时向前推进，而以左面为优先，同时又命令第三军团向东进到萨尔盆地，以与第六集团军取得接触，后者正沿着隆河河谷前进。他说："这个全部正面的联结是颇为重要的。它可以使我们所有的部队，都面对着敌军进行战斗，可以使我们无须花大成本来建立绵长的侧面防线，因为沿着这种防线，我们的部队只能担负消极和静态的任务。我们需要能把全部的兵力都用来打击敌人，所有的兵力都是机动的，都对于敌人野战军的歼灭能有直接的贡献。"

似乎不仅是因为布莱德雷和巴顿的抗议，艾森豪威尔才不肯把领先的任务分配给蒙哥马利，而事实上，他对于情况的了解也是完全错误的。他不知道去扩张他的胜利，反而开始准备作另一次巨大的会战，所以才错过了大好良机而使他的胜利在战略上丧失了决定性。

蒙哥马利的"单刀直入"是否能成功，固然也很难断定，不过

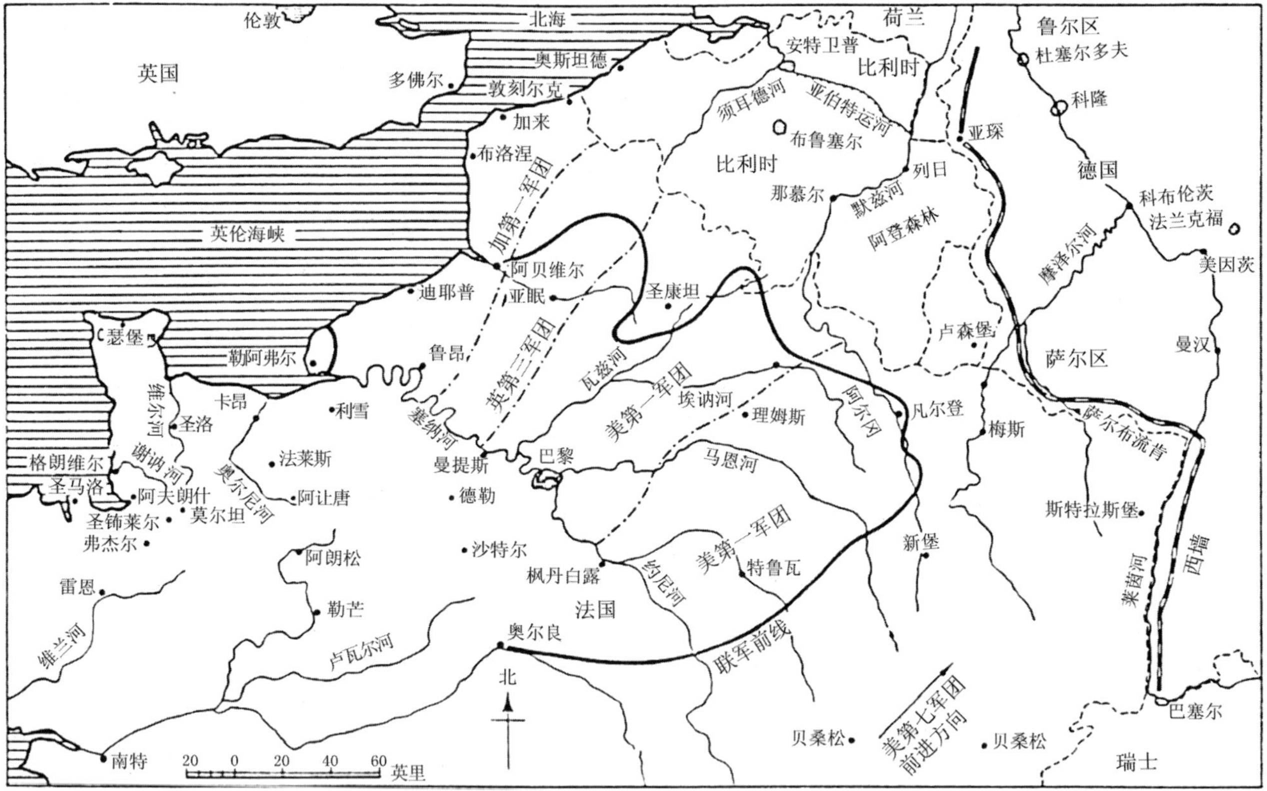

图三十八　联军正面，1944 年 9 月 1 日

我们却知道这正是德国人所预料的。魏尔莫特说："自从开战以来，伦德斯泰特以及其他的德国将军都认为在9月，若能从比利时作一个集中的突击，则应该是可以成功的。"布勒孟楚特说："在空中优势之下，这样一个强力的突破即足以使脆弱的德军正面被撕成碎片，而使战争在1944年冬季告以结束。"

李德哈特的话也可以与这段话互相参证，他说："所有曾经与我谈过话的德国将领，都一致认为联军最高统帅部已经丧失了一个在1944年秋天结束战争的最好机会。他们都同意蒙哥马利的看法，认为当时若能集中全力在北面进攻，直趋柏林，那么即可能达到这个目的。"最后，史佩德将军也说：

> 8月底的情形好像是山洪暴发，几乎谁也挡不住那一股洪流。于是突然地发生了无法想象的怪事，这是1914年法国"马恩河奇迹"在德国的翻版。联军的猛烈前进突然停顿了下来，其主要的原因是联军最高统帅部在方法上的错误。假使联军紧抓着正在撤退中的德军，那么他们就可以逼得全体的人马都喘不过气来，于是战争就可能会提前半年结束了。在当时，德国已经没有任何具有重要性的陆军可以投入战斗，而空军方面更是几乎等于零。

更足以打击联军的战略者，是9月10日召开第二次魁北克会议时美国的财政部长摩根索又提出了一个如何解决德国问题的计划。自从1944年起，摩根索对于美国外交政策的形成即开始占着具有决定性的地位。[1]这个计划大部分都是出于摩根索的助手怀特（H. D. White）的手笔，后者在1951年8月14日，为美国参院安全小组委员会判明为苏联的间谍。这个计划的要点，是要把东普鲁

[1]　见《赫尔回忆录》。

士、西利西亚的大部分、萨尔地区和莱茵河左岸上的一个宽广地带都从德国的版图上割裂下来，至于其余的德国领土则应分为三个地区——南区、北区和国际区。后者从法兰克福起直到波罗的海和不来梅，包括鲁尔地区在内。在这个地区中的一切工厂和工业设备，凡是未为军事行动所毁灭者，都应完全加以拆除，迁往该区之外，或者完全加以销毁。一切矿场的设备也应拆除，所有的矿场均应彻底加以破坏。为了赔偿，不仅要拆迁工厂和设备，并可以强迫德国人到国外去工作。其最后的一条是更有意义，因为假使真的照办了，则势必将使德国受到苏联的支配。它的内容说：

> 在德国境内执行警察和民政的任务，主要应由德国在欧陆上的邻国的军事力量来担负。这些兵力包括苏、法、捷（克）、波、希（腊）、荷、比等国的军人在内。在这个计划之下，美国部队即可以在相当短的时间之内退出欧洲。

这个摩根索计划为罗斯福和丘吉尔所采纳，9 月 15 日，他们定下了一个协议，决定把鲁尔和萨尔地区的工业加以销毁。这两个地区应由某种国际组织管理，它应负责监督工业的拆除和制止它们在伪装之下再恢复。这个销毁鲁尔和萨尔地区战争工业的计划只不过是一个初步而已，最后全部德国也都要使其变成一个农业国家。英国首相和美国总统都同意这个计划。

9 月 24 日，这个计划正式公布发表，这好像等于说明了无条件投降的意义。它使许多原来反对纳粹政权的德国人，现在都感觉到宁愿在希特勒统治之下打到底，而不愿意接受这个迦太基式的和平。这个计划唤醒了他们 1813 年的精神。

于是德国人的心境为之一变，全国都愿作困兽之斗，再加上艾森豪威尔的宽广正面战略，于是在整个的秋天里，沿着从奈梅亨（Nijmegen）到科尔马（Colmar）350 英里长的正面上，联军发动了一连串的攻击，而每次都受到了激烈的反击，终至于师老无功。到了 12 月中旬，希特勒在阿登地区发动了其最后的反攻，更明显地证实了艾森豪威尔直线战略的愚蠢，这次反攻虽然失败了，但却使联军丧失了 7.7 万人，其对于美国威望上的打击，几乎和日本人对珍珠港的奇袭是一样的重大。它使斯大林感到有隙可乘，于是他立即抓着这个机会，乘西方同盟国正在感到窘迫之时，同意他们在 1 月底举行另一次的三巨头会议——自从罗斯福四度当选之后，就一直在作此项要求。同时，因为希特勒在阿登攻势中，已经把他的全部战略预备队都用光了，所以斯大林也就决定在 1 月中旬发动苏军的冬季攻势。他希望到了三巨头会议召开时，他的军队已经席卷了波兰全境，于是好让他的同盟者面临着一个既成事实。

由朱可夫和柯涅夫所领导的苏军攻势，于 1 月 12 日开始。它排山倒海地打击在德军的战线上，用极高的速度前进，到了 2 月 4 日，这两位元帅的大军就分别在库斯特宁和布勒斯劳到达了奥得河上。同一天，三巨头也在克里木的雅尔塔（Yalta）开始集会。

罗斯福离开美国前往克里木时，他是怀着高度的希望，但却毫无准备；欧洲战争已经接近了它的终点，而和平也正在天边发出闪光。现在正是他需要设法获得斯大林竭诚合作的时候了。这似乎是一个容易的工作，因为他看不出来美苏两国之间在利益上会有根本上的冲突。他认为丘吉尔是一个纯种的帝国主义者，可是斯大林却绝不是这一类的东西，所以为了要清算不列颠、法兰西和荷兰在亚洲的殖民地，他需要斯大林的帮助。同时，他也需要用斯大林来帮助他解决日本人，因为他的参谋首长们曾经向他提出警告说，若无苏联人帮助，则为了征服日本，美国人可能还要付出“100 万人的死伤”来作为成本。所以在会议尚未开始之前，他就早已下定了决心让斯大林在欧洲获有自由处分的权利，以来当作交换条件。

因为斯大林的现实主义和罗斯福的理想主义，所以雅尔塔会议结果就变成了一个超级慕尼黑。罗斯福的顾问人员为霍普金斯，还有国务院中的希斯（Algar Hiss）。

他们一致同意德国应加以瓜分，某个地区由某一个同盟国的军队来占领；无条件投降必须强制执行；应强迫德国人为同盟国工作；并应赔偿 200 亿美元，其中半数应给与苏联。

当斯大林同意苏联参加 4 月召开的联合国大会之后，波兰即被投掷在苏联的手掌之中——为了保障波兰的完整，英国才加入这次战争。它的东面国界大致固定在寇松线上，其西界则暂时推进到奥得河和奈塞河（Neisse）上。由克里姆林宫所支持的卢布林委员会，已经于 1944 年 12 月 31 日自称为“波兰民族解放委员会的临时政府”，现在即被承认为波兰的合法政府，其条件为准许少数流亡政府中的人员参加，并同意作自由的选举，但却不用中立的观察员监督，因为这被认为是对波兰人的一种侮辱。

最后，当波兰已经出卖给苏联之后，在一次不让丘吉尔参加的秘密会议中，罗斯福获得斯大林的保证共同对付日本。作为交换条件，罗斯福同意承认外蒙的现状，恢复在 1904 年到 1905 年苏联所丧失的一切领土如南库页岛和千岛群岛，并同意苏中共营中国东北的铁路。因为这些领土中大部分都是中国的，所以罗斯福似乎是已经把帝国主义和大西洋宪章等观念都忘光了。

雅尔塔会议是在 2 月 10 日结束的，接着在散会后的欢宴席上，当他起来向斯大林敬酒时，丘吉尔预言家似的说：“他知道在平时也会和战时一样，斯大林元帅会继续领导他的人民从一个胜利走向另一个胜利。”次日，三巨头签署和发布了一个联合声明。其中包括许多摩根索计划中的经济性建议，而在宣言的结尾时却说：“依照大西洋宪章的条款，这个协议保证世界上所有的人类都能在生活中获得免于恐惧和困乏的自由。”

在这个充满了希望的宣言公布之日的前三天，艾森豪威尔向莱茵河上的“方阵”式前进已经在恶劣的天气中开始了它的最后一个阶段。在左面，2 月 14 日，加拿大第一军团已经在埃默里希

（Emmerich）的对岸到达了莱茵河，可是直到3月3日，在加拿大右面的美国第九军团才能在盖尔登（Geldern）与他发生接触，除了天气的恶劣以外，敌军也曾作疯狂式的抵抗。接着在3月5日，美国第一军团第三军的前卫在雷马根（Remagen）夺获了莱茵河的桥梁。最后，3月22日，巴顿的第三军团也在梅斯以南的奥彭海姆（Oppenheim）附近渡过了莱茵河。次日，在蒙哥马利指挥之下，第二十一集团军和美国第九军团也在威塞尔渡过了莱茵河。

德军从莱茵河上退到了鲁尔地区。他们在那里作背城一战的抵抗，但是已经受到了包围，到了4月13日，摩德尔元帅连同官兵32.5万人都投降了。现在到柏林之路已经畅通无阻，而在朱可夫和柯涅夫指挥之下的苏军却还滞留在奥得河和奈塞河上。同一天在南面的苏联马林诺夫斯基元帅（Marshal Malinovsky）占领了维也纳，这是中欧三大政治战略中心中最南的一个。

现在就只剩下柏林和布拉格。艾森豪威尔与柏林之间现在已经没有任何的障碍物，既无防御工事也无野战军，虽然柏林是处在所拟定的苏联占领区之内，但却并不曾规定应由何国陆军最先入城。此时艾森豪威尔实在有赶紧占领柏林之必要，因为现在已经发现苏联人有不遵守雅尔塔协定中一切重要条款的事实，所以若是柏林握在英美的手中，则可以使两国处于较强的地位，以便强迫苏联人遵守协定。丘吉尔曾经说过：“假使我们不能有所矫正，则罗斯福与我将何以见谅于世人。”

虽然这是至为明显的事实，可是对于艾森豪威尔而言，政治价值却仅具有次等的重要性，同时他更相信希特勒的意图是放弃柏林，并退入所谓“国家堡垒”的地区中——奥地利的西部和巴伐利亚的南部。他说：“当敌人已经到达了最后失败的边缘时，在我的眼中，军事因素是比政治考虑更为重要的，包括占领敌方首都的问题在内。我们军队的任务应该是击碎德国的陆军，而不应分散兵力来占领那个废墟的空城。”这就是他的理由，所以他的计划是把柏林留给苏军去占领，而布莱德雷的前进轴心则改为通过日耳曼中部，以与在莱比锡—德累斯登地区中的柯涅夫元帅会师，并切断希特勒进入“国家堡垒”的路线。其右翼由巴顿率领，占领了这个神秘的“狮穴”。其左翼则在蒙哥马利的指挥之下，进到了汉堡和波罗的海地区。早在 3 月 28 日，他已经把计划中的要点，分别电告华盛顿、伦敦和莫斯科三方面。斯大林大喜，而丘吉尔却大怒，但是后者却毫无办法，因为美国的参谋首长们都支持艾森豪威尔的见解。3 月 31 日，马歇尔电告英国的参谋首长说：“德国之战现在已经发展到这样一个阶段，一切应听任野战指挥官去决定采取何种措施。故意不去扩张敌人的弱点似乎是不合理的，唯一的目标即为迅速而完全的胜利。”4 月 6 日，马歇尔又说：“那些由于赶在苏联人以前占领柏林而可能获得的心理和政治的利益，不应该超过迫切的军事性考虑，照我们的意见看来，这个考虑中最重要的即为毁灭和肢解德国的军事力量。”

4 月 11 日，美国第九军团的前卫进入了马德堡，次日又渡过了易北河。布莱德雷说：“在那个时候，假使我们认为为了占领柏林而付出的死伤成本是值得的，则我们可能已经进入了柏林。当时朱可夫还没渡过奥得河，而柏林则恰好处于两军的中点上。”4 月 14 日，也就是罗斯福逝世和杜鲁门接任美国总统的后两天，艾森豪威尔命令他的军队停止在易北河上。21 日，他通报苏联最高统帅部说：除了向卢比克的一次进军之外，他并无进到易北河以东的意图，或是越过捷克斯洛伐克的西界，反之他的第三和第七两军团将要占领“国家堡垒”。所以布拉格也拱手让给苏联人了。

自从联军在诺曼底登陆以后，希特勒就好像是处在一个巨怪的嘴巴中，现在上下两方的牙床一下就咬紧了。4 月 29 日，在意大利境内的德军指挥官魏庭霍夫将军（Gen. von Veitinghoff）率领着将近 100 万人的兵力向亚历山大无条件投降了。次日下午 3 时 30 分，希特勒自杀，5 月 2 日苏军进入了柏林。两天之后，弗里德堡将军

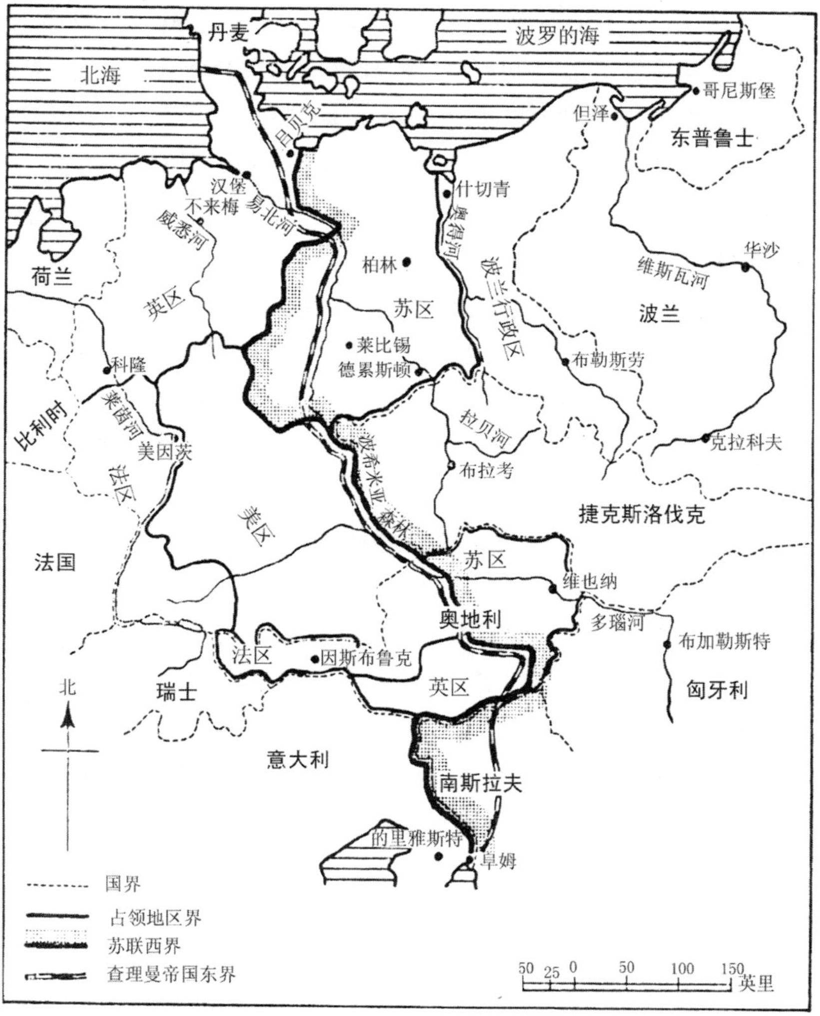

图三十九　联军占领区图

（Adm. Friedeburg）和德军统帅部的其他代表在蒙哥马利的前线指挥所中，签订了一个休战协定，使在德国西北部、丹麦和荷兰的一切德军都向联军投降了。这个指挥所设在吕内堡（Lüneburger），1935 年希特勒曾在这里举行他的第一次大演习，诚令人有不胜今昔之感。三天之后，在理姆斯的艾森豪威尔总部中，约德尔和弗里德堡代表德军签署了无条件投降的降书。在 5 月 8 日到 9 日的午夜时，战争正式结束。5 月 9 日，苏军进入了布拉格。

对于美英两国而言，诺曼底会战的结果好像“所多玛的苹果”(Apples of Sodom)[1]一样，当它们采到手中之后马上就变成了灰烬。希特勒和它的“兵团”固然是被毁了，可是取而代之的却是斯大林和他的亚洲“乌合之众”。因为西方同盟国的目的为“胜利——不惜一切成本的胜利”，并且坚决地主张不顾一切地使德国失败和毁灭。斯大林却是一个超级的现实主义者，他的战略始终能与其政策作逐步地配合，所以终于使他能够占有了爱沙尼亚、拉脱维亚、立陶宛、芬兰的一部分、波兰、德国的东部和中部、奥国的三分之一、捷克斯洛伐克、匈牙利、罗马尼亚和保加利亚。欧洲的三大名城：维也纳、布拉格和柏林都是他的，而除了雅典以外，东欧每一个国家的首都也都已落入他的手中。苏联的西疆已经由普里皮亚季沼泽推进到绍令吉森林，前进了 750 英里的距离。欧洲又回到了查理曼的时代，斯拉夫人站在易北河上和波希米亚森林（Böhmer Wald）之中。1000 年来的欧洲历史又倒转了。这些都是诺曼底会战的后果，也是愚蠢战略和经济性政策的后果。

[1] 源出《圣经》，所多玛是个罪恶种种而遭神毁灭的城市。

大事记（十六）

太平洋战争的进展

在中途岛会战之后，美国所面临的问题即为如何突破日本人的内外两道海洋防线，而最后打击在其卫城——日本本岛——之上。正好像一般的围城战一样，这个问题的解决是要利用要塞的轮廓，上文已经说过，那是一个巨大的突出地带。其底部是从缅甸一直延展到了千岛群岛，而其顶点则在埃利斯群岛，针对着斐济和萨摩亚两岛。

从战略上来看，这个突出地带控制着太平洋，同时也控制着印度洋，不过程度上略有差异而已。但对于英美两国而言可谓颇为幸运，因为日本的实力不足以在印度洋占领着战略中心的同时，又在太平洋中作生死的决斗。假使日本若能如此，则很可能就会绞断了其敌方通向中东和印度的海路，其结果又很可能使隆美尔占领了埃及和使在高加索的铁木辛哥因为不能获得从波斯运来的补给而自动崩溃。它也可能会使中国不能继续抵抗下去。印度洋正和苏联一样，隔断了日本与其欧洲同盟国之间的关系。

因为日本人未能同时用足够的力量来守住这场突出地的两侧，所以他们才会丧失了这场战争，而且从战争开始之日起，似乎他们

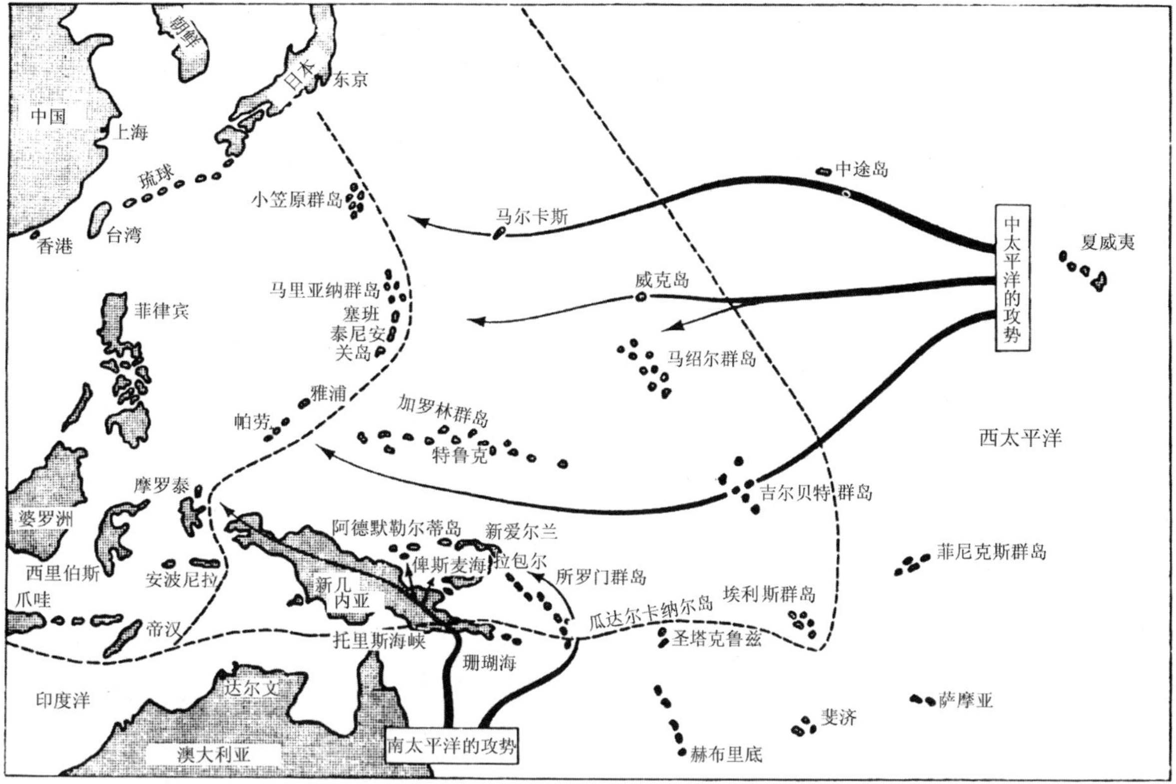

图四十　西太平洋的战略,1942—1944 年

即应明了其危险的所在，就是有两面同时受到攻击的可能性。日本的敌人对于这一点当然也同样看得很清楚，所以他们的大战术问题即为如何在海上来打一个巨型的卡纳式的作战。他们也认清了一旦当他们能够累积了足够的实力以后，他们所处的形势是很适宜于进行这样的作战，因为他们可以分别从四个不同的基地来进攻这个突出地区：从印度和阿拉斯加来打击它的腰部，从夏威夷和澳洲来打击它的侧翼。

虽然这样一个突出地，使日本可以采取内线的作战，当其敌人实力脆弱时，这是一个具有决定性的利益；可是一旦当敌人的实力增强之后，即足以从几个方向来威胁它，而日本的船只和空权，却不能够使它在同一时间之内把兵力集中在一个以上的地区，而又同时能够守住这个巨型防线的其余部分。事实上，自从中途岛会战以后，日本战略的有限性质，使其敌人坐享其利，因为它使敌人有时间来建立他们的实力，并迫使日本过分伸展它自己的力量而逐渐丧失了主动权。

美英两国当局也能明了从缅甸和阿拉斯加向这个突出地腰部的前进线是远不如从夏威夷和澳洲向其侧翼的前进线那样重要。又因为中途岛的胜利已经使夏威夷基地的安全有了确实的保障，所以他们眼前的问题就是如何确保澳洲的安全。此项要求就是要阻止日本扩大其对于新几内亚的占领，并把突出地的顶点向萨摩亚推进。若是日本人能够达到上述的目的，则他们可以便于切断美澳之间的南太平洋交通线。

这个地区中的战略中心为拉包尔，它位于新不列颠岛上。它是俾斯麦海（Bismarck Sea）和珊瑚海之间的中点，前者靠着新几内亚的东北海岸，后者则靠着澳洲的东北海岸和托里斯海峡（Torres Strait）。一旦拉包尔被中和化，或是为美国人所占领，则可以不再害怕日本在这个突出地顶点会作更进一步的延展。同时对于从夏威夷透过突出地左翼的前进路线上，拉包尔也位于它的左翼方面。这是一条三岔的路线，其中央轴线取道威克岛和马绍尔群岛以达关岛和塞班等岛屿。它的右支经过中途岛和马尔卡斯（Marcus）以达小笠原群岛。它的左支经过吉尔贝特群岛和特鲁克以达帕劳群岛和雅浦岛。特鲁克为日本在加罗林群岛中的主要基地，因为拉包尔在它的南面距离约 800 英里，所以是处于特鲁克岛上飞机的航程之内的。一旦拉包尔、特鲁克被中和化之后，则以澳洲为基地，经过新几内亚到摩罗泰岛（Morotai）的前进与从夏威夷到帕劳群岛的前进之间，就可以建立一个不受空中威胁的联系。这些当作终点的岛屿和马里亚纳群岛都要算是极重要的战略据点，因为它们位于日本内防线的周界之上。

简言之，联军对于问题的解决方案如下所述：首先中和拉包尔，然后再突破这个突出地的南面侧翼；接着从威克岛与吉尔贝特之间，突破其北面侧翼；一旦当这两方面的作战获得了成功之后，即从摩罗泰与塞班之间，突破日军的内防线，并攻击菲律宾，于是就切断了日本与其新近征服的南方帝国之间的交通线。最后，联军再从菲律宾进攻日本本岛。

这个巨大的战略计划由两支兵力来执行。一支是由麦克阿瑟将军统率，以澳洲为基地；另一支由尼米兹将军指挥，以夏威夷为基地。上述的形势使这个计划的执行受到了极大的帮助。珊瑚海之战已经阻止了日本人进占在巴布亚岛上的莫尔兹比港，并且就目前而言，也为澳洲和美国稳住了托里斯海峡的局势——这是澳洲北面的一个重要堑壕。中途岛之战使日本的航空母舰受到了巨大的损失，使他们被迫放弃了其向新喀里多尼亚和斐济群岛的前进计划，反之却开始考虑到其拉包尔基地的安全问题。为了解决这个问题，他们决定同时采取两个密切联系的作战。第一是在所罗门群岛上，建立一连串的坚强据点，第二是攻克莫尔兹比港，若是能够如此，则从北面进攻拉包尔的路线即可以用空权来封锁。关于后述的一个作战，其计划如下：首先从哥纳（Gona）和布纳（Buna）（都在巴布亚的北岸上）越过欧文·斯坦利（Owen Stanley）山脉前进，以便吸引在莫尔兹比港的澳军向丛林中去迎击敌人。其次，占领在巴布亚东端的米尔恩湾（Milne Bay），并夺占其附近的飞机场。从这个机场上起飞的飞机，与在瓜达尔卡纳尔的飞机合作，即可以获得珊瑚海北端出口的控制权。最后，等到获得了这个控制权之后，乘着澳军正在与哥纳—布纳纵队纠缠之际，从拉包尔派出一支海运兵力，去攻占莫尔兹比港。这样，日军就有希望能切断在莫尔兹比港与达尔文港（Darwin）之间的澳军交通线，后者为纵贯澳洲铁路线的北端终点。这是一个果敢的计划，但是太复杂，而日本人的兵力也太少，不够执行之用。

为了对付这个威胁的第一部分，1942 年 8 月 7 日，一支以新西兰为基地的美国远征军，分别在佛罗里达岛（Florida）和瓜达尔卡纳尔岛上登陆；最初它只遇到了轻微的抵抗，并且占领了在瓜达尔卡纳尔岛上日军尚未完成的飞机场。这样就挑起了一连串的海战，以 8 月 9 日的沙弗岛（Savo）之战开始，而以 11 月 30 日的塔沙法仑加（Tassafaronga）之战为结束。到了此时，日军在瓜达尔卡纳尔已经无法再留有兵力了。同时，日军在巴布亚的情况也每况愈下，到了 1943 年 1 月，情况已经变得如此的紧急，于是在 2 月原来集结在拉包尔地区准备开往瓜达尔卡纳尔的援兵不得不改调巴布亚，而在瓜达尔卡纳尔的日军残部则只好忍痛撤出。

第二部分的作战是在 7 月 21 日到 22 日发动的，日军首先占领了哥纳和布纳，接着向内陆前进，以澳军在科科达（Kokoda）的前哨为目标，在到莫尔兹比港的中途上。其次，在 8 月 26 日，日军约 2000 人在米尔恩湾登陆，但遇到了顽强的抵抗，终于被迫撤回，此后因为瓜达尔卡纳尔方面急需增援，所以未再作第二次的登陆企图。解除了这一方面的威胁之后，11 月 3 日澳军靠着空运的补给，把日军哥纳—布纳纵队逐出了科科达，一直把他们赶到了巴布亚的北岸上，大部分都被歼灭在那里。因为受到了这次惨败，所以才迫

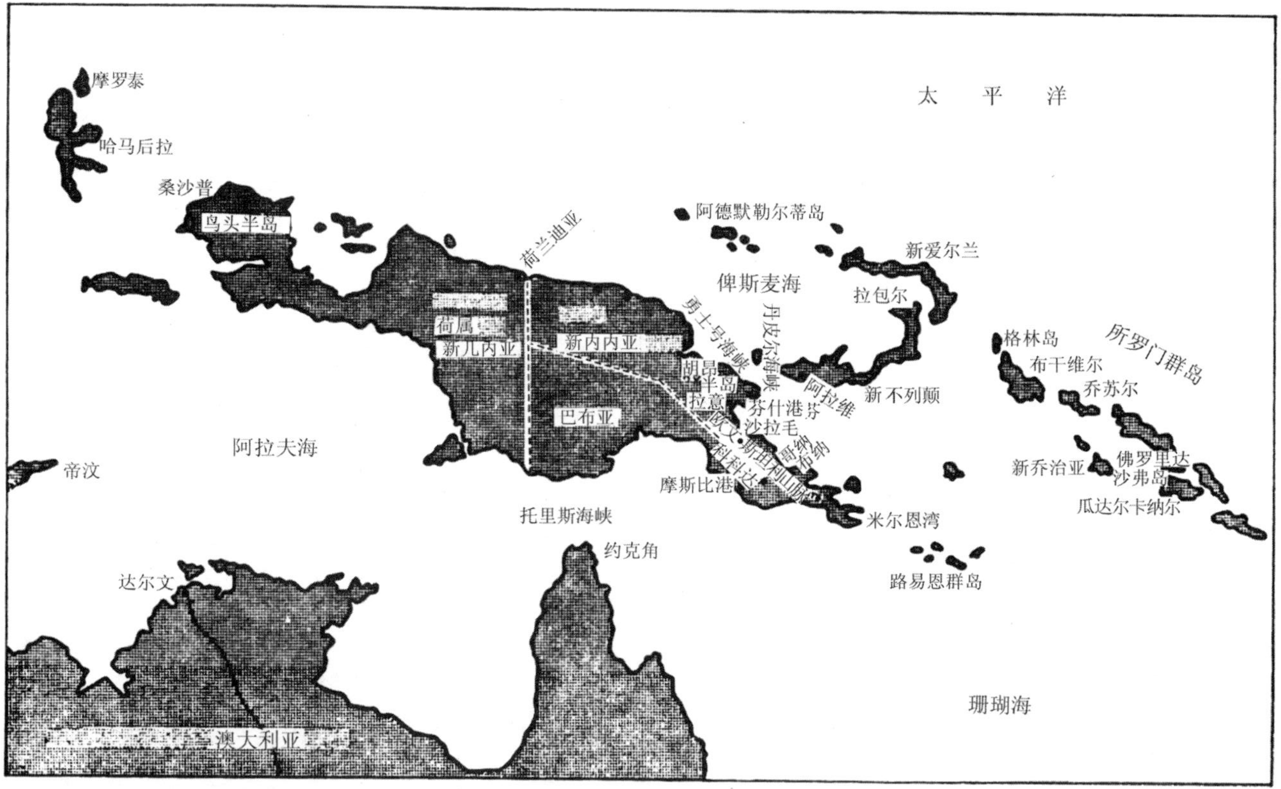

图四十一　麦克阿瑟的太平洋战役，1942—1944 年

使日军放弃了瓜达尔卡纳尔，并把一切的援兵都集中在新几内亚东北部的拉意和沙拉毛两地，以便挡住攻入新不列颠和拉包尔的进路。最后在 1943 年 3 月 3、4 两日之中，发生了所谓俾斯麦海之战。一支日本的运输舰队，从拉包尔出发，运输援兵和补给开往拉意，大部分均为联军空中攻击所毁灭。日本计划的第二部分，其失败之惨正与第一部分完全相似，总的看起来，很显然战略主动权已经从他们的手中溜走了。

当巴布亚之战结束后，麦克阿瑟即将兵力移向沙拉毛，而日军则增强其从拉包尔至荷属新几内亚的荷兰迪亚（Hollandia）之间的防线，以便增强他们的右翼。但是直到 8 月，麦克阿瑟才有足够的实力可以进攻，以便获得勇士号（Vitiaz）和丹皮尔（Dampier）两个海峡的控制权，它们是夹在新几内亚与新不列颠之间。利用以米尔恩湾和布纳为基地的两栖兵力，他在胡昂（Huon）半岛上登陆，并在 9 月 16 日攻占拉意。其次，在 10 月 2 日，他又占领了芬什港（Finschhafen）。该地在胡昂半岛的顶点上，并被发展成为一个巨大的补给基地。利用这个地区为起点，又可以进一步向新不列颠和新几内亚的北岸上发动两栖作战。

这些作战中的第一个是在 12 月 15 日发动，联军在新不列颠的阿拉维（Arawe）登陆。此时在所罗门群岛方面，美国的海军陆战队也于 11 月 1 日在布干维尔岛（Bougainville）上登陆。在那里他们建立了机场，使拉包尔在战斗机航程之内。不久即可以以新不列颠和布干维尔以及后者北面的格林岛（Green Island）为基地，对于拉包尔作 24 小时不停的空中攻击。虽然麦克阿瑟并未占领拉包尔，但他的飞机已经使它中和化。

麦克阿瑟认清了由于日本人在海上的损失惨重，所以对于其分布在新几内亚北岸上的许多支队已经无法作适当的补给，因此他决定不采取寸土必争的前进方式，而完全依赖母舰飞机的支援来进行一连串的两栖跃进。第一个跃进是以阿德默勒尔蒂岛（Admiralty

Islands）为目标，在二三月将其完全占领，因为这对于拉包尔又构成了一个额外的威胁，所以日本人决定把他们的主要基地移到荷兰迪亚。但是麦克阿瑟却猜透了他们的意图，决定第二步就跃向荷兰迪亚，于是把一路的敌方支队都跳过去了。4 月 22 日，他作了这个远达 600 英里的跃进。日本人受到了完全的奇袭，在其东面被切断的日军人数在 5 万以上。于是联军继续向西跃进，到了 7 月 30 日，终于已经占领了鸟头（Vogelkop）半岛上的桑沙普（Sansapor）。在 12 个月略多一点的时间之内，麦克阿瑟已经前进了大约 1300 英里的距离，而没有经过太多的激烈战斗，即切断日军兵力 13.5 万人，使他们完全断绝了得救的希望。

在桑沙普，新几内亚战役遂告以结束，下面的一跳也就是菲律宾战役的开始。9 月 15 日，麦克阿瑟跃向摩罗泰岛，这已经是在日本内防线之上了，于是在哈马后拉的 3 万日军又被绕过了。现在麦克阿瑟到菲律宾的距离已在 300 英里之内了。同样重要的，摩罗泰岛又位于尼米兹战役地区中的焦点上，所以在这里两次战役可以合二为一了。

尼米兹的问题与麦克阿瑟的完全不同。麦克阿瑟是以陆上为基地的，而尼米兹却可以把他的基地带着走。换言之，他的舰队一方面是作战基地，另一方面也是打击力量。所以尼米兹的军事力量是一个四位一体的组织——一个浮动基地，一支舰队，一支空军和一支陆军。在中途岛之战以后，18 个月之内，它就已经设计、建造和集中完成了，这在海军史上要算是一个最伟大的组织成就。

有了这种伟大的毁灭工具，遂使尼米兹和他的部将们在作战时，可以采取一种极宽广的正面，并迫使日本人必须把他们的劣势兵力——尤其是空军——分散在如此宽广的空间内，使他们很难集中兵力在任何一个危急的要点上。因为大多数的太平洋岛屿都太小，很难改建成一个真正坚强的防御阵地，而且也无法容纳足够数量的守兵以作长期的抵抗，所以在日本人的援兵尚未来到之前，美军很容易一鼓作气地将其击毁。此外，在一群岛屿中只要能占领住一两个空军基地，即可以完全切断他们的增援路线，于是对于其他的岛屿就可以安全地绕过，而让敌军留在那里饿死好了。因为这种军事组织不仅具有极强大的威力，而且更是自给自足的，在一切的作战中都可以把自己的补给、维护、修理的设备带着走，所以美军具有无限大的活动范围。这样遂使日本人的防御战略完全破产，使茫茫无边的太平洋对于日本人从盟友变成了死敌。

在 1943 年夏季中，美军为了攻击这个突出地的北面侧翼，之前就作了一连串的准备性作战。它们包括：7 月 24 日到 27 日，美国航空母舰对于威克岛所作的空中攻击；8 月 30 日，对于马尔卡斯岛的攻击——这是日本人的一个重要空军基地，为日本委任统治诸岛补给线上的一个中继站；此外还有对于马绍尔群岛中重要岛屿的攻击。而菲尼克斯（Phoenix）群岛中的贝克岛（Baker）和埃利斯群岛中的努库费陶（Nukufetau）和纳诺梅阿（Nanumea），也都在 9 月初被占领。

这次战役的最初阶段为侵入马金岛（Makin）、吉尔贝特群岛中的阿比马马（Abemama）珊瑚礁和塔拉瓦（Tarawa）珊瑚礁。11 月 1 日，对于第一个岛的登陆成功了，次日又在第二个岛上登陆成功，第三个则在 11 月 21 日登陆成功。23 日美军占领了马金岛，24 日占领了塔拉瓦，而阿贝马马的登陆则根本没有遇到抵抗。这些作战的目的是想在中央主力前进发动之前，先解除埃利斯群岛的危险。它又把敌人的思想引入了歧途，以为美军的意图是要向所罗门作主力的突击，以便支援拉包尔的战役。日军一直等到尼米兹发动了其次一个打击之后，才发现了他们的错误。

这次打击落在马绍尔群岛上——500 英里以北，在吉尔贝特岛之西。其目的又是不占领全部的岛屿，而只选定其具有良好机场者。1944 年 1 月 1 日，美军未经过战斗即占领了马朱罗（Majuro），连同其良港在内。2 月 2 日，美军开始攻击夸贾林（Kwajalein）珊瑚礁，日军顽强地抵抗了 4 天之久。2 月 2 日，美国陆战队又侵入了那慕尔（Namur）和罗伊（Roi），而在 19 日到 22 日也攻占了埃尼威托克（Eniwetok）。

因为尼米兹的意图为绕过加罗林群岛，而对于马里亚纳群岛展开他的第三期战役，同时在加罗林群岛中的特鲁克岛为中太平洋内的日本海军主要基地，所以尼米兹命令史普劳恩斯将军将其击毁。后者于2月17日到18日发动了母舰的攻击，于是日本人撤出了该岛。

在马里亚纳的作战，是指向塞班、泰尼安、关岛三个岛上。在6月10日到12日，它们受到了惨重的轰炸，美军于15日登陆塞班岛。这是中太平洋地区中一个空前的重要作战，因为美军占领了马里亚纳群岛，不仅足以突破敌军的内防线，而且也使美军切断了日本到加罗林群岛的直接交通线，以此为对小笠原群岛的作战基地，从那里即可以轰炸日本的本土。

当美军在塞班登陆时，一支强大的日本舰队，包括 9 艘航空母舰在内，进入了在该岛以西的太平洋中。它由小泽中将指挥，其意图为击毁正在掩护登陆的美国航空母舰任务舰队——由史普劳恩斯将军指挥。小泽中将的计划是要使他的飞机在航空母舰与关岛的航空基地之间作穿梭的飞行，在来回的途中都可以攻击美国的舰队，而他自己的母舰则准备留在敌方航空母舰的打击范围之外。6 月 19 日，小泽中将开始他的空中攻击，对于水面兵力而言，这要算是最强大的打击，其所使用的飞机数量也是空前的巨大。但因为太缺乏协调，所以其飞机中有 350 架以上均被击落，而其母舰中有 2 艘也为美国潜艇所击沉。20 日，史普劳恩斯的任务舰队向西行驶，当发现了日本舰队的位置之后，在下午 6 时 20 分到日落，一共用了 216 架飞机对它加以攻击。日军共有 1 艘航空母舰和 2 艘油轮被炸沉，另外 4 艘母舰、1 艘战斗舰、1 艘重巡洋舰和 1 艘油船被炸伤。这被称为“菲律宾海之战”，为中途岛之战以后的最重要海战，虽然其结果并未能如所希望的那样把日本水面舰队一网打尽。但是由于日军损失了 3 艘航空母舰，并且使其全部训练有素的飞行人员几乎被歼灭，所以事实上，日本航空母舰的航空队已经溃不成军了。

塞班岛上的战斗一直拖了 25 天之久，直到 7 月 9 日，有组织的抵抗才中止。它的陷落所造成的直接后果为东条内阁的倒台，由小矶国昭出组日本的新内阁。

第二个被侵入的岛屿即为关岛。美军在 7 月 21 日登陆，到 8 月 10 日其守军才完全被歼灭。最后，美军于 7 月 24 日侵入泰尼安岛，经过了 9 天的战斗才完全占领该岛。

在泰尼安被征服后，美军暂时停息了一下，直到 9 月 8 日才继续作战。在那一天，韦金生中将（Vice-Adm. Wilkinson）所率领的美国第三两栖部队在帕劳群岛的附近海面上出现。8 月 15 日，美国陆战队和步兵在佩莱利乌岛（Peleliu）登陆。在麦克阿瑟侵入摩罗泰岛的同一天，美国中太平洋舰队也赶到了他的右翼方面。收复菲律宾的好戏马上就可以上场了。

第十六章

莱特湾会战

到 1944 年孟夏之时，麦克阿瑟和尼米兹的联合进攻已经使日本受到了重大的损失。虽然在丰田副武大将指挥之下的日本联合舰队还仍然无恙，但是其商船的损失已经足以使日本的经济发生了瘫痪作用。假使美军再西进，还可以切断现在仍在菲律宾—台湾—琉球岛屿屏障线后面继续畅通的日军内海运输线。石油的缺乏早已成为日本海军的严重问题，因此日本早已不再能够在本国的海面上为其全部舰队补充油料，而被迫只好把其中的一部分舰艇改以新加坡附近的林加岛（Lingga）为基地。在这次战后，有人向丰田询问其在 1944 年 9 月所面临的情况如何。他解释说，假使菲律宾丧失了，则即使联合舰队仍然存在，向南方的航线却还是完全被切断，即使这支舰队能够全部返回日本海面上，却还是会无从获得其燃料的供应。假使再留在南方的水面上，那么兵器和弹药的补充也就会完全没有了。所以他强调说："假使不惜丧失菲律宾以保全这支舰队，则结果可以说是毫无意义。"那么菲律宾群岛又如何可以守住呢？

尽管缺乏燃料，而日本的航空母舰的制空权在菲律宾海之战中又已经被击碎，但是日本方面并未完全绝望。他们的敌人是要到距离国内基地在数千英里以外的地方作战，其最近的飞机场也在 500 英里以外，而他们却早已建立了几十个飞机场，可以在它们的航程之内作战。既然必须挺身而斗，丰田遂决定不管其敌人攻击何处，他都只能倚赖海面舰队的战斗，而以陆上基地的飞机为掩护。以这个决定为基础的计划被称为“捷号”作战计划，这是日本背城一战的企图，也是历史上最果敢的海军作战之一。但是在我们尚未加以检讨之前，却应该先大致说明在麦克阿瑟和尼米兹前进之后所发生的事情，因为这些事情把这个计划的“牙齿”全都拔去了。

麦克阿瑟和尼米兹都已认清，日本舰队会选择在陆上基地飞机掩护之下挺身而斗的计划，所以当他们尚未在摩罗泰和佩莱利乌站定脚跟之前，即已经决定应先扩展其征服的范围，然后再在 11 月中旬跃向梅兰老岛（Mindanao）。同时，指挥美国第三舰队的海尔赛上将（Adm. Halsey）也开始对在梅兰老岛的日本飞机场作一连串的打击。他所遭遇到的抵抗是如此的脆弱，所以在 9 月 13 日，他建议应取消一切中间性的登陆，而等待有利时机一到，即马上向莱特岛（Leyte）发动一次突击。麦克阿瑟、尼米兹和参谋首长联合会议都同意他的见解。选定的登陆日期为 10 月 20 日，太平洋舰队的主要基地从马绍尔群岛中的埃尼威托克向西推进了 1000 英里到乌利西岛（Ulithi），这是在 9 月 23 日被占领的。此时，因为日军已经撤出了特鲁克，所以他们就改以西婆罗洲（Borneo）的文莱湾（Brunei Bay）为基地。10 月 10 日到 16 日，海尔赛先后对于冲绳、吕宋和台湾发动了攻击，其结果遂使丰田把小泽所指挥的母舰上尚有的飞机和人员都全部调派出去，将他们送往台湾增援。在后续的战斗中，日本飞机一共被击毁 650 架，这要算是船上飞机与岸上飞机之间的一次空前大搏斗。因为这一战的意义就是使小泽尚未训练完成的空勤人员损失了大部分，这个事实比任何其他的原因更足以摧毁“捷号”作战计划。

“捷号”计划的设计是准备应付美军攻击以下四处的任何一处

的 :（1）菲律宾，（2）台湾和琉球，（3）九州、四国和本州，（4）北海道。每一个地区都是以能充分发挥舰队舰炮威力为原则，并且用陆上基地空权来代替航空母舰飞机。

日本联合舰队为了执行这个计划，在组织上分为两个部分，一部分由大批战斗舰和巡洋舰组成，由栗田武夫指挥，以林加岛为基地。另一部分则拥有所剩余的航空母舰，但飞行人员却已大部分损失，由小泽中将指挥，以日本内海为基地。假使要采取“捷号”作战计划时，小泽应进到美军侵入点上来实行诱敌，引诱敌人的航空母舰兵力趋向着他。其次，栗田部队在摆脱了美军母舰的威胁之后，就应该在陆上基地飞机掩护之下，夺路前进直达敌军的滩头来击毁敌军的侵入船舶。这个计划的全部思想中心，就是想要发挥强大水面炮兵的威力，它的设计着眼点就是如何使它能造成美军的最大伤亡。至于如何退出则似乎不在考虑之列，而小泽的母舰兵力也是不准备生还的。简而言之，这次作战是寄托在一种孤注一掷的希望之上，有一点是特别值得提出的，即令它能够获得成功，但由于舰队的自杀牺牲，那么假使敌人再卷土重来，却也还是会无法应付的。在战争结束之后，小泽的供词即可以证明这点。他回答询问时说 :“我们的主要任务就是诱敌。因为我们的实力太弱，并不能对于栗田的兵力供给直接的保护，所以我除了尽可能攻击美国的航空母舰以外，就是以我的舰队来当作你们的攻击目标。主要的任务即为全部牺牲。”当我们明了这是一个绝望的赌博之后，现在就应比较双方的对抗兵力。

与这一战有关的美国舰队为第三和第七两个舰队，分别由海尔赛上将、金开德中将（Vice-Adm. T. Kinkaid）指挥，他们又分别受尼米兹和麦克阿瑟的节制，这一战中并无统一的最高指挥官。第三舰队一共有 8 艘航空母舰，8 艘轻型母舰，6 艘新型快速战舰，6 艘重巡洋舰，9 艘轻巡洋舰和 58 艘驱逐舰。它又组成了一个第三十八任务舰队，由密兹契中将（Vice-Adm. Marc A. Mitscher）

指挥，分为四个任务舰队：第一舰队为麦坎中将（Vice-Adm. J. S. McCain），第二舰队为波根少将（Rear-Adm. G. F. Bogan），第三舰队为薛尔曼少将（Rear-Adm. F. C Sherman），第四舰队为戴维森少将（Rear-Adm. R. E. Davison）。第七舰队一共有738艘船只，分组为三个任务舰队——一个掩护支援兵力，两个两栖兵力。在前一个任务舰队中一共有6艘旧式战舰，5艘重巡洋舰，6艘轻巡洋舰，18艘护航母舰，86艘驱逐舰，11艘炮舰，44艘摩托鱼雷艇。这些船只中有些是属于澳洲海军的。

面对着如此巨大的海军实力的日本海军，即为小泽和栗田所率领的舰队。前者包括1艘巨型的航空母舰——“瑞鹤”号，3艘轻型航空母舰，2艘战舰改装的母舰——“伊势”号和“日向”号，2艘重巡洋舰，4艘轻巡洋舰，17舰驱逐舰。后者包括艘战舰（包括“大和”号和“武藏”号两巨舰在内），[1] 11艘重巡洋舰，3艘轻巡洋舰，19艘驱逐舰。小泽的航空兵力已经减少到只有52架战斗机、28架战斗轰炸机和29架鱼雷机，其人员的训练是十分的低劣，所以他们奉到的命令是飞机起飞之后就不必飞回母舰，而改行降落在其他的飞机场上。在会战之前，日本海军也已经把第一和第二两支航空战队调往菲律宾，大约共有400架飞机，而在各岛上日本陆军也还有可供使用的飞机200余架。

10月16日，在一个大风暴之中，麦克阿瑟的攻击和支援兵力到达了莱特湾的海外，虽然母舰上的飞机不可能供给支援，但仍然占领了苏卢安（Suluan）、迪纳加特（Dinagat）和霍蒙洪（Homonhon）等岛屿；到了19日，在莱特的滩头下，已经扫清了水雷，开辟了航路。20日，在海军的猛烈炮击和母舰飞机掩护之下，美国的第六军团在克罗格中将（Lt-Gen . Walter Krueger）指挥之下，

[1] 它们为6.48万英吨，而不受《华盛顿条约》3.5万英吨的限制，要算是当时世界上最强大的战舰。它们的速度为26节以上，都装有18.1英寸的火炮9门。

在莱特登陆了。

当这个登陆的消息传到了东京之后，日军为了适应变化的战争状况，遂又仓促地修改成“捷一号”作战计划。莱特湾是位于莱特的东岸与萨马岛（Samar）的南岸之间，从西面接近它的近路有两条：（1）取道其南边的苏里哥海峡（Surigao Strait），（2）取道其北边的圣贝纳迪诺海峡（San Bernardino Strait）。丰田遂决定，当小泽在执行诱敌计划，使敌方的航空母舰兵力向吕宋岛的恩加尼奥角（Cape Engaño）以东地区前进时，栗田中将应将其舰队分为两部分，其较大的一支由本人率领，经过圣贝纳迪诺海峡打击在莱特湾之上，其较小的一支兵力由西村中将率领，包括2艘战舰（“扶桑”号、“山城”号）、1艘重巡洋舰和4艘驱逐舰，取道苏利哥海峡，也打击在这个海湾上。为了增强西村的兵力，小泽又奉命把2艘重巡洋舰、1艘轻巡洋舰和7艘驱逐舰（第五舰队）拨归志摩中将率领，向吕宋以西行动以与西村合作。

这个修正后的“捷一号”计划，虽然太复杂，在纸上看来似乎很精巧，但其成功的关键却要倚赖在审慎的协调上，这一点却正是日军所未有者。日本方面也并未指定谁为最高指挥官，志摩对于栗田的计划毫无所知，而西村紧也不归他指挥。小泽和栗田是由丰田直接指挥的，可是志摩却又是属于西南战区指挥体系之下，所有一切海军的陆上基地飞机也是一样，其结果是混乱不堪。

10月17日上午8时，依照这个修正计划，所有的日本海军兵力都奉令备战。栗田从林加岛向文莱湾进发，在那里补充燃料。他于20日到达该地，22日在巴拉望岛（Palawan）的西面海上向北行驶，准备进入锡布延海（Sibuyan）。西村紧随着他的后面，向巴拉巴克（Balabac）海峡和苏禄海（Sulu Sea）前进。志摩部队从澎湖出发，23日下午到达了科伦湾（Coron Bay）。小泽于20日离开日本内海，于23日到达了吕宋岛的北面顶点上。

这些行动就引出了四个性质完全不同而又具有密切关系的独立

的海战。它们加在一起即是所谓的莱特湾会战，这在海军史上也是一个最特殊的战例。

这些战斗中的第一个为“锡布延海之战”，由栗田的船只和海尔赛航空母舰上的飞机担任双方的主角，其前奏曲为栗田遭到一个意外的打击，这也可以说是一个极不幸的命运。我们在下文中称栗田的兵力为中央兵力，小泽的为北面兵力，西村的为南面兵力。当中央兵力从文莱湾出发后，不到几个小时即为2艘美国潜艇“标鱼”号（Darter）和“鲦鱼”号（Dace）所发现。他们立即向海尔赛发出报告，说他们已经与敌人发生接触，估计约有11艘军舰，正在向巴拉望水道行驶。栗田却完全不知道有美国潜艇的拦截，10月24日清晨，他从睡梦中被震醒，他的旗舰“爱宕”号重巡洋舰，突然中了“标鱼”号所发射的鱼雷。不久它就沉没了。接着他的另一艘重巡洋舰“摩耶”号又中了“鲦鱼”号的鱼雷，4分钟后就沉没了。最后，第三艘重巡洋舰“高雄”号又受了重伤，只好让它留在海上漂流。在出发后24小时之内，日本中央兵力的重巡洋舰已经差不多损失了三分之一了。

当海尔赛接获潜艇与敌接触的报告时，他正在吕宋以东300英里的海面上航行。在几个小时之前，他已经命令麦坎的任务舰队向西航行去获得再补给。他并未将其召回，因为他的任务为毁灭日本舰队，当金开德在掩护登陆之际，他就向西航行到达距离波利略岛（Polillo）60英里以内的海面上，从那里他的搜索机可以涵盖着锡布延海，但是他却认为不值得向吕宋的北面和东北面执行搜索。

10月24日上午8时20分，海尔赛接获了一架搜索机的报告，说大约在半小时以前，在民都洛岛（Mindoro）以南的海面上曾经发现了两大群敌舰，都是采取向东的航向，但未发现有航空母舰。这就是栗田的中央兵力，很明显地可以看出来，若是取道圣贝纳迪诺海峡，则在25日拂晓时，即可以到达莱特湾。海尔赛在海峡的附近集中他的中央兵力，准备向西发动打击，同时他命令已到达东面约 600 英里远的麦坎舰队向西赶回来。

不久以后，另一个搜索舰队在苏禄海上发出与敌接触的报告，说有一个敌方的舰队正在内格罗斯岛（Negros）的西面行驶。这就是西村所率领的南面兵力，不久以后就有 26 架飞机向它攻击，像往常一样，所报告的是命中极多。实际上，只有战舰“扶桑”号和 1 艘驱逐舰略受轻伤而已。

虽然这两支兵力（中央和南面）在 25 日拂晓时，都可以到达莱特湾，海尔赛却决定集中其航空母舰上的全部飞机来打击前者，因为它是比较强大的一支。接着又有一架搜索机报告在西村兵力的东北面发现了第三支兵力。这是志摩的第五舰队，美军假定它是南面兵力中的一部分，事实上的情况也是如此。因为南面兵力正在向梅兰老海前进，所以金开德就准备迎击它。

上午 9 时 10 分，海尔赛的第一次打击开始由波根的飞机执行，其次正拟由薛尔曼的舰队执行第二次打击时，突然发现有 40 余架敌机正向薛尔曼的舰队飞来，接着又有第二和第三批敌机继续来袭，估计兵力均为 60 架。于是薛尔曼的打击暂时停止，在一场激烈战中，薛尔曼宣称已经击落了敌机 120 架，自己的损失则为 10 架。在这次混战中，美国的轻型航空母舰“普林斯顿”号中了一颗 550 磅的炸弹，不久即爆炸沉没。在这一次战斗中，最使美国人感到惊奇的，是这些日本飞机都好像是属于母舰式的，但据报中南两支敌军中并无航空母舰。很显然，它们是来自小泽的北面兵力，但因为海尔赛并未向吕宋的东北执行搜索，所以他当然不知道这个来源了。

上午 10 时 20 分，波根的打击兵力发现日本中央兵力正在民都洛岛的东面通过塔布拉斯（Tablas）海峡航行。栗田的舰队遭遇到了强烈的高射炮火力，虽然宣称已经有许多被命中，但它们还是继续前进，然而波根的处境很使栗田感到焦急不安。虽然他已经接到了西村的报告，说他已经与美军发生接触，可是小泽方面却音信毫无，而陆上基地飞机对于敌方任务舰队的攻击也毫无消息。最糟的

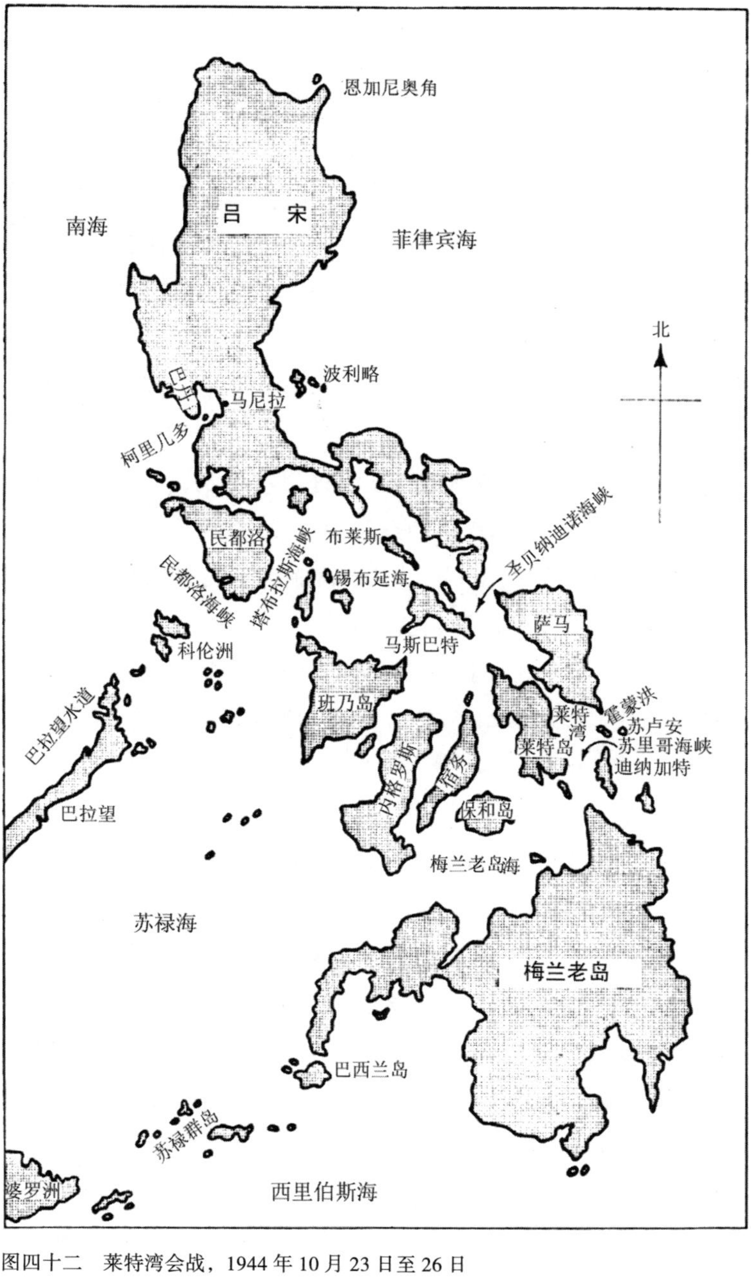

图四十二　莱特湾会战，1944 年 10 月 23 日至 26 日

是他完全缺乏空中的掩护，因为本应与他合作的飞机却已经派往莱特湾方面。下午 1 时 15 分，他把他的处境告诉小泽，15 分钟之后，敌人的打击接踵而来。他的 4 艘战舰，包括“大和”号以及“武藏”号 2 艘巨舰在内，都已经被击中，后者已经陷于即将下沉的境况之中。同时，另有 1 艘重巡洋舰和 2 艘驱逐舰也都受了重伤，不得不将其送回。因为损失是如此的惨重，栗田感觉到他的任务已经无法再执行，并且害怕在窄海中还要受到更多的打击，于是下午 3 时 30 分他命令各舰改向西驶进到较宽的海面上。下午 4 时，他把这个行动向丰田提出报告，同时也通知小泽和第一及第二两个航空战队的指挥官。接着由于以后没有受到攻击，于是在下午 5 时 14 分，该舰队又回过头来向圣贝纳迪诺海峡前进。不久以后，他就接到丰田的回电，其内容为：“仰赖神助继续前进。”在战后，丰田对于这个密语的电报曾有下述的解释：“因为返航也不能限制或减少损失，所以即使舰队全军覆没也仍应前进。”

当下午 8 时小泽接到栗田给丰田报告撤退情形的电报副本之后，于是他感觉到现在只留下他一个人去单独面对敌人的全部舰队，所以他也召回了他的前卫，一起向北撤退。但不久之后，又接到了进一步的通报，使情况澄清了，于是在午夜时他又转向东南航行，决心使他的舰队去完成孤注一掷的使命。

当薛尔曼的舰队已经受到了日军的第三次空中攻击之后，海尔赛因为并未接获敌军拥有航空母舰的报告，不免迷惑不解，于是才派了一个搜索群向吕宋东北面海上执行搜索。直到下午 4 时 40 分才有一个报告传来，说已经发现了一支舰队，由 4 艘战斗舰、5 或 6 艘巡洋舰和 6 艘驱逐舰组成，位于吕宋北岸东面 130 英里的海上，但是仍未提到航空母舰。几分钟后才又有一个报告送来，说从云缝中发现了在前一批敌舰的北面约 15 英里的海面上，有 2 艘大型的母舰和 1 艘轻型的母舰，另有 4 艘巡洋舰和随护的驱逐舰。于是母舰飞机的神秘去向终于获得了解决。这两个集团的船只即构成了小泽的北面舰队。

在他接到这个重要情报前2小时，海尔赛已经命令密兹契准备组成一个辅助性的任务舰队，定名为第三十四号，假使日本中央兵力企图强迫进入圣贝纳迪诺海峡，即以此任务舰队迎击敌人。这支舰队预计包括4艘战舰，2艘重巡洋舰和2艘轻型母舰，另外从波根和戴维森两支舰队中抽出两支驱逐舰队。以后，当他接获发现敌军北面兵力的报告时，也早已接到对于中央兵力的打击报告，其内容为已经使敌军受到了重大的损失。因为海尔赛是一个有经验的母舰将军，所以他应该知道对于这种捷报，是必须要打一个折扣来估计的，可是很奇怪，他却承认了它们的票面价值，于是以这种错误估计为基础，海尔赛就作了这次会战中的一个最大的决定。

他知道他现在正面对着三支分立的敌军，因为金开德已经告诉他准备独立迎击南面的敌军，所以他可以把这一方面放在计算范围之外。但是对于剩下来的两支敌军，他却假定中央兵力已经丧失了战斗力，而从接获的报告上，他对于北面兵力的估计又未免过高。以这种错误的判断为基础，他就决定"集中我们自己的一切兵力来打击北方兵力，而让圣贝纳迪诺海峡完全不设防御"。此外，他的计算中也包括着下述的想法：他可以先毁灭日军的北面兵力，然后再不失时机地赶回海峡方面来截击日军中央兵力的残余舰艇。他似乎是太重视击毁北面舰队的观念，所以对于金开德舰队的北面侧翼之安全也完全忽视了。假使美军此时若有一个统帅，对于会战能作全盘的考虑，则像这样的重大错误是不应该有的。缺乏这样一个统帅，似乎要算是美国方面的一个最严重弱点。

下午8时20分，海尔赛开始实行他的计划。波根和戴维森的两支任务舰队奉令与薛尔曼舰队联合在一起，他正位于他们的北面。当三支舰队集中之后即组成第三十四号任务舰队，由密兹契中将率领，船只在90艘以上，开始向北航行，并在拂晓时进攻日本的北面兵力。吴德华德（Woodward）在他所着《莱特湾战史》一书中说："所有一切的兵力都已经从圣贝纳迪诺海峡中撤出，甚至于连一艘放哨的驱逐舰都不曾留下。”此外，海尔赛也命令麦坎的任务舰队不要向莱特湾行驶，而改向北航行，以便于次日上午加入对北面兵力的攻击。最后，他才把他的计划通知金开德，并且补充说他将率领三支任务舰队向北行驶，以便于拂晓时打击敌方的母舰兵力。

16 分钟之后，海尔赛接获轻型母舰“独立”号（Independence）上所发出来的无线电报，报告他说他们的一架夜间“巡逻机”已经在布莱斯（Burias）和马斯巴特岛（Masbate）之间发现了日军的中央兵力。假使这个报告是正确的，则从这支中央兵力上受到攻击的位置算起到现在这个位置止，即可以知道它是用每小时 24 节的速度前进，若说它是一支已经受了重创的舰队，那么这才是一个不可能的事实。所以，海尔赛就假定即使这个报告是正确的，所发现的军舰也不过是少数几艘未负伤的船只而已，于是他将其转告金开德，说明在上述的位置上已经发现了日军中央兵力的一“部分”。尽管接获了这个报告，海尔赛还是不加理会，仍然率领着波根和戴维森两支任务舰队直向北面赶去。

以后“独立”号又继续有报告传来，最后一个是在 10 月 25 日零时 11 分收到，上面说另一架巡逻机在圣贝纳迪诺的西面 40 英里处发现了一支纵队的战舰；虽然如此，海尔赛仍然以 25 英里的高速向北航行，并且因为疏忽，未曾把这个最后的情报转告金开德。

在接奉了丰田的“神助”命令之后，栗田率领着已经损失了战舰“武藏”号和重巡洋舰“妙高”号的中央舰队，再向圣贝纳迪诺海峡前进。下午 10 时 24 分，他从“大和”号舰上发出下述的命令：“第一攻击支队（战斗机）应沿着萨马的东岸向南行驶，并透入塔克洛班（Tacloban）——即美军在莱特湾中的最北面登陆滩头。希望全部兵力能倾全力攻击来达到它的目标。”午夜时，中央兵力在毫无抵抗之下，通过了圣贝纳迪诺海峡，于是在它与金开德的舰队之间，已经再无其他的障碍物，后者正在“苏里哥海峡之战”中与南面兵力交战。

当金开德中将接获日本南面兵力在苏禄海中出现的情报之后，因为他知道海尔赛正在把守着圣贝纳迪诺海峡，所以他感到很放心，决定南下迎敌。以后他又听说海尔赛正在准备组织第三十四号任务舰队，所以当他接到海尔赛的电报说准备率领“三支任务舰队”向北移动时，他自然会假定这个第三十四号任务舰队还是仍然留在圣贝纳迪诺海峡方面的。

金开德的计划是要用三批船只来封锁苏里哥海峡：（1）在海峡北端之上摆出一线战斗舰和巡洋舰，（2）在其南面从莱特到迪纳加特岛之间，分布着三支驱逐舰舰队，（3）再向前面，把他所有的摩托鱼雷舰都向梅兰老海中推进。用来担负这次作战的兵力一共有 6 艘战斗舰、4 艘重巡洋舰、4 艘轻型巡洋舰、26 艘驱逐舰和 39 艘鱼雷快艇，由奥登多夫少将（Rear-Adm. J . R. Oldendorf）担任总指挥。

当鱼雷艇在战线前约 100 英里海面上占领他们的作战位置时，夜色漆黑无光，海水平静如镜，下午 10 时，他们的雷达屏上发现了敌军正在保和岛（Bohol）的附近，不久他们就开火了，照明弹使海上夜明如昼，探照灯交叉在上面。但因为无线电损坏了，所以直到午夜已过之后，奥登多夫才接到这次战斗的第一次报告。这次战斗一直继续到次日上午2时为止，再过了一会，奥登多夫的旗舰“路易斯维尔”号（Louisisville）上的雷达，在 25 英里以外的射程发现了敌舰。于是第五十四驱逐支队的领先船只奉命组成两个群来攻击前进中的敌舰纵队。大约在上午 3 时，左面一群在 11 500 码的射程上开炮了，接着右面一群也在 9000 码的射程上开炮了。上午 3 时 19 分，在攻击之后，即可以听到一连串的爆炸声。于是第二十四驱逐支队也投入了战斗，并在 7000 码的射程开火。大约在上午 3 时 45 分时，西村的旗舰“山城”号中了一发鱼雷，立即被炸成了两段。

但当它尚未下沉之前,西村命“扶桑”的舰长率领全部船只继续攻击。

当这个信号传来时，美国的战斗舰仍不开火，以等候敌人的接近。其次，奥登多夫又把第十六驱逐舰支队分为两群，再继续左右夹击敌方的纵队。吴德华德说：这个重要而几乎令人难以置信的事实，就是日军继续向陷阱中直冲过去，他们愈接近，则“火炮”将军的梦想就愈易实现——即所谓“横 T”的位置，所有的船只用火炮从侧面向敌方的舰队实行纵射。这位指挥官说：“我们处于一个理想中的位置上，这是在海军大学中所学习的梦想，事实上却从来不会有实现的希望。”这是课本上的古老战术，在理论上固然是尽善尽美，但几乎是永远没有实现的可能性。

上午 3 时 50 分，美国战线上所有的军舰同时开火，射程从 1. 5 万码到 2. 1 万码，并且与第五十六驱逐支队一同向海峡中心驶去。驱逐舰上的一位舰长这样写道：“这是我有生以来看过的最美丽景象，在黑暗中，曳光弹的弧线好像亮着灯的火车在经过一个山坡一样。首先是看不见任何的目标，接着不久就可以看见光和爆炸，于是另外又有一艘敌舰被击中了。”一共计算有 10 次巨大的爆炸，其中 6 次是发生在战斗舰开火之后的。“扶桑”号和“最上”号现在已转向南面，上面是烈焰腾空。但是不久因为驱逐舰与敌舰混合在一起，所以到了上午 4 时 10 分，奥登多夫命令各船都停火，以免误伤了他自己的驱逐舰。几分钟之后，从美军的雷达屏上发现有一艘日本大船失踪了——那就是“扶桑”号战斗舰。

当这次战斗正发展到最高潮的时候，美国的驱逐舰和鱼雷艇又报告已与另一批敌舰发生了战斗，大约在 5 艘以上，那是志摩中将的第五舰队。志摩一直不曾使用无线电通信，所以不曾暴露他的位置，但也不曾告诉西村说他已经接近了。在午夜时，他收听到了一个无线电通信，才知道西村正在遭受美军鱼雷艇的攻击。3 个小时之后，他又听到另外一个无线电通信，其内容是为了避免鱼雷的攻击所发出的倒转航向命令。此时，志摩已经进入海峡，在上午 3 时

21 分时，他的前卫驱逐舰的旗舰“阿武隈”号被鱼雷击中，退出了战线。20 分钟之后，当志摩以 28 节的速度前进时，从他的旗舰“那智”号上，发现夹在两层浓密的烟幕之间有一艘已经燃烧着的船只，那就是“最上”号，虽然它好像是停止不动的，实际上它却是以 8 节的速度流动着。在烟幕之中，“那智”号与它相碰撞，其右舷受了重伤。费尔德（Field）在《莱特湾中的日本人》一书中说：“这一次碰撞很有效地结束了在苏里哥海峡中的这一幕悲喜剧。志摩部队在那里徘徊了几分钟，然后布下了一个掩护性的屏障，自动退却了。”

上午 4 时 31 分，奥登多夫将军命令追击，但在 1 小时之后，他又放弃了这个企图。由于已经与金开德事先有了安排，在萨马海边的护航航空母舰继续对于敌军的残部执行攻击，击沉了“最上”号和“阿武隈”号。在西村的全部兵力中，一共只有 1 艘生还，即已经负伤的驱逐舰“朝云”号。美军方面除了 1 艘鱼艇以外，其余船只全无损失。

10 月 25 日上午 7 时 28 分，奥登多夫接到了金开德发来祝贺胜利的电报。10 分钟之后，又有个性质完全不同的电报送来。其内容说日本的战舰已经接近莱特湾的东端出口，正在向第七舰队的护航航空母舰发炮射击。日军的诱敌之计已经发生了效力——这是栗田的中央兵力。他的燃料和鱼雷都已用完，而弹药也所余无几，奥登多夫还是向莱特湾进发。

当苏里哥海峡之战正在进行之际，海尔赛却仍继续向东北航行，以求在拂晓时打击在恩加尼奥角外的北面兵力。25 日上午 2 时，他的一架搜索机报告已经与大约 80 英里前方的 6 艘敌舰发生了接触；又 1 个小时之后，再来了第二个报告，说在前者的后面又发现了另一群敌机。他立即指示密兹契组织第三十四任务舰队，从三个任务群中，抽出 6 艘战斗舰、2 艘重巡洋舰、3 艘轻巡洋舰和 18 艘驱逐舰，交给李中将（Vice-Adm. W. A. Lee）指挥，在航空母舰群之前前进。上午 3 时，海尔赛把日本北面兵力的位置和他自己三支舰队的集中位置分别告知尼米兹和金开德。这个电报似乎使金开德感到很困惑，因为在上午 4 时 10 分时，他迫切地向海尔赛提出询问，想知道海尔赛的战舰是否仍守在圣贝纳迪诺海峡。很不幸的，海尔赛直到上午 6 时 40 分才收到这个电报，于是他立即回答说，战斗舰已与母舰群一同北上。

大约在上午 5 时时，密兹契的第一批打击兵力起飞了，但一直到上午 7 时 35 分才发现日本的北方兵力已经集中在一起，在东北面 140 英里的海面上，采取向南的航向在运动中。它上空只有几架较少数的飞机，而最特别的是，航空母舰的飞行甲板上也看不见一架飞机。美军开始攻击，虽然遭遇了猛烈的高射炮火，但仍使“瑞鹤”号受到了最重的损毁，炸沉了 1 艘轻型母舰，另外还有 1 艘在重伤后也在水面漂流着。

在这次战斗开始前不久，海尔赛已经命令李氏也进击敌人，在上午 8 时，他又命令约在东南方 260 英里的麦坎任务舰队尽可能加速赶来参加这次战斗。当他发出这个命令之后，马上又接到了金开德求援的急电，告诉他日本的战斗舰和巡洋舰已经在莱特湾的东北面开炮射击他的护航母舰。几分钟之后，又来了第二个电报，说在萨马岛的附近迫切需要第三舰队的战斗舰。

海尔赛现在正在莱特湾北面，相距约 350 英里，他觉得赶回去已经没有用，遂命令李氏仍以 25 节的速度去逼近敌人，但同时却命令距离莱特湾更远的麦坎赶往救援金开德。

接着金开德又发来了第三次和第四次的电报，他告诉海尔赛说他面临的敌军有 4 艘战斗舰和 8 艘巡洋舰，而他自己战舰的弹药已经快要用尽。这些话照海尔赛看来，似乎都是不可置信的，因为假使真是如此，则其意义即无异于是说栗田的中央兵力实际上还完整无缺，可是在前一天，他所接到的空中攻击成果报告，却说几乎已经完全被炸毁了。他于是回答金开德说，麦坎已经在赴援的途中——并无太多的价值，而自己却仍以全速继续向北前进。

上午 10 时，海尔赛接到了尼米兹的来电，询问他的战斗舰现在在哪里，接着又来了金开德的紧急求援电报。他还是置之不理，第三十四号任务舰队仍继续向北狂奔，密兹契也开始作第二次打击。于是直到上午 11 时 15 分，当战斗舰与他们的敌人相距已在 45 英里之内时，李氏突然又接到海尔赛的一个命令，要他立即向南返航——放弃了追击。

在这个命令发出之后，又有 4 艘巡洋舰和 10 艘驱逐舰奉命从第三十四号任务舰队中抽出，归回他们原有的任务舰队，而波根任务舰队，包括 1 艘大型航空母舰和 2 艘轻型母舰，也奉令与战斗舰一同向南航行。密兹契只带着薛尔曼和戴维森两支任务舰队，继续向日本北面兵力进攻，据所知道的情报，其中包括 2 艘战斗舰[1]。因为海尔赛既然有 6 艘战斗舰，而且无论他如何的努力，也必须在 26 日上午 8 时才能赶到莱特湾，所以他为什么不留下 2 艘战舰给密兹契，这也似乎是一个无法解释的怪事。更奇怪的，是在正午的时候，他又解散了第三十四号任务舰队，到了下午 4 时，当油料已经补充完毕之后，他又重组了一个新的任务舰队，其中包括他的 2 艘最快的战舰、3 艘轻巡洋舰和 8 艘驱逐舰，于半小时后奉命以高速向南行驶。于是所留下来的 4 艘战舰由波根率领着，跟在他的后面走。假使当时能够把 2 艘战斗舰留给密兹契，则日本北面兵力很可能会被歼灭，而海尔赛的目标总算是可以达到了。

此时，密兹契仍继续攻击北面兵力，后者已经在向北退却。结果航空母舰“瑞鹤”号和轻型母舰“瑞凤”号都被击沉，另一艘轻型母舰“千代田”号也负了重伤。密兹契以后又组成了一支巡洋舰和驱逐舰的兵力，由杜波斯少将（Rear-Adm. Du Bose）率领着，去击沉“千代田”号以及他所能发现的落荒逃走的敌船。

当小泽回转头向北航行时，他还率领着他的 2 艘战斗舰“伊势”

[1] 实为战斗航空母舰。

号和“日向”号、3艘轻巡洋舰和七八艘驱逐舰。这支兵力受到密兹契的第五次（最后一次）空中攻击，虽然他们宣称有一艘战斗舰中了22弹，另一艘中了15弹，但实际上却最多不过是轻伤而已。上午7时30分，小泽获得了一艘驱逐舰的报告，说杜波斯的兵力中包括2艘战斗舰（并不正确）以及一些巡洋舰和驱逐舰。他觉得他的残余兵力还可以与追兵决一死战，于是立即命令所有幸存的船只都反转航向，直扑杜波斯。吴德华德指明：“这次会战在其结束阶段，突然作了一个滑稽的逆转，追击者变成了被追击者，诱敌者变成了攻击者，虽然他们也许并未作如此的打算，可是实际上在最后阶段，日军的炮火却反比美军占了优势。”

小泽向南航行了2个小时，但是杜波斯却闪避了他，未与他发生接触。于是小泽才又反转航向，恩加尼奥角之战终于结束。很像夸特里布拉斯之战的情形，德隆的一军在两个战场之间两头的奔跑，结果是一点作用都不曾产生。在这两次会战中，都是因为错误的情报和过分冲动的将道，才造成如此劳而无功的怪事。

当栗田在10月24日的午夜通过了圣贝纳迪诺海峡之后，仍继续向东航行，直到上午3时才转向东南，向南扫过萨马的海岸。两个半小时之后，他接获了志摩的一个通报，才知道西村的战斗舰已全军覆没，而“最上”号也负了重伤。这个情报使栗田处于一种进退维谷的境地中，因为其意义是说只留下他一个人去独力应付敌军。上午6时14分日出，10分钟后他的旗舰“大和”号与飞机通过雷达取得了联系。

金开德的16艘护航航空母舰和它们的护航驱逐舰，在斯普拉格少将（Rear-Adm. T. L. Sprague）的指挥之下，分为三支舰队：南面舰队由斯普拉格亲自率领，中央舰队由史顿普少将（Rear-Adm. F. B. Stump）率领，北面舰队由另外一位斯普拉格少将（Rear-Adm. C. A. F. Sprague）率领，它们的位置分别为在苏卢安岛的东南方90英里、东北方50英里和东方60英里的海面上。第三支舰队恰好挡住敌军进攻的主要兵力，它一共有 6 艘母舰："范夏湾"号（Fanshaw Bay），"圣罗"号（Saint Lo），"白平原"号（White Plains），"加里宁湾"号（Kilinin Bay），"基特孔湾"号（Kitkun Bay）和"甘比尔湾"号（Gambier Bay），另外加上 7 艘担负屏障任务的驱逐舰。上午 5 时 30 分他们派出了例行的空中巡逻机，到了上午 6 时 47 分，一架从"圣罗"号上派出的飞机报告已经发现了一支由战斗舰、巡洋舰、驱逐舰所组成的敌军兵力位于北面舰队北方 20 英里的海面上。几分钟之后，在"基特孔湾"号上的一个信号兵，突然从他的望远镜中看到了栗田的战斗舰和巡洋舰上的船桅好像宝塔一样地竖立在海平面上，使他大吃一惊。马上有一排重炮弹落在航空母舰的中间海面上，这是"大和"号的主炮所发射出来的，其射程约为 3. 5 万码。萨马之战已经开始了。

于是斯普拉格立即向金开德求援，金开德接到了他的电报后，才向海尔赛发出了第一次的紧急求救电报。从斯普拉格的报告判断，日军距离莱特湾已在 3 个小时的航程之内，而整个第七舰队、运输船和滩头上都正在杂乱无章之中。照金开德看来，这个情况似乎是已经危殆不堪，因为他早已无法应付它。他的战斗舰和巡洋舰还远在苏里哥海峡方面，他也知道他们的燃料和弹药应该是已经大部分用完了。他的第一个行动就是命令奥登多夫组织一支兵力，包括 3 艘战斗舰、5 艘巡洋舰和 2 个支队的驱逐舰，赶到莱特湾的东端出口处，先行加油然后再参加战斗。他的第二个行动为命令中央和南面两支舰队，立即把所有的飞机都起飞来打击来袭的敌人。当这些命令发出之后，对于北面舰队的斯普拉格而言，可以说是万幸，突然天气转变，阴云密布，把能见度减到了半英里以内。若不是有这样一阵雨云，它们也许早已被歼灭了。

当此之时，栗田分成 3 个纵队前进，他的 4 艘战斗舰在中央，其巡洋舰和驱逐舰则在两侧。虽然他把敌人的实力估计过高，可是却仍然决心利用这个"天赐的机会"，他说："我们的计划是首先击毁航空母舰，使飞机无法起落，然后再铲除整个任务舰队。”他眼前的目的即为缩短射程，并达到上风的位置，以阻止美国航空母舰顶着东北风来使他们的飞机起飞。这个目的达到了之后，他的意图就是进入莱特湾，进行一场会战，毁灭敌方的运输船，并从苏里哥海峡中撤退。

当风雨停止之后，日军已经接近到 2.5 万码的距离内，因为斯普拉格的母舰眼前就有受到被包围的危险，于是在上午 7 时 40 分他命令驱逐舰执行一次鱼雷攻击。在烟幕掩蔽之下，航空母舰向南疾驶，驱逐舰则趋前攻击，当他们在敌军纵队之间穿出穿进时，就立即引起了一场混战。他们采取了极果敢的行动，也命中了数发，而他们自己也沉没了 3 艘。金开德说这次攻击为这次战斗中最英勇的行动之一。吴德华德的记载说：

> 炮弹落水激起了高水柱，对于这些母舰上的人员而言，已经成为一种习见的景象。它们突然地升得很高，18 英寸、16 英寸和 14 英寸的主炮炮弹所激起的水柱高度达 150 英尺以上，而 8 英寸和 5 英寸的副炮炮弹则激起的高度较低，这是极易辨别的。母舰在它们之间扭来扭去地逃避，好像是通过一个由喷泉所组成的森林一样。“范夏湾”号中了 6 颗 8 英寸弹，“加里宁湾”号中了 15 颗，而“甘比尔湾”号却只中了 1 颗，但已足以使它垂死地在水上漂流，以后它又被击中了，终于沉没。

尽管受到了这样巨大的打击，但是在开始战斗的 30 分钟之内，北面舰队的航空母舰还是设法使战斗机 65 架、鱼雷轰炸机 44 架起飞了，不过其中多数的飞机都只携带 100 磅的炸弹，所以只能产生极小的效力。虽然如此，从“基特孔湾”号母舰上起飞的飞机中，有 4 架是携带着 500 磅的炸弹，曾经使一艘日本巡洋舰受到重创，以后终于爆炸沉没。从上午 8 时 50 分起，从中央舰队起飞的飞机也赶到助战。他们所携带的炸弹比较重，依照吴德华德的分析，可能对于战争形势的扭转具有很大的影响。

大约在上午9时25分，当北面舰队的命运似乎是已经注定之时，栗田却突然摆脱了战斗，而转向北面航行，对于这个完全出乎意料之外的行动，其唯一可解释的理由就是栗田除眼前所能望见的范围以外，简直更无其他的情报之可言。他以前虽曾派出了2架侦察机，可是并没有一架飞回来，所以他对于海平面以外的情形是毫无所知，甚至于当他的巡洋舰与敌方的航空母舰所隔的距离已经在5英里以内时，他却还以为敌人已经逃走了。因为他还想透入这个海湾，所以认为燃料有节约之必要，尤其是在他的驱逐舰方面，并且也料想他不久还会受到更重的空中攻击，所以栗田遂决心摆脱战斗，而重组其分散得很广的兵力。于是在上午9时11分，他发出了信号通知所有各船都停火，并采取向北的航向集合。上午9时30分，日军停止追逐，这次战斗的海面阶段遂告一段落。

当美国的护航航空母舰刚刚脱离这场混战之后，接着又受到了号称“神风”的自杀飞机攻击，在这一天较早的时候，南面舰队也曾受到类似的攻击。这要算是第一次有组织的自杀攻击，在10月25、26两天之内，他们一共击沉了1艘护航空母舰和重创了4艘。日本人采取这种攻击手段的理由，是因为多数人员的训练都太差，所以小泽于6月首先主张使用这种方法，以后就变成了日本空军的主要攻击战术。

在摆脱战斗之后，栗田的舰队就在附近盘旋了2个钟头之久，依照栗田的参谋长小柳少将的说法，他们是在集中兵力和研究情报。此外，还有4艘重伤的巡洋舰，在不断的空中攻击之下也需要加以照顾。

栗田的有效兵力已经减少到只有战斗舰4艘，轻重巡洋舰各2艘，驱逐舰约7到10艘。一直到正午为止，栗田与他的部属所讨论的问题，似乎都是在考虑是否有足够的兵力来对付一个已经有充分警戒的敌人。照栗田自己在报告中所说的，直到正午时为止，他还是决心彻底执行其原有的任务。可是以后他却又改变了他的决心，在战争结束之后，他对此曾经作下述的解释。他说："燃料并不成问题，也并未考虑到如何回家的问题。我们也有足够的弹药，也不是一个害怕毁灭的问题。问题是我在湾中到底能做些什么。"午夜12时36分，他决定放弃他的任务，改向北行驶，以便退出圣贝纳迪诺海峡，并乘黑夜尽量向西退走。

自从10月25日下午4时30分起，海尔赛已经开始用20海里的速度向南行驶，到了午夜刚过的时候，他已经到达了圣贝纳迪诺海峡的东端出口处，可是栗田的舰队却早已通过了。在行驶的途中，海尔赛也已经命令波根和麦坎的两支任务舰队，于26日上午6时在海峡的东北方集合并向西进行搜索。经过了搜索之后，隔了2个小时才发现栗田的舰队已经走到了班乃岛（Panay）的西北方，在塔布拉斯海峡之内。麦坎的4艘母舰上和波根的2艘母舰上都派出了飞机进行追击。他们宣称对于"大和"号和其他的2艘重巡洋舰都曾作了许多的命中打击，结果又还是估计过高，因为日本舰队还是继续以高速向西驶去。接着在后续的打击中，终于击沉了1艘轻巡洋舰和1艘驱逐舰。除了金开德的护航航空母舰还继续受到日军的"神风"攻击之外，莱特湾之战已经结束。10月28日，栗田回到了他的起点——文莱湾。

对于美国人而言，莱特湾之战是一个只付出廉价成本的胜利；而对于日本人而言，却是一个惨重的失败。在一共4天的战斗中，前者一共损失了1艘轻型航空母舰、2艘护航航空母舰、2艘驱逐舰、1艘护航驱逐舰和1艘鱼雷艇。后者一共损失了3艘战斗舰、1艘大型航空母舰、3艘轻型航空母舰、6艘重巡洋舰、4艘轻巡洋舰和9艘驱逐舰。除了陆上基地的飞机以外，日本海军几乎已经不再存在了，他们的敌人已经获得了绝对的制海权。当小泽中将在战后接受讯问时他说："在这一战之后，日本的海面兵力就变成了绝对性的辅助部队，所以我们从此就只能依赖陆上兵力、特攻部队和空军了。除了某些特种性质的船只以外，对于海面军舰已经再无用场可派了。”小矶内阁的海军大臣米内光政大将说他认清了莱特湾的失败，是和菲律宾的失陷具有同等的重要性。至于说到这一战的较大意义，他说“我觉得这就是终结”。

罗斯福总统和他的顾问,对于这个“较大的意义”却完全忽视了，因为他们不能了解这次压倒性胜利的政治含义。他们把这次战争当做是基督徒对邪教的斗争，而没有把它当作是外科手术看待。他们没能够了解战争对于政治家的关系，就正好像手术刀之于外科医师一样。不管战争的原因是什么，若政治家的目的是纯粹毁灭性的，那么军人的行动就与屠夫并无区别了。但假使说政治家的目的是建设性的和治疗性的，则军人的行动就应该是与外科医师一样。由于丧失了机会或误解，或者是缺乏知识和技术，一个外科手术也可能会失败，但若是以屠夫的目标来当作外科医师的目标，那却是必然非失败不可，而毫无其他的可能性。要想当作一个合理的政治工具，战争一定需要一个合理的政治目的，这个目的要是可以达到，其在战略上应该是具有可能性的。

在莱特湾之战以后，这种战略可能性已经完全建立了：日本人已经毫无赢得战争的可能性。既然日本的失败已经成为定局，所以美国人现在的问题主要是政治性的——如何能使它的失败变得对于美国最为有利?

对于美国总统而言，这要比他在欧洲所面临的问题远较简单。在这里他虽也应考虑到同盟国的问题，但因为对日本的战争可以说百分之九十五都是美国人的战争，所以为了想使这个胜利对于美国具有最高的利益，并且避免引起复杂的因素，美国应该独力获得这个胜利。明了这一点之后，就应该进一步考虑到因为苏联是唯一能使这个问题变为复杂化的强国，所以美国若能在德国崩溃之前，或刚刚崩溃之后，就结束对日的战争，那是最为有利的——换言之，就是乘着苏联被德国纠缠着尚未放手的时候，就先击败日本。这是否有可能呢？这个答案是一个毫无疑问的“Yes”，问题的症结就是在内心里，美国总统一定要把握战略性和政治性的重心。

日本的经济地位，由于工业化的原因，已经比我们在前面所说的情形又变得更为脆弱了。当 1941 年日本对珍珠港发动袭击时，其经济潜力约为美国的 10%，而其可耕地的面积则仅相当于 3% 约强，可是所要供应的人口却比美国总人数的一半还要多一点。因为日本需要从中国的东北和朝鲜获得大量的原料和粮食，那却是必须渡过日本海和黄海的，所以日本的商业舰队实为其整个战略的重心。对于日本船只的攻击，本为美国潜艇的主要任务。依照史普劳恩斯上将的说法，美国潜艇实为促成日本失败的最主要因素，从下列的数字上即可以证明此种看法的正确性：当战争开始时，日本所拥有的（在总重量 500 英吨以上的）商船总额为 600 万英吨，在战争期中，由于新建和俘获的原因，又增加了 410 万英吨。在这个总数中，一共被击沉了 890 万英吨，而在这个损失总数当中有 54.7% 应归功于潜艇。

可是美国参谋长联席会议所采取的战略，却不是集中全力来攻击日本的船只，以迫使它因为经济崩溃而投降，反之这个战略却是以侵入日本本土的思想为基础的。为了准备这种侵入，在莱特湾之战结束不久以后，美国人即开始以马里亚纳群岛为基地，向日本本土发动了长程的轰炸攻势，一共对 66 个都市地区投下了 10.4 万英吨炸弹，而对工业地区则投下了 29 400 英吨炸弹。虽然这种轰炸也减少了日本的生产量，可是造成日本经济崩溃的主要因素，却仍然还是船只的损失。对于日本经济的致命打击，还是煤、铁、油等原料和粮食来源的断绝，而不是工业和都市的毁灭。船只的损失限制了铁苗的输入，而钢铁的缺乏又限制了船只的建造；由于食品的缺乏，遂使劳工的效率减低，而船只的缺乏又为粮食不足的主因。在《美国战略轰炸报告书》中，有下述的分析：

> 虽然对于都市地区和工业的攻击在促成日本经济全面崩溃的工作来说，是的确颇有贡献，但是在许多方面，它们的效力却是重复的。多数的炼油厂是早已没有原油，铝厂是早已没有矾土，炼钢厂缺乏铁苗和燃煤，兵工厂没有钢和铝。大致说来，日本的经济是被毁灭了两次，第一次是输入的被切断，第二次是空中的攻击。若是能够再切断朝鲜的输入和日本沿海和各岛间的交通，再加上对于其极易损毁的铁路网的攻击，即可以增加对于船只攻击所已经获得的效果。
>
> 大部分的日本沿海和岛屿间的交通，都早已逼迫改为其并不适当的铁路。日本的主要煤矿处于九州和北海道，过去是使用水运，现在都已改用铁路。本州的铁路一共只有几条干线，而这些路线都要通过相对危险的桥梁。若能对于函馆的铁路渡轮、隧道以及19座易于损毁的桥梁给予一连串的攻击，则可以使日本的煤运完全断绝，于是即可以把日本的经济完全绞死。
>
> 本报告书相信这次攻击若事先能有良好的计划，则在1944年8月即可以发动。本报告书估计要想完全切断日本的铁路体系，大致只需要650架次的B-29飞机进行以目力瞄准的出击，使用5200英吨炸弹即可。

当美国战略航空军攻击66个日本城市时，一共出击1.5万架次，投下10.4万英吨炸弹。所以把上述估计数字与之作一个对比，即可以明了美国参谋长所犯的战略错误有多大。

同样不幸的，美国总统和其顾问人员也不曾认清日本重心之所在。这个重心就是天皇本人，因为他不仅是海陆军的最高统帅，而且在人们的心目中他也是“天子”，是日本人生活和思想的最高象征。但是有一件事却是他所不能做的，那就是他无法命令人民无条件投降，并且让他自己变成战犯，受审判甚至格杀勿论。[1]

早在1944年初，日本海军参谋本部的高桥少将在对情况进行研究之后，即已获得了一个结论，认为日本绝不可能获胜，所以必须寻求妥协的和平。但一直到塞班岛在7月失陷之后，他的意见才能够上达天听，结果遂促成陆军派的东条内阁作了总辞职，继之组阁的为小矶国昭，他创立一个最高战争指导会议（共为6人）来考虑战争问题。可是局势却日益恶劣，1945年4月5日，当美军在冲绳登陆4天后，小矶内阁也只好总辞职，取而代之为海军大将铃木贯太郎。在同一天，苏联政府宣布不准备再延长其与日本之间的中立条约，这在12个月之后即将满期。虽然铃木内阁的任务即为设法结束战争，但因为除了无条件投降以外即无其他途径可走，所以为了维持天皇的地位，他决定只好继续进行战争。

自从1月起，日本天皇即开始认清了战争必须结束，到了6月，他又同意让曾任外相的广田与苏联驻东京大使马立克（Jacob Malik）设法洽谈。6月24日，广田与马立克开始会谈，但是毫无结果，于是日本当局又进一步决定派近卫以特使身份赴莫斯科请求苏联出面调停。同时，日本驻莫斯科的大使齐藤也奉命告诉苏联政府说：无论在何种环境之下，日本都不会接受无条件投降的，他并且设法诱劝克里姆林宫代他们提出和平条件。

此时，华盛顿方面也在考虑结束战争的方法，虽然陆军部仍力主侵入日本本土，而航空军则主张大举轰炸，但是其他方面则认为对于无条件投降的原则，若能采取一种“合理化的解释”，则日本人可能会投降，而唯一足以阻止他们作决定的疑惑，即为日皇的未来地位问题。这一派意见以对于高级战俘的讯问供词为根据，认为“日本已经到了准备放弃的边缘，但因为害怕帝国制度会被取消，

[1] 依照摩根索的计划，一切列在战犯名单上的人都一律应该枪决。而美国总统也表示他的意见是赞成不必审问，一律执行死刑的（见《史汀生回忆录》）。

天皇本人会当作战犯，所以又停止投降了”。

当这些意见还正在讨论时，原子弹的发展却已经到了可以完成的程度。1944 年，美国陆军部长史汀生指派了一个小组委员会，来就对于原子弹的使用提出参考的意见。6 月 1 日，这个委员会建议：假使最后的试验成功了，则这个原子弹应以对付日本，并不拟事先加以警告。

史汀生的地位，是罗斯福和杜鲁门两任总统在原子弹政策方面的顾问，在他考虑了这个报告之后，7 月 2 日就把他的意见用一个备忘录的方式提交给总统。他建议若是原子弹最后试验成功了，则即在日本使用，以代替计划中的侵入战。他又主张应事先提出一个暗示性的警告，说明所使用的力量将是如何的巨大，足以造成完全的毁灭。此外他个人也曾想到：“若是我们再加上一句说并不取消其现有的君主立宪的政体，则可能更足以提高日本接受投降的机会。”

7 月 17 日，波茨坦会议在德国皇太子的故宫中开会，在那一天，与美国总统一同去开会的史汀生接到了一个惊人的重大消息：7 月 16 日，在美国新墨西哥阿拉莫戈多（Alamogordo）最后一次的原子弹试验已经证明完全成功了。

当杜鲁门总统和丘吉尔先生接获了这个报告之后，因为照计算，若是联军侵入日本，则其成本将牺牲美国 100 万人的生命，而英国也准备牺牲 50 万人，所以他们决定使用原子弹来抵消这个损失。丘吉尔说：“现在所有一切的噩梦都消灭了，代替它的是一个愿景——似乎的确是光明无限的——两颗原子弹猛烈的爆炸即可以结束这场战争。抑有进者，我们可以不再需要苏联人。”

可是他的伟大同盟国所想的却完全不同，因为当时的美国国务卿斯退丁纽斯（Stettinius）告诉我们说：“迟至波茨坦会议，甚至连第一颗原子弹都已经爆炸了之后，美国军方人员还是坚持应使苏联加入远东的战争。在雅尔塔和波茨坦两次会议中，军人们都是特别关心日本留在满洲的关东军。他们被形容为日本陆军的精华，大家相信即令日本本岛投降了，这个独立自足的兵力都还会继续打下去，使战祸无限的延长，除非苏联人参战，才可以消灭这支兵力。实际上在雅尔塔会议之后，美国军事当局在为受降作安排时，早已同意苏军进入朝鲜。”[1]

在波茨坦会议举行之前，所有东京外务省与在莫斯科的齐藤大使之间的来往电报，都已经由华盛顿方面测译出来了，这正和日本攻击珍珠港之前的那一套“魔术”是一样的。7 月 10 日，他们所测译出来的一件由日本外长发给齐藤的密电内容如下所述 :“乘莫洛托夫尚未前往波茨坦之际，向他表示天皇陛下希望立即结束战争的强烈愿望。对于和平的唯一障碍物就是无条件投降。”虽然这已经把日本人所处的窘境完全泄漏了出来，而且打开了立即结束战争的坦途。可是到了 7 月 26 日,美国人却向日本发出了下述的最后警告:“我们要求日本政府宣布所有日本的一切军事力量都作无条件投降，并对这个行动供给善意的适当保证。日本人若不听命则即将面临完全的毁灭。”关于日本天皇未提及一字，因为它是已经中了宣传之毒的美国公众所无法接受的。

两天以后，铃木拒绝了这个最后通牒，他宣称“这是不值得公开发表的”。因为苏联已定在 8 月 8 日对日本宣战，所以美国遂决定投掷两颗原子弹 : 一颗在广岛，一颗在长崎。

8 月 6 日，一架 B-29 飞机携带当时一共只有两颗的原子弹中之一颗向广岛接近。上午 8 时 15 分，用一把降落伞携着一颗原子弹投掷下去，于是飞机立即上升逃避震动。一两分钟后，有一个火球在该城的西北中心上空出现。它的爆炸力约相当于 2 万吨梯恩梯（TNT），其核心的温度约为摄氏 1. 5 亿度——比太阳中心的温度高

[1] 此时，这个号称日本陆军“精华”的关东军，实际上已经变成了“糟粕”。他们富有训练的人员早已调走，所补充的全是老弱残兵，此外他们也没有燃料。

出了 7 倍。其所产生的压力每平方英寸在数 10 万英吨以上。结果造成了一个“火爆”，同时发生了几百个火头，其最远者距离爆炸中心在 4600 码以外。该城市的广大面积完全被焚毁，有七八万人当场死亡，另外负伤者约 5 万人。

8 月 9 日上午 1 时（东京时间），苏军越过了满洲的边界，只遇到了轻微的抵抗。第二天长崎又遭到了原子弹轰炸，于是最高战争指导会议议决把无条件投降的问题提交天皇裁决。天皇决定求和，于是在 8 月 10 日东京从无线电广播中，宣布准备接受 7 月 26 日波茨坦宣言中的条款，“但有一种谅解认为该宣言并未包括要求变更天皇对国家的统治大权在内”。

当日本政府的正式通牒经瑞士转送到了华盛顿之后，杜鲁门即请史汀生发表意见，后者就告诉他说：“即便日本人不提出这个问题，我们自己也需要维持天皇的地位，使其接受我们的指挥和监督，以便降伏分散在各地方的日本军队。利用天皇的号召，可以使我们在中国和东印度等地避免许多浴血苦战。依照日本的国家理论，他是日本一切权威的唯一来源。”

这本来就是常识，于是同盟国在 8 月 11 日发表了答复，其中有一段说：“自投降之时起，日本天皇以及日本政府对于国家的统治权，应‘从属’于（subject to）联军最高统帅之下。”

最后于 8 月 14 日，日本天皇终于接受投降的条件，于是命令“停火”。9 月 2 日，日本的代表在东京湾内的美国战斗舰“密苏里”号（Missouri）上签署了降书。第二次世界大战终于结束了，距离英法两国对德国宣战之日，恰好是整整 6 年。

史汀生对于这个投降所发表的评论是极能发人深省的。我们在他的传记中，可以读到下述一段文字：

> 在史汀生的意见中，这个问题是以双重误解为基础的——第一是有关战争的意义，第二是在这个阶段中美国政府的目的。

> 照他的看法，真正的问题并不是不用原子弹是否也能使日本投降的问题，而是当采取一种不同的外交和军事途径时，能否使它提早投降的问题。在这里情报问题的意义就变得十分重要了。根据战后的询问，很明显地指出：在该年春季，日本内阁中有一大部分阁员早已准备接受像他们最后所同意的条件。美国政府在当时对于这种一般的态度早已获有情报。所以美国若能提早明白表示准备保留天皇，则战争可能早已结束。代理国务卿格鲁和他的高级幕僚在 1945 年 5 月也热烈地赞同此项主张。

若非由于无条件投降的政策所引起的政治性和战略性的疯狂状态，则战争很可能在 1945 年 5 月结束。那么苏联，不管其最后的演变将如何，至少不会使它可以自由地在远东扩张它的影响力量；而同样重要的是，美国人也不至于要投掷原子弹。曾经连续在罗斯福和杜鲁门两任中任参谋长的莱希上将（Fleet Adm. W. D. Leahy），对于这一点曾经发表一段很精辟的意见：

> 我个人的感想是这样的，因为美国首先使用它，所以我们已经采取了一个黑暗时代野蛮人所采取的道德标准了。这是非常明显的，未来的假想敌人也一定会使用它，所以我们也有吃原子弹的机会。在战争中使用原子弹，使我们回到了成吉思汗的时代——对于非战斗人员加以残杀。这种新型恐怖的非文明战争工具，代表一种近代形式的野蛮主义，是基督教徒所不屑于使用的。

结论

第二次世界大战的回顾与前瞻

美国人的第二次“十字军”，其结果是要比第一次更为悲惨，这一次的挑战者不是德国的凯撒，而是美国的总统。由于他痛恶纳粹主义和贪享权力，才终于使他的人民卷入欧洲战争的旋涡，而再度使战争扩大成为全球性的。从所获得的德国档案中，并找不到确实的证据，足以支持罗斯福所宣称的说法——希特勒企图对西半球发动一个攻势。实际上，却有充分的证据表明，直到美国参战之日时，希特勒一直都还是在设法不与美国发生冲突。

首先警告他的国人不要卷入欧战旋涡的先知者当中，有一个就是罗斯福的前任胡佛先生（Mr. Herbert Hoover）。他在 1954 年 8 月 10 日的一个广播中，曾经这样说过：

> 我曾经反对和抗议一切足以逐步把我们引入第二次世界大战的政策。尤其是在 1941 年 6 月，由于希特勒分散其力量来攻击斯大林，所以英国实际上已经安全，而不必害怕德军的侵入了。我在当时认为我们给苏联政府以援助，是古今历史上的一个大笑话。我主张应该让那两个独裁者去两虎相斗，两败俱伤。

> 我早已说过我们援助苏联的结果，将会使共产主义的祸害蔓延全世界。我主张若是我们能置身事外，则只要时机一到，我们就可以使世界获得持久的和平。战争的后果都已经证明我是正确的。

当美国加入战争之后不久，有一个耶鲁大学的教授曾经写了一本书。[1] 在这本书中，他指明："假使一个国家的外交政策是有实际性的，则其设计的基础不应该是梦想中的世界，而应该是根据权力政治的现实国际关系。"他主张美国的政策应有两个目标：（1）控制新世界，（2）在旧世界中维持权力平衡。因为在大西洋、太平洋的对岸上，这种平衡都已经被破坏了，所以美国的战争目标就是恢复它。所以他说绝不可要求把德日两国完全毁掉，否则欧洲和远东就会受到苏联的控制。他又说："一个从乌拉尔山到北海的苏联，并不比一个从北海到乌拉尔山的德国会好到哪里去。"对于远东也适用这个同样的推理，他说："让亚洲有再度受到日本人征服的危险，固然是应该设法解除，但这却并非是说要把日本的军事力量完全取消，而把西太平洋交给中国或苏联去加以控制。"

这种在战后所应该采取的政策，对于大不列颠也是同样适用的，因为它的地位与美国颇为相似。它的目的是维护其帝国的安全，并在欧亚两洲维持权力平衡，基于史派克曼所举出的同样理由，这两个目标都不应要求歼灭其敌人的。当这两个西方巨强比肩作战之时，苏联就变成了他们战争问题中的焦点。诚然地，他们是应该支援苏联来对共同的敌人作战，但是很明显的，这个支援却不可以使苏联坐大，获得了支配性的地位，因为若果如此，则他们的问题就还是没有解决。

[1] 即为史派克曼（N. J. Spykman）所著的《美国在世界政治中的战略》一书。

基于我们在本书中的分析，即可以知道罗斯福的政策是与史派克曼的观念完全相反的。“无条件投降”与“权力平衡”不仅是毫无关系，更是恰好相反。丘吉尔的政策也是一样的荒谬，当他在1940年执政后第三天，就高呼：“胜利——不惜一切成本的胜利。”丘吉尔这个人的军事知识，当然远在罗斯福之上，所以他的思想会固定在这个目标上似乎是更不可解，尤其是把他对于第一次世界大战的观感与此来做一个比较，则更令人感到啼笑皆非。

他在其所著的《世界危机》一书中，曾经说过：

> 政府与个人和着这个悲剧的拍子，摇摇摆摆地走进了暴力的深渊，进行大规模的屠杀，使人类社会的结构受到了损伤。这个伤痕也许一个世纪都难以平复，对于现有的文明可能是一个致命的打击。以如此高价所换来的胜利，是几乎与失败毫无区别。它甚至也不能使胜利者获得安全的保障。这个用武力所获得的最完全胜利，既不能解决欧洲的问题，也不能取消战争所产生的危险。

再把他对于第二次世界大战所发表的观感作一个对比，则他当时选择了不惜一切成本以求胜的途径，似乎就更令人感到大惑不解。他说：

> 人类的悲剧已经达到其最高潮，事实上，当亿万人作了一切的努力和牺牲，而且也获得了最合乎正义的胜利之后，我们还是仍然找不到和平和安全，而我们今天处境的恶劣是更胜于过去。

这是一个失败者所作的沉痛忏悔。

假使我们还记得在美国的总统和英国的首相当中，罗斯福和丘吉尔还要算是最卓越的人才，那么上述的这些记录更会使我们感到困惑了。什么东西引诱他们采取这种致命的政策呢？我们可以冒险地回答说——盲目的仇恨！他们的心灵与头脑已俱去，他们的情感冲昏了理智。对于他们而言，战争已经不再是一个正常的政治冲突，而成为善与恶之间的决斗。为了驱使人民跟着他们走，他们不能不发动一个邪恶激烈的宣传战。因为这正是希特勒所惯用的手段，所以无怪其然的，1945 年 8 月 11 日的伦敦《经济学人》报（*The Economist*）上曾有下述的评论：

> 当为了击败希特勒主义而进行的伟大战争结束的时候，同盟国正在制造一个希特勒式的和平。这就是对于他们的失败所作的真正衡量。

在斯大林格勒之战以后，就很明显地可以看出希特勒的星辰已经下沉，而斯大林的则正在上升。若是我们再回想到当时同盟国政治家所持的见解，例如霍尔爵士所发表的则令人惊异，而更令人莫名其妙的，是在第一次魁北克会议中居然会以霍普金斯的文件来当做对苏政策的讨论基础。

要想解释这种对于俄罗斯的盲目信任态度，只可能有两种说法：（1）是罗斯福和丘吉尔对于俄罗斯的历史一无所知，（2）他们为自己的亲苏宣传所毒害，进入了昏迷不醒的状态。两百年来，俄罗斯人都一直在攻打欧洲东面的门户，差不多在一个多世纪的时代中，欧洲的著名政治家和历史学家都在警告欧洲人应提防俄罗斯人的阴谋。重述他们所说的话，不仅是为了引起读者们的兴趣，也不仅因为战争的结果显示出他们的看法是如何的正确，而是因为未来的根本就是现在。

这些人所认清的，是俄罗斯从来就不属于欧洲的范围；它的文明与拉丁的文化毫无渊源；它从来不曾参加过十字军、文艺复兴、宗教改革和三十年战争，而且也不曾受到新世界的发现和法国大革命的影响。自波塔瓦之战以来，俄罗斯人对于欧洲人而言，就一直是“北方的土耳其”——亚洲威胁欧洲的矛头。

夏多布里昂（Chateaubriand）认清了这一点，他渴望去考察俄罗斯，因为他相信它是具有征服世界的野心。库斯丁（Custine）于1839年访问过俄罗斯，他的结论是：“他们希望用征服的方式统治世界，即用武力来夺占与他们接壤的国家，然后用恐怖的手段来压迫其余的世界。”托克维尔（De Toqueville）想象到一个分裂的欧洲，为一个“俄罗斯菲利普”所征服时的景象。普拉特（Abbe de Pradt），曾经一度做过拿破仑一世的驻华沙大使，他说：“在维斯瓦河的那一面，挂下了一个帐幕，使我们无法看清楚在它后面的俄罗斯帝国中到底在做些什么事情。俄罗斯人的本性是属于东方的，俄罗斯的政权是集中在其沙皇的手中。只有他一个人说话，很少写什么，也从来不作公开的发布。对于这样的一个国家，一切的情报都只是限于猜度，这个限制对于俄罗斯的陆军也同样的适用。自彼得大帝之日起，俄罗斯的政策就一直是征服性的，我们说在这整个世纪中，俄罗斯的政府都好像是一个人一样，也只具有一个观念——即有计划的侵略。”1850年，柯蒂斯（Donoso Cortés）所说的话是富有预言的意味：

> 在西方除了两个阵营以外，再没什么其他的东西余留下来。一个是掠夺者的阵营，另一个是被掠夺者的阵营——于是俄罗斯的时钟敲响了。俄罗斯人可以和平地把枪托在肩上，开入我们的土地。同时，世界上也将要看到历史最大的“责罚”，这个最大的责罚将落在英格兰的头上。它的船只对于这个巨型帝国将感到毫无用处，这个帝国一手抓着欧洲，一手抓着印度。俄罗斯将为击败他国而战，也会为保护战败的国家而战。当那些失败的国家认为它是俄罗斯的同盟国时，殊不知却正好变成了

俄罗斯的食物。俄罗斯的胜利引向“保护”——这个“保护”又引向死亡。

较晚出的历史学家也不乏能作预言者。1878 年，法兰兹（Constantin Frantz）说，“他深信俄罗斯人会侵入西欧，而在英俄两国之间的未来战争中，美国将具有决定性的地位”，“未来是属于美俄两国的”。在第一次世界大战的前夕，奥国的史学家克拉里克（von Kralik），在说到亚洲人侵入欧洲的问题时，曾经这样写道：“欧洲今天所最害怕的是俄罗斯帝国和东亚，它们代表蒙古人的一半或全部性质。在世界史上这代表东西间最具有决定性的斗争。也许亚洲人会像 8 世纪那样攻入了法兰西和西班牙，像 13 世纪的蒙古人一样攻入了日耳曼，像 16、17 两世纪的土耳其人一样出现在维也纳。或者更可以想象到，将来要靠美国人来把东亚人赶出欧洲之外。”

诚然地，在第二次世界大战尚未吞没欧洲之前，西方的政治家应该记起这些预言来，虽然美国的总统和英国的首相当然没有时间来重温这些陈旧的史籍。可是至少他们的外交官和情报人员是应该有这样的学识基础，因为无论是对假想的还是实际的敌人，“了解你的敌人”都是最重要的。这些抽象的认识正和对于其国土、资源、军事力量的认识是同样的重要。至少他们应记着列宁曾经预测布尔乔亚国家与俄罗斯最后终于难免冲突，可是他们却相反的对于乔叔叔发生神话式的幻想！

亚洲人的铁骑终于又回到了日耳曼，而这一次他们更攻入了维也纳的城墙。历史的巨轮转了一个完全的循环，而今天欧洲所面临的威胁，与泽尔西斯和大流士的时代所面临者实不相上下。此外，在远东足以对抗苏联的日本也被毁灭了，这样才使共产主义统治中国。这就是战争的政治性后果。

军事性后果也是同样的巨大。使物理学发生革命的核子理论，在广岛作了一次事实上的表演，使愚夫愚妇也都知道了人类具有如此伟大的能力。它激起了一种普遍的恐怖心理，不仅是因为七八万人被杀害了，而且因为只要一个单独的人投下一颗炸弹就可以屠杀这许多的生命。

1945年8月6日的爆炸，使公认的战争理论从根本上发生了动摇。假使一个原子弹即足以毁灭一个大城市，那么在下一次战争中，几百颗原子弹所产生的效力又将如何？它使有组织的国际性战争丧失了它的政治意义，因为它使这一类的战争变得荒唐不合理了。它使用武装冲突来当作政策工具的理论彻底地破产，而把它们的威胁变成了一种战争的威慑物。

这是否就是说战争已经接近它的终点呢？绝对不是的，因为在一个思想战争的时代中，战争的基本原因是心理性的，物质力量的增减并不能取消它们。一切的意义不过是说某一种战争形式过时了，于是由另一种形式取而代之。因为缺乏一个较好的名词，在这个大众时代中的新型战争，就只好暂时称之为“冷战”。它是下述四种战争的总结合：（1）心理战争，其所用的兵器就是人类的感情；（2）经济战争，其目标为毁灭财政上的稳定；（3）游击战争，这是最原始化的战争形式；（4）内战，这也是采取它的最野蛮形式。阿宏先生（M. Aron）在他的《总体战世纪》一书中，曾经指明冷战是一种有限战争，不是说“赌注”是有限的，而是说所使用的手段是有限的。这可以与三十年战争之后的一个半世纪当中所采取的那种有限战争手段相比拟。但是却另有一个重大的差异：那就是由于有进行核战争的准备，足以威慑对方不能诉诸物质力量，所以遂使冷战的手段更为毒辣可怕。

苏联人对于这种冲突的方式，可以说是得风气之先，因为他们对于冷战是有条理地进行，所以在大战刚刚结束之后，他们没有发射一枪，即已控制了三分之一以上的欧洲。此后，他们就对于全世界上的所有非共产主义国家，进行宣传、破坏和颠覆的战争。一切不接受苏联共产主义的国家都被当作是苏联的敌人。阿宏先生又指明：西方的军事专家都是不能摆脱传统观念的束缚，没有认清冷战就是真正的战争，这种战争一直都在进行，永无休止，所以对于宣传和颠覆的战斗是一定要再接再厉的。他又说："一个职工同盟夺取共产党的领导权，这个胜利正与增加了一个师的兵力是同样的重大。"

另外一个加在物质性战争上的限制因素，就是原子弹和超音速兵器的巨大成本。甚至于一个中等大小的国家，都已经不可能再获得战争的全套装备，即使他们在财力是担负得起的，可是他们却无法获得这些原料，而且也没有那样大的领土来供试验之用。

这种限制遂使世界在战略上分成了两个超级国家：美国和苏联各具有一个不能放弃的思想。正和林肯的时代一样，"一个分裂为两半的房屋是站不住的"，"人类不能忍受一半自由和一半奴役的生活，非此即彼"。不相容的东西共存在一起，即为战争的起源。

1823 年，面对着拿破仑战争的结束，普拉特在一篇比较英俄两国权力的论文中，曾经有下列的警语："在欧洲的两个极端上，现在升起了两面旗子，一面飘扬在陆上，另一面飘扬在海上。"接着他又说："英俄两国为欧洲的对立权力。英国的政治目的是反对任何人支配欧陆，它保护着欧洲的政治自由。俄罗斯正是这种支配权力，所以它是欧洲政治的天生对头。"

"不列颠和平"时代的标志——"联合王国国旗"（Union Jack），现在已经黯然无色了，取而代之的却是美国的星条旗，他正对着红色的"镰刀和锤子"。第二次世界大战所引起的一个最大问题，就是这两面旗子到底是谁被扯下去了？在未来的时代中，我们所要看到的是一个"美国的和平"（Pax Americana），还是一个"鞑靼的和平"（Pax Tartarica）呢？我们对于这个问题可以冒险地提出一个答案：

决定胜负成败的不是美苏两国军事力量的对比，而是要看这两种对立的政治、社会、经济、文化制度孰为优秀。工业革命给人类带来了一个严重的问题——在一个充分机械化的世界中，人类的地位、政治制度以及生活方式究竟应该怎样？那么就要看这两种制度哪一种比较适宜于解决这个难题了。